चंपारन में महात्मा गांधी

'चंपारन में महात्मा गांधी' को पढ़ने से पाठकों को विदित हो जाएगा कि सत्याग्रह और असहयोग के संबंध में जो कुछ महात्मा गांधी ने सन् १९२० से १९२२ ई. तक किया, उसका आभास चंपारन में १९१७ में ही मिल चुका था। दक्षिण अफ्रीका से लौटकर महात्मा गांधी ने महत्त्व का जो पहला काम किया था, वह चंपारन में ही किया था। उस समय भारतवर्ष में 'होमरूल' का बड़ा शोर था। जब हम महात्माजी से कहते थे कि वे उस आंदोलन में चंपारन को भी लगा दें, तब वे यह कहा करते थे कि जो काम चंपारन में हो रहा है, वही 'होमरूल' स्थापित कर सकेगा।

जिस प्रकार भारतवर्ष को अन्याय और दुराचार के भार से दबता हुआ देखकर महात्माजी ने असहयोग-आंदोलन आरंभ किया, उसी प्रकार चंपारन की प्रजा को भी अन्याय और अत्याचार के बोझ से दबती हुई पाकर और उसका उद्धार करना अपना कर्तव्य समझकर उन्होंने वहाँ भी पदार्पण किया था। जिस प्रकार भारतवर्ष ने सभाओं और समाचार-पत्रों और कौंसिल में प्रस्तावों तथा प्रश्नों के द्वारा आंदोलन कर कुछ सफलता प्राप्त न करने पर ही सत्याग्रह और असहयोग आरंभ किया, उसी प्रकार चंपारन में भी यह सबकुछ करके थक जाने पर ही वहाँ की जनता ने महात्मा गांधी को निमंत्रित किया था। जिस प्रकार वर्तमान आंदोलन में महात्मा गांधी ने सत्य और अहिंसा को अपना अनन्य सिद्धांत रखकर देश को उसे स्वीकार करने की चंपारन की शिक्षा दी है, उसी प्रकार उस समय भी दरिद्र, अशिक्षित और भोली-भाली प्रजा को व्याख्यान के द्वारा नहीं, बल्कि अपने कार्यों के द्वारा शिक्षा दी थी।

भारत के प्रथम राष्ट्रपति डॉ. राजेंद्र प्रसाद की कलम से प्रसूत वर्तमान समय में भी अत्यंत प्रासंगिक व महत्त्वपूर्ण कृति।

गांधी युग के अग्रणी नेता देशरत्न राजेंद्र प्रसाद का जन्म ३ दिसंबर, १८८४ को बिहार के सारण जिला के ग्राम जीरादेई में हुआ। आरंभिक शिक्षा जिला स्कूल छपरा तथा उच्च शिक्षा प्रेसिडेंसी कॉलेज कलकत्ता में। अत्यंत मेधावी एवं कुशाग्र-बुद्धि छात्र, एंट्रेंस से बी.ए. तक की परीक्षाओं में विश्वविद्यालय में प्रथम स्थान प्राप्त, एम.एल. की परीक्षा में पुनः प्रथम श्रेणी में प्रथम स्थान प्राप्त। १९११ में वकालत प्रारंभ, पहले कलकत्ता और फिर पटना में प्रैक्टिस।

छात्र-जीवन से ही सार्वजनिक एवं लोक-हित के कार्यों में गहरी दिलचस्पी। बिहारी छात्र सम्मेलन के संस्थापक। १९१७-१८ में गांधीजी के नेतृत्व में गोरों द्वारा सताए चंपारण के किसानों के लिए कार्य। १९२० में वकालत त्याग असहयोग आंदोलन में शामिल। संपूर्ण जीवन राष्ट्र को समर्पित, कांग्रेस संगठन तथा स्वतंत्रता संग्राम के अग्रवर्ती नेता। तीन बार कांग्रेस अध्यक्ष, अंतरिम सरकार में खाद्य एवं कृषि मंत्री, संविधान सभा अध्यक्ष के रूप में संविधान-निर्माण में अहम भूमिका। १९५० से १९६२ तक भारतीय गणराज्य के राष्ट्रपति। प्रखर चिंतक, विचारक तथा उच्च कोटि के लेखक एवं वक्ता। देश-विदेश में अनेक उपाधियों से सम्मानित, १३ मई, १९६२ को 'भारत-रत्न' से अलंकृत।

सेवा-निवृत्ति के बाद पूर्व कर्मभूमि सदाकत आश्रम, पटना में निवास। जीवन के अंतिम समय तक देश एवं लोक-सेवा के पावन व्रत में तल्लीन।

स्मृतिशेष : २८ फरवरी, १९६३।

चंपारन में महात्मा गांधी

डॉ. राजेंद्र प्रसाद

प्रभात प्रकाशन

प्रकाशक
प्रभात प्रकाशन प्रा. लि.
4/19 आसफ अली रोड, नई दिल्ली–110002
फोन : 23289777 • हेल्पलाइन नं. : 7827007777
इ–मेल : prabhatbooks@gmail.com ❖ वेब ठिकाना : www.prabhatbooks.com

संस्करण
2025

पेपरबैक मूल्य
सात सौ रुपए

मुद्रक
नरुला प्रिंटर्स, दिल्ली

CHAMPARAN MEIN MAHATMA GANDHI
by Dr. Rajendra Prasad
Published by **PRABHAT PRAKASHAN PVT. LTD.**
4/19 Asaf Ali Road, New Delhi-110002
ISBN 978-93-5562-555-7
₹ 700.00 (PB)

लेखकीय वक्तव्य

यह पुस्तक सन् १९१८ और १९१९ ई. की दुर्गापूजा की छुट्टियों में लिखी गई थी, पर कई कारणों से आज तक पाठकों की सेवा में उपस्थित नहीं की जा सकी। इस पुस्तक को पढ़ने से पाठकों को विदित हो जाएगा कि सत्याग्रह और असहयोग के संबंध में जो कुछ महात्मा गांधी ने सन् १९२० से १९२२ ई. तक किया, उसका आभास चंपारन में १९१७ में ही मिल चुका था। दक्षिण अफ्रीका से लौटकर महात्मा गांधी ने महत्त्व का जो पहला काम किया था, वह चंपारन में ही किया था। उस समय भारतवर्ष में 'होमरूल' का बड़ा शोर था। जब हम महात्माजी से कहते थे कि वे उस आंदोलन में चंपारन को भी लगा दें, तब वे यह कहा करते थे कि जो काम चंपारन में हो रहा है, वही 'होमरूल' स्थापित कर सकेगा। उस समय देश शायद ही उस कार्य के महत्त्व को समझता रहा हो, और न हम ही उसे समझते थे। पर आज जब उस समय की कार्यशैली पर विचार करते हैं और गत तीन-चार वर्षों के राष्ट्रीय इतिहास की ओर ध्यान देते हैं, तब जान पड़ता है कि यह महान् आंदोलन जो आज जारी है, चंपारन की घटना का ही एक अत्यंत विस्तृत और विराट् रूप है। यदि चंपारन और खेड़ा के इतिहास इकट्ठे कर लिये जाएँ तो जो कुछ असहयोग अथवा सत्याग्रह-आंदोलन ने किया है अथवा करने की इच्छा रखकर भी अभी तक नहीं कर पाया है, वे सब बातें उनमें वर्तमान पाई जाएँगी। जिस प्रकार भारतवर्ष को अन्याय और दुराचार के भार से दबता हुआ देखकर महात्माजी ने असहयोग-आंदोलन आरंभ किया, उसी प्रकार चंपारन की प्रजा को भी अन्याय और अत्याचार के बोझ से दबती हुई पाकर और उसका उद्धार करना अपना कर्तव्य समझकर उन्होंने वहाँ भी पदार्पण किया था। जिस प्रकार भारतवर्ष ने सभाओं और समाचार-पत्रों और कौंसिल में प्रस्तावों तथा प्रश्नों के द्वारा आंदोलन कर कुछ सफलता प्राप्त न करने पर ही सत्याग्रह और असहयोग आरंभ किया, उसी प्रकार चंपारन में भी यह सबकुछ करके थक जाने पर ही वहाँ की जनता ने महात्मा गांधी को निमंत्रित किया था। जिस प्रकार वर्तमान आंदोलन में महात्मा गांधी ने सत्य और अहिंसा को अपना अनन्य सिद्धांत रखकर देश को उसे स्वीकार करने की शिक्षा दी है, उसी प्रकार उस समय भी दरिद्र, अशिक्षित और भोली-भाली चंपारन की प्रजा को व्याख्यान के द्वारा नहीं, बल्कि अपने कार्यों के द्वारा शिक्षा दी थी। और तो क्या, जिस प्रकार आज अपने ऊपर कष्ट उठाकर, जान-बूझकर अपने को मुसीबत में डालकर देश का उद्धार करने का मनसूबा महात्माजी ने देश भर के लोगों में पैदा कर दिया है, उसी प्रकार स्वयं जेल के लिए तैयार होकर और सब प्रकार के कष्टों को भुगतने को प्रस्तुत होकर उन्होंने वहाँ की प्रजा को भी वही सिद्धांत

सिखाया। जिस प्रकार वहाँ सरकारी अफसरों ने महात्माजी के उद्देश्य को और प्रजा के कष्टों को और उनके साथ किए गए अन्यायों को जानकर भी पहले महात्मा जी को रोकना चाहा था और जेल भेजने तक का भी प्रबंध किया था, उसी प्रकार इस महान् आंदोलन में भी उन्होंने वही किया है। महात्माजी के चंपारन जाने के पूर्व भी वहाँ की प्रजा ने समय-समय पर घोर आंदोलन किया था, कभी-कभी असहयोग करने की भी चेष्टा की थी; पर उस आंदोलन और असहयोग की नींव अहिंसा पर नहीं थी। और सरकार या नीलवर, जिसका विश्वास आज तक हिंसा में अटल बना हुआ है और जिसके पास उसके लिए सामग्री भी पूरी प्रस्तुत है, उनको हिंसात्मक आंदोलन में बराबर दबाते और पराजित करते गए। इस आंदोलन में भी जहाँ हम इस मौलिक सिद्धांत से विचलित हुए हैं, वहाँ अपनी हार की सामग्री स्वयं जुटाते गए हैं। यदि हम उसी सिद्धांत को सामने रखकर इस आंदोलन को बढ़ाते जाएंगे, तो इसमें संदेह नहीं कि जिस प्रकार चंपारन में सफलता प्राप्त हुई थी और जैसा आज पंजाब के अकाली भारतवर्ष के सामने एक नमूना रख रहे हैं और अपनी कार्यसिद्धि में सफलता प्राप्त करते भी दीख रहे हैं, उसी प्रकार इस व्यापक आंदोलन में भी सफलता अवश्यंभावी है। चंपारन में जिस प्रकार सरकार ने स्वयं उन बातों को स्वीकार कर लिया, जिनको कि वहाँ की प्रजा प्रायः ६० वर्षों से रो-रोकर और कभी-कभी झगड़-झगड़कर जताना चाहती थी, उसी प्रकार इसमें भी अंत में सरकार और सरकारी अफसर जो कुछ भारतवर्ष चाह रहा है, उसे स्वीकार करेंगे।

जिस समय यह पुस्तक लिखी गई थी, उस समय और आज में बहुत अंतर है, और यदि आज यह पुस्तक लिखी जाती तो संभवतः इसका रूप कुछ दूसरा ही होता; पर मैंने यह समझा कि यदि यह जैसी लिखी गई थी, उसी प्रकार पाठकों की सेवा में उपस्थित की जाय तो आज के आंदोलन के बीजमंत्र को वह देख सकेंगे और जो उस समय केवल एक बीज मात्र था, उसको लहलहाते पेड़ के रूप में आज पाएँगे।

इस वक्तव्य को समाप्त करने से पहले मैं यह अपना आवश्यक कर्तव्य समझता हूँ कि मैं अपनी हार्दिक कृतज्ञता अपने मित्र और सहयोगी बाबू रामनवमी प्रसादजी के प्रति प्रकट करूँ, जिनके परिश्रम और सहायता के बिना यह पुस्तक न तो लिखी जाती और न प्रकाशित हो सकती। चंपारन में महात्माजी के आगमन के समय से ही आपने चंपारन-संबंधी कार्य में ही अपना सारा समय लगा दिया और इस कार्य की समाप्ति तक पूर्ण रूप से इसमें लगे रहे। इस विषय के संबंध में जितनी बातों की जानकारी आपको है, शायद ही और किसी को हो। इन्हीं के आग्रह से पुस्तक लिखने में हाथ लगाया गया और जो कुछ इसमें वर्णन किया गया है, उसकी सारी सामग्री इन्हीं की सहायता से इकट्ठी की गई है। समाप्त होने पर भी यह पुस्तक इतने दिनों तक इसी कारण पड़ी रही कि बाबू रामनवमी प्रसादजी अन्य कार्यों में व्यस्त होने के कारण इसके प्रकाशन की ओर ध्यान न दे सके।

भ्रातृद्वितीया
सं. १९७९ वि.

—राजेंद्र प्रसाद

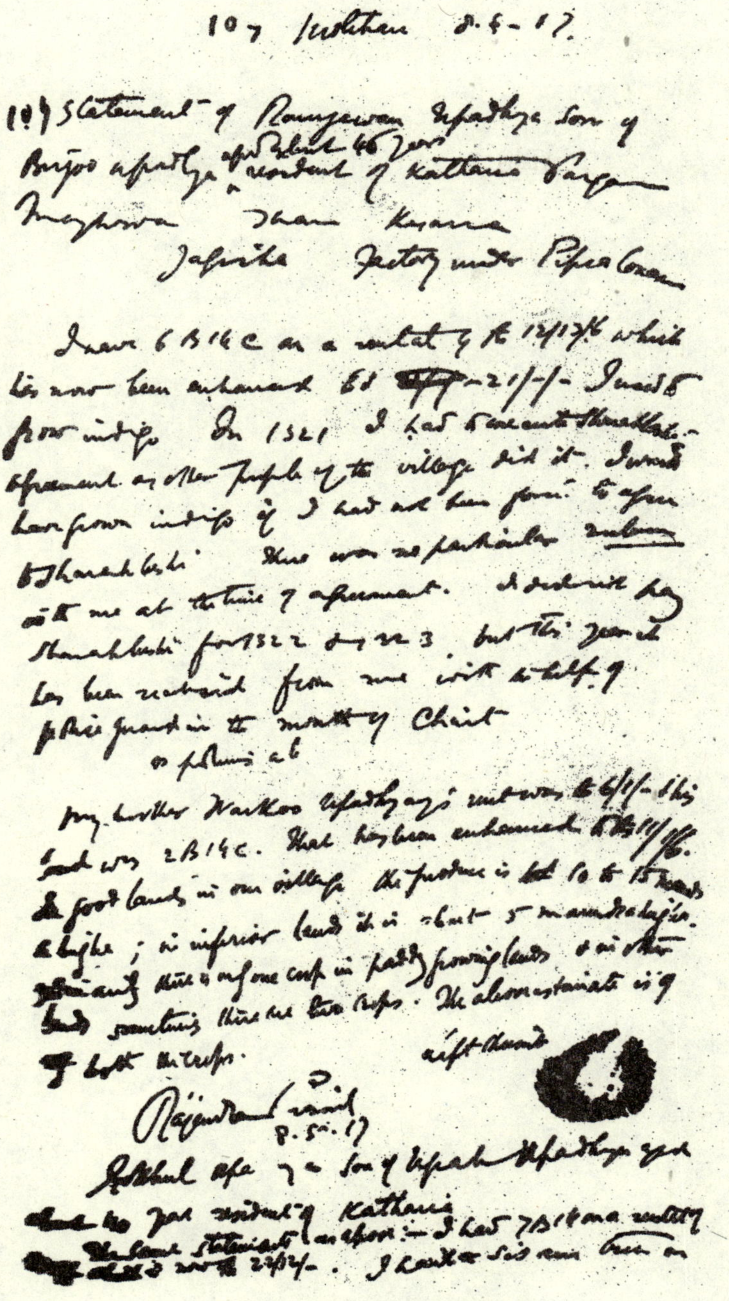
107 Kolhua 8-5-17.

(1?) Statement of Ramjawan Upadhya son of Brijoo Upadhya aged about 46 years resident of Kathanni Pargana Majhowa Thana Kesaria

Jasoulie Factory under Pipra Concern

I have 6 B 14 C on a rental of Rs 12/17/6 which has now been enhanced to ~~[illegible]~~ 21/-/-. I used to grow indigo. In 1321 I had to execute sharahbeshi agreement as other people of the village did it. I would have grown indigo if I had not been forced to agree to sharahbeshi. There was no particular [illegible] with me at the time of agreement. I did not pay sharahbeshi for 1322 and 1323 but this year it has been realised from me with the help of police guard in the month of Chait

as follows at

My brother Narkoo Upadhya's rent was Rs 6/1/- His land was 2 B 14 C. That has been enhanced to Rs 11/[illegible]/-. In good lands in our village the produce is about 10 to 15 maunds a bigha; in inferior lands it is about 5 maunds a bigha. [illegible] there is only one crop in paddy growing lands & in other lands sometimes there are two crops. The above estimate is of both the crops.

left thumb

Rajendra Prasad
8.5.17

Sukhal aged 70 son of Upahi Upadhya [illegible] resident of Kathanni
the same statement as above:— I have 7 B 14 C on a rental of [illegible] now Rs 23/12/-. I could not [illegible] been on

डॉ. राजेंद्र प्रसाद की हस्तलिपि

[श्री श्रीधर वासुदेव सोहोनी आई.सी.एस. के सौजन्य से]

निवेदन

१६ अगस्त, १९५५ ई.। उस दिन का अपना कार्यालयीय काम समाप्त कर मैं तिरहुत-आयुक्त के कार्यालय में घूम रहा था। कहीं-कहीं कोने में पड़े हुए पुराने अभिलेखों को देखकर उनको साफ-सुथरा कर रख रहा था। दीमक लगी हुई, मकड़ी के जालों और बिरनी के खोतों से भरी हुई एक त्यक्त और उपेक्षित पोटली मैंने देखी और उसको त्याज्य मानने से पहले यह इच्छा हुई कि कम-से-कम देखें तो कि उसमें क्या है। पोटली को झाड़-पोंछकर साफ करने के बाद जब मैं उसमें संचित अभिलेखों को पढ़ने लगा तो मालूम हुआ कि एक निधान-कलश मेरे हाथ में आ गया है; क्योंकि उसमें १९१७-१८ साल की तिरहुत के आयुक्त की गोपनीय संचिकाएँ थीं, जिनमें गांधीजी के संबंध में कुछ अभिलेख थे और स्वयं गांधीजी के हाथ के लिखे पत्र भी थे।

तिरहुत के आयुक्त के रूप में मेरे वहाँ जाने से पूर्व मेरे पूर्ववर्ती आयुक्तों द्वारा बिहार सरकार को यह सूचना दी जा चुकी थी कि चंपारन में महात्मा गांधी के कार्यकलाप के विषय में जो पत्र-प्रतिवेदन भेजे जा चुके हैं, उनके अतिरिक्त और कुछ उपलब्ध नहीं है। अतः, मेरे आनंद की सीमा नहीं रही। इस संग्रह के मिलने के पश्चात् मैंने बिहार सरकार को इस विषय की सूचना दी तथा उन अभिलेखों की प्रतिलिपियाँ बनाना प्रारंभ किया। आकांक्षा यह हुई कि इन साधनों का अध्ययन कर गांधीजी की काम करने की पद्धति के विषय में कुछ प्रकाश पाऊँ; क्योंकि अनेक दृष्टियों से यह विषय बहुत महत्त्वपूर्ण है।

भारत के प्रथम राष्ट्रपति देशरत्न डॉ. राजेंद्र प्रसादजी विजयादशमी के अवसर पर उस साल अपने घर जीरादेई आए थे। मैंने उनको उक्त अभिलेखों की सूचना दी। उन्होंने मुझसे कहा कि जितना शीघ्र हो सके, संचिका को मुजफ्फरपुर से जीरादेई मँगा लें। उन्होंने कहा कि सन् १९१७-१८ ई. में उन्हें ब्रिटिश सरकार के गोपनीय अभिलेख इस प्रतिबंध पर देखने के लिए मिलते थे कि अभिलेखों को देखकर तुरंत ही लौटा दिया जाय। इसलिए, उन अभिलेखों का केवल स्मरण मात्र ही उन्हें रह गया था। मुजफ्फरपुर

से संचिका आई, और दोपहर के समय राष्ट्रपतिजी ने उसका अवलोकन प्रारंभ किया। क्रम यह रहा कि मैं राष्ट्रपतिजी को पत्र की तिथि और उसमें संबोधित व्यक्ति का नाम बतलाता था और इतना ही संकेत पाकर, कई बार, उन्होंने मुझे पत्रों में लिखित विषय, प्राय: पत्रों के शब्दों में ही, अपनी असाधारण स्मरण-शक्ति के बल से, बता दिया। यह घटना मेरे लिए और वहाँ उपस्थित अन्य व्यक्तियों के लिए, अत्यंत आश्चर्यजनक थी। इतने महान् व्यक्ति के सामने कतिपय दिनों के लिए समीप से आना-जाना मेरे जीवन में एक नई घटना थी।

आगे राष्ट्रपतिजी ने मुझे यह आज्ञा दी कि इन सब पत्र-प्रतिवेदनों की प्रतिलिपियाँ उनके पास दिल्ली भेज दी जायँ। इस विषय में उनका कृपापत्र आगे उद्धृत है—

Rashtrapati Bhawan
New Delhi
The 4th November, 1955

My dear Shri Sohoni,

I am grateful to you for having shown me the papers which you had discovered in your office regarding Mahatma Gandhi's stay in Champaran in 1917. I only regret I had no time to go through those papers except just one or two. I am much interested and shall be obliged if you would kindly send me copies of all the documents which you have discovered there. When copy is being made, perhaps you could get two copies made and hand over one to Ram Navami Babu and send the other to me. I understood from you that you were contemplating writing something about the subject. I am glad you are thinking of that. As I told you, Shri Tendulkar is also doing something on the same lines at the instance of the Governor. I also understand that P.C. Roy Chowdhury of the Information Deptt. of the Government of Bihar has brought out a book in which he has given facsimilies of some of the correspondence which he had come across. I do not know where to get hold of this book and shall be obliged if you could order a copy to be sent to me by V.P. post. If any cost is involved in getting copies made, you please let me know; I shall bear the cost.

Yours sincerely,
Rajendra Prasad

Shri S.V. Sohoni,
Commissioner,
Tirhut Division,
Muzaffarpur.

अर्थात्

राष्ट्रपति भवन, नई दिल्ली
४ नवंबर, १९५५

प्रिय श्री सोहोनी,

सन् १९१७ ई. में, चंपारन में महात्मा गांधी के निवास के विषय में अपने कार्यालय में अभिलेखों की खोज करके आपने मुझे दिखलाया, इसके लिए मैं आपका कृतज्ञ हूँ। मुझे खेद है कि एक-दो पत्रों को छोड़कर उन अभिलेखों को पढ़ने का समय नहीं पा सका। मेरी इसमें बड़ी रुचि है और मैं आपका अनुगृहीत होऊँगा, यदि आप कृपया वहाँ प्राप्त अभिलेखों और पत्रों की प्रतिलिपियाँ मुझे भेज दें। प्रतिलिपियाँ प्रस्तुत करते समय आप कृपया दो प्रतियाँ संभवत: तैयार कराएँगे और उनमें से एक श्री रामनवमी बाबू को और दूसरी मुझे भेज देंगे। मैं समझता हूँ कि आप इस विषय में कुछ लिखने का विचार कर रहे हैं। मुझे प्रसन्नता है कि आप ऐसा सोच रहे हैं। मैंने आपसे कहा था कि राज्यपाल के कहने पर श्री तेंदुलकरजी भी इस विषय में कुछ कार्य कर रहे हैं। मैं समझता हूँ कि बिहार सरकार के सूचना-विभाग के श्री पी.सी. राय चौधरी ने भी इस विषय पर एक पुस्तक प्रकाशित की है, जिसमें उन्होंने कुछ प्राप्त पत्राचारों के छायाचित्र भी दिए हैं। मैं नहीं जानता कि मुझे यह पुस्तक कहाँ मिलेगी और मैं अनुगृहीत होऊँगा, यदि आप मूल्यदेय पार्सल द्वारा उस पुस्तक की एक प्रति मेरे पास भेजने की व्यवस्था कर दें। यदि प्रतिलिपियाँ तैयार करने में कुछ व्यय हो तो कृपया मुझे सूचित करें, मैं वह व्यय-भार वहन करूँगा।

आपका
राजेंद्र प्रसाद

इस विषय में उन्होंने बीच-बीच में श्री रामनवमी प्रसादजी के साथ विचार-विमर्श भी किया। राष्ट्रपतिजी ने यह तय किया कि उन पत्रों और प्रतिवेदनों को उनके 'चंपारन में महात्मा गांधी' नामक ग्रंथ में समाविष्ट कर उसका एक नया संस्करण प्रकाशित किया जाए।

सन् १९६२ में राष्ट्रपतिजी पटना आए और सदाकत आश्रम में रहने लगे, तब उनका दर्शन पाने का अवसर मुझे कई बार मिला। प्रसंगवश, इस विषय में भी बातें हुईं। श्री रामनवमी प्रसादजी भी कभी-कभी उसमें सम्मिलित होते थे। चंपारन जिले में गांधीजी के जो तत्कालीन दौरे हुए थे, उनको नक्शे में दिखाने का मेरा प्रस्ताव अनुमोदित हुआ। यह भी निर्णय हुआ कि इन पूरक अभिलेखों के आधार पर कुछ विहंगम विवेचन किया जाय, जिसे ग्रंथ के नए संस्करण में समाविष्ट किया जा सके।

कई महीनों के पश्चात्, श्री जयप्रकाश नारायणजी के प्रोत्साहन से मुझे देशरत्न

डॉ. राजेंद्र प्रसादजी के सुपुत्र श्रीमृत्युंजयप्रसाद जी ने सन् १९१७-१८ ई. में महात्माजी की समिति के सामने जो अनेक साक्ष्य लिखे गए थे, उनकी कई एक जिल्दें दीं। सैकड़ों पृष्ठ डॉ. राजेंद्र प्रसादजी के अपने अक्षर में लिखे गए थे। उनमें कुछ पृष्ठ स्वयं महात्मा गांधीजी के हस्ताक्षर में भी पाए जाते हैं। आदरणीय श्री रामनवमी प्रसादजी ने इन साक्ष्यों का टंकित किया हुआ संग्रह मुझे दिया। श्री मृत्युंजय प्रसाद की सूचना के अनुसार जिन व्यक्तियों ने साक्ष्य देने का साहस उस विकट परिस्थिति में किया था, उनकी नामावली मैंने परिशिष्ट ५ में दे दी है।

'चंपारन में महात्मा गांधी' नामक इस ग्रंथ के रचयिता ग्रंथनायक के परम भक्त थे। उनकी अगाध बुद्धि और प्रखर स्मरण-शक्ति का कुछ अनुभव मिलने पर मुझे अर्वाचीन भारतीय ऐतिहासिक साधनों में इस ग्रंथ का क्या स्थान है, इसकी कुछ कल्पना मिली। चंपारन की उक्त घटनाओं के लगभग तीस वर्षों के पश्चात, ग्रंथकर्ता भारत के प्रथम राष्ट्रपति हुए। तब तक ग्रंथ के चरितनायक 'राष्ट्रपिता' का सिंहासन सदा के लिए ग्रहण कर चुके थे। जिस ग्रंथ की ऐसी महत्ता हो, उसके संबंध में कुछ भी लिखना मैं अपने अधिकार, क्षमता अथवा शक्ति से बाहर की बात मानता हूँ। स्व. डॉ. राजेंद्र प्रसादजी की आज्ञा मुझे शिरसा वंद्य थी : आज्ञा गुरूणामविचारणीया! चंपारन के इस संघर्ष में, महात्माजी के नेतृत्व में, स्वयं सक्रिय भाग लेनेवाले आदरणीय श्री रामनवमी प्रसादजी ने मुझे कई बार लिखा कि जो काम मुझे दिया गया था उसे पूरा होना चाहिए। श्री मृत्युंजय प्रसादजी ने भी मुझसे इसी प्रकार का आग्रह किया और, जैसाकि मैंने ऊपर बतलाया है, मुझे अमूल्य साधनों का एक संग्रह भी दिया। ऐसी ही परिस्थिति में यह निवेदन करने का साहस मैं कर रहा हूँ।

इसी बीच, बिहार सरकार की ओर से दो ग्रंथ प्रकाशित हुए—

१. महात्मा गांधी के विख्यात चरित लेखक श्री डी. जी. तेंदुलकर ने अपनी 'Gandhiji in Champaran' नामक ग्रंथ में अनेक साधनों का उपयोग करके इस महान् संघर्ष की कथा लिखी, जो अक्टूबर १९५७ में प्रकाशित हुई।

२. डॉ. बी. बी. मिश्र के संपादकत्व में 'Select Documents on Mahatma Gandhi's Movement in Champaran 1917-18' नामक संग्रह सन् १९६३ में प्रकाशित हुआ। इस संग्रह में, मैंने जो अभिलेख सुरक्षित किए थे, उनको भी संकलित किया गया है। संपादक महोदय लिखते हैं—

"I am not less grateful to Shri S.V. Sohoni, ICS who carefully preserved all such files of the Tirhut Commissioner, as contained original papers relating to Mahatma Gandhi's enquiries in Champaran."

इन दो सरकारी प्रकाशनों के अतिरिक्त, बिहार गजेटियर्स के विशेष पदाधिकारी श्री पी. सी. रॉय चौधरी ने भी अपनी 'Gandhiji's First Struggle in India' नामक

पुस्तक में कई एक समकालीन पत्रों की प्रतिच्छवियों के साथ अपना विश्लेषण प्रस्तुत किया है, जिसका प्रकाशन सन् १९५५ में हुआ है।

चक्षुर्वै सत्यम्। स्वयं देशरत्न डॉ. राजेंद्र प्रसादजी ने महात्माजी के सामने चंपारन जिले में सन् १९१७-१८ में जो कुछ देखा, सुना और किया, उसके आधार पर इस ग्रंथ की रचना की। अतः यह एक महत्त्वपूर्ण ऐतिहासिक आकर-ग्रंथ हुआ है। सरकारी कार्यालयों से जो समकालीन पत्र और प्रतिवेदन इत्यादि उपलब्ध हुए हैं, उनकी उपयोगिता यह है कि उनको देखने पर ग्रंथ की महत्ता और अधिक स्पष्ट हो जाती है—जैसे कि राजप्रासाद में संध्या-समय, प्रदीप लेकर संचित वस्तु देखने में सौकर्य होता है। उस समय ग्रंथ-लेखक को इन पत्रों तथा प्रतिवेदनों को देखने का अवसर कुछ सीमित काल के लिए ही मिलता था—परंतु संदर्भ ग्रंथ के रूप में नहीं। इन राजकीय अभिलेखों में जो विषय थे, उनका परिज्ञान उनको अवश्य था और इतना समय बीत जाने पर भी अभिलेखों का उपयोग ग्रंथ में करने की उनकी बड़ी उत्कट इच्छा थी, जो उन्होंने श्री रामनवमी प्रसादजी के और मेरे सामने कई बार प्रकट की।

इस मूल ग्रंथ और इन पूरक साधनों का विहंगम अवलोकन करने पर अनेक मौलिक विषयों के संबंध में परिपोषक सामग्री शोधकों को मिलती है, जिससे राष्ट्रीय महत्त्व के बिंदुओं पर प्रकाश पड़ सकता है।

इस ग्रंथ का तथा पूरक सामग्री का अध्ययन निम्नलिखित विषयों के लिए विशेष उपयोगी होगा—

१. महात्मा गांधी की जीवनी तथा २. ग्रंथकर्ता की जीवनी के संबंध में पूरक पत्र प्रतिवेदन तथा टिप्पणियों में बहुसूचक संकेत मिलते हैं।

३. उत्तर बिहार में कोठीवालों की सामाजिक संस्था का राजकीय और आर्थिक विश्लेषण करना हो तो श्रीमती सावी के उपन्यासों के अतिरिक्त यहाँ प्रचुर मात्रा में जानकारी मिलेगी। कोठीवाले निकट भविष्य में हटने वाले थे, यह महात्माजी का अनुमान था, जो थोड़ी ही अवधि में सत्य सिद्ध हुआ।

४. आंग्ल-राज्य शासन की विविध प्रतिक्रियाएँ पूरक सामग्री में देखने में आती हैं, जिनके आधार पर शास्त्रीय दृष्टि से शोधकार्य होना आवश्यक है। स्वतंत्र रीति से यह प्रयत्न किया जाएगा, जैसी कि ग्रंथकर्ता की इच्छा थी।

५. महात्माजी की काम करने की पद्धति कैसी थी, यह भी इन साधनों से स्पष्ट होता है।

६. तत्कालीन आंग्ल-शासन और भारतीय जनता के आपस के संबंध के बारे में विधायक दृष्टि से सोचने का यह पहला प्रसंग था। महात्मा गांधी ने इस संबंध में जो विचार प्रकट किए, उनमें सामुदायिक विकास तत्त्वों की पूरी आत्मा देखने में आती है।

आंग्ल-नीति इस प्रकार की थी—

१. जहाँ तक हो सके, कोठीवालों के हित की रक्षा होनी चाहिए।

२. चूँकि गांधीजी अकस्मात् पहुँचे और उसके पश्चात् शीघ्र ही उन्होंने अपनी विस्तृत जाँच शुरू की, इसलिए उस पर प्रतिबंध लगाना उचित नहीं था।

३. कोठीवालों द्वारा रैयतों पर जुल्म किया जाता है, यह सरकार को पहले से ही ज्ञात था। रैयतों की रक्षा करना सरकार ने अपना कर्तव्य माना। कुछ हद तक सरकार का और गांधीजी का उद्देश्य एक था। ऐसी परिस्थिति में स्थानीय अधिकारियों को जाग्रत् रखते हुए तटस्थ वृत्ति को स्वीकार करना पड़ा, जो नीति स्थानीय अधिकारियों के लिए आश्चर्यजनक थी। कोठीवालों को अपनी नीति का पूरा परिचय देना सरकार के लिए आवश्यक था। राज्यपाल गेट साहब का ४ फरवरी, १९२८ का एक संलेख इस संबंध में प्राप्त हुआ है, जिसमें कोठीवालों के प्रतिनिधि मि. जेमसन के साथ जो चर्चा हुई, उसका सारांश दिया है। वह इस प्रकार है—

"I had a long talk yesterday evening with Mr. Jameson. I note fully the general lines of the discussion."

"I began by explaining to him our position in regard to Mr. Gandhi. We fully recognised the objections to his so-called unofficial 'enquiry', but there was nothing illegal in his action and it was impossible for Government to think of removing him forcibly. If we had attempted to do so, it is quite certain that the Govt. of India would have overruled us, or failing the Govt. of India, the Secretary of State. Mr. Andrews' 'enquiries' in the Colonies were just as inconvenienced as Mr. Gandhi's in Champaran, but it never occurred to the Colonial Governments to remove him. Mrs. Besant's campaign against Government was far more objectionable than Mr. Gandhi's enquiries; yet the Government of Madras were overruled when they interned her. Mr. Jameson admitted that we were probably not in a position to remove him from the district."

अर्थात्

"कल संध्या समय मैंने श्री जेमसन से लंबा वार्त्तालाप किया। मैं विचार-विमर्श के सामान्य विषयों का पूर्ण उल्लेख कर रहा हूँ। श्री गांधी के विषय में हम लोगों की स्थिति की उनसे व्याख्या करनी मैंने शुरू की। उनकी तथाकथित गैर सरकारी जाँच के विषय में आपत्तियों को हम लोगों ने स्वीकार किया, किंतु उनके कार्यों में कोई अवैधानिकता नहीं थी। उनको बलपूर्वक जिले से बाहर निकालने की बात सोचना सरकार के लिए असंभव था। यदि हम लोग वैसा करने की चेष्टा भी करते तो यह बिलकुल निश्चित है कि भारत सरकार हम लोगों के आदेश को खंडित कर देती और यदि वह न भी करती तो राज्य-सचिव वैसा कर देते। चंपारन में श्री गांधीजी की जाँच के समान ही उपनिवेशों में श्री एंड्रयूज की जाँच असुविधाजनक थी, किंतु औपनिवेशिक सरकार को यह कभी

नहीं सूझा कि उनको वहाँ से हटा दे। श्री गांधी की जाँच की अपेक्षा सरकार के विरुद्ध श्रीमती बेसेंट का आंदोलन कहीं अधिक आपत्तिजनक था। फिर भी, जब उनको सीमित क्षेत्र में रहने का आदेश दिया गया, तब मद्रास सरकार का वह आदेश विखंडित कर दिया गया। श्री जेमसन ने यह स्वीकार किया कि हम लोग जिले से उनको निकालने की स्थिति में नहीं थे।''

बिहार सरकार ने कोठीवालों से कहा कि आप लोग संयम रखिए। तिरहुत के आयुक्त को इसी नीति के आधार पर एक कटु आलोचना राज्यपाल के आदेश से भेजी गई थी। इसी दृष्टिकोण से स्थानीय अधिकारियों को तटस्थ रहना पड़ा और गांधीजी की जाँच का काम जारी रह सका।

४. तत्पश्चात् सरकारी जाँच समिति बहाल कर गांधीजी को उसका सदस्य बनाया गया।

५. आरक्षी-विभाग ने गांधीजी के विकास-कार्य के संबंध में जब आशंका प्रकट की, तब जिलाधिकारी को, गांधीजी के स्वयंसेवकों द्वारा किए जानेवाले विकास-कार्य के संबंध में जागरूक रहने की सूचना देते हुए बारंबार उन संस्थाओं का निरीक्षण करने की सूचना दी गई।

इससे सन् १९१७-१८ में चंपारन में किए गए महात्मा गांधी के कार्यों की पार्श्वभूमि अधिक स्पष्ट होती है। वे ५-७ दिनों के लिए ही आए थे, परंतु लगातार कई एक सप्ताह तक रह गए। 'बापू के कदमों में' नामक अपने दूसरे ग्रंथ में ग्रंथकर्ता लिखते हैं—''चंपारन में आने के पहले ही गांधीजी ने साबरमती में सत्याग्रह-आश्रम कायम कर लिया था। वे चंपारन यह सोचकर आए थे कि ५-७ दिनों के अंदर वहाँ का काम करके वापस आश्रम चले जाएँगे। पर, जब उन्होंने देखा कि ५-७ दिनों के बदले महीनों रहना पड़ेगा, तब उन्होंने आश्रमवासियों को खबर दे दी कि वहाँ का काम वहीं के लोग चलावें और कुछ दिनों तक उनके लौटने की आशा नहीं रखें।''

शनैः-शनैः तत्कालीन बिहार सरकार को भी इस परिस्थिति का परिचय हुआ और गांधीजी को चंपारन जिले से कैसे निकाला जाए, यह चिंता बिहार सरकार को होने लगी।

चंपारन जिले के सरकारी अधिकारियों के मन में, उस समय, यह भावना उठी कि महात्मा गांधी चंपारन पहुँचने से पहले तत्कालीन सर्वोच्च ब्रिटिश सत्ताधिकारियों के साथ विचार-विमर्श करके ही आए होंगे। अतः तत्कालीन राज्यपाल का और सचिवालय का दृष्टिकोण महात्माजी के प्रति सहानुभूतिपूर्ण रहा। कोठीवालों ने सरकार से प्रार्थना की थी कि महात्माजी को चंपारन से बाहर निकाल दिया जाय। इस संबंध में स्वयं उस समय के राज्यपालजी ने कोठीवालों को यह स्पष्ट बतलाया था कि ऐसा करना युक्तिसंगत नहीं होगा और यदि ऐसा किया भी जाय तो केंद्रीय सरकार द्वारा इसकी कटु आलोचना की जाएगी।

तत्कालीन अधिकारी वर्ग क्या जानता था कि एक अत्यंत सात्त्विक और महान् कार्यकर्ता के भारतवर्ष के सार्वजनिक जीवन के चरित का यह प्रथम अध्याय था और जो कुछ हुआ, वह सनातन तत्त्वों के आधार पर ही संपन्न होता रहा। दक्षिण अफ्रीका से भारत लौटने पर श्री गोपालकृष्ण गोखले ने महात्माजी को यह संकेत किया था कि वे देश की परिस्थिति का अध्ययन करें। महात्माजी चंपारन में एक अन्वेषक की दृष्टि से काम करने के लिए आए। उनके हाथ का लिखा हुआ १४ अप्रैल, १९१७ का पत्र मुझे उपलब्ध हुआ, जिसमें उन्होंने तिरहुत-प्रमंडल के आयुक्त को लिखा था—

"I am anxious to test the accuracy of the statements made to me by various friends regarding indigo matters and to find out for myself whether I can render useful assistance. My mission is that of making peace with honour."

अर्थात्

''कई मित्रों ने नील के विषय में मुझे जो कुछ बताया है, उसके तथ्यांश की जाँच करने और इस विषय में मैं कहाँ तक सहायता दे सकता हूँ, यह पता लगाने के लिए मैं चिंतित हूँ। मेरे आने का उद्देश्य सम्मानपूर्वक शांति की स्थापना करना है।''

इन दो वाक्यों में ही इस ग्रंथ का सारांश सुचारु रूप से आ गया है।

भावी राष्ट्रपिता के जीवन में चंपारन की यह जाँच महत्त्व का स्थान रखती है। इतने विशाल व्यक्तित्व के विकास के अध्ययन के लिए इस जाँच के अनुसार, विपुल साधन प्राप्त होते हैं, जिनके आधार पर उस समय उन्मीलित होनेवाले उन गुणों का परिचय मिलता है, जिन गुणों में क्रमशः वृद्धि होते-होते ग्रंथ के चरितनायक को आगे राष्ट्रपिता का स्थान प्राप्त हुआ। महात्माजी की जीवनी के विश्लेषण के लिए यह ग्रंथ और पूरक साधन बहुत सहायक होंगे।

भावी राष्ट्रपति के मन पर इस अवधि में भावी राष्ट्रपिता ने जो संस्कार स्थापित किया, वह चिरंतन रहा और संसार को हनुमद्भक्ति का एक नया दृश्य देखने को मिला। यह कहने की आवश्यकता नहीं है कि डॉ. राजेंद्र प्रसादजी की जीवनी के संबंध में शोधकार्य करने के लिए भी यह ग्रंथ और इसके पूरक साधन बहुत उपयोगी होंगे। कोठीवालों के विषय में उस समय जो जाँच हुई, उसके लिए लगभग तेरह हजार लोगों ने अपने साक्ष्य दिए थे। ये साक्ष्य अँगरेजी में लिखे गए थे और लिखने का अधिकांश काम डॉ. राजेंद्र प्रसादजी ने स्वयं किया था। उनके सुंदर अक्षरों में सैकड़ों पृष्ठ इस प्रकार लिखे गए थे। कभी-कभी महात्मा गांधी भी स्वयं साक्ष्य लिखते थे। नमूने के लिए दो प्रतिच्छवियाँ इस संस्करण में दी गई हैं।

तत्कालीन शासन की प्रणाली और सब स्तरों के अधिकारियों के मनोव्यापार कैसे थे—यह इस ग्रंथ के अध्ययन से और पूरक साधनों को देखने से स्पष्ट हो जाता है।

महात्मा गांधी के चंपारन जाने के पहले श्री ब्रजकिशोर प्रसादजी के संबंध में स्थानीय अधिकारियों के मन में जो अपने-अपने अभिप्राय थे, वे गांधीजी के जाने के पश्चात् भी कुछ समय तक बने रहे। गांधीजी के सहायकों के संबंध में आंग्ल-अधिकारियों के लिखे हुए अनेक मनोरंजक समकालीन पत्र और प्रतिवेदन प्राप्त हुए हैं।

सरकारी अधिकारियों की प्रतिक्रिया अन्य प्रकार से भी प्रकट हुई। महात्मा गांधी में जो विलक्षण आकर्षण-शक्ति थी, उससे थोड़े ही दिनों में प्रभावित होने पर, बेतिया के अनुमंडलाधिकारी, चंपारन के जिलाधिकारी और राज्य के मुख्य सचिव और एक्जिक्यूटिव काउंसिलर को और स्वयं राज्यपाल को महात्माजी की महिमा का ज्ञान हो गया। पूरक सामग्री में इस विषय में विपुल सूचनाएँ मिलती हैं।

महात्मा गांधी की कार्य करने की पद्धति के संबंध में अनेक महत्त्वपूर्ण संकेत इन सामग्रियों में मिलते हैं। भगवद्गीता में सात्त्विक कार्यकर्ता की व्याख्या इस प्रकार दी गई है—

''मुक्तसङ्गोऽनहंवादी धृत्युत्साहसमन्वितः।
सिद्ध्यसिद्ध्योर्निर्विकारः कर्त्ता सात्त्विक उच्यते॥''

—भगवतगीता, १८-२६

गांधीजी के अद्वितीय उत्साह का परिचय दिन-प्रतिदिन सब लोगों को उस समय मिलता रहा। सत्य के अन्वेषण में वे मुक्तसंग थे, यह भी स्पष्ट हुआ। अपने साथियों के संबंध में उनके मन में कितनी उच्च भावना और आत्मीयता थी, यह इन पत्र-प्रतिवेदनों में कई बार व्यक्त किया गया है।

बेतिया के अनुमंडलाधिकारी ने अपने २९ अप्रैल, १९१७ के पत्र में यह लिखा था—

"13. Mr. Gandhi has always met me with much frankness, and he asks for the co-operation of Government. Both he and Government are committed to lines of reform. The question is one of degree and he may want to push for reform further than Government is prepared to go. I do not know Government's attitude towards Mr. Gandhi, beyond the instructions I have received to give him every facility. The actual situation created is, however, so serious that I think the facts should immediately be presented to Government by an officer with local knowledge. I asked Mr. Gandhi if he would be prepared to proceed to Ranchi to place his plans before Government accompanied by a local officer and Mr. Gandhi says that he would be willing to go. I think a lot might be done in this way to clear up the situation. At present, I cannot speak with authority of Government's proposals for dealing with local problems. If Mr. Gandhi is informed of these, he may incline to think that his local mission may do more harm than good in precipitating a position which will be difficult to control, will endanger the lives of Europeans and will raise controversial and racial questions at a time when the Empire is heavily engaged in war. That Champaran will have to face publicity is probably inevitable. That a body of planters should state themselves ready to ask for a public commission of enquiry is proof of the seriousness with which everyone views the situation created. Mr. Gandhi is insistent on the immediate redress of what he calls "admitted and continuing wrongs" and would not wish them deferred to the ultimate findings of commission (were one to be appointed); but it should not be difficult to reach a point of agreement.

"14. On matters which require redress, Mr. Gandhi is prepared to go to any length to secure it, and would willingly immolate himself in that cause; nor will he disengage from the district until very great changes are effected; but he is, I am sure, amenable to reason in his treatment of these difficult problems."

अर्थात्

"श्री गांधी बराबर मुझसे अत्यधिक खुलकर मिलते हैं और वे सरकार का सहयोग माँगते हैं। सरकार और वे दोनों ही सुधार के विषय में वचनबद्ध हैं। प्रश्न केवल अंश या मात्रा का है। सरकार जहाँ तक करने के लिए तैयार है, उससे आगे वे सुधार को बढ़ाना चाहेंगे। उनको सर्वविध सुविधा देने का जो आदेश मुझे प्राप्त हुआ है, उसके अतिरिक्त श्री गांधी के प्रति सरकार का रुख मुझे ज्ञात नहीं है। वास्तविक स्थिति ऐसी गंभीर है कि मैं समझता हूँ कि स्थानीय जानकारी रखनेवाला कोई पदाधिकारी शीघ्र ही वस्तुस्थिति को सरकार के सम्मुख रखे। मैंने श्री गांधी से पूछा कि क्या वे एक स्थानीय पदाधिकारी के साथ राँची जाकर सरकार के सामने वस्तुस्थिति को रखने को तैयार हैं, तो उन्होंने कहा कि वे तैयार हैं। मैं समझता हूँ कि इस प्रकार स्थिति को बहुत दूर तक स्पष्ट किया जा सकता है। स्थानीय समस्याओं को निबटाने के विषय में सरकारी प्रस्तावों के बारे में मैं अभी अधिकारपूर्वक कुछ नहीं कह सकता। यदि श्री गांधी को इसकी सूचना दी जाय, तो उनको सोचना पड़ेगा कि उनका स्थानीय मिशन लाभ की अपेक्षा अधिक हानि कर सकता है। और उसके फलस्वरूप ऐसी स्थिति उत्पन्न हो सकती है, जिसे अनुशासित करना कठिन हो और जिसमें अंग्रेजों के जीवन को खतरा हो तथा विवादग्रस्त जातीय प्रश्न उत्पन्न हो, खासकर ऐसे समय में, जबकि साम्राज्य युद्ध में अत्यधिक फँसा हुआ है। यह प्राय: निश्चित है कि चंपारन को संभवत: प्रचार के कुफल का सामना करना पड़ेगा। कोठीवालों को एक जाँच आयोग की माँग करने के लिए प्रस्तुत रहना चाहिए, ऐसा कथन ही इसका प्रमाण है कि कैसी गंभीर स्थिति उत्पन्न हो गई है। श्री गांधी इस पर तुले हुए हैं कि तत्काल कष्ट निवारण हो, जिसे वे 'स्वीकृत और वर्तमान' अन्याय कहते हैं और वे नहीं चाहेंगे कि इसे आयोग

के निर्णय तक स्थगित रखा जाय (यदि कोई आयोग नियुक्त हो); किंतु इस विषय में एक समझौते पर पहुँचना कठिन नहीं होगा।

''जिन विषयों में राहत की आवश्यकता है, उसको प्राप्त करने के लिए श्री गांधी किसी भी दूरी तक जा सकते हैं और उसके लिए वे अपने को खुशी-खुशी बलिदान कर सकते हैं। जब तक बहुत बड़े परिवर्तन नहीं हो जाते तब तक वे इस जिले से अलग भी नहीं होंगे; किंतु मुझे विश्वास है कि इन कठिन समस्याओं के समाधान में वे तर्क से मनाए जा सकते हैं।''

इस पत्र को उन्होंने जिलाधिकारी को भेजने से पहले महात्माजी को दिखला दिया था।

ये अनुमंडलाधिकारी बहुत मेधावी थे। सेवानिवृत्त होने से पहले वे उड़ीसा के राज्यपाल के पद पर थे। अपने २१ मई, १९१७ के पत्र में उन्होंने यह प्रतिवेदन भेजा था—

"13. Mr. Gandhi does not of course desire a disturbance; but I do think that he does not intend the fear of a disturbance to move him from the line along which he is travelling; especially as any personal punishment inflicted on himself would only attract additional attention and serve, as he believes, eventually to further his cause; and he could count on the glamour of martyrdom to eclipse the circumstance that he had brought his troubles on his own head by an unreasoning persistence. Mr. Gandhi believes, as he says, that there is no Govt. which is not a Govt. of expediency, and that all Governments proceed on the line of least resistance. Moulding his plan on this theory of governmental action, his intention is to put up the raiyats' case so strongly that Govt. will be bound to act on it. He does not claim to be an impartial investigator; he is, as he says, the representative of an interest and that is the raiyats'. I do not think that Mr. Gandhi has any ideas of real co-operation with Govt; success, to his mind, is to be obtained not by co-operation with Government, which only ties his hands, but pressure on it, to force it in deference to expediency to take the action he indicates. I believe this truly expresses his view and he thinks himself strong enough to carry through his project."

अर्थात्

''श्री गांधी निश्चय ही अशांति नहीं चाहते, किंतु मैं समझता हूँ कि वे जिस मार्ग पर चल रहे हैं, हलचल और विप्लव के भय से उससे विचलित होना भी नहीं चाहते, खासकर उनको दिया गया कोई दंड और भी अधिक ध्यान आकृष्ट करेगा और जैसा कि उनका विश्वास है, उनके उद्‌देश्य को और आगे बढ़ाएगा और उनको भरोसा है कि आत्मबलिदान की मोहकता में यह बात दब जाएगी कि तर्कहीन आग्रह द्वारा वे स्वयं अपने ऊपर विपत्ति लाए हैं। श्री गांधी, जैसा कि वे कहते हैं, यह विश्वास रखते हैं कि

ऐसी कोई सरकार नहीं है, जो व्यावहारिक लाभप्रद वृत्ति से प्रवृत्त न हो और सभी सरकारें कम-से-कम प्रतिरोध के मार्ग पर चलती हैं। इसी सरकारी कार्य के सिद्धांत पर निर्मित योजना के अनुसार उनका इरादा है कि वे रैयतों के मामले को सरकार के सम्मुख ऐसी दृढ़ता के साथ रखेंगे कि सरकार को उस पर कार्यवाही करने को बाध्य होना पड़ेगा। वे निष्पक्ष जाँचकर्ता होने का दावा नहीं करते; जैसा कि वे कहते हैं, वे रैयतों के हित के प्रतिनिधि हैं। मैं नहीं समझता कि श्री गांधी के मन में सरकार के साथ वास्तविक सहयोग करने की कोई भावना है। उनके विचार से इच्छित सफलता सरकार के साथ सहयोग से नहीं प्राप्त हो सकती, क्योंकि यह उनके हाथों को बाँध देता है, बल्कि सरकार पर दबाव डालकर उसको उनके द्वारा बताए गए काम करने को मजबूर करने से प्राप्त हो सकती है। मैं समझता हूँ कि ये वाक्य उनके विचारों को ठीक-ठीक प्रकट करते हैं और वे अपनी योजनाओं को पूर्ण करने के लिए अपने को पर्याप्त सबल समझते हैं।

महात्मा गांधी ने अपने कार्यकर्ताओं को जो आदेश दिए थे, वे इस संबंध में अत्यंत विचार-प्रवर्तक हैं—

Instructions for workers :

"The programme of study should be gone through as if I was not imprisoned, that is—

1. Villages should be visited systematically and notes of evidence of every one examined should be taken.

2. Where the party consents to sign the notes his signature or thumb impression should be taken.

3. Evidences should be taken even where the parties decline to sign. Reasons for refusal should be noted.

4. Evidence of pleaders who had anything to do with the cases of the raiyats should be requested and it should be after the pattern suggested for Gorakh Babu.

"For this evidence as many workers as would come forward should be taken. It is to be wished that many workers would come forward who would not be deterred from pursuing their enquiry even though they may receive notices of removal.

"They should quietly go to gaol if they are summoned and tried for disobedience. I suggest that no defence be offered.

"The raiyats should be intimated definitely not to use violence whether regarding their own grievances or regarding imprisonment of those who may come to assist them. But they can be and should be told that where they know they are being unjustly treated, that is required to plant indigo when they need not, rather than go to law, they should simply refuse to plant indigo and if for so refusing they are imprisoned they should suffer imprisonment. This requires very careful explanation. Where the workers do not understand the working of this quiet resistance or do not appreciate the force of it they may drop this point of the programme.

"When the workers of this first class are exhausted or not found at all second class workers should be enlisted to collect evidence at centres where their presence is not resented. Raiyats may be quietly asked to come to such centres and give evidence. All documents should be collected and classified. The work ought not to take more than six weeks. At the end of the enquiry the whole of the evidence, oral or documentary, should be printed for private circulation. In the first instance, if no one will print it, it should be typed. All the papers and evidence should be collected at one spot and sifted and marshalled under one man's direction. Babu Braj Kishore Prasad should take it up unless Mr. Andrews arrives and does the marshalling.

"Further action should be taken after consultation with a small All-India Committee under Panditji or Mr. Shastri. There should be demand for an impartial enquiry containing a number (equal with that of the planters' representatives) of Indians representing the raiyats. Our representatives must be of our choice.

"Pending enquiry planters should institute no civil suits for damages etc., an impartial person should be present at the time of distribution of wages daily or otherwise.

"Workers should be paid where necessary. If funds cannot be raised locally, Imperial Citizenship Association should be asked."

अर्थात्

कार्यकर्ताओं के लिए आदेश

"जाँच का कार्यक्रम इस प्रकार चालू रहना चाहिए, मानो कि मैं कारागार में नहीं भेजा गया हूँ, अर्थात्—

१. व्यवस्थित रीति से ग्रामों का निरीक्षण होना चाहिए और प्रत्येक गवाह के साक्ष्य की टिप्पणी को लिपिबद्ध करना चाहिए।

२. जहाँ संबद्ध व्यक्ति सहमत हों, वहाँ टिप्पणी पर उनका हस्ताक्षर या अँगूठे का निशान लेना चाहिए।

३. जहाँ संबद्ध व्यक्ति हस्ताक्षर करना अस्वीकार करें, वहाँ भी साक्ष्य लिखना चाहिए और अस्वीकार करने का कारण लिख लेना चाहिए।

४. रैयतों के कार्य के साथ किसी प्रकार का संबंध रखनेवाले वकीलों से साक्ष्य

देने के लिए निवेदन करना चाहिए और वह गोरख बाबू के लिए बताई गई पद्धति के अनुसार होना चाहिए।

"साक्ष्य लिखने के लिए जितने कार्यकर्ता उपलब्ध हों, उन सबको लेना चाहिए। यह अभिलषित होना चाहिए कि ऐसे कार्यकर्ता आगे आएँ, जो निष्कासन की सूचना प्राप्त करने पर भी जाँच को जारी रखने से विचलित न हों।

"यदि आज्ञोल्लंघन के अपराध में उन पर मुकदमे चलाए जायँ और जेल जाने का आदेश हो तो उनको चुपचाप जेल चला जाना चाहिए। मैं यह सलाह दूँगा कि किसी प्रकार का बचाव नहीं करना चाहिए। रैयतों को स्पष्ट रीति से यह सूचित कर देना चाहिए कि वे किसी प्रकार का बल-प्रयोग नहीं करें, चाहे वह उनके अपने दुःखों के विषय में हो या जो उनकी सहायता करने आएँ, उनके कारावास के संबंध में हो। उन लोगों को यह कह देना चाहिए कि जहाँ वे लोग यह समझें कि उनके साथ अन्याय किया जा रहा है, अर्थात् उनको नील बोने को कहा जा रहा है, जो वे नहीं चाहते, तो न्यायालय में जाने की अपेक्षा उनको सीधे नील बोना अस्वीकार कर देना चाहिए और यदि इसे अस्वीकार करने के लिए उनको कारागार का दंड हो तो उसे भुगतना चाहिए। इस नीति की व्याख्या बहुत सावधानी के साथ की जानी चाहिए। जहाँ कार्यकर्ता इस शांतिपूर्ण विरोध की कार्य-पद्धति को नहीं समझते हों अथवा इसकी शक्ति का अनुमान नहीं कर सकते हों, वहाँ कार्यक्रम के इस अंश को त्याग देना चाहिए।"

"जब इस प्रकार के प्रथम श्रेणी के कार्यकर्ता समाप्त हो जायँ या एकदम अप्राप्य हों, तब द्वितीय श्रेणी के कार्यकर्ताओं की सूची प्रस्तुत करनी चाहिए, जो ऐसे केंद्रों में साक्ष्य का संग्रह करें, जहाँ उनकी उपस्थिति का विरोध न होता हो। रैयतों को इन केंद्रों में चुपचाप आने और साक्ष्य देने के लिए कहना चाहिए। सभी प्रमाण-लेखों का संग्रह और वर्गीकरण करना चाहिए। इस काम में छह सप्ताह से अधिक समय नहीं लगना चाहिए। जाँच के अंत में सभी लिखित या मौखिक साक्ष्यों को खास प्रसारण के लिए छपवाना चाहिए। यदि इसे कोई नहीं छापे तो आरंभ में इसे टंकित कराना चाहिए। सभी पत्रों और साक्ष्यों को एक स्थान पर एकत्र करना चाहिए और एक व्यक्ति के तत्त्वावधान में उनको अलग-अलग करके क्रमबद्ध करना चाहिए। यह काम बाबू ब्रजकिशोर प्रसाद को करना चाहिए, जब तक श्री एंड्रयूज यहाँ आकर इसे ग्रहण नहीं करें।

"पंडितजी अथवा शास्त्रीजी के अधीन संघटित एक छोटी अखिल भारतीय समिति के साथ विचार-विमर्श करने के बाद ही आगे की कार्यवाही होनी चाहिए। एक निष्पक्ष जाँच की माँग होनी चाहिए, जिसमें नील कोठी के प्रतिनिधियों की संख्या के बराबर भारतीय रैयतों के प्रतिनिधियों की संख्या भी हो। हमारे प्रतिनिधि हमारी इच्छा के अनुसार चुने जाने चाहिएँ।

"जब तक जाँच का निर्णय नहीं होता है, तब तक कोठीवालों को क्षतिपूर्ति आदि के लिए कोई दीवानी मुकदमा दायर नहीं करना चाहिए, दैनिक अथवा अन्य पारिश्रमिक के वितरण के समय एक निष्पक्ष व्यक्ति को उपस्थित रहना चाहिए।

"जहाँ आवश्यकता हो, वहाँ कार्यकर्ताओं को वेतन भी देना चाहिए। यदि स्थानीय रूप से अर्थ-संग्रह नहीं किया जा सके तो इंपीरियल नागरिकता समिति से माँग करनी चाहिए।"

महात्माजी से एक सभा में यह पूछा गया था कि वे शाहाबाद जिले के सांप्रदायिक बलवे से जो परिस्थिति उत्पन्न हुई है, उस संबंध में ध्यान क्यों नहीं देते। उन्होंने उत्तर में बतलाया कि उनका यह नियम है कि एक समय एक ही काम अंगीकृत करना चाहिए। विवरण इस प्रकार है—

"He said that he should have taken the Shahabad matter into his own hands to reconcile both parties, but it was his principle not to leave a thing unfinished which he had already taken up and the thing in his hands now was the Champaran affair."

अर्थात्

"उन्होंने कहा कि वे शाहाबाद के विषय को अपने हाथों में लेते और दोनों दलों में मेल कराते, किंतु उनका सिद्धांत है कि प्रारंभ किए हुए काम को अपूर्ण नहीं छोड़ना और अभी जो काम उन्होंने अपने हाथों में ले लिया है, वह है चंपारन का विषय।"

सामुदायिक विकास के तत्त्वों का प्रथम आविष्कार

सोचने पर महात्माजी के ध्यान में यह बात आई कि कोठीवाले बहुत दिन टिकने वाले नहीं हैं। परंतु, जब तक वे टिकेंगे, तब तक रैयतों को सबल करने के लिए और जब चंपारन से कोठीवाले चले जाएँगे, तब रैयतों की चिरंतन उन्नति के लिए कुछ उपाय सोचना चाहिए। इस संबंध में कार्य की दिशा बतलाते हुए महात्माजी ने सामुदायिक विकास का प्रथम आविष्कार इन शब्दों में किया—

"The industrial training is to be designed for the boys and girls who may come to us for an additional means of livelihood. It is not intended that on completing their education they should leave their hereditary occupation but make use of the knowledge acquired in the school to refine agriculture and agricultural life. Our teachers will also touch the lives of grown up people and, if at all possible, penetrate the purdah. Instruction will be given to grown up people in hygiene and about the advantages of joint action, for the promotion of communal welfare, such as, the making of village roads proper, the sinking of wells etc. And as no school will be manned by teachers who are not men or women of good training, we propose to give medical aid so far as is possible."

अर्थात्

''जो बालक और बालिकाएँ अतिरिक्त जीविका के साधन के लिए हम लोगों के पास आएँ, उनके लिए व्यावसायिक प्रशिक्षण की रूपरेखा प्रस्तुत होनी चाहिए। यह अभिप्रेत नहीं है कि अपनी शिक्षा समाप्त करने के बाद वे अपने वंशगत व्यवसाय को छोड़ दें, बल्कि विद्यालयों में प्राप्त ज्ञान का उपयोग वे लोग कृषि और कृषि-जीवन को और परिष्कृत और उन्नंत बनाने के लिए करें। हमारे शिक्षक वयस्क लोगों के जीवन को भी प्रभावित करेंगे और यदि संभव हो तो परदे को हटाएँगे। वयस्क लोगों को स्वास्थ्य और सम्मिलित कार्य के विषय में शिक्षा दी जाएगी, जिससे सामुदायिक कल्याण का विकास हो, जैसे गाँव की सड़कों को ठीक करना, कुआँ खोदना आदि। चूँकि सभी स्कूलों में अच्छे प्रशिक्षण प्राप्त शिक्षक ही रहेंगे, अत: जहाँ तक संभव हो, हम नि:शुल्क चिकित्सा-सहायता देना चाहते हैं।

महात्माजी ने चंपारन के जिलाधिकारी को भी अपने सिद्धांत का परिचय इस प्रकार दिया—

"I was in Barharwa yesterday, and Mrs. Gokhale and my son were just returning from a visit to a dying man. They told me that the people in the district were woefully neglected of the patients, and they believe that many preventible deaths must occur in the district for want of a simple observance of the rudimentary principles of hygiene. I know that this will not come to you as news, because it is not a peculiar condition of the district in which Mrs. Gokhale is working or of Champaran, but it is a chronic condition among the peasantry of India."

अर्थात्

''कल मैं बड़हरवा में था और श्रीमती गोखले तथा मेरे पुत्र एक मरणासन्न व्यक्ति को देखकर लौट रहे थे। उन लोगों ने मुझसे कहा कि इस जिले के लोग रोगियों की बड़ी उपेक्षा करते हैं और उन लोगों का विश्वास है कि स्वास्थ्य के प्रारंभिक सिद्धांतों का पालन नहीं करने के कारण इस जिले में बहुत सी ऐसी मृत्युएँ होती होंगी, जिन्हें रोका जा सकता था। मैं जानता हूँ कि आपको इसमें कोई नवीनता नहीं मालूम होगी, क्योंकि यह विशेष स्थिति केवल उसी जिले की नहीं है, जिसमें श्रीमती गोखले काम करती हैं, यह चंपारन की—प्रत्युत भारत की—ग्रामीण जनता की एक पुरानी दुरवस्था है।

अपने विधायक कार्यक्रम की विस्तृत योजना गांधीजी ने चंपारन के जिलाधिकारी को बतलाई, जिसका प्रतिवेदन अत्यंत महत्त्वपूर्ण है—

Community Development :

"He informed me that he is going to devote his energies to :—

(a) **Education**—He is going to use Babu Rajendra Prasad and Babu Braj Kishore chiefly in this work. He appears to contemplate that they should do actual teaching work, and make recommendations for the best places to found schools. He proposes to solicit subscriptions from planters for the purpose. He says, Hill has already promised to help.

(b) **Sanitation**—He seems to think that his followers are going to go round the villages cleaning out wells and inculcating the need for cleanliness. I pointed out that most of his present followers were hardly the men for this sort of job. He said he hoped to get others, and even some women-helpers. The Champaran raiyat will be surprised to hear the latter lecturing him.

(c) **Improvement of relations between planters and raiyats**—He declares he is anxious to decrease litigation, as far as possible. I pointed out that one of the results of the excitement consequent on his 'Mission' had been a great increase in litigation. He assures me he is impressing on his followers the importance of trying to discourage needless litigation.

He says he wants to help the planter so long as the latter acts within the law and the terms of the recent Government Resolution.

I remained as non-committal as possible, I pointed out two things to him :

1. the tendency of the Champaran raiyat, through ignorance, to misinterpret advice and actions;
2. the importance of choosing his lieutenants carefully.

My general impression of this man is that he is either speaking half the time with his tongue in his cheek, or else he is a type such as I have never met before in this country."

अर्थात्

सामुदायिक विकास

"उन्होंने मुझे सूचित किया कि वे अपनी शक्ति का उपयोग इन कामों में करने जा रहे हैं—

क. शिक्षा—वे इस काम में मुख्यत: श्री राजेंद्र प्रसाद और ब्रज किशोर बाबू को लगाना चाहते हैं। उनका विचार है कि वे लोग वास्तविक अध्यापन-कार्य करें और स्कूल स्थापित करने के लिए सर्वोत्तम स्थानों की सिफारिश करें। वे इस काम के लिए कोठीवालों से चंदा माँगना चाहते हैं। वे कहते हैं कि हिल साहब ने तो सहायता करने का वचन पहले ही दे दिया है।

ख. सफाई—वे सोचते हैं कि उनके अनुयायी गाँवों में घूमेंगे और कुओं की सफाई करेंगे तथा सफाई की आवश्यकता लोगों को समझाएँगे। मैंने बताया कि आपके अनुयायियों में अधिकांश लोग इस प्रकार के काम के योग्य शायद ही हों। उन्होंने कहा

कि उनको आशा है कि वे और कार्यकर्ता प्राप्त करेंगे और कुछ महिला सहायिकाएँ भी। चंपारन के रैयतों को उनका भाषण सुनकर आश्चर्य होगा।

ग. रैयतों और कोठीवालों के पारस्परिक संबंध में सुधार

उन्होंने यह घोषणा की है कि वे मुकदमेबाजी को, जहाँ तक संभव हो, कम करने के लिए चिंतित हैं। मैंने उनको बतलाया कि आपके आगमन के फलस्वरूप उत्पन्न उत्तेजना का एक परिणाम यह हुआ है कि मुकदमेबाजी में बहुत वृद्धि हुई है। उन्होंने मुझे विश्वास दिलाया कि वे अपने अनुयायियों को निरर्थक मुकदमेबाजी नहीं होने देने की आवश्यकता समझा रहे हैं।

वे कहते हैं कि वे कोठीवालों की तब तक मदद करना चाहते हैं जब तक कि वे कानून और हाल के सरकारी संकल्प के अनुसार कार्य करते हैं।

मैं, जहाँ तक संभव था, तटस्थ रहा। मैंने उनको दो बातें बतलाईं—

१. चंपारन के रैयतों में, अज्ञानता के कारण, सुझावों और कार्यों को गलत समझने की प्रवृत्ति है।

२. उनके सहायकों को सावधानी से चुनने की आवश्यकता है।

"इस व्यक्ति के विषय में मेरी सामान्य धारणा यह है कि या तो वे अधिकांशत: बढ़-बढ़कर बातें करते हैं, और नहीं तो वह एक ऐसे व्यक्ति हैं, जैसे कि मुझे इससे पूर्व इस देश में कभी देखने में नहीं आए हैं।"

दफ्तर का कार्य करते-करते कर्मचारियों की बुद्धि कुंठित और दृष्टिकोण अनेक कारणों से संकुचित होने की आशंका रहती है। महात्मा गांधी के साथ वार्त्तालाप करने पर जिलाधिकारी के विचारों का क्षितिज विस्तारित हुआ। वे क्या जानते थे कि भावी राष्ट्रपिता के साथ चर्चा करने का सुअवसर उन्हें प्राप्त हुआ था।

स्वर्गीय देशरत्न डॉ. राजेंद्र प्रसादजी के प्रति मैं अपनी कृतज्ञता किन शब्दों में व्यक्त करूँ। अर्वाचीन भारत के इतिहास के संशोधक उनके प्रति सदा के लिए ऋणी रहेंगे।

मैं उन सबका आभारी हूँ, जिनसे मुझे इस काम में प्रेरणा और प्रोत्साहन मिला है।

—श्रीधर वासुदेव सोहोनी

४, सरर्कुलर रोड, पटना
रामनवमी, १९ चैत्र, १८८७ शक
२० अप्रैल, १९६५

विषय-सूची

पहला अध्याय

चंपारन

चंपारन, जो एक जिले का नाम है, बिहार और उड़ीसा के पश्चिमोत्तर कोने में है। उसके उत्तर की ओर हिमालय पहाड़ और नेपाल का राज्य है, पश्चिम में संयुक्त प्रांत का गोरखपुर जिला है, पूरब में मुजफ्फरपुर और दक्षिण में सारन जिला है। हिमालय के कुछ दक्षिण के अंश का नाम सोमेश्वर है। इसका कुछ हिस्सा चंपारन में पड़ता है। वही चंपारन और नेपाल के बीच की सरहद है। इसकी ऊँचाई प्रायः १,५०० फीट है। सोमेश्वर पहाड़ की एक चोटी, जहाँ पर दुर्ग बना हुआ है, २,८८४ फीट ऊँची है।

इस जिले की सबसे बड़ी और सर्वसम्मानित नदी नारायणी है, जिसे शालग्रामी अथवा गंडक भी कहते हैं। किसी पुराने समय में यह नदी प्रायः बीच में होकर बहती थी; पर वह धारा छूट गई और आज वह जिले की दक्षिणी सीमा हो रही है। यह नदी हिमालय के त्रिवेणी नामक स्थान से निकलती है। इसमें नाव प्रायः त्रिवेणी तक जा सकती है। गरमियों में पानी बहुत नहीं रहने पर भी नाव चलने लायक जल रहता है। वर्षा ऋतु में इसका पाट बहुत बढ़ जाता है और धारा का प्रवाह बहुत तेज हो जाता है। इस नदी में मगर, घड़ियाल आदि बहुत होते हैं। 'गज-ग्राह' की पौराणिक कथा इसी नदी के एक स्थान के विषय में, जो सारन जिले में है, कही गई है। गंडक के बाद दूसरी नदी, जिसका उल्लेख आवश्यक है, छोटी गंडक है। यह सोमेश्वर पहाड़ से निकलकर प्रायः जिले के बीचोबीच होकर चली जाती है। पहाड़ से निकलने पर कुछ दूर तक इसका नाम 'हरहा' है, उसके बाद 'सिकरहना' और आगे चलकर 'बूढ़ी गंडक' के नाम से प्रसिद्ध है। इसमें छोटी-छोटी बहुत सी पहाड़ी नदियाँ आकर मिल जाती हैं, जिसका फल यह होता है कि जो 'सिकरहना' गरमियों में प्रायः १०० गज चौड़ी रहती है, वही बरसात में स्थान-स्थान पर कोई दो मील चौड़ी हो जाती है। अन्य छोटी-छोटी नदियों के अतिरिक्त यहाँ सरकार की बनाई हुई त्रिवेणी की नहर भी है।

ऊपर कहा जा चुका है कि गंडक किसी समय जिले के बीच होकर बहती थी।

वहाँ से धारा हट गई है, पर अभी तक उसके चिह्न झील-रूप में मौजूद हैं। इस प्रकार कोई ४३ झीलें जिले भर में इस समय पाई जाती हैं। इनमें से बहुत सी गहरी भी हैं, और साल भर जल से भरी रहती हैं। इनका जल पीने के योग्य नहीं होता। यह नील की कोठियों के काम में लाया जाता है, और अनेक कोठियाँ इन्हीं झीलों के किनारे बनी हुई हैं।

चंपारन जिले की जमीन दो प्रकार की है। 'सिकरहना' नदी के उत्तर की मिट्टी कुछ कड़ी और जमीन नीची होने के कारण धान की खेती के लिए बड़ी अच्छी है। उसमें नील नहीं पैदा हो सकता है। उस मिट्टी को 'बाँगर' कहते हैं। 'सिकरहना' के दक्षिण की मिट्टी में बालू अधिक होने के कारण उसमें धान की अच्छी खेती नहीं हो सकती। मकई, गेहूँ आदि नाजों के लिए वह बहुत उपयोगी है। इसी जमीन में नील भी खूब उपजता है। इसे 'भीट' कहते हैं। पहाड़ की तराईवाली जमीन की पैदावार बड़ी अच्छी होती है, और यद्यपि मनुष्य के लिए वहाँ की आबहवा बहुत हानिकर है, तथापि गल्लों के लिए वह बहुत अच्छी है। तराई में अधिकतर धान की ही खेती होती है और जिले भर में धान ही प्रधान नाज है। आबाद जमीन में प्रायः ५६ फी सैकड़े जमीन धान की खेती में लगी हुई है। देहाती कहावत मशहूर है—

अजब देश मझौआ, जहाँ भात न पूछे कौआ।

मझौआ चंपारन के सबसे बड़े परगने का नाम है।

चंपारन की जलवायु बिहार के और जिलों की अपेक्षा खराब समझी जाती है। तराई की हवा तो बहुत ही हानिकर है। ज्वर आदि का प्रकोप बहुत है, और बरसात के बाद तो मानो प्रत्येक घर अस्पताल हो जाता है। दक्षिण की आबहवा भी अच्छी नहीं कही जा सकती। और जिलों की अपेक्षा सर्दी कुछ अधिक और गरमी कम पड़ती है। इसी से अँगरेज लोग इसे बहुत पसंद करते हैं। गंडक और सिकरहना नदी के किनारेवाले गाँवों में जलवायु का कुछ ऐसा प्रकोप है कि लोगों को घेघ हो जाया करता है। इस देश के लोगों की बुद्धि भी तीव्र नहीं होती। लँगड़े-लूले और घेघवाले मनुष्य बहुत देखने में आते हैं। उनमें बहुत ऐसे भी हैं, जिनमें बुद्धि बहुत कम है। वे गिनना नहीं जानते, ठीक से बातें नहीं कर सकते, दूसरों की बातें समझते भी नहीं, बेमौके हँस देते हैं। आसपास के लोग इन्हें 'बागड़' कहते हैं, और बिहार-प्रांत के अन्य जिलों में 'मझौआ के बागड़' प्रायः कहावत-सा हो गया है। ऐसा कहा जाता है कि कहीं-कहीं जानवरों तक को घेघ हो जाया करता है।

इस जिले में केवल दो शहर हैं—मोतिहारी, जो जिले का सदर है और बेतिया, जो पहले बड़ी तिजारत का केंद्र था और आज भी राजा की राजधानी और सब-डिवीजन का सदर है। इस जिले का रकबा ३,५३१ वर्ग मील है। गाँवों की संख्या २,८४१ है।

जनसंख्या (सन् १९११ की गणना के अनुसार) १९,०८,३८५ है। सैकड़े पीछे दो मनुष्य शहर के निवासी हैं—बाकी लोग देहात में रहते हैं। जिले की बस्ती वर्गमील पीछे कोई ५४० है। चंपारन के पूरब और दक्षिण भाग की आबादी—जो भाग मुजफ्फरपुर और सारन जिलों से मिला-जुला हुआ है—अधिक है, और पश्चिमोत्तरी भाग की आबादी, जहाँ की जलवायु बहुत ही खराब है, बहुत कम है। यहाँ पर उल्लेख योग्य बात यह है कि सारन और मुजफ्फरपुर से बहुत मनुष्य यहाँ आकर बस गए हैं, और ऐसे लोगों की संख्या बढ़ती ही जा रही है। ये खेती के लालच से यहाँ आते हैं।

बिहार के अन्य जिलों की तरह यहाँ भी हिंदुओं की अधिकता है। उनकी संख्या १६,१७,४५६ है। मुसलमानों की संख्या २,८६,०६७ है। बेतिया शहर में तथा उसके आस-पास बहुत से ईसाई बसे हुए हैं। कहा जाता है कि बेतिया के राजा ध्रुवसिंह की पत्नी एक समय बहुत बीमार हो गई थीं और वह एक ईसाई पादरी की चिकित्सा से अच्छी हो गईं। इसी कारण राजा ने प्रसन्न होकर सन् १७४५ के लगभग ईसाई पादरियों को बुलाकर बेतिया में बसा दिया। उसी समय से चंपारन में ईसाइयों की संख्या बढ़ने लगी, और आज उनकी संख्या २,७७५ है। यहाँ के ईसाइयों की विशेषता यह है कि उनके तथा अन्य जातियों के रहन-सहन में कुछ भी भेद नहीं दीखता। पर, उनकी स्त्रियाँ एक प्रकार का घघरा पहनती हैं, जो हिंदू स्त्रियाँ नहीं पहनतीं। यहाँ हिंदू-मुसलमान प्रायः उसी ढब से रहते हैं, जैसे बिहार के अन्य जिलों में। हिंदुओं में एक विशेष जाति, जो अन्य जिलों में नहीं पाई जाती है, थारुओं की है। इनकी संख्या ३४,६०२ है। ये प्रायः तराइयों में रहते हैं। थारू लोग वहाँ की आबहवा का प्रकोप विशेष रूप से सह सकते हैं। वे बहुत सच्चे और सीधे होते हैं, मुकदमेबाजी से बहुत भागते हैं और गृहस्थी का काम खूब जानते हैं। थोड़ा भी गोलमाल होने या कष्ट पहुँचने से गाँव-का-गाँव छोड़कर वे दूसरे स्थान में चले जाते हैं। धान अधिक होने के कारण उनका जीवन बहुत सुख से बीतता है।

चंपारन के हिंदू-मुसलमानों की भाषा हिंदी का एक रूपांतर है। इसे भोजपुरी कहते हैं, जो सारन की बोली से बिलकुल मिलती है। जिले के दक्षिण-पूरब भाग की बोली में मुजफ्फरपुर की मैथिली भाषा का असर पाया जाता है। थारुओं की भी बोली भोजपुरी है, पर भेद यह है कि उसमें उनकी आदिम भाषा के भी कुछ शब्द मिले रहते हैं।

❑

दूसरा अध्याय

चंपारन का इतिहास

चंपारन 'चंपारण्य' का अपभ्रंश है। पुराणों में उसका उल्लेख पाया जाता है। वहाँ के जंगलों में ऋषियों के तपोवन थे। कहा जाता है कि तप्पा दुहो-सुहो का नाम राजा उत्तानपाद की दो रानियों—दुरानी और सुरानी के नाम से ही लिया गया है। ध्रुव उसी राजा के पुत्र थे। उनका जन्म इसी तपोवन में हुआ और उन्होंने अपनी तपश्चर्या भी इसी जंगल में की। वाल्मीकि मुनि का आश्रम इसी जिले के अंतर्गत किसी स्थान में था। जानकीजी को वनवास के बाद इसी आश्रम में आश्रय मिला था और यहाँ पर उनके दोनों पुत्रों लव और कुश का जन्म हुआ था। श्रीरामंद्रजी से इन पुत्रों का युद्ध इसी जिले के किसी स्थान में हुआ था। यह भी कहा जाता है कि विराट राजा की राजधानी, जहाँ पांडवों ने अपना वनवास व्यतीत किया था, कहीं इसी जिले में है। और एक स्थान, जिसका नाम अभी बराही है, रामनगर से कुछ दूरी पर मौजूद है। कहते हैं, राजा विराट की राजधानी यहीं थी। विदेह का भी राज्य यहीं पर था और राजा जनक जानकीगढ़ में, जिसे आजकल 'चानकीगढ़' भी कहते हैं, रहा करते थे।

प्राय: ६०० वर्ष ईसा के जन्म के पहले लिच्छवी वंश का राज्य चंपारन में स्थापित था। मगध के राजा अजातशत्रु के साथ उनका मुकाबला हुआ था, जिसमें लिच्छवी लोग हारकर मगध-राज्य को कर देने लगे थे। अभी तक नंदनगढ़ आदि स्थानों पर पुराने गढ़ के चिह्न पाए जाते हैं और इतिहासवेत्ताओं का मत है कि वे लिच्छवी-राज्य के समय के हैं। वहाँ पुराने सिक्के पाए जाते हैं, जो प्राय: एक हजार वर्ष पूर्व खृष्टाब्द के हैं। बौद्धों के स्मारक तो चंपारन में बहुत पाए जाते हैं। कहा जाता है कि बुद्धदेव वैशाली से कुशीनगर जाते समय चंपारन होते गए थे। लौरिया-नंदनगढ़ में अथवा पास के किसी स्थान में उनकी राख किसी स्तूप में रखी है। राजा अशोक के बनाए हुए कई स्तंभ इस जिले में पाए जाते हैं। जहाँ-जहाँ ऐसे स्तंभ हैं, प्राय: उन सब स्थानों का नाम लौरिया, अर्थात् खंभ का स्थान है। इससे जान पड़ता है कि किसी समय वहाँ बौद्धों का बड़ा

प्रभाव था। राजा अशोक अपने तीर्थाटन में पाटलिपुत्र से चलकर केसरिया, लौरिया, अरेराज और लौरियानंदनगढ़ होते रामपुरवा गए थे और इन सब स्थानों में स्तूप अथवा लौर बनवा दिया था। उस समय नेपाल भी मगध राज्य में सम्मिलित था और प्राय: सभी राज्य-कर्मचारियों को उसी रास्ते भिखनाटोरी होकर नेपाल जाना पड़ता था। चीनी यात्री भी इसी रास्ते आए थे। फाहियान तथा ह्यु एन-सांग दोनों ने ही इन स्थानों का उल्लेख किया है। बौद्धों के बाद गुप्त राजाओं का अधिकार चंपारन पर हुआ और कहा जाता है कि राजा हर्षवर्द्धन ने अपनी विजय पताका यहाँ तक फैलाई थी। १३वीं शताब्दी से पूर्व का इतिहास पूरा नहीं मिलता, पर ऐसा अनुमान किया जाता है कि छेदी-वंश के राजाओं ने भी चंपारन पर किसी समय में अधिकार जमा लिया था।

इसके बाद ऐसा प्रमाण पाया जाता है कि चंपारन तिरहुत के राजाओं के अधीन हुआ। उनमें से उल्लेख-योग्य सिमरा और सुगाँव के राज्य थे। १३वीं और १४वीं शताब्दियों में मुसलमानों ने चंपारन पर हमला किया; पर उनका राज्य स्थायी नहीं हुआ। १६वीं शताब्दी के आरंभ में सिकंदर लोदी ने तिरहुत को अपने कब्जे में कर लिया और उस समय से तिरहुत, जिसमें चंपारन शामिल था, मुसलमानी राज्य में स्थायी रूप से आ गया। इसके बाद के इतिहास का कुछ पता नहीं चलता, क्योंकि चंपारन का इतिहास अन्य जिलों के इतिहास के साथ मिला हुआ है। १८वीं शताब्दी में जब अलीवर्दी खाँ बिहार और बंगाल के नाजिम मुकर्रर हुए तो उन्होंने फिर चंपारन पर चढ़ाई की और इसमें उनको दरभंगा के अफ़गानों ने सहायता दी। इसमें अलीवर्दी खाँ को सफलता प्राप्त हुई और लूट का बहुत धन मिला। कुछ दिनों के बाद जिन अफगानों से उन्हें सहायता मिली थी, वे उनसे बिगड़ गए और अलीवर्दी खाँ ने उनसे लड़कर उन्हें परास्त किया। उनमें से अफगान शमशेर खाँ और सरदार खाँ ने बेतिया राज्य की शरण ली थी। इसलिए अलीवर्दी खाँ ने बेतिया राज्य पर चढ़ाई की, जिसका परिणाम यह हुआ कि बेतिया के राजा ने सपरिवार इन अफगानों को अलीवर्दी खाँ के सुपुर्द कर दिया।

सन् १७६० के लगभग फिर चंपारन में लड़ाई हुई। इस बार लड़ाई शाहआलम और अँगरेजों के बीच थी, जिसमें शाहआलम की हार हुई। शाहआलम के मददगारों में पूर्णियाँ का सूबेदार खादिम हुसैन खाँ था। वह लड़ाई में हारकर बेतिया की ओर भागा। वहाँ उसका पीछा करते मीरन और जनरल क्लौड पहुँचे। परंतु, मीरन की अकाल मृत्यु बिजली से होने के कारण जनरल क्लौड को लौट आना पड़ा। लौटने के समय जनरल क्लौड ने बेतिया के राजा से कर वसूल किया। किंतु, थोड़े ही दिनों के बाद बेतिया के राजा ने बगावत शुरू की और मीर कासिम ने बेतिया पर फिर चढ़ाई की और राजा को हराया। सन् १७६५ में बंगाल-बिहार के साथ चंपारन को भी शाहआलम ने अँगरेजों को दे दिया। इससे यह नहीं समझना चाहिए कि इसके बाद चंपारन में बराबर शांति रही।

नहीं, थोड़े ही दिनों के बाद राजा युगलकिशोर ने अँगरेजों से फिर लड़ाई ठान दी; पर शीघ्र ही वे पराजित हुए और अपना राज्य छोड़कर बुंदेलखंड भाग गए। इस समय देश की दशा बहुत ही शोचनीय हो गई। जो मालगुजारी अँगरेजों को मिलती थी, वह भी कम हो गई, बल्कि उत्तरोत्तर घटती ही गई। तब अँगरेजों ने सोचा कि बिना युगलकिशोर सिंह के बेतिया राज पुनः हरा-भरा नहीं होगा और मालगुजारी भी घटती ही जाएगी। यही विचार कर उन्होंने युगलकिशोर सिंह को बुंदेलखंड से बुलाकर दो परगने, मझौआ और सिमरौन सन् १७७१ में दिए। उसी समय उनके कुटुंबी श्रीकृष्ण सिंह और अवधूत सिंह को दो और परगने, मेहसी और बबरा, दिए गए।

सन् १७९१ में जब दस साला प्रबंध हुआ तो वे दो परगने मझौआ और सिमरौन युगलकिशोर सिंह के पुत्र वीरकिशोर सिंह के साथ बंदोबस्त किए गए। और मेहसी तथा बबरा मिलाकर, जो अवधूत सिंह तथा श्रीकृष्ण सिंह को दिए गए थे, शिवहर राज बना। उसी समय दो और जमींदारियाँ—रामनगर और मधुबन बनाई गईं। इस तरह चंपारन उस समय चार बड़े-बड़े जमींदारों के हाथ बाँट दिया गया—बेतिया, रामनगर, शिवहर और मधुबन। यही बंदोबस्त दव्वामी बंदोबस्त के समय सन् १७९३ में भी कायम रखा गया। कुछ दिनों के बाद परगना बबरा मुजफ्फरपुर के जिले में मिला दिया गया और शिवहर के छोटे-छोटे टुकड़े चंपारन में रह गए। आजकल बहुत सी छोटी-छोटी जमींदारियाँ बन गई हैं, परंतु मुख्य जमींदारियाँ अब भी केवल तीन ही हैं—बेतिया, रामनगर और मधुबन। उससे यह नहीं समझना चाहिए कि इन जमींदारियों की उत्पत्ति इसी समय में हुई। नहीं, बेतिया राज बहुत पुराना है। शाहजहाँ बादशाह ने पहले-पहले उसे उज्जैन सिंह को दिया था और उन्हीं के वंशधर बराबर राजा होते आए हैं। इसी प्रकार, रामनगर का राज भी बहुत पुराना है। कहा जाता है कि रामनगर के राजा के पूर्वजों ने चित्तौर से आकर नेपाल को दखल कर लिया और उनके ही एक वंशधर ने यहाँ आकर रामनगर को बसाया। उनको 'राजा' का खिताब औरंगजेब बादशाह ने सन् १६७६ में दिया था।

❑

तीसरा अध्याय

नील

१. कोठी

बेतिया राज्य का रकबा लगभग २,००० वर्गमील था। पहले सड़क वगैरह की वैसी सुविधा न थी जैसी आजकल है। इसलिए अच्छे प्रबंध के विचार से छोटे-छोटे हिस्से ठेकेदारों के हाथ दिए जाते थे। उनका काम यह था कि जो हिस्सा उनकी ठेकेदारी में रहता था, उसकी देखभाल वे स्वयं किया करते थे और नियत समय पर रैयतों से मालगुजारी वसूल करके राज में दाखिल करते थे। पहले कुल ठेकेदार हिंदुस्तानी थे और सन् १७९३ के पहले से ठेकेदारी करते आ रहे थे। पीछे अँगरेज तिजारती, जिनका ऊख और नील के खेती से अधिक संबंध था, इस काम में घुसे और रियासतों से, विशेषकर बेतिया राज से ठेका लेना और विशेषत: ऊख और नील की खेती करना आरंभ कर दिया। सबसे पुरानी कोठी कर्नल हिक्की ने बारा में स्थापित की। पीछे तुरकौलिया, पिपरा, मोतिहारी और राजपुर की कोंठियाँ स्थापित की गईं। जैसे-जैसे समय व्यतीत होता गया, नई-नई कोठियाँ कायम होती गईं और उनको किसी प्रकार बेतिया राज में हिंदुस्तानी ठेकेदारों को हटाकर ठेकेदारी मिलती गई। पहले अँगरेजों की कोठियाँ उन्हीं जगहों में थीं, जहाँ वे नील और ऊख बो सकते थे। पर, जब उन लोगों का अधिकार ऐसी जगहों पर अधिक जम गया, तब सन् १८७५ के बाद कुछ अँगरेज जिले के उत्तर-पश्चिम भाग में जा डटे। वहाँ नील की खेती के अनुकूल मिट्टी नहीं होने की वजह से उन लोगों ने अपने लाभ का दूसरा उपाय निकाला। इस प्रकार, सारा चंपारन अँगरेजों की कोठियों से छा गया और आज वहाँ कोई ७० (सत्तर) से अधिक कोठियाँ होंगी, जिनका पूरा ब्योरा आगे के पृष्ठों में मिलेगा। कोठी वगैरह बनाने के लिए उन लोगों ने बेतिया राज से थोड़ी मालगुजारी पर कुछ जमीन मुकर्ररी ठेका लिया। सन् १८८८ साल में बेतिया राज को कुछ ऋण हो गया था। उसको अदा करने के लिए मिस्टर टी. गिब्बन (Mr. T. Gibbon) मैनेजर बेतिया राज के प्रबंध से विलायत में ८५ लाख रुपए का ऋण ठीक हुआ। यह निश्चय हुआ कि उन अँगरेजों के साथ राज्य मुकर्ररी बंदोबस्त करे और

वे लोग उस ऋण के सधाने में अपनी मालगुजारी दिया करें। इस प्रकार, ५.५ (साढ़े पाँच) लाख आमदनी का मुकर्ररी ठेका १४ कोठीवालों के साथ बंदोबस्त किया गया। मुकर्ररी मिलने से इनकी स्थिति बहुत मजबूत हो गई। इसके अलावा राज से चंदरोजा ठेका भी मिलता गया। रामनगर राज की तरफ से भी कुछ गाँव कोठीवालों के साथ मुकर्ररी बंदोबस्त किए गए। पर ऐसा क्यों और किस अवस्था में हुआ, यह कहना कठिन है। हाल में कुछ कोठीवालों ने कुछ जमींदारी भी खरीद की है, पर वह बहुत कम है। आजकल बेतिया राज के अंदर ३६ अँगरेज ठेकेदार हैं, जिनमें २३ नील का व्यवसाय करते हैं और आधे जिले से अधिक अँगरेज ठेकेदारों के हाथ में है।

२. नील की खेती

आरंभ में नील के साथ ऊख की खेती भी कोठीवाले करते थे। पर सन् १८५० के लगभग नील से अधिक नफा होने के कारण ऊख की खेती कम कर दी गई। उस समय से आज तक कोठीवाले नील की खेती दो प्रकार से करते आए हैं—

क. जीरात और ख. असामीवार

क. जीरात—कोठीवालों की दखल में जो जमीन थी, उसमें वे अपने हल-बैल की सहायता से नील बोते थे। वह या तो मालिक की जीरात की जमीन होती थी या उसमें उन्होंने काश्तकारी के हक प्राप्त कर लिये थे। इनकी आबादी का कुल भार कोठी पर रहता था। रैयतों का इससे केवल इतना ही संबंध रहता था कि जब कोठीवाले चाहें, तब उनसे मजदूरी करा लें या उनके हल इत्यादि ले लें। इसके बदले में कोठीवालों को कुछ अवश्य देना पड़ता था। किंतु, पीछे दिखलाया जाएगा कि यह मजदूरी इतनी कम होती थी कि रैयत इससे बहुत दुःखित और असंतुष्ट रहा करते थे। इस पर भी कोठी के अमले उसमें से अपनी दस्तूरी काट लिया करते थे। सेटलमेंट अफसर मिस्टर जे. ए. स्वीनी ने चंपारन जाँच कमेटी के सामने इस जीरात खेती के संबंध में अपने इजहार में कहा था कि कोठीवाले केवल अपने प्रबंध से अपनी सब जीरात को आबाद नहीं कर सकते हैं।[१]

ख. असामीवार— इस प्रथा के अनुसार कोठीवाले रैयतों द्वारा नील पैदा कराया करते हैं। इसके कई प्रकार हैं, जिनमें सबसे अधिक प्रचलित तीन-कठिया की प्रथा है। और प्रथाओं में खुश्की और कुर्तावेली उल्लेख-योग्य हैं।

कुर्तावेली प्रथा के अनुसार कोठीवाले रैयतों की जमीन शिकमी बंदोबस्त लेकर उसमें स्वयं नील पैदा करते हैं। यह प्रथा चंपारन में बहुत प्रचलित नहीं है। पर, इसमें संदेह नहीं कि यह प्रथा भी रैयतों के लिए हितकर नहीं है।[२]

---

1. "—So far as he was aware no factory was fully self-contained then in the matter of cultivating its rural lands."

२. पटना के कमिश्नर ने सन् १८८३-८५ की सालाना रिपोर्ट में कुर्तावेली के विषय में यह लिखा था—
"The Kurtauli lease is a new institution dating from a very few years back.... There is growing

तीन-कठिया—यह प्रथा चंपारन में सबसे अधिक प्रचलित है। इसी के अनुसार कोठीवाले रैयतों से उनकी जोत के एक हिस्से में नील पैदा कराते थे और एक नियत दाम पीछे से देने की भी शर्त रहती थी। सन् १८६० के लगभग बीघा पीछे ५ कट्ठे में नील बोया जाता था। कुछ दिनों के बाद, सन् १८६७ के लगभग, यह कम होकर बीघे में ३ कट्ठे हो गया। तभी से इस प्रथा का नाम 'तीन-कठिया' पड़ा। जिस समय चंपारन में नीलवाले अपना सिक्का जमा रहे थे, उस समय जमीन पर इनका कुछ भी अधिकार नहीं था। बेतिया राज से गाँवों का चंदरोजा ठेका लेकर वे उनमें कुछ नील जीरात की प्रथा से करते थे। परंतु, वह बहुत थोड़ा था। वे बेतिया राज को लालच में डालकर गाँवों का जमा जितना वसूल हो सकता था, कबूल कर लेते थे और अपने लाभ के लिए रैयतों से नील बुवाते थे। बेतिया राज को बैठे-बैठे मालगुजारी मिल जाया करती थी। कोठीवालों को भी नील से बड़ा लाभ होता था। बीच में मारे जाते थे गरीब रैयत। इससे यह स्पष्ट है कि जब कभी कोई गाँव कोठी के कब्जे में आता था, तब कोठी की यही चेष्टा रहती थी कि उसमें जहाँ तक हो सके, नील की खेती कराई जाय। इसके लिए वे भोले-भाले रैयत को समझाकर, भुलाकर, फुसलाकर, मिलाकर और दबाकर उन्हें अपने ही खेतों में नील बोने को बाध्य करते थे। कुछ दिनों के बाद जिन शर्तों पर रैयत नील बोया करते थे, वे एक सट्टे के रूप में लिखी जाने लगीं। उसमें लिखा जाता था कि रैयत अपनी जोत के बीघा पीछे ३ तीन कट्ठे में कई वर्षों तक (कभी-कभी २०-२५-३० वर्षों तक भी) नील बोया करेंगे। किस खेत में नील बोया जाएगा, वह कोठी के कर्मचारी चुनेंगे। खेत को तैयार करना रैयत का काम रहेगा, पर इसकी निगाहबानी कोठी करेगी। नील की फसल खूब अच्छी होने पर एक नियत मूल्य बीघा पीछे दिया जाएगा। यदि फसल अच्छी नहीं हुई, चाहे वह किसी भी कारण से क्यों न हो, तो रैयत को कीमत कम मिलेगी। यदि रैयत शर्त के विरुद्ध नील न बोए तो उससे एक बड़ी रकम हरजाने के तौर पर वसूल की जाएगी।

ऐसा प्रमाण पाया जाता है कि जब से नील की खेती चंपारन में आरंभ हुई है, प्राय: तभी से जीरात तथा असामीवार प्रथाएँ जारी हैं। पहले कहा जा चुका है कि शुरू में बीघा पीछे ५ कट्ठे नील करना पड़ता था और सन् १८६७ के बाद वही ३ कट्ठे कर दिया गया। सन् १९०९ में नीलवालों ने अपनी सभा में एक नियम बनाया कि बीघा पीछे केवल २ ही कट्ठों में नील पैदा कराया जाय। पर, यह मालूम नहीं कि इस नियम के अनुसार कितनी कोठियों ने काररवाई की। इतना अवश्य है कि कितनी ही कोठियों ने

---

up in our midst and inspite of our efforts at beneficient legislation, a system under which the *ryot* mortgages his entire holding and the very site of his house for a period probably extending beyond his own life time, redemption being contingent on the repayment of a loan, the *ryot*, to use the common expression, is selling himself body and soul into hopeless servitude."

इस नियम का पालन नहीं किया, और बहुतों को इसकी जरूरत ही नहीं पड़ी। इसके कारण पीछे लिखे जाएँगे। इसी प्रकार नील के दाम भी नीलवर सरकार और रैयतों के दबाव से जब-तब बढ़ाते गए। सन् १८६७ ई. के पहले रैयतों को फी एकड़ नील के लिए ६ रुपए ८ आने मिलते थे। उस साल की हलचल के बाद सरकार के दबाव से नीलवरों ने उस रकम को बढ़ाकर ९ रुपए कर दिया। वही रकम सन् १८७८ में १० रुपए ५ आने, सन् १८९७ में १२, और १९०९ में मिस्टर गोरले की रिपोर्ट पर सैकड़े १२ रुपए ८ आने की दर से बढ़ाकर १३ रुपए ८ आने कर दी गई। इसके अलावा, जिस खेत में नील होता है, उसकी मालगुजारी भी नहीं ली जाने की बात सन् १८७८ से चली आ रही है। पर, इस नियम को सब कोठियों ने कार्यरूप में परिणत नहीं किया।

इस प्रकार नील की खेती जितनी चंपारन में होती थी उतनी बिहार के किसी और जिले में नहीं होती थी। सन् १८९२-९९ की पैमाइश के समय में ९५,९७० एकड़ जमीन में नील बोया गया था, अर्थात् जितनी जमीन आबाद थी, उसके फीसदी ६.६३ में नील था। इसकी केवल एक-चौथाई में जीरात प्रथा और बाकी तीन-चौथाई में असामीवार, अर्थात् तीन-कठिया प्रथा से नील होता था। उस समय नील के कारखानों में ३३,००० मजदूर काम करते थे। परंतु, पीछे जर्मनी के कृत्रिम रंग के चल जाने के कारण नील का नफा कम हो गया और नीलवालों ने इसकी खेती कम कर दी। यहाँ तक कि सन् १९०५ में यह रकबा घटकर ४७,८०० एकड़ हो गया और १९१४ में केवल १०० एकड़ रह गया। सन् १९१४ में जर्मनी से लड़ाई छिड़ जाने के कारण वहाँ से रंग आना बंद हो गया और फिर नील के दिन लौटते दीख पड़े। नीलवरों ने इस अवसर को अच्छा देखकर नील की खेती फिर बढ़ाई। सन् १९१६ में २१,९०० एकड़ और १९१७ में २६,८४८ एकड़ जमीन में नील बोया गया, जिसमें प्राय: दो-तिहाई असामीवार और एक-तिहाई जीरात की प्रथा से कराया गया था।

नील का नफा कम हो जाने के कारण नीलवरों को नुकसान नहीं हुआ, क्योंकि उन्होंने कई प्रकार से इसे गरीब प्रजाओं के मत्थे मढ़ दिया, जिसका पूरा हाल आगे दिया जाएगा।

नील दो प्रकार का होता है—सुमात्रा और जावा-नेटाल। सन् १९०५ से पहले केवल सुमात्रा नील बोया जाता था। इसके लिए खेत आश्विन से फाल्गुन तक तैयार किया जाता और फाल्गुन में बोया जाता है। आषाढ़ के महीने में यह काटा जाता है। इसको 'मोरहन' कहते हैं। खेत में मोरहन करने के समय जो खूँटी छूट जाती है, वह भादों में फिर काटी जाती है और उसे 'खूँटी' कहते हैं। जावा-नेटाल नील कार्तिक-अगहन में बोया जाता है और सुमात्रा के साथ ही काटा जाता है। १०० मन नील के पौधे से लगभग १० सेर नील की गोटी तैयार निकलती है।

❑

चौथा अध्याय

रैयतों के कष्ट

ऊपर तीन-कठिया प्रथा का उल्लेख किया जा चुका है। यहाँ पर यह कहना अत्युक्ति नहीं होगी कि यही प्रथा चंपारन के रैयतों के सब दुःखों का प्रधान कारण है। चाहे जिस प्रकार से चंपारन की प्रजा की दशा पर विचार किया जाए और तीन-कठिया-जनित कष्टों को दूर करने के लिए चाहे जितनी चेष्टाएँ की गई हों, इसमें कोई संदेह नहीं कि यह प्रथा एक-न-एक रूप धारण करके रैयतों को आज तक सताती चली आई है।

सन् १८६० में बंगाल में नील के संबंध में एक बड़ी भारी हलचल मची थी। उस समय बंगाल में एक सज्जन, जिनका नाम हरिश्चंद्र मुकर्जी था, रैयतों के बड़े भारी पक्षपाती थे और ब्रिटिश इंडियन एसोसिएशन (British Indian Association) भी उनके साथ बड़ी सहानुभूति रखती और दिखाती थी। उस समय के रैयतों के दुःख को देखकर ईसाई पादरियों के हृदय भी पिघल गए। अनेक सरकारी कर्मचारी भी ऐसे थे, जिनकी सहानुभूति रैयतों के साथ थी। इनमें विशेष उल्लेख-योग्य विलियम हरशेल (Sir William Herschell) थे, जो पीछे सर विलियम हरशेल (Sir William Herschell) और ऐश्ली ईडन (Ashley Eden), जो पीछे सर ऐश्ली ईडन बंगाल के लाट हुए। इन्हीं की चेष्टा तथा यत्न से सरकार ने एक कमीशन नियुक्त किया, जिसको नील-संबंधी सब बातों की जाँच करने का पूरा अधिकार दिया गया। इस कमीशन के अध्यक्ष मि. सेटन कर्र (Mr. W.S. Seton Kerr) थे, जो उस समय बंगाल सरकार के सेक्रेटरी होने वाले थे और उसके मेंबर मि. रिचर्ड टेंपल (Mr. Richard Temple) थे, जो पीछे सर रिचर्ड टेंपल बंगाल के लाट हुए। मि. फरग्युसन (Mr. Fergusson) नीलवर, मि. जॉन सेल (Mr. John Sale) पादरी और मि. चंद्रमोहन चटर्जी, जो ब्रिटिश इंडियन एसोसिएशन के प्रधान सदस्य थे, मुकर्रर हुए। कमीशन की बैठक कलकत्ता में हुई। जसोर और नदिया जिलों की रैयतों ने, जहाँ नील का बहुत जोर था, हरिश्चंद्र मुकर्जी के प्रबंध से कलकत्ता में

आकर इजहार दिए। हरिश्चंद्र मुकर्जी ने स्वयं भी इजहार दिया था। रेवरेंड लालबिहारी दे ने अपनी *'Bengal Peasant Life'* नामक पुस्तक में उस समय के बंगाल के नीलवर तथा रैयत का सुंदर, किंतु हृदय-विदारक चित्र खींचा है। कमीशन के सामने इजहार देते हुए मि. ई. डब्ल्यू. एल. टॉवर (Mr. E.W.L. Tower) ने, जो किसी समय फरीदपुर के मजिस्ट्रेट थे, यह कहा था—

"There is one thing more I wish to state that considerable odium has been thrown on the missionaries for saying that—'Not a chest of indigo reached England without being stained with human blood.' That has been stated to be an anecdote. That expression is mine, and I adopt it in the fullest and broadest sense of its meaning, as the result of my experience as Magistrate in the Fareedpore District. I have seen several *ryots* sent in to me as a Magistrate, who have been speared through the body. I have had *ryots* before me who have been shot down by Mr. Forde (a planter). I have put on record, how others have been first speared and then kidnapped and such a system of carrying on indigo, I consider to be a system of bloodshed."

अर्थात्, ''मैं एक बात और कहना चाहता हूँ और वह यह है कि 'पादरियों की यह कहने के लिए बहुत बदनामी की गई है कि एक बक्स भी नील इंग्लैंड नहीं पहुँचा, जो मनुष्य के रक्त से लिप्त न रहा हो।' कहा गया है कि यह एक कहानी भर है। पर, यह कथन मेरा है और फरीदपुर जिले में मजिस्ट्रेटी करने के तजुरबे से मैं इस वाक्य को इसके पूरे और व्यापक अर्थ में व्यवहार करता हूँ। मजिस्ट्रेट होने के कारण मेरे पास कई ऐसे रैयत भेजे गए थे, जिनकी देह भाले से छेदी गई थी। मुझे ऐसे रैयत मिले हैं, जिनको नीलवर मि. फोर्ड ने गोली मारकर गिरा दिया था। मैंने यह भी लिपिबद्ध किया है कि किस तरह कुछ लोग पहले भाले भोंककर मारे गए हैं और बाद में उनकी लाशें गायब कर दी गई हैं। इस प्रकार से नील तैयार करना मेरे विचार में सिर्फ खून बहाना है।''

उस कमीशन की रिपोर्ट से भी यह जाना जाता है कि रैयतों ने निम्नलिखित शिकायतें की थीं—

१. नील के संबंध में जो मुआहिदा रैयतों के साथ कराया जाता था, वह जबरदस्ती कराया जाता था। रैयत अपनी खुशी से उसे नहीं करते थे।

२. नील पैदा करने के लिए अपनी उनकी इच्छा के विरुद्ध कुछ दादनी दे दी जाती थी।

३. रैयतों को नील की खेती में अपना बहुमूल्य समय देना पड़ता था, जिस समय को वे अपनी अन्य गृहस्थी में लगाना अधिक लाभदायी समझते थे।

४. जो सबसे अच्छी जमीन होती थी, वही नील के लिए ली जाती थी। कभी-कभी तो जिस खेत में अन्य अनाज बोया हुआ रहता था, वह भी नील बोने के लिए जोत लिया जाता था।

५. नील की पैदावार का कुछ ठिकाना नहीं था और इसका फल यह होता था कि फसल नहीं होने से रैयत दादनी के रुपए वापस करने में असमर्थ होते थे, जिससे उनपर बहुत बकाया पड़ जाता था।

६. कोठी के नौकरान रैयतों पर बड़ा जुल्म करते थे।

७. कोठीवाले भी उनके साथ जोर-जबरदस्ती और मारपीट किया करते थे।

कमीशन की राय में प्राय: सभी शिकायतें ठीक ठहरीं। उनकी राय में, नील की खेती से रैयतों को कुछ भी लाभ नहीं था। जमीन चुनने का अधिकार कोठीवाले ही रखते थे और कभी-कभी दूसरी बोई हुई फसल को भी जुतवाकर उसमें नील बो दिया करते थे। कोठी के अमले बहुत तरह से रैयतों को सताया करते थे। दादनी लेकर रैयत कभी कोठीवालों की पेंच से छुटकारा नहीं पा सकते थे। कमीशन ने राय दी कि[1] यदि नील रैयतों से पैदा कराया जाय तो उनको इतनी कीमत मिले, जिसे वे खुशी से ले सकें। यदि मुआहिदा कराकर ही नील उपजाना उचित समझा जाय तो रैयतों से थोड़े दिनों के लिए मुआहिदा हो और हिसाब साल-की-साल ठीक कर दिया जाय। जिस खेत में नील बोना हो, वह सट्टे में ही लिख दिया जाय। खेत से कारखाने तक नीलवर अपने ही खर्च से नील ढोकर ले जाया करें। बीज का दाम रैयतों से न लिया जाय। रैयतों को अधिकार दिया जाय कि यदि वे चाहें तो अपने खेत में नील के बाद और कोई भी फसल बो सकें, अथवा यदि नील को बीज वास्ते रखना चाहें तो रख सकें। नील और मालगुजारी का हिसाब अलग-अलग रखा जाय। सर जॉन पीटर ग्रैंट (Sir John Peter Grant) ने, जो उस समय बंगाल के लाट थे, रिपोर्ट की प्राय: सब बातों को स्वीकार कर लिया। इस रिपोर्ट पर सरकार की ओर से जो काररवाई की गई, उसका फल यह हुआ कि थोड़े ही दिनों में बंगाल से एकबारगी नील की खेती उठ गई। कारण यह था कि पुराने जुल्मों के बिना नीलवरों को नील की खेती से नफा नहीं था।

उसी जाँच के समय बिहार के नीलवरों की भी बात छिड़ी थी पर यहाँ कोई हरिश्चंद्र मुकर्जी नहीं था, जो रैयतों के कष्ट को कमीशन के सामने पेश करता, और न रैयतों में ही कोई ऐसा था, जो कलकत्ता के कमीशन की खबर रखता हो। हाँ, बिहार के कुछ नीलवरों का इजहार कमीशन के सामने अवश्य हुआ था, जिन इजहारों से मालूम होता है कि बिहार में भी उसी प्रथा से नील कराया जाता था, जो बंगाल में प्रचलित थी। केवल एक बात में कुछ भेद था, वह यह है कि यहाँ दादनी का भार उस तरह से रैयतों को नहीं पीसता था, जिस तरह से बंगाल में। पर, और सब दु:ख प्राय: समान थे।

---

१. विस्तृत हाल जानने के लिए रिपोर्ट और बा. ललितचंद्र मित्र की लिखी 'बंगाल में नील की हलचलों का इतिहास' (History of Indigo Disturbances in Bengal) नामक पुस्तक देखनी चाहिए।

यद्यपि उसी समय से चंपारन के रैयत अपने दुःखों को समय-समय पर जताते रहे हैं, पर उन दुःखों को समूल दूर करने का कोई उपाय सन् १९१७ तक नहीं किया गया। यहाँ तक कि जब सन् १९१७ में महात्मा गांधी चंपारन पहुँचे और रैयतों के दुःख सुनने लगे, तब कोठीवालों ने यह कहना प्रारंभ किया कि हमें रैयतों से कोई झगड़ा नहीं है—बाहर के ही लोग आकर झूठे झगड़े पैदा किया करते हैं। पर, यह बात पीछे एकबारगी ही कमीशन के सामने झूठी साबित हुई। माननीय मि. मौड (The Hon'ble Mr. Maude) ने भी कौंसिल में व्याख्यान देते हुए यह कहा था—

"I have gone at what I am afraid is rather wearisome length into the past history of what may perhaps best be described as the indigo difficulty, because it is constantly asserted and I have myself often heard it said that there is in reality nothing wrong or rotten in the state of affairs, that every one concerned is prefectly happy so long as they are left alone and that it is only when outside influences and agitators come in that any trouble is experienced. I submit that this contention is altogether untenable in the light of the history of past fifty years of which I have endeavoured to present to the council a brief sketch."

अर्थात्, "मुझे भय होता है कि मैंने नील-संबंधी कठिनाइयों का इतना लंबा ब्योरा कह सुनाया है कि आप सुनते-सुनते घबरा गए होंगे। पर, इसका कारण यह है कि लोग बहुधा कहा करते हैं और यह कहते मैंने अपने कानों से भी सुना है कि जो लोग नील की कोठी से संबंध रखते हैं, वे जब तक दूसरों के कहने में नहीं पड़ते, बहुत सुखपूर्वक रहते हैं और यथार्थ में वहाँ कोई बुराई नहीं है; पर जब लोग दूसरों के आंदोलन के फेर में पड़ जाते हैं, तभी गोलमाल होता है। मैंने गत पचास वर्षों का जो संक्षिप्त इतिहास कौंसिल को कह सुनाया है, उसके सामने मैं इस दलील को बिलकुल गलत मानता हूँ।"

इस दुःख-कहानी का वर्णन नीचे संक्षेप में किया जाता है।

चंपारन में नील-संबंधी हलचल, जिसका कुछ भी उल्लेख पाया जाता है, पहले-पहल सन् १८६७ में हुई। इसका आरंभ लालसरैया कोठी में हुआ।[1] मौजा जोकठिया के रैयतों ने नील बोना बंद कर दिया और नील के खेतों में दूसरी फसल बो दी। देखा-देखी दूसरे गाँववालों ने भी ऐसा ही किया। कोठी का बँगला भी आग से जल गया। नीलवरों ने उस समय भी सन् १९१७ की तरह दोष किसानों के मत्थे मढ़ना चाहा, किंतु इसका कोई सबूत नहीं मिला कि आग कैसे लगी। सन् १८६७ में भी रैयतों की ठीक वही

१. इस कोठी के संबंध में चंपारन गजेटियर (Champaran Gazetter) में लिखा है—"At one time it was the most renowned indigo factory in Bihar, being, the home of Mr. James Macleod, who was known as the king of planters. His stable contained 120 horses." अर्थात्, एक समय यह बिहार में सबसे प्रसिद्ध नील की कोठी थी। जेम्स मैक्लिऔड, जो नीलवरों का राजा समझा जाता था, यहीं रहता था और उसके अस्तबल में १२० घोड़े थे।

शिकायतें थीं, जो १९१७ में। इस अशांति के कारण बताते हुए पटना के कमिश्नर ने सरकार के पास लिखा कि रैयतों को नील की खेती में यही नहीं था कि कोई लाभ नहीं हो, वरन् उन्हें सीधे साफ-साफ नुकसान था, नील का सट्टा उनसे लिखवा लिया जाता था, उनकी सबसे अच्छी जमीन नील के लिए ले ली जाती थी, नील की खेती बड़ी मुश्किल से होती थी, कोठी के मुलाजिम उनके साथ बहुत जुल्म किया करते थे। इस शांति-भंग से नीलवरों में बड़ी खलबली मची। नील का बोना बंद-सा हो गया और मालूम होने लगा कि नील की खेती एकबारगी चंपारन से उठ जाएगी। नीलवरों ने सरकार में बहुत जोर लगाया और गवर्नमेंट ने भी उनकी खूब मदद की। उनके मनोवांछित प्रस्ताव के अनुसार सरकार द्वारा दो जजों की एक छोटी अदालत मोतिहारी में स्थापित की गई। उसका काम यह था कि रैयतों पर जो मुकदमे नील-संबंधी सट्टों की शर्तों को तोड़ने के लिए हरजाने के वास्ते कोठीवाले दायर करें, उनका वह शीघ्रता के साथ फैसला कर दे। इसका फल यह हुआ कि बिना मुकदमा दायर किए ही नीलवरों का काम बन गया और बेचारे अशिक्षित-असहाय रैयतों की चेष्टा नील के अत्याचारों से छुटकारा पाने में विफल हुई। ऐसा होना भी कोई आश्चर्य की बात न थी, क्योंकि किसान लोग स्वभावतः डरपोक होते हैं, और विशेषकर चंपारन जैसी जगह की रिआया तो और भी सीधी-सादी है। नीलवरों के कहने से एक विशेष अदालत का स्थापित होना ही उनके लिए काफी था। कौन कह सकता है कि रैयतों ने यह नहीं समझ लिया हो कि सरकार ने उन नीलवरों का पक्ष लेने के लिए ही खास अदालत कायम की है। फिर, इस बेजोड़ की लड़ाई में उनको जीत की क्या आशा हो सकती थी ? जो थोड़े-बहुत मुकदमे अदालत में गए भी तो उनका फल रैयतों के विरुद्ध ही हुआ। सरकार की यह काररवाई नीलवरों की सहायता के लिए न भी की गई हो, पर रैयतों ने अवश्य ऐसा ही समझा होगा, इसमें संदेह नहीं। यहाँ पर यह कह देना आवश्यक है कि सरकार रैयतों के साथ चाहे जितनी सहानुभूति रखती आई हो, पर उसका परिचय बराबर इसी रूप में मिलता गया है कि जब-जब रैयतों ने सिर उठाने की चेष्टा की, तब-तब सरकार ने कुछ ऐसी काररवाई कर दी, जिसमें नीलवरों को ही सहायता मिली। नीचे विशेष रजिस्ट्रार (Special Registrar) का उल्लेख आएगा, जिससे यह बात स्पष्ट हो जाएगी। इस अशांति के संबंध में चंपारन गजेटियर में लिखा है—

"The disputes between the *ryots* and the planters had at one time threatened to become very serious. The local officers almost unanimously reported that the cultivation of indigo had become very unpopular, and that there was not a *ryot* who would not abandon the cultivation if he could—and this state of things was ascribed as much to the insufficiency of remuneration which the *ryots* received as to the exactions, oppressions and annoyance to which they were exposed at the hands of factory servants."

अर्थात्, ''एक समय किसानों और नीलवरों का झगड़ा बहुत बढ़ जाने का भय था। प्राय: सब स्थानीय अफसरों ने लिखा था कि नील की खेती को रैयत लोग बहुत नापसंद करते हैं और ऐसा एक भी रैयत न था, जो यदि वह छोड़ देने पाए तो नील की खेती छोड़ न दे। इसका कारण जितना कम मजदूरी का मिलना था उतना ही कोठी के नौकरों द्वारा रैयतों का खून चूसा जाना, उनका सताया जाना और दु:ख पाना भी था।''

प्रांतीय सरकार ने भी भारत सरकार के पास इस विषय की रिपोर्ट देते हुए लिखा था—

"The time had passed when it could be hoped to carry on indigo concern profitably by forcing on the *ryots* a cultivation and labour which was to them unprofitable. The necessity of giving adequate remuneration had been recognised by the planters, although they had too long refused to recognise the necessity of making such an advance in price, but the manager of the concerns now saw clearly the danger which they had so narrowly escaped and would, in their own interests, be careful to guard against falling into such an error again."

अर्थात्, ''वह जमाना चला गया, जब रैयतों से जबरदस्ती खेत जुता और मजदूरी कराकर, जिससे उन रैयतों को किसी प्रकार का नफा न हो, नील की कोठी लाभ के साथ चल सके। रैयतों की पूरी मजदूरी देने की आवश्यकता को नीलवरों ने समझ लिया है, यद्यपि नील की कीमत बढ़ा देने में वे बहुत दिनों तक राजी नहीं हुए। पर, अब कोठियों के मैनेजर इस बात को खूब समझ गए कि दाम न बढ़ाने से उनके व्यापार पर कितना बड़ा आघात पहुँचता, और अपनी स्वार्थ-बुद्धि से ही वे फिर ऐसी गलती आइंदा न करेंगे।''

नीलवरों ने प्रांतीय सरकार के दबाव से और यह देखकर कि नील का दाम बढ़ाए बिना उनका चंपारन में रहना असंभव-सा है, नील का दाम बढ़ाया और जैसा ऊपर लिखा जा चुका है, नील का दाम ६ रुपए ८ आने एकड़ से बढ़ाकर ९ रुपए एकड़ कर दिया। इसी कारण प्रांतीय सरकार ने कुछ काररवाई करना उचित नहीं समझा, परंतु भारत सरकार ने इस विषय पर आलोचना करते हुए उसी समय एक बड़े मार्के की बात कही—

"The evils of the sytem were so great that the interposition of Government might become unavoidable unless measures were taken to remove such elements of the system as were unjust and oppressive."

अर्थात्, ''इस प्रथा की बुराइयाँ इतनी अधिक हैं कि यदि इसकी अनुचित और कष्टदायक बातों को हटाने की कोशिश न की जाएगी तो सरकार को इस विषय के संबंध में अवश्य कुछ करना ही होगा।''

भारत सरकार ने जो बात कही थी, वह शीघ्र ही उपस्थित हुई और दाम बढ़ जाने पर भी बहुत शीघ्र ही, अर्थात् सन् १८७१ में रैयतों के बीच फिर अशांति दीख पड़ने लगी। नील का दाम बढ़ा दिया गया था सही, पर उससे संबंध रखनेवाले दोषों के निवारण का कोई प्रबंध या यत्न नहीं किया गया। सन् १८७१ में लेफ्टिनेंट गवर्नर ने पटना के कमिश्नर की सालाना रिपोर्ट की आलोचना करते हुए लिखा था—

"The practice under which the *ryots* were compelled to give up a portion of their land for indigo is the compulsory feature of the system to which his Honour has more specially alluded as contrary to free trade principles. Again the practice of forcing the cultivators to exchange such of their lands as may be arbitriarily selected from time to time by the planter or his servant is an intolerable grievance as is well set forth by Mr. Forbes, even where there is what purports to be an agreement. In these cases it is obvious that the character of the agreement is such that no person of power and influence equal to that of the planter himself would think as mere matter of business of entering into it."

अर्थात्, "इस प्रथा में रैयतों का खेत नील बोने के लिए जबरदस्ती ले लेना प्रधान बात है, जिसको लाट साहब ने अबाध्य वाणिज्य के नियमों के विरुद्ध बताया है। इसके अलावा समय-समय पर नील साहब या उनके कारिंदे अपनी इच्छानुसार रैयतों के खेतों में से अच्छे खेतों को चुन लेते हैं। इसका इकरारनामा रहने पर भी यह असह्य प्रथा है, जैसा फोर्ब्स साहब ने कहा है। जाहिर है कि इकरारनामा इस प्रकार का है, जिसको कोई मनुष्य, जिसकी शक्ति और प्रभाव नीलवरों के मुकाबले का है, केवल तिजारती व्यवहार-बुद्धि से कबूल नहीं कर सकता है।"

उस समय के समाचार-पत्रों में इसकी पूरी चर्चा जारी रही और सरकार का ध्यान आकृष्ट होता रहा। सन् १८७५ में पटना के कमिश्नर ने प्रस्ताव किया कि नील-संबंधी शिकायतों के विषय में जाँच करने के लिए एक कमीशन नियत किया जाए। उस समय सर रिचर्ड टेंपल (Sir Richard Temple) बंगाल के छोटे लाट थे। उनका यह विचार हुआ कि कमीशन मुकर्रर करने से बहुत अशांति फैल जाएगी। इसलिए जिले के अफसरों को खास हिदायत की गई कि रैयत और नीलवरों के बीच के झगड़ों को वे कानून के अनुसार निरपेक्ष भाव से तसफिया किया करें।

जब अशांति के कारण ज्यों-के-त्यों छोड़ दिए गए थे, तब शांति कैसे हो सकती थी? सन् १८७७ में इस विषय की आलोचना करते हुए मिस्टर स्टुअर्ट बेली (Mr. Stuart Bayley) ने, जो उस समय पटना के कमिश्नर थे, यह लिखा कि यद्यपि कमीशन का नियत होना ठीक नहीं था, पर यह बात निश्चित है, जैसा कि वहाँ के अफसरों को खूब मालूम है, कि वहाँ अशांति प्रत्यक्ष दीख पड़ती है (The fact remained that there was much discontent manifest enough to local officers.)

इसी समय रिचर्ड टेंपल के चले जाने पर ऐश्ली ईडन बंगाल के छोटे लाट नियत हुए। पाठक जानते हैं कि यह वही सर ऐश्ली ईडन[1] थे, जो बंगाल के नील-संबंधी अशांति के समय में मजिस्ट्रेट के पद पर थे और नीलवरों की काररवाइयों से भली-भाँति परिचित थे। उन्होंने विचार किया कि हलचल न मचाकर चुपचाप नीलवरों को मिलाकर कुछ काम निकालना उचित है। इसलिए उन्होंने नीलवरों को जताया कि असामीवार प्रथा से नील की खेती करना रैयतों के हक में बहुत ही हानिकारक और मुजिर है। अतः, नील का दाम कुछ और भी बढ़ा देना उचित है। नील को तिजारती सौदा की नाईं पैदा करने से ही उनमें और रैयतों में शांति रह सकती है। उन्होंने इस बात पर भी जोर दिया कि नीलवरों का जबरदस्ती मजदूरी कराना भी अनुचित है। छोटे लाट की ऐसी रंगत देखकर नीलवरों ने सोचा कि यदि उनकी राय के मुताबिक न चलेंगे तो बहुत गोलमाल हो सकता है। इसी विचार से उनकी सम्मतियों को काम में लाने के इरादे से सन् १८७८ में नीलवरों ने अपनी एक सभा स्थापित की, जिसका नाम बिहार प्लांटर्स एसोसिएशन (Bihar Planters Association) रखा गया और जो आज तक कायम है। अपनी पहली बैठक में ही इस सभा ने रैयतों के नील का दाम बढ़ा देना कबूल कर लिया और उसे ९ रुपए से बढ़ाकर १० रुपए ६ आने एकड़ कर दिया। इसके अतिरिक्त यह भी ठीक हुआ कि जिस जमीन पर नील बोया जाय, उसकी मालगुजारी भी रैयतों से न ली जाय। इस नियम के संबंध में इतना कह देना उचित है कि अनेक और नियमों की तरह इस नियम को भी बहुतेरों ने पालन करना अपना कर्तव्य नहीं समझा। दूसरी शिकायतों के विषय में भी इसी तरह नीलवरों ने अपनी सभा में बहुत से नियम बना लिये थे, जिनका उल्लेख करना यहाँ पर आवश्यक है। उनसे स्पष्ट मालूम हो जाएगा कि उस समय क्या-क्या शिकायतें थीं और उन नियमों के बन जाने पर भी वे शिकायतें ज्यों-की-त्यों सन् १९०९ में मिस्टर गोरले के सामने पेश की गईं और १९१७ में महात्मा गांधी ने प्रायः उसी प्रकार से और उसी जोर से प्रचलित पाया। उस समय जो नियम पास हुए, उनमें मुख्य ये थे कि नील की कीमत साढ़े ६ हाथ की लग्गी से फी बीघा ९ रुपए दी जाएगी। पट्टे में इस विषय की साफ शर्त न रहने पर भी नीलवर रैयत की रजामंदी बिना नील के खेत को अदल-बदल नहीं कर सकेंगे और जहाँ खेत का बदलैन किया

---

१. उन्होंने बंगाल के कमीशन के सामने अपने इजहार में कहा था—

"My opinion is that in no instance within the last six years at least have *ryots* entered into any large contracts for cultivation of the crop and that with the exception of factories which have large extent of churlands cultivated, the indigo cultivation is in no instance the result of free agency but that it is compulsory." इसके कारण बतलाते हुए उन्होंने यह कहा था—

भी जाय तो एक रैयत का खेत दूसरे रैयत के खेत से बदल न दिया जाय; यदि एसोसिएशन के किसी सदस्य की शिकायत हो तो एसोसिएशन का अधिकार रहेगा कि उसकी जाँच करे और यदि वह सदस्य एसोसिएशन की आज्ञा न माने तो उसे एसोसिएशन से हटा दिया जाय। सरकार की ओर से बहुत लिखा-पढ़ी होने पर उन्होंने एक नियम और बनाया कि यदि कोई रैयत बीघा पीछे ३ कट्ठे में नील बोया करे तो उसकी जोत की मालगुजारी नहीं बढ़ाई जाएगी।

इन नियमों के बन जाने पर प्रांतीय सरकार ने समझा कि अब शायद अशांति न रहे और इसी विचार से वह चुपचाप बैठी रही। पर, साथ ही छोटे लाट सर ऐश्ली ईडन का यह भी खयाल था कि रैयतों के दुःखों के कारणों में एक प्रधान कारण यह भी है कि जमींदार लोग अपने गाँवों को नीलवरों के हाथ ठेका दे देते हैं, जिससे उनका रैयतों के ऊपर एक प्रकार का अधिकार हो जाता है और उनके सताने का एक अवसर उनके हाथ आ जाता है। पर, इस विषय में उस समय कोई काररवाई नहीं की गई। उलटे, जैसा ऊपर दिखलाया जा चुका है, नीलवरों ने अपना जोर बेतिया राज पर और भी जमा लिया। बेतिया राज पर बहुत कर्ज हो जाने के कारण सन् १८८८ में विलायत में एक कर्ज ८५ लाख रुपए का उठाया गया। उसकी अदाकारी के लिए बहुत से गाँवों का मुकर्रर बंदोबस्त नीलवरों के साथ किया गया। यह बंदोबस्त १४ कोठियों के साथ हुआ, जिनमें मुख्य तीन थीं—तुरकौलिया, पीपरा तथा मोतिहारी। इसके अलावा कोठियों के साथ चंदरोजा बंदोबस्त का होना भी जारी रहा। इसलिए यद्यपि कुछ दिनों के लिए ऊपर से सबकुछ शांत दीखता था, पर रैयतों के दुःखों की आग भीतर-ही-भीतर सुलग रही थी। सन् १८८७ में बिहार-प्रांत में बहुत बड़ा अकाल पड़ा, इससे चंपारन में लोगों को बहुत कष्ट हुआ। उस समय नीलवरों ने नील का दाम १० रुपए ५ आने से बढ़ाकर १२ रुपए फी एकड़ कर दिया। पर, इससे भी रैयतों को संतोष नहीं हुआ और हो भी कैसे

"First, I believe it to be unprofitable and therefore I cannot believe that any *ryots* would consent to take up that cultivation involving as it does serious pecuniary loss to himself. Secondly, it involves an amount of harassing interference to which no free agent would subject himself. Thirdly, from the consideration of the act of violence to which the planters have been compelled to resort to keep up the cultivation as proved by the criminal record of Bengal. Fourthly, from the admission of the planters themselves that if *ryots* were free agents they would not cultivate indigo. Fifthly, the necessity under which the planters state themselves to be of spending large sums in the purchase of Zamindaries and other description of rights giving them territorial influence and powers of compulsion without which they would be unable to procure the cultivation of indigo. Sixthly, the statements of *ryots* and the people generally in the districts in which I have been. Seventhly, as soon as the *ryots* became aware of the fact that they were by law practically free agents, they at once refused to continue cultivation."

सकता था? जो आग बराबर से सुलगती आई, वह समय-समय पर भड़कती गई। सन् १९०६ में तेलहड़ा कोठी के रैयतों ने उसके अँगरेज मैनेजर मि. ब्लूमफील्ड (Mr. Bloomfield) को मार डाला। उनमें से कई एक रैयतों पर मुकदमा चलाया गया और तीन आदमियों को जिला जज ने फाँसी का हुक्म दे दिया; पर हाई कोर्ट में अपील होने पर फाँसी का हुक्म रद्द हो गया और उनको छह वर्ष की सख्त कैद की सजा मिली।

❑

पाँचवाँ अध्याय

१९०७-१९०९

सहन करने की भी सीमा होती है। चींटी पर यदि अनजान से भी पैर पड़ जाय तो वह भी बदला लेने की कोशिश करती है और काटने के लिए अपना छोटा सा मुँह खोल ही देती हैं। अगले पन्नों के पढ़ने से साफ जाहिर होता है कि चंपारन की प्रजा नील बोना बिलकुल नापसंद करती थी। वह इस दुःख से बचने के लिए रात-दिन भगवान् से प्रार्थना करती थी। सन् १९०७ तक नीलवरों और रैयतों का सरोकार जैसे-तैसे चलता गया। सन् १९०७ के शुरू होते ही बेतिया इलाके में अशांति के चिह्न देखने में आए। साठी कोठी के कुछ असामियों ने नील बोने के विरुद्ध अपनी राय जाहिर की; क्योंकि इससे उनको कुछ भी लाभ नहीं था। सन् १९०६ की बाढ़ के कारण उनके धान की फसल मारी गई थी, इसलिए वे बड़े दुःखी थे। इधर कोठीवाले पहले की तरह नील कराना चाहते थे। अशांति उमड़ने के कारण ये ही हो सकते हैं। सन् १९०७ के मार्च में चंद किसानों ने मोतिहारी मजिस्ट्रेट के इजलास में एक दरख्वास्त दी, जिसमें और बातों के सिवाय यह भी लिखा था—

"That for six or seven years, the Sathi factory is oppressing your petitioners in many ways and is exacting from them higher rents and begar labour and forcing your petitioners to cultivate indigo against your petitioners' wishes without adequately paying for them and bringing false criminal cases against your petitioners and other tenants to execute indigo Sattas."

अर्थात्, ''छह या सात साल से साठी कोठी रैयतों को तरह-तरह से तंग कर रही है। वह हम लोगों से अधिक मालगुजारी ले रही है और बेगार का काम करवाती है, जबरदस्ती नील बोवाती है और उसका पूरा दाम नहीं देती और हम लोगों के विरुद्ध झूठा फौजदारी का मुकदमा लाकर नील बोने का सट्टा लिखने के लिए हमको बाध्य करती है।''

जब साठी कोठी के मैनेजर मिस्टर एफ. सी. कौफिन (Mr. F.C. Coffin) ने देखा

कि नील की खेती अब पूर्ववत् नहीं हो सकती, तब उन्होंने सरकारी कर्मचारियों की सहायता ली। चाहे जिस कारण से ही, चंद असामियों को मजिस्ट्रेट ने स्पेशल कांस्टेबिल बना दिया कि किसी तरह बलवा न होने पाए। परंतु, दुःख है कि इससे भी अशांति न रुकी। नील की खेती के संबंध में कई प्रकार की फौजदारियाँ होती रहीं। सन् १९०७ की जुलाई में साठी के देहात में एक फौजदारी उठी, जिसमें कोठी के गुमास्ता सुंदरमन राय ने फौजदार दुबे वगैरह कई आदमियों पर यह जुर्म लगाया कि इन लोगों ने कालीचरण तेली को कोठी का काम करने से रोका है, जब कोठी की ओर से कालीचरण की बुलाहट हुई, तब जो मुलाजिम बुलाने के लिए गए थे, उनके साथ मारपीट की है। इसमें मुद्दालह लोगों की ओर से यह जवाब दिया गया कि कोठी ने उन लोगों पर केवल दबाव डालने के लिए यह मुकदमा चलाया था। उस समय बेतिया के मजिस्ट्रेट मि. ई. एल. टैनर (Mr. E.L. Tanner) थे। उन्होंने मुद्दालहों को सजा दी।[१]

तारीख १४ अगस्त, सन् १९०७ को कोठी के रैयतों ने एक दरख्वास्त चंपारन के कलक्टर के पास भेजी, जिसमें उन्होंने अपने दुःख की पूरी रामकहानी कह सुनाई थी। इसमें उन्होंने यह भी लिखा था—

"That instead of growing indigo at three kathas per bigha, the factory introduced a new system. In half the area, the factory has compelled your petitioners to grow indigo and in the other half jai (oats), and that it allows only Rs. 15/- per bigha for jai although according to out-turn deducting expenses of cultivation, it comes up to almost Rs. 45/- per bigha.

"That if the total area of indigo and jai cultivated by your petitioners does not come up to three kathas per bigha, the factory, for balance area, realises paddy at the rate of 25 mds. per bigha and if it is not paid in time, its price is realised at the market-rate at the time of realisation and that the factory does not pay any compensation for paddy or its prices thus realised.....

"That bullock carts, ploughs, labourers of your petitioners and petitioners themselves are forced to work at one-fourth of the ordinary wages and sometimes for nothing."

अर्थात्, "बीघा पीछे ३ कट्ठा नील कराने के बदले कोठी ने अब एक नई चाल चलाई है। नील की आधी जमीन में कोठी ने हम लोगों से नील कराया है और बाकी या आधी जमीन में जई। और एक बीघा जई के लिए हमें केवल १५ रुपए मिलते हैं, यद्यपि खर्च वगैरह काटकर पूरी पैदावार कोई ४५ रुपए की होती है। यदि जई और नील की आबादी मिलकर ३ कट्ठे बीघा पीछे न आबाद किया जाय, तो कोठी, जो जमीन ३ कट्ठे में घटती है, उसके लिए बीघा पीछे २५ मन धान हमसे वसूल करती है, और यदि समय पर धान न दिया जाय तो बाजार-दर से उसकी कीमत वसूल करती है और इस

१. Judgment of 12th September, 1907, in Emperor Vs. Faujdar Dubey and others.

धान के लिए किसी किस्म का बदला हमें नहीं मिलता।

"हमारी बैलगाड़ी, हमारे हल और मजदूर और स्वयं हम सबको जबरदस्ती कोठी में काम करना पड़ता है और जो मजदूरी और जगह मिलती है, उसकी केवल एक-चौथाई हमें मिलती है और कभी-कभी तो कुछ भी नहीं मिलता।"

अंत में उन्होंने जाँच के लिए प्रार्थना की। इस दरख्वास्त पर मि. टी. एस. मैक्फर्सन (T.S. Macpherson) डिस्ट्रिक्ट मजिस्ट्रेट ने मि. टैनर (Mr. Tanner) को इन सब बातों की जाँच के लिए हुक्म देते हुए लिखा—

"The matters raised are of great importance to the peace of the villages concerned and a sifting enquiry as to the existence of the causes of complaint specified is essential. It should be as wide and unrestricted as possible. I can see that certain persons are ringleaders, but it does not at all follow that the agitation, which is so wide spread, is without foundation."

अर्थात्, "दरख्वास्त की बातें देहात की शांति के लिए बहुत महत्त्वपूर्ण हैं। दरख्वास्त में की गई शिकायतों की बहुत कड़ी जाँच होना अत्यंत आवश्यक है। जाँच जितनी अधिक और बेरोक-टोक हो उतना ही अच्छा। मुझे मालूम होता है कि इस आंदोलन को कुछ मुखिया लोगों ने खड़ा किया है; पर इससे यह नहीं साबित होता है कि यह इतना बड़ा आंदोलन निर्मूल है।"

जान पड़ता है कि मि. टेनर ने इनके दु:खों की संतोषजनक जाँच न की; क्योंकि शेख गुलाब ने, जो वहाँ के लोगों का मुखिया समझा जाता था और लोगों से मिलकर इस संबंध में छोटे लाट के पास एक मेमोरियल भेजा था, उसमें उसने इस जाँच के विषय में यह लिखा था—

"That the sub-divisional officer of Bettiah went only to three Mauzas and made enquiries of some of your memorialists and then went away leaving the enquiry incomplete."

अर्थात्, "बेतिया के मजिस्ट्रेट ने कुल तीन ही मौजों में हम लोगों से कुछ जाँच की और फिर जाँच पूरी किए बिना ही चले गए।"

बात जो हो, पर इसमें संदेह नहीं कि इस जाँच से रैयतों को संतोष नहीं हुआ और अशांति ज्यों-की-त्यों बनी रही, बल्कि उत्तरोत्तर बढ़ती ही गई।

नवंबर महीने के आरंभ में लौरिया थाने के दारोगा ने बेतिया के मजिस्ट्रेट के पास एक रिपोर्ट भेजी, जिसमें लिखा था कि चंद रैयत दूसरों को नील बोने से मना करते हैं और मालगुजारी देने से भी रोकते हैं, इसलिए उनपर १०७ धारा के अनुसार काररवाई की जाय। मजिस्ट्रेट ने चंद रैयतों से शांति रखने के लिए मुचलका लिया। बेचारे रैयत इन काररवाइयों से परेशान हो गए। कितने जेल गए, कितनों से मुचलका लिया गया और

कितनों को डंडापेटी दी गई (स्पेशल कांस्टेबिल मुकर्रर किए गए)। इस संबंध में जो मेमोरियल छोटे लाट को दिया गया, उसका भी कोई संतोषजनक फल नहीं हुआ। किंतु, इतने दुःखों को झेलने पर भी रैयत नील बोने पर राजी नहीं हुए। अंत में साठी कोठी को नील पैदा करना बंद कराना पड़ा और रैयतों के सिर से एक भारी बोझ हटा।

पर, कोठी चुप कब बैठ सकती थी? उसने एक दूसरा ही रास्ता रैयतों से रुपया वसूल करने का निकाला, जिससे नील का घाटा पूरा हो जाय।

सन् १८८० में साठी कोठी ने नील वगैरह पटाने की नीयत से पंडई नदी से एक नहर खुदवाई थी। इस नहर के संबंध में कोठी ने बेतिया राज को एक इकरारनामा लिख दिया था, जिसमें कोठी ने नहर को ठीक रखने का भार लिया था और उसमें एक शर्त यह भी थी कि 'रैयत नहर के पानी से बिना मूल्य अपना खेत सींच सकेंगे।'

जब तक रैयत कोठी के लिए नील बोते चले गए तब तक उनको नील के खेत सींचने के लिए पानी मुफ्त में मिलता था। जब सन् १९०८ में कोठी ने नील बोना बंद कर दिया, तब रैयतों से पानी के लिए फी बीघा ३ रुपए कोठी ने वसूल करना शुरू किया। इसका नाम 'पैन खर्चा' पड़ा। यद्यपि किसानों की इच्छा यह ३ रुपए देने की बिलकुल नहीं थी, तथापि कोठी ने अपने काम को पक्का करने के लिए हर असामी से एक इकरारनामा लिखा लिया। जो असामी इसके लिखने से इनकार करते थे, कहा जाता है कि उनसे जबरदस्ती लिखाया गया। इस काम के लिए साठी कोठी में सरकार की ओर से एक खास रजिस्ट्रार रखे गए। कुछ दिन पहले कोठी के विरुद्ध खड़े होने से लोगों की जो दशा हुई थी वह उन्हें मालूम था। इसलिए इच्छा न रहते हुए भी मारे भय के उन लोगों ने इकरारनामा लिख दिया। इकरारनामे में कोठी ने पूरा पानी देने का वादा किया। पर, यह वादा केवल कागज पर ही लिखने के लिए था। जिन किसानों के खेत तक पानी नहीं पहुँच सकता था, जो इस पैन से कुछ भी नफा नहीं उठा सकते थे, उनसे भी बीघा पीछे ३ रुपए वसूल किए गए। सन् १९१३-१५ के सर्वे के समय, साठी देहात के रैयतों ने पैन-खर्चा देने से इनकार कर दिया और इसकी शिकायत की। सर्वे के अफसरों की जाँच से मालूम पड़ा कि सचमुच उन रैयतों से पैन खर्चा वसूल किया गया था, जिनको इससे कुछ भी लाभ नहीं। पूरी जाँच के बाद कोठीवालों की पोल खुल गई। वे सट्टे, जो रैयतों ने लिखे थे, मुस्तर्द किए गए और पैन-खर्चा अबवाब शुमार करके बंद कर दिया गया। रैयतों ने इस बात को खुशी से कबूल किया और उनका पैन-खर्चा संबंधी दुःख दूर हुआ। अब जिसको पानी की जरूरत पड़ती है, वह रुपया देकर लेता है।

जिस प्रकार साठी कोठी के देहात में बिना किसी सट्टे के नील उपजाया जाता था, उसी प्रकार बेतिया सब-डिवीजन की और कई कोठियों में भी नील उपजाया जाता था। सन् १९०७-०८ में साठी कोठी के रैयतों ने नील बोना छोड़ दिया। यह बात

आसपास के लोगों को भी मालूम हो गई। बस क्या था, वे अब कब नील के बंधन में जकड़े रह सकते थे? एक-एक करके उन लोगों ने नील बोना बंद करना शुरू किया। साठी कोठी में नील बंद करने में शेख गुलाब ने बड़ा भाग लिया था। उनके उदाहरण से लोगों के दिल में और भी साहस और उत्साह भर आया। शेख गुलाब को बड़ी भारी आर्थिक और शारीरिक क्षति उठानी पड़ी; किंतु रैयतों की आँखों में उनका मान बहुत ही बढ़ गया। उनको वे अपना आदर्श तथा सच्चा हितैषी समझने लगे।

साठी कोठी के निकट ही परसा कोठी है। यहाँ के रैयतों में सन् १९०८ के सितंबर में कुछ-कुछ अशांति के चिह्न दीख पड़े। विजयादशमी के समय बेतिया में बड़ा भारी मेला लगता है। इसमें दूर-दूर से देहातों के लोग आते हैं। इस साल रैयतों ने अपने काम के लिए इसे एक अच्छा साधन समझा। मेले में शेख गुलाब और शीतल राय ने एक दूसरे आदमी, जो परसा कोठी के निकट रहते थे, रैयतों के कान फूँकने आरंभ किए और नील बोने के विरुद्ध लोगों को उकसाने लगे। यहाँ तक कि नीलवरों को निकालने की तरकीब भी बताने लगे। मेला खत्म होने पर रैयत अपने-अपने घरों में जाकर इसकी चर्चा करने लगे, जिससे लोगों के खयाल धीरे-धीरे बदलने लगे। नील का मूलोच्छेदन करने में शीतल राय दिलोजान से पड़ गए। वे रात में लोगों को इकट्ठा करके नील न बोने का उपदेश करने लगे। इन सभाओं में लोगों से शपथ ली जाती थी। यह अशांति विशेषकर मलहिया, परसा, बैरिया और कुडिया कोठियों में ही रही। ऐसा भी कहा जाता है कि रैयतों ने एक- दूसरे को बुलाने के लिए एक सांकेतिक आवाज ठीक कर ली थी, जिस आवाज के निकलते ही कई गाँव के रैयत तुरंत इकट्ठे हो जाते थे। सन् १९०८ की १६वीं अक्टूबर को रैयतों ने स्पष्ट रूप से बलवा शुरू कर दिया और परसा कोठी के सिपाहियों के साथ मारपीट भी की। ऐसा भी सुना गया है कि रैयत लोग उस कोठी के मैनेजर पर भी हमला करने से बाज न आए। इस बलवे की खबर गवर्नमेंट को तुरंत भेजी गई। इसको रोकने के लिए गवर्नमेंट ने फौजी पुलिस भेज दी। ता. २६ अक्टूबर को शीतल राय तथा एक और धनिक मारवाड़ी राधूमल गिरफ्तार कर लिये गए। आज भी लोग कहते हैं कि उस समय पुलिस के सिपाहियों ने तथा गोरखों ने लोगों को बड़ा तंग किया था। खासकर इंस्पेक्टर नाइट (Inspector Knight) का नाम उस स्थान के रैयतों को आज तक नहीं भूला है और न उस भयानक कांड को वहाँ के रैयत कभी भूल सकते हैं। उस समय के प्रायः सभी पत्रों में इस घटना की आलोचना हुई थी। 'स्टेट्समैन' (The Statesman of Calcutta) ने एक विशेष संवाददाता भेजा था, जिसने २७ नवंबर को यों लिखा था—

"A remarkable state of affairs exists at the present moment at Bettiah in the Champaran District of Bihar. Disputes between the planters and the *ryots* have led to acts of hostility, and in order to protect the European population large forces of Bengal armed police and Gurkhas have been drafted into the town and its neighbourhood. Fifty rounds of ball ammunition have been served out to each member of the Bihar Light Horse and in parts the Division has assumed perfectly war-like appearance. Seven cases have been reported to the police in which Europeans were attacked. Other stories are current in the neighbourhood of equestrians being ambushed, of frantic rides along jungle paths through crowds of ruffians armed with Lathis and of inoffensive folk being molested on the high way. Police Inspector Knight was himself badly mauled by a Badmash with a lathi. Mr. Maxwell Smith, a planter was chased by a mob and a Tumtum belonging to Mr. Moore, factory manager, was burnt at Muzaffarpur.

"On Wednesday last nineteen persons were convicted here under Sec. 143 I.P.C. for being members of an unlawful assembly and sentenced, besides graduated fines in each case, to the full term of six months' solitary confinement. There are now no less than 200 prisoners awaiting their trial at Motihari under various charges chiefly for assaulting Europeans for arson and under Sec. 505 for inciting class against class. The principal accused in this group is Sital Roy who holds ryoti lands under Mr. S.E. Coffin of the Sathi factory in Bettiah Sub-Division. Radhumall a Marwari Banker, and Ramswarath his Gumasta were arrested recently."

अर्थात्, "बिहार के चंपारन जिले के बेतिया सब-डिवीजन में इस समय विचित्र स्थिति हो रही है। नीलवरों और रैयतों के बीच झगड़ा होने से शत्रुता के कार्य शुरू हुए हैं और यूरोपियनों की रक्षा के लिए बंगाल हथियारबंद पुलिस और गोरखों की बड़ी फौज शहर और उसके आसपास की जगहों में लाकर रखी गई है। बिहार लाइट हाउस के हर मेंबर को पचास-पचास फायर के लायक छर्रे दिए गए हैं और कुछ अंशों में सब-डिवीजन ने पूरे तौर से जंगी शक्ल धारण कर ली है। पुलिस को सात ऐसे मामलों की रिपोर्ट मिली है, जिनमें यूरोपियनों पर हमले हुए हैं और अफवाहें भी अड़ोस-पड़ोस में उड़ रही हैं कि सवारों पर लोगों ने छापा मारा है, जंगली रास्तों पर लठबंद बदमाशों के गिरोह होकर घुड़सवार रेल-पेल कर घोड़ा दौड़ाकर निकल भागे हैं और बेकसूर लोग सड़कों पर सताए गए हैं। खुद पुलिस इंस्पेक्टर नाइट पर एक बदमाश ने लाठी का बुरी तरह से वार किया था। एक दल के लोगों ने मि. मैक्सवेल स्मिथ नाम के नीलवर का पीछा किया और कोठी के मैनेजर मि. मूर का एक टमटम मुजफ्फरपुर में जला दिया गया।

"गत बुधवार को बेतिया में १९ आदमियों को दफा १४३ के बमूजिब नाजायज दल के मेंबर होने के अभियोग पर जुर्माने के अलावा छह-छह महीने एकांतवास जेल की सजा हुई। इस समय दो सौ से कम आदमी नहीं हैं, जिन पर कई अभियोगों पर, जिनमें यूरोपियनों पर हमला करने, आग लगाने और दफा ५०५ के बमूजिब जाति में

घृणा उत्पन्न करने के अभियोग मुख्य हैं, मोतिहारी में मामला पेश है। इस दल में प्रधान अभियुक्त बेतिया सब-डिवीजन की साठी कोठी के मैनेजर मि. एस. ई. कॉफिन का रैयत शीतल राय है। राधूमल नाम का एक मारवाड़ी महाजन और उसका गुमास्ता रामस्वारथ हाल ही में गिरफ्तार किए गए हैं।''

ता. २८ नवंबर, १९०८ को बंगाल-व्यवस्थापिका सभा की एक बैठक हुई, जिसमें एक प्रश्न के उत्तर में माननीय मि. ड्यूक ने यह कहा था—

"The attention of the Government has been directed to the disturbances in Champaran ever since they commenced. Its attention was first attracted by the actual occurrence of breaches of the peace, for no representation had been addressed to it or any of its officers on behalf of the persons who created the disturbance until breaches of the peace had taken place and the law had been put in motion to repress them. Government is not aware that any person had to be released in consequence of the absence of its sanction to prosecute them, as sanction was granted in the cases in which it was asked for. It is not possible to answer in further detail at present, but Government has set itself to restore order and repress crime. The neighbourhood is generally quiet and as soon as it is reasonably certain that there will be no further resort to violence, a full enquiry will be made into the causes of the outbreak. An experienced officer has been selected and furnished with full instructions as to the subjects to be examined; but no such enquiry could be undertaken without greater danger to the public peace or usefully conducted so long as the peace of the District continues to be disturbed."

अर्थात् ''चंपारन में जब से अशांति शुरू हुई, तभी से उस ओर सरकार का ध्यान रहा है। पहले-पहल सरकार का ध्यान शांति-भंग होने पर ही आकृष्ट हुआ; क्योंकि इससे पहले रैयतों की ओर से सरकार में कोई दरख्वास्त नहीं दी गई थी। सरकार को इसकी खबर नहीं है कि मुकदमा चलाने की मंजूरी नहीं मिलने के कारण कोई अभियुक्त छोड़ दिया गया हो, क्योंकि कुल मुकदमों की मंजूरी सरकार की ओर से, माँगने पर, दे दी गई थी। इस समय ज्यादा तफसील के साथ कोई उत्तर नहीं दिया जा सकता है; पर सरकार वहाँ शांति स्थापित करने तथा जुर्म रोकने का प्रयत्न कर रही है। वहाँ के आसपास के गाँवों में अब शांति स्थापित हो गई है, और ज्यों ही शांति-भंग का डर दूर हो जाएगा, इस घटना के कारणों की पूरी जाँच की जाएगी। इस काम के लिए एक तजुरबेकार अफसर चुने गए हैं और उनको जाँच के संबंध में पूरी हिदायत की गई है। पर, जब तक जिले में शांति स्थापित न हो जाय, तब तक किसी प्रकार की जाँच नहीं की जा सकती, क्योंकि उससे अधिक अशांति फैलने का भय है।''

जो मुकदमे चलाए गए थे, वे सब बेतिया के मजिस्ट्रेट नहीं देख सकते थे। इसलिए गवर्नमेंट ने एक खास मजिस्ट्रेट मि. गूड (Mr. Goode) को भेजा। प्रायः ६०

मुकदमे हुए, जिनमें कोई ३०० से अधिक अभियुक्तों को सजा मिली। राधूमल ने अपना अपराध कबूल किया और ३,००० रुपए के जुरमाने पर छूटे। शीतल राय को २ वर्ष ६ महीने की सख्त कैद और २,००० रुपए जुरमाने का हुक्म हुआ। सरकार ने इस इलाके में विशेष पुलिस (Punitive Police) बैठा दी, जो इस देहात में नवंबर, १९०८ से अप्रैल १९०९ तक रही। इसका सारा खर्च रैयतों से ही वसूल किया गया। अनुमानतः उस समय रैयतों से ३०,००० रुपए वसूल किए गए।

ऊपर कहा गया है कि जब कभी चंपारन के रैयतों ने अपने दुःखों से उबलकर सर उठाने की कोशिश की है, तब नीलवरों ने उसका सारा दोष बाहर के लोगों पर ही मढ़ना चाहा है। अपनी प्रकृति के अनुसार इस बार भी नीलवरों ने वैसा ही करना चाहा था कि बंगालियों ने यहाँ आकर राजनीतिक आंदोलन कर दिया है, इसी कारण यहाँ के रैयत बिगड़ खड़े हुए हैं। परंतु, यह बात बिलकुल बेजड़ की थी; क्योंकि उसी समय ता. २ दिसंबर, १९०८ के स्टेट्समैन (Statesman) के विशेष संवाददाता ने इस तथा अन्य विषयों की समालोचना करते हुए लिखा था—

"The expediency of a departmental enquiry by the government into the troubles of the planters and the grievances of the *ryots* will probably have been suggested by my last letter upon the present situation in this Sub-Division of Champaran. From enquiries I have made today, it seems that some action by the Government is generally regarded as not only desirable but necessary and as the wish is father to the thought, it is hinted as a possibility that a commission may be appointed when the Police Court cases are over, in order that a thorough investigation may be made. In the meantime in view of this not unlikely contingency, it is only fair to those who are connected in any way with the case that I should publish the result of my interviews with *ryots,* and so to collate and confront them with the recorded statements of the planters.

"At the outset I must record certain alleged acts of reprisal on the part of the factory servants and so-called 'friendly villagers' who, now that they are backed by bayonets and rifles, have, it is said, turned upon the 'enemy' in some parts of the District with retaliatory Lathi blows. During the riots of the *ryots,* some hard knocks were occasionally given, as the evidence shows, and some of those who were knocked in the first place have, it is rumoured, been returning the compliment with compound interest. While walking early this morning through the bazar an individual of the coolie variety came running to me with a lamentable tale of assault and battery committed upon him by a factory peon. He shed more tears in five minutes than I should otherwise have considered possible in the case of a man, and pointing to his body he indicated by weird gesticulations a great weal which clearly indicated the impression of a bound bamboo. I gave him some pice and told him to place his complaints before the magistrate, and as he received the money with favour and the instructions with disfavour, there, it seemed, the matter had ended. Upon my return to the place of tents, however, an ox waggon drew up to my door, and by most pitiful lamentations my attention was drawn to the occupants. What I saw then is common enough to those who have trailed through a campaign, but unless war has actually broken out in this usually peaceful province it was a sight to be wondered at. The waggon contained a party of wounded men. One had a blood-stained bandage round his arm. Another had his jaws tied up in a cloth and upon this there were blood-stains; upon the party generally, there were contusions and abrasions. A white-haired person in the group who did all the howling, seemed to have nothing the matter with him at all, however, and it was he who told the story, the truth or falsity of which must be left to another tribunal, as to an alleged assault by factory servants, in the absence of the proprietor, upon his unfortunate companions. If any reliance can be placed upon the garrulous individual in question, the planter would be well advised if in future he keeps a sharp eye upon his friendlies.

"I have been requested by some of the planters to deny the statement, which has evidently gained some evidence, that the recent agitation was engineered by Bengalee agitators. The observation appeared, I am told, in a certain Calcutta newspaper. One has only to live five minutes in Bettiah to realise the absurdity of the contention made by the correspondent in the present instance, for there is an inherited antipathy, indefined as Indian antipathies often are, between Bengalees and Beharees which at once precludes the argument. A Bengalee anarchist would probably get as much chance of a hearing in Bettiah as Moody and Sankey might have done in Mecca. On the other hand, it would generally speaking be just as profitable to expound a problem of Euclid or to deliver an exposition upon Somatology as to preach politics to the Bettiahis. The existing trouble is purely agrarian. The *ryots* have held their holdings for generations, they rarely pass beyond the limitations of the farm; they know nothing and care nothing about the hubbub of the outside world; the entire interest of each one of them is centered upon his own individual paddy patch. In the Police Court evidence, it is said that the *ryots* conspired to 'drive the sahibs out of the country' but 'the country' in their case means the Bettiah Sub-Division not the Indian Empire, and it is erroneous to suppose that the agitation has anything to do with Bengalee anarchism.

"I interviewed today some persons whose names need not be mentioned, within the dukul of a certain factory where the agitation commenced in the first instance. The *ryots* in this dukul have not renewed the sattas of their fore-fathers and they contend, in the absence of any agreement to the contrary, that they are under no obligation to cultivate indigo on their farms for the use of the factories."

THE QUESTION OF COMPULSION

"Has any compulsion been made in order to induce you to grow indigo?" Was the first question put to the visitors from Sathi.

" 'Since last year there has been no compulsion' said one of the men 'either as regards indigo or any other crop for the benefit of the factory. We have merely to pay Rs. 3/- per bigha in order to evade the obligation to devote three kathas in the bigha to indigo cultivation.

"By that payment you acknowledge the existence of some sort of obligation?

"Yes" replied the second man, "under the old Sattas we were paid Rs. 19/- per bigha for growing indigo. Although we have now no formal Sattas, we have hitherto been growing indigo under the conditions contained in the former contracts. For about twentyfive years, we have worked without Sattas. For the past thirty years no new agreements have been introduced until recently. I have never seen a 'Satta'. The Sahib was quite willing to go on without them, seeing no necessity for their re-introduction. Last year, however, the Sahib purchased about 400 rupees worth of agreement stamps, and in some places, by force, he compelled the 'assamis' to sign new 'Sattas'. They have since petitioned the collector stating that they were compelled by the Sahib against their will to subscribe to these new constracts. Under the Sattas a *ryot* receives Rs. 15 per bigha for oats and Rs. 19 for indigo; but from our own country crops we can make Rs. 40 to 50 per bigha. A bigha would realise from 60 to 70 maunds of oats, and in the rainy season, when oats (a winter crop) have been harvested, we are able to get a full crop of paddy, which may possibly come to from 60 to 65 maunds, which would realise about Rs. 120.

"What do you mean when you say that your brothers were forced to sign new agreements?"

"They were compelled by the institution of false charges and imprisonment. Last year there were several cases against my relatives, and they were bound down to keep the peace."

"Is it not a fact that after the indigo is cut, you are at liberty to grow rabi for your own use on the indigo land?"

"We are not allowed to do so. The land must lie fallow until the next sowing in order to increase its productiveness. The introduction of java seed is an experiment and at present it occupies the ground for three years to the exclusion of country crops. We do not want to grow indigo. As regards sugarcane, it does not pay us sufficiently to cultivate it for the factories. We can make much bigger profits if we grow crops for ourselves in our own way."

"If that is true, how do you account for so much sugarcane being sent to a factory by outside *ryots*, who are under no such compulsion as you suggest?"

"It comes about in this way. The *ryots* grow cane in order to convert it into golden sugar. They have not the requisite machinery for converting their entire crop and what remains of the cane is sold to the factories. The factories have sufficient land of their own both for indigo and sugar, and they should therefore allow us the freedom of doing as we like."

"You were contented and happy in the past while working for the Sahibs. Why have you changed your attitude so suddenly?"

"At a time when foodstuffs were cheap, we were willing to grow indigo. For the last few years, however, there has been drought and scarcity and the prices of cereals have gone up and we can now make larger profits from out own crops. When growing indigo we are engaged in that work throughout the year, and our own lands are neglected, and we have to pay *backsees* to the *Sajawal*, the *Tokadar* and *Ziledar* of the factories, if we do not, they make us do extra work, which is objectionable to us and the dhangars who did the menial work in the past, at 4 annas per day, have been sent away and we are compelled to do their task ourselves, at 5 or 6 pice; for these reasons we do not wish to contract with the Sahibs for the cultivation of indigo."

अर्थात्, ''मैंने अपनी गत चिट्ठी में इसका इशारा किया है कि इस सब-डिवीजन के रैयतों के दुःखों तथा नीलवरों की शिकायतों की जाँच सरकार द्वारा होनी चाहिए। आज की जाँच से मुझे मालूम हुआ है कि सरकारी जाँच उपयुक्त ही नहीं, बल्कि आवश्यक भी समझी जाती है। और, यह कहा जाता है कि शायद इस काम के लिए जो मुकदमे पेश हैं, उनके खत्म हो जाने के बाद एक कमीशन मुकर्रर हो, जो इन सब बातों के विषय में पूरी जाँच करे। इस बीच मैं मुनासिब समझता हूँ कि रैयतों द्वारा जो कुछ मुझे मालूम हुआ है, उसको प्रकाशित कर दूँ, ताकि नीलवरों के बयान से उसका मुकाबला किया जाए। शुरू में मैं उस बयान का, जो कि कोठी के नौकरों तथा 'मेली' रैयतों के विषय में उनकी उन काररवाइयों के संबंध में, जो वे संगीन और बंदूक की मदद पाकर अपने विपक्षी से लाठी द्वारा बदला लेने के लिए कर रहे हैं, उल्लेख कर देना चाहता हूँ। रैयतों के दंगे के समय में कुछ लोगों को गहरी चोट लगी थी। ऐसे लोग अब सूद के साथ बदला ले रहे हैं। आज सुबह को जब मैं बाजार जा रहा था, एक कुली श्रेणी का आदमी मेरे पास दौड़ा हुआ आया और अपनी मार की कहानी सुनाई। वह बहुत रोया और अपने बदन पर लाठी का दाग दिखलाया। हमने उसे कुछ पैसे दिए और मजिस्ट्रेट के पास नालिश करने को कहा। पैसे उसने खुशी से ले लिये, पर मेरी सलाह उसे अच्छी न जँची। मैंने समझा कि यह बात यहीं खत्म हो गई। जब मैं अपने खेमे के पास लौटा, तब एक बैलगाड़ी पर सवार कई आदमी लेटे हुए, कई आदमी रोते हुए मेरे पास पहुँचे। जिन लोगों ने लड़ाई देखी है, उन लोगों ने ऐसे दृश्य बहुत देखे होंगे। पर, इस शांत प्रांत में ऐसे दृश्य का देखना बहुत आश्चर्यजनक था। गाड़ी पर जख्मी लोग लदे थे। एक आदमी का हाथ खून-आलूदा कपड़े से बँधा हुआ था। दूसरे के गले में वैसा ही खून-आलूदा कपड़ा बँधा हुआ था। प्राय: सबके शरीर पर चोट के निशान थे। उनमें से

एक बूढ़े ने, जो सबके बदले बोलता था, जिस पर कोई चोट नहीं दीख पड़ी, उन लोगों की रामकहानी कह सुनाई। किसी कोठी के मुलाजिमों ने अपने मालिक की अनुपस्थिति में इन सबकी खबर ली है। इसकी सचाई और झुठाई का विचार अदालत कर सकती है; पर यदि यह बात सच है तो उन नीलवर महाशय को चाहिए कि वे अपने मुलाजिमों और पीठलगुओं पर कड़ी निगाह रखें।

"चंद नीलवरों ने मुझसे इसका प्रतिवाद करने को कहा है कि यहाँ का आंदोलन बंगाली आंदोलकों ने खड़ा किया है। मैंने सुना है कि यह बात कलकत्ता के किसी समाचार-पत्र में निकली है। पर, पाँच ही मिनट बेतिया में रहने से मालूम हो जाएगा कि यह बात कितनी बेजड़ की है; क्योंकि बंगाली और बिहारी के बीच एक प्रकार का विचित्र विरोध जमाने से चला आ रहा है। अराजक दलवाले बंगालियों की यहाँ कोई सुनेगा ही नहीं। बेतिया के रैयतों को राजनीति का गूढ तत्त्व समझाना उतना ही मुश्किल है जितना उनको रेखागणित का कोई गूढ़ प्रश्न समझाना। यहाँ की अशांति बिलकुल खेती के विषय में है। पुश्त-दर-पुश्त से रैयत खेती करते आए हैं और अपने खेतों के बाहर वे शायद ही कभी गए हों। बाहरी दुनिया की बातों की न तो उन्हें कोई खबर है और न परवाह। फौजदारी अदालत में कहा गया है कि रैयतों ने साहबों को देश से निकाल देने का षड्यंत्र किया था। पर, वे देश से केवल बेतिया इलाका समझते हैं, और यह समझना बिलकुल गलत है कि इस आंदोलन को बंगाली अराजकों ने उभाड़ा है।

"आज मेरी उस कोठी के देहात के कई रैयतों से मुलाकात हुई, जिनके इलाके में सबसे पहले बलवा शुरू हुआ था। उस देहात के रैयतों ने नया सट्टा नहीं लिखा है। और, वे कहते हैं कि सट्टा नहीं रहने पर वे नील बोने के लिए पाबंद नहीं है। साठी के रैयतों से मैंने पूछा कि तुम पर नील बोने की जबरदस्ती की गई है? उन्होंने जवाब दिया पारसाल से नहीं होती है। हम लोगों को नील न बोने के बदले केवल ३ रुपए बीघा[१] पीछे देना पड़ता है। मैंने पूछा कि रुपए देकर तुम इस बात को कबूल करते हो कि तुम पर नीलवरों की पाबंदी है? उन्होंने कहा कि हाँ, बात तो सच है, पर पुराने सट्टे के अनुसार हमें १९ रुपए फी बीघे नील के लिए मिलते थे। आज तक सट्टा न रहने पर भी हम लोग उसी शर्त पर नील बोते आए हैं। प्राय: २५ वर्षों तक हमने बिना सट्टे के ही नील बोया है और प्राय: ३० वर्षों तक कोई नया मुआहिदा नहीं हुआ था, और साहब भी उसकी जरूरत नहीं समझते थे। पर, पारसाल साहब ने कोई ४०० रुपए का स्टांप खरीद किया और नया सट्टा लिखने के लिए रैयतों को मजबूर किया। सट्टे के अनुसार फी बीघा नील के लिए १९ रुपए और जई के लिए १५ रुपए मिलते हैं। यदि हम अपना गल्ला पैदा करें तो हमें बीघा पीछे ४०-५० रुपए तक का मुनाफा होता है। एक बीघे में

१. चंपारन के इस हिस्से का बीघा स्टैंडर्ड बीघे का प्राय: दूना होता है।

६०-७० मन जई होती है और बरसात में जब जई कट जाती है, तब हम उसी खेत में प्राय: ६०-६५ मन धान भी पैदा कर लेते हैं, जिसका दाम कोई १२० रुपए होता है। मैंने पूछा कि जबरदस्ती सट्टा लिखाने का क्या मतलब है? उसने उत्तर दिया कि झूठा मुकदमा दायर करके हमें जेलखाने भेजा जाता है। पारसाल मेरे कई संबंधियों से मुचलके लिये गए थे। मैंने पूछा कि नील कट जाने पर क्या तुम उस खेत में रबी की फसल नहीं बो सकते हो? उसने उत्तर दिया कि हम ऐसा नहीं करने पाते। खेत की पैदावार बढ़ाने के लिए उसे परती रखना पड़ता है। जावा नील प्राय: ३ साल तक खेत को बझाए रखता है। ऊख भी कोठी के लिए बोने में हमें कोई नफा नहीं है। अगर हमें अपने खेत को अपने इच्छानुसार आबाद करने दिया जाय तो उसमें हमें अधिक नफा है। मैंने पूछा कि यदि यह बात सत्य है तो बाहर के देहातों से इतनी ऊख कोठी को ऐसे लोग, जिनपर कोठीवालों का कोई दबाव नहीं है, क्यों पहुँचाते हैं? उसने जवाब दिया कि रैयत गुड़ के लिए ऊख बोते हैं, पर उनके पास अपनी पूरी पैदावार का गुड़ बनाने के लायक कल नहीं हैं। इसलिए बचे हुए ऊख को वे कोठी में पहुँचा देते हैं। कोठियों के पास ऊख और नील बोने के लिए काफी जमीन है। इसलिए उन्हें हम रैयतों को स्वतंत्र छोड़ देना ही उचित है। मैंने पूछा कि पहले तो तुम लोग साहब के लिए खुशी से नील करते थे, पर अब क्यों ऐसी अशांति दिखाते हो? उत्तर मिला कि जब अन्न सस्ता था, तब तो हम नील कर देते थे; पर कई वर्षों से सुखार और महँगी पड़ने के कारण गल्ले की कीमत बढ़ गई है, और अब हमको देशी गल्ले में अधिक नफा है। नील से हम लोग साल भर उसी में लगे रह जाते हैं, और अपने खेतों को आबाद नहीं कर सकते तथा कोठी के सजावल, जिलेदार, ठेकेदार को हमें दस्तूरी देनी पड़ती है। यदि हम यह न दें तो वे हमसे अधिक काम कराते हैं। जो धाँगड़ पहले चार आना रोजाना मजदूरी पर काम करते थे, वे अब यहाँ से चले गए और वही काम अब हम लोगों को पाँच-छह पैसे रोजाना पर करना पड़ता है। इन्हीं कारणों से अब फिर हम नील का मुआहिदा साहब के साथ नहीं करना चाहते हैं।''

शांति स्थापित हो जाने के बाद गवर्नमेंट ने बेतिया के रैयत तथा नीलवर संबंधी बातों की जाँच और उनपर विचार करने के लिए मि. डब्ल्यू. आर. गोरले (Mr. W.R. Gourlay) को, जो उस समय बंगाल सरकार के कृषि-विभाग के अध्यक्ष (Director of Agriculture) थे और उससे पहले चंपारन में भी रह चुके थे, भेजा। वे २० दिसंबर, १९०८ को बेतिया पहुँचे और रैयतों से उनके दु:खों के कारणों का अनुसंधान किया। चंपारन के किसान आज तक मि. गोरले का नाम लेते हैं और कहते हैं कि यदि वैसे हाकिम चंपारन में भेजे जाते तो हम लोगों के दु:ख कभी के दूर हो गए होते। सब बातें अच्छी तरह देख-भालकर मि. गोरले ने सरकार में अपनी रिपोर्ट दी। इस रिपोर्ट में क्या

लिखा है, यह आज तक मालूम नहीं; क्योंकि बहुत कहने-सुनने पर भी सरकार ने आज तक उसे प्रकाशित नहीं किया। इस विषय में बंगाल तथा बिहार की व्यवस्थापिका सभाओं में विशेषत: माननीय बाबू ब्रजकिशोर प्रसाद ने, जो १९१० ई. में बंगाल कौंसिल के सदस्य हुए थे, कई प्रश्न किए। किंतु, सरकार ने संतोषजनक उत्तर कभी भी नहीं दिया, बल्कि रिपोर्ट को प्रकाशित करने से एकदम इनकार कर दिया। समाचार-पत्रों ने इस विषय को लेकर बड़ा भारी आंदोलन किया। पर, उसका भी कोई भी फल नहीं निकला। इससे लोगों का संदेह बढ़ता गया और यह धारणा हो गई कि मि. गोरले की रिपोर्ट में नीलवरों की ही शिकायतें हैं और किसानों के बयान सब सत्य ठहराए गए हैं। माननीय मि. मौड ने चंपारन एग्रेरियन बिल पेश करते समय धारासभा में जो व्याख्यान दिया था, उसमें इस जाँच के विषय में यह कहा था—

"The result of that enquiry (Mr. Gourlay's) was a restatement of all the old grievances which figured in all previous inquiries. Mr. Gourlay found that the cultivation of indigo on the Assamiwar system did not pay the *ryot,* that the *ryot* had to give up his best land for indigo, that the cultivation required labour which could be employed more profitably elsewhere, and generally that the system was irksome and led to oppression by the factory servants."

अर्थात्, ''इस जाँच का नतीजा वही निकला, जो पहले की जाँचों से निकला था। यानी, रैयतों की वही शिकायतें, जो पहले पाई गई थीं, अब भी मिलीं। मि. गोरले का यह निश्चय है कि असामीवार प्रथा से नील करने में रैयतों को कुछ फायदा नहीं था। उनको अपनी सबसे अच्छी जमीन नील के लिए दे देनी पड़ती थी। नील कराने में जो मेहनत उन्हें करनी पड़ती थी, उसी मेहनत से वे अपने खेतों से अधिक नफा उठा सकते थे। और, साधारणत: यह प्रथा दु:खदायी थी और इसके चलते कोठी के मुलाजिमों को जुल्म करने का मौका मिलता था।''

इस रिपोर्ट के बाद सर एडवर्ड बेकर ने, जो उस समय बंगाल के छोटे लाट थे, नीलवरों को बुलाकर, जिस तरह सर ऐश्ली ईडन ने किया था, समझाया-बुझाया और उनके साथ दार्जिलिंग तथा पटना में सन् १९०९-१० में एक गोष्ठी की। इसी गोष्ठी का यह फल हुआ कि नील का दाम फी बीघे १२ रुपए ८ आने सैकड़ा बढ़ा दिया गया और तीन-कठिया के बदले दो कट्ठे में नील करने तथा सट्टा कराकर नील के सिवा और कोई फसल नहीं कराने का निश्चय किया गया। दु:ख के साथ लिखना पड़ता है कि इसके बाद भी कहीं-कहीं के नीलवर दो कट्ठे के बदले तीन कट्ठे में नील अथवा जई, ऊख आदि इस निश्चय के विरुद्ध कराते आए। यहाँ पर यह भी लिख देना जरूरी है कि मि. गोरले की जाँच के बाद उन रैयतों को, जो जेल में पड़े थे, सरकार ने छोड़ दिया। लोगों का पक्का विश्वास है कि यह भी उसी रिपोर्ट का फल था।

इस बलवे के बाद चंपारन के रैयत कुछ दिनों तक दबे रहे। पर, इससे यह नहीं

समझना चाहिए कि उनके कष्ट दूर हो गए थे। नीलवरों का अत्याचार उसी प्रकार जारी रहा और उसकी चर्चा भी बराबर कौंसिल तथा समाचार-पत्रों में होती रही। जब सन् १९११-१२ में महारानी के साथ बादशाह देहली में राजगद्दी पर बैठने के लिए इस देश में आए थे, उस समय शिकार खेलने के लिए उन्होंने नेपाल की तराई भिखनाठोरी की भी यात्रा की थी। उस वक्त वहाँ के १५,००० रैयत नरकटियागंज स्टेशन पर अपनी दुःख-कहानी सुनाने के लिए इकट्ठे हुए थे। कहा जाता है कि रैयतों ने बहुत कुछ कहा भी, पर बादशाह के पूछने पर कि 'ये लोग क्या कहते हैं?' कहा गया कि वे 'जै-जैकार' मनाते हैं। यह बात तो ठीक थी। उन्होंने महाराज का 'जै-जैकार' अवश्य मनाया, किंतु साथ-साथ अपनी दुःख-कहानी भी सुनाई थी। दुःख है, उनके दुर्भाग्यवश केवल उनका 'जै-जैकार' ही महाराज के कानों तक पहुँचा, उनके दुःख की कहानी नहीं पहुँची। जब महाराज कलकत्ता गए, तब बहुत से रैयतों ने वहाँ जाकर उनकी सेवा में एक प्रार्थना-पत्र भेजा। यह प्रार्थना-पत्र सम्राट् की आज्ञा से भारत सरकार के पास यथोचित काररवाई के लिए भेज दिया गया। पर, रैयतों के दुर्भाग्यवश वह ता. ३ फरवरी, १९१२ को भारत सरकार द्वारा वापस कर दिया गया, क्योंकि वह बाकायदा नहीं भेजा गया था और चंपारन के गरीब रैयतों की वे उम्मीदें, जो बादशाह के शुभागमन पर बँधी थीं, मिट्टी में मिल गईं।

सन् १९१२-१३ में 'बिहारी' ने[1], जो उस समय बिहार का मुख्य दैनिक पत्र था, चंपारन-संबंधी मामले पर कई लेख लिखे, जिनमें रैयतों के कष्ट की ओर सरकार का ध्यान आकृष्ट किया गया।

उस समय बंगाल बिहार से पृथक् हो चुका था। सर चार्ल्स बेली (Sir Charles Bayley) बिहार के छोटे लाट नियुक्त हुए थे। कहा जाता है कि जहाँ तक मालूम है, 'बिहारी' के लेखों का केवल एक ही फल हुआ—वह यह कि बाबू महेश्वर प्रसाद, जो उसके बड़े ही निर्भीक और योग्य संपादक थे, किसी चक्रचाल से उस पद से हटा दिए गए और वह समाचार-पत्र, जो पहले एक कंपनी की संपत्ति थी, अब एक धनी राजा के कब्जे में आ गया।

सन् १९११-१२ और १९१२-१३ में चंपारन के रैयतों ने सरकार में जिला कलक्टर के पास तथा अन्य कर्मचारियों की सेवा में बहुत सी दरख्वास्तें दीं। पर, जहाँ तक मालूम पड़ता है, उनका कोई भी ऐसा फल नहीं हुआ, जिससे यह कहा जा सके कि रैयतों का दुःख सुननेवाला भी कोई था। यहाँ तक कि कई दरख्वास्तें उन्हीं कोठीवालों के पास

---

१. दैनिक बिहारी (Daily Beharee) सन् १९१२ के ११, १२, १३, १५, २८ सितंबर; १, २५, २६, २७ अक्टूबर; ३ दिसंबर और सन् १९१३ के ११ जनवरी; ४, २२, २३ फरवरी; २ अप्रैल और ६ जुलाई का द्रष्टव्य।

भेज दी गईं, जिनके विरुद्ध उनमें शिकायतें की गई थीं। कलकत्ता की 'अमृतबाजार पत्रिका' ने इस विषय पर समालोचना करते हुए मुजफ्फरपुर की एक बहुत पुरानी कहानी निकाल बाहर की, जिसमें हाजीपुर के मजिस्ट्रेट ने सिंधिया कोठी के मैनेजर मि. कौंसटम (Mr. Konstam) के पास उनकी रिपोर्ट की कृपा के लिए भेजी थी और यही (My dear Mr. Konstam—अर्थात्, मेरे प्यारे मि. कौंसटम) प्रथा चंपारन में भी सन् १९११-१२ तक जारी थी, जैसा कि 'बिहारी' के लेखों से जाना जाता है। सन् १९१२ के नवंबर में बिहार के छोटे लाट सर चार्ल्स बेली सोनपुर मेले में गए और वहाँ नीलवरों ने उनका खूब स्वागत किया। उन्होंने लाट साहब को एक अभिनंदन-पत्र दिया, जिसके उत्तर में उन्होंने यह कहा—

"I need not say how fully I and my colleagues share your hopes that the relation of the planting community with the officials, Zamindars and *ryots* will always remain on the present satisfactory footing."

(Indian Planters' Gazette)

अर्थात्, "यह कहने की जरूरत नहीं है कि मैं और मेरे सहयोगी लोग आपकी इस मनस्कामना में बिलकुल सम्मत हैं कि नीलवरों का सरकारी नौकरों तथा जमींदार और रैयतों के साथ जो प्रस्तुत संतोषजनक संबंध है, यह सदा कायम रहे।"

इस वक्तृता की समालोचना में नीलवरों के मुखपत्र इंडियन प्लैंटर्स गजट (Indian Planters' Gazette) ने लिखा था—

"Peculiarly apposite too at this particular juncture was His Honour's reference to the satisfactory relations between the planting community and the officials, Zamindars and *ryots,* and we hope that the vivacious editor of the Beharee, the erudite author of the articles on the planter and the *ryots* that have lately filled blank spaces in our Patna Contemporary, will digest this public official utterance which so quietly and effectually gives the Beharee the lie direct. Our contemporary called upon God and Government to hear while he bore witness to planter oppression and planter extortion. Will the Government, at any rate, regard his testimony as false? We hope that our contemporary has the courage born of convictions, we hope that his editorials were not merely attempts to foment discontent and discord."

इसका सारांश यह है कि "लाट साहब की वक्तृताएँ, जो उन्होंने नीलवर, जमींदार और रैयतों के संतोषजनक संबंध के विषय में कहा है, वह भी अत्यंत समयानुकूल है और हम आशा करते हैं कि 'बिहारी' के संपादक तथा 'नीलवर रैयत' लेखों के पंडित लेखक इस सरकारी उक्ति को भली-भाँति समझेंगे। इससे 'बिहारी' की सभी बातें झूठी साबित हो जाती हैं। 'बिहारी' नीलवरों की जोर-जबरदस्ती का शोरगुल कर रहा था।

गवर्नमेंट ने उसकी सब बातें झूठी बताईं। अब उसके लिए उचित है कि वह ऐसे लेख फिर न लिखे, नहीं तो हम सब समझेंगे कि वह केवल अशांति और वैमनस्य फैलाने के लिए ही ऐसा किया करता था।''

यह चंपारन के रैयतों के भाग्य का ही फेर है कि जिस समय वे नीलवरों के विरुद्ध अपना करुण-क्रंदन लाट साहब से तथा अन्य कर्मचारियों के पास सुना रहे थे, उसी समय छोटे लाट ने नीलवरों को इस प्रकार के प्रतिष्ठा-पत्र से विभूषित करना मुनासिब समझा। पर, यह भी संसार का स्वाभाविक नियम है कि वास्तविक बात कभी छिपी नहीं रह सकती। हमेशा अंत में सत्य की विजय होती है। छोटे लाट सर चार्ल्स बेली अपने अभिनंदन के जवाब में चाहे जैसी प्रतिष्ठा नीलवरों को दें या उनके प्रति चाहे जो करें, अंत में सन् १९१७ में नीलवरों की सारी पोल खुल गई।

❑

छठा अध्याय

शरहबेशी, तावान, हुंडा, हरजा इत्यादि

अब हम एक ऐसे समय में आ गए हैं, जब नीलवरों की चालबाजी से चंपारन के सीधे-सादे रैयतों को बराबर के लिए अपने सिर पर एक बोझ उठा लेना पड़ा। अब तक प्रायः सभी कोठियों में नील का कारोबार था और रैयतों के साथ जो जोर-जबरदस्ती होती थी, वह नील कराने के लिए ही थी; पर जर्मनी के कृत्रिम रंग ने नील का दाम बहुत घटा दिया और इस कारण नील की खेती में नीलवरों को उतना लाभ नहीं रहा जितना पहले होता था। कहीं-कहीं नुकसान भी होने लगा। जिला सारन की कई कोठियाँ, जैसे मुजफ्फरपुर, दरभंगा, मुँगेर जिलों में भी बहुत नील के कारखाने बंद हो गए और जो-जो कोठियाँ बच गईं, वे अपने खेतों में अन्य काश्तकारों की तरह दूसरा गल्ला पैदा करने लगीं। इसका असर चंपारन पर भी खूब पड़ा और जैसा ऊपर कहा जा चुका है, जहाँ ९१,००० एकड़ में नील सन् १८९२ से ९७ में बोया जाता था, वहाँ सन् १९१४ में केवल ८,१०० एकड़ में नील बोया गया। नील को बचाने के लिए सरकार की ओर से भी बहुत चेष्टा की गई। बहुत से वैज्ञानिकों ने इस विषय में अनुसंधान करना शुरू कर दिया, पर किसी प्रकार से नील की खेती में लाभ नहीं दीख पड़ा। जो नील बिना मजदूरी दिए अथवा सिर्फ नामनिहादी मजदूरी देकर मजदूर और हल-बैल द्वारा उपजता था, अथवा जो रैयतों से नुकसान उठवाकर जबरदस्ती उनसे कराया जाता था, वह नील भी अब लाभ के बदले हानि पहुँचाने लगा। ईश्वर की विचित्र लीला है। रैयत भी यह समझने लगे कि जो अपने प्रार्थना-पत्रों और बलवाओं से वे न कर सके थे, वह बिना किसी श्रम के अब स्वयं हो जाने वाला है और नील से छुटकारा की उषा मानो पूर्व दिशा में कुछ-कुछ अपनी उजियाली दिखलाने लगी। पर, यह कौन जानता था कि एक बड़ा तूफान ऐसा आने वाला है, जो अंततः कुछ दिनों के लिए उस उषा की उजियाली को अंधकार में परिणत कर देगा।

नीलवर सोचने लगे कि अब तो उनको नील छोड़ना ही पड़ेगा। नील की खेती से जो लाभ होता था, गल्लों के बोने से वह कब हो सकता था। फिर, नील की कोठी में उन्होंने कल-कारखाने बनवाने में बहुत रुपए लगाए थे—वह सब एकदम डूब जाएगा। वे भी और गृहस्थों की तरह मामूली किसान हो जाएँगे। उन्होंने सोचा कि अब कोई ऐसा उपाय ढूँढ़ निकालना चाहिए कि जिसमें उनका नुकसान रैयतों के मत्थे मढ़ दिया जा सके। और, वे स्वयं सुख-चैन से अपने दिन बिताते रहें। सन् १९१२ से १९१४ तक वे ऐसी ही काररवाई में लगे रहे, जिसमें अपने नुकसान को रैयतों के सिर ठोक दें। इसके लिए उन्होंने कई तरीके खोज निकाले, जिनमें विशेष उल्लेख-योग्य हैं—शरहबेशी, तावान, हुंडा और हरजा।

चंपारन के पश्चिमोत्तर भाग की जमीन नील की खेती के अनुकूल नहीं है। इसलिए वहाँ जब अँगरेजों ने कोठियाँ बाँधीं तब नील की खेती में सफलता प्राप्त नहीं कर सके। वे यहाँ कुछ धान की खेती और कहीं-कहीं ऊख और जई की काश्तकारी करते थे; पर इनसे बहुत लाभ नहीं हो सकता था, और उनके नफा का जरिया केवल अबवाब वसूल करना था। इन अबवाब के विषय में पीछे लिखा जाएगा। यहाँ उन कोठियों का उल्लेख इसी कारण होता है कि उन्हीं में से एक ने नील का बदला रैयतों से चुकाने का उपाय सोच निकाला था। चंपारन के उसी गाँव में मुरला नामक गाँव की एक कोठी है। इस कोठी ने नील से जब लाभ की आशा न देखी, तब सन् १८९७-९८ में यहाँ के रैयतों से नील का बदला लेना आरंभ किया। वह इस प्रकार से किया जाता था। जितने कट्ठों में रैयतों को नील बोना बाध्य था, उनमें उनको नील के बदले धान बोने को बाध्य किया गया और उनमें जो धान पैदा होता था, उसे एक नामनिहादी दाम देकर कोठी ले लेती थी। कभी-कभी इस धान के बदले इसका दाम ही ले लिया जाता था। इसे हुंडा कहते हैं। यह फलतः एक प्रकार से मालगुजारी बढ़ाना था। एक उदाहरण लीजिए। किसी रैयत की जोत २० बीघे की थी और उसकी मालगुजारी ६० रुपए थी। वह ३ बीघे में नील बोने को बाध्य था। उसने इन बीघों में भी धान बोकर ६० मन धान पैदा किया। कोठी इसे नामनिहादी दाम पर ले लेती, अर्थात् ६० रुपए के अलावा जो उसकी पहली मालगुजारी थी, उसे अब ६० मन धान भी एक नाम-मात्र कीमत पर देना पड़ा। जब गवर्नमेंट को यह बात मालूम हो गई कि रैयतों से इस प्रकार हुंडा वसूल किया जाता है, तब उसने इसे अबवाब बताकर रोक देने की आज्ञा दी। शायद इस आज्ञा के अनुसार मुरला कोठी ने हुंडा लेना बंद कर दिया। पर, वह बराबर ३ रुपए बीघा पीछे हरजा लेती रही। यह हरजा उस नील से रैयतों को छोड़ने के लिए लिया जाता था, जो वहाँ कभी बोया ही नहीं गया। फिर, सन् १९०५ में इसी प्रकार मोतिहारी कोठी ने नील से रैयतों को छोड़ने के लिए उनसे सालाना बीघे पीछे कुछ हरजा लेना आरंभ किया। वह नील के बदले उनसे मालगुजारी के अलावा २-३

रुपए बीघा, अथवा कुछ कम-बेश लेने लगी। जब यह बात सरकार पर विदित हुई, तब सरकार ने फिर इन्हें रोकना चाहा और इसे भी अबवाब बतलाया। पर, इस बार सरकार ने इस विषय में ऐसी निरपेक्षता नहीं दिखलाई, जैसी पहली बार दिखलाई गई थी। सरकार ने उन कोठियों को तो, जो चंदरोजा ठेका लिये हुए थीं, यह कहा कि यदि वे इस अबवाब को वसूल करना बंद न करेंगी तो उनके साथ फिर ठेका बंदोबस्त न किया जाएगा। पर, साथ ही एक बात और जोड़ दी, जिससे इस हुक्म का असर बिलकुल बेकार हो गया। यद्यपि अब यह सब पर विदित हो गया था कि नील में घटी पड़ने के कारण रैयतों से भी अधिक अब नीलवर उत्सुक थे कि नील की पैदावार बंद हो जाय, पर तो भी सरकार ने यह कह दिया कि यदि कोठीवाले सट्टे की शर्त के मुताबिक वास्तव में नील कराना चाहें और रैयत नील करना न चाहें तो उस अवस्था में उनसे हरजा लिया जा सकता है। बस, इतना कहना था कि नीलवरों को मौका मिल गया और उन्होंने सब रैयतों से हरजा लेना आरंभ कर दिया।

ऊपर के इतिहास से यह स्पष्ट होता है कि नीलवर जानते थे कि इस विषय में उनकी स्थिति संतोषजनक न थी। उन्होंने देखा कि इस प्रकार बार-बार सरकार से पूछना ठीक नहीं। कुछ ऐसा उपाय सोचा जाय कि इससे बराबर के लिए छुटकारा हो जाय। पाठक यह जानते हैं कि बेतिया राज के गाँवों में नीलवरों के स्वत्व दो प्रकार के हैं। कुछ गाँवों में वे मुकर्रीदार हैं, अर्थात् बेतिया राज ने उनके साथ इन गाँवों का दौआमी (सदा के लिए) बंदोबस्त कर दिया है। वे बेतिया राज को एक नियत मालगुजारी देते हैं, जो बढ़ाई नहीं जा सकती। राज से इन गाँवों का और कोई संबंध नहीं है। कोठियों को इन गाँवों के सब जमींदारी हकूक हासिल हैं। यदि इन गाँवों की आमदनी बढ़ जाय, तो वह शेष रकम कोठी को ही मिलेगी। आमदनी घटने पर कोठी का ही नुकसान होगा। राज को नियत मालगुजारी बराबर मिलती रहेगी। दूसरे प्रकार के मौजे वे हैं, जिनका राज ने कोठियों के साथ कुछ दिनों के लिए, यानी चंदरोजा बंदोबस्त किया है। इन गाँवों में राज को अधिकार है कि मियाद पूरी हो जाने पर उन गाँवों को वह अपने खास दखल में कर ले अथवा फिर चंदरोजा ठेका कोठी या किसी दूसरे के साथ कर दे। इन गाँवों में यदि आमदनी बढ़ जाय, तो मियाद पूरी हो जाने पर वह राज की आमदनी है और राज उस बढ़ती के कारण गाँव ले सकता है या ठेकेदार की मालगुजारी बढ़ाकर गाँव बंदोबस्त कर सकता है। इन दो प्रकार के स्वत्वों का जानना आवश्यक है; क्योंकि इन दो प्रकार के गाँवों में नीलवरों ने रैयतों से रुपया वसूल करने के दो प्रकार के उपाय निकाले। पाठक को एक बात और भी जान लेना आवश्यक है। बिहार में, जो पहले बंगाल का भाग था, बंगाल टेनेंसी ऐक्ट (Bengal Tenancy Act) जारी है। इस कानून में मालिक और रैयत के स्वत्वों का विवरण और उल्लेख है। इसके अनुसार रैयत के दो प्रकार हैं—

एक वे, जिनको हक मुकावजात अथवा हक काश्तकारी हासिल है; दूसरे वे, जिनको यह हक नहीं है। जिस रैयत को हक मुकावजात है, उसकी मालगुजारी केवल दो प्रकार से बढ़ाई जा सकती है—एक, रैयत और मालिक के बीच मुआहिदा के जरिए और दूसरा, अदालत के हुक्म से। पर, मालिक को यह हक नहीं है कि मुआहिदा करके जितना चाहे मालगुजारी बढ़ा दे। इसका कारण यह है कि सरकार के खयाल में रैयत कमजोर है, मालिक से मुकाबला नहीं कर सकते और यदि उनको अपने बल पर छोड़ दिया जाय तो मालिक उनको धर-पकड़कर उनसे मालगुजारी बढ़ाने का मुआहिदा सहज ही में बनवा सकता है और उनकी इच्छा न रहने पर भी वे मालिक की जबरदस्ती से अपने को नहीं बचा सकते। इसलिए बंगाल टेनेंसी ऐक्ट (Bengal Tenancy Act) में एक धारा है, जिसके अनुसार यदि मालिक और रैयत ऐसा मुआहिदा भी करें, जिसमें रैयत की मालगुजारी रुपए में दो आने से अधिक बढ़ाने की शर्त हो, तो वह मुआहिदा बिलकुल रद्द समझा जाता है। उदाहरण लीजिए। किसी रैयत की मालगुजारी ८ रुपए है और वह मालिक के साथ मालगुजारी बढ़ाने का मुआहिदा करता है। यदि यह मुआहिदा हो कि ८ रुपए के बदले वह रुपए में २ आना अधिक देगा, अर्थात् ८×२=१६ आना और भी देगा तो वह मुआहिदा ठीक है। पर यदि वह ८ रुपए के बदले ९ रुपए से अधिक देने का मुआहिदा करेगा, तो वह मुआहिदा एकदम रद्द है और मालिक उससे मुआहिदा रहते हुए भी ८ रुपए से अधिक नहीं वसूल कर सकता। सन् १८८३ में जब यह कानून बन रहा था, उस समय नीलवरों ने सरकार से जोर करके इसके मुस्तसैनाओं में यह भी जुड़वा दिया कि यदि किसी रैयत की मालगुजारी वहाँ की प्रचलित मालगुजारी की अपेक्षा इस कारण कम हो कि इसके बदले में रैयत अपने खेत में मालिक के इच्छानुसार कोई फसल बोया करेगा, तो ऐसी अवस्था में यदि मालिक रैयत को इस बंधन से मुक्त कर दे और उसके बदले रैयत रुपए में दो आने से भी अधिक बेशी देने को कबूल करें, तो वह मुआहिदा रद्द नहीं समझा जाएगा। नीलवरों के हाथ में यह अच्छा हथियार था। इन्होंने इससे काम लेने का निश्चय किया। मोतिहारी कोठी के मैनेजर मि. इर्विन (Mr. Irwin) ने इस विषय में वकीलों से राय ली और कहा जाता है कि डॉक्टर सर रासबिहारी घोष ने भी राय दी कि यदि उस धारा में लिखी सब बातें उपस्थित हों तो कानून के अनुसार रैयत रुपए में दो आने से भी अधिक मालगुजारी बेशी देने का मुआहिदा कर सकते हैं। मि. इर्विन ने यह बात सरकार में पेश की। सरकार ने कहा कि हमें यह मालूम नहीं कि चंपारन के रैयतों की मालगुजारी उन पर नील बोने की पाबंदी होने के कारण कम है, इसलिए इस विषय में हम अपनी सम्मति कुछ भी नहीं दे सकते। नीलवर जैसा उचित समझें, करें। पर, यदि उनकी यह काररवाई कानून के खिलाफ ठहरेगी तो इसका फल उन्हीं को भोगना पड़ेगा।

जब नीलवरों को इस प्रकार की सलाह वकीलों से मिल गई और इस पर सरकार ने भी बहुत रोक-टोक नहीं की, तब उन्होंने रैयतों के सामने लगान बढ़ाने की बात पेश की। ऊपर कहा जा चुका है कि यदि मुकर्री गाँवों की मालगुजारी बढ़ जाय, तो वह मुकर्रीदार को ही मिलेगी। इसलिए उन्होंने सोचा कि मुकर्री गाँवों में नील के बदले रैयतों से मालगुजारी अधिक करा ली जाय। इस काम को मि. इर्विन से सन् १९११-१२ में आरंभ किया और सब रैयतों से मालगुजारी बढ़ाने के मुआहिदे लिखवा लिये। इसी प्रकार तुरकौलिया, पीपरा, जलहा और सिरनी कोठियों में भी मालगुजारी बढ़ा ली गई। नीलवरों का कहना है कि यह शरहबेशी रैयतों ने खुशी से कबूल की। १ रुपए की जगह १ रुपया १० आने अथवा पौने दो रुपए मालगुजारी देना उन्होंने स्वीकार किया। वे कहते हैं कि रैयत नील के काम से छुटकारा पाने को पहले से ही आतुर थे। जब नीलवरों ने नील से छुटकारा देने का प्रस्ताव किया, तब गाँव-गाँव से लोग दौड़े और प्रार्थनापूर्वक शरहबेशी स्वीकार करते गए। रैयतों का कहना है कि वे जानते थे कि नील अब चंद दिनों का मेहमान है। वह अब किसी प्रकार कोठियों के लिए लाभदायक नहीं हो सकता था। वे जानते थे कि आसपास के जिलों में सारन, मुजफ्फरपुर और दरभंगा में बहुत कोठियाँ टूट गई हैं और उनको ऐसी ही आशा थी कि चंपारन से भी नील उठ जाएगा। इसलिए कोठियों ने जब नील के बदले लगान बढ़ा देने का प्रस्ताव किया, तो उन्होंने साफ-साफ इनकार कर दिया—हम अब नील के बदले अपने पुत्र-पौत्रादि के मत्थे यह शरहबेशी नहीं मढ़ेंगे, कोठीवाले यदि चाहें तो हमसे नील करा लें। पर, इस समय कोठियों का स्वार्थ इसी में था कि वे नील का बोना बंद करके उसके बदले रैयतों से रुपया वसूल करें। उन्होंने रैयतों की बात कब सुनी थी, जो कि अब सुनते। उनको शरहबेशी लिखवाने से मतलब था। रैयत कहते हैं कि जितने मुआहिदे शरहबेशी के लिखवाए गए, सब जबरदस्ती लिखवाए गए। एक ने नहीं, हजारों-हजार रैयतों ने महात्मा गांधी से यही बयान किया कि उन्होंने मजबूर होकर, बेइज्जत होकर, मार खाकर शरहबेशी के मुआहिदों पर अँगूठों के निशान बनाए। जिन लोगों को रैयतों की हृदय-विदारक कहानियों के सुनने का दुर्भाग्य अथवा सौभाग्य प्राप्त हुआ है, इजलास पर बैठकर फैसला लिखनेवाले चाहे जो कहें, उनका यह दृढ़ और अचल विश्वास है कि रैयतों ने खुशी से शरहबेशी कबूल नहीं की। हाँ, इतना अवश्य है कि प्रत्येक रैयत के साथ जुल्म न किया गया हो, प्रत्येक रैयत पेड़ में बाँधकर चमड़े की चमोटी से पीटा न गया हो, उसको मुरगीखाने अथवा गोटीघर में बंद न किया गया हो, उसके घर सिपाही न बैठाए गए हों, उसका पानी रोकने के लिए धाँगड़ (एक अछूत जाति के लोग) दरवाजे न रोके हों, उसको बाँधकर धूप में न सुलाया गया हो अथवा उसे बाँधकर उसके सिर या छाती पर पत्थर या लकड़ी का बोझ न रखा गया हो, हज्जाम-धोबी को उसका

काम करने से न रोक दिया गया हो, झूठा मुकदमा चलाकर उसे जेल न भिजवाया गया हो, उसके गाँव का रास्ता और उसकी परतियों में गौओं का जाना बंद न कर दिया गया हो; पर इतना अवश्य है कि यदि किसी गाँव में किसी बड़े प्रतिष्ठित रैयत को किसी प्रकार से दबा दिया गया तो उस गाँव अथवा जवार के रैयत उसकी हालत देखकर मारे डर के दब गए। और, उनका इस प्रकार डरना और दब जाना भी स्वाभाविक ही था। पाठक जानते हैं कि उस समय बिहार प्रांत के लाट सर चार्ल्स बेली (Sir Charles Bayley) थे। उनकी नीति ही विचित्र थी। उन्होंने रैयतों की दरख्वास्तों की ओर तो कुछ ध्यान ही नहीं दिया। इधर, नीलवरों के कहने पर कोठी-कोठी पर रजिस्ट्रार बिठा दिए कि शरहबेशी के मुआहिदों की रजिस्ट्री होने में नीलवरों को कष्ट और विलंब न हो। इस प्रकार, चंपारन में कोठियों पर १७ रजिस्ट्री ऑफिस खोल दिये गए और सन् १९१३-१४ में ३०,७१० मुआहिदों की रजिस्ट्री हुई। इससे बढ़कर रैयतों पर यह जताने का और क्या उपाय हो सकता था कि सरकार भी नीलवरों की मदद कर रही है और यदि तुम रैयतों ने किसी प्रकार की चूँ-चपड़ की तो फिर वही सन् १९०८-०९ की तरह जेल में भेजे जाओगे, तुम्हारे गाँवों में दंडदायक पुलिस (Punitive Police) बिठाई जाएगी और फिर तुम समझोगे कि नीलवर और सरकार में कुछ अंतर नहीं और नीलवर चंपारन के वास्तविक राजा हैं। तुमको उनके विरुद्ध कुछ भी बोलने का अधिकार नहीं है। फिर, सर चार्ल्स बेली ने नीलवरों को सन् १९१२ के अंत में सर्टिफिकेट ही दे दिया था। उनसे अधिक आशा करना अपने को स्पष्ट मूर्ख बताना था।

चाहे शरहबेशी जबरदस्ती ली गई हो, चाहे रैयतों ने अपनी खुशी से इस बोझ को अपने और अपनी संतानों के सिर पर रखना स्वीकार किया हो, इस प्रकार से मोतिहारी, तुरकौलिया, पीपरा, जलहा और सिरनी कोठियों के मुकर्री गाँव में प्रायः सभी रैयतों ने इसे स्वीकार कर लिया। मोतिहारी कोठी में इस प्रकार से एकड़ पीछे मालगुजारी एक रुपया छह आने दो पैसे, अर्थात् सैकड़े ६० रुपए बढ़ा दी गई। पीपरा कोठी में एकड़ पीछे १५ आने, अर्थात् सैकड़े ७५ रुपए, तुरकौलिया में एकड़ पीछे १५ आने, अर्थात् सैकड़े ५० रुपए, जलहा में एकड़ पीछे १ रुपया ३ आने, अर्थात् सैकड़े ५५ रुपए मालगुजारी बढ़ गई।[१]

जिले भर की औसत लेने से सैकड़े ६० रुपए मालगुजारी बढ़ गई। कहीं-कहीं मालगुजारी बिलकुल दूनी हो गई। कानूनन मामूली तौर से जमींदार को रैयतों से मुआहिदे के जरिए रुपए में २ आने अर्थात् सैकड़े १२ रुपए ८ आने से अधिक मालगुजारी बढ़ाने

१. मि. डब्ल्यू. एस. इर्विन (Mr. W.S. Irwin) की ता. १६ अक्तूबर, १९१७ की चिट्ठी पढ़िए, जो 'इंगलिशमैन' पत्र में छपी थी और जिसे 'अमृतबाजार पत्रिका' ने १३ अक्तूबर, १९१७ की प्रति में उद्धृत किया था।

का हक नहीं है। इसपर भी कहा जाता है कि यह सब रैयतों ने अपनी खुशी से की। इस शरहबेशी के बदले रैयतों को क्या मिला? नीलवरों ने कबूल किया कि जो पाबंदी उनपर नील बोने की थी, उससे रैयतों की रिहाई हुई। आगे चलकर दिखलाया जाएगा कि यह रिहाई कहाँ तक हुई। यहाँ यही कह देना अलम है कि जब यूरोपीय महायुद्ध छिड़ गया और नील की खेती से फिर लाभ की आशा दीख पड़ने लगी, तब नीलवर लोग रैयतों से नील पैदा कराने से बाज न आए। इस प्रकार, शरहबेशी लेकर २२,००० एकड़ जमीन, जिसमें नीलवर तीन-कठिया प्रथा से नील कराते आते थे, नील के बोझ से मुक्त हुई। मि. इर्विन ने भी, जो मोतिहारी कोठी के मैनेजर थे, स्वयं स्वीकार किया[१] था कि उन्होंने अपने मुकर्री गाँवों में इस प्रकार से सालाना ५०,००० रुपए की आमदनी अथवा, ५०,००० × २० = १०,००,००० रुपए की जायदाद कर ली। मि. इर्विन वे ४२ गाँवों में, जिनमें उनके ४१,००५ रैयत थे, शहरबेशी ली और पाँच वर्षों तक उसे वसूल भी किया, अर्थात् ५०,००० × ५ = २,५०,००० रुपए शरहबेशी के रूप में रैयतों से मालगुजारी के अतिरिक्त वसूल किए। इसी प्रकार पीपरा कोठी में ८,००० रैयतों से शरहबेशी ली गई। वहाँ की मालगुजारी और जगहों से कम थी, इसलिए यहाँ सैकड़े ७५ रुपए तक शरहबेशी हो गई। पहले से पीपरा कोठी के विषय में सरकारी अफसरों का खयाल रहा करता था कि वहाँ के रैयत और जगहों की रैयत की अपेक्षा सुखी हैं। पर, शरहबेशी लेने के समय यहाँ के रैयतों ने बड़ी हलचल मचाई। बहुत दरख्वास्तें सरकार में इस बात की पड़ीं कि उनसे शरहबेशी जबरदस्ती ली जा रही है। इनमें से एक दरख्वास्त लौमराज सिंह नाम के एक सज्जन ने ता. १२ दिसंबर, १९१४ को कमिश्नर के पास दी थी। इस पर ७०० रैयतों ने हस्ताक्षर किए थे। इस पर पीपरा कोठी के मैनेजर मि. ई. एन. नॉरमन (Mr. E.N. Norman) ने लौमराज सिंह तथा १४ और रैयतों पर इज्जतहतक का मुकदमा चलाया। इस मुकदमे को उन्होंने दीवानी कचहरी में नहीं दाखिल किया। नीलवरों के बहुत कम मुकदमे दीवानी कचहरी में जाते हैं। उनको फौजदारी में अधिक सुविधा मालूम पड़ती है। इसका कारण पाठक ही विचारें। लौमराज सिंह ने बहुत कोशिश-पैरवी की, पर मि. एच. ई. बील (Mr. H.E. Beale) ने, जो उस समय मजिस्ट्रेट थे, अभियुक्तों को ६ महीने सख्त कैद और २४,००० रुपए जुरमाने की सजा दी। इसकी अपील जिला जज मि. ए. ई. स्क्रूप (Mr. A.E. Scroope) के पास हुई और उन्होंने ता. ७ सितंबर, १९१५ को मजिस्ट्रेट के हुक्म को रद्द कर दिया और अभियुक्तों को छोड़ दिया। यहाँ पर उस हुक्म का कुछ अंश उद्धृत किया जाता है, जिससे शरहबेशी के जुल्मों का कुछ पता पाठकों को चलेगा—

"For the appellants the contention is that this wholesale execution of kabulyats was brought about by nothing less than an organized system of

---

१. उपर्युक्त पत्र देखिए।

oppression by the factory servants, hangers on and umidwars who represent the factory in the eyes of the ordinary *ryot,* and that the chief means resorted to were : 1. stoppage of cultivation till the kabulyats were executed, 2. bringing in women to register, whose husbands or male representatives had run away to avoid registering and 3. criminal cases. Again looking at the probabilities there is no doubt that whilst the intention of a manager may be one thing, the acts of the factory servants may be, and often are, quite another. It was undoubtedly to the interest of the factory to substitute these new agreements for the obligation to grow indigo. This being so, it is by no means improbable that factory servants would put pressure on the *ryots* to come in and execute kabulyats...... Anyhow taking the evidence as it stands it is impossible to avoid the conclusion that stoppage of cultivation was used by the factory as a means of getting these kabulyats executed, and this certainly justified a 'representation to the commissioner, as it is hard to imagine a more unfair stimulus to execute a document, and the adjectives used in para 3 of the petition to the commissioner are not unreasonable epithets to apply to it...... Then as regards the allegation about women, the defence puts in kabulyats all of which it is not denied by the prosecution were filled up first in a man's name and eventually registered by the women...... certainly the factory's action in these instances may have been perfectly *bonafide* but the necessity has not been explained for this urgency and for not waiting till the men had made their periodic returns."

इसका सारांश यह है कि "अपीलैंट की ओर से यह बहस है कि इतने कबूलियतों का एक साथ इस प्रकार तामील किए जाने का कारण सिवाय इसके और कुछ नहीं हो सकता है कि कोठी के मुलाजिम, पिछलगुए और उम्मीदवारों ने, जिनको मामूली रैयत कोठी के प्रतिनिधि समझते हैं, सिलसिलेवार जुल्म किए हैं और वे कहते हैं कि विशेषकर इस काम के लिए ये तीन तरीके अख्तियार किए गए थे—१. जब तक कबूलियत न तामील कर दें तब तक रैयत को अपना खेत आबाद न करने दिया जाता था, २. जिन स्त्रियों के पुरुष अथवा उनके दूसरे सवांग कबूलियत लिखने के भय से भाग गए थे, उन स्त्रियों को पकड़कर उनसे रजिस्ट्री लिखवा ली गई और ३. फौजदारी मुकदमे चलाए गए। सब बातों पर विचार करने से इसमें संदेह नहीं रह जाता कि मैनेजर की इच्छा एक बात है और कोठी के मुलाजिमों की काररवाई दूसरी बात होती है। इसमें शक नहीं कि कोठी को इसी में नफा था कि नील की पाबंदी के बदले वह इन कबूलियतों को तामील करा लें। ऐसी अवस्था में यह असंभव नहीं है कि कोठी के मुलाजिम रैयतों पर दबाव डालकर कबूलियत तामील करा लें।.... सब सबूत पर विचार करने पर इसमें कोई संदेह नहीं रह जाता है कि कोठी ने इन कबूलियतों को तामील कराने के लिए रैयतों की खेती बंद कर दी थी और रैयतों ने कमिश्नर के पास दरख्वास्त भेजने में कुछ भी अनुचित नहीं किया, क्योंकि वसीका तामील करने के लिए इससे बुरा कोई दबाव अनुमान करना

कठिन है। रैयतों ने जो विशेषण इसके संबंध में अपने दरख्वास्त में दिए हैं, वे अनुचित नहीं हैं।... फिर स्त्रियों द्वारा कबूलियत तामील करने का जो बयान रैयतों का है, उसकी पुष्टि में उनकी ओर से कई कबूलियतें दाखिल की गई हैं, जिनके बारे में यह स्वीकार किया गया है कि हर एक कबूलियत पहले किसी पुरुष के नाम से लिखी गई थी, फिर उसे काटकर किसी स्त्री का नाम लिखा गया और अंत में स्त्री ने ही उसकी रजिस्ट्री की।... हो सकता है कि कोठी की काररवाई इस विषय में एकदम ठीक हो, पर ऐसी जल्दबाजी का कोई कारण नहीं दिखलाया गया है और न यही बतलाया गया है कि उन पुरुषों के लौटने तक कोठी क्यों न ठहर सकी?''

तुरकौलिया कोठी में भी इसी प्रकार शरहबेशी ली गई और प्राय: ९,०००-१०,००० रैयतों से शरहबेशी की कबूलियतें तामील कराई गईं। वहाँ के कुछ रैयतों ने शरहबेशी तोड़ने के लिए ९ मुकदमे दीवानी कचहरी में दाखिल किए। कोठी ने इन मुकदमों की खूब पैरवी की। मि. पी. सी. मानुक (Mr. P.C. Manuk), जो पटना हाई कोर्ट के एक बड़े नामी बैरिस्टर हैं और जो सरकारी एडवोकेट (Government Advocate) थे और कुछ दिनों के लिए हाई कोर्ट के जज भी हुए थे, उन मुकदमों की पैरवी के लिए कोठी की ओर से लाए गए। मुकदमे बहुत दिनों तक चले। रैयतों की ओर से वैसी पैरवी कब हो सकती थी। मुंसिफ ने रैयतों के खिलाफ फैसला दिया; पर जब अपील जिला जज मि. शीपशैंक (Mr. Sheepshank) के इजलास में की गई, तब उन्होंने अपने फैसले में (ता. १५-३-१७) यह लिखा था कि ९ में से ५ रैयतों से शरहबेशी लेना कानून के खिलाफ था; क्योंकि रैयतों पर नील बोने की पाबंदी का सबूत कोठी की ओर से नहीं पहुँच सका है, पर बाकी ४ में रैयतों से शरहबेशी लेना कानूनन ठीक था। इस फैसले से रैयत तथा कोठी दोनों ने नाराज होकर हाई कोर्ट में अपील दायर की, जो चंपारन एग्रेरियन ऐक्ट पास होने के कारण बिना फैसले ही खारिज हुई। परंतु, इस तजवीज से इतना तो अवश्य जान पड़ता है कि कोठियों को नील बोने की पाबंदी साबित करना सहज नहीं था और ऐसा कहना भी अत्युक्ति नहीं होगी कि जिन रैयतों से शरहबेशी ली गई थी, उनमें से प्राय: सैकड़े ६० ऐसे होंगे, जिनसे शरहबेशी लेना कानूनन नाजायज था, इंसाफ तथा जबरदस्ती की बात अलग छोड़िए।

जलहा कोठी का हाल सुनने ही लायक है, विशेषकर इस कारण से कि उसके वर्तमान मालिक और मैनेजर मि. जे. वी. जेम्सन (Mr. J. V. Jameson) नीलवरों के प्रतिनिधि होकर बिहार व्यवस्थापिका सभा में सदस्य हैं और उन्होंने चंपारन एग्रेरियन कमेटी के विषय में कहा था कि कमेटी ने निरपेक्ष भाव से काररवाई नहीं की तथा उन्होंने उसपर अनेक दोषारोपण भी किए थे। अब देखना चाहिए कि उनकी कोठी ने किस प्रकार से सब काररवाई सफाई से की थी।

जलहा कोठी ने देखा कि रैयतों से शरहबेशी की कबूलियत लिखाने में कानून की अड़चन है। उसने यह सोचा कि यदि धारा २९ के तीसरे अपवाद की शर्तें पूरी न हो सकीं तो शायद रैयत कचहरी में जाकर शरहबेशी तुड़वा सकेंगे। इसलिए उसने एक दूसरा ही तरीका सोच निकाला, जिससे शरहबेशी टूटने का कोई भय न रह जाय। ऊपर कहा गया है कि जिस रैयत का हक मुकावजात है, उसकी मालगुजारी नहीं बढ़ाई जा सकती। पर यदि कोई जमीन रैयत के साथ नई बंदोबस्त की जाती है तो उसमें रैयत और मालिक जितनी मालगुजारी चाहें, आपस में तय कर सकते हैं। कारण भी स्पष्ट है। यदि रैयत मालिक की मनमानी मालगुजारी न कबूल करे तो मालिक उसके साथ जमीन बंदोबस्त ही नहीं करेगा। इसलिए जलहा कोठी ने सोचा कि सब रैयतों का काश्तकारी का हक तोड़ दिया जाय और सबों के साथ नया बंदोबस्त कर दिया जाय और इस नए बंदोबस्त में मनमानी मालगुजारी रख दी जाय। इससे कानून की सारी अड़चन दूर हो जाएगी। पर, इसमें एक बड़ी अड़चन यह रह जाती थी कि रैयत के हक मुकावजात ले लेने का अधिकार मालिक को नहीं है। हाँ, रैयत को यह हक है कि अपनी इच्छा से वह मालिक को सब जमीन वापस कर दे और मालगुजारी देने की पाबंदी से छुटकारा पा जाय। यह बात कानून में रैयतों के बचाव के लिए है; क्योंकि ऐसा अकसर हो सकता है कि जमीन पर बहुत कड़ी मालगुजारी हो जाने के कारण अथवा किसी अन्य सुविधा के लिए रैयत जमीन नहीं रखना चाहता हो। पर, बंगाल टेनेंसी ऐक्ट के बनानेवालों के दिमाग में यह बात कभी नहीं आई होगी कि इस कायदे का उलटा प्रयोग कभी चंपारन के रैयतों को सताने के लिए किया जाएगा। कोठी ने रैयतों से अपनी-अपनी बिलकुल जमीन का इस्तीफा देने को कहा। कहा जाता है कि रैयतों को जो हक मुकावजात का प्राप्त था, उसे खुशी और बड़ी उत्सुकता के साथ उन्होंने कोठी के लिए छोड़ दिया और फिर उसी जमीन को अपने किसी दूसरे कुटुंबी के नाम से अधिक मालगुजारी पर ले लिया।

पाठक, नीलवर जब नील के सट्टे जबरदस्ती लिखवा सकते थे और शरहबेशी की कबूलियत तामील करा ले सकते थे तो उनके लिए शरहबेशी लिखवाने के बदले इस्तीफा लिखवाने में क्या कठिनाई थी? एक-एक दिन में कई गाँवों के रैयतों ने अपने बहुमूल्य स्वत्व का इस्तीफा दे दिया। जब इस विषय का एक मुकदमा मुंसिफी कचहरी में पहुँचा, तब मुंसिफ ने अपनी तजवीज में लिखा कि यह इस्तीफा जबरदस्ती लिया गया है। मुंसिफ ने ता. ३०-७-१७ के फैसले में लिखा है—

"Examining the *istifanama* I find it is on a printed form and it does bear the signature of Jaldhari. No doubt it bears the thumb impression of one person but it does not mention whose thumb impression it is. Plantiff had produced the entire *istifa* book before me. I made the Patwari count all the *istifas* taken from that village in that year, and the witness after counting it page by page stated that there were 125 tenants in the village and the surrender was taken in that village from not less than 95 tenants of the village. It is the evidence of plaintiff's own witness no. 2 that tenants were not allowed to cultivate their land unless they paid an enhanced rent at the rate of Rs. 1/8 per bigha and that Jaldhari surrendered the land as plaintiff had enhanced his rent at that rate. If that was the reason for the surrender, I would naturally suspect him not to take land from the plaintiff any more. But he keeps on the same land but with this difference that its rent was nearly doubled after this so-called surrender. According to this witness rents of all tenants of the village were enhanced that year save that of 4 tenants and that saving these four men all the tenants had to surrender their land. The witness could not tell me any reason for this wild epidemic of surrender affecting all tenants of that village in that fateful year 1320 for this village Shampur. Every one knows that by surrender of a holding by a tenant is meant total renouncement of possession on the said land of his. But this is a peculiar kind of surrender in which the tenant Jaldhari surrendered his holding on the 9th April, 1913, and that the tenant and his co-tenants took settlement of those very lands the very next day, i.e., on the 10th April. The reason for going through this form of surrender is found in the evidence of the plaintiff's Patwari. He says that the rent of tenants was enhanced at the rate of Rs. 1/8 per bigha on the wish of tenants in lieu of not growing indigo. So exemption from liability to grow indigo was the real cause of the enhancement of rent and the surrender was not the cause for it, rather it was a convenient means adopted to achieve that by getting over the legal difficulties..... it is obviously plain that what happened in 1320 was but a paper transaction. Exhibit I the *sham istifa,* was but an ignominious device employed to evade the provision of section 29 (b) B.T. Act."

इसका सारांश यह है कि "इस्तीफानामा को देखने से मालूम होता है कि वह एक छपे हुए फॉर्म पर है। उसमें जलधारी का कोई दस्तखत नहीं है। इसमें संदेह नहीं कि उस पर किसी आदमी के अँगूठे के निशान हैं, लेकिन यह नहीं लिखा कि किसका। मुद्दई ने इस्तीफा-बही पेश की है। साल भर में जितने इस्तीफे लिखे गए थे, मैंने उनको पटवारी से गिनवाया और पृष्ठ-पृष्ठ गिनकर उस गवाह ने बयान दिया कि उस गाँव में १२५ रैयत थे, जिनमें से ९५ ने उस साल इस्तीफे दिए। मुद्दई के अपने ही गवाह ने कहा है कि रैयत जब तक १ रुपया ८ आने बीघे पीछे इजाफा कबूल नहीं करते थे, तब तक उसको खेत आबाद नहीं करने दिया जाता था और जलधारी ने इसी १ रुपया ८ आने के इजाफे के कारण अपनी जमीन का इस्तीफा दे दिया था। यदि इस्तीफे का यही कारण ठीक होता तो रैयत मुद्दई से फिर उस जमीन का बंदोबस्त न लेता। पर, उसने उसी जमीन को रख लिया। इसमें इतना ही भेद पड़ा कि उसको उसी जमीन के लिए इस्तीफे के बाद दूनी मालगुजारी

देनी पड़ती है। इस गवाह के बयान के मुताबिक उस गाँव में ४ आदमियों के सिवाय सब रैयतों की मालगुजारी उस साल बढ़ा दी गई थी और इन चार के सिवाय बाकी सब रैयतों को इस्तीफा देना पड़ा। गवाह ने उस १३२० साल में के इस्तीफे के इस संक्रामक रोग के उस गाँव पर आक्रमण का कोई कारण नहीं बतलाया। सभी जानते हैं, इस्तीफे का अर्थ यह है कि रैयत को जमीन से कोई सरोकार न रहे; पर यह एक विचित्र प्रकार का इस्तीफा है, जिसमें जलधारी ने ता. ९-४-१९१३ को इस्तीफा दिया और उसने तथा उसके साथियों ने उसी जमीन को सुबह होकर यानी ता. १०-४-१९१३ को बंदोबस्त ले लिया। इस प्रकार, इस्तीफे की रस्म करने का कारण पटवारी के इजहार से ही जान पड़ता है। वह कहता है कि नील से छुटकारे के लिए रैयतों ने अपनी इच्छा से १ रुपया ८ आने बीघे का इजाफा कबूल किया था। सो, इजाफे का कारण नील से छुटकारा था, न कि इस्तीफा। बल्कि कानूनी अड़चनों से बचने के लिए इस्तीफा एक अच्छा तरीका था।... यह स्पष्ट है कि जो कुछ १३२० में हुआ, वह केवल कागजी काररवाई थी। वह नकली इस्तीफा बंगाल टेनेंसी ऐक्ट की २९वीं धारा से बचने का एक घृणित चक्रचाल मात्र था।''

पाठक, सत्य है, वहाँ इस्तीफे की बीमारी संक्रामक रूप में छा गई थी। इस प्रकार, जलहा कोठी ने १ रुपया ८ आने फी बीघा, अर्थात् सैकड़ा ५५ रुपए मालगुजारी बढ़ाई। तीन वर्षों तक (सन् १३२०-२२) यह शरहबेशी वसूल होता रहा। पर, पीछे मि. जैमसन ने यह सोचा कि इसके बदले नकद दाम ही वसूल करना अच्छा है। क्योंकि एक अँगरेजी कहावत है—A bird in hand is worth two in the bush, अर्थात्, हाथ की आई हुई एक चिड़िया गाछ पर की दो चिड़ियों के बराबर है। न जाने कब रैयत बिगड़ जाय और अदालत में ये सब बातें पेश हों। इसलिए उन्होंने शरहबेशी छोड़ देने की शर्त पर रैयतों से नकद रुपए वसूल करना आरंभ किया। मि. जैमसन ने कमेटी के सामने स्वयं कबूल किया था कि उन्होंने उन रैयतों से, जिन्होंने शरहबेशी कबूल कर लिए थे, २६,००० रुपए वसूल किए। उनका कथन है कि रैयतों ने स्वयं ये रुपए राजी-खुशी से दिए। इसके सबूत में वे कहते हैं कि रैयतों के पास मालगुजारी तक देने के भी रुपए नहीं थे; क्योंकि इस तावान के वसूल किए जाने से पूर्व दो वर्षों से फसल अच्छी नहीं हुई थी, पर तो भी वही रैयत, जो पहले मालगुजारी देने में असमर्थ थे, अपनी खुशी से २६,००० रुपया देने के लिए केवल राजी ही न हुए, वरन् ८,००० से १०,००० तक नकद रुपए देते गए और बाकी के हैंडनोट लिखते गए। सच है, पाठक, चंपारन की रैयतों के सिवाय इस दुनिया में राजा हरिश्चंद्र जैसे दानवीर और चंपारन के नीलवरों सरीखे उस दान को लेने के लिये इस पृथ्वी पर महर्षि विश्वामित्र कहाँ मिलेंगे। ये रुपए मुकर्री गाँवों से ही लिए गए थे। इसके अतिरिक्त जलहा कोठी ने ठेके के गाँवों से अन्य कोठियों की तरह तावान वसूल किया था, जिसकी रकम भी प्राय: २६,००० रुपए है। इस प्रकार, इस

छोटी सी कोठी के रैयतों ने सन् १९१२-१५ में तावान और शरहबेशी रूपी संक्रांति के दान-प्रवाह में ५२,००० रुपए की दक्षिणा दी थी। मि. जैमसन की साफ कारोबार की आलोचना फिर की जाएगी। विषयांतर के भय से अभी इसे यहीं खत्म किया जाता है।

कानून से बचने के लिए जलहा कोठी ने यह उपाय किया। कुछ कोठियों ने एक और भी विचित्र उपाय खोज निकाला। एक कोठी में नील का कारोबार बंद हो जाने के कारण कुछ जीरात की जमीन भी खाली पड़ गई; किंतु उस जमीन का बंदोबस्त करना आवश्यक था, इसलिए कोठी ने रैयतों के साथ थोड़ी-थोड़ी जमीन बंदोबस्त कर दी और जितनी मालगुजारी शरहबेशी करने से बढ़ाई जाती, उतनी मालगुजारी उस जीरात की जमीन की मालगुजारी के साथ जोड़ दी गई। इसका नतीजा यह हुआ कि ज्यादा जमीन का नया बंदोबस्त करने से बंगाल टेनेंसी ऐक्ट की २९वीं धारा न लगी और साथ ही रैयत पर बेशी मालगुजारी भी चढ़ गई। जमीन के ऐसे बंदोबस्त को भी हुंडा कहते हैं। कुछ उदाहरणों से यह बात स्पष्ट हो जाएगी। नई जमीन, जो बंदोबस्त में दी गई थी, शायद ही किसी रैयत को एक बीघे से अधिक जमीन मिली हो। मालगुजारी भी इसकी निम्न प्रकार से जोड़ी गई थी। पहले कहा गया है कि यदि किसी रैयत की जोत २० बीघे हो तो उसे ३ बीघे में नील बोना अनिवार्य था। यदि उससे १ रुपया ८ आने के हिसाब से शरहबेशी सीधे तौर पर मिल जाती तो उसे ३० रुपए अधिक देने पड़ते। अब उस रैयत के साथ १० कट्ठा जमीन जीरात की बंदोबस्त की गई, जिसकी मालगुजारी ५ रुपया है। अब उस १० कट्ठे की मालगुजारी ५+३०=३५ रुपए रख दिए गए। अर्थात् ७० रुपए बीघे की दर से वह जमीन बंदोबस्त की गई। इसी प्रकार हिसाब जोड़ने से किसी रैयत की मालगुजारी ९१ रुपए ७ आने एक पैसा फी बीघे तक आई थी। कुछ रैयतों की पुरानी जोत का हिसाब करने से देखने में आया कि २७ बीघे जोत की मालगुजारी केवल ५९ रुपए १३ आने दो पैसे निकली और २७ बीघा जीरात की मालगुजारी ६५९ रुपए ७ आने निकली, अर्थात् पुरानी जोत की औसत मालगुजारी २ रुपए ३ आने दो पैसे और जीरात की औसत बीघा पीछे २४ रुपए ६ आने—यानी वहाँ की मालगुजारी के १२ गुने दर पर जीरात की जमीन रैयतों ने बंदोबस्त ली। फिर, यह भी मार्के की बात है कि जीरात और काश्त की जमीन में कुछ भी भेद नहीं है। एक ही खेत के दो भागों की मालगुजारी में इतना अंतर देखा जाता है। कारण स्पष्ट है। मालगुजारी जीरात की नहीं थी। वह उस रैयत के तीन-कठिया लगान के हिसाब पर बैठाई गई थी। हमने सुना है कि कहीं-कहीं ऐसी जमीन बंदोबस्त की गई, जो बारहों मास पानी से ढँकी रहती थी और जिसमें आज तक कोई जायदाद हुई ही नहीं। कहीं-कहीं ऐसी जमीन दी गई, जिसको रैयतों ने कभी देखा ही नहीं। रैयतों को जिस चौहद्दी की जमीन दी गई, उस चौहद्दी में वह है ही नहीं। कोठी को तो केवल अधिक रुपए से मतलब था। रैयत भी यही समझते थे कि हम शरहबेशी दे रहे हैं। कोठी किस

प्रकार से लेती है, यह जानने की उन्हें जरूरत ही क्या थी? पीछे सर्वे सेटलमेंट के अफसरों ने इस नई जमीन की अलग जोत कायम कर दी, जिसका फल यह हुआ कि यदि रैयत यह चाहें कि उस जोत को छोड़ दें तो छोड़ सकते हैं। साहब की राय अवश्य थी कि इसको भी पुरानी जोत के साथ मिला दिया जाय, ऐसा न होने से रैयतों की जान बची। जब महात्मा गांधी आए, तब रैयतों ने एक स्वर में अपनी बिलकुल हुंडा जमीन छोड़ देने का प्रस्ताव किया। कोठी के मैनेजर का कहना था कि जमीन जो बंदोबस्त की गई थी, वह बहुत अच्छी थी और रैयतों ने बहुत जोर करके उनसे बंदोबस्त लिया था और वे यदि उसको छोड़ दें तो अब भी कोठी को उससे बहुत लाभ होगा; क्योंकि रैयत जितना उनको देते थे, उससे अधिक वे उस जमीन से पैदा कर सकते हैं। जब रैयतों ने यह बात सुनी, तब उन्होंने एकबारगी सब हुंडा खेत छोड़ देने को कहा और महात्मा गांधी ने साहब की बात पर विश्वास करके उन सब रैयतों के नाम, जो हुंडा छोड़ देना चाहते थे, लिखकर साहब के पास भेज दिए; पर साहब ने, जिनका पहले यह कथन था कि कोठी ने हानि उठाकर रैयतों की परवरिश के लिए इस जमीन को उनके साथ बंदोबस्त किया है, अब रैयतों पर उसी जमीन की मालगुजारी के लिए नालिश कर दी। इसपर भी लोग कहते हैं कि चंपारन के नीलवर वहाँ की रैयतों की भलाई के लिए ही हैं और रैयतों के विषय में जो आंदोलन होता है, वह कृत्रिम है, उसमें कुछ सार नहीं और वास्तव में रैयत नीलवरों से बहुत संतुष्ट रहते हैं। इन प्रकारों से नीलवरों ने नील की खेती की हानि को रैयतों की पीठ पर लाद दिया। पर, यह शरहबेशी उन्हीं गाँवों में की जाती थी, जो गाँव मुकर्री थे, अर्थात् जहाँ की आमदनी बढ़ाने से उनको बराबर के लिए नफा था। ठेके के गाँवों में, जिनका बंदोबस्त चंद दिनों के लिए हुआ था, यदि मालगुजारी बढ़ जाती तो मियाद बीतने पर बेतिया राज को हक था कि उन गाँवों को लेकर अपने खास तहसील में रखे अथवा उन्हीं के साथ जमा बढ़ाकर फिर बंदोबस्त करे। इसलिए उन गाँवों में उन्होंने रैयतों से नकद एकमुश्त रुपया लेना आरंभ कर दिया।

इस विषय में कई बातें विचारणीय हैं। नीलवरों का कहना है कि उनको बीघा में तीन कट्ठा नील कराने का एक प्रकार का स्वत्व प्राप्त था। यह प्रत्येक रैयत की जोत पर एक बोझ हो गया था, जो ठीक उसी प्रकार का बोझ था, जैसा कि मालगुजारी का बोझ। जिन गाँवों के नीलवर मुकर्रीदार थे, उनमें उनका हक प्राय: जमींदार-सा था; पर यह हक उनको सन् १८८८ में ही प्राप्त हुआ था, इससे पहले नहीं। इसलिए केवल उन्हीं जोतों पर ऐसा बोझ हो सकता है, जिनपर यह उनके आरंभ के समय में ही रख दिया गया हो। जो जोतें पुरानी न थीं उन पर ऐसा बोझ उनके आरंभ के समय में ही रख दिया गया हो। जो जोतें पुरानी थीं उन पर ऐसा बोझ उनके आरंभ से कैसे हो सकता था? और, यह बोझ यदि जोत के आरंभ से ही न हो तो धारा २९ के अपवाद में जोत नहीं आ सकती और रैयत २

आने से अधिक मालगुजारी बढ़ाने का मुआहिदा कानूनन नहीं कर सकते। पर यदि मुकर्री गाँवों में उनके स्थायी स्वत्व हो जाने के कारण किसी प्रकार का हक नीलवरों का समझ भी लिया जाय, तो जिन गाँवों में वे केवल चंद दिनों के लिए ठेकेदार थे, जहाँ से वे मियाद पूरी होते ही हटा दिए जा सकते थे, उन गाँवों में वे किस तरह रैयतों की जोत पर इस प्रकार के बोझ का दावा कर सकते थे—यह बात समझ में नहीं आती। बेतिया राज ने, जो इन गाँवों का स्थायी मालिक है, कभी भी इस प्रकार के स्वत्व का दावा नहीं किया। कहावत मशहूर है—'आप मियाँ मँगनी द्वारे दरवेश'। अपने स्वत्व का तो ठिकाना नहीं, पर रैयत पर ऐसा दावा! पाठक, किंतु चंपारन की रैयतों पर सब प्रकार का दावा हो सकता है; क्योंकि उनकी बात को कोई सुननेवाला नहीं, उनका कोई हिमायती नहीं। जब सर चार्ल्स बेली जैसे लाट ने भी उनके प्रार्थना-पत्रों पर ध्यान नहीं दिया, तब ऐसी दावी यदि उनपर जबरदस्ती भी काम में लाई जाय तो इसमें आश्चर्य ही क्या? हाँ, यदि किसी रैयत ने सट्टे के जरिए इस प्रकार का मुआहिदा कर दिया हो कि अमुक वर्ष तक वह नील कोठी के लिए कर दिया करेगा और उस मियाद के पूरा होने के पहले ही यदि वह छोड़ना चाहे तो वह कोठी को हरजा का देनदार हो सकता है। ऐसी अवस्था में कोठी का हक हो सकता है कि कोठी उससे हरजा ले ले। और, यदि कोठी खुशी से उसे इस बंधन से मुक्त कर दे तो उसके बदले में भी कुछ ले सकती है। पर, यह सब भी तभी हो सकता है, जब कोठी और रैयत के बीच का मुआहिदा कानूनन जायज हो, अर्थात् नियमित रूप से किया गया हो, रैयत पर किसी प्रकार का जोर-दबाव नहीं किया गया हो और रैयत ने सब बातों को समझ-बूझकर, अपने नफा-नुकसान को देख-सुनकर उन शर्तों को कबूल किया हो। परंतु, चंपारन के रैयत तो बराबर कहते आए हैं कि जितने नील के सट्टे उनसे लिखवाए गए हैं, वे सब जबरदस्ती लिखवाए गए हैं। उनसे उनका बड़ा नुकसान है और यदि उनकी चले तो वे एक दिन भी नील न करें। इतना ही नहीं, उन सट्टों की शर्तें भी ऐसी होती हैं कि यदि किसी स्वतंत्र मनुष्य को उन्हें स्वीकार करने को कहा जाय तो वह कदापि स्वीकार नहीं कर सकता। उसपर भी कितनी कोठियों में तो सट्टे भी नहीं थे। कितने में सट्टे की मियाद पूरे हुए बहुत दिन हो चुके थे; परंतु नीलवरों ने सब जगह की रैयतों से नकद रुपए, जिनको तावान कहते हैं, वसूल किए।

जिस तरह शरहबेशी सब कोठियों में एक हिसाब व दर से नहीं लिया गया, उसी प्रकार भिन्न-भिन्न कोठियों में तावान भी भिन्न-भिन्न दर से वसूल किया गया। यदि किसी रैयत को तीन बीघे खेत में नील कराने की पाबंदी थी तो कहा जाता है कि उसके नील का लगान तीन बीघा है। लगान के बीघे पर कहीं ५०, कहीं ६० और कहीं १०० रुपए तक तावान वसूल किया गया। जिले भर का औसत शायद ५० या ६० रुपए फी एकड़ पड़ा होगा। और, इस प्रकार १८,००० एकड़ का कुल लगान ५०-६० रुपए

एकड़ पीछे, अर्थात् १८,०००×५०=९,००,००० रुपए अथवा १८,०००×६०=१०,८०,००० रुपए तावान रूप में नीलवरों ने वसूल किए। रैयतों के पास तो इतने रुपए नकद मौजूद थे नहीं; जहाँ तक हो सका, नकद वसूल किया गया; बाकी में माल जब्त किया गया और भी जो जायदाद मिली, ले ली गई। यदि इसपर भी बाकी रहा तो उनसे हैंडनोट लिखा लिया गया। जो हैंडनोट लिखे गए, उनमें यह नहीं लिखा गया कि यह नकद रुपए के लिए नहीं था। उनमें यह भी नहीं लिखा गया कि नील की पाबंदी से छुटकारा देने के लिए रैयतों से हरजा लिया गया है, वरन् उनमें यह झूठी बात लिखी गई कि हैंडनोट के रुपए जरूरी खर्च के लिए रैयतों ने नकद कर्ज लिये। जिन रैयतों को बड़ी रकम देनी थी, उनसे हैंडनोट के बदले रजिस्ट्री दस्तावेज लिखवा लिया गया और किसी-किसी ऐसे दस्तावेज में एकदम झूठी खानेदारी की जरूरत दिखलाई गई, जैसे कि किसी लड़की की शादी तथा किसी बूढ़े मालिक का श्राद्ध इत्यादि। तिस पर भी सब हैंडनोट तथा दस्तावेजों में रैयतों के सूद देने की भी बात थी। मोतिहारी कोठी के मैनेजर मि. इर्विन ने स्वयं स्वीकार किया है कि उन्होंने इस प्रकार ३,२०,००० रुपए अपने रैयतों से बीघे पीछे ७५ रुपए के हिसाब से तावान वसूल किया था। ऊपर कहा जा चुका है कि मि. जैमसन ने मुकर्री गाँवों में भी कुछ दिनों तक शरहबेशी वसूल करके फिर उन्हीं रैयतों से २६,००० रुपए तावान वसूल किए। जिन गाँवों में उनकी ठेकेदारी का हक था, उनमें भी उन्होंने ५५ रुपए बीघे पीछे तावान वसूल किए। उनकी कोठी के नील का लगान ४७५ बीघा था और इस तरह उन्होंने ४७५×५५ = २६,१२५ रुपए वसूल किए। इसमें एक-तिहाई नकद और दो-तिहाई के लिए हैंडनोट और दस्तावेज। यह आपने जलहा कोठी में किया। जलहा आने से पूर्व आप एक दूसरी कोठी भेलवा के हिस्सेदार और मैनेजर थे। भेलवा कोठी के सब गाँव तावान की महामारी के कुछ ही दिन पहले ठेके में दिए गए थे। वहाँ कोठी किसी प्रकार से रैयतों से नील बोने की पाबंदी साबित नहीं कर सकती थी। मि. जैमसन ने अपने इजहार में भी स्वीकार किया था कि वह किसी प्रकार से इसका दावा साबित नहीं कर सकते थे। पर, यहाँ भी बीघा पीछे ७५ या ८० रुपए वसूल कर लिये। यहाँ का लगान १,६००×८०=१,२८,००० रुपए वसूल किए। यहाँ यह कह देना भी जरूरी है कि तावान वसूल करके उन्होंने इस कोठी को दूसरे के हाथ बेच दिया। इसका नतीजा यह हुआ कि जब चंपारन एग्रेरियन कमेटी की राय के अनुसार सरकार से आज्ञा हुई कि तावान का रुपया एक-चौथाई रैयतों को लौटा दिया जाय तो इस कोठी के रैयतों को कुछ भी वापस नहीं मिला; क्योंकि मि. जैमसन और उनके साथी तावान वसूल करके चल दिए थे और उस कोठी के नए मालिकों से वापस कराना सरकार ने इस कारण अनुचित समझा कि उन्होंने तावान के रुपए नहीं पाए थे।

❑

सातवाँ अध्याय

गवर्नमेंट की कारखाई

ऊपर कहा जा चुका है कि सन् १९१२-१३ में रैयतों की ओर से बहुत सी दरख्वास्तें नीलवरों के खिलाफ पड़ीं। इस संबंध में यह भी कहा जा चुका है कि इन दरख्वास्तों के रहते भी सन् १९१२ के नवंबर महीने में सर चार्ल्स बेली ने सोनपुर में नीलवरों को उनके रैयतों के साथ खूब संतोषजनक संबंध के विषय में सर्टिफिकेट दे दिया; पर यह सर्टिफिकेट, जो बात सच थी, उसे कहाँ तक छिपा सकता था। जब सर चार्ल्स बेली सन् १९१४ की फरवरी में चंपारन गए, तब रैयतों ने फिर दरख्वास्तें दीं, जिनमें से तीन नमूने के तौर पर नीचे दी जाती हैं—

नं. १

"The humble petition of the undersigned tenants of the village Gawandra, Tappa Harihara, District Champaran, most respectfully showeth—

1. That the petitioners are tenants and *kashtkars* of the village Gawandra which is in lease to the Gawandra Indigo Factory.

2. That hitherto the petitioners were required to cultivate indigo for the factory at the rate of 3 *katthas* per bigha of their holdings and although against their wishes they had accustomed themselves to that service, as any refusal on their part would put them to serious trouble.

3. That now indigo manufacture has become less lucrative and the factory has thought fit to discontinue cultivation of indigo and has been trying to realize a sum of Rs. 60 on the allegation that the factory would relieve the petitioners from the burden of cultivating indigo.

4. That indeed the cultivation of indigo is a burden imposed on the tenants without any justification and the tenants are rightfully entitled to be relieved of that burden and for the matter of that the factory is not entitled to realize anything from the petitioners.

5. That in spite of there being no justification the petitioners are being

coerced to make payment of the above sum and some of us have been compelled to sign hand-notes. The petitioners are terrified.

6. That the petitioners are quite unable to protect themselves in ordinary course and they feel compelled to represent their grievances to your honour in the earnest hope that your honour will be graciously pleased to extend protection to your petitioners.

7. That the petitioners are at Motihari and aspire for an opportunity to appear before your honour and to represent their grievances which they are unable to do in writing.

Dated the 5th February, 1913."

इस दरख्वास्त का भावार्थ यह है—

''मौजा गवंदरा, तप्पा हरिहारा, जिला चंपारन के रैयतों की दरख्वास्त—

१. हम लोग मौजे गवंदरा के काश्तकार हैं और यह मौजे गवंदरा कोठी की ठेकेदारी में है।

२. आज तक हम लोगों को कोठी के लिए बीघा पीछे तीन कट्ठे में नील करना होता था और यद्यपि वह हम अपनी खुशी से नहीं करते थे तो भी हम लोग ऐसा करते चले आए, क्योंकि ऐसा न करने से हम लोगों को बहुत कष्ट सहने पड़ते।

३. अब नील का दाम घट जाने से कोठी नील करना बंद कर देना चाहती है और हम लोगों से ६० रुपए के हिसाब से यह कहकर वसूल करना चाहती है कि वह हमें नील करने से मुक्त कर देगी।

४. नील करना रैयतों पर एक भारी और बिना किसी कारण के बोझ है, जिससे उनको मुक्त कर देना ही उचित है और इसके लिए रैयतों से रुपए वसूल करने का कोठी को कोई हक नहीं है।

५. यद्यपि इस तावान के लेने का कोई भी हक नहीं है, पर तो भी कोठी रैयतों से जबरदस्ती रुपए लेना चाहती है और बहुत लोगों से जबरदस्ती हैंडनोट लिखवा चुकी है। हम लोग बहुत भयभीत हो गए हैं।

६. हम लोग मामूली तरीके से अपनी हिफाजत नहीं कर सकते हैं और इसलिए मजबूर होकर इस आशा से हजूर में दरख्वास्त करते हैं कि हजूर हमारी रक्षा करें।

७. हम लोग मोतिहारी में हाजिर हैं और हमारी अभिलाषा है कि यदि हुक्म हो तो अपनी दुःख-कहानी, जो लिख नहीं सकते, जबानी अर्ज करें।''

नं. २

1. We, the tenants of Mauzas Phenhara, Parsrampur, Rupawlia, Jamunia, Nasiba, and Ibrahimpur Parswani, District Champaran, beg to offer our humble though hearty and loyal welcome to your honour on the occasion of your

Honour's graceful visit to the District of Champaran and we take it as a forerunner of peace and contentment in the District.

2. Our villages are in lease to the Parswani Indigo concern and we have had miserable existence hitherto owing to the high-handedness of the factory with which out lots have been permanently blended. But we believe and trust that our circumstances will henceforth be changed for better on account of your Honour's happy visit to our District.

3. The planters came to the District with a determination to manufacture indigo and our ancestors and ourselves were made to offer readymade 3 Katthas per Bigha, every year of our *kast* lands for the cultivation of indigo which being absolutely unjustifiable and unconscionable was sought to be leagalized by exactions of agreements from the tenants known as *sattas* and as slightest reluctance on our part and on the part of our ancestors would entail our total annihilation, as it were, we persuaded ourselves to be aggreable to our lots to save our honour and existence. But this was not all.

4. The 3 Katthas *Nil sattas* were followed by a demand of cart *sattas* from us and we the unfortunate lot accepted them as necessary evils in the expectation of enjoying peace. But this was never to happen.

5. Unfortunately for ourselves the natural indigo lost its value in the market and the factories, at least the majority of them, have given up the idea of cultivating indigo any further and our factory is one of them. But the lull forebode a destructive storm.

6. The factory now demands and has been demanding for the last few years an yearly damage of Rs. 16/8/- or a consolidated damage of Rs. 100 per Indigo Bigha for the apparent return of relieving us from the cultivation of indigo which means an increase of our rents by Rs. 2/4/- per bigha or in the other case our total bankruptcy.

7. That this demand is more than can be borne and we are therefore unable and naturally unwilling and reluctant to consent to the payment of the same. But without any consideration of our poor and destitute condition, the factory insists upon the payment of the same by causing oppression of which there are varieties.

False cases have been and are being instituted against us, our cattle are taken from our cowshed to the factory pound to be released only after payment of heavy fines, undue advantages are being taken of petty differences among the *ryots* themselves, punitive police and police guards were once requisitioned on false allegation of oppression by the *ryots* to the factory which is simply absurd and impossible; now *Dahangars* who are known as factory's regiments, would be let on us and many other means would be devised to bring the *ryots* round.

8. We petitioned the District officer representing our grievances and praying for protection. But he declined to take steps on such petition and

ordered us to file regular complaints against the factory. We then petitioned the Commissioner of the Division stating our inability to prosecute the powerful factory and praying for our protection. The Commissioner was pleased to order "Obviously if the tenants will not lay definite complaints nothing can be done, but it appears that the affairs in this *dehat* require to be watched."

9. The Divisional Commissioner in the last portion of his order has shown some sympathy with us and has been pleased to remark that our affairs required to be watched, but that does not improve our condition materially. The District Officer is pleased to advise our formally prosecuting the factory, but for that we are quite unable and incompetent. Sometimes complainants against factory have been prosecuted for false complaint without the same being properly considered with the result that we, *ryots,* are unfairly silenced and compelled to pocket all sorts of injuries and oppressions or to comply with the demands of the factory, so hard, unjustifiable and ruinous though they are.

10. Your Honour's personal presence amongst us encourages us for presentation of our grievances which we hereby do, trusting most sincerely that our evil days will end today and under the protection of your Honour's benign Government we will be allowed to enjoy peace of mind in our humble hearth, if your Honour be graciously pleased to order the District Officer to issue instruction to the factory to give up its efforts to realise the illegal demand mentioned above; for which we shall, as in duty bound, ever pray for your Honour's long life and prosperity.

भावार्थ

१. ''मौजा फेनहरा, परशुरामपुर, रुपौलिया, जमुनिया, नसीबा, इब्राहीमपुर, परसौनी के रैयतों की दरख्वास्त।

२. हम लोगों के गाँव परसौनी कोठी के ठेके में हैं और कोठी के जोर-जुल्म से हमें बहुत दु:ख है। हजूर के यहाँ पधारने से हमें आशा होती है कि हमारी दशा पलटेगी।

३. हमें अपने पूर्वजों के समय से बीघे पीछे ३ कट्ठे में नील कोठी के लिए करना पड़ता है। यह काररवाई बिलकुल नाजायज और अनुचित होने के कारण कोठी ने इसे जायज करने के अभिप्राय से सट्टा लिखवाया। हम लोगों ने अपनी इज्जत बचाने के लिए सट्टा तामील कर दिया; क्योंकि इनकार करने से हमारा सर्वनाश संभावित था।

४. तीन-कठिया सट्टा के बाद कोठी ने हमसे गाड़ी का सट्टा लिखवाया और उसको हम लोगों ने अनिवार्य विपत्ति समझकर अपनी शांति की उम्मीद में लिख दिया।

५. हमारे दुर्भाग्यवश नील का दाम घट गया है और बहुत सी कोठियों ने, जिनमें परसौनी कोठी भी है, नील करना बंद कर दिया है।

६. कोठी अब हम लोगों से १६ रुपए ८ आना सालाना अथवा १०० रुपए लगान के बीघे पीछे के हिसाब से यह कहकर वसूल करना चाहती है कि वह हमें नील करने से मुक्त कर देगी। इसका यह फल निकलता है कि या तो हमारी मालगुजारी बीघे पीछे २ रुपए ८ आना बढ़ जाएगी या हम बिलकुल ही बरबाद हो जाएँगे।

७. कोठी इस रकम को जबरदस्ती वसूल करना चाहती है और कई प्रकार के जुल्म करती है; जैसे इसके लिए फौजदारी के झूठे मुकदमे लोगों पर लाए गए हैं। हम लोगों के माल 'गोरू' बथान से खोलकर कोठी के फाटक में दे दिए जाते हैं और जब तक हम भारी जुरमाना नहीं देते, तब तक वे नहीं छोड़े जाते। हम लोगों के आपस के छोटे-मोटे झगड़ों से भी नफा उठाया जाता है। एक बार इस झूठे बयान पर कि रैयतों ने कोठी के साथ जुल्म किया है, फौजी पुलिस की तैनाती कराई गई। अब हमारे दरवाजे पर धाँगड़ बैठाए जाएँगे और हमें दबाने के लिए बहुत उपाय किए जाएँगे।

८. हम लोगों ने जिला मजिस्ट्रेट के पास दरख्वास्त दी, पर उन्होंने बाकायदे नालिश करने का हुक्म दिया। तब हम लोगों ने कमिश्नर के पास दरख्वास्त दी। उन्होंने हुक्म दिया कि यदि रैयत अभियोग न लाएँगे तो कुछ नहीं किया जा सकता; पर ऐसा जान पड़ता है कि इस देहात की हालत पर ध्यान रखना चाहिए।

९. यद्यपि कमिश्नर ने अपने हुक्म के अंतिम अंश में हमारे साथ सहानुभूति दिखलाई है, पर उससे हमारी अवस्था कुछ सुधरती नहीं। जिला मजिस्ट्रेट ने हमें नालिश करने को कहा है, पर इसके लिए हम एकबारगी असमर्थ हैं। कभी बिना पूरा विचार किए ही कोठी के खिलाफ मुकदमा खारिज कर दिया जाता है और मुद्दई पर मुकदमा उलटा चलाया गया है और इसका फल यह होता है कि रैयतों को कोठी का जुल्म चुपचाप सह लेना पड़ता है।

१०. हजूर के शुभागमन से हमें अपनी दुःख-कहानी सुनाने का साहस हुआ है और हमारी आशा है कि हम अब कोठी के जुल्म से बचेंगे। यदि हजूर जिला अफसर को हुक्म दें कि वह कोठियों को इस नाजायज तावान वसूल करने के खिलाफ हिदायत कर दें तो हमारा जीवन सुख-शांति के साथ कटेगा।"

नं. ३

We, the tenants of Mauza Madhubani, Thana Dhaka, District Champaran, beg to offer our humble but hearty and cordial welcome to your Honour on the occasion of your Honour's visit to this District.

We are, your Honour, yoked to the Nirpur Factory which has been demanding an increase of our rent for our holding on the allegation that we will be relieved of the burden of cultivating indigo for the said Factory. The cultivation of indigo is indeed a burden and the sooner we are relieved of it, the better in the name of British Justice. But the demand for any addition to our rental is to drive us to the fire from the frying pan and we are naturally reluctant to comply with the new demand of the factory.

But however justified our reluctance might be, the Factory is not prepared to put up with it and various sorts of threat were being held out to us by the *Amlas* and the creatures of the factory and our very existence is in danger and to safeguard ourselves we filed a petition before the District Officer stating the very threats held out to us as we necessarily thought ourselves to be quite unable to stand the wrath of the factory which is so fearful. The result of our petition to the District Magistrate has been that cases under Section 500 I.P.C. have been started and as your Honour might well conceive, we are quite unable to substantiate the allegation in the petition to the District Officer before the trying Magistrate in opposition to such a strong body as the Factory; although our allegations are true to the letter and in one set of cases some of us have been convicted and others sets are still pending judgment and trial, but the trial of these cases, as well, are a foregone conclusion under the circumstances we are surrounded by.

It is argued that tenants are voluntarily entering into agreements for the increase of their rents, but slightly independent and unbiassed judgments will establish that any such agreement on the part of the *ryot* cannot but be the offspring of force and coercion and the cultivation of indigo was nothing better.

We are informed that a special Registering Office has been opened and we apprehend that our annihilation is near at hand as the establishment of such an office will expedite greatly the registration and completion of the undesirable agreements for the increase of the *ryots* rents.

भावार्थ

मौजे मधुबनी, थाना ढाका के रैयतों की दरख्वास्त—

''हम लोग नीरपुर कोठी के इलाके में रहते हैं, जो हम लोगों से मालगुजारी का इजाफा इस बयान से लेना चाहती है कि वह हमें नील करने से मुक्त कर देगी। नील बोने का बोझ बड़ा भारी है और उससे जितनी ही जल्द हम छुटकारा पावें, उतना ही ब्रिटिश न्याय की प्रतिष्ठा के अनुकूल होगा। पर, इसके लिए मालगुजारी का बढ़ाना हमें कड़ाही से निकालकर आग में डालने के समान है और इसलिए हम कोठी के इस नए तकाजे को पूरा करना नहीं चाहते।

पर, कोठी हमारे उज्र पर ध्यान नहीं देती है और उसके अमले और मुलाजिम हमें तरह-तरह की धमकियाँ दिखाते हैं। अपनी हिफाजत के लिए इन सब बातों के विषय में हमने जिला अफसर के पास दरख्वास्त दी, पर इसका फल यह निकला कि हम पर इंडियन पीनल कोड की धारा ५०० के अनुसार मुकदमे चलाए गए। हजूर समझ सकते

हैं कि सच होने पर भी अपने बयान को कोठी के खिलाफ साबित करना हमारे लिए कितना कठिन है। उनमें कई मुकदमों में रैयतों को सजा हो चुकी है। कितने मुकदमे अभी चल रहे हैं। पर जैसी हालत है, उससे उनका फैसला कैसा होगा, वह किसी पर अविदित नहीं है।

ऐसा कहा जाता है कि रैयत खुशी से शरहबेशी के मुआहिदे तामील कर रहे हैं, पर निरपेक्ष भाव से विचार करने पर स्पष्ट हो जाएगा कि इस प्रकार के मुआहिदे जोर-जबरदस्ती के ही फल हो सकते हैं और नील भी इसी प्रकार बुवाया जाता था।

हम लोगों के सुनने में आया है कि विशेष रजिस्ट्री ऑफिस खोल दिया गया है और हम लोगों को भय होता है कि अब हमारा सर्वनाश शीघ्र हो ही जाएगा; क्योंकि ऐसे ऑफिस के स्थापित होने से इन मुआहिदों की रजिस्ट्री होने में शीघ्रता और सुविधा होगी।''

इसी प्रकार जुलाई, १९१४ ई. में बैरिया कोठी के अंतर्गत लोकरिया इत्यादि ग्रामों के रैयतों ने एक निम्नलिखित दरख्वास्त चंपारन जिले के कलक्टर के पास भेजी—

To

The Collector of Champaran,

May it please your honour,

The humble memorial of the undermentioned memorialists of villages Laukaria, Sani, Tadhwa, Nandpur, Bherihari Karmaini, Phulia Khand, pergana Majhowa Tappa Patjirwa thana Bettiah subdivision Bettiah, District Champaran, most respectfully sheweth :—

1. That your honour's memorialists beg most respectfully to approach your honour through this memorial with a fervent hope that your honour will be graciously pleased to personally interfere in the matter and remedy their grievances as early as possible.

2. That your honour's memorialists are driven to this sterp by the atrocities of the Bairia Factory, pergana Majhowa, Tappa Patjirwa, thana Bettiah, subdivision Bettiah, District Champaran some of which are enumerated below.

3. That there is a system called the Tinkathia system in vogue with the Indigo Planters in the District of Champaran by which every cultivator of land has to grow indigo on three kathas for every bigha of land owned by him. That these cultivators are forced to enter into agreements to the above by coercion and undue influence.

4. That the said Bairia factory used to pay Rs. 20/- for the actual yield of the indigo per bigha; this amount though very low itself, for it does not even cover a portion of the cost of cultivation, has these days been further reduced to ten rupees per bigha.

5. That these days your Honour's memorialists are sometimes forced

to grow oats instead of indigo and whatever be the actual yield per bigha your honour's memorialists must need supply the said Bairia factory with double or triple that quantity at the sweet will of the said Factory and that too at a grossly inadequate price.

6. That your Honour's memorialists are coerced to enter into agreements for drawing bullock carts all the year round, and Rs. 2/- or Rs. 3/- at the utmost is the total amount paid as wages for the whole year.

7. That if your honour's memorialists do not enter into the agreements referred to above they are subjected to untold hardships and not unoften sent to Jail on some frivolous pretext or other.

8. That even after the expiry of the terms of the said agreements your honour's memorialists are not set free; but on the other hand they are forced to enter into fresh agreements with the said Factory.

9. That day labourers are paid two or three pice for the whole day's work by the said Factory and have got literally to starve and that they are not allowed to work in other fields where they might easily earn four or five annas a day. That if any labourer hides himself for the sake of earning his bare livelihood elsewhere, he is brutally beaten by the servants of the said Factory and even then if he does not yield to the wishes of the factory he is eventually ejected from his hearth and home.

10. That the said factory pays only one anna or five pice per day for each plough, whereas a pair of bullocks and a ploughman requires six annas a day for bare maintenance.

11. That your Honour's memorialists beg now to turn to the greatest oppression to which they are being subjected by the said Baria Indigo Concern at the present moment. That owing to the collapse of the Indigo market your Honour's memorialists are called upon to pay Rs. 100/- as damages for every Bigha of land on which they had to grow indigo under the Tinkathia system referred to in para 3 of this memorial. That this money is demanded from your Honour's memorialists in cash. That in cases in which your Honour's memorialists cannot pay the whole amount of the so-called damages in a lump, they are forced to pay one-third of the entire amount in cash, and for the remaining two-thirds they must execute either hand notes or registered mortgage deeds-hand notes in those cases where the remaining two thirds do not exceed Rs. 30/- and registered mortgage deeds in cases where they do; in the case of registered mortgage deeds again, one bigha of land is forced to be mortgaged for every twenty rupees. That if your Honour's memorialists do not do it without opposition they are dragged to the said Baria Factory, beaten there mercilessly by the factory people till your Honour's memorialists pay one-third of the fancied damanges in cash and execute hand notes or registered mortgage deeds, as the case may be for the remaining two-thirds. That in case your Honour's poor memorialists hide themselves in order to be saved from

the clutches of the said Factory men, the dragon eyes of the said Factory are turned on their bullocks which are forcibly taken away from your Honour's memorialists' houses or from wherever they are found and impounded in the said Bairia Factory pound. That when your Honour's memorialists go to release their cattle they are forced to pay one-third of the said damages and execute hand notes or registered mortgage deed in respect of the remaining two-thirds before their cattle are released. That the Factory Sahab, Jamadar and Thekedar roam about in your Honour's memorialists' villages holding out threats that so long as the damages are not paid your Honour's memorialists will be deprived of the services of the village washermen, barbers, carpenters, blacksmiths etc., their cattle impounded and they ultimately ejected from the village.

12. That in February last a petition relating to these hardships was filed on behalf of some of your Honour's memorialists with the Survey Collector and Settlement Officer, Pasupati Babu and Maulvi Israrul Hussain, Survey Inspector were deputed for enquiry, but although an enquiry was made the grievances of your Honour's memorialists were not in the least remedied.

13. That emboldened by the fruitless result of the said enquiry the Zulums of the said Factory now know no bound and your Honour's poor memorialists are now left miserable than ever.

14. That your Honour's memorialists have now become totally impoverished and that they have not hardly a copper left to satisfy the never ending illegal demands and oppressions of the said Factory. That security of property one of the greatest blessings of British Rule is being denied to your Honour's memorialists by these Factory people. That your Honour's poor memorialists cannot regard their own property as their own for their property as matters now stand is at the mercy of the said Bairia Factory and is being disposed of by the said Factory at its own sweet will.

15. That there is a certain limit beyond which no tyranny can be borne however loyal, peaceful, law-abiding, and accommodating the oppressed might be.

16. That matters have now come to such a pass that your honour's memorialists can no longer meekly submit to the tyrannous acts of the said Bairia Factory if your Honour's memorialists intend simply to live and not to literally starve.

17. That under these grave and extreme circumstances your Honour's gracious personal and immediate interference is earnestly solicited and that your honour's memorialists undertake to satisfy your Honour with specific instances of these atrocities when your Honour is pleased to start a personal enquiry into the matter by coming over to the District of Champaran, for which act of kindness your Honour's memorialists shall as in duty bound ever pray, and kind as your Honour is always towards your Honour's millions of poor

subjects, and benign as has been your Honour's rule ever since the creation of the new Province your Honour's memorialists fervently hope that their almost dying prayer will not go in vain and their crying will not be crying for the moon.

We have etc.
1. Khandhar Prasad Rai
2. Ramasra Rai
3. Mukhlal Chaowbey
4. Ganput Rai
5. Ganga Rai
6. & others
Laukaria Sani, Bettiah P.O.,
District Champaran

Dated the July, 1914

भावार्थ

मौजे लोकरिया, सानी, तधवा, नंदपुर, भेरिहारी करमैनी, फुलिया खांड के रैयतों की दरख्वास्त—

"१. हम लोग हुजूर के पास इस आशा से दरख्वास्त दे रहे हैं कि हुजूर हम लोगों के दु:खों का शीघ्र निवारण करेंगे।

२. हम लोग बैरिया कोठी के जुल्म से परेशान हो रहे हैं, जिनका कुछ ब्यौरा नीचे दिया जाता है।

३. तीन-कठिया प्रथा के अनुसार, जो नीलवरों के साथ चंपारन में जारी है, प्रत्येक रैयत को बीघा पीछे ३ कट्ठा जमीन में नील उपजाना पड़ता है। इसके लिए रैयतों से जबरदस्ती पट्टा लिखवाया जाता है।

४. बैरिया कोठी पहले इस नील के लिए रैयतों को २० रुपया फी बीघा के हिसाब से देती थी। पर, अब उसे घटाकर १० रुपया फी बीघा कर दिया है।

५. आजकल हम लोगों को नील के बदले जई उपजाने के लिए बाध्य किया जाता है और पैदावार जो हो, उस पर हम लोगों से बैरिया कोठी दुगुना-तिगुना उपज अपनी इच्छा के अनुसार लेती है और उसका मनमाना दाम देती है।

६. हम लोगों से साल भर बैलगाड़ी चलाने के लिए जबरदस्ती पट्टा लिखाया जाता है और उसके लिए साल भर में २ या ३ रुपया मजदूरी दी जाती है।

७. यदि हम लोग उपर्युक्त पट्टे पर तामील नहीं करें तो हम लोगों पर बहुत जुल्म किया जाता है और अकसर किसी-न-किसी बहाने से जेल भी भेज दिया जाता है।

८. उपर्युक्त पट्टे की मियाद पूरी हो जाने पर हम लोगों को नया पट्टा लिख देने के लिए कोठी की ओर से मजबूर किया जाता है।

९. दिन में कमानेवाले मजदूरों को २ या ३ पैसे के हिसाब से दिन भर की मजदूरी दी जाती है। और इस तरह उन्हें सचमुच भूखे रहना पड़ता है। उन लोगों को दूसरों के खेतों में मजदूरी करने नहीं दिया जाता है, जहाँ वे चार या पाँच आने रोज कमा सकते हैं। यदि कोई मजदूर छिपकर दूसरी जगह कमाने के लिए चला जाय तो कोठी के मुलाजिम उसके साथ मार-पीट करते हैं और उसपर भी यदि वह नहीं माने तो उसको घर से निकाल देते हैं।

१०. कोठी प्रत्येक हल के लिए केवल १ आना या ५ पैसा रोजाना मजदूरी देती है, यद्यपि एक ज़ोड़ा बैल और हलवाहा के खिलाने में ही ६ आना रोज लग जाता है।

११. नील का बाजार बंद हो जाने से कोठी हम लोगों से १०० रु. फी बीघा, जिसमें उन्हें नील पैदा करना था, नकद हरजाना तलब करती है। यदि हम लोग कुल नकद रुपया नहीं दे सकते हैं तो एक-तिहाई रुपया लेकर दो-तिहाई के लिए हम लोगों से मकफूला या ३० रुपया से कम रकम के लिए दस्तावेज लिखवा लेती है। और, हम लोगों को प्रत्येक २० रु. के लिए १ बीघा जमीन मकफूल करने के लिए बाध्य किया जाता है। यदि हम लोग हरजाना देने में कोई उज्र करते हैं तो हम लोगों को बैरिया कोठी पर जबरदस्ती बुलाकर वहाँ हम लोगों को बेरहमी के साथ पीटा जाता है और इस तरह से हरजाने का एक-तिहाई हिस्सा नकद वसूल किया जाता है और बाकी दो-तिहाई के लिए दस्तावेज लिखने के लिए बाध्य किया जाता है। यदि हम लोग कोठी पर जाने के डर से कहीं छिप जाते हैं तो ऐसी हालत में हमारे बैलों को जबरदस्ती ले जाकर कोठी के फाटक में दे दिया जाता है और जब हम लोग उनको छुड़ाने जाते हैं, तब हम लोगों से जबरदस्ती एक-तिहाई हरजाने का रुपया नकद वसूल किया जाता है और दो-तिहाई के लिए दस्तावेज लिखवा लिया जाता है और तब बैलों को फाटक से छुड़ाकर ले जाने दिया जाता है। कोठी के जमादार और ठेकेदार लोग गाँवों में घूम-घूमकर धमकी देते हैं कि हरजाना नहीं अदा करने पर हम लोगों के काम के लिए धोबी, हज्जाम और लोहार इत्यादि बंद कर दिया जाएगा और हमारे बैल फाटक में रख दिए जाएँगे और अंत में हमें गाँव से बाहर निकाल दिया जाएगा।

१२. गत फरवरी में हम लोगों ने एक दरख्वास्त इन बातों के विषय में कलक्टर को दी थी जिसपर सेटलमेंट अफसर पशुपति बाबू तथा मोहम्मद इसरारुल हुसैन सर्वे इंस्पेक्टर जाँच के लिए मुकर्रर किए गए और यद्यपि उन्होंने जाँच की, पर उसका कोई निपटारा नहीं हुआ।

१३. इस जाँच के बाद कोठी का जुल्म और बढ़ गया है और हम लोगों की दशा और शोचनीय हो गई है।

१४. हम लोग एकदम गरीब हो गए हैं और हम लोगों के पास कोई पैसा नहीं

बचा है, जिससे कोठी की नाजायज माँग को पूरा कर सकें। हम लोगों की रक्षा का कोई उपाय अब नजर नहीं आता है।

१५. जुल्म की भी कोई हद होती है, जिसके परे कोई भी शांतिप्रिय प्रजा उसे सहन नहीं कर सकती है।

१६. अब अवस्था इस हद तक पहुँच गई है कि यदि हमें जीवित रहना है तो हम लोग बैरिया कोठी के अत्याचार को चुपचाप सहन नहीं कर सकते हैं।

१७. ऐसी हालत में हुजूर का इस मामले में हस्तक्षेप करना आवश्यक है। यदि हुजूर इसके विषय में स्वयं जाँच करने की कृपा करें तो हम लोग कुल बातों को साबित करने के लिए तैयार हैं। आशा है कि हम लोगों की प्रार्थना व्यर्थ नहीं जाएगी।

खेंधरप्रसाद राय
रामाश्रय राय
मुखलाल चौबे
गनपत राय
गंगा राम इत्यादि
लोकरिया सानी, डा. बेतिया,
जिला चंपारन।''

जुलाई १९१४ ई.

ऊपर दी गई दरख्वास्तों से यह स्पष्ट है कि रैयतों की शिकायतें, तावान और शरहबेशी जबरदस्ती लिखवाने के विषय में थीं। इन दरख्वास्तों पर क्या काररवाई हुई, सो मालूम नहीं पड़ता। उसी साल के १३ मार्च को माननीय बाबू ब्रजकिशोर प्रसाद के प्रश्न के उत्तर में माननीय मि. मैकफर्सन (The Hon'ble Mr. Macpherson) ने कहा था—

"Government have received from time to time petitions purporting to be signed by *royts* of Champaran and complaining of the relations existing between them and the landlords. The petitions have been referred to the local officers for inquiry but reports have not been received in all cases. In certain cases, the local officers have taken steps to redress the grievances, which have been proved to be well-founded. The complete report of the local officers is still awaited and in view of the imminence of the revision of settlement operation in the District which will bring to light all the facts of the situation, Government do not consider that any committee of inquiry is now necessary or expedient."

अर्थात्, ''चंपारन के रैयतों की दस्तखती दरख्वास्तें सरकार में समय-समय पर आई हैं, जिनमें उन्होंने रैयत और नीलवरों के पारस्परिक संबंध की शिकायतें की हैं। ये दरख्वास्तें स्थानीय अफसरों के पास जाँच के लिए भेज दी गई हैं, पर अभी तक सब पर

रिपोर्ट नहीं आई हैं। किसी-किसी में स्थानीय अफसरों ने उन शिकायतों को दूर करने का प्रयत्न किया है, जो सच्ची साबित हुई हैं। उन अफसरों की पूरी रिपोर्ट का अभी इंतजार है, और चूँकि नया सर्वे बंदोबस्त होने वाला है, जिससे वहाँ की सब बातें जाहिर हो जाएँगी, इसलिए गवर्नमेंट इस समय जाँच-कमेटी नियुक्त करना उचित अथवा आवश्यक नहीं समझती है।''

इसी समय शरहबेशी के वसीके लिखाए जा रहे थे और तावान वसूल किया जा रहा था। समाचार-पत्रों में भी इसकी आलोचना हो रही थी। तारीख ६ जुलाई, १९१३ के 'बिहारी' पत्र ने इस विषय की कड़ी आलोचना करते हुए एक लंबा लेख लिखा था।[1]

---

१. 'बिहारी' का लेख इस प्रकार था—"The failure of natural indigo to successfully compete with the artificial dye has seriously affected the financial position of the planting community in the Tirhut division of our Province and the loss thus entailed on them has affected to a large extent their relation with the tenants. We have referred to the evils of the *Tinkathia* system, and now their attempt to realise *Tawan* (compensation) or *Sarahbeshi* (enhancement of rent) for releasing the tenants from their obligations to grow indigo on three kathas per bigha of their holding has created a situation which deserves the serious attention of the Local Government. Villages in which indigo is or was grown are held either in *Thica* or Mokkuri. In the former, cash compensation is being demanded which ranges from Rs. 60/- to Rs. 100/- per Indigo bigha; in the latter, enhancement of rent, as that would permanently raise the income. Instances have come to light in which coercion is employed to make the tenants agree either to the enhancement of rent or pay the cash compensation. Some of those who do not agree are harassed in various ways till they agree to the terms imposed by the Saheb. Numerous petitions, we understand, were filed before the District Magistrate, the burden of the song in each case being:—

हम लोग कोठी के ऊपर नालिश नहीं करते हैं। सिर्फ अपने बचाव के लिए दरख्वास्त देते हैं कि आइंदा काम आए और हुजूर की तरफ से उन लोगों को समझा दिया जाय कि जुल्म न करें।

And be it said to the credit of the present District Magistrate of Champaran that he has on several occasions while sending copies of such petitions to the factory managers for information, made it perfectly clear that no *ryot* can be compelled to pay compensation in lieu of indigo against his will, that no sort of pressure can be used to compel him. He has further added that if any *ryot* has executed an Indigo *satta* he is bound to grow indigo, and if he refuses or neglects to do so, damages can be realised by civil suit. But the payment of compensation in lieu of indigo is absolutely at the option of the *ryot*. Such a clear and unambiguous expression of the views which the District Magistrate entertains on the question of compensation has been a source of relief to the poor tenants. It is, however, a well-known fact that factory managers and the European Thikadars had been practising a sort of benevolent despotism, but it was despotism after all. The principal source of profit having almost disappeared, there has been more of despotism than of benevolence and it behoves the Government to come to the relief of the poor cultivators, for these latter in their struggle with the powerful organisations of the planters and Thikadars, a very influential body

इन सब बातों के रहते हुए भी लॉर्ड हार्डिंग (Lord Hardinge) से भी नीलवरों को एक सर्टिफिकेट दिलाया गया। सन् १९१३ के अंत में जब वे पटना हाई कोर्ट की नींव डालने के लिए पटना आए थे, उसी अवसर पर नीलवरों ने उन्हें एक अभिनंदन-पत्र दिया था, जिसके उत्तर में उन्होंने कहा था—"Today as far as I know, the relations between the Bihar Planters and their *ryots* are cordial and satisfactory in the North Bihar Districts." अर्थात्, जहाँ तक मुझे ज्ञात हुआ है, आज बिहार के उत्तरी जिलों के नीलवरों और उनके रैयतों में बहुत संतोषजनक संबंध और घनिष्ठ प्रेम है।"

सन् १९१४ में बिहार प्रांतीय सम्मेलन (Bihar Provincial Conference) की बैठक बाँकीपुर में ता. १० अप्रैल को हुई। उसके अध्यक्ष बाबू ब्रजकिशोर प्रसाद ने

---

certainly, have to face fearful odds. Sometimes petitions are submitted to the District Magistrate on which it is not possible for him to take any action. For instance in one petition the Magistrate passed the following order—"The petition does not show to what public officer it is addressed. If it is addressed to the District Magistrate, it is for the petitioners to state what action they desire the District Magistrate to take and under what law? If it is intended for the Collector, I do not in the least understand what power of interference the Collector has. The petition is, therefore, returned to the Mokhtiar so that he may make the petition clear." We can very well understand the difficulties of the Executive head of the District, but there are various ways in which he might take action and we might be permitted to humbly suggest to him that as the head of the police, he might see that they are less subservient to the wishes of the Factory managers. Police guards are placed in villages whose inhabitants are said to have gone out of the hand of the Factory, and the oppression, the members of this force are said to practise might well be put a stop to, and in all cases in which the District Magistrate is satisfied that wrong is being done although he might not be able to employ the provisions of any law to punish the wrong-doers he might use moral suason and we are sure this will have the desired effect. Only very recently a case under Sec. 107 Cr. P.C. was tried by a Deputy Magistrate of Motihari exercising first class powers, in which persons were accused of interfering with the cultivation of *Ghair-Mazrua* (गैर-मजरुआ) land belonging to the Barah Factory and its outwork Gawandra Factory threatening to commit violence on the servants and those of their tenants who have paid Indigo compensation known as *Tawan.* The case for the defence was that the said factories were demanding *Tawan* from the accused and other people and are coercing them to pay by various acts of oppression and that this case has been instituted by the police at their instigation, with a view to put pressure on them so that they may be compelled to pay it and there is no apprehension of a breach of the peace on their part. Now the Magistrate, who tried the case, in the course of his judgment* says—I have made a local inspection of this land and compared the Cadestral Survey No. 1310 Mahal and Mauza Gawandra, Tola Sherpure and it is entered in the Khatian as *Ghair Mazrua Rasta* (Road) *chah Pokhta ek ba kabza Malik* and it is also shown in the cadestral map as road. I have seen several other lands Plot No. 1681

---

* Judgement- of Mr K.C. Roy dated 16-10-1913 in Emperor vs. Santoo Thakur and others.

अपने भाषण में चंपारन के संबंध में कहा था—

"The highest officials in the land have utilized their replies to the addresses of welcome from the Planting Community to bestow upon them glowing Panegyrics on the valuable services they are said to have rendered to Tirhut.

I do not grudge the planters these eulogiums and I wish them joy of them. But I do maintain that there is another side of the shield and whatever

---

Mahal and Mauza Gawandra, Tola Randih and 1275 which the factories have dug up in order to cultivate them and these lands are also shown in the Cadestral survey Khatian and map as road. It will therefore be seen that what the factories are anxious to cultivate are *Ghair Mazrua* roads, that is, public roads which have been used by the people as such for many years, perhaps many decades and that it has now suddenly entered their heads to dig up and cultivate them and thus stop the right of way of other people. I may say at once that the factory is not entitled to dig up, cultivate and grow crops on these roads and thus stop the traffic altogether. The chief people that are affected by this are the accused and others that have not paid the compensation or *Tawan* and who have got their houses, Gaushalas, Khalihans, Nads, etc. near them. What the factories have done is absolutely a wrongful act which is likely to provoke a breach of the peace and for which they want others to be bound down. The accused in my opinion, were perfectly justified in resisting in the way they are alleged to have done the cultivation of these roads by which the right of way would be stopped. I can understand no other motive on the part of the factory for selecting these roads to be cultivated first before other fallow-lands (which are many) than the intention of making the existence of these accused and others that have not agreed to pay Indigo Tawan, intolerable in the village. It is a piece of extreme high-handedness on the part of the factories to say the least of it." In the end, the Magistrate came to the conclusion, "that the factories people have dug up the roads to grow crop there-on with a view to stop the way of the accused and others who have not paid *Tawan* in order to coerce them to submit to the factory terms and this is in my opinion at once unjust and unlawful and that it is they who are provoking a breach of the peace. It is the factory servants who are doing wrongful act and who ought to be bound down and not the accused. If any breach of the peace occurs, I would hold them responsible and not the accused. I accordingly discharge the accused under Section 119 Cr. P.C." Any one who has any experience of Zamindari work will agree with us when we say that it is an ordinary practice to coerce the refractory tenants in this fashion. As the trying Magistrate found there was no other object in selecting roads to be dug up for cultivation, roads which have been used as such for years, which were shown as roads in survey maps, except that of coercion specially when it is pointed out that there are other fallow-lands which were not sought to be cultivated. And the first effort to cultivate was made in connection with the roads whose cultivation would seriously affect the accused and others who had not paid the compensation or *Tawan.* Comment is superfluous and would be nothing better than an act of supererogation".

good the planters might have done, their dealings with *ryots* have brought about a serious agrarian situation and that they have resulted in considerable suffering and misery to the poor defenceless villagers. It is well-known that the *ryots'* allegations against the planters which have been held by courts to be generally well-founded are to the effect that they are forced to execute illegal *Sattas* by methods of coercion including the institution of vexatious cases, that fines and cesses are unlawfully realised from them and that they are ill-treated if they attempt in the least to refuse compliance with the orders of the planters. So far as the execution of *Sattas* is concerned, it is strange that Registration Offices are opened at factories to suit the convenience of the planters. These allegations are serious enough in all conscience to merit a thorough and sifting inquiry in the interests not only of the *ryots* but the planters as well...... In my opinion the Government would be well advised if, far from blinking so serious a problem, they tackle it in the only way possible, namely, by appointing a small mixed committee of qualified officials and non-officials to thoroughly investigate the matter by means of an open inquiry and by acting upon the recommendations. Otherwise, I may warn the Government that there are rocks ahead and that they had better look out."

अर्थात्, ''देश के सबसे बड़े कर्मचारियों ने नीलवरों के अभिनंदन-पत्रों का उत्तर देने के अवसर पर नीलवरों ने तिरहुत की जो सेवा की है, उसकी बड़ी प्रशंसा की है। मुझे इस तारीफ के लिए नीलवरों से कोई द्वेष नहीं है। नीलवरों ने जो कुछ भलाई की हो, पर उनका बरताव रैयतों के साथ ऐसा रहा है कि इसके कारण वहाँ एक बड़ी दुरवस्था उपस्थित हो गई है और बेचारे गरीब देहातियों को बहुत कष्ट पहुँचा है। रैयतों के बयान सभी लोग जानते हैं और उनकी बातें अदालतों में सच समझी गई हैं। उनका कथन है कि जबरदस्ती सट्टा लिखा लिया जाता है, तंग करने के लिए उन पर मुकदमे दायर कर दिए जाते हैं, उनसे जुरमाना और नाजायज सेस वसूल किए जाते हैं और कोठी के हुक्म न मानने से उनपर तरह-तरह के जुल्म किए जाते हैं। यह बड़े आश्चर्य की बात है कि सट्टा रजिस्ट्री करने के लिए नीलवरों के सुभीते के खयाल से उनकी कोठियों पर खास रजिस्ट्री ऑफिस खोल दिए गए हैं। ये बातें सभी लोग मानेंगे, ऐसी हैं कि इनके विषय में पूरी और कड़ी जाँच होनी चाहिए। इसमें रैयतों की ही भलाई नहीं है, वरन् नीलवरों की भी है।...हमारे विचार से सरकार को उचित है कि वह इस भारी समस्या को न टालकर इसकी मीमांसा करे और इसके लिए एक ही रास्ता है—यानी सरकारी और गैर-सरकारी लोगों की एक कमेटी कायम की जाय और सरकार उस कमेटी की रिपोर्ट के अनुसार काम करे। ऐसा नहीं होने से मैं अभी सरकार को जता देना चाहता हूँ कि आगे उन्हें और अधिक कठिनाइयों का सामना करना पड़ेगा।''

प्रांतीय सम्मेलन ने भी एक प्रस्ताव स्वीकार किया, जिसमें सरकार से जाँच

कमेटी नियत करने की प्रार्थना की गई। पर, इस पर भी कोई काररवाई नहीं हुई। कलकत्ता के 'अमृतबाजार पत्रिका', 'भारतमित्र' और कानपुर के 'प्रताप'[१] तथा प्रयाग के 'अभ्युदय'[२] भी चंपारन के रैयतों और नीलवरों के संबंध में लेख लिखते रहे और बाबू ब्रजकिशोर प्रसाद अपने प्रश्नों द्वारा उन लेखों की ओर गवर्नमेंट का ध्यान आकृष्ट और इस विषय से उसको सचेत करते रहे। ता. ३ अप्रैल, १९१५ को प्रांतीय सम्मेलन की बैठक छपरा में हुई। इस अवसर पर बाबू नंदकिशोर लाल अध्यक्ष थे। उन्होंने भी इस विषय पर यों कहा—

"I gather that in the twelve months that have elapsed since we met last, all has not been well with the relation between the two communities (planters and *ryots*). The *ryots* have presented petitions to the Government making very serious allegations against some of the managers of the indigo concerns and the official reply in the council was that the Government had 'forwarded them in original through the proper official channel for report.' This is gratifying; but one would like to know soon the result of the inquiries, or are they also to share the fate of Mr. Gourlay's Report submitted in connection with the Champaran riot of 1908 and which is popularly believed, and perhaps not unjustifiably, to be so damaging to the planters that the Government has not dared to publish it inspite of repeated demands in the Imperial and Provincial Councils for its publication."

अर्थात्, ''गत वर्ष में भी रैयतों और नीलवरों का पारस्परिक संबंध अच्छा नहीं रहा है। रैयतों ने सरकार के पास कई दरख्वास्तें भेजी हैं, जिनमें कई कोठियों के मैनेजरों के विरुद्ध शिकायतें की गई हैं, और इस विषय पर व्यवस्थापिका सभा में प्रश्नोत्तर में सरकार की ओर से यह कहा गया कि वे दरख्वास्तें रिपोर्ट के लिए अफसरों के पास भेज दी गई हैं। यह ठीक है; पर हम लोग चाहते हैं कि उस जाँच का नतीजा भी शीघ्र प्रकाशित कर दिया जाय। नहीं तो क्या हम यही समझें कि इनका भी वही हाल होगा, जो कि मि.गोरले की सन् १९०८ के चंपारन-विस्फोट संबंधी रिपोर्ट का हुआ था, जिसके विषय में लोगों का शायद ठीक ही खयाल है कि रिपोर्ट नीलवरों के खिलाफ होने के कारण गवर्नमेंट उसे प्रकाशित करने का साहस नहीं करती है।''

उन्होंने भी बाबू ब्रजकिशोर प्रसाद की तरह एक जाँच कमेटी नियत करने के लिए गवर्नमेंट से प्रार्थना की। इस बैठक में भी जाँच कमेटी नियत करने के विषय में एक प्रस्ताव स्वीकृत हुआ और यह उल्लेख-योग्य है कि इसी बैठक में चंपारन के पं. राजकुमार शुक्ल ने, जिनके विषय में पाठक आगे बहुत कुछ सुनेंगे, रैयतों के प्रतिनिधि

१. 'प्रताप', ता. ४-१-१९१५, 'चंपारन में अंधेर'।
२. 'अभ्युदय', ता. १५-१२-१९१४।

होकर उनकी दु:ख-कहानी कह सुनाई थी और इस सभा में कितने ही रैयत भी उपस्थित थे। उसी महीने में बिहार व्यवस्थापिका सभा की बैठक थी, जिसमें बाबू ब्रजकिशोर ने यह प्रस्ताव उपस्थित किया—

"That this Council recommends to the Lieutenant Governor in Council that a Committee of qualified officials and non-officials be appointed to make an immediate and searching inquiry into the causes of the strained relations between the planters and the *ryots* in the District of Champaran and to suggest remedies therefor."

अर्थात्, ''सरकार की ओर से सरकारी और गैर-सरकारी लोगों की एक कमेटी इसलिए नियत की जाय कि वह चंपारन के नीलवरों और रैयतों के पारस्परिक वैमनस्य की पक्की जाँच करे और उसके हटाने के उपाय बताए।''

यह कहने की आवश्यकता नहीं कि सर चार्ल्स बेली की गवर्नमेंट ने इसे स्वीकार नहीं किया। उत्तर में यही कहा गया कि सरकार इस विषय में स्थानीय अफसरों से जब-तब जाँच कराती रहती है और जिले में सर्वे बंदोबस्त जारी है। इसलिए रैयतों के जो कुछ दु:ख होंगे, मोहतमिम बंदोबस्त के सामने पेश किए जाएँगे और जो इनकी रिपोर्ट होगी, वह अवश्य सर्वमान्य होगी। नीलवरों के प्रतिनिधि और बिहार प्लैंटर्स एसोसिएशन के मंत्री माननीय मि. फिलगेट (Mr. Filgate) ने लॉर्ड हार्डिंग का दिया हुआ सर्टिफिकेट पेश किया और कहा कि चंपारन के नीलवरों और उनके रैयतों का संबंध अत्यंत संतोषजनक है और वहाँ किसी प्रकार की जाँच की आवश्यकता नहीं है। बाबू ब्रजकिशोर प्रसाद ने उत्तर में 'इंडियन प्लैंटर्स गज़ट' (The Indian Planters Gazette) से यह पढ़ सुनाया—

"It seems certain that bad feeling has been brewing for some time between certain of the European Zamindars of Champaran and their tenantry and that very shortly after he was appointed District Officer, Mr. Heycock found it necessary to circulate a notice among *ryots* with a view to reassure them."

अर्थात्, ''यह निश्चय जान पड़ता है कि कुछ दिनों से चंपारन के कुछ यूरोपीय जमींदारों और उनके रैयतों के बीच वैमनस्य चला आ रहा है, यहाँ तक कि मि. हिकॉक को, जिला अफसर मुकर्रर होने के कुछ ही दिन बाद, एक नोटिस रैयतों को तसकीन दिलाने के लिए जारी करना पड़ा था।''

मि. फिलगेट ने जो कहा, वह उनके लिए तो उचित ही था; पर आश्चर्य और दु:ख के साथ यह कहना पड़ता है कि व्यवस्थापिका सभा के अन्य गैर-सरकारी सदस्यों ने भी इस प्रस्ताव का एक प्रकार से विरोध ही कर दिया। चंपारन के हाल को बिना जाने-बूझे खान बहादुर ख्वाजा मुहम्मद नूर ने बिना पूछे यह सलाह दी कि बाबू ब्रजकिशोर प्रसाद इस प्रस्ताव को उठा लें। पर, बाबू ब्रजकिशोर, जो वहाँ की दशा से अनभिज्ञ न थे,

ऐसा कब कर सकते थे? उन्होंने उत्तर में यही कहा कि यदि गवर्नमेंट वादा करे कि जो जाँच हो रही थी, उसकी रिपोर्ट प्रकाशित करेगी तो वे अपने प्रस्ताव को उठा लेंगे। पर, यह भी सर चार्ल्स बेली कब स्वीकार करने वाले थे? संभव था कि रिपोर्ट नीलवरों के विरुद्ध हो और उनका सर्टिफिकेट गलत निकले। यदि सरकार बाबू ब्रजकिशोर के कहने के अनुसार सन् १९१३ में ही जाँच कमेटी नियत कर देती तो शायद जो तावान के रुपए वसूल हो रहे थे और सन् १९१७ की जाँच-कमेटी की रिपोर्ट के अनुसार जो जुरमाना बेतिया राज पर किया गया, वह करने की आवश्यकता नहीं होती। सरकार को भी इस विषय में नीचा नहीं देखना पड़ता और महात्मा गांधी को भी इतने कष्ट करने की आवश्यकता नहीं होती। पर, ईश्वर जो करता है, ठीक ही करता है। शायद उस समय की कमेटी की जाँच इतनी पक्की और पूरी नहीं होती और रैयत तीन-कठिया से बराबर के लिए मुक्त नहीं होते। भारत के आधुनिक इतिहास में सत्याग्रह का पहला फल देखने में नहीं आता और चंपारन के रैयतों के हित के लिए महात्मा गांधी के आत्मोत्सर्ग का दृष्टांत बिहार प्रांत के निवासियों को देखने का सौभाग्य प्राप्त न होता। जो काम आज चंपारन में महात्मा गांधी के प्रबंध से रैयतों के आत्मोद्धार के लिए हो रहा है और जिसमें दूर-दूर प्रांतों के निवासी सेवा के उदाहरण बिहारियों के सामने रख गए हैं, वह भी आज देखने में नहीं आता।

❑

आठवाँ अध्याय

अबवाब

ऊपर कहा जा चुका है कि चंपारन के पश्चिमोत्तर भाग की जमीन नील के अनुकूल नहीं है और वहाँ नील की खेती कभी नियमित रूप से नहीं हुई। पर, उस प्रांत में भी अँगरेजों ने कोठियाँ खोलीं। ये बेतिया तथा रामनगर राज के गाँवों का ठेका लेते और इसी से अपनी गुजरान करते थे। पर, इससे यह नहीं समझना चाहिए कि उनके रैयत सुखी थे। वहाँ उन्होंने नील के बदले और ही उपाय नफा के लिए सोच निकाला था। ऊपर कहा जा चुका है कि सन् १९०७ में साठी कोठी ने नील के बदले 'पैन खर्चा' वसूल करना आरंभ किया। और कोठियों में भी, जहाँ नील नहीं होता था और कहीं-कहीं जहाँ नील होता भी था, कोठीवाले कई प्रकार के अबवाब वसूल करते थे। पैन खर्चा इन्हीं में से एक था। कोठीवालों का कहना था कि बहुत पुराने समय से हिंदुस्तानी जमींदार भी तरह-तरह के अबवाब लिया करते थे और उन्होंने देखा-देखी अबवाब लेना जारी रखा। वे यह भी कहते थे कि रैयत अबवाब अपनी खुशी से देते हैं। जिस रैयत को बीघा पीछे केवल ३ रुपए मालगुजारी देनी पड़ती है, वह अपनी खुशी से ३ रुपए और देने को राजी थे। पाठक स्वयं समझ सकते हैं कि चंपारन के रैयत एकबारगी ऐसे 'बागड़' नहीं, जो ३ रुपए और ६ रुपए फी बीघे में अंतर न समझ सकें। रामनगर के गाँवों के विषय में कहा जाता है कि वहाँ के जो गाँव ठेके पर दिए गए हैं, उनके जमा में अबवाब चढ़ा लिया गया है। सन् १७९३ में जब दवामी बंदोबस्त हुआ, तभी से सरकार की ओर से किसी तरह का अबवाब लेने की मनाही है। बंगाल टेनेंसी ऐक्ट में इसकी मनाही है और यदि किसी जमींदार का अबवाब लेना साबित हो, तो उससे अबवाब की दूनी रकम वसूल कर रैयत को दिलवा दिए जाने का नियम है। पर, चंपारन के लिए कोई कानून नहीं, मानो सन् १७९३ की प्रचारित सरकारी आज्ञा आज तक वहाँ पहुँची ही नहीं।

अबवाब कितने ही प्रकार के हैं। उनके नाम तथा उनके वसूल करने के तरीके

सुनकर यदि रैयतों के दुःख की ओर विचार न रहे तो हँसी आती है। पाठक नाम से उन्हें समझ न सकेंगे, इसलिए उनकी परिभाषा दे दी जाती है।

१. पैन खर्चा—पैन कहते हैं नहर को। जो खर्चा नहर का पानी देने के लिए लिया जाता है, उसे पैन खर्चा कहते हैं। यदि वास्तव में पैन होते और उससे पटाने के लिए रैयतों को पानी मिलता और उससे वे लाभ उठाते होते तो इस खर्चे के वसूल करने में किसी को आपत्ति नहीं होती। सरकारी नहरों से पानी लेने के लिए बिहार में ही नहीं, वरन् और प्रांतों में भी रैयत कर देते हैं और उनके संबंध में कोई चूँ नहीं करता; क्योंकि सभी समझते हैं कि यह उचित है। पर, चंपारन में पैन खर्चा एकदम अबवाब है। साठी कोठी में बिना पानी का उचित प्रबंध किए ही पैन खर्चा वसूल किया जाता था। उसी प्रकार और कोठियों में भी यह प्रथा जारी थी। प्रायः सभी जगह बीघा पीछे ३ रुपए पैन खर्चा के रूप में वसूल होते थे। बेतिया के उत्तर भाग में एक चौतरवा कोठी है। वहाँ बहुत 'धाँगड़' रैयत हैं। वहाँ नापकर जमीन बंदोबस्त नहीं होती है। एक हल में जितनी जमीन जोती जा सके, उसी पर मालगुजारी बैठाई जाती है। इसे 'हलबंदी' प्रथा कहते हैं। चौतरवा कोठी के धाँगड़ रैयत हल पीछे ७ रु. ८ आने मालगुजारी दिया करते हैं और उनसे ७ रु. ८ आने पैन खर्चा लिया जाता था। मधुबनी कोठी में, जिसके मालिक चौतरवा के ही मालिक हैं, एक बाँध है, जिसे पिपरासी बाँध कहते हैं। कोठी का कहना है कि यह बाँध कोठी के खर्च से बनाया गया था और उसकी मरम्मत में कोठी का खर्चा पड़ता है, इसलिए कोठी पैन खर्चा वसूल करती है। इसके बनाने में क्या खर्चा पड़ा था, मालूम नहीं; पर इसकी मरम्मत में साल में ३०० रुपए से अधिक खर्च नहीं पड़ता। इसके बदले कोठी की सालाना आमदनी इस पैन खर्चे और बाँध-बेहरी की आमद से केवल ९,००० रुपए की थी। रैयतों का कहना है कि धाँगड़ों ने बाँध बिना मजदूरी के तैयार कर दिया था। इसी प्रकार बेलवा, नरईपुर आदि कोठियों में भी पैन खर्चा वसूल किया जाता था और वहाँ भी यही कहा जाता था कि रैयतों के नफा के लिए पैन बना दिए गए हैं, पर सर्वे सेटलमेंट अफसरों को कहीं पैन मिले ही नहीं और जहाँ मिले भी, वहाँ जितने बीघों पर पैन खर्चा वसूल होता था, उनमें बहुत ही कम पैन से लाभ उठाते थे। भुसराड़ी कोठी में तो पैन का होना कोठीवाले भी नहीं बताते, पर पैन खर्चा वे भी वसूल कर लेते थे।

एक और कोठी की कथा सुन लीजिए। इसका नाम सिकटा है। इसके मालिक मि. थॉर्प नामक एक अँगरेज थे। उन्होंने देखा कि पैन खर्चा शायद अबवाब ठहराकर बंद कर दिया जाय। इसलिए रैयतों से उसके बदले एक ही साथ कुछ वसूल कर लेना ही उन्होंने अक्ल का काम समझा। अतएव, उन्होंने ६ वर्षों का पैन खर्चा एक ही साथ वसूल करना चाहा। कुछ रैयतों से वसूल भी कर लिया। कितनों ने ही नहीं दिया। इसी

बीच में सर्वे आया और यह पोल खुल गई। इन्हीं मि. थॉर्प के जिम्मे बेतिया राज के ठेके की मालगुजारी बाकी पड़ गई थी। कोर्ट ऑव वार्डर्स ने शायद इसी खैरख्वाही के लिए प्राय: ८०,००० रुपए, जो उनके जिम्मे बाकी थे, एकदम माफ कर दिए।

२. सलामी, ३. तीन-कठिया और ४. लगान—जो अबवाब ३ रुपए बीघा पीछे वसूल किया जाता था, वही कहीं सलामी, कहीं तीन-कठिया और कहीं लगान के नाम से भी मशहूर है। इसका नाम तीन-कठिया पड़ना बड़े मार्के की बात है। इससे यह नहीं साबित होता कि चंपारन के उत्तरी भाग में भी नील बोया जाता था अथवा तीन-कठिया प्रथा जारी थी। पर, रैयत ऐसा समझते हैं कि जैसे जिले के दक्खिन और पूर्व भागों में नील का बोझ उनपर है, उसी प्रकार इस अबवाब का बोझ उत्तर-पश्चिम के रैयतों पर है। इसका उदाहरण भुसराड़ी कोठी में स्पष्ट रूप से पाया जाता है। वहाँ कोठी ने पहले बीघा पीछे ३ मन धान लेना आरंभ किया और कुछ दिनों के बाद वह उसके बदले में ३ रुपए नकद लेने लगी। मुरला और हरदिया कोठियों में भी यह अबवाब इसी प्रकार लिया जाता था। इसी संबंध के कारण रैयतों का ऐसा खयाल बँध गया है कि चाहे नील के रुपए हों या अबवाब के रुपए, अँगरेज ठेकेदार उनसे किसी-न-किसी प्रकार से कुछ लेना ही अपना कर्तव्य समझते हैं— उसको बाहर के लोग चाहे जो कहें—पैन खर्चा, तीन-कठिया, लगान या सलामी।

५. बाँध-बेहरी—यह भी पैन खर्चा की तरह अबवाब है। यह मालगुजारी के रुपया पीछे १ आना लिया जाता था।

६. बेठमाफी—ऊपर चौतरवा कोठी का नाम आ चुका है और यह कहा जा चुका है कि वहाँ हल पीछे ७रु. ८ आने मालगुजारी और ७ रु. ८ आने पैन खर्चा वसूल किया जाता था। बेठमाफी भी उसी कोठी में वसूल होती थी। कोठी की कुछ जीरात थी, जो रैयतों के हल से ही आबाद की जाती थी। इस कोठी के साहब का कहना है कि रैयतों को हल देने में बहुत कष्ट मालूम होता था, इसलिए हल के बदले उन्होंने हल पीछे ३ रुपए सालाना देना स्वीकार कर लिया। इसी को बेठमाफी कहते हैं, अर्थात् बेठमाफ करने के लिए कर। उस कोठी से गरीब रैयतों को इस प्रकार ७ रु. ८ आने के अतिरिक्त, जो वाजिब मालगुजारी है, ७ रु. ८ आने पैन खर्चा और ३ रुपए बेठमाफी, अर्थात् १० रु. ८ आने और भी फी बीघे देने पड़ते थे।

७. बपही-पुतही—जब कोई रैयत मर जाता है, तब उसके वारिस से कर लिया जाता है। पाठकों से यह कहना उचित है कि बंगाल टेनेंसी ऐक्ट के अनुसार रैयतों को अपने पूर्व पुरुषों की जोत पर कानूनन हक हासिल है, तो भी कोठीवाले बिना इसके वसूल किए वारिस को अपनी मूरिस की जायदाद का मालिक नहीं समझते थे।

८. मड़वच—लड़की की शादी के समय १ रुपया ४ आने कोठीवाले लेते थे।

९. सगौड़ा—जब किसी विधवा की सगाई होती थी, तब उससे ५ रुपए वसूल किए जाते थे।

१०. कोल्हुआवन—तेल अथवा ऊख पेरने की कल रखनेवालों से कोल्हू पीछे १ रुपया लिया जाता था।

११. चुल्हियावन—कहीं-कहीं हल्दी बहुत होती है। लोग उसे उबालकर बेचते हैं। उबालने के लिए जो चूल्हा रखता था, उससे चूल्हा पीछे १ रुपया वसूल होता था।

१२. बाटछपी—यह कर दूध और तेल बेचनेवालों से कटिया पीछे (जिससे नापकर दूध और तेल बेचते हैं) १ रुपया वसूल किया जाता था।

१३. बेचाई—जो कोई गल्ला बेचता था, उससे १ रुपया अथवा २ रुपया सालाना कर लिया जाता था।

१४. फगुअही, १५. दसहरी, १६. चैत-नौमी और १७. दावात-पूजा—होली, दशहरा, चैत-नौमी और दावात-पूजा के समय रैयतों से घर पीछे कुछ-न-कुछ कोठीवाले या उनके अमले वसूल किया करते थे।

कहते हैं कि होली के अवसर पर किसी-किसी कोठी में नाच बुलाकर खड़ा कर दिया जाता था। कोठी के कर्मचारी खूब नाच देखते और रैयतों को नाच दिखाते। जो न चाहें, उनको जबरदस्ती दिखाया जाता था। नाच हो चुकने पर उनसे फी आदमी १ रुपया के हिसाब से ले लिया जाता था।

१८. हथियही—पश्चिमोत्तर चंपारन में बहुत जंगल है। वहाँ साहब लोग अकसर शिकार खेलने जाया करते हैं। शिकार के लिए हाथियों की जरूरत होती है। इसलिए वहाँ के साहब हाथी भी रखा करते थे। जब हाथी मोल लेना होता था, तब रैयतों पर कर बैठाकर उसका दाम वसूल कर लिया जाता था।

१९. घोड़ही, २०. मोटरही अथवा हवही और २१. नवही—इसी प्रकार साहब को यदि घोड़ा अथवा मोटरकार (हवा गाड़ी) लेने की आवश्यकता हुई या नाव बनानी पड़ी तो रैयतों से कर वसूल किया जाता था।

२२. घवही—साहब के बीमार पड़ने पर जो खर्च हो, वह भी रैयत देते थे। एक साहब के विषय में कहा जाता है कि उनको एक घाव हो गया था। डॉक्टर को लाकर बहुत दिनों तक कोठी में रखना पड़ा, जिसमें कोठी का बहुत खर्च हुआ। यह खर्च रैयतों से घवही के रूप में वसूल किया गया।

२३. अमही और २४. कटहलही—जब कोठी के बाग में आम या कटहल बहुत हो जाता था, तब उसको रैयतों के बीच बाँट देते थे। यदि किसी को ये फल पसंद नहीं आए तो कोठी की ओर से उसकी खबर ली गई। आम का पहुँचना था कि सिपाही उसका दाम लेने पहुँचे। आम का दाम बाजार की दर से नहीं, रैयत की हैसियत के

अनुसार देना पड़ता था।

२५. आमदी सलामी—जब साहब अथवा उनके कोई बड़े मुलाजिम किसी गाँव में गए, तब सब रैयतों को आकर सलाम करना चाहिए। पर, इतने बड़े लोगों को खाली हाथ कोई कैसे सलाम कर सकता है? इसलिए सलाम न भी करे और फी आदमी १ रुपया उनके चले जाने पर भी दे दे तो खैरियत, नहीं तो बदतहजीबी का जुरमाना देना पड़ता था।

२६. रसीदावन—मालगुजारी में रसीद पीछे १ आना।

२७. फरकावन—फारखती के लिए रैयत पीछे ८ आने से १ रुपया तक।

२८. दस्तूरी, २९. हिसाबान, ३०. तहरीर और ३१. दीवान दस्तूरी—ये भी किसी-न-किसी मद के लिए रैयतों से रुपया पीछे २ पैसे से १ आने तक वसूल किए जाते थे। ये सब अकसर कोठी के मुलाजिमों को ही मिलते थे। पर, कहीं-कहीं यह रकम भी कोठी ही ले लेती थी।

३२. बीसही, पंद्रही, दसही—ऊपर कहा जा चुका है कि सिकटा कोठी ने चंद आदमियों से सर्वे आने के कुछ पहले कई वर्षों का अबवाब एक साथ वसूल करने की चेष्टा की थी। रैयतों का कहना है कि इसी प्रकार चौतरवा कोठी ने अपने रैयतों से कहीं बीस वर्ष, कहीं पंद्रह और कहीं दस वर्ष के अबवाब एक ही साथ ले लिये। जिनके पास रुपए न थे, उनसे तावान की तरह हैंडनोट आदि लिखवा लिये। यह भी, जैसे तावान लेकर रैयतों को नील से छुटकारा देने का बहाना किया गया था, उसी प्रकार शायद गरीब रैयतों को अबवाब से छुटकारा देने के बहाने वसूल हुआ था।

इन अबवाबों के अलावा और भी कई प्रकार के अबवाब वसूल किए जाते थे; जैसे—**३३. महापाजी, ३४. राजअंक, ३५. मुखदेखी, ३६. दीवानभेंटी, ३७. गुरुभेंटी, ३८. जंगला इसिमनवीसी, ३९. दहीच्युड़ाहा, ४०. जमुनही** इत्यादि।

ये तो अबवाब हुए। कोठी के साहब, चाहे नील की कोठियाँ हों अथवा पश्चिमोत्तर भाग की ठेकेदारी कोठियाँ हों—सभी रैयतों से जुरमाना वसूल करते थे। इस बात को कमीशन के सामने बहुत कोठीवालों ने स्वीकार भी किया, पर कहा कि छोटी-छोटी रकमें वसूल की जाती थीं और उसमें से कुछ अपना अंश (हक मालिकाना) रखकर बाकी नालिश करनेवाले को हरजाना दे दिया जाता था।

वहाँ के रैयतों ने एक विचित्र नामवाली सजा बतलाई। वहाँ जब कोई स्त्री भ्रष्ट हो जाती है और उसका पता लोगों को लगता है, जो पुरुष उसके साथ फँसा रहता है, उसको सजा होती है। इसको 'सिंगारहाट' कहते हैं। लोगों का कहना है कि यह सजा नेपाल राज्य में भी जारी है। चंपारन के किसी-किसी हिस्से में सिंगारहाट लगाकर बड़ी रकमें कोठियों द्वारा वसूल की जाती थीं। अबवाबों की नामावली से पाठक समझ गए

होंगे कि हर प्रकार से रैयतों से कुछ-न-कुछ वसूल कर लेना कोठीवाले खूब जानते थे। पर, यह नहीं समझना चाहिए कि हर साल हर रैयत से सब अबवाब वसूल किए जाते थे। इनमें बहुत ऐसे हैं, जो प्रत्येक वर्ष वसूल होते थे—अनेक अबवाब विशेष अवसर पर और अनेक खास रैयतों से वसूल किए जाते थे। सेटलमेंट अफसर का विचार है कि सब मिलकर अबवाब की रकम मालगुजारी के बराबर थी, अर्थात् रैयतों को एक के बदले दो देने पड़ते थे।

कोठीवाले कहते हैं कि ये अबवाब बहुत प्राचीन समय से चले आ रहे हैं और हमको जो ठेका दिया गया है, उसमें नफा की गुंजाइश नहीं रखी गई है, इसलिए हमको अबवाब लेने की मजबूरी है। वे यह भी कहते हैं कि कहीं-कहीं तो जो जमा रैयतों से वसूल होने वाला है, उससे भी अधिक पर हमें ठेका मिला है और कहीं-कहीं हमारे पट्टे के जमा में भी अबवाब चढ़ा दिए गए हैं तो फिर हम बिना अबवाब के कैसे रह सकते हैं? मि. ऐम्मन (Mr. Ammon) ने, जो बेलवा कोठी के मैनेजर हैं और जो उस जवार में बड़े नामी और जोरदार कोठीवाले कहलाते हैं, कमीशन के सामने अपनी सफाई दिखाते हुए कहा था—"Is the *thikedar* to blame for collecting these *abwabs* for the *thikedar* is paid to squeeze and must squeeze to pay.' अर्थात्, "अबवाब लेने में ठेकेदारों का क्या दोष है? उन्हें तो रैयतों को चूसने के लिए ही रखा जाता है और मालिक का रुपया जुटाने के लिए रैयतों को चूसना उनके लिए जरूरी है।" पर, यह कहना कि अबवाब के बिना ठेके से कुछ लाभ ही नहीं, बिलकुल गलत है।

सेटलमेंट अफसर मि. जे. ए. स्वीनी ने कमीशन के सामने अपने इजहार में बेतिया राज और रामनगर राज के ठेकेदारों के विषय में हिसाब करके यह दिखलाया था। बेतिया में सैकड़े १० रुपए ठेकेदारी हक (हकुल तहसील) यों ही मिलते हैं। रामनगर राज के ७९ गाँवों का हिसाब करके, जो ठेकेदारों के साथ बंदोबस्त हैं, उन्होंने दिखलाया था कि ठेकेदारों को ४०,८०७ रुपए राज को देने पड़ते हैं। उनको जमाबंदी के अनुसार ४०,५४७ रुपए, अर्थात् अपने जमे से कुछ कम वसूल करने का हक है। पर, बकाश्त और हुंडा जमीन की आमदनी यदि रैयती जमाबंदी में जोड़ दी जाय, तो उन्हें ७०,७०० की आमदनी हो जाती है, अर्थात् ४०,००० देना और ७०,००० वसूल करना, ३०,००० का सीधा नफा—सैकड़े ७५ केवल रैयतों से वसूल कर देने के लिए। पाठक याद रखें कि इसमें अबवाब शामिल नहीं, जो ४०,००० सालाना के लगभग और होगा। इतना और कहना आवश्यक है कि ठेकेदारों को ठेका लेने के समय मालिक को एक बड़ी रकम सलामी देनी पड़ती थी। पर, जहाँ ७५ सैकड़े आमदनी अबवाब छोड़कर है, वहाँ सलामी क्या बड़ी रकम हो सकती है?

इन अबवाबों के बारे में रैयतों ने सरकार में तथा सरकारी अफसरों के पास

दरख्वास्तें भेजीं और जब बाबू ब्रजकिशोर प्रसाद ने जाँच कमेटी मुकर्रर करने के लिए बिहार की व्यवस्थापिका सभा में प्रस्ताव पेश किया था, उस समय माननीय मि. लेविंञ्ज ने (Hon'ble Mr. Levinge), जिन्होंने सरकार की ओर से उत्तर दिया था, यह दिखलाया कि बाबू ब्रजकिशोर प्रसाद ने एक बड़ी भूल की है। उन्होंने चंपारन के सभी कोठीवालों को नीलवर कहा है, पर अनेक कोठीवालों ने कभी नील नहीं किया। आपने फरमाया कि जो दरख्वास्तें पश्चिमोत्तर भाग के रैयतों की दी हुई थीं, वे नील के संबंध में नहीं वरन् अबवाब के विषय में थीं, इसलिए नीलवरों के संबंध में जाँच की जरूरत उन दरख्वास्तों के कारण नहीं हो सकती। उन्होंने यह भी कहा था कि सरकार ने इन अबवाबवाली दरख्वास्तों को स्थानिक अफसरों के पास जाँच के लिए भेज दिया है। यह बात ठीक थी पर जैसा बाबू ब्रज किशोर प्रसाद ने उत्तर में कहा था कि चंपारन के रैयत नीलवाले और अबवाबवाले साहबों में कोई भेद नहीं समझते; क्योंकि दोनों का मतलब उनसे कुछ-न-कुछ वसूल ही करना था।

जो दरख्वास्तें पड़ी थीं, उनपर जिला कलक्टर ने जाँच की और ता. १८-५-१९१४ को इसपर एक नोटिस जारी कर दिया कि बीघा पीछे १५ रुपए चौतरवा कोठी की ओर से माँगे जाने की रैयतों की नालिश थी, सो कोठी के साहब ने उन्हें यकीन दिलाया है कि यह नहीं माँगा जाता है, इसलिए किसी को भी रैयत लोग थे १५ रुपए माँगने पर भी न दें। इसी प्रकार अबवाब के विषय में भी जब-तब बेलवा, सिकटा, चौतरवा, मधुबनी, नरईपुर आदि कोठियों के रैयत भी छोटे लाट, कमिश्नर और कलक्टर के पास दरख्वास्तें भेजते रहे। इन सबका बंदोबस्त (Settlement) के समय निपटारा हुआ और मि. स्वीनी ने इसके विषय में सरकार की आज्ञानुसार जाँच करके जून, सन् १९१५ में रिपोर्ट दी। उस रिपोर्ट में रैयतों के बयान बहुत सच पाए गए और उसके अनुसार अबवाब रोक देने की आज्ञा हुई। बेतिया राज में तो अबवाब का वसूल होना इस आज्ञा के जारी हाने पर रुक गया, पर रामनगर राज के गाँवों में जारी रहा।

❑

नौवाँ अध्याय

सर्वे बंदोबस्त

पाठकों को स्मरण होगा कि बाबू ब्रजकिशोर प्रसाद ने प्रस्ताव कोठीवालों और रैयतों के पारस्परिक संबंधों की जाँच करने के विषय में पेश किया था। उसके उत्तर में मि. लेविंज्ज ने कहा था कि इस कमेटी की जरूरत नहीं है, क्योंकि सरकार ने चंपारन में दुबारा सर्वे बंदोबस्त करने के लिए अफसरों को तैनात कर दिया है और जो कुछ रैयतों का कहना है, वह सब सेटलमेंट अफसर सुनेंगे और यदि कोई काररवाई जरूरी समझी जाएगी तो वह इस अफसर की रिपोर्ट आने के बाद की जायगी। सन् १९१३ से बंदोबस्त का काम चंपारन में जारी हुआ।

सेटलमेंट अफसर ने अबवाब के संबंध में खूब ही जाँच की और यह कहना अत्युक्ति नहीं है कि यदि वे इस विषय की पूरी जाँच नहीं करते तो महात्मा गांधी को और भी कष्ट उठाना पड़ता। पैन खर्चा को उन्होंने एकबारगी कानून के विरुद्ध बतलाकर रैयतों से कह दिया कि वे इसे देने के लिए मजबूर नहीं किए जा सकते। उन्होंने गाँव-गाँव में जाकर यह जाँच की कि कितने बड़े और कितने छोटे पैन हैं और उनसे कितने रैयतों को लाभ पहुँचता है तथा कितने रैयतों से यह बिना कारण वसूल किया जाता है। सुना जाता है कि एक अफसर ने एक जगह साहब से कह दिया कि आप हमारे सामने पैन खुलवाकर दिखला दीजिए कि इससे कितना खेत पट सकता है। जितनी देर तक पानी आता रहा, वे स्वयं ठहरे रहे। पर, हजार कोशिश करने पर भी पानी बहुत दूर तक नहीं जा सका और इस प्रकार अपनी आँखों से पैन की भीतरी हालत देखकर उन्होंने रिपोर्ट दी कि पैन खर्चा बिलकुल नाजायज है और इस बात को स्वयं सेटलमेंट अफसर ने भी जाँच करके ठीक पाया। उसी कारण गवर्नमेंट ने इस अबवाब के रोक देने का हुक्म दिया। जैसा कि ऊपर कहा गया है, बेतिया राज में, जो सरकार के हाथों में है, अबवाब तुरंत रुक गया; पर रामनगर राज के ठेकेदारों ने अबवाब वसूल करना जारी रखा। हाँ, कहीं-कहीं के रैयत इन सब बातों को देखकर कुछ शोख हो गए और

अबवाब देने से इनकार करने लगे। पर, जहाँ ठेकेदार उनको दबा सके वहाँ उन लोगों से भी अबवाब ले ही लिया। पाठकों को यह भी स्मरण होगा कि बंगाल टेनेंसी ऐक्ट के अनुसार अबवाब वसूल करनेवालों से उसकी दूनी रकम वसूल की जाती है। पर, ठेकेदारों के यह कबूल करने पर भी कि उन लोगों ने अबवाब लिया, उनपर कोई काररवाई नहीं हुई। इसकी जवाबदेही किस पर है, मालूम नहीं। सेटलमेंट अफसर ने अबवाब रोकने में जो चेष्टा की, उसके लिए वे सब धन्यवाद के भागी हैं। इसमें उन्होंने बड़ी निरपेक्षता और निर्भीकता से काम लिया।

यह तो हुई पश्चिमोत्तर भाग की कथा। पूर्व-दक्षिण भाग में अबवाब इस प्रकार के नहीं थे। वहाँ तीन-कठिया, शरहबेशी और तावान की धूम थी। तावान के विषय में सेटलमेंट अफसर को बोलने का कुछ अधिकार नहीं था। पर, शरहबेशी और तीन-कठिया की बात उनके सामने पेश हुई। इस संबंध में दुःख के साथ लिखना पड़ता है कि उन्होंने उस सावधानी से काम नहीं किया, जिससे कि अबवाब के संबंध में किया था। रैयतों ने उनके सामने बयान किया कि शरहबेशी के सट्टे उनसे बलात् दबाव डालकर लिखाए गए हैं। इसपर उन्होंने फैसला दिया कि दबाव डालने का सबूत नहीं मिलता है। रैयतों की ओर से कहा गया कि शरहबेशी के सट्टे बंगाल टेनेंसी ऐक्ट (Bengal Tenancy Act) की २९वीं धारा के अनुसार कानूनन जायज नहीं है। इसपर उनका फैसला हुआ कि प्रायः सभी ऐसे सट्टे जायज हैं। यह जाँच उनकी सभी पक्षपातहीन और पक्की नहीं कही जा सकती; क्योंकि ऊपर कहा जा चुका है कि तुरकौलिया कोठी के नौ रैयतों के मुकदमों का फैसला करने में मोतिहारी के मुंसिफ को कई महीने लगे थे। पर, सेटलमेंट अफसर ने प्रायः २५-३० हजार सट्टों के बारे में अपनी जाँच कुछ महीनों के भीतर ही समाप्त कर दी। तिस पर भी तुरकौलिया के मुकदमों में ५ रैयतों के हसबखाह फैसले हुए और केवल चार ही कोठी के हसबखाह। सेटलमेंट अफसर के यहाँ प्रायः सभी फैसले कोठीवालों के ही हसबखाह हुए। एक बात और है, जहाँ शरहबेशी का जबरदस्ती लेना साबित हो गया अथवा किसी कारण सट्टा नाजायज समझा गया, वहाँ रैयतों के खतियान में यह लिख दिया गया कि वे फी बीघे तीन कट्ठे में नील करने के लिए बाध्य हैं, अर्थात् कोठीवालों को उनके सताने के लिए मानो एक हथियार हाथ में दे दिया गया। एक और भी बड़े मार्के की बात है। जहाँ शरहबेशी का सट्टा नाजायज ठहर गया, वहाँ कोठीवालों ने धर-पकड़ कर रैयतों से सुलहनामे दाखिल करवा दिए। और, आश्चर्य यह है कि सेटलमेंट अफसर ने उन्हें स्वीकार भी कर लिया। जो रैयत बराबर से शरहबेशी के विरुद्ध लड़ते आ रहे थे और जो प्रायः विजय प्राप्त कर चुके थे, वे खुशी से सुलह कर लेंगे, यह बात मामूली आदमियों की समझ में नहीं आती। पर, सेटलमेंट अफसर ने इन सबको कबूल करके शरहबेशी चढ़ा दी। इससे

रैयतों में बड़ी अशांति फैल रही थी और वे एक प्रकार से हताश हो रहे थे। उनको आशा थी कि सरकार के भेजे हुए सेटलमेंट अफसर इस विषय में इनसाफ करेंगे; पर जब वहाँ से भी निराश हुए, तब उनके दुःखों की सीमा न रही। चंपारन की यही स्थिति थी, जब महात्मा गांधी का शुभागमन वहाँ हुआ।

यहाँ पर यह कह देना आवश्यक है कि चंपारन के रैयतों में प्रथम जीवन डालने का दावा सेटलमेंट अफसर कर सकते हैं। उन्हीं की कचहरियों में रैयतों ने साहब के मुकाबले कुछ कहने को सीखा। उन्हीं की कचहरियों से यह मालूम हुआ कि नीलवरों में और सरकार में अंतर है और से नीलवरों के विरुद्ध भी फैसला हो सकता है। इन्हीं कारणें से जब महात्मा गांधी पहुँचे, तब रैयत निडर होकर बिना किसी के बुलाए और कोठियों की ओर से दबाव डाले जाने पर भी उनके यहाँ हजारों की संख्या में पहुँचे तथा अपने दुःखों की कहानियाँ सुनाते गए।

सेटलमेंट अफसर के तजवीज शरहबेशी के संबंध में गलत हुए, इसमें हमें कुछ भी संदेह नहीं है। पर, यह ऐसा प्रश्न है, जिसमें मतभेद हो सकता है। जो हो, सब मनुष्यों से गलती हो सकती है और यदि उन्होंने गलती भी की, जैसा हम समझते हैं, तो इसके लिए उनपर दोषारोपण हम नहीं कर सकते।

सेटलमेंट अफसर ने एक और बात का फैसला कर दिया। जब कभी चंपारन के रैयत सिर उठाने की चेष्टा करते आए हैं, तब वहाँ के कोठीवाले यही कहते आए हैं कि रैयत तो बहुत खुश हैं, कोठी और रैयत के बीच कोई अनबन नहीं है, पर ये बाहर के अथवा चंपारन के ही स्वार्थियों के आंदोलन अथवा बहकाने से कभी-कभी कोठियों के खिलाफ हो जाया करते हैं। इसलिए यदि आंदोलन करनेवालों को हटा दिया जाय तो फिर शांति हो जाएगी। शायद सरकार भी इस बात को कभी-कभी सहानुभूति के साथ सुनती आई। पर, यह दिखाया जा चुका है कि जब ऐसा मौका आया है, तब जाँच करने पर आंदोलन करनेवाले नहीं मिले हैं; रैयतों की बातें और शिकायतें ठीक पाई गई हैं।

सेटलमेंट अफसर ने यही पाया और सरकार को जता दिया कि चंपारन के रैयत भी मनुष्य हैं और जब उनपर अत्याचार की मात्रा बढ़ जाती है, तभी वे कुछ चूँ-चाँ करते हैं। इसके लिए भी उन्हें धन्यवाद है; क्योंकि महात्मा गांधी के चंपारन पहुँचने पर नीलवरों ने ही नहीं, वरन् कुछ सरकारी अफसरों ने भी इसी पुराने गीत को गाया था और हो सकता है कि प्रांतीय सरकार ने सेटलमेंट अफसर की रिपोर्टों को ही देखकर महात्मा गांधी पर किसी प्रकार की काररवाई नहीं करने का निश्चय किया हो।

❑

दसवाँ अध्याय

महात्मा गांधी का आगमन

सन् १९१६ के दिसंबर महीने में कांग्रेस का इकतीसवाँ अधिवेशन लखनऊ में बड़े धूमधाम से हुआ था। इस अधिवेशन में लगभग २,३०० मनुष्य भारतवर्ष के भिन्न-भिन्न प्रांतों से आकर सम्मिलित हुए थे। कांग्रेस के इतिहास में यह पहला अवसर था, जबकि इतने प्रतिनिधि इकट्ठे हुए थे। सूरत की कांग्रेस के बाद यहाँ ही लोकमान्य बाल गंगाधर तिलक अपने दल के साथ पहले-पहल कांग्रेस में आए थे। दक्षिण और सिंध के कैंप प्रतिनिधियों से भरे थे। गुजरात, मद्रास, मध्य प्रदेश से भी लोग कम न आए थे। संयुक्त प्रांत वालों के लिए वहाँ विशेष संख्या में आना कोई बड़ी बात नहीं थी; क्योंकि वहाँ तो कांग्रेस ही हो रही थी। मद्रास से श्रीमती एनी बेसेंट अपने दल-बल के साथ आई हुई थीं। बंगाल ने भी सभापति के साथ बहुत प्रतिनिधि भेजे थे। बिहार प्रांत भी इस साल खूब ही जाग उठा था और यहाँ से भी बहुत प्रतिनिधि गए थे। इसका एक विशेष कारण यह था कि बिहार की ओर से इस वर्ष कई मुख्य प्रस्ताव उपस्थित किए जाने को थे। श्रीमान महात्मा गांधी अपने ज्येष्ठ पुत्र के साथ गुजरात से पधारे थे और पंडाल के पास ही एक खेमे में साथ ठहरे थे।

बिहार प्रांत संबंधी दो प्रस्ताव उपस्थित करने का विचार हुआ—एक पटना यूनिवर्सिटी बिल के संबंध में और दूसरा चंपारन के नीलवरों और उनके रैयतों के संबंध की जाँच के विषय में। विषय निर्वाचिनी समिति में इस प्रस्ताव के उपस्थित करने से पहले ही कुछ लोग महात्मा गांधी तथा पंडित मदन मोहन मालवीय आदि मुखियाओं के पास गए और चंपारन की प्रजा की दशा के विषय में बातचीत की। श्री मालवीयजी यहाँ की हालत कुछ जानते थे, पर महात्मा गांधी इस विषय में बिलकुल अनभिज्ञ थे। विषय निर्वाचिनी समिति में चंपारन संबंधी प्रस्तावों पर वक्ताओं के जब नाम चुने जाने लगे, तब बिहार के प्रतिनिधियों ने महात्मा गांधी से अनुरोध किया कि आप उस प्रस्ताव को उपस्थित करें, पर उन्होंने कहा कि मैं इस विषय में कुछ नहीं जानता हूँ और जब तक मैं

इसको जान नहीं लूँगा, तब तक इस संबंध में कुछ नहीं कर सकता। इसलिए इस प्रस्ताव के उपस्थित करने का भार बिहार के सुप्रसिद्ध नेता बाबू ब्रजकिशोर प्रसाद को दिया गया। कांग्रेस के दूसरे दिन की बैठक में इस आशय का प्रस्ताव उपस्थित किया गया—

"The Congress most respectfully urges upon the Government the desirability of appointing a mixed committee of officials and non-officials to inquire into the causes of agrarian trouble and the strained relations between the Indian *ryots* and the European Planters in North Bihar and to suggest remedies therefor."

अर्थात्, ''कांग्रेस सरकार से प्रार्थना करती है कि उत्तर बिहार के अँगरेज नीलवरों और उनके रैयतों के बीच वैमनस्य और कृषि-संबंधी अशांति के संबंध में जाँच करने और उनके दुःख दूर करने के उपाय बताने के लिए वह सरकारी और गैर-सरकारी लोगों की एक कमेटी नियुक्त करे।'' यहाँ पर एक उल्लेख-योग्य बात यह है कि शायद यह पहला ही अवसर था कि भारत की जातीय सभा को कृषकों के दुःखों की कहानी एक कृषक द्वारा सुनने का मौका मिला हो। पं. राजकुमार शुक्ल को, जिनका नाम ऊपर आ चुका है, चंपारन के कृषकों ने अपना प्रतिनिधि बनाकर लखनऊ भेजा था और उन्होंने इस प्रस्ताव का समर्थन करते समय चंपारन की दुःख-गाथा भरी सभा में कह सुनाई।

बिहार और विशेषकर चंपारन के लोगों की बड़ी इच्छा थी कि महात्मा गांधी प्रजा की शोचनीय दशा को देखने के लिए चंपारन स्वयं पधारें और उनके दुःखों का निबटारा करने का प्रयत्न करें। इस संबंध में चंपारन के लोग आपकी सेवा में पहले ही पत्र भेज चुके थे और एक सज्जन इसके लिए महात्मा गांधी की सेवा में अहमदाबाद तक गए भी थे। पर, समय के अभाव से महात्मा गांधी इस अभिलाषा को पूरा न कर सके थे। उपरोत्त प्रस्ताव स्वीकृत हो जाने के पीछे बिहार के लोगों ने आपसे फिर आग्रह किया। आपने उत्तर में कहा कि अगले मार्च-अप्रैल तक उस ओर आने की चेष्टा करूँगा। इससे बहुत कुछ संतोष हुआ। लखनऊ से लौटते समय यहाँ के कुछ लोग आपके साथ कानपुर तक गए और चंपारन की प्रजा की दुःख भरी कहानी सुनाई। इससे महात्मा गांधी का हृदय पिघल गया। चंपारन के लोगों को उनकी बातों से बहुत भरोसा हुआ और वे उनके आगमन के दिन गिनने लगे।

लखनऊ की कांग्रेस से लौटने के बाद चंपारन के रैयतों ने पं. राजकुमार शुक्ल द्वारा फिर महात्माजी के पास यह पत्र भिजवाया—

बेतिया

ता. २७-२-१९१७

मान्यवर महात्मा,

किस्सा सुनते हो रोज औरों के,
आज मेरी भी दास्तान सुनो।

आपने उस अनहोनी को प्रत्यक्ष कर कार्यरूप में परिणत कर दिखलाया, जिसे टॉलस्टॉय जैसे महात्मा केवल विचार करते थे। इसी आशा और विश्वास के वशीभूत होकर हम आपके निकट अपनी रामकहानी सुनाने के लिए तैयार हैं। हमारी दुःख भरी कथा उस दक्षिण अफ्रीका के अत्याचार से—जो आप और आपके अनुयायी वीर सत्याग्रही बहनों और भाइयों के साथ हुआ—कहीं अधिक है।

हम अपना वह दुःख—जो हमारी १९ लाख आत्माओं के हृदय पर बीत रहा है—सुनाकर आपके कोमल हृदय को दुःखित करना उचित नहीं समझते। बस, केवल इतनी ही प्रार्थना है कि आप स्वयं आकर अपनी आँखों से देख लीजिए, तब आपको अच्छी तरह विश्वास हो जाएगा कि भारतवर्ष के एक कोने में यहाँ की प्रजा—जिसको ब्रिटिश छत्र की सुशीतल छाया में रहने का अभिमान प्राप्त है—किस प्रकार के कष्ट सहकर पशुवत् जीवन व्यतीत कर रही है।

हम और अधिक न लिखकर आपका ध्यान उस प्रतिज्ञा की ओर आकृष्ट करना चाहते हैं, जो लखनऊ-कांग्रेस के समय और फिर वहाँ से लौटते समय कानपुर में आपने की थी, अर्थात्, "मैं मार्च-अप्रैल महीने में चंपारन आऊँगा।" बस, अब समय आ गया है। श्रीमान, अपनी प्रतिज्ञा को पूर्ण करें। चंपारन की १९ लाख दुःखी प्रजा श्रीमान के चरण-कमल के दर्शन के लिए टकटकी लगाए बैठी है। और, उन्हें आशा ही नहीं बल्कि पूर्ण विश्वास है कि जिस प्रकार भगवान् श्रीरामचंद्रजी के चरण-स्पर्श से अहल्या तर गई, उसी प्रकार श्रीमान् के चंपारन में पैर रखते ही हम १९ लाख प्रजाओं का उद्धार हो जाएगा।

श्रीमान का दर्शनाभिलाषी

राजकुमार शुक्ल

इस पत्र के उत्तर में महात्माजी ने लिखा कि हम ७ मार्च को कलकत्ता जाएँगे और यह पूछा कि राजकुमार शुक्ल उनसे कहाँ मिल सकेंगे? पोस्ट ऑफिस की गलती से यह चिट्ठी शुक्लजी को ७ मार्च के बाद मिली। पर, उन्हें यह पता चल गया था कि महात्माजी कलकत्ता जाने वाले हैं और इसी सूचना पर वह वहाँ गए; पर उन्हें पहुँचने पर मालूम हुआ कि महात्माजी देहली वापस चले गए। फिर वह चंपारन लौट आए। यहाँ से उन्होंने पुनः लिखा। महात्माजी ने उत्तर में ता. १६-३-१९१७ को पत्र भेजा, कि

जहाँ तक शीघ्र हो सकेगा, मैं चंपारन आने की चेष्टा करूँगा। एक दूसरा पत्र श्रीयुत् पीर मुहम्मद मूनिस, बेतिया के एक उत्साही नवयुवक, ने महात्माजी के पास ता. २२-३-१९१७ को भेजा, जिसमें चंपारन के संबंध में बहुत बातों और घटनाओं का उल्लेख किया। इसके उत्तर में महात्माजी ने ता. ३०-३-१९१७ को यह पूछा कि वह मुजफ्फरपुर किस रास्ते से पहुँच सकते हैं और यह भी जानना चाहा कि यदि वह तीन दिनों तक चंपारन में ठहरें तो जो कुछ देखने की आवश्यकता थी, वह सब वे देख सकेंगे या नहीं? साथ ही महात्माजी ने अप्रैल में वहाँ पहुँच जाने को लिखा। यह पत्र अभी पहुँचा भी नहीं था कि ता. ३-४-१९१७ को उन्होंने शुक्लजी को तार दिया कि मैं कलकत्ता जा रहा हूँ, वहाँ श्रीयुत् भूपेंद्रनाथ वसु के मकान पर ठहरूँगा, आकर वहीं मिलो। इस तार के पाते ही राजकुमार शुक्ल कलकत्ता चले गए और वहाँ महात्माजी से मिले। इन सब बातों की खबर इस समय बिहार में किसी को नहीं थी। यहाँ तक कि अखिल भारतवर्षीय कांग्रेस कमेटी की बैठक में, जहाँ महात्माजी गए थे, बिहार के कुछ सज्जन उपस्थित थे, पर किसी को इनके इसी यात्रा में बिहार आने की सूचना न रहने के कारण किसी ने महात्माजी से इसके विषय में कुछ बातचीत न की। राजकुमार शुक्ल से भी किसी की भेंट नहीं हुई कि जिनसे सब बातें मालूम होतीं।

ता. ९-४-१७ को महात्माजी शुक्लजी के साथ रवाना हुए और ता. १०-४-१७ को बाँकीपुर पहुँचे। शुक्लजी उन्हें सीधे लेखक के डेरे पर ले गए। वह तो कांग्रेस कमेटी की बैठक के लिए कलकत्ता गए थे और वहीं से जगन्नाथपुरी चले गए थे और अभी तक पटना वापस नहीं आए थे। यहाँ पर एक नौकर मात्र था। उसने महात्माजी को पहचाना नहीं और उन्हें किसी मामूली आदमी की तरह बैठाए रखा। वहाँ कुछ देर तक महात्माजी ठहरे रहे। इतने में माननीय मि. मज़हरुल हक को उनके पटना में आने की सूचना मिली और वे वहाँ आकर उनको अपने मकान पर ले गए। वहाँ पर माननीय बाबू कृष्णसहाय भी महात्माजी से आकर मिले। महात्माजी ने उसी दिन संध्या की गाड़ी से मुजफ्फरपुर जाना ठीक कर लिया था और इस आशय का तार अपने पूर्व परिचित श्रीयुत् जीवतराम भगवानदास कृपलानी को, जो इस समय ग्रियर भूमिहार ब्राह्मण कॉलेज, मुजफ्फरपुर में अध्यापक थे, भेज दिया। महात्माजी ने उस दिन बाँकीपुर घूम-फिरकर देख लिया और संध्या की गाड़ी से शुक्लजी के साथ मुजफ्फरपुर के लिए रवाना हुए। गाड़ी मुजफ्फरपुर में एक बजे रात को पहुँची। प्रोफेसर कृपलानी को तार मिल चुका था और वे कुछ छात्रों के साथ स्टेशन पर उपस्थित थे। उस समय तक प्रोफेसर कृपलानी को महात्माजी से साक्षात् होने का सौभाग्य नहीं प्राप्त हुआ था; पर वे पत्र द्वारा पहले से ही खूब परिचित थे। रात के समय महात्माजी को किसी ने नहीं पहचाना; पर पं. राजकुमार शुक्ल ने जब लोगों की भीड़ देखी, तब उन्होंने समझ लिया कि ये लोग

अवश्य ही महात्माजी के लिए आए हैं और उन्होंने लोगों को बुलाकर महात्माजी को दिखा दिया। स्टेशन पर महात्माजी की आरती हुई और लोगों ने उन्हें गाड़ी पर बिठाकर उसे स्वयं खींचा। महात्माजी प्रो. कृपलानी के साथ उनके छात्र-निवास में उतरे।

ता. ११-४-१७ को महात्माजी बिहार प्लैंटर्स एसोसिएशन के मंत्री मि. जे.एम. विल्सन (Mr. J.M. Wilson) से जाकर मिले और उनसे अपने आने का कारण बतलाया और कहा कि, 'मैं चंपारन में कोठीवालों और उनके रैयतों के बीच जो अनबन है, उसके संबंध में जाँच करना चाहता हूँ और इस जाँच में आपसे सहायता चाहता हूँ।' मि. विल्सन ने कहा कि जहाँ तक जाती मदद हो सकेगी, दूँगा; पर अपने एसोसिएशन की ओर से किसी बात का भार न ले सकूँगा। उसी दिन संध्या समय मुजफ्फरपुर के अनेक वकील महात्माजी से मिलने गए। उनमें बाबू रामनवमी प्रसाद भी थे। उन्होंने महात्माजी से चंपारन जाने के लिए अनुरोध किया। महात्माजी इससे सहमत हुए। उसी दिन बाबू ब्रजकिशोर प्रसाद के पास दरभंगा तार भेजा जा चुका था। दूसरे दिन ता. १२-४-१७ को महात्माजी छात्रालय से बाबू गयाप्रसाद सिंह वकील के मकान पर जाकर ठहरे। उस दिन उन्होंने तिरहुत डिवीजन के कमिश्नर माननीय मि. एल. एफ. मौर्शेड (Hon'ble Mr. L.F. Morshead) के पास अपने आने की सूचना दी और कारण बतलाते हुए उनसे मिलने के लिए समय माँगा। इस विषय में म. गांधी ने मि. मौर्शेड के पास निम्नलिखित पत्र भेजा—

Dear Sir,

Having heard a great deal about the condition of the Indians working in connection with Indigo plantation, I have arrived here to ascertain so far as is possible, for myself the true position. I would like to do my work with the congnisance and even co-operation, if I can secure it, of the local administration. I shall be obliged if you will kindly grant me an interview so that I may place before you the object of my inquiry and learn whether I may receive any assistance from the local administration in furtherance of my work.

I am,
Yours faithfully,
Sd. M.K. Gandhi

L.F. Morshead, Esqr.,
Commissioner, Tirhut Division

भावार्थ—"नील की खेती करनेवाले हिंदुस्तानियों के विषय में बहुत सी बातें सुनकर, जहाँ तक संभव हो, मैं उनकी असली हालत का पता लगाने के लिए यहाँ आया हूँ। मैं इस काम को स्थानीय सरकारी कर्मचारियों की जानकारी तथा उसके सहयोग से, यदि मिल सके, तो करना चाहता हूँ। मैं इस विषय में आपसे मिलना चाहता हूँ, ताकि मैं इस जाँच के विषय में अपने विचार आपके सामने प्रस्तुत कर सकूँ और जान सकूँ कि स्थानीय सरकारी कर्मचारियों से मुझे अपने कार्य में कोई सहायता मिल सकती है या नहीं।"

उत्तर में मि. मौर्शेड ने ता. १२-४-१७ को ९ बजे सवेरे मिलने का समय नियत किया। उसी दिन मि. विल्सन ने महात्माजी के पास एक पत्र भेजा, जिसमें उन्होंने लिखा कि किसी प्रकार की जाँच की जरूरत नहीं है और महात्माजी को चंपारन जाने से मना किया। मि. विल्सन ने यह भी लिखा कि यदि महात्माजी इस काम को लड़ाई के समय में आरंभ करेंगे तो आंदोलन करनेवाले अपना लाभ उठाने के लिए बहुत शोरगुल मचाएँगे, जिससे उन लोगों की बहुत हानि हो सकती है, जिनकी भलाई के लिए महात्माजी इतने उत्सुक हैं।[१]

म. गांधी से विल्सन की जो बातें हुईं, उसकी सूचना उन्होंने एक पत्र द्वारा मि. मौर्शेड को भी दे दी।[२]

---

1. Behar Planters' Association Ltd.,
Muzaffarpur, Tirhut State Rly.
The 12th April, 1917

Dear Mr. Gandhi,

In continuation of our conversation yesterday I am sending you the Survey & Settlement report, Muzaffarpur District 1892-99 by Mr. G.J. Stevenson Moore. The chapter in it on 'Indigo' will give the information you want. I am sorry the report for the Champaran District is not in my office at present.

The report I am sending gives the history of indigo planting as well as a detailed account of its working. The Champaran report is much short and refers to the Muzaffarpur report for details. Since these reports were written many modifications have been made but the report I am sending gives a general idea.

At any time when you wish to see me about indigo matters I shall be glad to give you an interview and to place any representation you may have to make before my Directors who will give them their careful consideration.

I would however like to repeat my suggestion to you that in my opinion an enquiry is unnecessary, it will give a handle to agitators who will take the opportunity to cause trouble so as to gain their own ends and bring about the ruin of many families whose welfare you have under your consideration. Also during the present war time any action which may have upsetting effect on the people should be carefully avoided.

Yours sincerely
Sd. J.M. Wilson
General Secretary,
Behar Planters' Association Ltd

2. Behar Planters' Association Ltd.,
Muzaffarpur, Tirhut State
Railway, the 12th April, 1917

My dear Morshead,

I had a call yesterday from Mr. Gandhi, whom you will remember in connection with the S. African troubles. He proposes going to Champaran to enquire into indigo

उसी दिन संध्या समय बाबू ब्रजकिशोर प्रसाद दरभंगा से मुजफ्फरपुर पहुँच गए। ता. १३-४-१७ को महात्माजी कमिश्नर से मिले। वहाँ पर मुजफ्फरपुर के कलक्टर मि. डी. वेस्टन (Mr. D. Weston) भी उपस्थित थे। कमिश्नर ने गांधीजी के बिहार आने से असंतोष प्रकट किया और पूछा कि आपको यहाँ किसने बुलाया है। साथ ही, उन्होंने यह भी कहा कि सरकार की ओर से जाँच हो रही है, आपका आना अनावश्यक था, हम आपको किसी प्रकार की सहायता नहीं दे सकते हैं; और हम यही सलाह देंगे कि आप यहाँ से तुरंत चले जाइए। महात्माजी ने कहा कि यहाँ की प्रजा के भेजे हुए पत्र तो हमें बहुत दिनों से मिल रहे हैं, पर मैं उन्हें आपके सामने पेश नहीं कर सकता। गत कांग्रेस के अवसर पर बिहार के प्रतिनिधियों ने मुझसे चंपारन-संबंधी प्रस्ताव उपस्थित करने के लिए अनुरोध किया था। पर, मैंने उस समय इस कारण से इनकार कर दिया कि जब तक मैं वहाँ की अवस्था स्वयं न देख लूँगा, तब तक इस विषय में कुछ नहीं कर सकता। इस पर उन लोगों ने मुझे यहाँ आने को कहा और मैं उन्हीं के निमंत्रण पर यहाँ आया हूँ।

पर, महात्मा गांधी इन सब बातों से कब अपने स्थिर विचार से विचलित होने वाले थे? जैसे-जैसे प्लैंटर्स एसोसिएशन के मंत्री और कमिश्नर उनको चंपारन जाने से मना करते जाते थे, उनका संदेह और बढ़ता जाता था कि अवश्य दाल में कुछ काला है और इस प्रकार उनका निश्चय भी और दृढ़ होता जाता था कि वहाँ अवश्य जाना चाहिए। इसी मुलाकात के बाद महात्माजी समझ गए कि इस जाँच से नीलवर और सरकारी अफसर केवल सहायता न देकर ही नहीं रह जाएँगे, वरन् जाँच में बाधा भी डाल सकते हैं।

कमिश्नर से मुलाकात करके वापस आने पर उन्होंने बाबू ब्रजकिशोर प्रसाद, बाबू रामनवमी प्रसाद, बाबू रामदयालु सिंह वकील और बाबू गयाप्रसाद सिंह से इस आशय का एक पत्र लिखवाकर कमिश्नर के पास भिजवा दिया कि उन्होंने तथा बिहार के अन्य प्रतिनिधियों ने कांग्रेस में महात्माजी से चंपारन में जाँच करने का अनुरोध

---

matters. I told him it was unnecessary and that, in the present war time, most undesirable.

I have this morning also written him the letter copy of which I am enclosing.

He told me he would be going to see you, so I have thought it necessary to let you know what has transpired in our interview.

Yours sincerely,
Sd. J.M. Wilson
General Secretary,
Behar Planters' Association Ltd

किया था।[1] इस पत्र के साथ महात्माजी ने एक पत्र अपना भी भेज दिया, जिसमें उन्होंने लिखा कि जो बातें रैयतों और नीलवरों के संबंध में मुझसे कही गई हैं, उन्हीं की सत्यता की जाँच करने के लिए मैं आया हूँ। मेरा मतलब यही है कि प्रतिष्ठा के साथ सुलह हो।[2]

पर, मि. मौर्शेड ने इन पत्रों पर कोई ध्यान नहीं दिया और चंपारन के जिला मजिस्ट्रेट के पास इस आशय का एक पत्र लिख दिया कि यदि मि. गांधी वहाँ जाएँ तो १४४ धारा जाप्ते फौजदारी के अनुसार काररवाई कर उन्हें वहाँ से फौरन वापस चले जाने का हुक्म दे दें। (यह पत्र पृ. १२२ में उद्धृत है।)

उसी दिन बाबू गोरखप्रसाद वकील मोतिहारी से आए और बाबू ब्रजकिशोर प्रसाद इस संबंध में अपने मित्रों से राय लेने के लिए दरभंगा गए। महात्माजी के मुजफ्फरपुर

1.

Muzaffarpur
13th April, 1917

Dear Mr. Gandhi,

We entirely corroborate your statement made by you today to the Commissioner (Tirhut Division) that you have come to this division at the request of the public men of the province to investigate the question of the relations between the Indigo-planters and Indian ryots and give us the benefit of your expert assistance in any way you can. We were party to the invitation. We further corroborate your statement that you were asked by most of us to move the resolution in the matter before the last Congress but that you declined to do so on the ground that you had not studied the question on the spot. We invited you because we thought that having expert experience you would be the best and most proper person to make a thorough constitutional and impartial inquiry into the matter which would be to the interest of the parties concerned.

Yours sincerely,
1. BrajaKishore Pd.
2. Ramnavami Prasad
3. Gaya Prasad
4. Ramdayalu Sinha

2.

Muzaffarpur,
13th April, 1917

Dear Mr. Morshead,

In accordance with my promise made this morning I send you a letter addressed to me by the inviting friends who are at present here.

I fear that I might have failed to convey to you the correct scope of my mission. I, therefore, restate it here. I am anxious to test the accuracy of the statements made to me by various friends regarding indigo matters and to find out for myself whether I can render useful assistance. My mission is that of making peace with honour.

I am,
Yours truly,
Sd. Mr. M.K. Gandhi

आने का समाचार चंपारन में पहुँच चुका था और बहुत से रैयत वहाँ से मुजफ्फरपुर पहुँच भी गए। महात्माजी ने उनके बयान सुने और जो कागज-पत्र मिलते गए, उन्हें देखा। उनको इस समय तक चंपारन की दशा का पूरा अनुमान न हुआ था। और, जो बातें कही जाती थीं, वे उनके विश्वास में नहीं आती थीं। वह सब हाल सुन-सुनकर बार-बार पूछा करते थे कि क्या ऐसा भी हो सकता है; पर साथ ही उनका चंपारन जाने का निश्चय दृढ़ होता जाता था।

ता. १४-४-१७ को महात्माजी ने निश्चय किया कि कल ता. १५-४-१७ (रविवार) को दोपहर की गाड़ी से चंपारन जाना चाहिए और जो लोग वहाँ थे, उनसे कहा कि मुझे एक ऐसा आदमी चाहिए, जो मेरे साथ दुभाषिए का काम कर सके; क्योंकि मैं यहाँ के लोगों की बोली नहीं समझ सकता। उस समय इतना ही तय हुआ कि इसका प्रबंध किया जाएगा। उस दिन संध्या समय महात्माजी निकट के एक ग्राम में गए और वहाँ के लोगों की दशा देखी। किसी-किसी गरीब के झोंपड़े में भी जाकर उन्होंने उनके रहन-सहन का हाल निज आँखों देखा और छोटे-छोटे बालकों और स्त्रियों से बातें कीं। चलते समय उन्होंने कहा कि जब इन लोगों की दशा सुधरेगी, तभी भारतवर्ष को स्वराज्य होगा। आज ही संध्या की गाड़ी से बाबू ब्रजकिशोर प्रसाद बाबू धरणीधर वकील के साथ दरभंगा से पहुँच गए और यह निश्चय हुआ कि बाबू धरणीधर और बाबू रामनवमी प्रसाद महात्माजी के साथ चंपारन जाएँगे। उस दिन रात के समय महात्माजी ने जो बातें कहीं, उनसे लोगों का साहस तथा उत्साह और भी अधिक बढ़ गया। उन्होंने दक्षिण अफ्रीका का हाल कह सुनाया कि किस प्रकार एक आदमी के जेल जाने पर दूसरा आदमी उसी काम में लग जाता था और किसी प्रकार उसको भी हटा दिए जाने पर तीसरा आदमी काम जारी रखता था। उन्होंने कहा कि मैं चाहता हूँ कि इसी प्रकार से काम यहाँ भी किया जाय। मैं जानता हूँ कि ये लोग मुझसे बुरे तौर से पेश आएँगे और मुझपर गिरफ्तारी का वारंट किसी समय आ सकता है। इसीलिए मैं चाहता हूँ कि जितना शीघ्र हो, मैं चंपारन चला जाऊँ और मेरे विरुद्ध जो काररवाइयाँ हों, वह चंपारन के रैयतों के सामने ही हों। मैं जानता हूँ कि इस प्रकार के आदमी बिहार में नहीं हैं, जो मेरे साथ रहेगा, उसे केवल क्लर्क का काम करना होगा; पीछे देखा जाएगा।

दूसरे दिन ता. १५-४-१७ को किसी जरूरी काम से बाबू ब्रजकिशोर प्रसाद को कलकत्ता जाना था। वह पटना होते हुए जाने के लिए रवाना हुए। बाबू गोरख प्रसाद भी, जो मोतिहारी वापस गए थे, फिर मुजफ्फरपुर आए। महात्माजी, बाबू धरणीधर, बाबू रामनवमी प्रसाद और बाबू गोरख प्रसाद एक साथ दोपहर की गाड़ी से मोतिहारी के लिए रवाना हुए। महात्माजी यहीं से गिरफ्तारी के वारंट की राह जोहते थे। उन्होंने आवश्यक वस्तुओं को साथ रखकर और सब चीजों को अलग बक्स में रखवा दिया था।

मुजफ्फरपुर के स्टेशन पर महात्माजी को पहुँचाने के लिए बहुत सज्जन आए थे। रास्ते में भी प्रायः सभी स्टेशनों पर बहुत रैयत महात्माजी के जाने की खबर पाकर आ जुटे थे। महात्माजी तीन बजे मोतिहारी पहुँचे और सीधे बाबू गोरख प्रसाद के मकान पर जाकर ठहरे। उनके आने का समाचार शहर भर में तुरंत फैल गया और वहाँ बहुत भीड़ जुट गई। कई सरकारी कर्मचारी भी महात्माजी के दर्शनार्थ आए। पर, पुलिस की गंध पा दूर से ही प्रणाम कर चले गए। आज ही महात्माजी ने निश्चय कर लिया कि कल सोमवार ता. १६-४-१७ को जसवलीपट्टी गाँव में, जहाँ से एक प्रतिष्ठित गृहस्थ पर अत्याचार की सूचना मिली थी, जाना होगा और अन्य गाँवों के रैयतों से कह दिया गया कि उनके बयान मंगलवार को जसवलीपट्टी से लौट आने पर लिखे जाएँगे।

बाबू ब्रजकिशोर प्रसाद दोपहर को पटना पहुँचे तो देखा कि लेखक अभी तक पुरी से वापस नहीं आए हैं। पर, उसी दिन संध्या की गाड़ी से उनके आने की खबर है। वह इस बीच में और कई सज्जनों से जाकर मिले और संध्या के छह बजे लेखक आ गए। यह निश्चित हुआ कि दूसरे दिन या तो लेखक स्वयं चले जाएँगे या और किसी को संध्या की गाड़ी से मोतिहारी भेज देंगे। यही ठीक करके बाबू ब्रजकिशोर प्रसाद उसी रात को कलकत्ता चले गए।

ता. १६-४-१७ सोमवार को जसवलीपट्टी जाने की तैयारी हुई और महात्माजी, बाबू धरणीधर तथा बाबू रामनवमी प्रसाद के साथ हाथी पर सवार होकर ९ बजे रवाना हुए। यह बैसाख का महीना था, धूप कड़ी थी; पछवाँ हवा भी खूब जोरों से बह रही थी। बाहर निकलते ही देह झुलस जाती थी। महात्माजी को हाथी पर चढ़ने का भी अभ्यास नहीं था, तिसपर भी हाथी पर तीन आदमी और उसपर तुर्रा यह कि पछवाँ हवा और धूल की वृष्टि। पर, यहाँ तो महात्माजी के हृदय में रैयतों के दुःखों को दूर करने की धुन थी, धूप और धूल क्या कर सकती थी। रास्ते में बहुत तरह की बातें होती जा रही थीं। बिहार में परदा के संबंध में भी बातें छिड़ गईं और महात्माजी ने कहा कि मेरा यह विचार नहीं है कि हमारी स्त्रियाँ अँगरेजी तौर-तरीकों को ग्रहण करें, पर हमको यह समझना चाहिए कि इस कुप्रथा से उनके स्वास्थ्य पर कितनी हानि पहुँचती है और इसके कारण वे अपने स्वामी को कितने कार्यों में सहायता नहीं दे सकतीं। इसी प्रकार बातें करते-करते वे लोग मोतिहारी से ९ मील की दूरी पर एक बस्ती चंद्रहिया में प्रायः १२ बजे के समय पहुँचे। वहाँ महात्माजी की इच्छा हुई कि इस गाँव की प्रजा का हाल देख लिया जाय। पूछने पर मालूम हुआ कि वह गाँव मोतिहारी कोठी का है और उसमें रहनेवाले अधिकतर मजदूरी किया करते हैं, इसलिए इस समय सब कोठी में काम करने चले गए हैं। पर, एक आदमी से भेंट हुई, जिसने वहाँ की हालत कह सुनाई और बतलाया कि हम लोगों के साहब के सामने कलक्टर

की क्या मजाल, जो कुछ कर सकें। उनकी बातों से पता लगा कि वे कोठी से संबंध रखनेवालों में से कोई थे। ये बातें हो ही रही थीं कि इतने में एक आदमी सादे लिबास में पाँवगाड़ी पर आते हुए दीख पड़ा। आने पर मालूम हुआ कि ये पुलिस के दारोगा थे। उन्होंने महात्माजी से कहा कि कलक्टर साहब ने आपको सलाम दिया है। महात्माजी ने उनसे किसी सवारी का प्रबंध करने के लिए कहा और इसी बीच में अपने साथियों से कहा कि मैं तो जानता था कि कोई ऐसी घटना अवश्य होगी। आप इसकी चिंता न करें। आप लोग जसवलीपट्टी चले जाइए और वहाँ जाकर काम कीजिए। यदि आवश्यकता हो तो आज रात को वहाँ ठहर जाइएगा। दारोगाजी एक बैलगाड़ी खोजकर ले आए और महात्माजी बैलगाड़ी पर उनके साथ मोतिहारी की तरफ रवाना हुए और उनके दोनों साथी जसवलीपट्टी चले गए।

महात्माजी को रास्ते में एक इक्का मिला। दारोगाजी के कहने पर महात्माजी गाड़ी छोड़ इक्के पर सवार हो गए। कुछ दूर और आगे जाने पर एक पुलिस अफसर टमटम पर आते हुए दीख पड़े। समीप आने पर दारोगा ने इक्के को ठहराया और महात्माजी को टमटम पर सवार कराया। उस टमटम पर आए हुए सज्जन पुलिस के डिप्टी सुपरिंटेंडेंट थे। कुछ दूर जाने पर टमटम खड़ा करके डिप्टी सुपरिंटेंडेंट ने महात्माजी से कहा कि आपके लिए एक नोटिस है। महात्माजी ने उसे लेकर शांत भाव से पढ़ लिया और मोतिहारी पहुँचकर उसकी रसीद लिख दी। नोटिस का मजमून यह था—

(क) नोटिस—

Mr. M.K. Gandhi
At present in Motihari

Whereas it has been made to appear to me from the letter of the Commissioner of the Division, copy of which is attached to this order, that your presence in any part of the District will endanger the public peace and may lead to serious disturbance which may be accompanied by loss of life and whereas urgency is of the utmost importance :

Now, therefore I do hereby order you to abstain from remaining in the District which you are required to leave by the next available train.

(Sd) W.B. Heycock
District Magistrate
Champaran

16th April, 1917

इसका सारांश यह है कि 'चूँकि इस डिवीजन के कमिश्नर के पत्र से, जिसकी नकल इसके साथ भेज रहा हूँ, ऐसा मालूम हुआ है कि आपकी उपस्थिति से इस जिले में शांतिभंग और प्राणहानि होने का डर है, इसलिए आपको हुक्म दिया जाता है कि आप पहली गाड़ी से चंपारन छोड़कर चले जाइए।'

नोटिस के साथ तिरहुत-विभाग के कमिश्नर के पत्र की भी एक नकल इस प्रकार की थी—

(ख) कमिश्नर का पत्र

To

The District Magistrate of
Champaran

Sir,

Mr. M.K. Gandhi has come here in response to what he describes as an insistent public demand and to enquire into the conditions under which Indians work on indigo plantations and desires the help of the local administration. He came to see me this morning and I explained that the relations between the planters and *ryots* had engaged the attention of the administration since the sixties, and that we are particularly concerned with a phase of the problem in Champaran now, but that it was doubtful whether the intervention of a stranger in the middle of our treatment of the case would not prove an embarrassment. I indicated the potentialities of disturbance in Champaran, asked for credentials to show an insistent public demand for his enquiry and said that the matter could probably need reference to Government.

I expected that Mr. Gandhi will communciate with me again before he proceeds for Champaran but I have been informed since our interview that his object is likely to be agitation rather than a genuine search for knowledge and it is possible that he may proceed without further reference. I consider that there is a danger of disturbance to the public tranquillity should be visit your district. I have the honour to request you to direct him by an order under Section 144 Cr. P.C. to leave it at once if he should appear.

I have the honour to be,
Sir,
Your most obedient servant
(Sd.) L.F. Morshead
Commissioner of the Tirhut Division

अर्थात्, "मि. गांधी आए हुए हैं और यह कहते हैं कि उनका आना लोगों के बहुत अनुरोध के कारण हुआ है कि जिससे वे यह देख सकें कि हिंदुस्तानी नील के खेतों में किस प्रकार काम करते हैं। और, वे स्थानीय कर्मचारियों की सहायता चाहते हैं। वे आज सवेरे मुझसे मिले थे और मैंने उन्हें बता दिया कि रैयतों और नीलवरों के संबंध पर सरकार की दृष्टि सन् १८६० से ही चली आती है और आजकल हम लोग उसी समस्या के एक विषय के हल करने में विशेष रूप से लगे हुए हैं; पर इसी बीच में किसी अजनबी के पड़ने से काम बिगड़ने का भय है। मैंने उनको समझा दिया और उनसे यहाँ बुलाए जाने का सबूत माँगा और यह कहा कि इस विषय में गवर्नमेंट से राय लेने की आवश्यकता हो सकती है। यही धारणा थी कि मि. गांधी चंपारन जाने से पहले मुझको

सूचना देंगे; पर अब मालूम हुआ है कि वह आंदोलन करने के अभिप्राय से, न कि सच्ची बात की खोज करने के लिए, यहाँ आए हैं और हो सकता है कि वह बिना खबर दिए ही वहाँ चले जाएँ। मेरे खयाल में उनके चंपारन जाने से शांतिभंग होने का डर है और इसलिए मैं आपसे अनुरोध करता हूँ कि वह यदि वहाँ जायँ तो १४४ धारा के अनुसार उन्हें तुरंत जिला छोड़ देने की आज्ञा दीजिए।''

महात्माजी ने नोटिस के उत्तर में यह पत्र मजिस्ट्रेट के पास तुरंत भेज दिया—

Sir,

With reference to the order under Section 144 of the Criminal Procedure Code just served upon me, I beg to state that I am sorry, too, that the Commissioner of the division has totally misinterpreted my position. Out of a sense of public responsibility, I feel it to be my duty to say that I am unable to leave this District but if it so pleases the authorities, I shall submit to the order by suffering the penalty of disobedience.

I must emphatically repudiate the Commissioner's suggestion that my object is likely to be agitation. My desire is purely and simply for a genuine search for knowledge. And this I shall continue to satisfy so long as I am free.

16th April, 1917. M.K. Gandhi

अर्थात्, ''१४४ धारा के नोटिस के उत्तर में मुझे यही निवेदन करना है कि मुझे इस बात का खेद है कि आपको इस नोटिस को जारी करने की जरूरत पड़ी है। मुझे इस बात का भी खेद है कि डिवीजन के कमिश्नर ने मेरी स्थिति को बिलकुल गलत समझा है। सर्वसाधारण के प्रति जो मेरा कर्तव्य है, उसका ध्यान रखते हुए मैं इस जिले को छोड़ नहीं सकता हूँ; पर यदि कर्मचारियों की ऐसी राय हो तो इस आज्ञा के उल्लंघन करने के लिए जो दंड हो, उसे सहन करने के लिए तैयार हूँ। कमिश्नर की इस बात का कि मेरा उद्‍देश्य आंदोलन मचाना है, मैं घोर विरोध करता हूँ। मेरी इच्छा केवल असल बात जानने की है और जब तक मैं स्वतंत्र रहूँगा, इस इच्छा को पूरा करता ही जाऊँगा।''

उसी समय मि. एच. एस. पोलक, माननीय पंडित मदनमोहन मालवीय, लेखक तथा भारतवर्ष भर के नेताओं के पास इस काररवाई की सूचना तार द्वारा दे दी गई। मि. सी.एफ. एंडरूज को तुरंत चले आने के लिए तार दिया गया।

महात्माजी ने इसी बीच में एक नियमावली उन लोगों के लिए लिखकर तैयार कर दी, जो उनके बाद उस काम को चलानेवाले थे।

उधर, बाबू धरणीधर और बाबू रामनवमी प्रसाद जसवलीपट्टी दो बजे पहुँचे। उनके पहुँचते-पहुँचते एक दूसरे दारोगा वहीं पहुँच गए। ये किसी समय में बाबू धरणीधर के छात्र और बाबू रामनवमी प्रसाद के सहपाठी थे। इसपर भी इन्होंने असल बात को छिपाना अपना धर्म समझा। पूछने पर इन्होंने कहा कि हम एक दूसरे मुकदमे के संबंध

में यहाँ आए हुए हैं और आप लोगों का आना सुनकर आपसे मिलने चले आए हैं। पीछे पता लगा कि महात्माजी के मोतिहारी पहुँच जाने पर वहाँ से वे उन लोगों के पीछे भेजे गए थे। उन्होंने पुराने संबंध के जोर पर आप लोगों को सलाह दी कि आप लोगों का इस काम में पड़ना अच्छा नहीं हुआ। बाबू धरणीधर और उनके सहकारी कुछ लोगों के इजहार लेकर चार बजे के करीब मोतिहारी की ओर वापस चले। रास्ते में जब मोतिहारी के पास पहुँचे, तब एक गाड़ी, जो उन लोगों को लाने जा रही थी, मिली। उस गाड़ी में एक सज्जन थे, जिनसे १४४ धारा के नोटिस का हाल उनको मालूम हुआ। वे १०:३० बजे रात को मोतिहारी वापस आए। उनके पहुँचने पर महात्माजी ने उपरोक्त नियमावली दी और उनके जेल जाने के पीछे किस प्रकार से कार्य करना होगा, इसका पूरा ब्योरा बतला दिया। इसके बाद उन लोगों से यह भी कहा कि यदि आप लोग मेरे पीछे जेल में आ जाएँ तो सब काम सफल हो जाय।

महात्माजी पर १४४ धारा का नोटिस जारी करने की सूचना मि. हिकॉक, जिला मजिस्ट्रेट मोतिहारी ने उसी दिन कमिश्नर के पास भेज दी।[१]

१६ अप्रैल, १९१७ को मि. मौर्शेड ने एक लंबी रिपोर्ट बिहार सरकार के चीफ सेक्रेटरी के पास भेजी, जिसके साथ उन्होंने महात्मा गांधी के साथ जो बातें हुई थीं, उसका सारांश भी भेज दिया। इस रिपोर्ट में मि. मौर्शेड ने जो कारवाई महात्मा गांधी के विरुद्ध की थी, उसकी सूचना दी और तिरहुत डिवीजन से उनको हटाने के लिए Defence of India Act, 1915 के भारत-रक्षा-कानून के अंतर्गत बने हुए नियम के अनुसार हुकुम जारी करने के लिए अनुरोध किया।[२]

---

१. Motihari 16th April, 1917

To

Commissioner, Muzaffarpur

Gandhi has arrived motihari have issued notice Z 144 C.P.C. Directing him to abstain from remaining in the district will write particulars

—Magistrate

२.

No. 259 P.M.

From

The Hon'ble Mr. L.F. Morshead, I.C.S.
Commissioner of the Tirhut Division

To

The Chief Secretary to Government,
Bihar & Orissa, Political Department, Ranchi
Muzaffarpur, the 16th April, 1917

Sir,

I have the honour to forward copies of correspondence relating to a visit to

ता. १७-४-१७ मंगलवार को देहातों से लोगों के आने के लिए तारीख मुकर्रर की जा चुकी थी। इसलिए बहुत से रैयत आए और उनके इजहार लिखे जाने लगे। पुलिस के दारोगा भी आकर जम गए और जिन लोगों के इजहार लिखे जाते थे, उनके नाम पहले तो छिपकर, पर पीछे प्रत्यक्ष रूप से लिखने लगे। आज इतने रैयत आ पहुँचे कि लिखनेवालों

Muzaffarpur by Mr. M.K. Gandhi.

2. As requested in his first letter of the 12th April I gave him an interview on the morning of the 13th, at which I invited Mr. Wetson, the Magistrate of Muzaffarpur to be present. In brief, I asked Mr. Gandhi in what capacity, private or on behalf of any body of people, he had come, and was told that it was in response to an insistent public demand. I explained that the administration was closely engaged with the problem of relations between planters and ryots, that it did not experience any lack of information, and that it was a question whether his interventions would not be an embarrassment rather than an advantage. Pending consideration I asked for credentials in support of his reference to an insistent public demand. A brief note of the substance of the conversation is attached.

3. I was subsequently informed, from what I regard as a reliable source, that Mr. Gandhi had been approached to move the resolution in the last congress on the subject, but had declined because he deemed it necessary to see if there were evidence in support of it first. He had said the same at our interview, although I have not mentioned it in my note, and inadvertently made the statement in a way implying that he had come to obtain evidence in support of an adverse resolution. I was also informed that his object was not a genuine desire to satisfy himself, but to foment agitation in support of persons who concerned themselves with agitation here.

4. Accordingly, pending a further communication from Mr. Gandhi, I sent Mr. Heycock, the Magistrate of Champaran, a letter to be used if the occasion arose, requesting him to direct Mr. Gandhi by an order under section 144 Cr. P.C. to leave the district, if he appeared.

5. The credentials, which Mr. Gandhi promised, were submitted with his letter of the 13th April. They include a letter over the signatures of Braj Kishore Prasad, Ramnavmi Prasad, Gaya Prasad Singh and Ram Dayalu Singh confirming Mr. Gandhi's statement that he had come here at the request of the public men of the province, in order to make an enquiry which would be to the interests of the parties concerned and a certificate to a similar effect over the signatures of Arikshan Sinha. I have sufficient grounds for believing that Mr. Gandhi tried and failed to get more substantial support.

6. Of the signatories Braj Kishore Prasad's record is known to Government as a person who had (I believe, but have not the references to hand) expressed views against both Government and landlords as a body, which render it extremely unlikely that any enquiry undertaken at his instance would be conducted with moderation or impartiality, and neither he nor any of the others can be said to have any claim whatever to speak for the public.

7. I have no hesitation whatever in saying that Mr. Gandhi's enquiry would not be, as claimed by these persons, to the interests of the parties concerned. It is known to Government that in Champaran, where the relations of planter or rather

को दम मारने की फुरसत नहीं थी। महात्माजी तो जान गए कि आज्ञा उल्लंघन करने के हेतु अवश्य जेल जाना होगा, इसलिए काम में किसी प्रकार से कमी नहीं की गई और न रैयतों से इस बात का कुछ भी जिक्र किया गया। आज ही यह निश्चित कर लिया गया कि कल ता. १८-४-१७ को मौजा परसौनी, जो मोतिहारी से १६ मील दक्षिण में है, जाना होगा और इस बात की सूचना उन लोगों को दे दी गई। सवारी इत्यादि का भी प्रबंध कर लिया गया।

European leaseholder and rayat have been a source of anxiety for some years, the occasion of the revision of settlement has been taken to collect all possible information on the subject, and that pending a final settlement of the problem, steps are being taken, as occasion arises, whether in the courts, or by the District & Sub-Divisional Officers in an executive capacity, or by the Manager of the Betiah Estate to remedy irregularities. The process may be slow but we are all proceeding with it to the best of our ability, and with as much expedition as is practicable. It is also known that one of the factors of the problem is the liability of the rayats in this district to be led into courses, which bring them in conflict with the law, as in 1908; and that this liability underlies the situation no less to-day than hitherto. The effect of an enquiry by an irresponsible person representing, by no means improbably, a biassed point of view, upon such a situation is in my opinion unquestionably likely to stir the rayats into injudicious course, such as, a repudiation of existing contracts, or unprovoked violence towards individual lease-holders or their servants; which will disturb the tranquillity of the district, as well as setting back the peaceful settlement of the matter in hand. At the present moment when Europeans from these districts may be required at any moment for service elsewhere, I think it would be especially inadvisable to permit this risk to be taken. I have accordingly warned (not issued as Mr. Gandhi had left for Champaran) Mr. Gandhi not to proceed with his enquiry.

8. Having regard to the circumstances recited it appears to me to be a case to which the Defence of India Act, 1915, and rules thereunder apply. It is desirable, certainly, to avoid giving Mr. Gandhi an advertisement which he and his supporters would welcome but, on the other hand, I think it is more important to prevent his stimulating racial or class-feeling. His entry into Champaran should, in my opinion, be forbidden in any case, and whether he should be permitted to remain in any of these Tirhut districts depends on whether he can do harm in or from them without proceeding to Champaran. I will see that he does upon receipt of my warning, and in the meanwhile submit this report for the information of Government, with the request that they may be pleased to take the question of the issue of an order under the rules referred to into consideration.

9. I had completed this report when I heard that Mr. Gandhi had left for Motihari without awaiting a further communication from me. His letter with the enclosures from Braj Kishore Prasad and others reached me on the evening of Friday the 13th and he is reported to have left at mid-day on Sunday the 15th. He had been informed that the question needed consideration but that in the meanwhile I wished to see his credentials, and his departure in the circumstances is practically a defiance of an official caution. Mr. Heycock had telegraphed to me that he has served a notice upon him under section 144 cr. P.C., but this is merely a temporary expedient, and, as the order has to be worded

विचार हुआ कि मोतिहारी से लोग ३ बजे रात को रवाना हों। और, यदि सवारी आने में किसी प्रकार की बाधा या विलंब हो तो पैदल चला जाय।

इधर तो यह सब तैयारियाँ हो रही थीं, उधर भारतवर्ष भर से तार पर तार आ रहे थे। मि. पोलक ने प्रयाग से तार दिया कि मैं पटना आ रहा हूँ। माननीय मि. मज़हरुल हक ने पूछा कि आवश्यकता हो तो आऊँ? लेखक ने पूछा कि मुझसे क्या सेवा हो सकती है? मि. हक के पास तार गया कि हमारे जेल जाने के बाद आपकी आवश्यकता होगी। लेखक के पास तार आया कि आप स्वयंसेवकों के साथ शीघ्र चले आइए। मालवीयजी ने तार दिया कि सूचना दीजिए क्या हाल है। मैं हिंदू विश्वविद्यालय का काम छोड़कर आ रहा हूँ। उनको भी उत्तर दिया गया कि अभी आपके आने की आवश्यकता नहीं है इत्यादि-इत्यादि। आज महात्माजी ने मोतिहारी के उदारचित्त पादरी मि. जे. जेड. हौज (Mr. J.Z.

---

as a direction to abstain from remaining in the district, it is not improbably open to challenge. Mr. Gandhi may, therefore, defy it. To meet the contingency of his doing so I beg to apply for an order under the Defence of India Act, to use if necessary. It is not, in my opinion, advisable to wait to see if Mr. Gandhi's inquiry actually provokes disturbance, because he may be presumed to be clever enough to guard against this happening whilst he is on the spot; but the mischief will reveal itself later. In my opinion, it is unsafe to let him intrigue in the district at all. I have the honour to apply further, that the order be worded so as to extend to the whole division. It is reasonable inference from the circumstances in which Mr. Gandhi has proceeded to Motihari, and will be a still stronger inference if the order has to be used in consequence of his refusing to leave, that he cannot be depended upon to abstain from fomenting antagonism, which, although dormant, are still in evidence in all the districts. Moreover in circumstances in which the war is unfinished with many of the persons most intimately concerned in Mr. Gandhi's enquiry away on service, and with a call upon as many more as can he made available in prospect, it seems to me that a more inappropriate occasion could not have been selected for a particularly delicate enquiry. Having had it explained to him that the administration is closely engaged with the problem, and cautioned that his enquiry, which is really that of an irresponsible, self-constituted commission is premature and embarrasing, his persistence at this particular time in defiance of the caution appears to me to be irreconcilable with a proper loyalty to the Government. I have discussed the matter this morning with a few leading men here, and invited them to bring their influence to bear to convince Mr. Gandhi that his best course is to drop the enquiry and go, but in the event of their efforts failing, and Mr. Gandhi defying Mr. Heycock's order, I wish to be fortified with the necessary power to have him removed. I therefore request the favour of an order under clause (a) of rule (3) of the Defence of India (Consolidated) rule 1915 directing that Mr. M.K. Gandhi shall not remain in the Tirhut Division, to be used at my discretion

Sir,
Your most obedient servant
L.F. Morshead
Commissioner

Hodge) से भेंट की। दिन भर इजहार लिखने का काम भी साथ-ही-साथ चलता रहा। आज ही दरभंगा के उत्साही नवयुवक बाबू रामबहादुर आए।

जब कोई सम्मन आज्ञा भंग के अभियोग में संध्या तक नहीं आया, तब महात्माजी ने संध्या को एक पत्र जिला मजिस्ट्रेट के पास भेजा, जिसमे उन्होनें अपने देहात जाने के विषय में सूचना दी और कहा कि हम लोग कोई काम छिपाकर नहीं करना चाहते, इसलिए यदि हमारे साथ कोई पुलिस अफसर आ जाय तो अच्छा ही होगा। इस पत्र के पाते ही मजिस्ट्रेट ने लिखा कि कल १८८ धारा (पिनल कोड) के अनुसार आप पर अभियोग लगाया जाएगा। और, इसका सम्मन आपको दिया जाएगा; इसलिए आशा करता हूँ कि आप मोतिहारी छोड़कर न जाएँगे। इस पत्र के पहुँचने के कुछ देर के बाद एक सम्मन भी आ पहुँचा, जिसमें महात्माजी को ता. १८-४-१७ को १२.३० बजे सब-डिवीजनल अफसर की कचहरी में उपस्थित होने की आज्ञा थी। इसके बाद फिर भी बाबू धरणीधर और बाबू रामनवमी प्रसाद को आगे की काररवाई के विषय में महात्माजी समझाने लगे। पहले विचार हुआ कि वे पूर्व निश्चय के अनुसार परसौनी अवश्य जाएँ। पर, फिर ऐसा खयाल किया गया कि इसकी आवश्यकता नहीं। महात्माजी ने उन लोगों से पूछा कि मेरे जेल जाने के बाद आप लोग क्या करेंगे? प्रश्न बहुत जटिल था और उत्तर देना सहज नहीं था। बाबू रामनवमी, जो उम्र में बहुत छोटे पर उत्साह में कम न थे, चुप रहे। बाबू धरणीधर ने कहा कि अभी मैं इतने के ही लिए तैयार हूँ कि यदि आप जेल चले जाएँगे तो मैं इस काम को जारी रखूँगा और यदि मुझपर भी १४४ धारा का नोटिस जारी होगा तो मैं अपने स्थान पर दूसरे को रख यहाँ से चला जाऊँगा। इसी प्रकार कम-से-कम कुछ दिनों तक यह काम चलता रहेगा। इससे महात्माजी पूरे संतुष्ट नहीं हुए। बाबू धरणीधर और बाबू रामनवमी प्रसाद, इस विषय पर विचार करते रहे। सम्मन आने के बाद महात्माजी को पूरा इत्मीनान हो गया। वे चिट्ठियाँ लिखने बैठ गए और रात भर बैठे-बैठे काम करते ही रह गए, सोए बिलकुल नहीं। इस अद्‌भुत शक्ति को देखकर वहाँ जितने आदमी थे, सब चकित हो गए। रात को ही एक बयान अदालत के सामने पढ़ने के लिए तैयार किया। प्लैंटर्स एसोसिएशन (Planters' Association) के मंत्री और कमिश्नर के नाम से भी पत्र लिखकर तैयार किया, जिनमें उस समय तक जितनी शिकायतें रैयतों की मालूम हुई थीं, लिख दिया और उनके हटाने के उपाय भी बताए। इन तथा अन्य पत्रों को अपने जेल जाने के बाद छोड़ने की आज्ञा दे रखी।

पटना में तार पहुँचने पर लेखक ने वहाँ के सब नेताओं से जाकर मुलाकात की और चंपारन का सब हाल, जो वह बाबू ब्रजकिशोर प्रसाद से पहले ही सुन चुके थे, कह सुनाया और बाबू ब्रजकिशोर प्रसाद के पास १४४ धारा की एक सूचना भेज दी। इसी बीच में एक तार मि. पोलक का मि. हसन इमाम के पास आया कि वह संध्या को

पंजाब मेल से पहुँचेंगे। सब लोग जाकर उनको स्टेशन से लिवा लाएँ। रात के समय एक छोटी सी गोष्ठी हुई, जिसमें यह निश्चय हुआ कि मि. पोलक, लेखक और उनके साथ और-और जो जा सकें, कल ता. १८-४-१७ के सवेरे की गाड़ी से मोतिहारी चले जाएँ, आशा की जाती थी कि बाबू ब्रजकिशोर प्रसाद भी दूसरे दिन सवेरे पहुँच जाएँगे।

ता. १८-४-१७ चंपारन के इतिहास में ही नहीं, वरन् भारतवर्ष के वर्तमान इतिहास में एक बड़े महत्त्व का दिन है। आज जगत् विख्यात सर्वश्रेष्ठ न्यायकारी एवं प्रतापी राजर्षि राजा जनक के देश में आकर वहाँ की दरिद्र एवं दुःखी तथा जीवन-रहित प्रजा के हित के लिए महात्मा गांधी जेल जाने की तैयारी कर रहे हैं। आज ही भारत के वर्तमान इतिहास में सत्याग्रह का एक पवित्र एवं ज्वलंत उदाहरण मिलने वाला है, जिससे समस्त भारतवर्ष की आँखें खुलने वाली हैं। 'साँच को आँच नहीं है'—यह हमारे देश की एक पुरानी कहावत है; पर इसको चरितार्थ कर महात्मा गांधी आज संसार को इसकी सत्यता सिद्ध करने वाले हैं। चंपारन की प्रजा के दुःखों को दूर करने के लिए कटिबद्ध तथा साथ ही दुःख देनेवालों को तनिक भी हानि नहीं पहुँचाने की इच्छा रखते हुए महात्मा गांधी की पवित्र आत्मा मानो मनुष्य-रूप में इसीलिए अवतरित हुई है। क्या ऐसे महापुरुष के सम्मुख कोई बाधा ठहर सकती है?

एक छोर से दूसरे छोर तक सभी की आँखें आज इसी ओर लगी हैं। ऐसी अवस्था में क्या समय बीतते कुछ देर लगती है? देखते-देखते बारह बज गए। महात्माजी ने उन चीजों को, जिन्हें वह जेल में ले जाना चाहते थे, एक जगह करके बाकी चीजों को दूसरी जगह रख दिया। आज इजहार लिखने का काम भी बंद रहा। रैयतों से कहा गया कि यह काम फिर कल से प्रारंभ होगा। १२.१५ बजे गाड़ी पर सवार हो महात्माजी, बाबू धरणीधर और बाबू रामनवमी प्रसाद के साथ कचहरी की ओर चले। रास्ते में बाबू धरणीधर ने महात्माजी से कहा कि आपके जेल चले जाने के बाद चाहे और कोई कुछ करे या न करे, किंतु हम दोनों ने यह निश्चय कर लिया है कि हम लोग अवश्य आपके पीछे जेल जाएँगे। इस बात को सुनते ही महात्माजी का चित्त प्रफुल्लित हो गया और उन्होंने बड़े आह्लाद के साथ कहा, 'बस, अब काम बन गया।'

यद्यपि १४४ धारा के नोटिस तथा मुकदमे की बात रैयतों से कही नहीं गई थी, तथापि यह बात शहर में ही नहीं वरन् दूर-दूर के देहातों तक फैल गई और उस दिन कई हजार रैयत कचहरी में आकर दस बजे से ही प्रतीक्षा कर रहे थे। उनकी यही लालसा थी कि उनके उद्धार के लिए जेल जानेवाले महात्मा गांधी के एक बार दर्शन तो हो जाएँ। कचहरी में जब महात्माजी इजलास पर गए, तब उनके पीछे-पीछे प्रायः २,००० मनुष्यों ने घुसने की कोशिश में कचहरी के दरवाजों के शीशे तोड़ डाले। हाकिम मि. जार्ज चंदर ने यह हालत देखकर महात्माजी से कहा कि आप कुछ देर

मुख्तारखाने में ठहरें, मैं फिर बुलवा लूँगा। महात्माजी मुख्तारखाने में गए। इसी बीच में खबर देकर हाकिम ने शस्त्रधारी पुलिस बुलवा ली कि जिससे लोग फिर भीतर घुसने न पाएँ और काम करने में बाधा न पड़े। उधर, महात्माजी मुख्तारखाने में बैठे हुए थे और वहाँ दर्शकों की बड़ी भारी भीड़ लगी हुई थी। सब एकटक उनकी ओर देख रहे थे। उनमें कितनों की ही आँखों से अश्रुधारा चल रही थी। कुछ देर के बाद बुलाहट आने पर महात्माजी फिर इजलास पर गए। वहाँ सरकारी वकील अपनी किताबों को लिये पहले से ही तैयार थे। उन्होंने शायद समझा था कि महात्मा गांधी जैसे एक बड़े आदमी पर यह मुकदमा चल रहा है, वे स्वयं भी एक बड़े नामी बैरिस्टर हैं; इसमें बहुत बड़ी बहस करने की आवश्यकता होगी। इसी धुन में वे शायद रात भर नजीरों को ढूँढ़ते रहे। जब महात्माजी वहाँ पहुँचे, तब हाकिम ने पूछा, 'आपके कोई वकील हैं?' महात्माजी ने उत्तर दिया, 'कोई नहीं।' इसपर सब लोग कुछ चकित हो गए, पर तो भी लोग समझते थे कि वे बड़े भारी बैरिस्टर हैं, अपनी बहस स्वयं करेंगे। सरकारी वकील ने अभियोग पढ़ सुनाया और कहा कि १४४ धारा के नोटिस के अनुसार मि. गांधी को ता.१६-४-१७ को रात की गाड़ी से चंपारन छोड़कर चले जाना चाहिए था; किंतु वे अभी तक नहीं गए हैं, इसलिए उनपर १८८ धारा के अनुसार अभियोग लगाया जाता है। इस पर महात्माजी ने कहा कि मैंने नोटिस पाने के बाद एक पत्र जिला मजिस्ट्रेट के पास भेज दिया था, जिसमें उस आज्ञा के उल्लंघन का कारण बताया था; उस पत्र को मिसिल में शामिल कर दिया जाय। मजिस्ट्रेट ने कहा कि वह पत्र यहाँ नहीं है। यदि आप उसकी जरूरत समझते हैं तो दरख्वास्त दीजिए। इसके बाद महात्मा गांधी ने अपने बयान को बहुत शांत, किंतु दृढ़ भाव से पढ़ सुनाया। जिस समय वे उसे पढ़ रहे थे, उस समय इतने आदमियों के रहते हुए भी प्रगाढ़ निस्तब्धता छा रही थी और वहाँ जितने मनुष्य थे, सभी एकटक उनकी ओर देख रहे थे। जैसे-जैसे वह उसे पढ़ते जाते थे, उनके चेहरे पर आश्चर्य और प्रेम के भाव प्रकट होते जाते थे। बयान यही था—

"With the permission of the court I would like to make a brief statement showing why I have taken a very serious step of seemingly disobeying the order made under Sec. 144 of Cr. P.C. In my humble opinion it is a question of difference of opinion between the local administration and myself. I have entered the country with motives of rendering humanitarian and national service. I have done so in response to a pressing invitation to come and help the *ryots* who urge they are not being fairly treated by the Indigo planters. I could not render any help without studying the problem. I have, therefore, come to study it with the assistance, if possible, of the administration and the planters. I have no other motive and cannot believe that my coming can in any way disturb public peace and cause loss of life. I claim to have considerable experience in such matters. The administration, however, have thought differently. I fully appreciate their difficulty and I admit too, that they can only proceed upon information they receive. As a law-abiding citizen my first instinct would be, as it was, to obey the order served upon me. But I could not do so without doing violence to my sense of duty to those for whom I come. I feel that I could just now serve them only by remaining in their midst. I could not, therefore, voluntarily retire. Amid this conflict of duty I could only throw the responsibility of removing me from them on the administration. I am fully conscious of the fact that a person holding in the public life of India, a position, such as I do, has to be most careful in setting example. It is my firm belief that in the complex constitution under which we are living, the only safe and honourable course for a self-respecting man is, in the circumstances such as face me, to do what I have decided to do, that is, to submit without protest to the penalty of disobedience.

"I venture to make this statement not in any way in extenuation of the penalty to be awarded against me, but to show that I have disregarded the order served upon me not for want of respect for lawful authority, but in obedience to the higher law of our being—the voice of conscience."

अर्थात्, "अदालत की आज्ञा से मैं संक्षेप में यह बतलाना चाहता हूँ कि नोटिस द्वारा जो मुझे आज्ञा दी गई, उसकी अवज्ञा मैंने क्यों की। मेरी समझ में यह स्थानीय अधिकारियों और मेरे मध्य में मतभेद का प्रश्न है। मैं इस देश में राष्ट्रीय तथा मानव-सेवा करने के विचार से आया हूँ। यहाँ आकर उन रैयतों की सहायता करने के लिए, जिनके साथ कहा जाता है कि नीलवर साहब अच्छा व्यवहार नहीं करते, मुझसे बहुत आग्रह किया गया था, पर जब तक मैं सब बातें अच्छी तरह न जान लेता, तब तक उन लोगों की कोई सहायता नहीं कर सकता था। इसलिए मैं, यदि हो सके तो, अधिकारियों और नीलवरों की सहायता से सब बातें जानने के लिए आया हुआ हूँ। मैं किसी दूसरे उद्देश्य से यहाँ नहीं आया हूँ। मुझे यह विश्वास नहीं होता कि मेरे यहाँ आने से किसी प्रकार शांति-भंग या प्राणहानि हो सकती है। मैं कह सकता हूँ कि ऐसी बातों का मुझे बहुत कुछ अनुभव है। अधिकारियों को जो कठिनाइयाँ होती हैं, उनको मैं समझता हूँ और मैं यह भी मानता हूँ कि उन्हें जो सूचना मिलती है, वे केवल उसी के अनुसार काम कर सकते हैं। कानून माननेवाले व्यक्ति की तरह मेरी प्रवृत्ति यही होनी चाहिए थी और ऐसी प्रवृत्ति हुई भी कि मैं इस आज्ञा का पालन करूँ। पर, मैं उन लोगों के प्रति, जिनके कारण मैं यहाँ आया हूँ, अपने कर्तव्य का उल्लंघन नहीं कर सकता था। मैं समझता हूँ कि मैं उन लोगों के बीच में रहकर ही उनकी भलाई कर सकता हूँ। इस कारण, मैं स्वेच्छा से इस स्थान से नहीं जा सकता था। दो कर्तव्यों के परस्पर विरोध की दशा में मैं केवल यही कर सकता था कि अपने हटाने की सारी जिम्मेवारी शासकों पर छोड़ दूँ। मैं

भली-भाँति जानता हूँ कि भारत के सार्वजनिक जीवन में मेरी जैसी स्थितिवाले लोगों को आदर्श उपस्थित करने में बहुत ही सचेत रहना पड़ता है। मेरा दृढ़ विश्वास है कि जिस स्थिति में मैं हूँ, उस स्थिति में प्रत्येक प्रतिष्ठित व्यक्ति को वही काम करना सबसे अच्छा है, जो इस समय मैंने करना निश्चय किया है और वह यह है कि बिना किसी प्रकार का विरोध किए आज्ञा न मानने का दंड सहने के लिए तैयार हो जाऊँ। मैंने जो बयान किया है, वह इसलिए नहीं कि जो दंड मुझे मिलने वाला है, वह कम किया जाय; पर इस बात को दिखलाने के लिए कि मैंने सरकारी आज्ञा की अवज्ञा इस कारण से नहीं की है कि मुझे सरकार के प्रति श्रद्धा नहीं है, बल्कि इस कारण से की कि मैंने उससे भी उच्चतर आज्ञा—अपनी विवेक-बुद्धि की आज्ञा—का पालन करना उचित समझा है।''

अब तक अदालत तथा सरकारी वकीलों का विश्वास था कि महात्माजी कुछ सफाई देंगे। यहाँ पर यह कह देना उचित जान पड़ता है कि १४४ धारा का जो प्रयोग महात्माजी के विरुद्ध किया गया था, वह किसी प्रकार से नहीं किया जा सकता है। अच्छे कानूनी लोगों का विचार था और यह विचार ठीक है कि यदि उस पर बहस होती तो मि. जॉर्ज चंदर चाहे सजा देते भी तो वह फैसला हाई कोर्ट से अवश्य रद्द हो जाता। इसी कारण सरकारी वकील को अपनी किताबों की आवश्यकता थी। पर, इस बयान को सुनकर अदालत थर्रा गई और मजिस्ट्रेट की समझ में यही नहीं आया कि वे अब क्या करें? उन्होंने महात्माजी से बार-बार पूछा कि आप अपराध स्वीकार करते हैं या नहीं? महात्माजी ने उत्तर दिया कि मुझे जो कहना था, मैंने अपने बयान में कह दिया। इस पर हाकिम ने कहा कि उसमें अपराध का साफ इकरार नहीं है। महात्माजी ने कहा कि मैं अदालत का अधिक समय नष्ट करना नहीं चाहता, मैं अपराध स्वीकार कर लेता हूँ। हाकिम और भी घबरा गए। उन्होंने महात्माजी से कहा कि यदि आप अब भी जिला छोड़कर चले जाएँ और न आने का वादा करें तो मुकदमा उठा लिया जाएगा? महात्माजी ने उत्तर दिया, 'यह हो नहीं सकता। इस समय की कौन कहे, जेल से निकलने पर भी मैं चंपारन ही में अपना घर बना लूँगा।' हाकिम यह दृढ़ता देख अवाक् हो गए और उन्होंने कहा कि इस विषय में कुछ विचार करने की आवश्यकता है। आप ३ बजे यहाँ आइए, तो मैं हुक्म सुनाऊँगा। ये सब बातें आधे घंटे के भीतर ही समाप्त हो गईं और महात्माजी मकान पर वापस जाने के लिए तैयार हुए कि इतने में पुलिस के डिप्टी सुपरिंटेंडेंट ने आकर कहा कि आपसे सुपरिंटेंडेंट मिलना चाहते हैं। महात्माजी उनके साथ सुपरिंटेंडेंट के पास गए। वह किसी समय दक्षिण अफ्रीका में रह चुके थे और उन्होंने महात्माजी को दक्षिण अफ्रीका का मुलाकाती बताकर उनसे बहुत बातें कीं। राजकुमार शुक्ल की बहुत शिकायत की और कोठीवालों से महात्माजी की मुलाकात कराने का वादा किया। इसके बाद महात्माजी जिला मजिस्ट्रेट मि. डब्ल्यू. बी. हिकॉक (Mr. W. B. Heycock) से

मिले। उन्होंने इस काररवाई की आवश्यकता पर खेद प्रकट किया और कहा कि आपको पहले मुझसे मिलना चाहिए था। इस पर महात्माजी ने उत्तर दिया कि जब मैं कमिश्नर से मिला था, तब उन्होंने मेरे साथ जैसा बरताव किया, उसके बाद मेरे लिए कैसे उचित था कि मैं फिर आपसे मिलूँ। मजिस्ट्रेट ने महात्माजी से तीन दिनों तक देहातों में जाना बंद करने के लिए कहा और उनकी यह बात महात्माजी ने मान ली।

तीन बजे से कुछ पहले ही महात्माजी मजिस्ट्रेट के इजलास में पहुँच गए। मजिस्ट्रेट ने कहा कि मैं ता. २१-४-१७ को हुक्म सुनाऊँगा और तब तक आप १०० रुपए की जमानत दे दीजिए। महात्माजी ने उत्तर दिया कि मेरे पास कोई जमानतदार नहीं है और न मैं जमानत ही दे सकता हूँ। फिर मुश्किल पड़ी। अंत में मजिस्ट्रेट ने उनसे स्वयं मुचलका लेकर उन्हें जाने की आज्ञा दी। महात्माजी तीन बजे के लगभग डेरे पर लौट आए। वहाँ से आज की काररवाई की सूचना सब मित्रों और पत्रों के पास भेजी गई। इसके साथ ही उन सबसे यह अनुरोध किया गया कि इस विषय में जब तक सरकारी आज्ञा न मालूम हो जाय तब तक किसी प्रकार का आंदोलन नहीं करना चाहिए।

ता. १८-४-१७ को चीफ सेक्रेटरी ने तार द्वारा मि. हिकॉक से मि. गांधी के विषय में रिपोर्ट माँगी, जिसके उत्तर में हिकॉक ने एक रिपोर्ट चीफ सेक्रेटरी के पास उसी दिन भेजी, जिसमें उन्होंने अब तक जो काररवाई की थी, उसका ब्योरा दिया।[1]

---

1. From
   Sri W.B. Heycock, I.C.S.
   District Officer of Champaran

To

The Chief Secretary to the Govt. of Bihar & Orissa, Ranchi.

Dated, Motihari, the 18th April, 1917.

Sir,

As directed in your telegram of today's date, I have the honour to submit the following report with reference to the notice under sec. 144 cr.P.C. which has been issued by the District Magistrate against Mr. Gandhi.

2. On the 13th of April, 1917, I received a D.O. letter and an official letter from the Commissioner copies of which are attached and are marked 1 and 2.

On the 16th of April I was informed by the Deputy Superintendent of Police that Mr. Gandhi had arrived at Motihari by the afternoon train of the 15th of April, 1917 and was putting up with a local pleader by name Babu Gorakh Prasad. I was also informed that he was making preparations to proceed to village Jasauli which is close to Jagiraha Factory where there was a disturbance a short time ago in the course of which Mr. Kemp was assaulted. As soon as I received this information, in compliance with the instructions conveyed to me by the Commissioner on the 13th of April in his D.O. and official letters, I issued a notice under sec. 144 cr.P.C. directing Mr. Gandhi to abstain from remaining in the district and to leave the district by the next train. A copy of the notice under sec. 144 cr.P.C. to which was attached a copy of the Commissioner's official letter received by me on the 13th of April, has already been forwarded to you, I understand by the Commissioner.

इधर मि. मौर्शेड ने भी ता. १८-४-१९१७ को एक पत्र चीफ सेक्रेटरी के पास भेजा, जिसमें उन्होंने आगे क्या कारवाई होनी चाहिए, इस विषय में सरकार से आदेश माँगा।[१]

---

4. The notice was served on Mr. Gandhi the same day and since receipt of the notice Mr. Gandhi has remained in Motihari. On the afternoon of the 16th the same day, I reported the progress of affairs to the Commissioner and asked for further instructions if any.

5. On the 17th I was informed that Mr. Gandhi had not complied with the order under sec. 144 cr.P.C. and had not left the district. I accordingly drew up proceedings under sec. 476 cr.P.C. directing his prosecution under sec. 188 I.P.C. and the same time instructed the S.D.O. Motihari to whom the case under sec. 188 I.P.C. had been made over, not to issue summons until the afternoon train arrived by which train it was possible I might receive further instructions. The same evening about 6-30 P.M., I received a letter from Mr. Gandhi, a copy of which is enclosed, in reply to which I wrote a letter requesting him to remain in Motihari in answer to the summons which was being issued. Mr. Gandhi replied to that letter the same evening (copy enclosed) stating that he would gladly remain in Motihari. The same evening I also sent a telegram to the Commissioner suggesting that an application be made to Government under the Defence of India Act as the most suitable procedure in a case of this kind.

6. On the 18th of April, I received a D.O. from the Commissioner informing me that an application had already been made under that Defence of India Act to Government and that a copy of my note of the 16th was being sent on to you. The hearing of the case under sec. 188 I.P.C. was fixed for this afternoon and the result will be reported in due course.

7. As regards the notice under sec. 144 cr.P.C., it was issued in obedience to the instructions of the Commissioner conveyed in his official letter of the 13th of April, 1917.

8. I have just been informed that Mr. Gandhi has pleaded guilty in the case against him under sec. 188 I.P.C. I sent for Mr. Gandhi and he has been to see me. He will not leave the district but at my request he has agreed not to leave Motihari for the Mofussil before Saturday 7 A.M. when he has promised to see me again. I asked him to give me this assurance to enable me to obtain orders of Government before then as to whether the Defence of India Act is to be applied or not. The Subdivisional Magistrate has postponed passing orders in the case until Saturday and I have instructed the Government Pleader to move the Court to pass a nominal sentence.

I have the honour to be,
Sir,
Your most obedient servant
Sd. W.B. Heycock

No. 261 PM

१. From

The Hon'ble Mr. L.F. Morshead, I.C.S.,
Commisioner of the Tirhut Division.

To

The Chief Secretary to Government,
Bihar & Orissa,
Government Camp

Muzaffarpur, the 17th/18th April, 1917.

Sir,

In continuation of my no. 259 P.M. of the 16th April on the subject of Mr. Gandhi's

मि. हिकॉक ने ता. १९-४-१७ को बिहार सरकार के पास मि. गांधी के आने की तथा उनपर जो काररवाई की गई थी, उसके विषय में तार द्वारा सूचित करके उनको सजा देने के संबंध में २१ अप्रैल से पहले आदेश माँगा और यह राय दी कि कचहरी उठने तक की उन्हें जेल की सजा दी जाय।[१]

---

enquiry, I have the honour to enclose a note from Mr. Heycock, the District Magistrate of Champaran, with regard to Mr. Gandhi's proceedings at Motihari. It will be seen that Mr. Gandhi, without consulting the District Magistrate or any other local officer, set out on the morning following his arrival for a village in which there has recently been a disturbance and assault upon a factory Manager, resulting in a case that is now under trial. Upon being served with a notice under section 144 C.P.C. he announced his intention of disregarding it. I have directed the D.M. not to take proceedings under sec. 188 I.P.C., because it might be difficult to establish a case under this section, whilst a prosecution would give Mr. Gandhi an advertisement which, it would doubtless suit his purpose to obtain his ill-advised choice of a locality where feeling is already inflamed in which to commence his enquiry, coupled with his omission to consult the District Magistrate before going, and his refusal to comply with the order under section 144 C.P.C. confirm the view which I have already submitted, that it is quite unsafe to leave him free to follow his own devices. Taking all his proceedings together it is quite plain that it has been his intention throughout to force his enquiry without regard to administrative considerations. I have the honour accordingly to suggest that the orders of Government may be communicated at the earliest possible moment, and in the interval am requesting the District Magistrate to have Mr. Gandhi's movements watched.

I have the honour to be,
Sir,
Yours faithfully,
L.F. Morshead

१. Telegram

Dated 19.4.17
State-Express

To
Bihar
Camp Puri

Gandhi saw Commissioner in Muzaffarpur, who directed him not to come to Champaran, Commissioner in official letter, dated thirteenth, ordered me if Gandhi came without sanction to issue notice under section 144 directing him to leave the district. Gandhi came without sanction fifteenth afternoon stop. I received information of his arrival on sixteenth morning and information that he was actually on his way to the interior. He had not been to see me stop. As ordered by Commissioner, I issued notice section 144 Gandhi overtaken by police officer who requested him to see District Magistrate returned Motihari and was at once served with notice. Gandhi did not then come to see me but wrote letter refusing to leave district. I reported issue of notice by wire to Commissioner and sent same day note to Commissioner. Giving particulars to date and asking instructions stop. Seventeenth I delayed issuing process section 188,

उधर तार पाते ही बाबू ब्रजकिशोर प्रसाद कलकत्ता से चल पड़े और ता. १८-४-१७ को सवेरे ५ बजे पटना पहुँचे। उसी समय उन्होंने मि. पोलक और मि. हक से मुलाकात की और यह निश्चय हुआ कि मि. हक भी मोतिहारी चलें। बाबू अनुग्रह नारायण सिंह वकील तथा बा. शंभूशरण वर्मा वकील भी साथ हो लिये। पटना से ७ बजे सवेरे की गाड़ी से रवाना होकर मि. पोलक, मि. हक, बाबू ब्रजकिशोर, बाबू अनुग्रह नारायण, बाबू शंभूशरण और लेखक रास्ते में महात्माजी की बातें मि. पोलक से सुनते हुए तीन बजे मोतिहारी पहुँचे। जो काररवाई मुकदमे में हो चुकी थी, सब वहाँ पहुँचने पर सुनने में आई और ऐसा खयाल होने लगा कि शायद मुकदमा उठा लिया जाएगा और बात आगे न बढ़ने पायगी। पर, साथ ही यह भी निश्चय हुआ कि अगर मुकदमा कहीं उठाया नहीं गया और महात्माजी को किसी प्रकार की सजा मिली तो उस अवस्था में भी काम भी जारी रखना होगा। नवागत लोग पहले की बीती हुई बातों से सूचित किए गए और सब लोग ७.३० बजे संध्या के लगभग इकट्ठे होकर आगे की काररवाई पर विचार करने लगे। यहाँ भी फिर वही प्रश्न उठा कि महात्माजी के जेल चले जाने के बाद क्या होगा? इसमें तो संदेह नहीं था कि काम जारी रखना होगा; पर यदि जारी रखने में जेल की नौबत आई तो क्या किया जाएगा? बाबू धरणीधर तथा बाबू रामनवमी का निश्चय सुनकर नवागत लोगों का भी साहस बढ़ गया और एक स्वर से सभी ने कहा कि आवश्यकता पड़ने पर हम भी पीछे नहीं हटेंगे। जिस समय ये लोग आपस में इस बात पर विचार कर रहे थे, महात्माजी वहाँ नहीं थे। जब इन लोगों ने इसका निश्चय कर लिया, तब महात्माजी को वहाँ बुलाकर यह कह दिया गया। वह आनंद से गद्गद हो गए और मि. पोलक भी सुनकर बहुत खुश हुए। अंत में महात्माजी ने कहा कि कार्यक्रम

---

pending instructions. In the evening Gandhi notified me he intended to leave for interior next morning 3 A.M. if summons not issued stop. Summons served immediately case taken up on eighteenth. Gandhi pleaded guilty. Gandhi then saw me and at my request undertook to remain in Motihari until Saturday twenty-first and then see me again within which time I promised to obtain if possible Government orders stop. On seventeenth recommended Commissioner by wire to apply Defence of India Act as more suitable procedure am informed by Commissioner that he has applied. Have instructed Government Pleader to apply for nominal sentence in section 188 case stop. Gandhi will not pay fine but prefer imprisonment stop. If nominal sentence passed, imprisonment until rising of Court obviously most suitable. Kindly wire instructions before twentyfirst, date fixed for order in case under section 188. Am informed that since issue of notice Braj Kishore, Mazharul Haq, Polak, besides other pleaders, joined Gandhi at Motihari. The men named left last night. Their prompt arrival in Motihari suggests official opposition to Gandhi's visit forseen and provided for visit forseen and provided for visit of Gandhi has caused intense excitement throughout district.

W.B.

Heycock
District Magistrate

बना लेना उचित है। स्थिर हुआ कि यदि महात्माजी जेल चले जाएँ तो मि. हक, बाबू ब्रजकिशोर प्रसाद इस दल के नेता बनें और इस बात की सूचना सरकारी कर्मचारियों को दे दें। यदि वे भी किसी तरह से हटा दिए जाएँ तो बाबू धरणीधर और बाबू रामनवमी प्रसाद इस काम का भार अपने ऊपर लें। जब वे भी हटा दिए जाएँ तो लेखक और बाबू शंभूशरण और अनुग्रहनारायण सिंह इस काम को जारी रखें। आशा की गई कि इन तीनों दलों के हटाते-हटाते और लोग भी आ जाएँगे और उनके आने पर आगे का कार्यक्रम ठीक कर लिया जाएगा। इसी निश्चय के अनुसार मि. हक और ब्रजकिशोर प्रसाद का पटना तथा दरभंगा जाना स्थिर हुआ कि अपने घर का सब प्रबंध इत्यादि ठीक कर ता. २१-४-१७ तक जो हुक्म सुनाने का दिन था, आ जाएँ। मि. हक को एक मुकदमा गोरखपुर में था और वे वहीं से ता. २१-४-१७ की संध्या या २२-४-१७ की सुबह की गाड़ी से आ जाने वाले थे। मि. हक ने एक लंबा तार बड़े लाट की सेवा में यहाँ की सब हालत के वर्णन के साथ भेज दिया। रात की गाड़ी से मि. पोलक, मि. हक और बाबू ब्रजकिशोर प्रसाद मोतिहारी से रवाना हुए।

ता. १९-४-१७ से झुंड-के-झुंड रैयत आने लगे और महात्माजी के सहकारी उनके बयान लिखने लगे। महात्माजी भी स्वयं किसी-किसी का बयान लिख लेते थे और दूसरों से लिखे हुए बयानों को पढ़ लिया करते थे। बयान लिखनेवाले को कह दिया गया था कि जहाँ तक हो सके, रैयतों से जिरह करके जो बातें सच्ची प्रतीत हों, उन्हीं को लिखना और यदि कोई बात ऐसी जान पड़े, जिसमें शीघ्र जाँच की आवश्यकता हो तो उसकी सूचना महात्माजी को देना। बयान लिखनेवाले एक तरफ रैयतों की दुःख-कहानी लिख रहे थे और उधर पुलिस के दारोगाजी दूसरी तरफ बैठकर अपना नोट तैयार कर रहे थे। आज भी हिंदुस्तान के भिन्न-भिन्न प्रांतों से बहुत तार आए। आज तक जो काररवाई हुई थी, उसका सारांश सब मित्रों के पास लिखकर महात्माजी ने भिजवा दिया। आज ही तीन बजे दोपहर को मि. सी.एफ. एंड्रूज (Mr. C.F. Andrews) आ पहुँचे। चंपारन के लोगों को उनसे मिलने का कभी सौभाग्य नहीं प्राप्त हुआ था और कभी ऐसे किसी दूसरे अँगरेज को भी चंपारनवालों को देखने का मौका नहीं मिला था। उनका सादा लिबास, सीधी बातें और सबसे बढ़कर प्रेम देखकर सभी मुग्ध हो गए। महात्माजी ने उनसे सब बातें कह सुनाईं और वह उसी दिन कलक्टर से मिलने गए, पर मुलाकात नहीं हुई। अब तक सभी कोई बाबू गोरखप्रसाद के मकान में ठहरे थे, पर लोगों की संख्या बढ़ जाने के कारण और यह विचार करके कि यह काम बहुत दिनों तक चलने वाला है, एक स्वतंत्र मकान ले लेना उचित समझा गया। बाबू रामदयाल प्रसाद ने, जो वहाँ के प्रसिद्ध साहू घराने के एक उत्साही नवयुवक हैं, एक मकान भी ठीक कर लिया। सब लोगों का दूसरे मकान में जाना निश्चित हुआ। महात्माजी की आज्ञा हुई कि आज ही वहाँ चलना चाहिए और सब लोग रात को

प्राय: १० बजे नए मकान में चले गए। यहाँ पर यह कह देना अनुचित नहीं होगा कि जब तक महात्माजी और उनके सहकारी चंपारन में रहे, साहू घराने के लोगों ने सब प्रकार की सहायता दी।

उधर पटना में मि. पोलक पहुँचे। वहाँ बिहार प्रांतीय सभा की बैठक माननीय रायबहादुर कृष्ण सहाय की अध्यक्षता में हुई। उसमें मि. पोलक ने चंपारन का सब हाल कह सुनाया और सब नेताओं से चंपारन जाने का अनुरोध किया। वहाँ पर निश्चित हुआ कि इस काम में महात्माजी की हर प्रकार से सहायता की जाय।[1]

---

१. इसका ब्योरा पटना के अखबार Express में इस प्रकार प्रकाशित हुआ—
The Express, Bankipur, Saturday, April 21, 1917
MR. POLAK IN BANKIPUR
PROVINCIAL ASSOCIATION MEETING

On Wednesday night a meeting of the Behar Provincial Association was held in Dunda Singh's Thakurbari & the whole thing about Mr. Gandhi's visit to Muzaffarpur and Motihari was considered. As Mr. Polak was expected back on Thursday from Motihari the meeting was adjourned to Thursday evening. On Thursday, Mr. Polak did come and the meeting was held on the grounds of the Jubilee Club under the presidency of the Hon'ble Rai Bahadur Krishna Sahay. Among others present were the Hon'ble Mr. **Mazharul Haq**, Mr. Sachchidananda Sinha, Khan Bahadur Sarfaras Hussain Khan, Babu Ganesh Dutt Singh, Babu Jadunath Banerjee, Dr. S. Mahmud, Pandit Awadh Behari Chawbey, Mr. Chanderbanshi Sahay, Babu Bidyanath Narayan Singh, Babu Lachmi Narayan Verma, Babu Murari Prasad, Maulvi Mohammad Hafiz, Babu Sant Prasad, Babu Shiwanandan Rai, Rai Tribhubannath Sahay, Babu Harnandan Sahay and Babu Mahadeo Prasad. The president first introduced Mr. Polak to the meeting and said a few words about the secret mission of Mr. Gandhi and the urgent necessity of the educated Beharis for taking up the work of Mr. Gandhi in case he was sent to jail or interned. The Hon. Mr. Krishna Sahay then read out the notice issued to Mr. Gandhi, the Divisional Commissioner's letter and Mr. Gandhi's reply. Mr. Polak was then called upon to state what had happened in Motihari. Mr. Polak said that all the details were in the papers already. Mr. Gandhi by his readiness to go to jail by pleading guilty seemed to have upset the local officials and the case against him had been postponed to Saturday (to-day) next. The officials were possibly waiting for instruction from higher authorities. Mr. Gandhi had sent a telegram of protest to the Viceroy and the Hon. Mr. Mazharul Haq who was at Motihari to help Mr. Gandhi had also sent telegrams of protest to the Viceroy and the Lieutenant Governor. Mr. Braj Kishore Prasad of Darbhanga and several others are already with Mr. Gandhi at Motihari but some more of the wellknown leaders of Bihar ought to go there to see Mr. Gandhi before he went to jail on Saturday. Mr. Polak then explained the situation and urged the Biharee leaders to do their duty. Babu Baidyanath Narayan Singh, M.L., said that he was in Motihari for a long time as he had practised there as a pleader. He knew what the troubles of the ryots there were in the Lucknow Congress one of the ryots described the sufferings and every one was moved by the description. A large number of delegates went to Mr. Gandhi and urged him to take up the enquiry. It was at their

इसी बीच में ता. १९-४-१९१७ को बिहार सरकार ने मि. मौर्शेड का ता. १६-४-१९१७ का पत्र पाकर मि. गांधी के प्रति उनकी काररवाई पर अप्रसन्नता प्रकट करते हुए यह तार भेजा—

"Telegram no. 49 C.T. dated the 19th April, 1917 from Bihar Government to the Commissioner of the Tirhut Division, Muzaffarpur.

Lieutenant-Governor-in-Council regrets that in a matter certain to become cause celebre you acted without previously ascertaining his views. There is nothing in your letter to show that Gandhi intended to stir up trouble and it would have been far better to let him see officers concerned and visit

---

request and at their representations that Mr. Gandhi had gone to Motihari. The speaker then recounted how Mr. Maheswar Pd. the editor of the 'Beharee', was dismissed for writing some articles against the planters.

Babu Baidyanath Narayan Singh urged all the Beharee leaders to go at once to Motihari. He himself would go to relieve Babu Rajendra Prasad who was at Motihari.

It was then unanimously agreed that the following telegram of protest against the high-handed proceedings stopping Mr. Gandhi from making enquiries into the Champaran ryots' grievances should be sent at once by the Association to the Viceroy and the Lieutenant Governor.

TELEGRAM

"Behar Provincial Association under presidentship of Hon. Krishna Sahay unanimously recorded that Mr. Gandhi had come to Tirhut at the request of several leading Beharee public men and not without credentials as implied in the letter of Commissioner of the Tirhut Division and further resolved to respectfully, but emphatically protest against action of the District Magistrate, Champaran, under Commissioner's instructions which calculated to interfere with the duties of the public men. Association requests His Excellency's and Honour's kind intervention as feeling created throughout India already getting intense—Chandrabanshi Sahay, Assistant Secretary."

It was further unanimously resolved that the Hon'ble Messrs. Haq, Hon'ble Rai Bahadur Krishna Sahay, Mr. S. Sinha, Babu Ganesh Dutt Singh and Mr. Hassan Imam (the last gentleman was elected conditionally as he was absent from the meeting) must proceed at once to Motihari to support Mr. Gandhi. As there is no train at night the leaders, it was settled, would, if possible proceed, on Friday by the 2 P.M. train or on Saturday morning. The Hon'ble Rai Bahadur Krishna Sahay said he would go on Saturday morning. Mr. Sinha said if he could finish his work by 2 P.M. on Friday he would go by the 2 P.M. train. Babu Ganesh Dutt Singh might start on Saturday morning. As Mr. Hassan Imam was out of the town nothing was settled about him.

It was the sense of the meeting that the old and recognised leaders must go in addition to others who were young and who might easily go in large numbers.

With a vote of thanks to Mr. Polak and the chair the meeting dissolved.

Mr. Polak proceeded the same night to Allahabad.

spot after warning him that he would be held responsible for any disturbance that might ensue. His Honour in Council cannot agree to pass order under Defence of India Rules until reasonable grounds are adduced to show that Gandhi is about to act in manner prejudicial to public safety. Magistrate should be advised to withdraw order under sec. 144 Cr. P.C. He has been instructed to take no further action undr section pending communication from you."

भावार्थ—"तार १९-४-१९१७

सरकार को इस बात का दुःख है कि बिना उनकी राय के आपने ऐसी काररवाई की है, जिससे उलझन पैदा होना अवश्यंभावी था। आपके पत्र में कोई ऐसी बात नहीं है, जिससे मालूम हो कि मि. गांधी कोई फसाद पैदा करना चाहते हैं। ऐसी अवस्था में यह कहीं अच्छा होता कि उनको वहाँ जाने दिया जाता और कर्मचारियों से भेंट करने दिया जाता, अलबत्ता उनको इस बात से सतर्क कर दिया जाता कि यदि कोई फसाद होगा तो उसकी जवाबदेही उनकी होगी। सरकार इस बात पर सहमत नहीं है कि उनके विरुद्ध डिफेंस ऑफ़ इंडिया रूल के अंतर्गत कोई हुक्म दिया जाय, जब तक कि उसका ऐसा कोई आधार न हो, जिससे यह मालूम हो कि मि. गांधी अपनी काररवाई द्वारा जनसाधारण में अशांति फैलाना चाहते हैं। चंपारन के जिला-मजिस्ट्रेट को हिदायत कर देनी चाहिए कि वह १४४ धारा के अंतर्गत जो हुक्म जारी हुआ है, उसको उठा ले। सरकार से उनको यह सूचना भेजी जा चुकी है कि इस विषय में आगे कोई काररवाई न करें, जब तक कि वह आपका पत्र न पा लें।"

बिहार सरकार ने एक तार मोतिहारी के जिला मजिस्ट्रेट के पास भी ता. १९-४-१९१७ को भेज दिया, जिसमें उन्होंने यह आदेश दिया कि मि. गांधी को हर प्रकार से उनकी जाँच में सुविधा देनी चाहिए, पर उन्हें इस बात से सतर्क कर देना चाहिए कि वह ऐसी कोई काररवाई नहीं करें, जिससे शांति भंग हो।

इस विषय में ता. १९-४-१७ को सरकार की ओर से कमिश्नर तथा मोतिहारी के कलक्टर के पास निम्नलिखित तार भेजा गया—

"Telegram no. 53 C.T.D/-19/4/1917 from Bihar to the Commissioner of the Tirhut Division, Muzaffarpur.

Following telegram issued to District Magistrate, Motihari begins Mr. Gandhi should be given facilities for obtaining information regarding facts of agrarian situation as for example from Settlement Officer and Manager of Bettiah but should be told that raiyats are in excitable state and warned not to take any action likely to result in breach of peace."

भावार्थ—"मि. गांधी को वहाँ के रैयतों के विषय में सूचना प्राप्त करने में वहाँ के सेटलमेंट अफसर तथा बेतिया राज के मैनेजर जैसे अफसरों द्वारा हर प्रकार की सुविधा देनी चाहिए, पर उन्हें इस बात से सतर्क कर देना चाहिए कि वह ऐसा कोई काम

न करें, जिससे शांति भंग होने की संभावना हो।

इसी सिलसिले में बिहार सरकार की ओर से मि. मैकफर्सन ने ता. २०-४-१९१७ को एक गोपनीय पत्र मि. मौर्शेड के पास भेजा, जिसमें उन्होंने लिखा—

Bihar & Orissa Govt. Camp
The 20th April, 1917

D.O. No. 55 C.T.

My dear Morshead,

I have laid your office letter no. 259/P.M. dated the 16th/17th April regarding Mr. Gandhi before Govt. and am desired to convey the following observations of the Lieutenant-Governor-in Council in continuation of my telegrams of the 18th & 19th instant (post copies enclosed).

2. His Honour-in-Council considers that in your dealings with Mr. Gandhi you did not go about the matter in the right way. Mr. Gandhi came professedly to obtain information regarding the Champaran situation and expressed wish to proceed with the cognizance and if possible the co-operation of the local officers. However, much you might have distrusted his professions, you had nothing definite to go upon. You should therefore have taken him at his word and given him every facility to obtain the information sought by him. After explaining the general situation to him, as you did, you might have given him letters of introduction to the Collector, the Settlement Officer, the Manager of Bettiah and the other local officers who might have supplemented your information and shown him the actual conditions and the difficulties attending their solution. You would then have been in a much stronger position to deal with him had he afterwards set himself to stir up troubles.

3. In his Honour-in-Council's opinion you made a mistake in calling upon Mr. Gandhi for credentials which was a way of cold-shouldering him, and keeping him waiting in Muzaffarpur till you had made a reference to Government, a reference which you should have made immediately, specially in view of the action you were contemplating, but which apparently you did not make till five days after his visit. In the circumstances it was not unnatural that he got tired of waiting and slipped away. He probably thought that you had displayed no great desire to help him.

4. His Honour-in-Council, however, considers that you made a still greater mistake in that, without ascertaining the views of Government or even waiting for Mr. Gandhi's production of his credentials, you issued an anticipatory instruction to the District Magistrate of Champaran to keep an order under section 144 Cr. P.C. ready waiting for Mr. Gandhi should he arrive in Motihari. Such an order, as you yourself practically admit, was of doubtful legality, and issued in anticipation of an order by the Local Govt. under rules of the Defence of India Rules. It could only have the effect either of committing the Local Government to the course recommended or of placing them in the unpleasant

position of having to repudiate your action.

5. You have given no evidence whatever to show that Mr. Gandhi was animated by sinister motives, nor had the Local Govt. any reason to dread the results of an enquiry by him. For the last three years we have been endeavouring through the settlement operations to let in the light of day on the admitted agrarian difficulties of Champaran; the proceedings have been open and the results are, or in the ordinary course of business, will be known to the public, and the Local Govt. have no reason to anticipate an unfavourable verdict on the fairness of the action taken by them.

6. It was of course, and still, is, necessary to warn Mr. Gandhi that certain parts of the district are in an inflammable condition and that any enquiries he may make must be made prudently and with great circumspection, lest raiyats should be excited by undue hopes or by sympathetic utterances which might be constructed as an endorsement of imaginary grievances. But the course adopted by you was just that which was most calculated to intensify suspicion and create an impression that Govt. wanted to stifle enquiry and it has produced the embarrasing position mentioned in your telegram received yesterday that Mr. Gandhi awaits conviction under sec. 188 I.P.C. and sentence is deferred pending the order of Govt. As shown by the readines with which he pleaded guilty to a charge against which he must have known he had a good defence on the ground that the order under section 144 was urgent. Mr. Gandhi is doubtless eager to adopt the role of martyr which as you know he has already played in South Africa and nothing perhaps would suit him better than to undergo a term of imprisonment at the hands of an 'unjust' magistracy. This was a development which, knowing Mr. Gandhi's record, you might have anticipated.

7. In the circumstances His Honour in Council has no alternative but to direct the abandonment of the proceedings taken against Mr. Gandhi. He fully recognises the fact that Mr. Gandhi will thus appear to have gained a victory over the local officials, and, if he is disposed to cause trouble, will be in a better position to do so but this is unavoidable. The order issued under section 144 cr.P.C. was ultra-vires and an action cannot be taken under the Defence of India Rules unless and until Mr. Gandhi does something to justify such action.

Orders have now been issued to Heycock to afford Mr. Gandhi such assistances and guidance in the pursuit of his enquiries as may be obtainable from the local officers and at the same time to warn him not to take any action likely to result in a breach of the peace. This is all that can be done now to retrieve the mistake that have been made in the treatment of the case, and I am to express the hope that you and the local officers will do your best loyally to carry out the present orders.

A very difficult and delicate situation has now arisen and it will have to be handled with great tact, care and circumspection. If after the warnings given to him, Mr. Gandhi does anything, by rash speeches or otherwise, likely to provoke a disturbance, the time will have come to consider whether coercive measures should be adopted against him. But unless a serious and emergent situation arises the orders of Govt. should be obtained by telegram before definite action is takeen.

Yours sincerely,
Sd. H.McPherson

भावार्थ—''मैंने आपका पत्र संख्या २५९ पी.एम. ता. १६-१७ अप्रैल का मि. गांधी के संबंध में गवर्नमेंट के समक्ष रखा। उस विषय का जो तार मैंने १८-१९ तारीख को भेजा है, उसी सिलसिले में मैं निम्नलिखित सरकारी विचार भेज रहा हूँ।

२. सरकार समझती है कि मि. गांधी के खिलाफ जो काररवाई की गई है, वह ठीक नहीं है। जाहिरा तौर पर मि. गांधी चंपारन की स्थिति के बारे में जानकारी हासिल करने आए थे और उन्होंने यह इच्छा प्रकट की थी कि वे यह काम स्थानीय सरकारी कर्मचारियों के सामने, और हो सके तो उनके सहयोग से, करना चाहते थे। उनकी बातों पर आपको चाहे कितना ही अविश्वास हो, किंतु उनके खिलाफ काररवाई करने के लिए आपके पास कोई आधार नहीं था। इसलिए आपको उनपर विश्वास करना चाहिए था और जो जानकारी वे प्राप्त करना चाहते थे, उसके हासिल करने में आपको सहायता करनी चाहिए थी। उन्हें वहाँ की स्थिति समझाकर, जैसा कि आपने किया था, आपको उन्हें जिलाधीश, सेटलमेंट अफसर, बेतिया राज के मैनेजर और दूसरे अधिकारियों के नाम परिचय-पत्र देना चाहिए था। ये लोग उन्हें वहाँ के हालात के बारे में और वहाँ की समस्या को सुलझाने में जो कठिनाइयाँ हैं, उनके संबंध में कुछ और बता सकते। यदि मि. गांधी तब भी फसाद करने पर उतारू होते तो उनके खिलाफ काररवाई करने के लिए आपके हाथ अधिक मजबूत हो जाते।

३. सरकार की यह धारणा है कि मि. गांधी से प्रमाण-पत्र माँगना आपकी भूल थी। ऐसा करना उनकी अवहेलना थी और उनको मुजफ्फरपुर में रोके रखने का एक बहाना था, ताकि आप इस विषय में सरकार को सूचना दे सकें। यह सूचना आपको उनके आने पर तुरंत ही सरकार को देनी चाहिए थी, विशेषकर जब आप उनके विरुद्ध काररवाई करने का विचार कर रहे थे। किंतु, वास्तव में यह सूचना आपने उनके आगमन के पाँच रोज बाद दी। ऐसी अवस्था में यह अस्वाभाविक नहीं था कि वे तंग आकर वहाँ से खिसक गए। संभवतः, उन्होंने यह सोचा कि आपकी इच्छा उनकी मदद करने की नहीं है।

४. सरकार का विचार है कि इससे भी बढ़कर आपने यह गलती की कि सरकार का मत जाने बिना और मि. गांधी द्वारा प्रमाण-पत्र देने से पहले ही आपने चंपारन के

जिलाधीश को आदेश दे दिया कि वे मि. गांधी के मोतिहारी पहुँचते ही १४४ धारा का नोटिस जारी कर दें। जैसा कि आप स्वयं स्वीकार करते हैं, यह संदिग्ध है कि यह आदेश कानूनन जायज था। आपने अपनी आशंकाओं के कारण ऐसा हुक्म इस उम्मीद से जारी किया था कि सरकार पीछे डिफेंस ऑफ इंडिया रूल के अंतर्गत हुक्म जारी कर ही देगी। इसका परिणाम यही हो सकता था कि या तो आप अपने सुझाए हुए कार्य को अपनाने के लिए प्रांतीय सरकार को बाध्य करते अथवा उसे इस दु:खद स्थिति में डालते कि वह आपके द्वारा की गई कारखाई को अस्वीकार कर दे।

५. आपने इस बात का कोई सबूत नहीं दिया कि मि. गांधी का आगमन किसी बुरी नीयत से था और न ही सरकार को इस जाँच से डरने का कोई कारण था। गत तीन वर्षों से स्वयं सरकार की ओर से सर्वे सेटलमेंट की कारखाई चंपारन के रैयतों की कठिनाइयों के विषय में जानकारी हासिल करने के लिए हो रही है। यह कारखाई खुलेआम हो रही है और इसके बारे में सभी लोग जानते हैं। सरकार को ऐसी आशंका करने की जरूरत नहीं कि इसका फल सरकार के प्रतिकूल होता अथवा सरकार की कारखाई के औचित्य को संदेहात्मक बना देता।

६. इसमें संदेह नहीं कि मि. गांधी को इस बात की चेतावनी देना आवश्यक था कि चंपारन जिले के कुछ भाग की हालत ऐसी है, जहाँ अशांति की आग भड़क सकती है और उन जगहों पर जाँच बहुत होशियारी के साथ करने की आवश्यकता है, जिससे कि सहानुभूति और आशापूर्ण भाषणों को सुनकर उनमें उत्तेजना पैदा न हो जाय और सहानुभूति को किसान लोग अपनी काल्पनिक शिकायतों की पुष्टि न समझ लें। किंतु, आपने जो कारखाई की, उसका सबसे अधिक प्रभाव यह होगा कि संदेह की भावना और गहरी हो जाएगी और लोगों पर ऐसा असर पड़ेगा, मानो सरकार जाँच को दबा देना चाहती है। इसके कारण वही परेशानी की हालत पैदा हो गई है, जो आपके कल के तार से जाहिर है, अर्थात् १८८ दफा पेनल कोड के अनुसार मि. गांधी को सजा मिलने को है और फैसला सरकारी आज्ञा के इंतजार में रोका गया है। इस बात को जानते हुए कि १४४ दफा के हुक्म के भंग करने के अपराध के विरुद्ध उनके पास अच्छा बचाव था, उन्होंने जिस तत्परता के साथ अपना कसूर मान लिया है, बेशक इस बात का प्रमाण है कि जैसा उन्होंने दक्षिण अफ्रीका में शहीद बनने का काम किया था, वही यहाँ भी करना चाहते हैं और इस दृष्टि से एक 'अन्यायी' मजिस्ट्रेट के हाथ जेलखाना भेजे जाने से बढ़कर उनके हाथ में दूसरा हथियार नहीं हो सकता है। मि. गांधी के पूर्व इतिहास को जानते हुए आपको समझ लेना चाहिए था कि वे वैसा ही करेंगे।

७. ऐसी अवस्था में सरकार को यह हुक्म देने के अतिरिक्त और कोई दूसरा उपाय

नहीं है कि जो मुकदमा मि. गांधी पर चलाया गया है, उसको वापस ले लिया जाय। सरकार इस बात को पूरे तौर से समझती है कि इसमें मि. गांधी स्थानीय कर्मचारी के ऊपर अपनी जीत समझेंगे और यदि वे कोई उपद्रव करना चाहें तो इसके कारण और अधिक अच्छी तरह से कर सकते हैं; पर ऐसा करना सरकार के लिए अनिवार्य है। जो हुक्म दफा १४४ के अनुसार जारी किया गया था, वह नाजायज है और डिफेंस ऑफ इंडिया रूल के अनुसार कोई काररवाई नहीं की जा सकती है, जब तक कि मि. गांधी ऐसा कोई काम नहीं करें, जिसमें वह नियम लागू हो सके। मि. हिकॉक को हुक्म दिया गया है कि वह मि. गांधी को उनकी जाँच में मदद दें और साथ-साथ उन्हें हिदायत कर दें कि वह ऐसी कोई काररवाई नहीं करें, जिससे अशांति पैदा हो। इस काम में जो गलती हो चुकी है, उसको सुधारने के लिए इस काररवाई के अलावा दूसरा कोई उपाय नहीं है। मुझे आशा है कि आप तथा अन्य स्थानीय अधिकारी इस हुक्म की पूरी तरह से तामील करेंगे।

इस समय एक बहुत कठिन और नाजुक स्थिति पैदा हो गई है। और, इसका मुकाबला बहुत सतर्कता और होशियारी से करना होगा। यदि चेतावनियों के बाद भी मि. गांधी अपने अनुचित भाषण तथा और किसी काररवाई से ऐसी हालत पैदा कर दें, जिससे फसाद की आशंका हो, उस समय यह सोचा जाएगा कि उनपर कोई काररवाई की जाय या नहीं। पर, जब तक कि उनकी काररवाई से अवस्था आपत्तिजनक न हो जाय, सरकार से तार द्वारा अनुमति लिये बिना उनके विरुद्ध कोई काररवाई न की जाय।''

भवदीय

एच्. एम्. मैकफरसन

इस पत्र के उत्तर में मि. मौर्शेड ने ता. २४-४-१९१७ को सरकार के पास एक पत्र[१]

D. O. No. 271 M.

1. The 24th April, 1917

My dear McPherson,

Your D.O. No. 55 C.T. of the 20th April regarding Gandhi's enquiry. I have expressed regret for embarrassing Government in a previous letter, and will not therefore revert to the subject.

2. I enclose a letter from Heycock showing that the enquiry is proceeding, and that Gandhi is getting all the help he requires.

3. I enclose a confidential note from an officer* who is in a position to give me useful information. I have promised not to give the names of his informants, but can say that the information is at first hand. As such it merits attention. The first point I wish to make is that the enquiry, if the information is correct, is to be made on much more elaborate lines than was ever indicated in Mr. Gandhi's first letter to me. The

* I will give his name separately if required but i do not want it exposed, as his sources of information may dry up, if it were.

भेजा, जिसमें उन्होंने यह कहा कि 'उन्हें गोपनीय सूत्र से मालूम हुआ है कि मि. गांधी जाँच विस्तार रूप से करना चाहते हैं और दूसरी बात यह है कि यदि उनके मंतव्य के विषय में सरकार को जानकारी थी तो इसकी सूचना स्थानीय अधिकारियों को पहले ही मिल जानी चाहिए थी।' उन्होंने आगे यह लिखा कि सरकार ने जो दोषारोपण मुझपर किया है उसको मैं बुरा नहीं मानता; पर मेरे सामने तो ब्रजकिशोर प्रसाद का कमीशन नियुक्त करने के विषय में वह प्रस्ताव था, जिसको सरकार ने अस्वीकार कर दिया था। इसी कारण से मैंने ऐसी काररवाई की। मैं समझता था कि मि. गांधी द्वारा जाँच एक गैर-सरकारी जाँच थी, जो ऐसे कमीशन की जाँच के मुकाबले में कहीं खराब थी। यदि सरकारी नीति में कुछ परिवर्तन हुआ था तो मुझे इसकी सूचना पूर्व ही मिलनी चाहिए थी।'

इस पत्र के उत्तर में मि. मैकफरसन ने ता. २८-४-१९१७ को एक पत्र[१] मि. मौर्शेड के पास भेजा, जिसमें उन्होंने लिखा कि 'सरकार यह जानना चाहती है कि

---

second point is that if there was actually a semi-official cognizance of his mission outside the province as the information implies, I think a warning might have been communicated to us local officers through the proper channel before Gandhi came. I do not resent the Censure Government has laid upon my action, but only wish to urge that what I mainly had before me was that Braj Kishore Prasad's resolution for a commission to be appointed by Government had been disapproved; here was, as my conversation with Gandhi elicited, practically an unofficial commission which seemed to me to merit approval still less, and if it carried any semi-official cognizance, I think I should have had some warning of the change of view. I presume that Government had no more information than I had myself.

4. Gandhi's assistants will have the same help as himself subject to the approval of Government.

The Hon'ble Mr. H. McPherson, I.C.S.,
Chief Secretary to Government,
Bihar & Orissa, Ranchi.

Bihar & Orissa Government
Camp

१. 28 April, 1917

D.O. No. 116 C.T.

My dear Morshead,

Your D.O. No. 271/P.M. dated 24th instant about Mr. Gandhi's case.

His Honour in Council would be glad to know who your confidential informant is and this may be communicated to me secretly. The name will be kept off the record.

As you surmise, Government has no more information beforehand than you had regarding Mr. Gandhi's mission, the first mentions of which appeared in your last fortnightly report. We expected that you would report the result of the interview which he had with you on the 12th instant and the actions you proposed to take. You were greatly in error in thinking that you could stifle Mr. Gandhi's enquiry by action under

आपके वह कौन विश्वासी मुखबिर थे, जिन्होंने मि. गांधी के संबंध में खबर दी थी। उनका नाम गुप्त रखा जाएगा। मि. गांधी के उद्देश्य के संबंध में गवर्नमेंट को आपसे ज्यादा खबर नहीं थी। उसकी पहली सूचना आपको पाक्षिक रिपोर्ट से मिली थी। ऐसा समझा जाता था कि उनके साथ १२ तारीख को मुलाकात की खबर आप देंगे और यह लिखेंगे कि आप क्या काररवाई करना चाहते हैं। यह समझना आपकी भारी भूल थी कि मि. गांधी की बात को आप इस तरह जाप्ते फौजदारी की काररवाई से बंद कर देंगे, जैसा पत्र नं. ५५ सी.टी., ता. २० अप्रैल में बताया जा चुका है। आपके खिलाफ शिकायत यह है कि आपको उनके विरुद्ध काररवाई करने के संबंध में गवर्नमेंट से पहले मंजूरी ले लेनी चाहिए थी (इसके लिए आपके पास काफी समय भी था)। डिस्ट्रिक्ट मजिस्ट्रेट को आदेश देने के पहले मि. गांधी के दक्षिण अफ्रीका के कारनामों को जानते हुए आपको समझ लेना चाहिए था कि इसके कारण सारे भारतवर्ष में उत्तेजना फैलेगी, जिसकी वजह से सरकार की स्थिति मि. गांधी के प्रति, आपके प्रति तथा जनता के प्रति बड़ी जटिल हो जाएगी।'

इधर, ता. २०-४-१७ को सवेरे मि. एंड्रूज जिला कलक्टर मि. हिकॉक से जाकर मिले। वहाँ उन्हें मालूम हो गया कि मुकदमा उठा लिया जाएगा और सरकारी अफसर महात्माजी की जाँच में मदद देंगे, पर इसकी सूचना अभी तक हम लोगों को नहीं मिली थी। ता. १९ को ही निश्चय हुआ कि पटना के सब नेताओं को चंपारन बुलाना चाहिए और इसी निश्चय के अनुसार मि. हसन इमाम, मि. सच्चिदानंद सिंह तथा माननीय रायबहादुर कृष्णसहाय को तार भेजा गया। आज ही बाबू ब्रजकिशोर भी दरभंगा से वापस आए। आज भी सारा दिन रैयतों के बयान लिखे गए। अब रैयतों की ऐसी भीड़ होने लगी थी कि सवेरे ६.३० बजे से संध्या ६.३० बजे तक उनका ताँता ही नहीं टूटता था। बहुतों को रात को वहीं रह जाना पड़ता और दूसरे दिन भी उनके बयान लिखे जाने का कोई ठिकाना नहीं रहता। यह देखकर निश्चय किया गया कि संध्या के समय उन रैयतों के नाम लिख लिए जाएँ, जो आ गए हैं पर समयाभाव के कारण जिनका बयान नहीं लिखा गया है, और दूसरे दिन उनके बयान लिख लेने के बाद दूसरे रैयतों के बयान लिखे जाएँ, इसी क्रम के अनुसार काम होने लगा।

---

action under the criminal procedure code, but as explained in my D.O. No. 55 C.T. of the 20th instant, the chief cause of complaint is that you failed to obtain the approval of Government (as you had ample time to do) before imposing on the Dt. Magistrate a line of action which you should have realized (knowing Mr. Gandhi's South Africa record) was certain to arouse public feeling throughout India and thus placed Government in a false position vis-a-vis Mr. Gandhi, yourself and the general public.

Yours sincerely,
H. McPherson

आज शाम को ७ बजे मुकदमा उठा लेने का नोटिस आ गया।

ता. २१-४-१७ को उसी प्रकार बयान लिखा जाता रहा। आज रैयतों की बड़ी भीड़ थी। उनको खबर थी कि महात्माजी के मुकदमे में आज ही हुक्म सुनाया जाएगा, इसलिए बहुत दूर-दूर से रैयत आए थे। केवल बेतिया से प्राय: ४०० से अधिक मनुष्य पहुँचे थे। मुकदमा उठा लेने की खबर सुन सभी आनंद मनाने लगे और अपने बयानों को लिखवाने लगे। दो पुलिस सब-इंस्पेक्टर्स, जो पहले बराबर हम लोगों की काररवाई देखने के लिए रहते थे, आज से हटा दिए गए। आज तीन बजे की गाड़ी से पटना से मि. सच्चिदानंद सिंह और रायबहादुर कृष्णसहाय मोतिहारी आए और महात्माजी से बहुत देर तक बातचीत हुई। मि. हसन इमाम स्वयं तो नहीं आ सके, पर उन्होंने आर्थिक सहायता भेज दी। महात्माजी ने आज निश्चय किया कि कल ता. २४-४-१७ (रविवार) को वे बेतिया चलेंगे।

मि. एंड्रूज का फिजी द्वीप में पहले से ही जाने का निश्चय था। महात्माजी की राय हुई कि वे वहाँ जायँ। हम लोगों का विचार हुआ कि अभी नीलवरों की सब गड़बड़ नहीं मिटी है। संभव है कि फिर कुछ गोलमाल करें। इसलिए यदि मि. एंड्रूज जैसे एक सज्जन रहेंगे तो कार्य में सहायता मिलेगी। हम लोगों ने मि. एंड्रूज से कहा। उन्होंने उत्तर दिया कि महात्माजी जैसी राय देंगे वैसा किया जाएगा। संध्या समय महात्माजी से इसकी चर्चा की गई और कहा गया कि मि. एंड्रूज को रोक लिया जाए। इस पर जो बातें महात्माजी ने कहीं, उनका प्रभाव हम लोगों पर बहुत पड़ा। उन्होंने कहा कि मैं समझता हूँ कि आप लोग मि. एंड्रूज को क्यों रोकना चाहते हैं। आप लोग समझते हैं कि यह लड़ाई गोरे नीलवरों से है और यदि एक गोरे मि. एंड्रूज आपके साथ रहेंगे तो आपकी यह रक्षा कर सकेंगे; पर मैं ऐसा नहीं चाहता हूँ। मेरी समझ में आप लोगों का मि. एंड्रूज का आश्रय लेना अच्छा नहीं है। इसलिए मैं समझता हूँ कि उनका चला जाना ही अच्छा है। हाँ, यदि मि. एंड्रूज ऐसा समझें कि चंपारन का काम फिजी के काम से अधिक आवश्यक है तो वे ठहर सकते हैं; पर इसका निश्चय वे स्वयं कर लें। अंत में यह निश्चय हुआ कि वे फिजी द्वीप जायँ और इसके लिए वे दूसरे दिन २२-४-१७ को सवेरे की गाड़ी से रवाना हो जायँ।

आज की तिपहर की गाड़ी से मुजफ्फरपुर से बाबू रामदयाल सिंह वकील आए और उन्होंने भी इजहार लिखने में सहायता दी। ता. २२-४-१७ को छपरा और मुजफ्फरपुर से कई वकील सहायतार्थ आए। आज इजहारों की बड़ी धूम रही। मि. एंड्रूज सवेरे दस बजे की गाड़ी से चले गए और उसी गाड़ी से मि. हक गोरखपुर से वापस पहुँचे। आज एक गाँव से सूचना मिली कि वहाँ के एक आदमी को कोठी के अमलों ने गोटीघर में बंद कर दिया है। महात्माजी ने बाबू अनुग्रहनारायण को तुरंत वहाँ जाने की आज्ञा दी

और एक पत्र पुलिस सुपरिंटेंडेंट के पास लिख भेजा कि वे इस कार्य में पुलिस की सहायता दें। बाबू अनुग्रहनारायण वहाँ पहुँचे, पर उनके पहुँचने की खबर पाकर कोठीवालों ने उस आदमी को छोड़ दिया और उसे दूसरी राह से निकल जाने को कहा। इसी बीच में उसकी अनुग्रह बाबू से भेंट हो गई और वह उसको साथ लेकर मोतिहारी लौट आए।

आज तिपहर की गाड़ी से महात्माजी तथा बाबू ब्रजकिशोर प्रसाद और बाबू रामनवमी प्रसाद बेतिया गए और मोतिहारी में बाबू धरणीधर, लेखक, बाबू अनुग्रहनारायण सिंह, बाबू शंभूशरण वर्मा और बाबू रामबहादुर रह गए।

❑

ग्यारहवाँ अध्याय

भारतवर्ष में खलबली

जब महात्मा गांधी पर १४४ दफा के अनुसार नोटिस दिया जाना, मुकदमे का होना और फिर उसका उठा लिया जाना इत्यादि बातों की खबर प्रकाशित हुई, तब हिंदुस्तान के प्राय: सब समाचार-पत्रों ने कमिश्नर की इस काररवाई पर कड़ी समालोचनाएँ कीं और सरकार की मुकदमा उठा लेने तथा मदद देने के लिए हुक्म देने के विषय में बड़ी प्रशंसा की।

मुकदमा उठा लेने से पहले मद्रास के 'इंडियन पैट्रियट' (Indian Patriot) ने १९ अप्रैल को लिखा—

"We are frankly horrified to learn that some foolish officials have taken into their heads to interfere with Mr. Gandhi..... It is impossible to resist the temptation to use violent language against officials who have sprung this upon the people of India today. They have helped to rouse the indignation of the young and old, the politician and the layman... We hope that good sense will prevail and that the Government of India will prevent what will be nothing short of calamity any harmful touch of this monarch of the Indian heart. The Judge before whom Mr. Gandhi was taken has deferred passing orders at once. That is encouraging. The Government of India must at once interfere and ask the Bihar authorities to take off their unholy hands from this patriot saint.... Touch him (Mr. Gandhi) and all that is spirited and high in India will flow to him in sympathy. Educated Indian young men will be more inclined to go to Motihari and attempt to conduct enquiry which Mr. Gandhi was forbidden to conduct, defy the authorities, he has defied and be flung into jails or be deported, than offering themselves to the defence of India Force."

भावार्थ—''हम लोगों को यह सुनकर सचमुच बड़ा ही संत्रास हुआ है कि कुछ नासमझ अफसरों ने मि. गांधी की स्वतंत्रता में हस्तक्षेप करने की ठानी है। ऐसे अफसरों के विषय में कड़ी भाषा प्रयोग न करना असंभव है, जिन्होंने हिंदुस्तानियों पर सहसा यह कार्रवाही की है। उन्होंने अपनी काररवाई से बूढ़े-बच्चे, राजनीतिक या जो राजनीति से

अपना कोई संबंध नहीं रखते, उन सभी के हृदय में क्रोध की आग भड़का दी है।..... हम आशा करते हैं कि भारत सरकार समझदारी से काम लेगी और उस आपत्ति को नहीं आने देगी, जो भारतीयों के हृदय-मुकुट के साथ हस्तक्षेप करने से होना अवश्यंभावी है। जिस जज के यहाँ मि. गांधी का मुकदमा है, उन्होंने उसमें हुक्म देना मुलतवी रखा है। यह आशाजनक है। भारत सरकार को इसमें तुरंत हस्तक्षेप करना चाहिए और बिहार सरकार को अपना अपवित्र हाथ इस देशभक्त ऋषि के ऊपर से शीघ्र हटा लेने को कह देना चाहिए।...... मि. गांधी से छेड़छाड़ हुई कि हिंदुस्तान के उच्च भाव के सभी उत्साही मनुष्यों की उनके साथ पूरी सहानुभूति हो जाएगी। विशेषकर शिक्षित नवयुवक मोतिहारी जाने के लिए तैयार हो जाएँगे और वही जाँच करना आरंभ कर देंगे, जिसको करने को मि. गांधी मना किए गए हैं। वे सरकारी कर्मचारियों के हुक्म का उल्लंघन करेंगे, जैसा कि मि. गांधी ने किया है और भारत रक्षाबल में भरती होने की अपेक्षा जेल भेजे या देश निकाले जाने की सजा भुगतना पसंद करेंगे।''

बंबई के 'द मेसेज' (The Message) पत्र ने अपने २० अप्रैल के अंक में लिखा—

"From the particulars so far to hand, it is plain that the action taken is arbitrary and, we think, also illegal in spirit, if not in the letter. In the first place it is absurd to impute to Mr. Gandhi any intention of obstructing or causing injury, or disturbing public tranquillity, etc. There is no doubt that his enquiry would cause annoyance to the planters if it resulted in throwing open the flood gates of light on the dark spot of labour recruitment and labour management on the plantations and might as well cause them injury if it further resulted in removing the condition under which sweating of labour would be impossible. But that is the view of the matter in which Government officials cannot take side of the planters against labour and their business is to remain neutral if they cannot assist in bettering the condition of labour."

भावार्थ—''जो विवरण हमको प्राप्त हुआ है, उससे साफ विदित होता है कि सरकारी काररवाई बिलकुल मनमानी हुई है और हम लोगों के विचार में वह हुक्म एकदम कानून के विरुद्ध है। महात्मा गांधी पर यह दोष लगाना कि उनकी इच्छा किसी को हानि पहुँचाने अथवा शांति भंग करने इत्यादि की है, बिलकुल बेजड़-बुनियाद की है। इसमें संदेह नहीं कि यदि उनकी जाँच से नील की खेती के प्रबंध और वहाँ के मजदूरों की भरती के संबंध में कुछ भेद खुल जाय तो उससे वहाँ के नीलवरों को परेशानी होगी। और यदि इस जाँच के कारण मजदूरों के दुःख दूर हो जाएँगे तो उससे उनको हानि भी पहुँच सकती है; पर यह ऐसी बात है, जिसमें सरकारी कर्मचारी मजदूरों के विरुद्ध नीलवरों की तरफदारी नहीं कर सकते। उनका कर्तव्य है कि यदि वे श्रमजीवियों की दशा सुधारने में मदद नहीं दे सकते हैं तो निष्पक्ष रहें।''

मद्रास के 'न्यू इंडिया' (New India) ने १६ अप्रैल को लिखा—

"The forcible stoppage of Mr. Gandhi is natural, seeing that so much is taking place, which is vital to conceal."

अर्थात्, "महात्मा गांधी को जबरदस्ती रोक देना स्वाभाविक है; क्योंकि कितनी बातें ऐसी हो रही हैं, जिनका छिपाना जरूरी है।"

लाहौर के 'पंजाबी' (The Punjabee) ने २४वीं तारीख के अग्रलेख में पूरा हाल बयान करते हुए गवर्नमेंट के इस कार्य पर संतोष प्रकाशित किया और कहा कि—

"The conclusion will be awaited with greatest interest and expectancy."

अर्थात्, "महात्मा गांधी की जाँच का नतीजा जानने के लिए लोग बड़ी उत्सुकता से इंतजार करेंगे।"

बंबई के 'इंडियन सोशल रिफॉर्मर' (The Indian Social Reformer) ने २२ अप्रैल के अंक में लिखा—

"The extraordinary order passed by the District Magistrate of Champaran ordering Mr. Gandhi to leave the district as his presence in any part of it would endanger the public peace.... has created widespread indignation."

अर्थात्, "चंपारन के जिला मजिस्ट्रेट के इस असाधारण हुक्म से, जिसके द्वारा उन्होंने शांतिभंग होने की आशंका दिखलाकर महात्मा गांधी को चंपारन छोड़ देने को कहा है, चारों ओर क्रोधाग्नि भड़क गई है।"

लखनऊ के 'एडवोकेट' (The Advocate) ने २४ अप्रैल को बिहार गवर्नमेंट को महात्मा गांधी पर से मुकदमा उठा लेने के लिए बधाई देते हुए लिखा—

"Little thought could have revealed to the Commissioner that he was taking an enormous responsibility and that he was drawing India in an agitation, the like of which she witnessed not for some time......

"After consultation and consideration the order was withdrawn. Nay, official co-operation in the noble task which Mr. Gandhi has undertaken in selfless spirit has been promised.....

"But the ways of bureaucrat are inscrutable and his mentality is too deep for words."

भावार्थ—"जरा सोचने से कमिश्नर महोदय को पता लग जाता कि वह अपनी काररवाई से एक बड़ी भारी जवाबदेही अपने सिर पर उठा रहे हैं और ऐसा काम कर रहे हैं, जिससे हिंदुस्तान में एक ऐसा आंदोलन पैदा हो जाएगा, जैसा कि यहाँ कुछ दिनों से नहीं हुआ था।

"सोच-विचार के बाद हुक्म उठा लिया गया है। इतना ही नहीं, वरन् वादा किया गया है कि सरकारी कर्मचारी महात्मा गांधी के इस निस्स्वार्थ काम में मदद भी करेंगे।

"पर नौकरशाहियों का तरीका विचित्र है और उनके मानसिक भाव की गहराई का पता शब्दों से नहीं मिल सकता।"

प्रयाग के 'लीडर' (The Leader) के २३ अप्रैल के अंक में एक बड़ा लेख प्रकाशित हुआ, जिसमें चंपारन की हालत आरंभ से वर्णन करते हुए संपादक ने कमिश्नर की चिट्‌ठी की समालोचना की और दफा १४४ के हुक्म को नाजायज बतलाते हुए अंत में लिखा था—

"Officials who act as the Honourable Mr. Morshead has done, and who write of educated Indians in terms bordering on contempt..... make all co-operation impossible."

अर्थात्, "ऐसे अफसर, जो माननीय मि. मौर्शेड की तरह काम करते हैं और जो शिक्षित हिंदुस्तानियों के लिए घृणा-भरे शब्दों का प्रयोग करते हैं, हिंदुस्तानियों के लिए सहयोग असंभव कर देते हैं।"

मद्रास के 'मद्रास टाइम्स' (Madras Times) ने लिखा—

"To our mind the notice on Mr. Gandhi was a great mistake and suggests a great want of tact."

अर्थात्, "हम लोगों के विचार में मि. गांधी पर नोटिस जारी करना बड़ी भूल हुई है और इससे सरकारी अफसरों में सलाहियत से कार्य करने के ढंग की कमी मालूम पड़ती है।"

बंबई के 'बॉम्बे क्रॉनिकल' (Bombay Chronicle) ने भी कमिश्नर की कारवाई पर निम्नलिखित कड़ी समालोचना की—

"We trust that the higher authority will lose no time in rectifying the blunder of the local authorities in Bihar, who are responsible for serving an order on Mr. Gandhi under Sec. 144 Cr.P.C. to leave the District of Champaran. The order from every point of view seems absolutely without justification and one cannot avoid the reflection that the relation between the Bihar Planters and the r*yots* must be in a very undesirable state if it is feared that the very presence of Mr. Gandhi to investigate conditions would act like a lighted torch to inflammable materials."

भावार्थ—"हमें विश्वास है कि उच्च पदाधिकारीगण उस भूल के सुधारने में जरा भी न चूकेंगे, जो बिहार के स्थानीय कर्मचारियों ने मि. गांधी पर १४४ धारा के नोटिस के जरिए उनको चंपारन जिले से चले जाने के लिए हुक्म देने में की है। जिस तरह से देखा जाय, इस हुक्म के लिए कोई उचित कारण नहीं है और यह कहे बिना नहीं रहा जा सकता कि जहाँ हालत जाँच करने के खयाल से मि. गांधी का उपस्थित हो जाना ही इतना भयंकर समझा जाता है कि उससे ज्वाला भभक उठने की आशंका होती

है, तो इससे साफ जाहिर है कि बिहार के नीलवर और उनके रैयतों के बीच का संबंध संतोषजनक नहीं है।''

कलकत्ता के 'बंगाली' (The Bengalee) ने २१ अप्रैल के अंक में लिखा—

"Mr. Gandhi has submitted a manly and dignified protest in which he sets forth the reason why he cannot submit to the order of the magistrate of Motihari and leave the District.... All India is with him."

भावार्थ—''मि. गांधी ने मोतिहारी के मजिस्ट्रेट की आज्ञा उल्लंघन करने तथा जिला न छोड़ने का कारण बताते हुए जो उज्र पेश किया है, वह दिलेराना और मर्यादापूर्ण है। इसमें सारा हिंदुस्तान उनके साथ है।''

मुकदमा उठा लेने पर आनंद प्रकट करते हुए फिर उस पत्र ने लिखा—

"Mr. Gandhi has achieved a signal moral triumph. His protest has been heeded!"

अर्थात्, ''मि. गांधी की बड़ी भारी नैतिक जीत हुई। उनका उज्र असरदार निकला।''

इसी प्रकार 'हिंदू', 'अमृतबाजार पत्रिका', 'मरहट्ठा' आदि पत्रों ने कमिश्नर के हुक्म की तीव्र समालोचना की।

यह बड़े मारके की बात है कि किसी भी मुख्य ऐंग्लो-इंडियन समाचार-पत्र को कमिश्नर के हुक्म का समर्थन करने का साहस न पड़ा और किसी ने इस विषय में एक शब्द भी नहीं कहा।

लाहौर के 'ट्रिब्यून' (The Tribune) पत्र ने २४ अप्रैल को लिखा कि—

"The Government deserves to be thanked for placing public policy above consideration of prestige. The Government has shown wisdom in directing the withdrawl of proceeding against Mr. Gandhi and in offering him instead official assistance in the conduct of the enquiry."

भावार्थ—''गवर्नमेंट ने लोकमत की नीति को अपनी प्रतिष्ठा से बढ़कर समझा है। इसलिए वह धन्यवाद के योग्य है! महात्मा गांधी के ऊपर से मुकदमा हटाकर और जाँच करने में सरकारी सहायता का वादा कर गवर्नमेंट ने अपनी बुद्धिमानी का परिचय दिया है।''

❑

बारहवाँ अध्याय

बेतिया में महात्मा गांधी

ऊपर कहा जा चुका है कि ता. २२-४-१७ को तीन बजे दोपहर की गाड़ी से महात्माजी अपने सहकारियों के साथ बेतिया गए। अब जिले भर में मुकदमा उठा लेने का समाचार फैल गया और महात्माजी के उस गाड़ी से बेतिया जाने की भी खबर लोगों को मिल गई। प्रत्येक स्टेशन पर दर्शनाभिलाषियों की भीड़ जुट गई थी और गाड़ी के पहुँचते ही जयध्वनि तथा फूलों की वर्षा होती गई। पाँच बजे के लगभग गाड़ी बेतिया स्टेशन पर पहुँची। वहाँ इतनी भीड़ थी कि गाड़ी को स्टेशन के प्लेटफॉर्म से कुछ इधर ही रोक देना पड़ा। महात्माजी तीसरे दर्जे के डब्बे में सवार थे। शहर तथा जवार के लोगों ने आपका स्वागत किया। जय-जयकार से आकाश गूँज उठा और पुष्प-वृष्टि खूब ही की गई। महात्माजी गाड़ी पर सवार हुए। लोगों ने घोड़ों को खोल दिया और गाड़ी खींच ले जाना चाहा। परंतु, महात्माजी ने उन्हें ऐसा करने से मना किया। वे गाड़ी से उतर जाने को प्रस्तुत हो गए। हार मानकर लोगों ने फिर गाड़ी में घोड़े जोत दिए। वहाँ दस हजार से अधिक मनुष्य एकत्र थे। गाड़ी के निकलने में बड़ी कठिनाई हुई। किसी प्रकार धीरे-धीरे गाड़ी शहर की ओर चली। रास्ते के दोनों किनारे पर पुरुष और स्त्रियों की अगिनत भीड़ थी। आज लोगों की बहुत दिनों की अभिलाषा पूरी हुई। महात्मा गांधी वहाँ पहुँचे। उनके अब दुःख दूर होंगे, इसमें अब किसी प्रकार का उन्हें संदेह नहीं रहा। लोगों का यह विश्वास उनके सरल हृदयों पर दृढ़ था। किसी ने लोगों को महात्माजी के विषय में कुछ कहा नहीं था। बहुत से तो महात्माजी के जीवन-चरित को जानते भी नहीं थे। ऐसे बहुत कम आदमी थे, जो आपके दक्षिण अफ्रीका के सत्याग्रह की लड़ाई से परिचित हों। पर, बिना यह सब जाने, बाह्य दृष्टि से, बिना किसी कारण के ही लोगों को यह विश्वास क्यों हुआ, हम इसका उत्तर नहीं दे सकते। विश्वास सच्चा था, शुद्ध हृदय का था, इसलिए फल भी मिला। स्टेशन से महात्माजी बाबू हजारीमल की धर्मशाला में गए। वहीं बाबू हजारीमल के छोटे भाई बाबू सूर्यमल ने महात्माजी का स्वागत किया

और आपके रहने का कुल प्रबंध करा दिया। जब तक महात्माजी बेतिया में रहे, यहीं ठहरे रहे। ये लोग आपकी सेवा में बराबर तत्पर रहते थे।

महात्माजी दूसरे दिन सवेरे ही बेतिया के मजिस्ट्रेट मि. डब्ल्यू. एच. लिविस (Mr. W.H. Lewis) और बेतिया राज के मैनेजर मि. जे.टी. विटी (Mr. J.T. Whitty) से जाकर मिले। महात्माजी के विषय में इन अफसरों के पास कलक्टर की चिट्ठी पहले ही आ चुकी थी।

बेतिया में अब उसी प्रकार इजहार लिया जाने लगा। यहाँ भी बड़ी भीड़ रहा करती थी। ता. २४-४-१७ को महात्माजी बाबू ब्रजकिशोर प्रसाद के साथ लौकरिया गाँव में गए। वहाँ के लोगों ने आकर उन्हें अपनी दुःख-गाथा कह सुनाई। छोटे-छोटे लड़कों से भी महात्माजी ने वहाँ का हाल पूछा और उन्हें कोठी से और गृहस्थों की ओर से क्या मजदूरी मिलती थी, इस बात का भी पूरा-पूरा अनुसंधान किया। जिस स्थान में इजहार लिये जा रहे थे, वहाँ बेतिया के मजिस्ट्रेट मि. लिविस भी गए और कुछ देर तक ठहरे रहे। उनके रहने पर भी रैयतों ने निडर होकर सब बातें कह सुनाईं। बाबू ब्रजकिशोर प्रसाद जिरह कर-करके रैयतों के इजहार स्वयं लिखते जाते थे। लोगों का विश्वास है कि मि. लिविस इस जाँच से संतुष्ट होकर अपने घर लौटे। उस दिन महात्माजी वहाँ बाबू खेंधरप्रसाद राय नामक एक गृहस्थ के घर पर रह गए। इस यात्रा में वे बेरिया कोठी के मैनेजर मि. एच. गेल से मिले और उनकी कोठी तथा उनके देहातों के संबंध में बहुत सी बातें कीं। महात्माजी जब कोठी से लौट रहे थे, तब एक घटना हुई, जो उल्लेखनीय है। वे लौटकर थोड़ी ही दूर गए होंगे कि एक कोठी का कर्मचारी दौड़ा हुआ उनके पास आया। उसने कहा कि मुझे इस बात का डर था कि शायद साहब आपके साथ बुरी तरह से पेश आएँ। इसलिए मैं वहाँ छिपे-छिपे कुल बातों को सुन रहा था और प्रस्तुत था कि यदि अवसर आए तो मुझपर जो कुछ बीते, मैं आपकी सहायता करूँ। उसके कथन से सचाई टपक रही थी और इससे जान पड़ता है कि कोठी के कर्मचारियों में भी बहुत से ऐसे मनुष्य थे, जो खुल्लम-खुल्ला महात्माजी का साथ देने में असमर्थ होने पर भी दिल से उनकी विजय के लिए ईश्वर से प्रार्थना कर रहे थे और कोई कठिन अवसर आने पर उनकी सहायता करने को तैयार भी थे। परंतु, साथ ही कहना पड़ता है कि ऐसे व्यक्तियों की संख्या अधिक न थी।

ता. २४-४-१७ की रात को महात्माजी लौकरिया से बेतिया पैदल ही वापस आए। चलने से पैरों में कुछ सूजन आ गई थी, पैर गरम जल से धोए गए।

मोतिहारी में इजहार लेने का काम जारी रहा; पर महात्माजी के वहाँ से चले जाने पर बेतिया में बहुत ही भीड़ होने लगी। इसलिए बाबू शंभूशरण कार्य में सहायता देने के लिए बेतिया ही चले आए। इसी समय छपरा से बाबू चंद्रदेव नारायण वकील तथा आरा

से पं. पारसनाथ त्रिपाठी इजहार लेने और लिखने में सहायता देने के लिए आए। जो इजहार मोतिहारी में लिखे जाते थे, वे प्रतिदिन रात की गाड़ी से एक आदमी द्वारा महात्माजी के पास बेतिया भेज दिए जाते थे।

ता. २६-४-१७ को महात्माजी बाबू रामनवमी प्रसाद को साथ लेकर कुड़िया कोठी के देहात मौजा सिंधाछपरा में गए। यह गाँव बेतिया से थोड़ी ही दूर पर है। आपके साथ पुलिस के कर्मचारी भी थे। गाँव के चारों ओर घूम-घूमकर महात्माजी ने वहाँ की अवस्था देखी। वहाँ का दृश्य देखकर उनका हृदय पिघल गया। लोगों के घरों के चारों ओर नील बोया हुआ था। बहुत से लोगों से वहाँ की स्थिति का पता लगाकर महात्माजी बेतिया लौट आए।

ता. २७-४-१७ को महात्माजी बाबू ब्रजकिशोर प्रसाद, बाबू रामनवमी प्रसाद तथा पं. राजकुमार शुक्ल को लेकर बेलवा कोठी के देहात में गए। रास्ते में बाबू विंध्यवासिनी प्रसाद, जो गोरखपुर से महात्माजी की सहायता के लिए आए थे, मिले और वह भी साथ हो लिये। महात्माजी नरकटियागंज स्टेशन से सुबह में उतरकर पैदल ही मुरलीभरहवा के लिए, जो वहाँ से छह-सात मील की दूरी पर है, रवाना हुए। रास्ते में शिकारपुर के दीवानजी की ओर से बहुत आग्रह हुआ कि महात्माजी जाकर उनका घर पवित्र करें और बाबू ब्रजकिशोर प्रसाद आदि, जो उनके पहले के परिचित थे, उनके यहाँ कुछ जलपान कर लें। महात्माजी ने बहुत कुछ कहने-सुनने पर स्वीकार किया कि ५ मिनट के लिए हम लोग ठहर सकते हैं। वहाँ पहुँचने पर ५ मिनट के भीतर ही सब लोगों ने मुँह-हाथ धो जलपान कर लिया और घड़ी देखकर नियत समय पर ही 'मार्च' की आज्ञा हुई और सभी चल पड़े। बैसाख की कड़ी धूप में चलकर सबके सब प्रायः दस बजे मुरलीभरहवा पहुँचे। यह वही गाँव है, जहाँ के रहनेवाले पं. राजकुमार शुक्ल हैं, जिन्हें चंपारन की प्रजा ने अपना प्रतिनिधि बनाकर लखनऊ कांग्रेस में भेजा था और जो महात्माजी के साथ कलकत्ता से आए थे। राजकुमार शुक्ल ने अपने उस घर को दिखलाया, जिसे वे कहते थे कि गत मास कोठी ने लूट लिया था। घर की ठठरी उजड़ी हुई पड़ी थी। कोठियाँ, जिनमें गल्ला रखा जाता है, उलटी पड़ी थीं और केले के पेड़ तितर-बितर होकर गिर पड़े थे। उनके खेतों में, जिन्हें उनके कथनानुसार कोठी ने मवेशियों से चरवा दिया था, अभी तक टूटी डाँटें लगी खड़ी थीं।[१] महात्माजी ने यह सब अपनी आँखों देखा और बहुत दुःखित हुए। वहाँ पर बहुत लोगों के इजहार लिये गए। सैकड़ों आदमियों ने लूट की बात कही। उनमें कुछ आदमी ऐसे भी थे, जिनके मवेशियों से खेत चरवाया गया था। महात्माजी इस यात्रा में बेलवा कोठी के मैनेजर मि. ए. सी.

---

१. राजकुमार शुक्ल ने अपना घर लुट जाने की बात कमीशन के सामने कही थी और बेलवा कोठी के साहब मि. ए. सी. ऐमन ने इनकार कर दिया था।

ऐमन से जाकर मिले। रात के समय सब लोग बेलवा गाँव में गए और संत राउत नामक गृहस्थ के मकान पर ठहरे। दूसरे दिन सवेरे सब लोग बेतिया लौट आए।

बेलवा से लौटने के बाद महात्माजी मि. लिविस और मि. विटी से फिर मिलने गए और उन लोगों से बहुत देर तक बातें कीं। महात्माजी के आने से नीलवर तथा स्थानिक कर्मचारी घबरा-से गए थे। मि. लिविस तो बहुत ही डर गए थे। उन्होंने अपने सामने एक प्रकार के भयंकर बलवे का काल्पनिक चित्र खींच रखा था और समझने लगे थे कि अब सरकारी अफसरों की कोई कुछ नहीं सुनेगा। महात्माजी से बातें हुईं, उनसे स्पष्ट यही जान पड़ा कि शायद इस विषय की कोई रिपोर्ट अब सरकार में भेजी जाएगी।

आज ४.३० बजे सेपहर को लेखक भी मोतिहारी से चले आए और सब लोग मिलकर विचार करने लगे कि यदि फिर भी सरकार की ओर से कुछ काररवाई की गई तो ऐसी अवस्था में क्या किया जायगा। सरकार हम लोगों को बिना अभियोग के सजा तो दे नहीं सकती थी। १४४ धारा की काररवाई अब फीकी पड़ जाती। हाँ, भारत-रक्षा कानून (Defence of India Act) के अनुसार हम लोग चंपारन से हटा दिए जा सकते थे। हम लोगों ने विचार किया कि यदि ऐसा किया गया तो हम सबके सब एक ही साथ हटा दिए जाएँगे। पर, इस समय तक हम लोगों ने हजारों रैयतों के इजहार ले लिये थे। चंपारन भर की प्राय: सभी बातें जानने में आ गई थीं। कोई भी स्थान ऐसा नहीं था, जहाँ के कुछ रैयतों ने आकर बयान न लिखवा दिए हों। कोई भी कोठी ऐसी नहीं थी, जहाँ की काररवाई से पूरी तरह हम लोग परिचित न हो गए हों। यदि हम सब एक साथ हटा दिए जाएँगे तो मुमकिन है कि जो इजहार हमारे पास थे अथवा जो कागजी सबूत हमारे पास आ गए थे, वे एकदम बेकार हो जायँ। हम लोगों को हटाए जाने पर भी एक दूसरा दल आकर इस काम को करने लगेगा। पर, ये सबूत उन्हें फिर से एकत्र करने होंगे और भय था कि कागजी सबूत उस शीघ्रता और सुगमता से फिर न मिलें। फिर, नया दल जो आएगा, वह चंपारन से एकदम अपरिचित रहेगा। इन्हीं बातों पर हम लोगों की एक गोष्ठी बिठाकर महात्माजी बहुत देर तक विचार करते रहे। कुछ लोगों की राय हुई कि सब कागजों और इजहारों की कई प्रतियाँ तैयार कर ली जायँ, जिससे नए दलवाले उसे देख सकें और जो प्रति हमारे पास रहे, वह यदि सरकार जब्त भी कर ले तो भी हमारे पास सब कागजों की प्रतियाँ मौजूद रह जायँ। महात्माजी ने विचार कर कहा कि हमारे साथ सरकार चाहे जो करे, पर इन सबूतों को जब्त करना अथवा नाश करना उसके लिए ऐसी नासमझी का काम होगा कि वह ऐसा कभी नहीं करेगी; क्योंकि जो सबूत हमने एकत्र किए हैं, उन्हें यदि सरकार नष्ट कर दे तो हम लोग जिन्होंने उनको लिखा है व पढ़ा है, उनके विषय में जो कुछ कहेंगे, उसे सच मानना पड़ेगा और इससे सरकार की शिकायत होगी और उन्हें एक भयंकर आंदोलन के अतिरिक्त कुछ हाथ न आएगा। हाँ,

इतना अवश्य कर लेना चाहिए कि सब चीजों की एक से अधिक प्रतियाँ रखी जायँ। इनकी जरूरत पीछे भी पड़ सकती है। यदि सरकार के पास इन सबूतों को पेश भी करना हुआ, तब भी ये अतिरिक्त प्रतियाँ काम में आएँगी। इन्हीं सब विचारों में अधिक रात बीत गई। उसी रात को ८ बजे के बाद मि. लिविस ने एक रिपोर्ट, जो वह गवर्नमेंट के पास भेज रहे थे, महात्माजी के पास देखने को भेज दी और कहा कि यदि वह कुछ उस विषय में कहना चाहें तो लिख भेजें। महात्माजी ने उस पर अपनी टिप्पणी भेज दी। महात्माजी के सो जाने पर भी मि. लिविस की एक चिट्ठी आई, जिसका उत्तर उन्होंने दूसरे दिन सुबह को दिया।

मि. लिविस ने अपनी रिपोर्ट ता. २९-४-१९१७ को मि. हिकॉक के पास भेज दी, जिसमें उन्होंने मि. गांधी की जाँच के संबंध में अपना पूरा विचार प्रकट किया। इस रिपोर्ट के साथ उन्होंने मि. गांधी के पत्र को भी भेज दिया, जिसमें महात्माजी ने मि. लिविस की रिपोर्ट पर अपना विचार प्रकट किया था।[१]

१.

Bettiah
April 29th, 1917

My dear Mr. Heycock,

I wish to put down in writing some conclusions I have arrived at in connection with the mission of enquiry which Mr. Gandhi is at present conducting in this subdivision.

2. Mr. Gandhi arrived last Sunday and called to see me on the morning of Monday. He explained to me the object of his investigation which is to secure redress for certain definite wrongs to which he claims the raiyats are now subjected. I gathered that he is already in possession of a large mass of information on local problems. Mr. Gandhi impressed on me that he wishes his investigations to be impartial.

3. On Wednesday afternoon I rode out to Laukaria, One of the Byrea villages where he was then collecting information. I sat with him for a time while his enquiries were being conducted. Each witness is subjected to a severe cross-questioning as Mr. Gandhi is determined to get his facts on an incontrovertible basis. Mr. Gandhi is accompanied by Babu Braj Kishore who is working on similar lines. He also records depositions in writing. Every point raised is entered into with great detail. I have received your instructions that Mr. Gandhi is to receive every facility. As I too understand that this instruction extends to Babu Braj Kishore? Babu Braj Kishore has not yet called to see me nor has he asked me to grant an interview. I met him for the first time in Laukaria.

4. Mr. Gandhi had called on Mr. Gale at Byrea & commented to me on what he called Mr. Gale's uncompromising attitude, though he was, of course, politely received. I think this could hardly be otherwise, as Mr. Gale or any other planter can ask by what authority Mr. Gandhi acts and why they should be compelled to answer his question, or render themselves liable to misconstruction by refusing to comply.

5. I have since questioned Mr. Gale on the points raised by Mr. Gandhi after his Luakaria enquiries. Mr. Gandhi claimed that *tawan* was still being taken as when cash

इधर मि. गांधी से भेंट करने के बाद मि. जे. टी. विटी, मैनेजर, बेतिया राज ने ता.

---

was not forthcoming the raiyat gave ahand-note on which interest is charged. The money was then to be paid by instalments. Many of these hand-notes have not expired and instalments plus interest are still being paid. Mr. Gale admits this but states that if the payments were not made in full according to the hand-note, then the raiyat should return his satta, and this he believes the raiyat would be unwilling to do. With regard to cart sattas Mr. Gale admits that a number of his cart sattas rest or an uneconomic basis. Mr. Gandhi also referred to *Kankut* of part of the raiyat's crop. He is referring, I think to the Oats lagan taken in this and some other factories. The oats are grown under satta conditions in the case of a few holdings. The oats are purchased by the factory at considerably lower than market rates. This appears to me a violation of the terms of the lease that only indigo should be grown on satta conditions and seems to contravene the directions of the government issued after Mr. Gurlay's report. Mr. Gale can however perhaps explain the position more fully. Mr. Gandhi went very deeply into labour conditions and criticised the low rates paid by the factory, particularly to children, who, he says, are required to work at night during *mahal* under unhealthy conditions.

He also enquired into the *tinkathia* system of indigo cultivation.

6. Since then Mr. Gandhi has visited Mr. Ammeri's *dehat* to investigate the question of *beshi salami.* He found the charge of Rs. 3/- per bigha very frankly admitted by Mr. Ammeri but says that this salami is further supplemented by other minor charges. In all cases, the *dasturi* taken by factory servants is engaging Mr. Gandhi's close attention. Mr. Gandhi returned this morning and has spent several hours with me this afternoon.

7. I will now refer more generally to the position created by the presence of Mr. Gandhi and his large band of supporters. To the raiyats he has come as a redeemer, and he is already acclaimed as the liberator of Champaran. This has had a considerable effect on the three constituents of society, the raiyats, the planters and the local administration.

8. In a sense he has superseded the local authority, Mr. Gandhi claims that local administration has been very largely dominated by planter influence. To make this point, he is reviewing the treatment of local problems by the administration, and by enquiring publicly into the manner in which the courts and the local administration have conducted themselves. He is regarded as something higher than the local authority. To quote an instance, at my first interview with Mr. Gandhi he called my attention to an enquiry that was being conducted into the possession of guns by four Sheikhs of Tappa Deoraj on the basis of a letter from a factory manager. It would be easy in this instance to reply to Mr. Gandhi's criticism. There is no need for me to do so now and the enquiry is under investigation. It is to the sequel that I wish to draw attention. The Sheikhs knew that Mr. Gandhi had mentioned this subject to me. The next thing I heard from an entirely different source as a rumour current in a bazar eleven miles from Bettiah was that Mr. Gandhi had seen me on the subject of the guns and had taken steps to have them returned. I asked Mr. Gandhi this afternoon what he had actually done. He admitted meeting the Sheikhs after seeing me, & admitted telling them that I was enquiring and they would probably get their guns back. This was improper interference by Mr. Gandhi in administrative matters even if he chose to

२७-४-१७ को एक लंबा पत्र मि. मौर्शेड को लिखा, जिसमें उन्होंने यह कहा कि

---

question an enquiry based on a letter of the type described, the return of the guns does not concern him after the statements which he admits making he was only himself to blame if a rumour spreads that he has directed me to return the guns. I quote this as a small instance to illustrate a feeling which undoubtedly exists.

9. By the planters Mr. Gandhi is very naturally regarded as their natural enemy. The affairs of the great majority of factories even those which we consider well managed will not under present circumstances stand the severe critical analysis on all points of economic detail to which they are now being subjected and Mr. Gandhi will have in his hands material based on indisputable facts to form the basis of a very formidable indictment, though I was this afternoon rather less impressed by the present amount of Mr. Gandhi's real knowledge of local problems, than I had previously been. Further the planters feel that what is practically a public enquiry is being conducted without the safeguards that usually attend such an enquiry. Whenever a state of affairs requires investigation by a public commission, it is usual to select a number of members representing different views to sit together with the intention that all shades of opinion may be represented. In this instance a paripatic enquiry on the lines of a public commission, with a full record of evidence is being held under the guidance of Mr. Gandhi. He is an ardent social reformer, and, as such, his views tend in a single predetermined direction. Moreover, he is acting without official authority. I was present late evening at a meeting held by the planters of the district, and I understood from them that they were prepared for the appointment of a public commission. This is a matter however on which they are themselves addressing Government.

10. It is with the effect of Mr. Gandhi's presence on the raiyats that I wish especially to deal, and it is this aspect of the situation that I have very fully discussed this afternoon with Mr. Gandhi. We may look on Mr. Gandhi as an idealist, a fanatic or a revolutionary according to our particular opinions. But to the raiyats he is their liberator, and they credit him with extraordinary powers. He moves about in the villages asking them to lay their grievances before him and he is daily transfiguring the imaginations of masses of ignorant men with visions of an early millenium. I put the danger of this before Mr. Gandhi, and he assured me that his utterances are so carefully guarded that they could not be construed as an incitement to revolt. I am willing to believe Mr. Gandhi, whose sincerity is, I think, above suspicion but he cannot control the tongues of all his followers, many of whom he would disclaim, nor can he prevent many statements being attributed to him by mischievous inventers. Wild rumours are already afloat, and are believed. It is, for instance said that Mr. Gandhi has undertaken to break every factory before the middle of May.

11. I impressed on Gandhi that, whatever his own motives, he will not be able to prevent from becoming an anti-European movement, and it will certainly be given this complexion by the many biassed politicians who have given Mr. Gandhi monetary and other assistance for the conduct of his campaign. The Europeans, whose system is being called in question, live isolated lives in lonely bungalows. Some of them far from help. Further to impress on Mr. Gandhi the seriousness of the situation he was creating, and the inflammable nature of the material he was dealing with, I briefly sketched for his information the rapid spread of disturbances during the Bettiah troubles

संभवत: मि. गांधी एक ईमानदार व्यक्ति हैं और उन्हें विश्वास है कि वे निष्पक्ष रूप से

---

of 1909 and the anti-European character it was at once given by the raiyats who took at the village *asthan* never to obey the word of a European. I further quoted the example of Mr. Bloomfield's murder, as showing the length to which raiyats will go, once excitement and passion take possession of them; though murder may not have been their original attention, Mr. Bloomfield was beaten down and every bone in his body broken. I further quoted the recent case in which Mr. Kemp was attacked and assaulted, and expressed the opinion that, had not Mr. Kemp retained his seat in the saddle, he would have lost his life. To bring in an instance in which a planter was not concerned, I quoted a recent instance from the Bettiah thana, in which two parties quarrelled over the possession of a small piece of land, as a result of which one party attacked an individual on the other side, and beat him to death, though these men were neighbours who had lived pacefully together all their lives. I further quoted fully to Mr. Gandhi the methods of intimidation used by the raiyats during January, February and March of this year, when numerous petitions against salami in the Ramnagar estate were being put in.

12. In view then of past experience of the rapidity with which a dangerous situation develops, I informed Mr. Gandhi that, if rumours continued to spread as fast as they are now doing, I would be forced to report that I was unable to take responsibility for the maintenance of order or the safeguarding of lives in the subdivison. I then asked Mr. Gandhi if he would accept responsibility should outbreak occur. He said he could not, but that he did not think that any such outbreaks were to be expected. In this point I differ with him, as the extension of Mr. Gandhi's tour will so unsettle local condition that I am sure a very anxious situation would have to be faced.

13. Mr. Gandhi has always met me with much frankness, and he asks for the cooperation of Government. Both he & Government are committed to lives of reform. The question is one of degree and he may want to push for reform further than Government is prepared to go. I do not know Government's attitude towards Mr. Gandhi, beyond the instructions I have received to give him every facility. The actual situation created is, however, so serious that I think the facts should be immediately presented to Government by an officer with local knowledge. I asked Mr. Gandhi if he would be prepared to proceed to Ranchi to place his plans before Government accompanied by a local officer, and Mr. Gandhi says that he would be willing to go. I think a lot might be done in this way to clear up the situation. At present I cannot speak with authority of Government proposals for dealing with local problems. If Mr. Gandhi is informed of these, he may incline to think that his local mission may do more harm than good is precipitating a position which will be difficult to control will endanger the lives of Europeans and will raise controversial and racial questions at a time when the Empire is heavily engaged in war. That Champaran will have to face publicity is probably inevitable. That a body of planters should state themselves ready to ask for a public commission of enquiry is proof of the seriousness with which everyone views the situation created. Mr. Gandhi is insistent on the immediate redress of what he calls 'admitted continuing wrongs' and would not wish them deferred to the ultimate findings of a commission (were one to be appointed) but it should not be difficult to reach a point of agreement.

जाँच कर रहे हैं। पर, दक्षिण अफ्रीका की सफलता के बाद उनका अहं बढ़ गया है और

---

14. On matters which require redress Mr. Gandhi is prepared to go to any length to secure it, and would willingly immolate himself in that cause, nor will he disengage from this district until very great changes are effected but he is, I am sure, amenable to reason in his treatment of these difficult problems.

15. Will you kindly put my suggestion before Govt. if you agree with it? Mr. Gandhi is further prepared for the time being to discontinue touring through the villages if you so require it and would, if necessary remain in the towns of Bettiah and Motihari.

Yours sincerely,
Sd. Lewis

This letter was shown to Mr. Gandhi before being sent off, as I wanted him to know what I was writing. I append a copy of his reply.

Sd. Lewis

म. गांधी की चिट्ठी मि. लिविस के नाम—

Bettiah
28th April, 1917

Dear Mr. Lewis,

I have your note of even date. I thank you for having sent me your letter to Mr. Heycock for persual. I appreciate the frankness that pervades it, and it is on the whole a very fair summary of what has happened between us.

As to the guns, I think you are somewhat unnecessarily offended. I mentioned the matter to you on Mr. Heycock's suggestion, and if you admit the propriety of my having spoken to you about the matter, I could not be blamed for having told the aggrieved parties that there was a probability of their getting back their guns. This, if anything was done to create a good impression about yourself, an impression which, I am happy to say, I carried with me when I first met you and which I have had no reason to change since. There was certainly no interference on my part with your authority.

I venture to think that your deduction too that in the estimation of the raiyats I am superseding local authority is hardly warranted by facts. My mission is to invoke the help of local authority in their aid and to stimulate its interest in them more fully than heretofore.

I anticipate no trouble because I always make it a point to seek an interview with the planters wherever I go, to tell the people that relief is not to come out from me, but from the planters and the Government & that they are in no case to use violence or stop work but continue it as before as if there was no enquiry being made by me, and also because the enquiry is absolutely open and attended by representatives of the police department as also the planters.

You are less than fair to B. Braj Kishore Prasad, together with other friends from Bihar who are helping me very materially. In this enquiry he has no status apart from me; hence he and the other friends have not called on you. But I must state that their assistance has been of the greatest value to me.

Perhaps it is but fair to the planters to say that Mr. Still has of his own motion invited me to visit his dehat and remain there as long as I like and that Mr. Cox has written to me saying that he is arranging a meeting with some leading planters and

वे ब्रजकिशोर प्रसाद जैसे उत्तेजना फैलानेवाले व्यक्ति के कहने में पड़कर अपना उद्देश्य साधना चाहते हैं; पर ऐसे समय में जब आधे से अधिक नीलवर लड़ाई पर चले गए हैं, यह जाँच नहीं होनी चाहिए और सरकार को इसे रोकना चाहिए।[१]

---

concludes you may be sure that we wish to assist you in your enquiry. This perhaps is in conflict with your statement. By the planters he (1) is regarded with great suspicion as their natural enemy."

I wish to serve my countrymen and the planters through the Government where their assistance is necessary.

Yours truely
Sd. M.K. Gandhi

१.

Bettiah
Champaran
27.4.17

My dear Morshead,

Lewis has seen you about Gandhi. I think he takes a correct view of the seriousness of the situation.

In my opinion Gandhi's enquiry is really an organised effort by the Anti-European elements of this province to discredit Europeans. Gandhi himself is probably an honest man who believes that he is an impartial enquirer into abuses and is suffering from slightly swelled head after his South African success. The agitators of this province headed by Mazharul Huq, Hasan Imam and Braj Kishore Prasad know that they have a most useful figure head in Gandhi as he is a man who is prepared to go to any length in order to carry through an idea. He can easily be made into a martyr and can be easily suppressed. They also know that in Champaran European Indigo Planters are still working under an obsolete system and that they have an opportunity here of throwing discredit on them. It is very difficult to defend part of the system under which indigo cultivation has been carried on or the developments of it in the shape of *Salami, haria & taman.* Nevertheless these are all actually developments of an old system founded on the Indian system of zamindari which was found in existence here & made use of. The Indian system of zamindari management which involves a large amount of control over the tenants and labourers and has many and serious abuses still exists, I should say almost throughout India. In Gaya, for instance, the labourer or *Kamia* is almost a slave. In some cases we realise the necessity of removing these abuses but find it difficult to change a system which is very old and deep-rooted and is accepted by the people generally. The system of indigo cultivation in Champaran was based on the existing system, it has been modified to suit the special conditions and made more definite and regular, probably many of the worst abuses have been removed but much still remains which under modern conditions and ideas of free contract cannot be easily justified. We have recently been attempting to tackle problems in connection with this Estate and some parts of this system would come under review but the whole system of indigo cultivation is wider than the question of the management of this estate and the renewal of the leases and would have to be tackled separately. The point which I wish to make is that we have in Champaran and probably throughout

ता. २८-४-१९१७ को सरकार से तार द्वारा चंपारन की स्थिति के विषय में रिपोर्ट माँगने पर मि. हिकॉक ने सरकार को लिखा कि मि. गांधी ने बेतिया जाने से पहले उनसे ता. २१-४-१९१७ को भेंट की और यह इच्छा प्रकट की कि वे जाँच के सिलसिले में केवल रैयतों से ही नहीं वरन् नीलवरों से भी मिलना चाहते हैं। मि. हिकॉक ने अपनी रिपोर्ट में यह लिखा कि मि. गांधी के बेतिया जाने से वहाँ के गाँवों में बहुत उत्तेजना फैल गई है और वहाँ की रैयतों के ऊपर उनका पूरा प्रभाव पड़ गया है, और रैयत लोग यह समझते हैं कि मि. गांधी उनकी रक्षा करने के लिए आ गए हैं। नीलवर लोग यह समझते हैं कि इसका अंत बहुत बुरा होगा और ऐसी अवस्था में वे क्या करेंगे, इस बात पर विचार कर रहे हैं। उनकी धारणा है कि मि. गांधी के आगमन से सन् १९०८ के

---

the Indigo districts a system of cultivation which is based on and developed from a system which I believe prevails throughout most of India in zamindari management. Some of the objectionable features which exist in other parts remain here in a modified form. It is not difficult to work up an individual against these. It would be still easier to work up a more serious indictment against zamindari methods in other parts. The Anti-European elements in this province have succeeded in persuading Gandhi, who is a man with a reputation, to cover him to enquire because they can here throw the odium of an Indian system on Europeans, who have accepted it and administered it with more fairness than an Indian zamindar would have done. From this point of view it is an exceedingly clever intrigue which will throw discredit on Europeans. Gandhi is a man who has no zamindari and no knowledge of zamindari methods and no idea of the difficulties of carrying on a system of cultivation requiring thoroughness and intelligence by Indian labour. He has with him a number of helpers who belong to the Anti-European clique. Braj Kishore Prasad for instance is insisting him to take down evidence and cross-examine witnesses now. Hasan Imam I am told has sent him a cheque for Rs. 1,000/. Every possible efforts will be made to show everything in its worst light against Europeans. At the same time we are directed to give him all possible information & he is practically leading a campaign against Europeans under the aegis of Government. He is considered by the people to have intruded all local authority.

I think this is a dangerous situation and I think Government should step in and interfere. If Gandhi came alone as a social reformer, it would be a different matter, but I believe he is being used by an Anti-European clique and I do not think under present conditions Government should tolerate this. Half the planters or their assistants are away at the war and it is not, in my opinion, a time when Government can arrange an agitation against Europeans.

× × ×

If an enquiry of this nature is to be made it should be made by Government not by an outsider brought in by an Anti-European clique who are prepared to use any kind of unscrupulous weapon and are yet working under the special authority of Government.

I suggest that Gandhi be sent for to Ranchi and told this. If necessary a commission of which he is a member, can be appointed.

Yours sincerely,
Sd. J.T. Thitty

बलवे से भी बढ़कर वहाँ फसाद होने की आशंका है। ऐसी अवस्था में यह निश्चय है कि जाँच को अधिक देर तक स्थगित नहीं किया जा सकता। इसके लिए नियमित कमीशन की नियुक्ति आवश्यक है, भले ही उसमें मि. गांधी हों या और कोई भी हों। इसके मुकाबले में कि मि. गांधी मनमाने ढंग से देहातों में घूमते-फिरते जाँच करें, एक नियमित ढंग से नियुक्त कमीशन द्वारा जाँच कराना कहीं बेहतर होगा।[१]

---

१. No. 88C

From

W.B. Heycock, Esquire, I.C.S.,
District Officer of Champaran.

To

The Chief Secretary to Government of Bihar & Orissa, Ranchi.

Dated Motihari, the 28th April, 1917

Sir,

In compliance with your telegram of the 26th instant requesting me to submit a report on the 28th instant as to Mr. Gandhi's proceedings up to late, I have the honour to submit the following report :—

2. I will start my report from the date on which the proceedings against Mr. Gandhi terminated viz. from Saturday the 21st instant. As ordered by Govt. the notice under sec. 144 C.P.C. was withdrawn by me and the proceedings under sec. 188 I.P.C. were filed. Mr. Gandhi had an interview with me on Saturday the 21st instant in which he explained that his object was to ascertain the actual facts. He explained that he was anxious not only to hear the raiyats but also to meet members of the Planting Community and ascertain their point of view. He said that he took a very serious view of the situation and instanced three particular points to which his attention had already been directed.

(1) The indigo question including *tawan* and *sarahbeshi* and the methods under which indigo was grown.

(2) The exactions of indigo subordinates specially in taking a commission on all wages paid to labour.

(3) The levy of beshi salami in the north of Bettiah by which he referred to the consolidated 3/- per bigha salami which is taken by concerns such as Mr. Amman's.

3. I saw several members of the Planting Community on that day and explained that Mr. Gandhi was anxious to meet them. Mr. Jameson speaking for them said that they were quite willing to meet him but that Mr. Gandhi ought to make the first move. I wrote and explained this to Mr. Gandhi who at my suggestion wrote to Mr. Cox, the District Secretary of the Association. Mr. Cox only received that letter today and is now replying. I also explained to the Planters whom I met that points had already engaged Mr. Gandhi's attention.

4. Mr. Gandhi left for Bettiah and saw both Mr. Whitty and Mr. Lewis. Mr. Lewis came to see me on urgent business on the 24th and I saw Mr. Lewis again for a few moments on the 26th. I ascertained from him that Mr. Gandhi was making inquiries in the villages near Bettiah. His *modus operandi* is the same as he adopted in Motihari.

इस संबंध में चंपारन जिला के बिहार प्लैंटर्स एसोसिएशन के सेक्रेटरी ने एक लंबा पत्र ता. २८-४-१७ को मि. मौर्शेड के पास भेजा और अपनी एसोसिएशन की ओर से मि. जैमसन के साथ लेफ्टिनेंट गवर्नर से ता. १५-५-१९१७ को भेंट करने की इच्छा प्रकट की और मि. मौर्शेड से आग्रह किया कि वे इसके लिए समय निश्चित करा दें। इस पत्र में उन्होंने मि. गांधी द्वारा रैयत तथा नीलवरों के संबंध में जो जाँच की जा रही

While he was in Motihari, the statements of a great many people were recorded. In the Bettiah villages, he is collecting a great mass of evidence. He has, I understand, quite a number of persons working with him, one of whom is Babu Braj Kishore, who record the statements of witnesses. Mr. Gandhi, I understand, tested the evidence very carefully. The fact remains, however, that numerous statements are being recorded and a large portfolio of evidence is being collected.

5. He has, I understand, visited some of Mr. Klliott's some of Mr. Gale's and some of Mr. Amman's villages. He is expected back in Motihari again very shortly.

6. There can be no doubt that his visit to Bettiah and the villages in the Bettiah subdivision had caused intense excitement. He has acquired a wonderful hold of the people and is popularly called by them the saviour. The Planters anticipate very serious consequences and are deliberating as to the steps which they ought to take. I expect Mr. Lewis to come and see me tomorrow with a full report and I shall at the same time see Mr. Jameson who is representing the Planters. I shall then have a further report to submit. This report should be regarded as an ad-interim report submitted in accordance with the directions contained in your telegram. I should personally have preferred to wait two days until I had seen Mr. Lewis and Mr. Jameson before submitting a report.

7. The feeling here generally is that Mr. Gandhi has constituted himself into a commission of inquiry. And in point of fact he is acting as such. The only difference is that the commission consists of himself alone is irresponsible, bound by no rules and by the Planter certainly is regarded as biased. The feeling is that if there is to be this sort of thing, it is much better to have a regular and properly constituted commission of inquiry. In fact such a commission would be welcomed in preference to the kind of inquiry Mr. Gandhi is making. It is not so much Mr. Gandhi who is objected to, as his followers who have no responsibility. I take this early opportunity of pointing out that the Planters themsevles take a very serious view of the situation and anticipate trouble exceeding the trouble of 1908 as the result of this visit. One thing stands out clearly. There can be no further delay. Mr. Gandhi's visit has precipitated matters and whether it is Mr. Gandhi or a regular commission of inquiry, an enquiry will be inevitable. This being so it is obvious that a regularly instituted inquiry is far better than Mr. Gandhi roving about as a free-lance conducting an inquiry on his own lines.

I have the honour to be,
Sir,
Your most obedient servant
Sd. W.B. Heycock
District Officer

थी, उसका घोर विरोध किया और सरकार को इसके लिए सचेत किया।[१]

ता. ३०-४-१७ को महात्माजी बाबू शंभूशरण को साथ लेकर साठी कोठी गए

१.

Padmakair
Champaran

L. Morshead Esqr.
Commissioner, Tirhut Division

Dear Sir,

I have been directed by the members of the Bihar Planters Association resident in Champaran to protest most strongly against Mr. Gandhi being allowed to tour the District at the present time with the ostensible object of making enquiries into the relations existing between Landlords and tenants.

2. In communications to the press, Mr. Gandhi has stated that he has come to the District in responce to a pressing invitation of the *ryots* who urge that they are being unfairly treated by Indigo Planters, and with the object of rendering national and humanitarian service, also, that he has been promised the assistance of officials, and intends to place his final conclusions before the Government & the country.

3. If these statements are correct, we very much regret that, as the persons most concerned, we received no communication from the Government of the Province on the subject, and we would welcome a clear statement as to their attitude in the matter as we find it difficult to believe that they would authorise a private person, whose published statements show a strong bias to one side of the question, to institute an enquiry into matters that have been engaging the attention of the Settlement Officials for the last three years, and which are actually a waiting final decision in the Appellate Settlement and Civil Courts.

4. Although ostensibly an enquiry, this mission of Mr. Gandhi's is developing into an agitation to stir up the *ryots* and agricultural labourers against Planters and landlords. Its effect is to revive the ill-feeling originally roused at the commencement of the settlement operations by certain interested persons and subordinate officials of that department, but which was rapidly dying down owing to the Planters readiness to come to a compromise or amicable settlement of the various points at issue. Whatever Mr. Gandhi's real aims may be, there is unfortunately no question as to the objects of the bands of disloyal and seditious agitators who are in his train. The wildest rumours are being industriously disseminated throughout the district. That Mr. Gandhi has been specially appointed by the Viceroy, in supersession of the local officials, to redress all grievances which *ryots* suffering at the hands of planters, that the British are handing over the ruling of the country to Indians of whom Mr. Gandhi is the representative, that no one need work for a planter any more. The result of this agitation is already only too apparent in the spirit of unrest which has begun to manifest itself in those parts of the district visited by Mr. Gandhi and his satellites. This is only the beginning, but it is a beginning on precisely the same lines as the Bettiah disturbances of a few years ago, with the additional weight of Mr. Gandhi's personality and successful

और वहाँ के साहब मि. सी. स्टिल (Mr. C. Still) से मिले। वहाँ पर परसा कोठी के मैनेजर मि. गोर्डन कैनिंग (Mr. Gordan Canning) भी आए थे। उन लोगों से बहुत बातें

---

defiance of local authority in support of it. It is clear to anyone with any knowledge of Champaran *ryots* and the forces that have been at work among them during the last few years that, if the present agitation is allowed to continue, the situation may at any moment become very serious, and that disturbances are likely to arise which it would be difficult for the local authorities to cope with, and which might be attended with loss of life, for which those who permitted this agitation could not escape responsibility. There are many indications that this movement had been carefully prepared before Mr. Gandhi's arrival, and that it is part of some far larger political movement than the redress of the alleged grievances of some *ryots* in Champaran which are already being made the subject of enquiry by the Settlement Officers.

5. It has been generally agreed, in all parts of the Empire, to avoid, as far as possible the raising of contentious issues during the present war. This policy has been followed by Indians generally except those actively disloyal in the parts of the world, even in the South African colonies the scene of Mr. Gandhi's chief activities.

It was presumably the anticipation that Mr. Gandhi's presence might be antagonistic to it that led the Government of British East Africa to refuse him permission to land there shortly after the beginning of the war, and the same gentleman's public utterances and his action in this district tend to show that this policy does not command his support. The unrest which has already begun to show itself as the result of the agitation following in his train, cannot fail to be rendered the more serious in view of the present critical stage of the war.

Apart from any general considerations, it would appear advisable on these grounds alone that his activities should be put a stop to.

6. In strongly urging these objections to Mr. Gandhi's presence at this time, we have no desire to impugn the honesty of that gentleman's own motives, though we cannot say the same with regard to his followers. But we would like to point out that his career up-to-date shows him as an able agitator and organiser of his countrymen in defence of what he believes to be their rights, rather than as a disinterested seeker after the truth, as which he now apparently wishes to pose. Also, that he can hardly be expected to possess the impartial point of view necessary to any genuine enquiry into a very complicated subject, and one which has already given rise to such strong feeling.

7. We wish to make it perfectly clear that we have no objection whatever to any impartial enquiry into the relations between ourselves and our tenants.

In view of the Government's expressed intention to use the Settlement Revision operations as a means of acquiring the necessary information to enable them to form definite conclusions on this subject, and of the executive nature of the enquiries made in the course of those operations, we cannot see that, in itself, there is any need for a further enquiry into these matters, and the present is obviously a most unsuitable time for one.

हुई। कुछ रैयतों के इजहार लेते हुए महात्माजी संध्या की गाड़ी से बेतिया लौट आए।

ता. १-५-१७ को महात्माजी बाबू ब्रजकिशोर प्रसाद को साथ लेकर मोतिहारी गए और वहाँ पहुँचकर ता. २-५-१९१७ को सवेरे एक पत्र मि. हिकॉक के पास भेजकर मोतिहारी पहुँचने की सूचना दी और पूछा कि वे भी उनसे मिलना चाहेंगे या नहीं।[१] ता. २-५-१७ को नीलवरों की एक बैठक हुई। वहाँ बहुत से नामी-नामी नीलवर उपस्थित थे। महात्माजी को भी उन लोगों ने अपनी बैठक में बुलाया था। बहुत देर तक सब विषयों पर विचार हुआ, परंतु इस सभा से कुछ फल नहीं निकला। ता. ३-५-१७ को महात्माजी जिला मजिस्ट्रेट मि. हिकॉक तथा सेटलमेंट अफसर मि. स्वीनी (Mr. Sweeny) से मिले और उसी दिन बेतिया वापस आ गए।

इस संबंध में बिहार प्लैंटर्स एसोसिएशन के डायरेक्टरों ने ता. ५-५-१७ को एक मीटिंग बुलाई, जिसमें उन्होंने मि. गांधी की जाँच के विषय में घोर विरोध प्रकट किया

The question of the most urgent importance at the present moment is, however, the danger of serious trouble owing to the activities of Mr. Gandhi and his satellites, and, should it be the opinion of the Govt. that the most politic methods of avoiding any further agitation in this direction is to arrange to hold an impartial enquiry into these questions, before which Mr. Gandhi could bring forward any points which he might wish to raise, this course would be welcomed by our community as the only available means of bringing the present intolerable and dangerous situation to an end.

8. Mr. Jameson and I have been deputed to ask his Honour the Lieutenant-Governor to give us an opportunity to put the facts of the case before him, and it is our intention to go to Ranchi with that object on Friday next, May 4th. We should be very grateful if you could ask his Honour to grant us an interview on that evening or on Saturday the 5th. We would also like to suggest that Mr. Gandhi might be asked to meet us in Ranchi, in conjunction with some representatives of the Government.

Yours faithfully,
Sd. Illegible
Champaran District Hon. Secy.
Bihar Planters' Association.

Motihari
2nd May

१. Dear Mr. Heycock,

I came to Motihari last night you may be aware that I am to meet the planters this morning at 10-45. You will please let me know if you want me.

Yours sincerely,
Sd. M. K. Gandhi

और उस मीटिंग में जो प्रस्ताव पास हुआ, उसकी एक नकल अपने सेक्रेटरी द्वारा कमिश्नर के पास भेजी।[१]

---

१. Bihar Planters' Association Ltd.,
Muzaffarpur, Tirhoot State Rly.
The May 9th, 1917

From
J.M. Wilson, Esqr.,
Gen. Secy. Bihar Planters' Association Ltd.,
To
The Hon'ble Mr. Ltf. Morshead, I.C.S.,
Commissioner, Tirhoot Division.

Dated, Muzaffarpur, the 9th May, 1917

Sir,

Under instructions from my Directors I have the honour to send you for your information, a copy of resolution passed at their meeting held on the 5th May, 1917. I do so with the object of letting you know the very serious view my Directors take of the activities by Mr. Gandhi in Champaran.

I have the honour to be,
Sir,
Your most obedient servant,
Sd. J.M. Wilson

Resolutions passed at a meeting of the Directors of the Behar Planters' Association Ltd., held on the 5th May, 1917.

1. The Directors confirm and approve of the reference made by Mr. H. Cox, Hony. District Secretary, Champaran to the Hon'ble Mr. L. Morshead, Commissioner of the Tirhoot Division, in his letter of the 28th April 1917 and they instruct the General Secretary to forward a copy of the following resolutions to the Local Govt.

2. That the Directors of the Behar Planters' Association place on record its emphatic protest against the manner and methods of enquiry conducted by Mr. Gandhi and his assistants. In the Champaran district, inasmuch as they are calculated to stir up feeling of animosity between landlords and tenants, planters and tenants. They submit that previously to going to Champaran, Mr. Gandhi had an interview with the General Secretary of the association Mr. Wilson, Mr. Wilson warned him of the dangers of his proposed action and told him that if he would formulate the points he considered required investigation, the Directors would give them their earnest consideration. Mr. Wilson however has received no further communication from him.

3. The Directors submit that this agitation for an investigation is uncalled for, and mischievous and has been fostered by agitators, and that no necessity for such an investigation exists. They would point out that a thorough enquiry into all questions relating to planters and ryots has recently been carried out both by the Settlement Officer and the officials of the Bettiah Raj Court of Wards.

4. The Directors submit that factories are at present greatly handicapped by the fact that a large number of their European staff are absent in the service of the Empire, and that the exigencies of training under the Indian Defence Act is encroaching heavily on the time of those who remain. It is therefore not just or proper that at this crisis in

इधर बिहार गवर्नमेंट से भी चंपारन की बातें छिपी न थीं। स्थानीय कर्मचारी रिपोर्ट रँगकर भेज ही रहे थे कि उधर नीलवरों ने भी अपने प्रतिनिधियों को गवर्नमेंट के पास भेजा और वहाँ तरह-तरह की शिकायतें कीं। मुजफ्फरपुर के यूरोपियन डिफेंस एसोसिएशन (European Defence Association) ने भी कलकत्ता की मुख्य सभा की ओर से भारत-सरकार के पास दरख्वास्त लिखवाई कि महात्मा गांधी की जाँच रोक दी जाय और यदि सरकार ऐसा करना नहीं चाहती हो तो वह अपनी ओर से एक कमीशन मुकर्रर करे। मालूम होता है कि जब २-५-१७ को महात्माजी की नीलवरों से भेंट हुई और उसका फल नीलवरों को संतोषजनक नहीं दीख पड़ा, तब उन्होंने यह सब काररवाइयाँ कीं। महात्माजी जो कुछ करते थे, साफ नीलवरों से और सरकारी कर्मचारियों से कह दिया करते थे; इधर नीलवर छिपे-छिपे ऐसी शिकायतें किया करते थे और उनकी खबर तक महात्माजी को नहीं पहुँचने पाती थी। इसी डेपुटेशन के फलस्वरूप ता. ६-५-१७ को राँची से चीफ सेक्रेटरी का भेजा हुआ एक तार[१] महात्माजी के पास पहुँचा। इस तार में उन्होंने लिखा था कि माननीय मि. डब्ल्यू. मौड (Mr. W. Maude) ता. १०-५-१७

---

the Empire's history when all creeds and classes have consented to abandon all controversial matters, that an industry should be burdened by an irresponsible investigation for which no just cause exists. They, the Directors, however submit that if in the opinion of Govt. any further investigation beyond that already conducted by the Settlement Officers is considered necessary they assure the Government that they will give every assistance in their power to such an investigation. They would add however that in view of the fact that many planters are absent from their estate in the service of the Empire, such investigation should be postponed until normal time returns and those that are absent will have the opportunity to be present at such investigation.

Sd. J.M. Wilson
General Secretary
Bihar Planters' Association Ltd

१. एसोसिएटेड प्रेस का एक तार ता. ११-५-१७ को बाँकीपुर से निम्नलिखित आशय का निकला था—

"The conference between Hon'ble Mr. Maude and Mr. Gandhi is said to be the result of a deputation of the Planters' Association which waited on the Government at Ranchi last week. It is reported that the deputation pointed out that the enquiry which is being carried on now has created a great stir and agitation amongst the *ryots* and asked that either this enquiry should be stopped or in the alternative the Government should appoint a commission including representatives of planters and *ryots* to hold a public enquiry. The Muzaffarpur branch of the European Defence Association have also through their parent body in Calcutta submitted a representation to the Government of India on the subject. In the meantime, news has been received from Motihari of a factory at Olaha an outwork of a huge indigo concern, known as the Turkaulia concern, having been

को बाँकीपुर में महात्माजी से मिलने के लिए जाएँगे, अतएव उन्होंने महात्माजी को वहाँ जाकर उनसे मिलने का अनुरोध किया। हम लोग समझ गए कि फिर अब सरकार की ओर से कुछ काररवाइयाँ होंगी; पर इस समय ऐसा भय नहीं था कि जाँच रोक दी जाएगी।

इधर रैयतों की भीड़ नित्य बढ़ती ही गई। बिहार के कई जिलों से इजहार के काम में सहायता देने के लिए स्वयंसेवक आ जुटे और काम खूब जोरों से जारी रहा। बीच-बीच में बिहार के नेता लोग भी आ जाया करते थे। ता. ५-५-१७ को पटना से बाबू परमेश्वर लाल बेतिया आए और कई दिनों तक वहाँ ठहरे रहे।

❑

---

completely burnt down by fire involving a loss of thousands of rupees, and planters suspect it as a case of incendiarism. What happened at the conference between Mr. Maude and Mr. Gandhi has not yet transpired, but it is understood that Mr. Gandhi would continue his enquiry."

भावार्थ—"गत सप्ताह राँची में नीलवरों का एक डेपुटेशन गवर्नमेंट के पास गया था। कहा जाता है कि मि. गांधी तथा माननीय मि. मौड के बीच जो कॉफ्रेंस निश्चित हुई, वह उसी का नतीजा है। डेपुटेशन ने सरकार के समक्ष यह पेश किया कि जो जाँच मि. गांधी कर रहे हैं, उससे रैयतों के बीच बड़ी खलबली हो गई है। इसलिए या तो ऐसी जाँच रोक देनी चाहिए अथवा सरकार की ओर से कमीशन नियुक्त होना चाहिए, जिसमें नीलवरों और रैयत दोनों के प्रतिनिधि रहें और जो खुले तौर पर जाँच करे। यूरोपियन डिफेंस एसोसिएशन, मुजफ्फरपुर, शाखा सभा की ओर से अपनी कलकत्ता की प्रधान समिति द्वारा भारत सरकार के पास इस विषय की एक दरख्वास्त भेजी गई है। इस बीच में मोतिहारी में खबर आई है कि तुरकौलिया की ओलहा फैक्टरी एकदम जलकर खाक हो गई, जिससे हजारों रुपए की क्षति हुई है। नीलवर लोगों को संदेह है कि यह आग किसी ने लगा दी है। मि. मौड और मि. गांधी के दरमियान क्या-क्या बातें हुईं, यह अभी तक नहीं मालूम हुआ है; पर ऐसा समझा जाता है कि मि. गांधी अपनी जाँच जारी रखेंगे।

तेरहवाँ अध्याय

माननीय मि. मौड से भेंट

ता. ९-५-१७ को सवेरे की गाड़ी से महात्माजी ने बाबू ब्रजकिशोर प्रसाद के साथ माननीय मि. मौड से मिलने के लिए प्रस्थान किया। बाबू परमेश्वर लाल, जो अभी तक बेतिया में थे, साथ हो लिये। महात्माजी के वहाँ जाने की खबर पहले ही फैल चुकी थी। रास्ते भर में प्राय: सभी स्टेशनों पर दर्शकों की वैसी ही भीड़, वैसी ही जयध्वनि, वैसी ही पुष्प-वृष्टि, जो महात्माजी की और यात्राओं में देखने में आई थी, फिर भी मिलती गई। संध्या को ७ बजे महात्माजी बाँकीपुर स्टेशन पर पहुँचे। उस समय वहाँ बड़े जोरों से पानी बरस रहा था; पर इस पर भी दर्शकों की भीड़ कम न थी। पटना के प्राय: सभी नेता और कई हजार मनुष्य स्टेशन पर महात्माजी के स्वागत के लिए मौजूद थे। महात्माजी मि. मजहरुल हक के मकान पर जाकर उतरे।

ता. १०-५-१७ को महात्माजी की मि. मौड से भेंट हुई। प्राय: दो घंटे की बातें हुईं। इसके एक दिन पूर्व ही मि. मौड चंपारन के कलक्टर मि. हिकॉक तथा बेतिया के मि. विटी और मि. लिविस इत्यादि को बुलाकर उनसे मिल चुके थे। महात्माजी और मि. मौड में क्या बातें हुईं, यह मालूम नहीं। पर इतना जान पड़ता है कि नीलवरों ने सरकार के कान खूब फूँके थे और विशेषकर महात्माजी के सहकारियों पर बहुत आक्षेप किया था। सरकार को यह बात खूब समझा दी गई थी कि महात्माजी के साथ जो वकील काम कर रहे हैं, वे ही सब फसाद के मूल हैं और उन्हें वहाँ से अविलंब हटा देना चाहिए। पाठकों को स्मरण होगा कि बाबू ब्रजकिशोर प्रसाद के नाम से वे पहले से ही परिचित थे और बिहार व्यवस्थापिका सभा में रैयतों का पक्ष लेने के कारण उनसे नीलवर बहुत ही बिगड़े रहते थे। जब महात्माजी से मि. मौड की भेंट हुई, तब ऐसा जान पड़ता है कि उन्होंने और सब बातों के अलावा इस पर भी बड़ा जोर दिया कि उन लोगों को महात्माजी चंपारन से हटा दें। महात्माजी ने सरकार को विश्वास दिलाया कि जो उनके साथ काम कर रहे हैं, वे राजद्रोही व किसी प्रकार की अशांति फैलानेवाले नहीं

हैं, और इसी कारण से उन्होंने उनको चंपारन से हटा देने से एकदम इनकार किया। अंत में स्थिर हुआ कि महात्माजी अपनी जाँच की रिपोर्ट सरकार में, जहाँ तक शीघ्र हो सके, भेज दें और जाँच के काम में कुछ थोड़ा सा परिवर्तन कर दिया जाय, परंतु जाँच जारी रहे।

ता. ११-५-१७ को महात्माजी पटना से बेतिया वापस आए। लौटने पर मि. मौड के कथनानुसार रिपोर्ट लिखने की तैयारी की जाने लगी। सब सबूतों को देख-भालकर, रैयतों की शिकायतों का निचोड़ निकालकर एक रिपोर्ट ता. १२-५-१७ को तैयार की गई। उस रिपोर्ट को पूरी-पूरी यहाँ दे देना उचित है, क्योंकि पाठक उससे देख सकेंगे कि रैयतों के जो बयान थे, वे जाँच-कमेटी के सामने भी सरकारी अफसरों के इजहार से प्रायः अक्षरशः सत्य निकले। इस रिपोर्ट की प्रतियाँ जिले के सब कर्मचारियों तथा बेतिया राज के मैनेजर और प्लैंटर्स एसोसिएशन के मंत्री के पास भेज दी गईं। रिपोर्ट इस प्रकार थी—

In accordance with the suggestion made by Hon'ble Mr. Maude, I beg to submit herewith the preliminary conclusion which I have arrived at, as a result of the enquiry being made by me into the agrarian conditions of the *ryots* of Champaran.

At the outset I would like to state that it was not possible for me to give the assurance which Mr. Maude would have liked me to have given *viz.,* that the vakil friends who have been assisting me would be withdrawn I must confess that this request has hurt me deeply. It has been made ever since my arrival here. I have been told, i.e. after the withdrawal of the order of removal from the district that my presence was harmless enough and that my bonafides were unquestioned, but that the presence of the vakil friends was likely to create 'a dangerous situation'. I venture to submit that if I may be trusted to conduct myself decorously I may be equally trusted to choose helpers of the same type as myself. I consider it a privilege to have the association in the difficult task before me, of these able, earnest and honourable men. It seems to me that for me to abandon them is to abandon my work. It must be a point of honour with me not to dispense with their help until any thing unworthy is proved against them to my satisfaction. I do not share the fear that either my presence or that of any friends can create 'a dangerous situation'; the danger if any, must be in the causes that have brought about the strained relation between the planters and the *ryots.* And if the causes were removed, there never need be any fear of 'a dangerous situation' arising in Champaran so far as the *ryots* are concerned.

Coming to the immediate purpose of this representation I beg to state that nearly 4,000 *ryots* have been examined and their statements taken after careful cross examination. Several villages have been visited and many judgements of courts studied. And the enquiry is in my opinion capable of sustaining the following conclusions.

Factories or concerns in the District of Champaran may be divided into two classes.

(i) Those that have never had indigo plantations and (ii) those that have,

(i) The concerns which have never grown indigo have exacted *abwabs* known by various local names equal in amount at least to the rents paid by the *ryots.* This exaction although it has been held to be illegal has not altogether stopped.

(ii) The indigo growing factories have grown indigo either under the *Tinkathia* system or *Khuski.* The former has been most prevalent and has caused the greatest hardship. The type has varied with the progress of time. Starting with indigo it has taken in its sweep all kinds of crops. It may now be defined as an obligation presumed to attach to the *ryots'* holding whereby the *ryots* have to grow a crop on 3/20th of the holding at the will of the landlord for a stated consideration. There appears to be no legal warrant for it. The *ryots* have always fought against it and have only yielded to force. They have not received adequate consideration for the services. When, however, owing to the introduction of synthetic indigo the price of the local product fell, the planters desired to cancel the indigo *sattas.* They, therefore, devised means of saddling the losses upon the *ryots.* In lease-hold lands they made the *ryots* pay *Tawan, i.e.* damages, of the extent of Rs. 100 per bigha in consideration of their waiving their right to Indigo Cultivation. Thus the *ryots* claim was done under coercion. Where the *ryots* could not find cash, hand-notes, and mortgage deeds were made for payment in instalments bearing interest at 12 per cent per annum. In these the balance due has not been described as *Tawan,* i.e. damage, but it has been fictitiously treated as an advance to the *ryots* for some purpose of his own.

In Mokarrari land the damage has taken the shape of *Sharahbeshi sattas,* meaning enhancement of rent in lieu of indigo cultivation. The enhancement according to survey report has in the case of 5,955 tenancies amounted to Rs. 31,062 the pre-enhancement figure being Rs. 53,865. The total number of tenancies affected is much larger. The *ryots* claim that these *Sattas* were taken from them under coercion. It is inconceivable that the *ryots* would agree to an enormous perpetual increase in their rents against freedom from liability to grow indigo for a temporary period, which freedom they were strenuously fighting to secure and hourly expecting.

Where *Tawan* has not been exacted the factories have forced the *ryots* to grow oats, sugarcane or such other crops under the *Tinkathia* system.

Under the *Tinkathia* system the *ryot* has been obliged to give his best land for the landlord's crops; in some cases the land in front of his house has been so used; he has been obliged to give his best time and energy also to it so that very little time has been left to him for growing his own crops—his means of livelihood.

Cart-hire *Sattas* have been forcibly taken from the *ryots* for supplying carts to the factories on hire insufficient even to cover the usual outlay. Inadequate wages have been paid to the *ryots* whose labour has been impressed and even boys of tender age have been made to work against their will.

Ploughs of the *ryots* have been impressed and detained by the factories for days together for ploughing factory lands for a trifling consideration and at a time when they have required them for cultivating their own lands.

Dasturi has been taken by the notoriously ill-paid factory *Amlas* out of the wages received by the labourers often amounting to the fifth of their daily wages and also out of the hire paid for the carts and in some villages the *chamars* have been forced to give up to the factories the hides of the dead cattle belonging to the *ryots*. Against the carcases the *chamars* used to supply the *ryots* with shoes and leather strap for ploughs, and their women used to render services to the latter's families at childbirth. Now they have ceased to render these valuable services. Some factories have for the collection of such hides opened hide-godowns.

Illegal fines—often of heavy amounts—have been imposed by factories upon *ryots* who have proved unbending.

Among the other (according to the evidence before me) methods adopted to bend the *ryots* to their will the planters have impounded the *ryot's* cattle, posted peons on their houses, withdrawn from them barber's dhobi's, carpenter's and smith's services, have prevented the use of village wells and pasture lands by ploughing up the pathway and the land just in front of or behind their home-steads, have brought or promoted civil suits or criminal complaints against them and resorted to actual physical force and wrongful confinements. The planters have successfully used the institutions of the country to enforce their will against the *ryots* and have not hesitated to supplement them by taking the law in their own hands. The result has been that the *ryots* have shown an abject helplessness such as I have not witnessed in any part of India where I have travelled.

They are members of District Board and Assessors under the Chaukidari Act and keepers of pounds. Their position as such has been felt by the *ryots*. The roads which the latter pay for at the rate of half an anna per rupee of rent paid by them are hardly available to them. Their carts and bullocks which perhaps most need the roads are rarely allowed to make use of them. That this is not peculiar to Champaran does not in any way mitigate the grievance. I am aware that there are concerns which form exceptions to the rule laid down but as a general charge the statements made above are capable of proof.

I am aware too that there are some Indian Zamindars who are open to the charges made above. Relief is sought for in their cases as in those of the planters. Whilst there can be no doubt that the latter have inherited a vicious system, they with their trained minds and superior position have rendered it to an exact science, so that the *ryots* would not only have been unable to raise their heads above water but would have sunk deeper still had not the Government granted some protection. But the protection has been meagre and provokingly slow and has often come too late to be appreciated by the *ryots.*

It is true that the Government await the settlement officers report on some of these matters covered by this representation. It is submitted that when the *ryots* are groaning under the weight of oppression such as I have described above, an enquiry by the settlement officer is a cumbersome method. With him the grievances mentioned herein are but an item in an extensive settlement operation. Nor does his inquiry cover all the points raised above. Moreover grievances have been set forth which are not likely to be disputed. And they are so serious as to require an immediate relief.

That *Tawan* and *Sharahbeshi sattas* and *abwabs* have been exacted can not be questioned. I hope it will not be argued that the *ryots* can be fully protected as to these by recourse to law. It is submitted that where there is wholesale exaction, courts are not sufficient protection for the *ryots* and the administrative protection of the *sircar* as the supreme landlord is an absolute necessity.

The wrongs are two-fold. There are wrongs which are accomplished facts and wrongs which continue. The continuing wrongs need to be stopped at once and small enquiry may be made as to past wrongs such as damages and *abwabs* already taken and *Sharahbeshi* payment already made. The *ryots* should be told by proclamation and notices distributed broadcast among them that they are not only not bound to pay *abwabs, Tawan* and *Sharahbeshi* charges but that they ought not to pay them, that the *sircar* will protect them if any attempt is made to enforce payment there of. They should further be informed that they are not bound to render any personal services to their landlords and that they are free to sell their services to whomsoever they choose and that they are not bound to grow indigo, sugarcane or any other crop unless they wish to do so and unless it is profitable for them. The Bettiah Raj leases given to the factories should not be renewed until the wrongs are remedied and should, when renewed, properly safeguard *ryots'* rights.

As to *Dasturi,* it is clear that better paid and educated men should substitute the present holders of responsible offices and that no countenance should be given to the diminution in *ryots'* wages by illegal exaction of *Dasturi*. I feel sure that the planters are quite capable of dealing with the evil although it is in their language 'as old as the Himalayas.'

The *ryots* being secured in their freedom it would be no longer necessary to investigate the question of inadequacy or otherwise of the consideration in the indigo *sattas* and cart-hire *sattas* and the wages. The *ryots* by common agreement should be advised to finish indigo or other crops for the current year. But henceforth whether it is indigo or any other crop it should be only under a system of absolute free will.

It will be observed that I have burdened the statement with as little argument as possible. But if it is the desire of the Government that I should prove any of my conclusions I shall be pleased to render the proofs on which they are based.

In conclusion I would like to state that I have no desire to hurt the planters' feelings. I have received every courtesy from them. Believing as I do that the *ryots* are labouring under a grievous wrong from which they ought to be freed immediately, I have dealt as calmly as possible for me to do so, with the system which the planters are working. I have entered upon my mission in the hope that they as Englishmen born to enjoy the fullest personal liberty and freedom will not fail to rise to their status and will not grudge the *ryots* the same measure of liberty and freedom.

I am sending copies to the Commissioner of the Tirhut Division, the Collector of Champaran, the Sub-Divisional Officer of Bettiah, the Manager of the Bettiah Raj, the Secretaries respectively of the Bihar Planters' Association and the District Planters Association. I am circulating also among those leaders of public opinion in the country who have kept themselves in touch with the work being done by my colleagues and myself. The copies are being marked 'not for publication', as there is no desire to invite a public discussion of the question unless it becomes absolutely necessary.

I need hardly give the assurance that I am at the disposal of the Government whenever my presence may be required.

I remain,
Yours faithfully,
(Sd.) M.K. Gandhi

उपर्युक्त रिपोर्ट का सारांश इस प्रकार है—

"माननीय मि. मौड के कहने के मुताबिक मैं इस पत्र के साथ चंपारन-कृषि-संबंधी अपनी जाँच का प्रारंभिक फल भेज रहा हूँ। आरंभ में मैं यह कह देना चाहता हूँ कि मि. मौड ने मुझसे अपनी यह इच्छा प्रकट की थी कि मैं अपने उन वकील दोस्तों को, जो हमारी जाँच में सहायता दे रहे हैं, यहाँ से हटा दूँ। मुझे कहना पड़ता है कि उनकी इस बात से मेरे दिल पर गहरी चोट आई है। मेरे यहाँ आने के आरंभ से ही यह बात कही जा रही है। जब से वह हुक्म, जो चंपारन जिला छोड़ देने के लिए हुआ था, उठा लिया गया, तभी से मुझसे कहा जाता है कि मेरे यहाँ रहने से कोई हानि नहीं है। मेरी सचाई के विषय में किसी को कोई संदेह नहीं है, पर मेरे वकील दोस्तों की

उपस्थिति से एक भयंकर स्थिति के हो जाने का डर है। मेरा निवेदन है कि यदि यह बात मान ली जाती है कि मैं स्वयं शीलता के साथ काम कर सकता हूँ, तो उसी प्रकार मुझपर विश्वास करना चाहिए कि मैं अपने लिए उपयुक्त सहायक भी चुन सकता हूँ। जो महान् कार्य मेरे सामने है, उसमें इन योग्य, उत्साही तथा मान्य सज्जनों की सहायता पाना मेरे लिए सौभाग्य की बात है। मुझे ऐसा जान पड़ता है कि उनको छोड़ देना अपने इस कार्य को ही छोड़ देना है। मेरे लिए यही उचित है कि जब तक इन लोगों के विरुद्ध कोई अयोग्य बात साबित नहीं की जाय, तब तक हम इनको न हटाएँ। मुझे इस बात का कुछ भी भय नहीं है कि मेरे या मेरे साथियों के रहने से यहाँ की अवस्था भयंकर हो जाएगी। यदि कोई भय की बात है तो वह उन कारणों से ही है, जिनसे रैयत और नीलवरों के बीच वैमनस्य हो गया है और यदि वह कारण हटा लिये जायँ, तो कभी चंपारन में रैयतों के संबंध में किसी भयंकर अवस्था के उपस्थित होने की संभावना नहीं हो सकती।

अब जो विषय विचारणीय है, उसके संबंध में मेरा यह निवेदन है कि अब तक प्राय: ४,००० रैयतों का इजहार लिया गया और कड़ी जिरह के बाद उनके बयान लिखे गए हैं। हम लोगों ने कई गाँवों को देखा है और अदालत के कितने ही फैसले पढ़े हैं। हमारी जाँच से निम्नलिखित बातें साबित हुई हैं—

चंपारन में दो प्रकार की कोठियाँ हैं—पहली वे, जिन्होंने कभी नील नहीं किया और दूसरी वे, जो नील करती हैं।

१. उन कोठियों ने, जिन्होंने नील नहीं किया है, कितने प्रकार के अबवाब वसूल किए हैं, जो कम-से-कम उनकी असल मालगुजारी की रकम के बराबर हैं। यद्यपि अबवाब का वसूल करना नाजायज ठहराया गया है, तथापि बिलकुल बंद नहीं हुआ है।

२. नील की कोठियों ने जिन दो प्रकारों से नील कराए हैं, वे तीन-कठिया की प्रथा और खुश्की है। तीन-कोठियों की प्रथा अधिक प्रचलित है और यह बहुत कष्ट का कारण हुआ है। समयानुकूल इसकी सूरत बदलती गई है। आरंभ में इसके द्वारा केवल नील ही कराया जाता था, पर पीछे इसी रीति से प्राय: अन्य सभी प्रकार की फसल भी तैयार कराई जाने लगी है। इस प्रथा के अनुसार ऐसा अनुमान किया जाता है कि प्रत्येक रैयत की जोत पर इसकी पाबंदी है कि वह अपनी जोत के ३/२० हिस्से में मालिक की ख्वाहिश के मुताबिक कोई फसल पैदा करे और उसके लिए एक नियत दाम पाए। इसका कोई कानून नहीं जान पड़ता है। रैयत लोग इसका बराबर विरोध करते आए हैं और यह उनसे बलात् स्वीकार कराया गया है, उनको इसके लिए पूरी मजदूरी नहीं दी गई है। जब बनावटी रंग के कारण दाम घट गया, तब नीलवरों ने नील के सट्टों को रद्द कर देना चाहा और इसलिए नील के कारण जो उनका नुकसान हुआ था, उसको

पूरा करने के लिए उन्होंने रैयतों की पीठ पर तरह-तरह के नाजायज टैक्सों का बोझ लाद देने का उपाय सोच निकाला। ठेके के गाँवों में उन्होंने रैयतों से तावान वसूल किया, अर्थात् नील बोने की पाबंदी से छुटकारा देने के बदले रैयतों से बीघा पीछे १०० रुपए तक वसूल किए। रैयतों का कहना है कि यह जबरदस्ती वसूल किया गया। जब रैयतों के पास से नकद वसूल न हो सका, तब उनसे १२ रुपए सैकड़े के माहवारी सूद के साथ हैंडनोट और रेहननामा लिखवा लिये गए।

इन वसीकों में तावान का कोई जिक्र न लिखकर यह गलत बात लिखी गई कि उनके रुपए रैयतों ने अपनी जरूरियात के लिए नकद लिये हैं।

मुकर्ररी गाँवों में रैयतों से शरहबेशी सट्टा लिखवा लिये गए हैं, अर्थात् नील से छुटकारा देने के बदले में उनकी मालगुजारी बढ़ा दी गई है। सर्वे-रिपोर्ट के अनुसार ५,९५५ जोतों पर, जिनकी इजाफा के पहले की मालगुजारी ५३,८६५ रु. थी, ३१,०६२ रु. इजाफा कर दिया गया है, पर उससे कहीं अधिक जोतों की मालगुजारी बढ़ा दी गई है। रैयतों का कहना है कि ये सट्टे उनसे जबरदस्ती लिये गए हैं। यह समझ में नहीं आता कि रैयत चंद दिनों के मेहमान नील से छुटकारा पाने के लिए अपनी मालगुजारी में इतना इजाफा खुशी से कैसे कबूल कर लेंगे, जब कि वह बराबर से इसके लिए लड़ते आए और समझते थे कि अब वह शीघ्र उससे छुटकारा पाने वाले हैं।

जिन कोठियों ने तावान वसूल नहीं किया है, वहाँ उन्होंने रैयतों से बलात् जई, ऊख और दूसरी फसल तीन-कठिया प्रथा से तैयार कराई हैं।

तीन-कठिया प्रथा के अनुसार अपनी सबसे अच्छी जमीन रैयत को कोठी को दे देनी पड़ती है। कहीं-कहीं उनके निकसार की जमीन भी इसके लिए ले ली गई है। उन्हें अपने सबसे बहुमूल्य समय तथा अपनी मेहनत उन खेतों की आबादी के लिए देनी पड़ती है और इस कारण अपनी अन्य फसलों की आबादी के लिए, जो उनकी जीविका का आधार हैं, बहुत कम समय बचता है।

रैयतों से गाड़ी के लिए सट्टा जबरदस्ती लिखवा लिया गया है और कोठी मजदूरी इतनी कम देती है कि उससे खर्च भी नहीं चल सकता।

रैयतों से बहुत कम मजदूरी पर काम जबरदस्ती लिया जाता है और छोटे-छोटे बच्चों से भी उनकी इच्छा के विरुद्ध काम कराया जाता है।

कोठी रैयतों के हल-बैल को अपनी जमीन जोतने के लिए एक साथ कई दिनों तक जबरदस्ती रख लेती है और सिर्फ नामनेहादी मजदूरी देती है और जिस समय रैयतों को अपने हल-बैल की जरूरत रहती है, उस समय कोठी उन्हें अपने लिए रोके रखती है।

जो मजदूरी मजदूरों को दी जाती है, उसमें से कोठी के कम तनख्वाह पाने वाले

अमले दस्तूरी काट लेते हैं, कभी-कभी वे मजदूरी का पाँचवाँ हिस्सा दस्तूरी में ले लेते हैं।

कितने ही गाँवों में चमारों को मृत जानवरों की खाल कोठी को दे देने के लिए बाध्य किया जाता है। उन्हीं चमड़ों के बदले में चमार रैयतों को जूता और हल बाँधने के लिए चमौटी दिया करते थे, उनकी स्त्रियाँ प्रसव के समय काम किया करती थीं। अब चमारों ने यह सब बंद कर दिया है। कई कोठियों ने इन चमड़ों को इकट्ठा करने के लिए चमड़े के गोदाम खोल दिए हैं।

जिन रैयतों ने कोठियों के विरुद्ध सिर उठाया, उनसे नाजायज जुरमाना, कभी-कभी बड़ी रकम का, वसूल किया जाता है।

मेरे सामने जो सबूत गुजरा है, उससे मालूम होता है कि रैयतों को दबाने के लिए नीलवरों ने उनके माल को फाटक में रख दिया है। उन पर सिपाही तैनात किए हैं; धोबी, हज्जाम, बढ़ई, लोहार आदि बंद कर दिए हैं।

गाँव के कुओं से पानी और परती में गौ चराना रोक दिया गया है। गाँव के रास्ते और निकसार पिछवार की जमीन को जुतवा दिया है। दीवानी और फौजदारी मुकदमे चलाए गए हैं अथवा औरों से दायर कराए गए हैं और रैयतों के साथ मारपीट की गई है तथा उन्हें बंद भी कर रखा है। नीलवर देश की संस्थाओं (अदालत इत्यादि) को रैयतों को अपनी इच्छानुसार दबाने के लिए सफलतापूर्वक अपने काम में लाए हैं और जरूरत पड़ने से कानून का विचार न करके मनमानी की है। इस सबका यह फल हुआ है कि रैयत बेचारे अत्यंत लाचारी की हालत को पहुँच गए हैं। मैंने हिंदुस्तान के किसी प्रांत में, जहाँ मुझे जाने का अवसर मिला है, ऐसी दुर्दशा कहीं भी नहीं देखी।

नीलवर डिस्ट्रिक्ट बोर्ड के मेंबर और चौकीदारी के असेसर हैं और उन्हीं के इलाके फाटक भी हैं। रैयतों पर इन सब बातों का असर पड़ता है। जिन सड़कों को बनाने के लिए रैयत रुपए में आध आना के हिसाब से देते हैं, वे उनके काम नहीं आते। उनके बैल तथा गाड़ी, जिनको सड़कों की अधिक आवश्यकता है, उन सड़कों पर चलने नहीं पाते। यह बात और जगहों में प्रचलित होने के कारण इसको कम कष्टकर नहीं बनाती। मैं जानता हूँ कि ऐसी कोठियाँ भी हैं, जिनमें उपरोक्त बातें नहीं पाई जातीं, पर साधारणत: उनके प्रमाण दिए जा सकते हैं।

मुझे यह भी मालूम है कि कतिपय हिंदुस्तानी जमींदारों के संबंध में उपर्युक्त बातें कही जा सकती हैं। उनके विरुद्ध भी वही काररवाई होनी चाहिए, जो नीलवरों पर। इसमें कोई संदेह नहीं कि नीलवरों ने इस बुरी प्रथा को औरों से सीखा है। पर, उन्होंने अपनी बुद्धि और उच्च स्थिति द्वारा इस कुप्रथा को वैज्ञानिक रूप में परिणत कर दिया है। इसका नतीजा यह हुआ कि रैयत केवल अपना सिर उठाने में ही असमर्थ न थे वरन् यदि

समय-समय पर सरकार उनकी सहायता न करती, तो अधिकाधिक दब जाते। पर, सरकार की सहायता बहुत थोड़ी और इतने विलंब के बाद मिली है कि लोगों को उस विषय में संदेह होने लगा है।

हाँ, यह सच है कि चंद बातों के लिए सरकार सेटलमेंट अफसर की रिपोर्ट की प्रत्याशा कर रही है। मेरा निवेदन है कि जब रैयत उपरोक्त जुल्मों के बोझ से पिसे जा रहे हैं, तब ऐसी अवस्था में सेटलमेंट अफसर द्वारा जाँच करना बहुत ही दुर्वह तरीका है। सेटलमेंट अफसर की आँखों में उपरोक्त आपत्तियों का विचार उनके मुख्य बंदोबस्त के कामों में एक काम है। फिर, उनकी जाँच में उपरोक्त सब बातें आतीं भी नहीं। इसके अलावा बहुत सी ऐसी आपत्तियों का भी ऊपर उल्लेख किया गया है, जिनके विषय में कोई संदेह हो ही नहीं सकता। और वे ऐसी हैं, जिनसे तुरंत छुटकारा दिया जाना चाहिए।

इस बात से कोई भी इनकार नहीं कर सकता कि तावान और शरहबेशी के सट्टे रैयतों की इच्छा के विरुद्ध लिखवाए गए हैं तथा उनसे अबवाब वसूल किए गए हैं। मैं आशा करता हूँ कि ऐसा नहीं कहा जाएगा कि इनके विषय में कानून के अनुसार रैयत अपनी रक्षा कर सकते हैं। मेरा निवेदन है कि जहाँ तमाम जिले के साथ जबरदस्ती की गई है, वहाँ केवल अदालत से ही रैयत की हिफाजत नहीं हो सकती और सरकार को, जो सब जमींदारों की भी मालिक है, इस विषय में अपने अधिकार से उनकी रक्षा करना आवश्यक है।

बुराइयाँ दो प्रकार की हैं—एक वे, जो हो चुकी हैं और दूसरी वे, जो दिन-प्रतिदिन होती जा रही हैं। दूसरे प्रकार की बुराइयों को अविलंब रोक देना उचित है और बीती हुई बुराइयों के विषय में थोड़ी जाँच होनी चाहिए, जैसे कि अबवाब, हरजा और शरहबेशी के विषय में, जो अब तक लिये जा चुके हैं। रैयतों को नोटिस बाँटकर और घोषणा देकर जता देना चाहिए कि उनको अबवाब, तावान और शरहबेशी देने की केवल कोई पाबंदी ही नहीं है, वरन् उसे देने की मनाही है और यदि वसूल करने में कोई जोर करेगा तो सरकार उन्हें उससे बचाएगी। उन्हें यह भी बता देना चाहिए कि उनको मालिक के लिए मजदूरी करने की कोई पाबंदी नहीं है और वे जहाँ चाहें, मजदूरी कर सकते हैं। नील, ऊख अथवा और कोई फसल अपनी इच्छा के विरुद्ध और बिना मुनाफे के वे करने के लिए बाध्य नहीं हैं। बेतिया राज की ओर से कोठियों को ठेका तब तक न दिया जाय, जब तक वे बुराइयों को न हटा दें और जब नया ठेका दिया जाय, तब उसमें रैयतों के हकूक बचाने के लिए शर्त रहे।

दस्तूरी के संबंध में स्पष्ट है कि अधिक मुशाहरेवाले और शिक्षित लोग दायित्व के स्थान पर रखे जायँ और दस्तूरी काटने के दस्तूर को रोक दिया जाय। मुझे विश्वास है

कि यदि नीलवर चाहें तो उसे तुरंत हटा सकते हैं, यद्यपि वे कहा करते हैं कि यह प्रथा उतनी ही पुरानी है जितना कि हिमालय पहाड़।

जब रैयतों को इस प्रकार की स्वतंत्रता प्राप्त हो जाएगी, तब इस विषय की खोज करने की आवश्यकता न रह जाएगी कि उन्हें नील और गाड़ी के सट्टे के लिए मजदूरी काफी मिलती है या नहीं। नील अथवा दूसरी फसल, जो इस समय खेत में लगी है, उसे रैयतों को तैयार कर देने की सलाह सबको मिलकर देनी चाहिए। पर इसके बाद, चाहे नील हो अथवा दूसरी कोई फसल, रैयत अपनी खुशी से चाहे तो करें अथवा न करें।

यह दीख पड़ेगा कि मैंने इस पत्र में जहाँ तक हो सका है, कोई बहस नहीं पेश की है; पर यदि सरकार यह चाहे कि मैं अपने बयान में कही हुई किसी बात को साबित कर दूँ, तो मैं अपना सबूत पेश कर दूँगा।

अंत में यह कह देना चाहता हूँ कि मैं किसी प्रकार नीलवरों का दिल दुखाना नहीं चाहता। उन्होंने मेरे साथ बराबर अच्छा व्यवहार किया है। मेरा विश्वास है कि रैयतों पर बहुत जुल्म हो रहा है, जिससे उनको शीघ्र छुटकारा मिलना चाहिए। और, इसी विचार से मैंने जहाँ तक शांतभाव से हो सका है, उस प्रथा की आलोचना की है, जिसके अनुसार नीलवर काम कर रहे हैं। मैं इस कार्य में इस पूर्ण विश्वास के साथ प्रवृत्त हुआ हूँ कि नीलवर अँगरेज होने के कारण व्यक्तिगत स्वतंत्रता को आजन्म भोगते आए हैं और वही स्वतंत्रता रैयतों को देने में वे अपने कर्तव्य-पालन से विमुख न होंगे।

मैं इसकी नकल तिरहुत डिवीजन के कमिश्नर, चंपारन के कलक्टर, बेतिया के सब-डिवीजनल अफसर, बेतिया राज के मैनेजर, बिहार और चंपारन के प्लैंटर्स एसोसिएशन के मंत्री तथा उन भारतीय नेताओं के पास, जो मेरे और मेरे सहयोगियों के कार्य की खबर रखते हैं, भेज रहा हूँ। इन प्रतियों पर लिख दिया है कि वे प्रकाशित न की जायँ, क्योंकि इन विषयों पर जब तक ऐसी आवश्यकता न आ पड़े, खुल्लमखुल्ला आलोचना कराने की मेरी इच्छा नहीं है। इस बात के कहने की आवश्यकता नहीं कि सरकार जब और जहाँ मुझे खोजेगी, मैं हाजिर रहूँगा।''

--एम. के. गांधी

चौदहवाँ अध्याय

नीलवरों की घबराहट

पटना से लौटने के बाद इज़हारों के लिखने के काम में कुछ परिवर्तन हो गया। अब तक सब रैयतों के बयान पूरे-पूरे लिये जाते थे और इस प्रकार प्रायः चार हजार रैयतों के बयान लिखे जा चुके थे। अब कुछ शिकायतों की एक प्रकार की सूची तैयार कर ली गई और पूरा-पूरा बयान लिखने की जरूरत नहीं रही। इसलिए अब से रैयतों के बयान सब संक्षेप में लिखे जाने लगे। इससे काम कुछ हलका पड़ गया और सब सबूतों को भली-भाँति देखने का कुछ समय सहायकों को मिलने लगा।

इधर, नीलवर और उनके पक्षपाती घबरा रहे थे और महात्माजी के काम में पग-पग पर बाधा देने की पूरी कोशिश कर रहे थे और रैयतों को उनके पास आने से रोकते थे। पर, अब रैयतों की वह हालत न थी कि बात-की-बात में कोठियों की जरा-सी धमकी पर वे भयभीत हो जायँ। सैकड़ों वर्षों से पद-दलित रैयत अब समझने लगे कि यदि इस अवसर पर उनका उद्धार न हुआ तो वे हमेशा के लिए उसी अवस्था में पड़े रहेंगे। महात्माजी के साहस और कार्य को देखकर उनके मन में उत्साह आ गया था। नीलवरों के रोकने से वह कब रुक सकते थे।

बेतिया की धर्मशाला के दुमहले पर एक बहुत छोटा सा कमरा था। महात्माजी उसी में रहा करते थे। उनके सहकारी नीचे ठहरकर बयान लिखते अथवा जो काम होता, किया करते थे। रैयतों की भीड़ रोजाना इस प्रकार बनी रहती थी कि काम करना कठिन हो गया था। बाहर का फाटक बंद कर दिया जाता था। केवल उन्हीं रैयतों को महात्माजी के पास पहुँचाया जाता था, जिनके बयान में कुछ विशेषता रहती थी अथवा जिनको अन्य कार्यों से उनसे मिलना आवश्यक समझा जाता था। पर, रैयत अपना बयान ही देकर संतुष्ट न होते थे, वे महात्माजी का दर्शन किए बिना घर नहीं लौटते थे। इसलिए प्रतिदिन संध्या समय फाटक खोल दिया जाता था और सब लोग धर्मशाला की विशाल छत पर जाकर महात्माजी का दर्शन करते थे। उस समय सीढ़ियों पर से जाना कठिन हो जाता था।

महात्माजी नीलवरों के आंदोलन को खूब समझते थे और वे भी उचित उपाय सोचते और करते जाते थे। जब-जब जरूरत समझते, सरकारी कर्मचारियों को सब बातों की खबर देते और भारत भर के नेताओं को चंपारन की सब बातों से सूचित रखते थे। समय-समय पर वहाँ की स्थिति पर रिपोर्ट लिखकर सबके पास भेज दिया करते थे और जिस प्रकार की सहायता की जरूरत पड़ती थी, उनसे माँगते थे अथवा उस प्रकार की मदद के लिए तैयार रहने को लिख देते थे। साथ ही, इन सब बातों में से एक भी समाचार-पत्रों में प्रकाशित नहीं होने पाती थी; क्योंकि महात्माजी का मतलब रैयतों का दुःख दूर करना था, आंदोलन नहीं। तिसपर भी नीलवर उस अन्याय और अत्याचारजनक लाभ की संभावित हानि देखकर उनके काम में हर प्रकार से बाधा देने की चेष्टा करते थे।

सरकार ने महात्माजी की रिपोर्ट पाकर जिले के अफसरों, सेटलमेंट अफसर और नीलवरों से ता. ३०-६-१७ तक उस रिपोर्ट पर सम्मति माँगी। पर, बीच में ही नए गुल खिलने लगे। नीलवर इतने चुप क्यों रहने वाले थे। ता. ११-५-१७ को एसोसिएटेड प्रेस का भेजा हुआ एक तार, जिसका उल्लेख ऊपर हो चुका है, समाचार-पत्रों में प्रकाशित हुआ, जिसमें लिखा था कि तुरकौलिया कोठी की एक शाखा ओलहा कोठी जल गई है, जिससे कोठी को कई हजार की नुकसानी हुई है। नीलवर समझते हैं कि यह आग किसी ने लगा दी है।

बेतिया से कुछ दूर पर धोकराहा एक कोठी है। वहाँ के मैनेजर मि. ए. के. होल्टम (Mr. A.K. Holttum) हैं। उन्होंने महात्माजी से कहा था, ''यदि आप चाहें तो मेरे देहातों को देख सकते हैं। वहाँ रैयतों को किसी प्रकार का कष्ट नहीं है। जो-जो शिकायतें आपके निकट की गई हैं, वे एकदम झूठी हैं।'' उन्होंने मि. लिविस से भी ऐसा ही कहा। निश्चय हुआ कि ता. १६-५-१७ को महात्माजी धोकराहा कोठी के पास सरिसवा गाँव में, जहाँ एक बाजार भी लगता है, जाएँगे। पाठक को इस बात का स्मरण दिला देना भी उचित है कि मि. होल्टम वही महाशय हैं, जिनके रैयतों को शिकायत थी कि शरहबेशी लिखा लेने के बदले उन्होंने उन सब रैयतों के साथ थोड़ी-थोड़ी जीरात की जमीन बंदोबस्त कर दी थी और उस जमीन की मालगुजारी के साथ शरहबेशी करने पर जितनी मालगुजारी बढ़ सकती थी, वह भी जोड़ दी गई थी।

ता. १६-५-१७ को महात्माजी, लेखक और प्रोफेसर कृपालानी (जो अब मुजफ्फरपुर कॉलेज से जवाब पाकर महात्माजी के पास चले आए थे और हम लोगों की चंपारन के काम में सहायता कर रहे थे) प्रभृति को साथ लेकर धोकराहा के लिए रवाना हुए। बेतिया से हम लोग बहुत सवेरे चले। सवारी साथ थी, पर सब किसी का पैदल ही चलने का विचार हुआ। हम लोग सरिसवा बाजार, जो बेतिया से प्रायः ८ मील की दूरी पर है, ८ बजे दिन को पहुँच गए। वहाँ हम लोगों के पहुँचने से पूर्व ही रैयतों की भीड़

लग गई थी। रास्ते में कुछ रैयतों ने आकर कहा कि साहब कुछ ऐसे असामियों को अपने साथ तैयार करके लाएँगे, जो यह कहेंगे कि वहाँ सब लोग सुखी हैं, रैयतों को किसी प्रकार का कष्ट नहीं है इत्यादि। हम लोग यह सब बातें सुनते गए।

वहाँ पहुँचकर महात्माजी ने स्नान किया। हम लोग अभी स्नानादि कर ही रहे थे कि इतने में मि. होल्टम भी आ गए। एक छोटे से बगीचे में लोग इकट्‌ठे हुए। लगभग दो-तीन सौ रैयत वहाँ मौजूद थे। महात्माजी व मि. होल्टम में बातें हो ही रही थीं कि इतने में मि. लिविस भी हवागाड़ी पर आ पहुँचे। मि. होल्टम ने महात्माजी को कुछ कागज-पत्र दिखलाए और कहा कि जो शिकायत शरहबेशी के विषय में रैयतों ने की है, वह बिलकुल गलत है। हमने अपनी जीरात को रैयतों के साथ जबरदस्ती बंदोबस्त नहीं किया है। रैयतों ने बहुत कह-सुनकर हमसे जीरात की जमीन ली है। मेरा इसमें कुछ भी लाभ नहीं है। जितना वे देते हैं, उससे कहीं अधिक मैं उस जमीन से पैदा कर सकता हूँ और यदि रैयत चाहें तो जीरात की जमीन से इस्तीफा दे सकते हैं। उन्होंने यह भी कहा कि यहाँ बहुत से ऐसे रैयत भी हैं, जो कोठी से बहुत खुश हैं। चंद रैयतों ने जो महात्माजी से शिकायत की है, वह केवल दूसरों के बहकाने से की है। यह कहकर उन्होंने एक बहुत बूढ़े रैयत को, जिसकी अवस्था ७०-८० वर्ष के लगभग होगी, दिखाकर कहा कि इस इलाके में इस बूढ़े से बढ़कर प्रतिष्ठित रैयत कोई भी नहीं है। इसी से आप सब बातें सच्ची-संच्ची पूछ सकते हैं। महात्माजी ने उस बूढ़े से पूछा कि कहो, कोठी से तुम्हें कुछ कष्ट वा दुःख है? उसने झट कहा कि नहीं, सरकार! सब लोगों को कोठी से बहुत सुख है और उससे हर प्रकार का आराम मिलता है। हुंडा बंदोबस्त भी सभी ने अपनी खुशी से लिया है। बस, उस बूढ़े का यह कहना था कि वहाँ जितने रैयत इकट्‌ठे थे, मारे क्रोध और दुःख के अधीर हो उठे। वे चिल्लाकर कहने लगे कि यह बूढ़ा कोठी की तरफदारी करने वाला है इसे साहब सिखाकर ले आए हैं। और वे बूढ़े को पुकार-पुकारकर कहने लगे कि इस बुढ़ापे में तुम असत्य भाषण कर यह पाप का ढेर क्यों बटोर रहे हो? तुम्हारे मरने का समय आ गया है, अब भी तो ईश्वर का स्मरण करके एक बार सब बातें सच-सच कह दो। उस समय इतनी अधिक खलबली मच गई कि कुछ समय उस हलचल को शांत करने में ही लगा। बूढ़े की-सी बातें लगभग १५ और रैयतों ने भी कहीं। महात्माजी ने और रैयतों से पूछा तो वे सब-के-सब इन सब बातों का प्रतिवाद करने लगे। महात्माजी ने कहा कि साहब कहते हैं कि तुम लोगों ने उनसे बहुत कह-सुनकर हुंडा बंदोबस्त लिया है और यदि तुमको यह पसंद नहीं है तो जीरात की जमीन को तुम लोग इस्तीफा दे सकते हो। इतना सुनते ही सब रैयतों ने एक स्वर से कह दिया कि हम सब जीरात छोड़ देंगे। उनकी जरूरत नहीं। साहब उनसे जो चाहें पैदा करें, हमें कुछ आपत्ति नहीं है। यह सुनते ही मि. होल्टम बहुत घबराए। उन्होंने कहा कि यदि ऐसी बात है तो मैं इन लोगों से नील कराऊँगा।

महात्माजी ने मुसकराकर उत्तर दिया कि अभी आपने कहा है कि इस हुंडा बंदोबस्त से नील का कुछ संबंध नहीं है और यह कि आप इस जमीन को अपनी आबादी में लाकर इससे अधिक लाभ उठा सकते हैं। ऐसी हालत में आपके लिए लाभ और यश दोनों की बात यह होगी कि आप इस जमीन को वापस ले लीजिए और इन रैयतों को इससे मुक्त कर दीजिए। इसपर मि. होल्टम ने कहा कि आखिर मुझे भी तो रहना है (I have also to live.)।

रैयतों में इस प्रकार की निर्भीकता आ गई थी कि वे मि. लिविस की भी शिकायत उनके सामने करने लगे। यह दृश्य चंपारन के लिए अपूर्व दृश्य था। कौन जानता था कि जो रैयत कोठी के जमादार को देखकर डर के मारे घर में घुस जाते थे और सब दुःखों और अत्याचारों को बिना मुँह खोले घोंटकर पी जाते थे, वे ही आज कोठी के साहब के सामने इस प्रकार उनपर दोषारोपण कर सकेंगे। यही नहीं, वरन् सब-डिवीजनल मजिस्ट्रेट की शिकायत उनके मुँह पर कर सकेंगे। हम लोग इन सब बातों को देखकर चकित रह गए।

सब-डिवीजनल मजिस्ट्रेट और मि. होल्टम के चले जाने पर महात्माजी की आज्ञानुसार उन रैयतों के नाम लिखे गए, जिनको हुंडा जमीन रखने की ख्वाहिश नहीं थी। नाम लिखते-लिखते संध्या हो गई तो भी सब नाम नहीं लिखे जा सके। प्रायः ६ बजे के बाद हम लोग वहाँ से बेतिया के लिए रवाना हुए। मि. होल्टम ने महात्माजी से पुछवा भेजा था कि यदि उनको इसमें आपत्ति नहीं हो तो वे अपनी गाड़ी उनके वास्ते भेज देंगे। महात्माजी ने उनकी बात मंजूर कर ली और उसी गाड़ी पर वहाँ से वापस आए। रात को लगभग ९ बजे हम लोग बेतिया आ पहुँचे।

धोकराहा और लोहअरिया कोठियाँ दोनों एक ही मालिक की हैं और मि. होल्टम ही इन दोनों के मैनेजर हैं। वह प्रायः लोहअरिया में ही रहा करते हैं। ता. १७-५-१७ को इन दोनों कोठियों के रैयतों की बड़ी भीड़ बेतिया में लग गई। वे सब जीरात का इस्तीफा देने के लिए आए थे। उन सबके भी नाम लिख लिये गए। जो पढ़-लिख सकते थे, उनके दस्तखत और जो बेपढ़े थे, उनके अँगूठे के निशान ले लिये गए। महात्माजी ने एक पत्र[१], जिसमें उस दिन की सारी घटनाओं का संक्षिप्त वर्णन था, लिखकर मि. होल्टम के पास भिजवा दिया और जिन रैयतों ने इस्तीफा दिया था, उनकी नामावली भी भेज दी।

पाठक को यहाँ यह जान लेना बहुत जरूरी है कि उस साल की सारी मालगुजारी रैयतों से वसूल हो चुकी थी और बाज खेतों में फसल भी लगी हुई थी। परंतु रैयत

---

१. (Mr. Gandhi's letter to Mr. Holttum)

Dear Mr. Holttum,

I thank you for having come to Sareswa and having sent your carriage.

After you and Mr. Lewis had withdrawn, I sat with the people who must have numbered over 500 and talked to them. I told them that you wanted to do justice, that

उनको छोड़ देने के लिए और हुंडा से अपनी जान बचाने के लिए इतने उत्सुक थे कि उन्होंने खेतों के साथ ही लगी फसल को भी साहब को वापस कर दिया। प्राय: ५०० से अधिक रैयतों ने इस प्रकार दो दिनों के भीतर ही जीरात जमीन से इस्तीफा दे दिया। इसपर भी कहा जाता है कि उन्होंने उनको अपनी खुशी से लिया था।

---

you were ready to take back the zirat lands and that you considered that it was more profitable to you to get it back. I told them too that in your opinion the people had taken the zirat land from your predecessor not only willingly but most eagerly that it was given to the raiyats not in lieu of indigo cultivation but that it was given in order to relieve the raiyat from liability to supply labour to the landlord. I further told them that you had shown me Mr. Barclay's letter to Mr. Gourlay confirming the view and finally told them whilst on this point, that if they returned the zirat land you expected them to grow indigo again as before upto the termination of the period of their contracts and I assured them that I would plead with you that it would be quite unfair to ask the raiyats to revert to indigo growing (for reasons to be presently stated). I then invited those who wanted to abandon the zirat at once, although they had paid for the full agricultural year. As a result over 175 gave in their names there and then and men have been streaming in during the two days. The total has reached nearly 500 upto the time of writing. I enclose herewith a list of the names.

In going through the Khatians, the receipts and the amounts charged against the zirat land I find on 70 tenancies, that on an average the raiyats are paying you Rs. 24-5-3 per every bigha of zirat land. The largest amount charged is Rs. 91-7-3 per bigha and the smallest is Rs. 7-1-8 per bigha. Incidentally I observe that whilst 27 bighas of kasht land pay Rs. 59-13-6, 27 bighas of zirat land pay you Rs. 659-7-0. It seems that in the vast majority of cases the raiyats hold less than one bigha of zirat land. The rate fixed varies with the extent of their kasht holding and not with the quality of the zirat. And they are paying as much as Rs. 1-8-0 per bigha of kasht land in addition to from six annas to 12 annas per katha of zirat. And the kathas of zirat seem to vary with the bighas of kasht and in no case amounting to more than 3 kathas per bigha. The average worked out for fifty villagers come to 1½ katha per bigha. This in my opinion hardly bears out Mr. Barclay's contention. It rather bears out the raiyats' contention that the settlement of zirat is another form of tinkathia and was designed to cover the losses suffered by the concern when the price of indigo fell. The raiyats insist that pressure was efficiently put upon them to take zirat land. Their contention seems to be borne out by the readiness with which they have come forward to surrender it. For the last ten years the raiyats have been paying what according to the above view amounts to Tawan for not growing indigo. And the concern has received on that account an average of more than Rs. 100-0 per bigha of tinkathia. In the circumstances, and regard being had to the fact that you believe it to be advantageous for you to receive back the zirat land, I hope you will not press for the revision to indigo growing.

I notice that in some cases, damages have been settled on kathas taken out of the kasht land of the raiyats. I venture to think that, if you would see your way to accept my suggestion, take back the zirat and forgo the future damage whether tackled on to the zirat or to the kasht land, one of the sorest points of dispute between the concern

ता. १८-५-१७ की रात को धोकराहा कोठी के एक छोटे से मकान में आग लग गई और वह जल भी गया। रैयतों ने तुरंत आकर महात्माजी से कहा कि यह आग कोठी ने स्वयं लगा दी है और यह हम लोगों के फँसाने का एक ढंग रचा गया है। महात्माजी

---

and the raiyats would be amicably settled and you will have set an example which would be advantageously followed by the other planters.

In describing the process adopted by the concern for recovering losses on indigo from the raiyats, I have hitherto confined myself to your mukarri land. On thicca land you seem to have accepted the system followed elsewhere. You have taken handnotes for balance of Tawan payble by the raiyats bearing a heavy rate of interest. I suggest that the outstanding handnotes may be cancelled. The raiyats for the sake of peace & compromise, should say nothing as to refund either on the Hunda above referred to or the Tawan already collected and of which the handnotes represent the balance.

As to the fines, I must confess that there is overwhelming evidence to show that they have been imposed on recalcitrant raiyats. This complaint is almost inversal. I told the raiyats that you said that only nominal fines were imposed when the raiyats came to you for adjustment of their mutual quarrels and that you refunded these to the winners. The raiyats resolutely protested and said that the fines even as much as Rs. 25/- at a time and more were imposed for the so-called offences against the concern.

The raiyats are equally firm in their complaint against your Jamadar, Gokul Missir, and I would be pleased to place the evidence before you if you will care to go further into the matter.

With reference to the method (I understand only recently adopted) of charging for permission to build new buildings or to rebuild, you justified the charge on the ground that the earth on the raiyats' tenement belonged to the landlord and if the raiyats used it for building purposes, they must pay for it. I find on looking up the Bengal Tenancy Act, that the law allows the raiyats to build without any interference from the landlord so long as they build for the benefits of their holdings. It seems to me that the charge is not warranted by law and I hope that you will waive it in future.

There remains then the question of cutting trees. The Sec. of the B.T Act dealing with the subject clearly allows the raiyat to cut without previous notice to or permission of the landlord. But I understand that of late years the landlords have all over been receiving half of the timber cut. I do not know whether the custom has been proved; but this is a large question which can await settlement.

I await papers promised by you regarding Kodai Pan. As to Sitaram Tewari I think Rs. 36/- on 11 kathas is a clerical error and I venture to suggest that it would be graceful on your part to recognise the error and take part the rent at the usual assessment rate.

I would beg of you to carefully consider the point mentioned herein and if you can grant relief to your raiyats in accordance with the suggestions made above I do not doubt that it will lead to a lasting peace between your concern and its raiyats and what is more: It will be a simple act of justice.

I am,
Yours truly,
M.K. Gandhi

Bettiah
20th May, 1917

ने शीघ्र ही बाबू विंध्यवासिनी प्रसाद वर्मा को वहाँ जाकर सब बातों की अच्छी तरह से देख-भालकर जहाँ तक हो सके, सच्ची बात का पता लगाने के लिए भेज दिया। उसके बाद उनकी रिपोर्ट और रैयतों का बयान सरकारी अफसरों के पास भेज दिए गए।

हमारा विश्वास है कि यह आग रैयतों ने कभी नहीं लगाई थी। हम लोग समझते थे कि आग लगने का कारण चाहे जो हो, परंतु नीलवर इस विषय में खूब ही धूम मचाएँगे। इसके पूर्व ही एसोसिएटेड प्रेस का तार पढ़कर महात्माजी ने ता. १४-५-१७ को ओहला कोठी के जल जाने के विषय में एक पत्र[१] मि. हिकॉक के पास भेजा था, जिसके उत्तर में उन्होंने उस जली कोठी का विवरण लिखा और कहा कि आपके इस जिले में आने के कारण बहुत हलचल है, इसी से लोग आपके विषय में तरह-तरह की अफवाहें उड़ा दिया करते हैं।

ता. १५-७-१७ को दस बजे रात के समय महात्माजी अपने सहकारियों के साथ बैठकर कुछ बातें कर रहे थे कि एक आदमी बेलवा कोठी के देहात से आया और कहा, "मैं परसौनी गाँव का कुछ हिस्सा रखनेवाला मालिक हूँ। उस गाँव के दूसरे हिस्सेदारों ने

---

१. महात्माजी और मि. हिकॉक के दरमियान जो इस विषय में पत्र-व्यवहार हुआ वह इस प्रकार है—

Dear Mr. Heycock,

I beg to refer you to the enclosed. All kinds of rumour have come before me. Pressure is being put upon me to make a statement. But I do not want to make any unauthorised statement. Will you kindly let me know for purpose of publication, the damage caused by the fire, the nature of the out-work burnt, whether it was inhabited or otherwise protected and whether any connection has been shown between my presence in Champaran and the fire.

I am sending a special messenger who will await answer.

Bettiah
14th May, 1917

Yours truly,
M.K. Gandhi

उस पत्र का उत्तर मि. हिकॉक ने महात्माजी के पास इस प्रकार भेजा—

Dear Mr. Gandhi,

Your letter of the 14th May, 1917, I am able to give you the following information—
Olha factory is an out-work of the Turkaulia concern. The buildings burnt down were the engine room, press house and cake house. The value of the building has been roughly estimated at Rs. 20,000 but this is only a rough estimate. No Manager or Assistant Manager is in residence at the out-work. There are however, factory servants to look after the buildings. The out-work is situated about 20 miles south-east of Motihari.

The fact that the buildings were hurnt down shortly after you came to the District and that your visit of enquiry has caused considerable excitement etc. may possibly account for the rumours of all kinds which you say have come before you.

Motihari
15th May, 1917

Yours sincerely,
W.B. Heycock

अपने हिस्से को कोठी के साथ ठेका लिख दिया है; किंतु मैं अपना हिस्सा नहीं लिखता हूँ, इसलिए कोठी मुझपर बहुत जोर-जुल्म करती है और आज तैयारी इस बात की कर रही है कि उस गाँव में जो मेरी एक छोटी सी कचहरी है, वह लूट ली जाय।'' यह सुनकर महात्माजी ने लेखक तथा प्रोफेसर कृपलानी को आज्ञा दी कि वहाँ बहुत शीघ्र जाकर सब बातों की जाँच करो कि वह कहाँ तक सच है। पुलिस सब-इंसपेक्टर को इस बात की सूचना उसी रात को दे दी गई कि यदि वह जाना चाहें तो हम लोगों के साथ चल सकते हैं। हम लोग रात में ही रवाना हो गए। परसौनी बेतिया से ३०-३५ मील की दूरी पर है और सबसे नजदीक रेलवे स्टेशन गोखला है। वहाँ से ७-९ मील खुश्की जाना पड़ता है। हम लोग गोखला दूसरे दिन आठ बजे सवेरे उतरे और परसौनी गाँव में प्राय: १ बजे पहुँचे। बेतिया के सब-इंस्पेक्टर हम लोगों के साथ नहीं गए, किंतु वह गाँव जिस थाने में था, उस थाने के दारोगा को इस बात की सूचना भेज दी गई। हम लोगों के पहुँचते ही दारोगाजी भी पहुँच गए। हम लोगों ने वहाँ जाकर बहुत से रैयतों का इजहार लिया। कोठी के मुलाजिमों ने भी जो कुछ कहा, लिख लिया गया। वहाँ दारोगाजी बराबर उपस्थित रहे। लोगों को समझा-बुझाकर शाम को हम लोग उस गाँव से रवाना हुए और ११ बजे रात को गोखला स्टेशन पर आए और दूसरे दिन ता. १९-५-१७ को ९ बजे सुबह में बेतिया पहुँचे।

इन सब काररवाइयों से नीलवर तथा स्थानीय कर्मचारी बहुत घबरा रहे थे। और जो चित्र मि. लिविस ने पहले से अपने सामने खींच रखा था, वह इससे तथा सरिसवा बाजार की घटना से और भी रंजित दीखने लगा। नीलवर और उनके पक्षपाती महात्मा गांधी और उनके कार्य को खोटा दिखलाने तथा उनको और उनके सहकारियों को चंपारन से हटाने की यथासाध्य चेष्टा कर रहे थे। उधर रैयतों पर भी दबाव खूब ही डाला जा रहा था कि जिससे वे महात्माजी के पास न आएँ।

धोकराहा कोठी में आग लगने की सूचना पाकर बिहार प्लैंटर्स एसोसिएशन के सेक्रेटरी मि. विल्सन ने एक पत्र[१] सेक्रेटरी यूरोपियन एसोसिएशन कलकत्ता के पास ता. २०-५-१९१७ को भेजा, जिसमें उन्होंने धोकराहा कोठी में आग लगने के विषय में आलोचना करते हुए चंपारन के नीलवरों की रक्षा के विषय में चिंता प्रकट की और सरकार के प्रति यह दोषारोपण किया कि वह नीलवरों की ओर ऐसे समय में पूरा ध्यान

१.

Behar Planters' Association Ltd.,
Muzaffarpur
Tirhut State Railway,
The May 20th, 1917

To

Alee Marsh, Esqur.,
Secretary European Association, Calcutta.

Dear sir,

Yesterday evening a telegram came announcing that a part of an outwork of

नहीं दे रही है, जबकि बहुत से नीलवर लड़ाई में चले गए हैं।

ता. २०-५-१७ को महात्माजी ने चंपारन के कलक्टर मि. हिकॉक के पास इन्हीं

Dhokraha Factory in Champaran has been burnt down. My information is that Mr. Gandhi had been there a few days ago, that the Manager of the factory saw him and he (Gandhi) may still be there. I have up to now had no further detail and I await instruction from the men in Champaran, and on the spot.

This second case of incendiarism may, and I hope will, have the effect of men owing to Gandhi, and his followers from these districts. Matters are however very very serious, but the attitude being of a passive nature, such as stoppage of labour working, of carts, etc. it has not been possible to tangible cases. Threatening letters are being received.

A deputation who went to see the Lieutenant-Governor were told that steps would be taken to remove Mr. Gandhi from Champaran and I was instructed to write you suggesting that no further action should be taken till it was seen what the effect of the action by Govt. would be under instructions from Govt. Mr. Gandhi went to Bankipore to meet the Hon'ble Mr. Maude. I understand the latter told him he and his followers should leave Champaran, but what actually happened at the interview I don't know. In any case he had a meeting afterwards with his party at Bankipore when it was decided to carry on the enquiry with greater vigour.

Since then Mr. Gandhi has returned to Champaran and has been carrying on his work and the planters in Champaran have been waiting to see what action the Govt. would take and have in consequence taken no further action. For the members in the Champaran district and planters generally there are, especially at the present time, difficulties in constantly meeting as would be done in towns and taking action. Planters live long distances apart and this separation is against active co-operation and combination, moreover the present trouble has the effect of keeping them more in factories and, added to this, they are kept in a state of having to go long distances to attend drills. Also a large number of our men are away on Military Service and factories are being worked short-handed.

The members of our Community who have gone on Military Service left their properties in a well-ordered condition but owing to the activities of Mr. Gandhi and his followers, they (the properties) will be reduced to a state of ruin and chaos and it may be necessary for them to apply to the military authorities to cancel their Commission so as to return and look after their properties (In my opinion though this has not been done such a step is, in some cases, already necessary). When they volunteered and went away so as to serve their country they expected that, in their absence, the authorities would be mindful of their interest and it does seem most extraordinary that at a time like the present, the Government is unable to take sufficient action.

I would also like to point out that the attitude of the Planting Community has been, though they consider a very serious mistake was made in not stopping Mr. Gandhi at the beginning, when he was going to Champaran to assist and not to embarass the Govt. but the state of affairs is becoming so serious that whatever our good intention may be, we are being forced into a state of affairs which lead to serious occurrences.

सब बातों के विषय में एक पत्र धोकराहा और बेलवा के रैयतों के बयान के साथ भेजा, जिसमें उन्होंने अपने उद्देश्य बताते हुए इस बात पर जोर दिया कि जब तक रैयतों के दुःख दूर न हो जाएँगे, तब तक किसी तरह वे स्वयं चंपारन से नहीं हट सकते हैं। इस पत्र से महात्माजी के काम करने की रीति, उनका दृढ़ निश्चय और अहिंसात्मक रूप से आत्मोत्सर्ग द्वारा उद्देश्य-सिद्धि पर अटल विश्वास पाठकों को भली-भाँति दीख पड़ेंगे। पत्र इस प्रकार था—

Dear Mr. Heycock,

I have hitherto refrained from bringing to your notice statements which have continued to stream into the effect that the *ryots* are being prevented from coming to me and that those who have come in have been subjected to all kinds of pinpricks by the *kothi Amlas* and in some cases by the Managers themselves. I have discounted some of the statements. I have taken down a few. But if what I have heard about the doings of the Belwa and Dhokraha concerns is true, it is calculated to end on one side at least the friendly spirit in which the enquiry has hitherto been carried on. I am most anxious to continue and to increase the friendly spirit. I am straining every nerve so far as in me lies to so conduct my mission that nothing but good will should be left behind, when its labours are finished. I send your the statements taken in regarding the Belwa and Dhokraha concerns. If the statements are true they do not reflect any credit upon the concerns in question. I enclose too my letter to Mr. Holttum which was written before I heard of the fire and which was despatched before I took the statements of Dhokraha men last evening after 6-30 p.m.

I can understand and even appreciate the feelings which are bound to fill those who are called upon to contemplate the prospect of having to forego huge income which they have hitherto been in the habit for a long time of receiving from their *ryots.* One cannot therefore mind any legitimate effort on their part to hold on to what they have considered as their right. But what is reported to have happened at the Belwa and the Dhokraha *dehats* does not, in my opinion, fall under such a category.

It is a known fact that the desire of the planters generally is that my friends and I should not carry on our work. I can only say that nothing but physical force from the Government or an absolute guarantee that the admitted

---

Putting aside other reasons, it cannot be said that the burning down of our factories is not sufficient provocation. Considering the great seriousness of the present state of affairs, I am on my own responsibility, on account of its urgency sending a copy of this letter to the Hon'ble Mr. Morshead, the Commissioner of the Division.

Yours faithfully,
Sd. J.M. Wilson,
General Secretary,
Bihar Planters' Association Ltd

or provable wrongs of the *ryots* are to stop for ever, can possibly remove us from the District. What I have seen of the condition of the *ryots* is sufficient to convince me that if we withdrew at this stage, we would stand condemned before man and God and, what is most important of all, we would never be able to forgive ourselves.

But the mission is totally of peace. I cannot too often give the assurance that I bear no ill-will against the planters. I have been told that, that is true of myself but my friends are fired with an anti-English feeling and that for them it is an anti-English movement. I can only say that I do not know a body of men who have less of that feeling than my friends. I was not prepared for this pleasant revelation. I was prepared for some degree of ill-will. I would have held them excusable. I do not know if I have not been guilty of it myself under circumstances which have appeared to me most provoking. But if I found that any of my associates were in the conduct of this mission actuated by any ill-will at all, I should dissociate myself entirely from them and insist upon their leaving the mission. At the same time the determination to secure freedom for the *ryots* from the yoke that is wearing them down is inflexible.

Cannot the Government secure that freedom? This is a natural exclamation. My answer is that they cannot in cases like this, without such assistance as is afforded to them by my mission. The Government machinery is designedly slow. It moves, must move, along the line of least resistance. Reformers like myself who have no other axe to grind but that of the reform they are handling for the time being specialise and create a force which the Government must reckon with. Reformers may go wrong by being overzealous, indiscreet or indolent and ignorant. The Government may go wrong by being impatient of them or overconfident of their ability to do without them. I hope in this case neither catastrophe will take place and the grievances which I have already submitted and which are mostly admitted will be effectively redressed. Then the planters will have no cause to fear or suspect the mission of which I have the honour to be in charge and they will gladly accept the assistance of volunteers who will carry on the work of education and sanitation among the villagers and act as links between them and the *ryots*.

Pray excuse the length of this letter as also its argumentative character. I could not avoid it, if I was to place my true position before you. In bringing the two matters which have necessitated this communication I have no desire to seek legal relief. But I ask you to use such administrative influence as you can to preserve the friendly spirit which has hitherto prevailed between the *kothis* and my friends and myself.

I do not wish to suggest that the *kothis* in question are responsible for the fires. That is the suspicion of some of the *ryots*. I have talked to hundreds of them about the two fires. They say that the *ryots* are not responsible for them, that they have no connection with the mission. I readily accept this repudiation because we are incessantly telling the *ryots* that this is not a mission of violence or reprisals and that any such thing on their part can only delay relief. But if the *kothis* may not be held responsible for them they may not seek to establish a connection between them and the mission. Fires have taken place before now and, mission or no mission, they will take place for ever. Neither party may blame the other without the clearest possible proofs.

There is talk too about the life of the planters being in danger. Surely this cannot be serious talk. Any way the mission cannot render them less safe than they are. The character of the mission is wholly against any such activity. It is designed to seek relief by self-suffering never by doing violence to the supposed or real wrong-doer. And this lesson has been inculcated among the *ryots* in season and out of season.

Lastly, there is I fear ample proof of intimidation such as is described in the statements hereto attached. Intimidation can only mean more trouble all round without meaning the slightest relief to the planters in the shape of retention of the present system.

I seek such help as you can vouchsafe in the circumstances I have ventured to place before you.

Bettiah,
20th May, 1917

Yours truly,
(Sd) M.K. Gandhi

भावार्थ

प्रिय मि. हिकॉक,

मैंने इन सूचनाओं की खबर अभी तक आपको नहीं दी है, जो हमारे पास बराबर आ रही हैं कि रैयत मेरे पास आने से रोके जा रहे हैं और जो हमारे पास आते हैं, उनको कोठी के अमले और कहीं-कहीं उनके मैनेजर भी तरह-तरह से तंग करते हैं। मैंने बहुत से ऐसे बयानों पर ध्यान नहीं दिया है और चंद को लिख लिया है। पर, यदि जो कुछ कि मैंने बेलवा और धोकराहा कोठियों की काररवाइयों के बारे में सुना है, वह सत्य है तो इसका फल यह होगा कि कम-से-कम एक ओर से वह मित्रता का भाव नहीं रहेगा, जिस भाव से जाँच अभी तक की गई है। मुझे इस बात की बड़ी उत्सुकता है कि हम लोगों के दरमियान मित्रता का भाव कायम रहे और बढ़े। मुझसे जहाँ तक हो सकता है, मैं इस बात की चेष्टा में हूँ कि मैं अपने काम को इस प्रकार से करूँ कि काम खत्म हो जाने पर मैं केवल अच्छा भाव ही अपने पीछे छोड़कर जाऊँ। जो बयान बेलवा और धोकराहा में रैयतों से लिये गए हैं, उनको मैं इस पत्र के साथ आपके पास भेज रहा हूँ। यदि ये बयान सच हैं तो इनसे इन कोठियों की इज्जत कुछ भी नहीं बढ़ती है। मैंने जो पत्र होल्टम साहब के पास भेजा है, उसकी नकल भी आपके पास भेज रहा हूँ। मैंने इस

पत्र को आग लगने की खबर सुनने से पहले ही लिखा था और धोकराहा कोठी के रैयतों के बयान लिखने से पहले ही, जो कल ६.३० बजे संध्या को लिया गया था, मैं इस पत्र को होल्टम साहब के पास भेज चुका था।

जो लोग बहुत दिनों से रैयतों से एक बड़ी आमदनी पाते आ रहे हैं उनको उस आमदनी से बाज आना पड़ सकता है, इस विचार से उनके दिल में जो भावनाएँ उठती होंगी, उनको मैं अच्छी तरह समझता हूँ। इसलिए यदि वे उस चीज को बचाने के लिए, जिसको वे अपना हक समझते आए हैं, किसी तरह की जायज कोशिश करें तो इसमें किसी को कुछ कहने की गुंजाइश नहीं है। पर, जिस तरह की घटनाओं की रिपोर्ट बेलवा और धोकराहा के देहातों से आई है, वह इस श्रेणी में नहीं आती।

यह जानी हुई बात है कि साधारणत: नीलवरों की यह इच्छा है कि हम और हमारे सहकारीगण जिस काम को कर रहे हैं, उसे न करें। मैं इस विषय में यही कह सकता हूँ कि हम लोग उस समय तक किसी प्रकार से इस जिले को नहीं छोड़ सकते हैं, जब तक कि या तो हम लोग सरकार की ओर से बलात् हटा न दिए जायँ या रैयतों के उन दु:खों को सदा के लिए दूर कर देने की पक्की गारंटी न मिल जाय, जो मकबूला या साबित के लायक हैं। यहाँ के रैयतों की जो कुछ दशा हमने देखी है, यदि उनको उसी दशा में छोड़कर हम लोग इस समय यहाँ से चले जायँ तो हम लोग मनुष्य और ईश्वर दोनों के सामने दोषी ठहराए जाएँगे और सबसे बड़ी बात तो यह है कि हम लोग खुद भी अपने को कभी क्षमा न कर सकेंगे।

पर, मेरा मंतव्य केवल शांति के साथ काम करने का है। मैं इस बात का बार-बार विश्वास दिला सकता हूँ कि मुझे नीलवरों के विरुद्ध किसी प्रकार का द्वेषभाव नहीं है। मुझसे कहा गया है कि यह बात मेरे विषय में तो सच है, पर मेरे मित्रों के दिल में अँगरेजों के प्रति दुर्भाव भरा हुआ है और वे इस बात को उसी भाव से प्रेरित होकर कर रहे हैं। मैं किसी ऐसी जमायत को नहीं जानता हूँ, जिनके दिल में अँगरेजों के बरखिलाफ इतना कम दुर्भाव हो जितना कि मेरे मित्रों के दिल में है। मुझे आशा नहीं थी कि यह इतने अच्छे होंगे और यह जानकर मुझे बड़ा ही हर्ष हुआ। मैं यह सोचता था कि इन लोगों के दिल में अँगरेजों के विरुद्ध कुछ तो द्वेषभाव अवश्य होगा और यदि यह भाव होता भी तो मैं उसे क्षम्य समझता। मैं नहीं कह सकता कि मेरे दिल में भी कभी-कभी ऐसे-ऐसे क्रोध भड़कानेवाले मौकों पर बुरे भाव नहीं आ गए हों पर यदि मुझे यह मालूम हो जाय कि मेरे सहकारियों में से कोई ऐसे हैं, जो इस काम को किसी प्रकार के द्वेषभाव से प्रेरित होकर कर रहे हैं तो ऐसी हालत में मैं उनसे एकदम अपने को अलग कर लूँगा और उनको इस काम से हट जाने पर जोर दूँगा; पर साथ ही रैयतों को दु:ख के बंधन से मुक्त करने का संकल्प भी अचल है।

तब यह सवाल सहज ही उठता है कि क्या सरकार उनको इस दु:ख से मुक्त नहीं कर सकती है ? मेरा उत्तर यह है कि ऐसी-ऐसी बातों में बिना उस प्रकार की मदद के, जैसा कि हम लोग दे सकते हैं, सरकार कुछ नहीं कर सकती है। सरकार के कल-पुरजें जान-बूझकर ऐसे बनाए गए हैं, जो धीरे-धीरे चलें। वे चलते हैं जरूर, पर सबसे कम रुकावटवाली राह पकड़कर ही चलते हैं। मेरे जैसे सुधारक, जो तब तक उसी सुधार के काम में लगे रहते हैं, जिसका भार वे उठा लेते हैं और उस बीच में जिनका और कोई स्वार्थ नहीं रहता, उस विषय के विशेषज्ञ हो जाते हैं और एक ऐसी शक्ति पैदा कर देते हैं, जिसकी सहायता सरकार को लेनी चाहिए। सुधार करनेवाले अत्यधिक जोश में आकर वा असावधानी वा सुस्ती से या अपनी अनभिज्ञता के कारण भूल कर सकते हैं, और सरकार इन लोगों की काररवाई से घबराकर या अपनी योग्यता में अत्यधिक विश्वास कर कि वह उनकी मदद के बगैर भी कार्य-संपादन कर सकती है, भूल कर सकती है। मुझे आशा है कि इस मामले में इन दोनों में से एक भी आफत नहीं आएगी और जो शिकायतें मैं पेश कर चुका हूँ और जिनमें से अधिकतर मकबूला हैं, पूरी तरह से दूर कर दी जाएँगी। उस समय नीलवरों को उस काम से, जो मेरी निगरानी में हो रहा है, किसी तरह के भय या संदेह का कारण नहीं रह जाएगा और नीलवर हमारे उन स्वयंसेवकों से खुशी से अपने काम में मदद लेंगे, जो देहात के लोगों के बीच शिक्षा-प्रसार तथा सफाई के काम करेंगे और जो उनके और उनकी रैयतों के दरमियान बिचवानी का काम करेंगे।

यह चिट्ठी लंबी हो गई है और इसमें दलीलें भी दी गई हैं, इसके लिए आप क्षमा करेंगे। मुझको आपके सामने सच्ची स्थिति रखनी थी और उसके लिए ऐसा करना जरूरी था। जिन दो घटनाओं के कारण इस चिट्ठी के लिखने की जरूरत पड़ी है, उनका मैं कानूनन निपटारा नहीं चाहता हूँ। पर, मैं चाहता हूँ कि उस संबंध में आप शासक की हैसियत से जहाँ तक हो सके, अपना प्रभाव डालकर मित्रता का भाव कायम रखने का प्रबंध करेंगे, जो कोठियों, मेरे और मेरे सहकारियों के बीच अब तक रहा है।

मैं यह इशारा करना नहीं चाहता कि आग कोठियों की ओर से लगा दी गई है, कुछ रैयतों का ऐसा संदेह है। मैंने इन दोनों अगलगियों के विषय में सैकड़ों रैयतों से बात की है। उनका कहना है कि उनके लिए रैयत जवाबदेह नहीं हैं और न उनका संबंध हम लोगों की यहाँ की काररवाई से है। मैं उनकी इस बात को बेखटके मान लेता हूँ; क्योंकि हम रैयतों से कहते आ रहे हैं कि हम लोगों का काम बदला लेने वा बल-प्रयोग करने का नहीं है और यदि वे लोग ऐसा करेंगे तो इससे उन लोगों की मुराद हासिल होने में देर लगेगी। पर, यदि उन घटनाओं के लिए कोठियाँ जवाबदेह नहीं पाई जायँ, तो उन्हें उन घटनाओं का सरोकार हम लोगों की काररवाई से लगाने की कोशिश नहीं करनी चाहिए। इसके

पहले भी अगलगियाँ हुई हैं और हमारा यह काम होता रहे अथवा न रहे, ऐसी घटना बराबर होती रहेंगी। ऐसी हालत में किसी फरीक को दूसरे फरीक पर इसका दोष नहीं लगाना चाहिए, जब तक कि उसके विरुद्ध साफतौर से काफी सबूत न मिल जाय।

ऐसा भी कहा जाता है कि नीलवरों की जान खतरे में है। अवश्य ही यह बात गंभीरतापूर्वक नहीं कही जा रही है। जो हो, हम लोग उनको, जैसे संरक्षित वे हैं, उनसे कम संरक्षित नहीं बना सकते हैं। हम लोगों का काम इस तरह की हरकतों के बिलकुल खिलाफ है। हम लोग स्वयं कष्ट सहकर अपने उद्देश्य को हासिल करना चाहते हैं, न कि उस मनुष्य पर बल-प्रयोग करके, जो बुराई करनेवाला है या जिसको कि हम समझते हैं कि उसने बुराई की है और यही बात रैयतों को मौके-बे-मौके बराबर समझाई गई है।

अंत में, मैं यह कहना चाहता हूँ कि जो बयान मैं इसके साथ भेज रहा हूँ, उसमें जिन धमकियों की बात कही गई है, उनके काफी सबूत हैं। इस प्रकार की धमकियों से केवल झंझट हर तरफ बढ़ जाएँगे, यह नीलवरों की वर्तमान पद्धति कायम रखने में जरा भी मदद नहीं दे सकती।

जो हालत मैंने बयान की है, उसमें आपसे जो मदद हो सके, वह मैं आपसे चाहता हूँ।

बेतिया

२०-५-१७

आपका

एम. के. गांधी

इधर धोकराहा कोठी में आग लगने के विषय में बेतिया के सब-डिवीजनल मजिस्ट्रेट मि. लिविस ने ता. २१ मई, १९१७ को मोतिहारी के जिला मजिस्ट्रेट के पास एक गोपनीय रिपोर्ट[1] भेजी, जिसमें उन्होंने धोकराहा कोठी में आग लगने के विषय में

१.

Bettiah
May 21st, 1917

Sir,

I have been directed to send a short report on the state of affairs in the Dhokraha dihat culminating in fire at Mr. Holttum's cutchery.

2. Mr. Holttum manages both Loheria and Dhokraha concerns. The system of management is the same but while he has been on good terms with his Loheria raiyats, his relations with the Dhokraha men have been bad for some months past. Resistance took the form of an organised refusal to payment. On December 31st last, I made a local enquiry into a petition to the effect that Holttum with the support of the Manager of the Bettiah Estate was exerting pressure on the tenants to compromise his

लिखा और महात्मा गांधी के साथ उनकी जो बातें सिरिसवा में हुईं, उनका उल्लेख करते

---

enhancement suits by foreclosing for the immediate repayment of agricultural loans before their proper time. The allegations were false; I however continued my enquiries with a view to hearing any grievances the tenants might raise. My enquiries were conducted throughout the riverline villages on the south bank of the Sikrahna river. Only two grievances were urged; the enhancement suits which I explained were in accordance with the provisions of law and the issue of rent receipts at the close of the year and not immediately on payment of rent. The books of this factory are exceptionally well-kept and as any tenant can by a personal application secure his receipt whenever he wants it, I was of opinion that this did not constitute a grievance and Mr. Gandhi has since agreed with me on this point. Three or four men only complained that their hunda rates for zirat settled with them twelve years ago were too high and I found that during the survey the men had secured occupancy rights in the land. This point was not in any sense pressed before me. As the factory is without zirat, there were no labour troubles in the dihat. I submitted a report to you that no real grievances were raised by the tenants, but that organised opposition was being fostered on the extensive scale by two men in particular. Sita Ram Tewari on a point of personal grievance and Sarjug Upadhaya, who were not above methods of intimidation to force the tenants into a united combination. The material was very inflammable. The tenants have tried to provoke quarrel over bazar and salt-petre settlements, and had the factory not been controlled by a Manager of good sense and moderation, I believe that breaches of the peace would have occurred before this.

3. The position then seemed to improve and some tenants began to pay their rent. At the end of February however a last day was announced in Sariswa. Mr. Holttum was absent in Delhi to attend an Indian Defence force meeting. The factory tahsildar attended at the cutchery, and some payments were received. Proceedings were however interrupted by Sita Ram Tewari and Mahabir Missir convening a meeting at which it was resolved that no rent should be paid by any tenant and next morning while collection work was going on these two are said to have gone to the cutchery and told the tahsildar to leave the village unless he wishes to be beaten. This was reported to me by the police with a request for exparte action under sec. 144 C.P.C. Instead I went out to the village and said that I would take up a case under sec. 107 cr.P.C. against Sita Ram Tewari and Mahabir Missir with the object of testing the evidence in Court. The case was not given any support by the factory, as Mr. Holttum was of opinion that legal proceedings would only serve to widen the breach between himself and the tenants. The object of the proceedings however was to preserve the peace and the case was prosecuted by the police. In court, I found the evidence insufficient both in quality and quantity and discharged the two accused. The discharge of the accused, and the fact that the factory had so obviously declined to identify itself with the prosecution did nothing to mend the strained relations, and the authority of Sita Ram in particular was more firmly established than before.

4. On Mr. Gandhi's arrival in Bettiah numerous tenants of the Dhokraha dihat visited him and filed complaints before him. Mr. Gandhi arranged to visit Siriswa Bazar on May 16th. There he met Mr. Holttum. After my cutchery work, I drove out to Sariswa arriving about 10 A.M. I took little part in the discussions which were

हुए यह लिखा कि उनके देहातों में जाने से वहाँ बलवा हो जाने की आशंका है।

---

continuing between the raiyats Mr. Holttum and Mr. Gandhi, except to inform Mr. Gandhi of the previous history of the village so far as I had been acquainted with it during my term of office here. Sita Ram Tewari was sitting in a prominent position at Mr. Gandhi's feet, and was doing a lot of the Talking. A number of Loheria raiyats had come over to say that they were satisfied with the treatment they received from the factory. Their presence was resented by the Dhokraha men and Loheria tenants who spoke for the factory were abused in the presence of Mr. Gandhi, Mr. Holttum and myself. If it is necessary to state the exact abuse, the word employed and reiterated was 'bahinchut' aceompanied by protests against anyone coming and speaking for the factory. It was shortly after this that I got up, and drove away. Mr. Holttum mounted his horse and rode off in the direction of Loheria.

5. That evening he wrote telling me that, as he was leaving he was called back to find the Dhokraha men were mobbing his Loheria raiyats, following them brandishing lathis and flinging delas. A blind Loheria tenant, Prabhu Rai, was being taken back on a cart and was covered with dust and dirt. Mr. Gandhi was not himself present. He had gone into a temple to rest. I sent for Mr. Gandhi next morning, showed him Mr. Holttum's letter, and asked him if as he was in the village, he would give me his version of the incident as reported to him. He scouted the idea of anything having occurred. As however the Police reported the incident to me separately and commented on the threatening attitude of the Dhokraha men, and as Mr. Holttum himself witnessed the occurrence, I have no doubt that it did occur.

6. The various forms of conversion of indigo tinkathia constitute an especial section in Mr. Gandhi's enquiry. In Sariswa he satisfied himself that the hunda settlements of zirat in Dhokraha were in fact a substitute for the tinkathia. The settlements were made twelve years ago by Mr. Barclay, and in the course of his investigations in 1909, some enquiries were made by Mr. Gourlay on this point. In his letter Mr. Barclay does not, in so many words, admit that the settlements were a substitute for tinkathia, though in my belief it was in effect a conversion which the raiyat accepted, as he escaped indigo cultivation and periodical labour in factory zirats. The system as I have always understood it was that for every three kathas of tinkathia, two kathas of zirat were settled. Mr. Gandhi attacks these zirat settlements less I think on the ground of the rate, except in some instances, than on the ground that the rates, into which are incorporated tawan assessments, varied not with the quality of the zirat settled but with the amount of tinkathia formerly cultivated by the tenant for the factory. After Mr. Holttum's and my departure, Mr. Gandhi as is more fully explained in a letter to Mr. Holttum, of which you saw a copy when you were in Bettiah, said to the raiyats that he would take down the names of all who would give immediate istifa of these zirat (but now occupancy) holdings. He says that 170 names were forthwith given to him. He then proceeded through a number of villages, followed by large crowds, inspecting the zirat lands and inviting all others who wished to give istifa to come to him at Bettiah the next day, and he has stated that on May 17th, several hundred istifa were filed before him in Bettiah. On Friday, May 18th, the factory cutchery at Dhokraha was burnt down.

7. I am not required to enter into any discussion as to the equity of the zirat

ता. २३-५-१९१७ को मोतिहारी के जिला मजिस्ट्रेट मि. हिकॉक ने धोकराहा

---

settlements, or to consider the urgency that Mr. Gandhi would raise of terminating them so suddenly en mass : but the situation being as I have described it, I am bound to state that Mr. Gandhi's handling of it has shown a fine disregard for any consequences it might have on the public peace. With respect to the fire Mr. Gandhi stated to me yesterday that he was of opinion that the fire was a put up affair on the part of the factory, which had carefully removed its papers first. This opinion rests on the statement of a man who came and said he had seen a factory servant removing papers into the verandah at 6 P.M. on Friday afternoon. It would of course be quite light at that hour and any such removal could be seen by any or who passed. I commented to Mr. Gandhi that it was a usual feature in cases of incendiarism for the offenders to protect themselves by sending false information against an innocent person to the thana or the Magistrate, and suggested that in this case he had formed on inadequate grounds an opinion until we both received fuller information in which the wish was clearly father to the thought. Mr. Gandhi observed that as strained relations existed before his visit, he could not be blamed for the result of those relations. I replied that as a contention this was not tenable since it was his visit which fanned the existing excitement to a pitch where it lost control and the effect was at once seen. It had been possible for me to preserve the peace during six months of strained relations without encroaching on or prejudicing the rights of either side, while Mr. Gandhi's visit ensured two disturbances of the peace, one actually during his presence in the village, the other and more serious one within forty-eight hours after his departure.

8. A situation, as Mr. Gandhi admitted to me yesterday, is in fact developing. This, I am inclined to ascribe partly to a development in Mr. Gandhi's own methods. He came to the district in his own word to satisfy "a genuine search for knowledge". Facts were to be collected with the object of basing recommendations on those facts : pending his investigations which were to be on general lines, he would take every precaution to prevent disturbances of any kind. This line was followed and while Mr. Gandhi was forming views he and his immediate helpers, at any rate, were recommending patience and restraint. I do not say that Mr. Gandhi has abandoned this attitude but his methods have shown a change. Information on general lines is now fairly complete and his mission is becoming a court of enquiry into particulars. Thus if a complaint is made to Mr. Gandhi of any recent or impending offence on the part of a factory or its servants, he deputes one of his lieutenants to hold a local enquiry and record statements for all the world as though he were a court constituted with authority to conduct proceedings while Mr. Gandhi's own recommendations in Dhokraha do not seem qualified by the same restraining which had hitherto been observed by him. I quote two instances of these local enquiries which have come to my notice.

9. On May 14th, Mr. Gandhi sent Babu Rajendra Prasad, Vakil in company with one Khelawan Mallah to me with a letter to the effect that Khelawan Mallah a tenant of Malahia factory had been twice assaulted within the last few days, and asking me to take up the matter 'administratively' as he disliked legal proceedings. It was after court hours, and I was at my house. I did not question Khelawan Mallah or examine him. I asked Mr. Gandhi to come and see me & told him that I had no powers to act

informally in cases where a judicial offence had been committed; that such cases should not be brought to my notice on the basis of a private letter, but through the proper channel, of the Courts, if it was desired that I should take action, and that in writing to me a letter of that type he was himself committing and asking me to commit the same fault he had already criticised in conversation with me i.e. that Factory Managers wrote letters, and Government officers took action on them. Mr. Gandhi said that he saw what he called my difficulty so sent Babu Rajendra Prasad out to enquire and finding no evidence was available, he had the man medically examined and lodged an information to be recorded at the thana.

10. On May 18th, Babu Rajendra Prasad was again deputed to make a local enquiry in the North of the subdivision on the complaint of Darogah Koeri against Mr. Amman. Babu Rajendra Prasad who accompanied Mr. Gandhi to see me yesterday stated that he found the police already there but recorded the statements of a number of persons and returned. I believe Mr. Amman reported a disturbance to you by wire, but I do not know of anything having occured.

11. Mr. Gandhi sent me a copy of a letter forwarded by him to you yesterday, in which he fears that the friendliness which was hitherto marked his operations is endangered by the tactics of Mr. Holttum and Mr. Amman. The grounds on which he bases this assertion are before you. He says nothing of the facts that countless raiyats of both these concerns have been in to lodge their complaints to him without let or hindrance. While agents whom he purports to disclaim are busy in every village impelling the laggards to come in and state grievances. There have been many instances of the raiyats going first to the factory manager, asking if they should go to Mr. Gandhi, and they have been told to do so, if they want to Mr. Gandhi in his letter to you has painted one side only of the picture.

12. I asked Mr. Gandhi yesterday what he proposed to do, if he saw the likelihood of disturbance becoming general, reminding him of his own words to me when I first met him, that "at the first sign of disturbance, he would turn his back on Champaran." He corrected me saying that I should quote him as having said "at the first sign of disturbance on the part of those on whom he relies, i.e. the raiyats" from which I gather and am confirmed by his exparte opinion in Sariswa fire that if disturbances occur, Mr. Gandhi will inevitably believe all statements that the factory caused them, and disbelieve all statements that the raiyats are responsible. If disturbances occur Mr. Gandhi says that he thinks it would still be his duty to remain in the district to stand by the raiyats, unless he added, he were forcibly removed : he would then hope by personal suffering to achieve his object.

13. I stated that I found him somewhat unreasonable. His enquiry in his own words was to proceed on general lines : he had already collected a large volume of information to support the heads of his report; and that if he were sincere in his statement that he wished to co-operate with Government, he should be guided by the recommendations of the Government, and arrange his methods with a view to avoid any disturbance of that peace, which it is the first duty of Government to preserve.

14. Mr. Gandhi does not of course desire a disturbance : but I do think that he does not intend the fear of a disturbance to move him from the line along which he is

भेजी, जिसमें उन्होंने यह राय प्रकट की कि धोकराहा कोठी के मकान में जो आग लगी है, वह किसी ने जान-बूझकर लगाई है। मि. गांधी के उस इलाके में जाने से वहाँ की रैयतों के बीच में बहुत खलबली हो गई है, जिससे यह नतीजा निकालना अनुचित न होगा कि मि. गांधी के वहाँ जाने से रैयतों के बीच जो उत्तेजना फैल गई है, उसी के फलस्वरूप यह अग्निकांड हुआ है। अंत में, उन्होंने महात्मा गांधी और उनके सलाहकारों को चंपारन से चले जाने के विषय में अपनी राय दी और उनके नहीं मानने पर डिफेंस ऑफ इंडिया ऐक्ट को वहाँ लागू करके उसके अनुसार कारवाई करने की सलाह दी।[१]

---

travelling : especially as any personal punishment inflicted on himself would only attract additional attention and serve, as he believes, eventually to further his cause : and he could count on the glamour of martyrdom to eclipse the circumstance that he had brought his troubles on his own head by an unreasoning persistence. Mr. Gandhi believes, as he says, that there is no Government which is not a Government of expediency, and that all Governments proceed on the line of least resistance. Moulding his plan on this theory of Governmental action, his intention is to put up the raiyats' case so strongly that Govt. will be bound to act on it. He does not claim to be an impartial investigator : he is, as he now says, the representative of an interest, and that is the raiyats'. I do not think that Mr. Gandhi has any ideas of real co-operation with Government; success, to his mind, is to be obtained not by co-operation with Govt. which only ties his hands; but by pressure on it, to force it in deference to expediency to take the action he indicates. I believe this truly expresses his view : and he thinks himself strong enough to carry through his project.

15. At the conclusion of this meeting with Mr. Gandhi last evening, he said he had intended to go to Mr. Amman's dehat today (Monday) but as trouble had occurred after his last visit, he would now defer his proposed journey. This step was taken without any suggestion. Mr. Gandhi further asked me to remember that he had recently been remaining for the most part in Bettiah. This seems to admit that point which Mr. Gandhi has always denied that his local visits occasion the possibility of disturbance. Mr. Gandhi of course realises very well that it would be a false step to precipitate an impossible situation without waiting to see how much he can get without restoring to extremes.

To

I have etc.,
Sd. W.H. Lewis
S.D.O.

Mr. H.B. Heycock
District Magistrate,
Motihari

१. No. 107/C

From
W.B. Heycock, Esqr. I.C.S.,
District Officer of Champaran,
To
The Commissioner of the Tirhut Division,
Muzaffarpur

Dated Muzaffarpur, the 23rd May, 1917

Sir,

I have the honour to submit the following report on the burning down of the cutchery

जिला मजिस्ट्रेट की रिपोर्ट को पाकर मि. मौर्शेड ने चीफ सेक्रेटरी, राँची के पास इस विषय में अपनी गोपनीय रिपोर्ट ता. २४-५-१९१७ को भेजी, जिसमें उन्होंने मि. हिकॉक की राय का समर्थन करते हुए एक कमीशन की नियुक्ति के पक्ष में अपनी राय

---

building at Dhokraha on the 18th May. On the 16th May, Mr. Gandhi went to Sariswa village to inquire into certain complaints of the raiyats. Mr. Lewis and Mr. Holttum were present at the inquiry. Mr. Lewis' report to me, copy of which I enclose, describes what took place at Sariswa on the 16th May. On the 18th May about midnight the cutchery building at Dhokraha was burnt down. Mr. Marsham, the Supdt. of Police made an enquiry and I enclose copy of his report. I inspected the building on the 20th in company with the Supdt. Police and drew up a note embodying certain points which seems to me important. I enclose copy of my note and the Supdt. of Police's marginal answers to the points raised. Mr. Lewis' report and Mr. Marsham's report explain clearly what happened.

2. It is clear that the building at Dhokraha was intentionally burnt down. It is clear also that the evidence of the amlas is not true on all points. It is clear also that Mr. Gandhi's visit to Sariswa caused great excitement and nearly led to a serious riot at the time. It did indeed lead to a small disturbance after the departure of Mr. Lewis, Mr. Holttum and Mr. Gandhi. It is a fair inference to say that the fire was directly due to the excitement engendered by Mr. Gandhi's visit. The fire was intentional but there is nothing to show by whom it was caused. If motive there was mischief was probably the motive. I am quite aware that Mr. Gandhi hints that the fire was caused by factory people. There is no evidence to support this suggestion, if the evidence of the factory amlas which is clearly untrue on certain points is expected. The report of the Supdt. of Police and my own note indicates what these points are.

3. I now pass on to another point. Mr. Gandhi's enquiry is becoming more & more dangerous to peace of the district. To show that this is so, I need only invite attention to Mr. Gandhi's letter to me (of which I enclose copy) written after the fire. I omit enclosures to the letter because I do not wish to lengthen unduly this correspondence. I also forward a copy of Mr. Gandhi's letter to Mr. Holttum. This letter shows how Mr. Gandhi is developing his position. His attitude is no longer one of inquiry but of interference. He is, as his letter shows, inviting raiyats to surrender the Zirat lands and placing certain terms before Mr. Holttum for acceptance. The position is becoming impossible. The Planters can scarcely be expected to countenance an attitude of interference especially as they are not parties to this enquiry, did not invite it and do not want it. Mr. Gandhi is also taking up a false position. By suggesting terms he is raising the hopes of the tenants without making it clear to them that he is not in a position to secure acceptance of his terms. The result must be tension and strained feelings and possibly disturbances.

4. That Gandhi realises this danger is clear from his letter to me and also from what the Sub-divisional Officer writes about Mr. Gandhi's projected visit to Belwa. Mr. Gandhi does not wish to undertake this visit now if the Sub-divisional Officer does not advise it. Enough has been said to show how the situation is developing.

5. As a remedy, I would suggest adopting one of the two alternatives set forth in Mr. Gandhi's letter to me. His words are "It is a known fact that the desire of the planters generally is that my friends and I should not carry on our work. I can only say

प्रकट की, जो रैयतों की शिकायतों की जाँच करे और उनके निपटारे का उपाय बताए। उन्होंने इस बात पर जोर दिया कि हालत दिन-दिन वहाँ खराब होती जाती है और उसका उचित उपाय करना अति आवश्यक है।[१]

इधर समाचार-पत्रों में खूब धूम मचने लगी। पाठकों को स्मरण होगा कि सन्

---

that nothing but physical force from Govt. or an absolute guarantee that the admitted or provable wrongs of the raiyats are to stop for ever, can possibly remove us from the district." There can be no possible harm in assuring Mr. Gandhi that genuine grievances will be redressed if proved. Mr. Gandhi can be given every opportunity to put forward such grievances as he is aware of. He has collected a mass of evidence and he knows or ought to know by now what the problems are. I would suggest that he be told this and asked to leave the district with his advisers until such time as Government has had time to consider the points raised and deal with them. If he agrees well and good. If he does not, he will on the evidence of his own letters, have proved himself unreasonable and will, if the correspondence is published, forfeit all claim to any sympathy from any reasonable man if the Defence of India Act is applied as I suggest it should be applied on the event of his refusing so reasonable a proposition.

I have the honour etc.,
Sd. W.B. Heycock
District Officer

१. No. 303 PM

From

The Hon'ble Mr. L.F. Morshead, I.C.S.,
Commissioner of the Tirhut Division, Muzaffarpur.,

To

The Chief Secretary to Government,
Bihar & Orissa, Ranchi.

Muzaffarpur, the 24th May, 1917

Sir,

In continuation of confidential correspondence on the subject of Mr. Gandhi's enquiry, I have the honour to forward the accompanying communication from the District Magistrate of Champaran.

2. Mr. Heycock points out the danger to the peace of the district brought about by Mr. Gandhi's proceedings. I quite agree. When raiyats have reached the stage of bandying abuse with factory supporters regardless of a Magistrate's presence, pursuing them with clods or mud : and when factory buildings are being burnt down whether by hostile raiyats, or if there is anything in the suspicions suggested in the Dhokraha case, by factory amla for purposes of their own, we are at a point at which there may be collisions attended by loss of life without further warning.

3. As to the remedy to be applied, Government may have to be prepared, should Mr. Gandhi decline to go, and decline to remove his Assistants, for the arrest of himself and 8 or 10 others; and to take measures to present an influx of volunteers to take their place. In this connection, I enclose two notes one relating to a meeting of Mr.

१९१५ के अप्रैल महीने में बाबू ब्रजकिशोर प्रसाद ने जाँच-कमेटी नियत करने का प्रस्ताव किया था। उस समय नीलवरों के प्रतिनिधि मि. फिलगेट (Mr. Filgate) ने इसका बहुत जोरों से विरोध किया था। आज उन्हीं नीलवरों के पक्षपाती यूरोपियन डिफेंस एसोसिएशन (European Defence Association) ने जाँच के लिए कमीशन नियुक्त करने का प्रस्ताव सरकार में पेश किया और उनके पिछलगुए ऐंग्लो-इंडियन समाचार-पत्र भी इसपर बहुत जोर देने लगे। ता. १५-५-१७ को उत्तरी भारत के मुख्य ऐंग्लो-इंडियन समाचार-पत्र 'पायोनियर' (Pioneer) ने चंपारन के विषय में आलोचना करते हुए लिखा—

"It appears to us that the Government of Bihar could do well forthwith to appoint a commission to investigate the differences which exist between the planters and the *ryots* in the indigo Districts. It is difficult to see what good can come of Mr. Gandhi's investigation. But an enquiry conducted with strict impartiality by a commission containing possibly a non-official element would give both sides a fair opportunity of stating their cases and ought to result in a lasting peace."

Gandhi's Committee at Bankipore in the evening of the interview with the Hon'ble Mr. Maude, and the other received by me yesterday from a youngman I had sent to Champaran. I have noted on slips attached to the notes who my informants are, and would request that the slips be kept off the file. The information in both as to Mr. Gandhi's proposals in the event of incarceration has come to me also from another source, but I am not sure that it is independent. I have not had time to test the Bettiah note by cross-questioning the writer in detail, but I think it is a faithful impression of the situation as he gathered it, mainly from Mr. Gandhi's servants.

4. My own view, as the Hon'ble Mr. Maude knows, is in favour of a Commission constituted (1) to verify alleged grievances; (2) to suggest practicable remedies the first in order to have the ground cleared once for all by an impartial body whose findings will carry weight with the public; the second, in order to relieve Govt. of the onus of declaring that in certain cases the only remedy is resort to the courts. Such a Commission, if constituted so that its conclusions will carry authority, will remove the sympathies of all sensible men from Mr. Gandhi, should he decline to accept its recommendations. I place this point of view before Government, because it is the course I favour rather than that advised by Mr. Heycock, but I am quite prepared to accept whatever the decision of Govt., may be in the matter. I would only lay stress on the point in which we are all agreed that the situation is rapidly developing dangerous symptoms, and that some remedial action is urgently needed.

I have the honour to be,
Sir,
etc.,
Commissioner

अर्थात्, "हमारी राय है कि यह अच्छा होगा कि रैयतों और नीलवरों के बीच के मतभेद की जाँच करने के लिए एक कमीशन बैठाया जाय। यह समझ में नहीं आता कि मि. गांधी की जाँच से क्या नफा होगा? पर, यदि निरपेक्षता से एक ऐसा कमीशन, जिसमें शायद गैर-सरकारी आदमी भी हों, जाँच करे और दोनों पक्षों को अपनी-अपनी बात कहने का पूरा अवकाश दे तो फल बहुत शांतिप्रद होगा।"

मद्रास के 'मद्रास मेल' (Madras Mail) ने महात्माजी की जाँच के विषय में आलोचना करते हुए लिखा—

"Mr. Gandhi's difficulties with the Bihar authorities regarding his self-imposed mission to investigate the labour question in that province appears to have been amicably settled and the Hon'ble Mr. Maude, a member of the Executive Council, has been deputed to confer with him "with special regard to the situation created since the investigation began," a proviso which seemed to imply that the inquiry has not perhaps been conducted as discreetly as it might be. Mr. Gandhi is a politician of ability and no one doubts his sincerity in what he believes to be the cause of his fellow countrymen—a sincerity abundantly tested by his sufferings in South Africa. Since his return to India, however, he has come under the influence of the politicians of the more advanced school and his actions have not always been characterised by the same discretion (as in South Africa); in the present instance, we think he has been particularly ill-advised in coming forward as the self-appointed champion of the alleged grievances of the Indigo Estate labour of Bihar— a particularly prosperous and contented class of labour as a rule. The problems of planting labour are difficult enough in ordinary circumstances without the intervention of professional agitators."

भावार्थ—"जान पड़ता है कि बिहार प्रांत के श्रमजीवियों की दशा की जाँच के विषय में मि. गांधी को जो कठिनाइयाँ वहाँ के सरकारी कर्मचारियों के साथ उपस्थित हो गई थीं, उनका निपटारा हो गया। एक्जिक्यूटिव कौंसिल के मेंबर मि. मौड को आज्ञा मिली है कि वे मि. गांधी के साथ बातें करें—विशेषकर उस स्थिति के संबंध में, जो उनकी जाँच शुरू होने के समय से उपस्थित हो गई है। ऊपर की शर्त से मालूम पड़ता है कि जाँच उचित सावधानी से नहीं की गई है। मि. गांधी योग्य राजनीतिज्ञ हैं और उनको अपने देशवासियों के हित के लिए सच्चा अनुराग है, इसमें किसी को संदेह नहीं है। इसकी काफी जाँच दक्षिण अफ्रीका में उन्होंने जो कष्ट सहा है, उससे हो चुकी है। पर, हिंदुस्तान में लौटने के बाद से वह यहाँ के गरम दल के राजनीतिज्ञों के कहने में आ गए हैं और यहाँ का उनका काम उस सावधानी से नहीं हुआ है, जैसा कि दक्षिण अफ्रीका में हुआ करता था। बिहार में नील की खेती के संबंध में जो शिकायतें बयान की जाती हैं, उनकी जाँच का बीड़ा उठाकर मि. गांधी का इस समय खुद-ब-खुद आगे बढ़ना हमारे विचार में अच्छा नहीं हुआ है, जबकि नील के मजदूरों की दशा विशेषकर अच्छी है। एक तो खेती की मजदूरी का सवाल स्वयं कठिन है और उस पर यदि बीच में ऐसे आदमी आ जायँ,

जिनका काम ही आंदोलन करना है तो स्थिति और कठिन हो जाती है।''

एक दूसरे लेख में इस पत्र ने एसोसिएटेड प्रेस के ता. ११-५-१७ वाले तार के बल पर फिर लिखा—

"The records of the past show that it takes very little to create a very turbulent and unsettled state of affairs between the planters and the *ryots,* that is to say, in most cases except some big proprietory or Zamindari 'concerns' the manufacturers of indigo and the growers of the plant. We quite anticipated that such a state of affairs would arise when we learnt of Mr. Gandhi's mission of enquiry and the telegram which we publish today confirms this is to some extent. With the prosperous condition of the industry caused by the War and the prospect of restoring it to the splendid position it once occupied among the staple products of India, it does seem regrettable that anything should happen to hamper progress in any way."

भावार्थ—''पहले के अनुभव से यह साफ जाहिर है कि रैयतों और नीलवरों के बीच अनबन करा देना और एक अनिश्चित स्थिति पैदा कर देना कोई कठिन बात नहीं है। जब हमें मालूम हुआ था कि मि. गांधी जाँच करने के लिए जा रहे हैं, उसी समय हमने समझ लिया था कि ऐसी स्थिति आ पड़ेगी और जो तार इस संबंध में आया है, उससे यह बात ठीक मालूम होती है। महासमर के छिड़ जाने से नील की खेती अच्छी हो गई थी और ऐसे समय में, जबकि इसे अपनी पूर्व समृद्ध दशा पर फिर पहुँचने की आशा थी, किसी ऐसी घटना का हो जाना, जिससे इसकी उन्नति में बाधा पहुँचे, बड़े दुःख की बात है।''

कलकत्ता के 'स्टेट्समैन' (Statesman) में 'जस्टिस' नामक किसी नीलवर महाशय ने यों लिखा—

"My memory carries me back to very many years and I do not recollect a single instance when these buildings were destroyed, that was not in some way connected with disagreement between planters and certain *ryots* pending in the law courts and this is generally through the influence of agitators. The bonafide cultivator is, as a rule, a peaceful man and is only disturbed when his feelings are worked on by gas-bags who have no interest in the land and who are really connected with a certain political crowd howling for Home Rule...... It is indeed a great pity that this private inquiry was permitted. I fear unless it soon ceases further damage to the planting community will be reported. As it is, there is a general feeling of insecurity amongst the isolated planters, especially as they are forced to absent themselves two days a week to attend drills at the different centres."

भावार्थ—''बहुत दिनों की बातें याद पड़ जाने से मुझे मालूम होता है कि जब-जब चंपारन में मकान जलाए गए हैं, तब-तब ऐसा देखा गया है कि उसका संबंध नीलवर और उनके रैयतों के बीच की अनबन से है, जिसके बारे में अदालत में मुकदमा पेश है। और, ऐसा प्राय: आंदोलन करनेवालों के ही प्रभाव से होता है। सच्चे किसान साधारणत: शांतिप्रिय

होते हैं और वे तभी विचलित होते हैं, जब कि ऐसे लोग, जिनका स्वयं जमीन से कोई भी संबंध नहीं है और जो होमरूल के लिए चिल्लाते फिरते हैं, उनको उभाड़ते हैं।... यह बड़े अफसोस की बात है कि मि. गांधी को इस प्रकार खानगी तरीके से जाँच करने की इजाजत दी गई। यदि यह तुरंत बंद न हुई तो मुझे डर है कि नीलवरों की और अधिक क्षति होने की रिपोर्ट मिलेगी। जैसी अवस्था है, उसमें नीलवर लोग अपने को सुरक्षित नहीं समझ रहे हैं, विशेषकर इस कारण से कि सप्ताह में दो दिन उनको अपनी कोठी छोड़कर भिन्न-भिन्न केंद्रों में कवायद करने के लिए जाना पड़ता है।''

सच है, जब-जब रैयतों ने अपने दु:खों को असह्य समझकर सिर उठाने की चेष्टा की, तब-तब कोठियों में आग लगी, पुलिस की तैनाती हुई और रैयत दब गए और जुल्म ज्यों-का-त्यों बना रहा। पर, इस बार कोठियों को केवल जलना ही हाथ लगा। उनके और सब उपाय विफल हुए।

इन अमूलक लांछनाओं का प्रतिवाद प्राय: सभी हिंदुस्तानी पत्रों ने किया। ता. १९-५-१७ के अंक में प्रयाग के 'लीडर' (Leader) ने अपने अग्रलेख में लिखा—

"We are not in the least surprised that the Pioneer finds it difficult to see what good can come out of Mr. Gandhi's investigation. We advise to wait and see. Mr. Gandhi's inquiry is not impartial. How can it be? Would, Sir, Oracle have, however, addressed the Government of Bihar to appoint a commission forthwith if Mr. Gandhi had not gone to Champaran? Had it ever made a suggestion ever before? And now, what is its idea of impartial inquiry? The suggested commission may possibly contain a non-official element. What magnanimity is there not here?"

भावार्थ—''पायोनियर को मि. गांधी की जाँच से कोई लाभ नजर नहीं आने में हमें कुछ भी आश्चर्य मालूम नहीं होता। हम उसे यही सलाह देते हैं कि ठहरो और देखो। कहा जाता है कि मि. गांधी की जाँच पक्षपातहीन नहीं है। भला यह कैसे हो सकता है। यदि मि. गांधी चंपारन में नहीं जाते तो क्या 'पायोनियर' कभी कमीशन नियुक्त करने के लिए सरकार को कहता? क्या इससे पहले उसने इस विषय में कभी इशारा भी किया था? अब जरा यह मालूम होना चाहिए कि पक्षपातहीन जाँच के संबंध में इसकी क्या धारणा है? जाँच-कमेटी में शायद गैर-सरकारी आदमी रहें। क्या खूब उदारता है!''

लाहौर के 'ट्रिब्यून' (The Tribune) ने लिखा—

"The enquiry which the champion of the submerged classes, Mr. Gandhi is conducting into the relations between the planters and the *ryots* in the Indigo District has created a flutter in the Anglo-Indian dovecotes and every attempt has been made to dissuade him from undertaking and proceeding with his philanthropic work. The latest attempt is on the part of the Pioneer...... The Indian public has a right to enquire whence comes this oversolicitude on the part of the spokesman of Anglo-India? Since when, one wonders, has our Allahabad contemporary become a convert to the need of holding an inquiry into the relations between the planters and the *ryots*? So, it is that there is something behind the scene which when exposed will inevitably lead to an interference with the vested interests."

भावार्थ—"गिरी हुई जातियों के सहायक मि. गांधी जो जाँच नीलवरों और उनके रैयतों के संबंध के विषय में कर रहे हैं, उससे ऐंग्लो-इंडियन पत्रों में बड़ी खलबली पड़ गई है और हर तरह से इस बात की कोशिश की गई है कि वे इस काम को न करने पाएँ। हाल में 'पायोनियर' ने इस प्रश्न को उठाया है... हिंदुस्तानी जनता को इस बात के पूछने का अधिकार है कि ऐंग्लो-इंडियनों के इस मुखपत्र को कहाँ से इस विषय में ऐसी चिंता आ गई है। लोग हैरत में हैं कि हमारे इलाहाबाद के सहयोगी को नीलवरों और उनके रैयतों के बीच के संबंध के विषय में जाँच करने की जरूरत कब से सूझने लगी। अवश्य ही दाल में कुछ काला है, जिसके जाहिर होने से नीलवरों के जमाए हुए हक में रुकावट पहुँचेगी।"

मि. पोलक ने 'मद्रास मेल' के उपर्युक्त लेखों को पढ़कर एक बड़ी तीव्र समालोचना ता. २४-५-१७ को लिख भेजी, जिसमें उन्होंने 'मद्रास मेल' की भूलें बताते हुए लिखा—

"You are likely shortly to have a severe shock and your vaunted knowledge will be immensely enlarged when you come to know the contents of the preliminary report just submitted privately by Mr. Gandhi to Bihar Government. Had Mr. Gandhi been the indiscreet, professional agitator that you suggest him to be, India would now be aflame from end to end and an angry demand would be put forth from every platform in the country to put an end to the horror that has disgraced your countrymen and mine for many years in Bihar. When all things come to light it will not be Mr. Gandhi who will have the slightest cause to feel ashamed of anything that he has done or left undone."

अर्थात्—"अंदाज है कि बहुत जल्द आपके दिल को जबरदस्त धक्का पहुँचेगा और जब आपको उस प्रारंभिक रिपोर्ट की बातें मालूम होंगी, जिसे मि. गांधी ने खानगी तौर से बिहार सरकार के पास भेजा है तो आपको अपने जिस ज्ञान का इतना घमंड है, उसमें भी खासी वृद्धि जरूर होगी। यदि मि. गांधी ठीक वैसा ही असावधान आंदोलन करनेवाले रहते, जैसा कि आप उनको बतलाते हैं तो अब तक सारा हिंदुस्तान एक सिरे से दूसरे सिरे तक आगबबूला हो गया होता। बिहार में आपके और हमारे देशवासी जिन अत्याचारों के कारण कलंकित होते आ रहे हैं, उनका शीघ्र अंत करने के लिए आज सारा देश क्रुद्ध जनता की माँग से गूँज उठता। जब सब बातें लोगों पर प्रकाशित हो जाएँगी, तब उस समय यह मालूम हो जाएगा कि मि. गांधी से कोई ऐसा काम या ऐसी चूक नहीं हुई है, जिससे उनके जरा भी शरमाने की वजह हो।"

ता. ३०-५-१७ के अंक में पटना के 'बिहारी' (Beharee) अखबार ने लिखा—

"Mr. Gandhi's presence in Champaran has excited the spleen of the Anglo-Indian world and drawn it into the tactics either of condemnation or of patronage. A great deal of organised effort is apparent behind this campaign.

The atmosphere is resonant with suggestions and comments which sound like the dull echoes of the same of a repeated thing."

अर्थात्—"मि. गांधी के चंपारन में जाने से ऐंग्लो-इंडियन पत्रों में बड़ी खलबली मच गई है। उन्होंने उन्हें बुरा-भला कहकर या उनकी पीठ ठोककर चालाकी से उनके काम को दबा डालने की चेष्टा की है। साफ है कि भीतर-ही-भीतर संगठित चेष्टा हो रही है। जो टीका-टिप्पणियाँ की जा रही हैं, सब एक ही सुर-ताल की मालूम पड़ती हैं।"

पटना के साप्ताहिक हिंदी पत्र 'पाटलिपुत्र' ने अपने ज्येष्ठ कृष्ण १३, संवत् १९७४ के अंक में इस विषय पर आलोचना करते हुए इस प्रकार लिखा—

"पायोनियर कोई कमीशन बिठाना तथा उसमें कोई गैर-सरकारी मेंबर भी बिठाना चाहता है। इसमें हमें कुछ भी आपत्ति नहीं। किंतु, देशवासियों द्वारा देशवासियों की दुःख-दुर्दशा की जाँच होते देख वह क्यों घबरा रहा है? किस प्रमाण से यह कह रहा है कि मि. गांधी की जाँच का फल संतोषजनक नहीं होगा? पर, भारतवासियों का पूर्ण विश्वास है कि कर्मवीर गांधी के अनुसंधान से अवश्य शुभ फल होगा।"

कलकत्ता के मुख्य हिंदी दैनिक पत्र 'भारती-मित्र' ने अपने ज्येष्ठ १२ के अंक में इस विषय पर यह लिखा—

"यदि सरकार कमीशन नियुक्त करना उचित समझे तो उसमें सरकारी कर्मचारी तथा निलहे साहब ही न रहें, बल्कि कर्मवीर गांधी भी रखे जायँ। और, उनका अध्यक्ष भी कोई निरपेक्ष मनुष्य नियुक्त हो।"

कलकत्ता के 'बंगाली' ने भी ता. १८-५-१७ को लिखा कि यदि 'पायोनियर' की राय के अनुसार कमीशन नियुक्त हो तो उसमें मि. गांधी भी अवश्य सदस्य हों और दादाभाई नौरोजी का वेल्वी कमीशन में सदस्य नियुक्त होना, जिसमें उन्होंने सदस्य होकर भी इजहार दिया था, उदाहरण में पेश किया।

बर्मा के 'रंगून मेल' (Rangoon Mail) ने इसी विषय पर आलोचना करते हुए लिखा—

"Attempts are being made to discredit the good work that Mr. Gandhi is doing in Bihar.... A commission means waste of time and money and the result would be the case of a mountain labouring and bringing forth a rat. We have no faith in commission. We think that Mr. Gandhi should be allowed to pursue his independent inquiry which is certainly according to law and to publish his Report which could be verified, if necessary, by officials later on."

अर्थात्, "जो अच्छा काम मि. गांधी बिहार में कर रहे हैं, उसका वजन घटा डालने के लिए तरह-तरह की कोशिश की जा रही हैं।... कमीशन का नियुक्त होना समय और रुपए का नष्ट करना है और उसका फल पहाड़ खोदकर चुहिया निकालने के समान होगा। हमको कमीशन में विश्वास नहीं है। हमारा विचार है मि. गांधी को अपनी स्वतंत्र जाँच करने और अपनी रिपोर्ट प्रकाशित करने देना चाहिए, यह कानून के मुताबिक ही काररवाई होगी। पीछे यदि सरकारी कर्मचारी आवश्यक समझें तो वे अपनी जाँच से

उस रिपोर्ट की बातों की तसदीक कर सकते हैं।''

फिर, ता. २६-५-१७ को प्रयाग के 'पायोनियर' ने लिखा—

"The Government of Bihar propose to institute an inquiry into the alleged grievances of *ryots* of Champaran District. The present position of affairs there is obviously unsatisfactory and it is said that Mr. Gandhi's presence has aroused expectations among the cultivators which are impossible of realization. It is, therefore, desirable that no time should be lost in arranging for an authoritative and impartial investigation and that the inquiry should not be confined to the differences between the European planters and *ryots* but should also include the relations between ordinary Zamindars and *ryots*."

अर्थात्, ''जिला चंपारन के रैयतों के दु:खों को सुनने के लिए बिहार की सरकार ने एक कमीशन नियत करने का विचार किया है। इस समय वहाँ की हालत संतोषजनक नहीं है। कहा जाता है कि मि. गांधी के वहाँ रहने से लोगों के मन में ऐसी लालसाएँ आ गई हैं, जो कभी पूरी नहीं हो सकतीं। इसलिए एक प्रभावशाली तथा न्यायशील कमीशन बैठाने में देर नहीं करनी चाहिए। कमीशन केवल अँगरेज नीलवर और रैयतों के बीच के भेद की ही जाँच न करे, वरन् जमींदारों और रैयतों के बीच के संबंध का भी अनुसंधान करे।''

इस विषय पर महात्माजी ने विचार किया और अपने सहकारियों से भी सलाह ली। अंत में यह निश्चय हुआ कि निम्नलिखित सूचना महात्माजी की ओर से समाचार-पत्रों में भेजी जाय—

"If continuing known wrongs are immediately redressed an impartial inquiry covering definite issues with time limit as to its findings is likely to meet the existing situation. The work of my colleagues will then, for the time being, mostly consist in marshalling and leading evidence before the Enquiry committee."

अर्थात्, ''यदि रोज-रोज की होती हुई बुराइयाँ तुरंत रोक दी जायँ, तो एक न्यायशील कमीशन, जो नियत समय के भीतर रिपोर्ट दे, वर्तमान हालत को सुधार सकता है। वैसी हालत में मेरे साथियों का और मेरा काम उस कमेटी के सामने सबूत पेश करना होगा।''

❑

पंद्रहवाँ अध्याय

महात्मा गांधी की बुलाहट

इधर 'पायोनियर' कमेटी नियुक्त करने की सलाह दे रहा था और उधर नीलवर सरकार से आग लगने के विषय में खूब कानाफूसी कर रहे थे। इसका फल यह हुआ कि ता. २९-५-१७ को महात्माजी को बिहार सरकार से राँची जाने की बुलाहट पहुँची। छोटे लाट सर एडवर्ड गेट (Sir Edward Gait) ने महात्माजी से मिलने के लिए ४ जून नियत की।

हम लोग विचार करने लगे कि इसका क्या मतलब है। अभी जिला अफसरों ने महात्माजी की रिपोर्ट पर कुछ सम्मति दी नहीं, इसलिए इस विषय में यह बुलाहट हो नहीं सकती थी। तब रहे नीलवर और ऐंग्लो-इंडियन पत्रों का आंदोलन; दो कोठियों में आग लगना और स्थानीय कर्मचारियों का अशांति का स्व-कल्पित भय। हम लोगों ने निश्चय किया कि कुछ दाल में काला अवश्य है। इसलिए आगे-पीछे सब देख-बूझकर सब प्रकार की स्थितियों के लिए प्रस्तुत रहना ही उचित समझा गया। अपने दल को सँभाल लेना चाहिए और यदि कोई दुर्घटना का सामना करना पड़े तो उसके लिए भी भली-भाँति सबको तैयार रहना चाहिए। हम लोगों के मन में ऐसा संदेह हुआ कि महात्माजी कदाचित् राँची से लौटने न पाएँगे। वैसी हालत में क्या किया जाएगा, इसपर भी विचार हुआ। बेतिया में सब बातों पर विचार करके पटना में आने के लिए पं. मदनमोहन मालवीय को तार दिया गया। महात्माजी ने अपनी पत्नी को राँची आकर मिलने के लिए तार भेज दिया। आप उस समय कलकत्ता में थीं। उसी समय महात्माजी के कनिष्ठ पुत्र देवदास गांधी, जो साबरमती सत्याग्रह आश्रम में थे, राँची बुलाए गए। लेखक को कहा गया कि पटना जाकर सब नेताओं से मिले। ता. २-६-१७ की रात की गाड़ी से चलकर महात्माजी बाबू ब्रजकिशोर प्रसाद के साथ २-६-१७ की दोपहर को पटना पहुँचे। पं. मालवीय उससे पूर्व ही ता. १-६-१७ की संध्या को पंजाब मेल से आ गए थे। माननीय मि. हक, रायबहादुर कृष्णसहाय, पं. मालवीय, मि. परमेश्वर लाल,

बाबू वैद्यनाथ नारायण सिंह इत्यादि कतिपय सज्जनों की एक गोष्ठी हुई। इसमें निश्चय किया गया कि यदि महात्माजी के साथ किसी प्रकार की कारवाई हुई तो माननीय मि. हक अथवा पं. मदनमोहन मालवीय चंपारन के कार्य का भार अपने ऊपर लेकर उसका संचालन करेंगे। फिर, गत १८ अप्रैल के जैसा ही कार्यक्रम तैयार किया गया। देश के अन्य नेताओं के साथ पत्र-व्यवहार होने लगा। उसी दिन महात्माजी बाबू ब्रजकिशोर प्रसाद को साथ लेकर राँची और पं. मदनमोहन मालवीय प्रयाग चले गए।

नीलवरों ने अपने जानते महात्माजी और उनके सहकारियों को चंपारन से हटाने और उनके कार्य को निष्फल करने का कोई उपाय उठा नहीं रखा था। ता. ३१-५-१७ को 'यूरोपियन डिफेंस एसोसिएशन' (European Defence Association) की मुजफ्फरपुर शाखा ने यह प्रस्ताव पास किया—

1. "That the presence of Mr. Gandhi in his self-imposed mission has been accompanied by unrest and crime.

2. That his continued presence there is likely to be disatrous to the welfare of the Europeans in Champaran and the peace of the District.

3. That they request the European Central Association in Calcutta to press on the Government the absolute necessity, if they wish to maintain law and order in Champaran District, to have Mr. Gandhi and his assistants removed from there at once and also that there is a great fear of lawlessness spreading to the neighbouring Districts."

अर्थात्, "(१) मि. गांधी ने जो जाँच खुद-ब-खुद शुरू की, उससे वहाँ बहुत अशांति फैल रही है।

(२) उनके वहाँ रहने में चंपारन के अँगरेजों के बहुत कुछ अमंगल की संभावना और जिले में शांति-भंग का भय है।

(३) यूरोपियन सेंट्रल एसोसिएशन, कलकत्ता से निवेदन है कि वह सरकार से निवेदन करे कि यदि वह चंपारन जिले में शांति रखना चाहती है तो यह नितांत आवश्यक है कि मि. गांधी और उनके सहायकों को वहाँ से शीघ्र हटा दे, क्योंकि आसपास के जिलों में अशांति फैलने का डर है।"

ता. ३-६-१७ को पायोनियर में मोतिहारी कोठी के मैनेजर मि. इर्विन (Mr. Irwin) की एक लंबी चिट्ठी छपी। उस पत्र को मि. इर्विन ने ता. २३-५-१७ को लिख भेजा था। पर 'पायोनियर' ने उसको ता. ३-६-१७ को ही छापा।[१] यहाँ पर मि. इर्विन

---

१. मि. इर्विन का पत्र इस प्रकार था—

"Very occasionally brief paragraphs appear in your columns alluding to Mr. Gandhi and his so-called mission in Champaran but it is more than evident you have no appreciation of the harm he is doing and already succeeded in doing.

"When the local authorities first became aware of Mr. Gandhi's threatened visit

का भी कुछ परिचय दे देना आवश्यक है। इसका कारण यह है कि मि. इर्विन ने बहुत से समाचार-पत्रों में चंपारन की जाँच के संबंध में लेख छपवाए थे, जिन्हें हमें आलोचना करने का समय आएगा। मि. डब्ल्यू. एस. इर्विन (Mr. W.S. Irwin) एक पुराने और जबरदस्त नीलवर समझे जाते हैं। वे मोतिहारी कोठी के मैनेजर हैं। इस कोठी के साथ

---

they very wisely, and correctly, took action to restrain him but, on appeal by him, this order was upset by the Provincial Government and Mr. Gandhi was permitted to continue his mischievious intention. He wanted to go to a village in the Peepra factory 'dihat' and thereby encourage the villagers some of whom were under trial for severely assaulting the European Sub-Manager, but he was stopped by the Police. Then when detained by the local authorities and awaiting the order of the Government he occupied himself in Motihari, recording the ex-parte statements of some hundreds of Peepra and Turkaulia concern *ryots* who were induced by his encouragement to come to him. When Government orders were recieved revolting the earlier proceedings he passed on to Bettiah, but his doings in Motihari bore fruit, and shortly after his departure an outwork of the Turkaulia Concern. was burnt down. I may here say parenthetically that of 20,000 *ryots* (more or less) not a dozen men attempted to go near Mr. Gandhi, and of those the majority went out of curiosity pure and simple and no serious charges of any kind, were made. So in this matter I have no 'personal' quarrel with Mr. Gandhi. Naturally his arrival in the Bettiah Sub-Division was objected to by both planters and officials and the former sent a deputation to Ranchi to try to get the Government to put an end to, or at any rate keep under some control Mr. Gandhi's activities. This resulted in the local officials and Mr. Gandhi being summoned by wire to attend a Conference in Bankipore, which ended in Mr. Gandhi's being permitted to return and continue his doings now more uncontrolled than ever and clothed the *ryot's* mind in the garment of recognition and approval by Government. He visited a village in Dhokraha factory 'dihat' the *ryots* of which in his presence and before the S.D.O. and Factory Manager, foully abused in Hindusthani the Factory head servant, and while Mr. Gandhi was still in the neighbourhood, but not actually within sight, assaulted and grossly maltreated a most respectable old man, who, too aged and infirm to walk, had come in a cart to make statements in the Factory's favour and finally two days or so later the factory office was set fire to and burnt down. There can be no possible doubt in any reasonable person's mind as to cause and effect in both this and Turkaulia incident. But everybody who deserves to be in a position to know, knows that the whole movement is matricious (?) and Champaran has been selected for the exploitation of it for the following reasons :

1. There is practically only one proprietor (malik), in the whole District—The Bettiah court of wards Estate i.e., the local Government.In Tirhut and Saran most villages are owned by several small share-holders, many residents, and an agitator who would venture to go in there and act, as has been doing here, would meet with short shifts. The engineers of the movement have no desire to get up against the Maharaja of Darbhanga.

2. Champaran with its large community of European Zamindars is eminently the place to start with hopes of success a class agitation. Mr. Gandhi, I believe, is a well-intentioned philanthropist but he is a crank and fanatic and is too utterly obsessed

उनका संबंध बहुत दिनों से चला आता है। शरहबेशी और तावान लेने में यह एक प्रकार से अगुआ थे; क्योंकि उन्होंने ही नील के बदले में शरहबेशी और तावान के विषय में वकीलों से राय ली थी और सरकार से लिखा-पढ़ी की थी। सन् १९०६ में पहले-पहल उनकी ही कोठी में इसका वाद-विवाद आरंभ हुआ था। उनको फख्र है कि उनके रैयत कभी उनके खिलाफ अदालत में नालिश नहीं करते। शरहबेशी और तावान के विषय में भी उनके बहुत कम रैयतों ने हाकिमों के पास शिकायत पहुँचाई थी। इन सब बातों से वे लोगों को जताना चाहते हैं कि उनके रैयत बहुत खुश हैं और उनसे किसी प्रकार की अनबन नहीं है। पर, रैयतों का कहना कुछ और ही है। वे कहते हैं कि मि. इर्विन का प्रबंध ऐसा कड़ा और जाबिर है कि दु:ख रहते भी रैयतों में से किसी की हिम्मत कचहरी की ओर टसकने की नहीं पड़ती। इन्हीं मि. इर्विन के विषय में इनके एक पटवारी ने महात्माजी से कहा था, ''साहब के सामने मजिस्ट्रेट और दारोगा कुछ भी नहीं हैं।'' इन्हीं का लिखा पत्र ता. ३-६-१७ के 'पायोनियर' में छपा था। इस पत्र में उन्होंने महात्माजी की शिकायत करते हुए तुरकौलिया कोठी की फाँड़ी जलने का कारण उन्हीं की जाँच को बतलाया था। उन्होंने अपनी सफाई देते हुए कहा कि उनके लगभग २०,००० रैयतों में मि. गांधी के पास एक दर्जन से अधिक नहीं आए हैं और उनमें से भी अधिक केवल कौतूहलवश आए हैं। उन्होंने यह भी लिखा कि मि. गांधी के बेतिया पहुँचने पर नीलवरों ने एक डेपुटेशन राँची इसलिए भेजा कि उनका काम रोक दिया जाय। इसपर मि. गांधी बाँकीपुर बुलाए गए, पर उनको वहाँ से अपना काम जारी रखने को कहा गया, जिसका फल यह हुआ कि रैयत समझने लगे कि यह सरकार के हुक्म से काम हो रहा है। उन्होंने धोकराहा कोठी में आग लगने का कारण भी महात्माजी का

---

with his partial success in South Africa and his belief that he has been ordained by the providence to be a righter of wrongs. To be able to realise that, he is being made a cats paw by (1) Pleader and Mokhtiars etc. who know that planters settle free, gratis and for nothing at least 75% of disputes amongst *ryots* which would otherwise be grist of their mills; (2) Mahajans and money-lenders whose usurious dealings with *ryots* have been greatly checked and who cannot now, owing to the action of the planters, acquire the debtor's best lands without the consent of the landlords; and (3) by Home Rule politicians who hope to demonstrate on the, for them, happy hunting ground of Champraran that officials and non-officials go hand in hand to oppress the population and so prove that the District, and incidentally all India, is being misgoverned under the British Raj. What do these people care for *ryots* save to make use of them for their own purpose? For the protection of the property of the Champaran planters, one and probably only one step is essentially necessary and that is the removal of Mr. Gandhi from the District. The extreme forebearance of the planters has so far prevented the outbreak of any very serious disturbances, but unless Government can see its way to protecting them, they will unavoidably be forced into taking the steps necessary for their own protection."

आना ही बतलाया। चंपारन की खलबली को बनावटी बताते हुए उन्होंने यह कहा कि यद्यपि गांधीजी की नियत अच्छी हो, पर वह दक्षिण अफ्रीका की थोड़ी सफलता पाकर फूल गए हैं और धूर्त स्वराज्यवादियों ने उन्हें फँसाकर चंपारन में इसलिए बुलाया है कि चंपारन में अँगरेज अधिक होने के कारण वहाँ के विरुद्ध आंदोलन खूब चल सकेगा। इसमें वकील, मुख्तार और महाजन मदद करते हैं; क्योंकि यदि नीलवर रैयतों के झगड़े मिटा देना छोड़ दें और उन्हें कम सूद पर रुपया देना बंद कर दें तो इन दोनों की जेब खूब गरम होगी। अंत में, उन्होंने सरकार को सलाह दी कि मि. गांधी को चंपारन से तुरंत हटा देना चाहिए, नहीं तो नीलवर अपने बचाव के लिए जो उचित समझेंगे, करेंगे।

इस पत्र के विषय में अधिक आलोचना न करके इतना ही कह देना काफी होगा कि मि. इर्विन का यह कहना कि उनके रैयतों में से केवल १०-१२ गए थे, एकबारगी गलत था, क्योंकि उस तारीख तक हम लोग उनके १०-१२ नहीं, बल्कि ३०० रैयतों के इजहार ले चुके थे।

'पायोनियर' ने उसी तारीख, अर्थात् ३-६-१७ को यूरोपियन डिफेंस एसोसिएशन के प्रस्तावों को प्रकाशित कर चंपारन की स्थिति पर विचार करते हुए लिखा—

"It is quite clear from the resolutions just passed by the members of the European Association, Bihar Branch, Muzaffarpur, that the view expressed by the writer of the letter coincide fairly closely with those of the whole planting community of which he is a member. The writer, it will be noticed, is prepared to believe that Mr. Gandhi is a well-meaning philanthropist and that he has been made a cat's paw by the individuals who have engineered the movement. What appears to be beyond dispute is that, whatever Mr. Gandhi's intention may have been, regrettable incidents have happened since he started his mission. Mr. Gandhi himself has ingenuously published a letter from the District Magistrate of Champaran in which the latter pointed out that Mr. Gandhi's enquiries had as a matter of fact caused considerable excitement. But Mr. Gandhi has so far failed altogether to explain what particular qualification he possesses for instituting any mission of enquiry in Bihar or elsewhere in India. His excapade at Banares not so long ago suggested that he was a gentleman of extremely little discretion, and one cannot help thinking it somewhat astonishing in the circumstances that the Bihar and Orissa Governments should have permitted him so much licence. We now hear of him being asked by the Lieutenant Governor to proceed to Ranchi to see his Honour about Champaran affair. And meanwhile the good Pandit Madan Mohan Malviya must need consider that his presence is urgently required at Bankipore to put things straight. It is high time, we think, that the Provincial Government took measure to discourage the activities of all roving commissioners whose interference in matters which do not concern them and with which they cannot claim to have any special competence to deal, is likely to result in far more harm than good. If matters require to be investigated, it is the local Government's business to appoint its own commission of enquiry, but while the assistance of non-official Indians in the Province concerned may be welcomed, there is every argument to be urged against the intervention of outsiders."

अर्थात्, "यूरोपियन एसोसिएशन, मुजफ्फरपुर की शाखा के उन प्रस्तावों से, जो अभी स्वीकृत हुए हैं, यह स्पष्ट है कि लेखक (मि. इर्विन) की सम्मति समस्त नीलवरों की सम्मति से पूरी-पूरी मिलती है। लेखक (मि. इर्विन) इस बात को मानने के लिए तैयार हैं कि मि. गांधी एक शुद्धाशय उपकारी पुरुष हैं और जिन लोगों ने इस आंदोलन को खड़ा किया है, उनके हाथ में वह एक कठपुतली-से हो रहे हैं। इसमें संदेह नहीं किया जा सकता कि मि. गांधी की चाहे जो इच्छा हो, पर जब से उन्होंने यह काम शुरू किया है, तब से कई खेदजनक घटनाएँ हो गई हैं। मि. गांधी ने स्वयं अपने सीधेपन के कारण चंपारन जिले के एक मजिस्ट्रेट का एक पत्र भी प्रकाशित किया है, जिसमें उन्होंने लिखा है कि मि. गांधी की तहकीकात ने बहुत खलबली पैदा कर दी है। पर, उन्होंने (मि. गांधी ने) यह अभी तक नहीं बताया है कि बिहार में या हिंदुस्तान के किसी और स्थान में किसी तरह की जाँच करने की उनमें क्या विशेष योग्यता है? अभी थोड़े ही दिन हुए, आप बनारस से जो हट भागे थे, उससे मालूम हुआ कि आप बहुत कम विचार के आदमी हैं और यह बड़े आश्चर्य की बात है कि बिहार सरकार ने इतने दिनों तक आपको इतना अधिकार क्यों दे छोड़ा है। अब सुना जाता है कि छोटे लाट ने चंपारन के संबंध में आपको राँची बुलाया है। और इधर पं. मदनमोहन मालवीय खामखा यह समझकर कि उनकी आवश्यकता बातों को सुलझाने की बाँकीपुर में है, वहाँ जा पहुँचे हैं। अब समय आ गया है कि प्रांतीय सरकार इस प्रकार के परिव्राजक कमिश्नरों को रोके, जिनके ऐसे कामों में, जिनसे उनका कोई संबंध नहीं है और जिनके विषय में वे कुछ विशेष योग्यता भी नहीं रखते हैं, हस्तक्षेप करने से भलाई के बदले बुराई की अधिक संभावना है। अगर कोई ऐसी बात है कि जिसमें तहकीकात की जरूरत है तो यह प्रांतीय सरकार का काम है कि वह उसके लिए कमीशन मुकर्रर करे, और यद्यपि इस प्रांत के गैर-सरकारी हिंदुस्तानियों की सहायता इस काम में सहर्ष ली जा सकती है, पर बाहरवालों के हस्तक्षेप से हानि-ही-हानि हो सकती है।"

'पायोनियर' में मि. इर्विन की चिट्ठी यूरोपियन डिफेंस एसोसिएशन का प्रस्ताव और अपनी आलोचना—तीनों का एक ही दिन निकलना और वह भी ३ जून को, जब महात्माजी राँची जा चुके थे और सर एडवर्ड गेट ने ता. ४ जून का दिन उनसे मुलाकात करने के लिए नियत कर दिया था—इसमें भी शायद कुछ रहस्य था। जो हो, हिंदुस्तानी पत्रों ने भी इन सब बातों के विषय में कड़ी आलोचना की और मि. पोलक ने भी इनका

उत्तर प्रकाशित कराया।

इस विषय पर लिखते हुए कलकत्ता के 'अमृतबाजार पत्रिका' ने Threatened White Mutiny नामक एक अग्रलेख में लिखा—

"The cry 'murder help' has been raised by the European Association and their organs. So not only are Mr. Gandhi and his friends charged with fomenting unrest and crime in Champaran but the Government is dictated to drive them bag and baggage from the District at once, otherwise law and order would not be maintained there. The standard of a white mutiny is thus in course of being raised. But we trust the Government of Sir Edward Gait is too strong to be coerced by these threats."

अर्थात्, ''यूरोपियन एसोसिएशन और उनके मुखपत्र आज चिल्ला रहे हैं कि 'मदद दो, नहीं तो जान गई'। मि. गांधी और उनके मित्रों पर केवल चंपारन में अशांति उत्पन्न करने का दोष ही नहीं मढ़ा जाता है, पर सरकार को उन्हें जिले से बाहर निकाल देने का परामर्श भी दिया जा रहा है, नहीं तो कहा जाता है कि शांति नहीं रहेगी। इस प्रकार 'गौरांगों के बलवे' का झंडा उठ रहा है। पर, हम आशा करते हैं कि एडवर्ड गेट की सरकार में इतना बल है कि इन सब बातों से वह नहीं डरेगी।''

कलकत्ता के दैनिक 'बंगाली' ने लिखा—

"No one need be surprised at the 'Pioneer' flinging an attack on Mr. Gandhi and his mission in Bihar. The resolutions of European Association at Muzaffarpur backed by the letter of Mr. Irwin of Motihari seem to have fired the virtuous indignation of the Pioneer and it has no scruple in calling on the Bihar Government to account for permitting the self-imposed inquiry by Mr. Gandhi. It will not be wise to remove Mr. Gandhi from the District at the instance of an association, however influential it may be."

अर्थात्, ''इसमें कोई आश्चर्य की बात नहीं है कि 'पायोनियर' ने मि. गांधी और उनकी काररवाई पर आक्षेप किया है। यूरोपियन एसोसिएशन के प्रस्ताव और मोतिहारी के मि. इर्विन की चिट्ठी देखकर मानो 'पायोनियर' आगबबूला हो गया है और उसे बिहार सरकार से इस बात की कैफियत पूछने में कुछ भी संकोच नहीं होता है कि इसने मि. गांधी को जाँच क्यों करने दी। किसी भी संस्था के कहने से, चाहे वह कितनी ही प्रभावशाली संस्था क्यों न हो, मि. गांधी को हटाना बुद्धिमानी का काम नहीं होगा।''

प्रयाग के 'लीडर' ने एक बहुत बड़ा लेख ता. ७ जून के अंक में छापा, जिसमें यह लिखा—

"Mr. Gandhi is an Indian. Motihari is his country and *ryots* are his countrymen. Mr. Irwin is a sojourner from a foreign clime and so are the other planters. Their interest in the land is limited to the money they make here.

They are alien exporters and make what they can out of the estate and *ryots.* And Mr. Irwin has the impudence to demand the removal of Mr. Gandhi and threaten that the Planters will take the law in their own hands if their mandate is not obeyed... It is absolutely necessary for Government to keep the threatening Planters in check and compel them to respect law and order instead of making provocative utterances or indulging in irritating threats. The allegations against Mr. Gandhi are both wanton and untrue and do not hurt him though they cause the greatest pain to his countrymen who revere him as they revere but one other living Indian in the whole country."

अर्थात्, ''मि. गांधी भारतवासी हैं और मोतिहारी उनके देश में है। वहाँ के रैयत उनके देशवासी हैं। मि. इर्विन तथा दूसरे नीलवर विदेशीय मुसाफिर हैं, जिनका इस देश के साथ केवल यही संबंध है कि यहाँ रुपया उपार्जन करें। वे बाहर से आकर जहाँ तक हो सकता है, यहाँ की भूमि और रैयतों से मुनाफा करते हैं। तो भी मि. इर्विन की यह गुस्ताखी है कि वह कहते हैं कि मि. गांधी हटा दिए जायँ और यह धमकी देते हैं कि यदि उनकी आज्ञा न मानी गई तो नीलवर कानून को अपने हाथ में ले लेंगे। यह अत्यंत आवश्यक है कि सरकार ऐसे धमकीबाज नीलवरों को दबाकर रखे और उनको कानून का आदर करना सिखाए, ताकि वे इस प्रकार की कटु बातें और धमकियों से बाज रहें। जो लांछनाएँ मि. गांधी पर की गई हैं, एकदम झूठी हैं और उनसे मि. गांधी का कोई नुकसान नहीं हो सकता, यद्यपि उनके कारण उनके देशवासियों को कष्ट होता है। वे उनके प्रति ऐसी भक्ति रखते हैं, जैसा कि सिर्फ एक ही दूसरे जीवित भारतवासी के लिए।''

लखनऊ के 'एडवोकेट' (The Advocate) ने (The Cry for Blood) शीर्षक लेख में लिखा—

"The Allahabad Anglo-Indian paper has made a venomous attack on Mr. Gandhi and Pandit Madan Mohan Malviya. This vile defender of the vested interests is furious that Mr. Gandhi should make enquiries in Bihar...Unfortunately the Government is not prepared to declare war on Indians though the Pioneer may want that... It is a pity that such irresponsible and poisonous attack on public leaders are not prevented."

अर्थात्, ''इलाहाबाद के अँगरेजी पत्र ने मि. गांधी और पं. मदन मोहन मालवीय पर बहुत कड़ा आक्षेप किया है। मि. गांधी जो जाँच कर रहे हैं, उससे इस पत्र को बड़ा रंज है। ... उसके लिए यह दुर्भाग्य की बात है कि सरकार हिंदुस्तानियों के साथ लड़ाई नहीं ठान रही है। बड़े दु:ख की बात है कि इस प्रकार के बेसिर-पैर के आक्षेप, जो नेताओं पर किए जाते हैं, रोके नहीं जाते।''

मद्रास के 'इंडियन पैट्रियट' (The Indian Patriot) ने अपने छठी जून के अंक में

एक बहुत ही कड़ा अग्रलेख लिखा[१], जिसमें उसने सरकार को बतलाया कि महात्मा गांधी पर किसी प्रकार से हाथ छोड़ने का फल यह होगा कि समस्त भारतवर्ष में खलबली मच जाएगी। उसने यह भी कहा कि नीलवर जो घबरा रहे हैं, उससे साफ जाहिर है कि वह डर रहे हैं कि आज तक जो जोर-जबरदस्ती और जुल्म वे किया करते थे, अब न करने पाएँगे और चंपारन की प्रजा जो आज तक दबी हुई थी, अब दबी न रहेगी।

मद्रास के 'जस्टिस' ने लिखा—

"No one will believe Mr. Gandhi will incite the labourers to acts of violence. He is opposed to the applications of physical force under any circumstances but if the complaint about the ill-treatment of labourers has any foundation in fact Mr. Gandhi is sure to sift it and the prosecution of his inquiries cannot be agreeable to the planters. Their threat of taking the law into their hands is as amusing as it is undoubtedly reprehensible."

अर्थात्, "कोई इस बात का विश्वास नहीं कर सकता कि मि. गांधी मजदूरों को बलवा करने को भड़का रहे हैं। उनका सिद्धांत है कि सब अवस्था में अहिंसा धर्म है। पर, यदि मजदूरों के साथ बुरे बरताव के विषय में जो शिकायतें की जाती हैं, वे सच हैं

---

१. 'इंडियन पैट्रियट' का लेख इस प्रकार था—

"We are not surprised at the letter which a Planter has written to the Pioneer. The surprise is that it did not appear earlier. It is now too late for this valiant champion to connect the fire with Mr. Gandhi's enquiry after the opinion of the owner of the factory. Whatever it is, the Government must not for the sake of its prestige tolerate a threat of the kind this impertinent planter is indulging when he writes—"The extreme forebearance of the planters has so far prevented the outbreak of any very serious disturbances. But unless the Government can see its way to protecting them, they will unavoidably be forced into taking the steps necessary for their own protection." When Mr. Gandhi's report is published we hope the Government will not drive him to publish it, it will be found how the Bihar planters have been accustomed to have their own rule. Why should Mr. Gandhi's presence be so alarming? What has he preached? What crying for Mr. Gandhi's removal? The *ryots* are disturbed. They have borne all along much and they are certainly not going back to their slavery without a protest. Impatience of the planters is itself the best proof we have of the effectiveness of Mr. Gandhi's presence. Let us carefully gauge the situation and proceed carefully. To interfere with Mr. Gandhi is out of question, unless the Government is prepared to throw the entire population of India into an uproar. The planter cannot lord it over hereafter and he will continue to fret and foam.... The Government must hurry on the enquiry with extreme promptitude, act up to the recommendations calculated to remove the grinding oppression to which people are subject... We appeal to the Government, not to be led into any unnecessary meddling with Mr. Gandhi following the advice of the Anglo-Indians."

तो मि. गांधी उन्हें अवश्य ही छाँट निकालेंगे और इसलिए उनकी जाँच नीलवरों को कभी अच्छी नहीं लग सकती। उनकी यह धमकी कि वे कानून को अपने हाथ में ले लेंगे, उतनी ही हास्यजनक है जितनी कि वह लांछनीय है।''

मद्रास के 'न्यू इंडिया' (The New India) ने लिखा—

"To attribute as Mr. Irwin did, the recent incendiarism to Mr. Gandhi's presence far or near or to his influence however remote, is distinctly malevolent."

अर्थात्, ''मि. इर्विन का यह कहना कि मि. गांधी की उपस्थिति के कारण ही कोठियाँ जली हैं, साफ बदनीयती के कारण हैं।''

मद्रास के 'हिंदू' (The Hindu) ने लिखा—

"The situation in Bihar regarding the grievances of the *ryots* and Mr. Gandhi's enquiries thereto appears to be fast developing into a crisis of some magnitude... There is reason to believe that the interview arranged by His Honour Sir Edward Gait, Lieutenant-Governor was to discuss with Mr. Gandhi the undesirability of the latter continuing his investigation into labour condition in European Indigo plantation. The Indian public will await the result of this interview with anxiety, for they feel that it would be a pity if such an enquiry conducted on strictly impartial, if humanitarian, lines as the one which Mr. Gandhi has taken upon himself, were to be abruptly forbidden simply because vested interests strongly oppose it."

इसका भावार्थ है—''चंपारन में मि. गांधी रैयतों के दुःख-संबंधी जो जाँच कर रहे हैं, उससे वहाँ की स्थिति बहुत कठिन होती जा रही है। ... मालूम होता है कि सर एडवर्ड गेट ने मि. गांधी के साथ जो मुलाकात मुकर्रर की है, वह इसलिए है कि उस बात पर विचार किया जाय कि मि. गांधी का चंपारन में जाँच जारी रखना उचित है या नहीं। सर्वसाधारण इस मुलाकत के नतीजे की राह जोहते रहेंगे, क्योंकि उनकी धारणा है कि जो जाँच मि. गांधी ऐसी निरपेक्षता से कर रहे हैं, उसका स्वार्थियों के कहने पर रोक दिया जाना बड़े दुःख की बात होगी।''

बंबई के 'मैसेज' पत्र ने भी इसी प्रकार मि. इर्विन की चिट्ठी की बड़ी समालोचना की और सरकार से पूछा कि देखें कब तक सरकार ऐसे धमकीबाजों की बात बरदाश्त करती है।

नागपुर के 'हितवाद' ने ता. १६-६-१७ के अंक में 'पायोनियर' इत्यादि पत्रों के महात्मा गांधी के विषय के लेखों पर समालोचना करते हुए लिखा—

"A noble sainted hero who has worked the white flower of blameless life, that is how India regards Mr. Gandhi. It will be a terrible day, not only for India but for England also if owing to the vilification of a few Anglo-Indian journals and sordid self-interested spite of handful of Europeans, the Government is foolishly persuaded to translate the hero into a martyr."

अर्थात्, ''भारतवर्ष मि. गांधी को एक महात्मा समझता है। भारतवर्ष और विलायत दोनों के लिए वह बहुत बड़ा कुदिन होगा कि जब कुछ अँगरेजी पत्रों की गालियों से और चंद नीच बुद्धिवाले स्वार्थी अँगरेजों के कहने पर सरकार उस महात्मा पर किसी प्रकार हाथ छोड़ेगी।''

बबंई के 'यंग इंडिया' ने ता. ६-६-१७ को यों लिखा—

"It is all very well for Mr. Irwin to prate as he thinks. But the question is whether the Bihar Government will put up with the impertinent factory manager who has chosen an impudent way of telling the Government what it should do or should not do."

अर्थात्, ''मि. इर्विन जो चाहे कह सकते हैं। पर, प्रश्न यह है कि बिहार-सरकार ऐसे कोठीवाले की बात को, जो इस तरीके से सरकार को कहता है कि उसे क्या करना और क्या न करना चाहिए, बरदाश्त करती है या नहीं।''

❑

सोलहवाँ अध्याय

जाँच-कमेटी की नियुक्ति

इधर पत्रों में इस प्रकार की धूम मच रही थी और ता. ४-६-१७ को सर एडवर्ड गेट महात्माजी के साथ चंपारन की स्थिति पर बातें और परामर्श कर रहे थे। हम लोग अपने-अपने स्थानों पर ४ जून को पहुँच गए थे और संध्या के समय प्रति क्षण राँची से तार की प्रतीक्षा कर रहे थे। हम लोगों के मन में तरह-तरह की भावनाएँ उठ रही थीं। जिस प्रकार सरकारी अफसरों ने काल्पनिक अशांति और बाधाएँ देख उन्हें दूर करने के लिए सदल-बल गांधीजी को चंपारन से हटाने का यत्न किया था, उसी प्रकार हम लोग काल्पनिक बहिष्कार की आज्ञा का अनुभव कर रहे थे। बहिष्कार की आज्ञा का भय नहीं था, केवल एक प्रकार का कौतूहल-सा हो रहा था। हृदय में उच्छ्वास और अभिलाषा की तरंगें उठ रही थीं। उसी प्रकार सोचते-विचारते, भावनाओं में गोते लगाते ४ जून की रात कट गई। ता. ५ जून को ८ बजे सवेरे एक तारवाला आता दिखाई पड़ा। बस, उस ओर सबके सब दौड़ पड़े। जब तक वह तार खोलकर पढ़ा नहीं गया, हृदय में बड़ा उद्वेग था। पर, तार के पढ़ने से कुछ संतोष नहीं हुआ; क्योंकि कोई बात साफ-साफ नहीं लिखी थी। तार में केवल इतना ही लिखा था कि आज की मुलाकात संतोषप्रद है, फिर कल मिलना है। फिर, ९ बजे से हम लोग दूसरे तार की उसी प्रकार बाट देखने लगे। आज चित्त उस प्रकार उद्विग्न नहीं था और वे भावनाएँ भी उस प्रकार नहीं उठ रही थीं, पर अभी तक पूरी शांति न थी और कौतूहल बराबर बना रहा। ता. ६ जून भी उसी प्रकार बीत गई, ७ जून को महात्माजी का तार मिला कि हम लोग ८ जून को राँची से वापस आएँगे।

४ जून से ६ जून तक सर एडवर्ड गेट तथा कौंसिल के सदस्यों से महात्माजी बातें करते रहे और अंत में यह निश्चय हुआ कि एक जाँच-कमेटी नियुक्त की जाएगी, जिसमें महात्मा गांधी भी सदस्य रहेंगे। अन्य सदस्यों के नाम भी उसी समय निश्चित हुए और उनकी अनुमति नहीं रहने के कारण सरकार ने यह निश्चय किया कि जब तक

अनुमति न आ जाय, यह खबर प्रकाशित न की जाय। राँची जाने के समय आसनसोल स्टेशन पर महात्माजी की धर्मपत्नी तथा आपके सुयोग्य कनिष्ठ पुत्र श्रीयुत देवदास गांधी आ मिले थे और सब लोग एक साथ वहाँ से राँची गए थे। राँची से महात्माजी, बाबू ब्रजकिशोर प्रसाद, श्रीमती गांधी तथा श्रीयुत देवदास गांधी सब एक साथ ही पटना ७ जून को सवेरे पहुँचे। वहाँ प्रयाग से मदन मोहन मालवीय फिर आ गए थे। सब लोगों से भेंट करके ८ जून को महात्माजी पटना से चले और संध्या समय बेतिया पहुँचे।

यहाँ पहले ही समाचार आ चुका था कि इस बार श्रीमती गांधी भी आने वाली हैं, इसलिए स्टेशन पर बहुत भीड़ हुई। लोगों ने बड़े धूमधाम से उनका स्वागत किया। श्रीमती गांधी भी धर्मशाला की एक दूसरी कोठरी में रहने लगीं।

इधर सरकार के मना करने पर भी न मालूम पटना के एसोसिएटेड प्रेस के संवाददाता को कहाँ से खबर मिल गई और उसने ७ जून को तार दे मारा कि सरकार कमीशन नियुक्त करेगी। यह समाचार ८ जून के पत्रों में छप गया और सरकार को इसमें बहुत भूलें दीख पड़ीं। ता. ११ जून को सरकार की ओर से एक प्रतिवाद इस प्रकार का प्रकाशित हुआ—

"The attention of the Government of Bihar and Orissa has been drawn to the communication dated June 7th on the subject of the agrarian situation in Champaran, which emanated from Bankipur correspondent of the Associated Press. It was published in several newspapers of June 8th. The communication was made without the knowledge or authority of the Local Government and contained various incorrect and misleading statements. The Local Government intend to appoint a committee to inquire into the relations existing between the landlords and the tenants of the Champaran District and will shortly announce its constitution and terms of reference."

अर्थात्, बिहार और उड़ीसा की गवर्नमेंट का ध्यान चंपारन की कृषि-संबंधी अवस्था पर पत्रों में जो एक संवाद निकला है, उसकी ओर आकृष्ट हुआ है। यह एसोसिएटेड प्रेस के बाँकीपुर के संवाददाता ने ७ जून को भेजा है और वह कई एक अखबारों में ८ जून को प्रकाशित हुआ है। यह संवाद सरकार के बिना जाने और बिना आदेश के ही प्रकाशित हुआ है और इसमें बहुत सी बातें गलत हैं। प्रांतिक सरकार जमींदारों और रैयतों के वर्तमान संबंध के विषय में जाँच कराने के विषय में जाँच करने के लिए एक कमेटी नियुक्त करने का विचार कर रही है और शीघ्र ही इसके मेंबरों के नाम और कार्य-प्रणाली प्रकाशित करेगी।

ता. १३-६-१७ को सरकारी मंतव्य, जिसमें कमेटी की नियुक्ति की सूचना और सदस्यों के नाम दिए हुए थे, छप गया।

ता. ३१-५-१७ को, जब महात्मा गांधी राँची जाने के लिए प्रस्तुत हो रहे थे, हम

लोग भी तरह-तरह के विचार कर रहे थे। ता. ८ जून को जब वह वहाँ से नजरबंद होने के बदले सपत्नीक, सुपुत्र और सदल-बल बेतिया ५ बजे लौट आए; पर इसी के बीच में कितना अंतर पड़ गया। जो उस दिन एक प्रकार अभियुक्त होकर सर एडवर्ड गेट के पास बुलाए गए थे, वही आज चंपारन की दु:ख-निवारिणी कमेटी के सदस्य बनकर आए। पाठक भले ही पूछ सकते हैं कि इसका कारण क्या है। सच्चे हृदय से रैयतों की दु:ख-शांति की मनोकामना और साथ ही नीलवरों के प्रति किसी प्रकार के हिंसक विचार को न आने देने का दृढ़ संकल्प, अपने सिद्धांत और कर्तव्य-पालनार्थ दु:ख सहन करने के लिए प्रस्तुत रहना, सत्य पर अटल विश्वास और उसके सामने पृथ्वी की अन्य शक्तियों से निर्भीकता—बस इन्हीं गुणों के कारण ऐसा परिवर्तन संभव हुआ। इन्हीं पर आरूढ़ होने को सत्याग्रह कहते हैं।

कमेटी नियुक्त होने का समाचार पाते ही ऐंग्लो-इंडियन पत्रों ने कोलाहल मचा दिया। ता. १९ जून के अपने अंक में 'पायोनियर', 'स्टेट्समैन' और 'इंगलिशमैन' ने एक स्वर से फिर साफ-साफ लिखा कि अब महात्मा गांधी को चंपारन से हटा देना ही संगत है; क्योंकि कमेटी हो जाने पर उनके यहाँ रहने की आवश्यकता नहीं। वे यह नहीं जानते थे कि महात्मा गांधी भी कमेटी के एक सदस्य नियुक्त हुए हैं। ता. ८ जून को खबर पाते ही कलकत्ता के यूरोपियन एसोसिएशन (European Association) के मंत्री मि. एलेक मार्श (Mr. Elac Marsh) ने यह पत्र भेजा, जिससे उनकी पहली कारवाइयों का भी पता चलता है—

"I have the honour to address you by direction of the Council of the European Association with reference to Mr. Gandhi's visit in Champaran District and the matters that have arisen in consequence of his presence. On the 3rd May last I telegraphed you a copy of a telegram dispatched to the Government of India regarding the grave situation in the Champaran District and on the 4th May I forwarded you a copy of letter no. 1575 addressed to the Government of India regarding the same matter.

"My Council observe with great satisfaction the decision of your Government to appoint a committee to enquire and investigate into the relations between landlords and tenants in the Province of Bihar and Orissa.

"My Council are of opinion that terms of reference should be as wide as possible so as to comprise not merely the questions which have resulted in the appointment of the committee but any which have actually proved a source of trouble in the past or may do hereafter. It is extremely important that so far as can possibly be now effected all grievances real and imaginary should be finally inquired into and removed.

"I am also directed to urge that the inquiry should be held in public and not in camera. Proceedings of this nature in camera invariably afford ground for criticism that there is something to be concealed from the public that some person is being shelved. In a matter of this kind the Council consider that the public should be permitted to form its own opinion.

"My Council desires to impress on your Government that Mr. Gandhi having completed his self-appointed task of investigating the relation between the landlords and the tenants in the Champaran District and having submitted his report to you in his letter of May 13th, there is no further necessity for his presence in that District. Your Government are doubtless aware of the grave anxiety existing among the planting community that serious trouble may arise at any moment. Also that the opinion is generally held by the same committee that the continued presence of Mr. Gandhi and his entourage in Champaran is likely to precipitate serious trouble in various directions. My Council would therefore, urge upon the Government as strongly as possible that Mr. Gandhi and his entourage be required by Government to remove themselves from the Champaran District except and in so far as Mr. Gandhi's presence may be desired by the proposed committee."

अर्थात्, "यूरोपियन एसोसिएशन की ओर से मेरा चंपारन में मि. गांधी और उनकी जाँच के संबंध में यह निवेदन है कि मैंने ३ मई को भारत सरकार के पास चंपारन की स्थिति-संबंधी तार की नकल भेज दी है और ता. ४ को उसी विषय में भारत सरकार के पास भेजे गए पत्र की भी नकल भेज दी है। मेरी कौंसिल को यह सुनकर बहुत संतोष हुआ है कि आपकी सरकार ने बिहार के जमींदार और रैयतों के संबंध के विषय में जाँच करने के लिए एक कमेटी नियुक्त की है। हम लोगों की राय है कि कमेटी को जहाँ तक हो सके, सब बातों की जाँच करने का अधिकार दिया जाय, ताकि फिर कोई झगड़ा बाकी न रह जाय।

"हम लोगों की यह भी राय है कि यह जाँच खुले तरीके से हो। इस प्रकार की जाँच यदि बंद कमरे में होती है तो सर्वसाधारण को शक रह जाता है कि इसमें कुछ ऐसी बातें हैं जिनको छिपाना आवश्यक है अथवा कुछ लोगों को बचाना है। इसलिए सर्वसाधारण को अपनी स्वतंत्र राय कायम करने का मौका देना चाहिए।

"हमारा आग्रहपूर्वक यह कहना है कि जब मि. गांधी ने अपनी जाँच खत्म कर ही दी है और आपकी सरकार में उसकी रिपोर्ट ता. १३ मई को भेज दी है तो ऐसी अवस्था में उनके वहाँ अब ठहरने की कोई आवश्यकता नहीं है। सरकार से यह बात छिपी नहीं है कि वहाँ के नीलवर किस प्रकार से घबरा रहे हैं और उनको भय है कि मि. गांधी और उनके साथियों के रहने से बलवा किसी समय हो सकता है। इसलिए मि. गांधी और उनके साथियों को तुरंत हटा देना चाहिए और मि. गांधी कमेटी की जरूरत के सिवाय और किसी काम के लिए वहाँ न रहें।"

इस पत्र की आलोचना करते हुए कलकत्ता के 'इंडियन डेली न्यूज' (The Indian

Daily News) ने यह लिखा—

"Now that the Bihar and Orissa Governments have decided to appoint a small committee of enquiry to investigate the whole question of relations between the landlords and the tenants in the province, it seems impossible that they can allow a Roving Commission to an agitator who has to make his case good or stand discredited."

अर्थात्, "जब बिहार सरकार ने वहाँ के जमींदारों और रैयतों के संबंध के विषय में जाँच करने के लिए एक कमेटी नियुक्त कर दी तो यह असंभव जान पड़ता है कि वहाँ की सरकार ऐसे आंदोलक को वहाँ घूमने की आज्ञा देगी, जिसको अपनी बातों को सच्चा साबित करना अथवा झूठा बनना है।"

अफसोस! कमेटी के लिए भी महात्मा गांधी की आवश्यकता रह गई और यूरोपियन एसोसिएशन की आंतरिक इच्छा कि कमेटी की जाँच महात्माजी के हटा दिए जाने के बाद आरंभ हो, पूरी नहीं हो सकी, और भी अफसोस कि (Roving Commissioner) परिव्राजक कमिश्नर की सब बातों को कमेटी ने सत्य ठहराया।

कमेटी की नियुक्ति के संबंध में बिहार सरकार ने एक वक्तव्य ता. १०-६-१७ को निकाला और वह ता. १२-६-१७ के समाचार-पत्रों में प्रकाशित हुआ। उस वक्तव्य से ही स्पष्ट मालूम होता है कि चंपारन में रैयतों की शिकायत कुछ नई और आंदोलन करनेवालों की कल्पना मात्र न थी। उसे यहाँ उद्धृत कर देना आवश्यक है।

बिहार सरकार का मंतव्य इस प्रकार था—

On various occasions during the past fifty years the relations of landlords and tenants and the circumstances attending the growing of indigo in the Champaran District have been the cause of considerable anxiety. The conditions under which indigo was cultivated when the industry was flourishing required re-adjustment when it declined simultaneously with a general rise in the prices of foodgrains, and it was partly on this account and partly owing to other local causes that disturbances broke out in certain indigo concerns in 1908. Mr. Gourlay was deputed by the Government of Bengal to investigate the causes of the disturbances and his report and recommendations were considered at a series of conferences presided over by Sir Edward Baker and attended by local officers of Government and representatives of the Bihar Planters Association.

The result of these discussions revised the conditions for the cultivation of indigo in a manner calculated to remove the grievances of the *ryots.* The revised conditions were accepted by the Bihar Planters' Association.

(2) In 1912 a fresh agitation arose connected not so much with the conditions under which indigo was grown, as with the action of certain factories which were reducing their indigo manufacture and taking agreements from their tenants for the payment in lieu of indigo cultivation of a lump sum, in

temporarily leased villages or of an increase of rent in villages under permanent lease. Numerous petitions on the subject were presented from time to time to the local officers and to Government, and petitions were at the same time filed by *ryots* of villages in the north of Bettiah Sub-Division in which indigo had never been grown, complaining of the levy of *abwab*, or illegal additions to rent, by their lease-holders, both Indian and European. As the issues raised by all these petitions related primarily to rent and tenancy conditions and as the revision of the settlement of the district was about to be undertaken, in the course of which the relations existing between landlords and tenants would come under detailed examination, it was thought advisable to await the report of the settlement officers before passing final orders on the petitions. The revision settlement was started in the cold weather of 1913. On the 7th April, 1915, a resolution was moved in the local Legislative Council asking for the appointment of a mixed committee of officials and non-officials to enquire into the complaints of the *ryots* and to suggest remedies. It was negatived by a large majority, including 12 out of the 16 non-official members of the council present, on the ground that the appointment of such a committee at that stage was unnecessary, as the settlement officers were engaged in the decision of the questions at issue and an additional enquiry of the nature proposed would merely have the effect of further exacerbating the relations of landlords and tenants, which were already feeling the strain of the settlement operations.

(3) The settlement operations have been now completed in the northern portion of the districts and are approaching completion in the remainder and a mass of evidence regarding agricultural conditions and the relations between landlords and tenants has been collected. A preliminary report on the complaints of the tenants in the leased villages in the north of the Bettiah Sub-Division in which no indigo is grown has been received and action has already been taken to prohibit the levy of illegal cesses and in the case of the Bettiah Raj to review the terms of the leases on which the villages concerned are held. As regards the complaints of the *ryots* in other parts of the district the final report of the settlement officer has not yet been received, but recent events have again brought into prominence the whole question of the relations between landlords and tenants, and in particular the taking of agreements from the *ryots* for compensation, or for enhanced rent in return for the abandoment of indigo cultivation. In these circumstances and in reference to representations which have been received from various quarters that the time has come when an enquiry by a joint body of officials and non-officials might materially assist the Local Government in coming to a decision on the problems which have arisen, the Lieutenant-Governor-in Council has decided without waiting for the final report of the settlement operations to refer the questions at issue to a committee of enquiry on which all interests concerned will be represented.

(4) The following committee has accordingly been appointed with the

approval of the Government of India; President; Mr. F.G. Sly, C.S.I., Commissioner, Central Provinces. Members : The Hon. Mr. L.C. Adami, I.C.S., Superintendent and Remembrancer of Legal Affairs, Bihar and Orissa; The Hon. Raja Harihar Prasad Narayan Singh, Member of the Bihar and Orissa Legislative Council; the Hon. Mr. D.J. Reid, Member of the Bihar and Orissa Legislative Council; Mr. G. Rainy, I.C.S., Deputy Secretary in the Finance Department of the Government of India; and Mr. M.K. Gandhi, Secretary, Mr. E.L. Tanner, I.C.S., Settlement Officer in South Bihar.

(5) The duty of the Committee will be—

(a) To enquire into the relation between landlords and tenants in Champaran District, including all disputes arising out of the manufacture and cultivation of indigo;

(b) to examine the evidence on these subjects already available supplementing it by such further inquiry, local and otherwise as they may consider desirable, and

(c) to report their conclusions to the Government stating the measures they recommend in order to remove any abuses or grievances which they may find to exist.

The Lieutenant-Governor-in-Council desires to leave the committee a free hand as to the procedure they will adopt in arriving at the facts. The committee will assemble about the 15th July and will, it is hoped, complete their labours within three months.

अर्थात्, ''गत पचास वर्षों में चंपारन जिले में कई बार जमींदार और रैयतों के बीच के संबंध तथा नील उपजाने की शर्तों के कारण सरकार को सख्त तरद्‌दुद हुआ है। जब नील की तिजारत अच्छी हालत में थी, तब जिन शर्तों पर नील उपजाया जाता था, उनमें उस समय कुछ अदल-बदल करने की जरूरत पड़ी, जब उसकी तिजारत घट गई और साथ-साथ गल्ले का दाम बढ़ गया। और, कुछ अंश में इसी कारण से और कुछ अंश में कुछ दूसरे स्थानीय कारण से नील की कई कोठियों में सन् १९०८ में हंगामा हो गया। बंगाल सरकार की ओर से बलवे के कारणों के विषय में अनुसंधान करने के लिए मि. गोरले नियुक्त किए गए और उनकी रिपोर्ट और सिफारिशों पर सर एडवर्ड बेकर (Sir Edward Baker) की अध्यक्षता में कई कान्फ्रेंसों में विचार किया गया। इन कॉन्फ्रेंसों में स्थानीय सरकारी कर्मचारी और 'बिहार प्लैंटर्स एसोसिएशन' के प्रतिनिधि भी उपस्थित थे।

इन विचारों का नतीजा यह हुआ कि नील की खेती कराने की जो शर्तें थीं, उनमें इस प्रकार के अदल-बदल किए गए, जिससे समझा गया कि रैयतों के दुःख दूर हो जाएँगे। बदली हुई शर्तों को बिहार प्लैंटर्स एसोसिएशन ने कबूल कर लिया।

२. सन् १९१२ में एक दूसरा आंदोलन उठ खड़ा हुआ। इसका संबंध नील

उपजाने की शर्तों से उतना नहीं था जितना कि चंद कोठियों की कारखाइयों से, जो नील की तिजारत को कम कर रहे थे और चंद रोजा ठेके के गाँवों के रैयतों से नील की खेती से छुटकारा पाने के बदले में एकमुश्त रुपए ले रहे थे और मुकर्ररी गाँवों के रैयतों से मालगुजारी का इजाफा देने के लिए सट्टे लिखा रहे थे। इस विषय में कितनी ही दरख्वास्तें स्थानीय अफसरों तथा गवर्नमेंट के पास समय-समय पर दी गईं। उसी समय बेतिया सब-डिवीजन के उत्तर के रहनेवाले रैयतों ने भी, जहाँ नील की खेती कभी नहीं हुई थी, दरख्वास्तें दीं, जिनमें 'अबवाब' लेने के विषय में हिंदुस्तानी तथा यूरोपियन ठेकेदारों के खिलाफ शिकायतें की गई थीं। चूँकि इन सब दरख्वास्तों में की गई शिकायतें मुख्यत: मालगुजारी और टेनेंसी (Tenancy) के हालात से संबंध रखती थीं और चूँकि इस जिले में फिर सर्वे बंदोबस्त शुरू होने वाला था, जिसमें जमींदारों और रैयतों के संबंध के विषय में पूरी तरह से जाँच करने का मौका आने वाला था, इसलिए यह मुनासिब समझा गया कि उन दरख्वास्तों पर आखिरी हुक्म देने के पहले सेटलमेंट अफसर की रिपोर्ट की इंतजारी की जाय। रिवीजन बंदोबस्त का काम सन् १९१३ के जाड़े में शुरू किया गया और ७ अप्रैल, १९१५ को स्थानीय व्यवस्थापिका सभा में एक प्रस्ताव इस आशय का पेश किया गया कि रैयतों की शिकायतों की जाँच करने तथा उनके निवारण का उपाय बतलाने की नीयत से सरकारी और गैर-सरकारी लोगों की एक कमेटी मुकर्रर की जाय। यह प्रस्ताव बहुमत से नामंजूर हुआ, जिसमें १६ उपस्थित गैर-सरकारी मेंबरों में से १२ ने इसके विरुद्ध सम्मति दी और इसका कारण यह बतलाया गया कि उस समय कमेटी नियुक्त करना अनावश्यक था; क्योंकि जो सवाल पेश था, उसके निपटारे के लिए जिन बातों की जरूरत थी, उनको सेटलमेंट अफसर इकट्ठा कर रहे थे और इस नई जाँच से जमींदार तथा रैयतों का आपस का संबंध, जिसपर सेटलमेंट की कारखाइयों का असर पड़ ही रहा था, बुरा हो जाता।

३. जिले के उत्तरी भाग में बंदोबस्त का काम अब खत्म हो गया है और बाकी हिस्से में भी अब खत्म हो चला है और खेती की हालत तथा जमींदार और रैयतों के आपस के संबंध के विषय में बहुत से सबूत इकट्ठे किए जा चुके हैं। बेतिया सब-डिवीजन के उत्तर भाग के ठेके के गाँवों के रैयतों की शिकायतों के संबंध में एक प्रारंभिक रिपोर्ट आ चुकी है और नाजायज सेसों की वसूली के रोकने के विषय में कारखाई भी की जा चुकी है। और, बेतिया राज के विषय में यह निश्चय किया गया है कि उन शर्तों पर फिर से नजरसानी की जाय, जिनपर वे गाँव ठेके पर दिए गए हैं। जिले के दूसरे भागों के रैयतों की शिकायतों के संबंध में सेटलमेंट अफसर की रिपोर्ट अभी नहीं आई है; पर हाल में जो घटनाएँ हुई हैं, उनसे वहाँ के जमींदार तथा रैयतों के आपस के संबंध का सारा सवाल, विशेषकर यह बात कि नील बोने से छुटकारा पाने के बदले

में रैयतों से हरजाना देने या इजाफा लगान देने के लिए सट्टे लिखवाए गए हैं, जोरों से फिर नजरों के सामने आ गई है। ऐसे हालात में उन दरख्वास्तों पर विचार करके, जो कई जगहों से आई हैं, और जिनमें कहा गया है कि अब वह समय आ गया है कि जब कि सरकारी और गैर-सरकारी लोगों की एक कमेटी की जाँच से उपस्थित समस्याओं की मीमांसा में सरकार को खासी मदद मिल सकती है, लेफ्टिनेंट गवर्नर ने अपनी कौंसिल की राय से यह तजवीज किया है कि बिना सेटलमेंट की आखिरी रिपोर्ट की इंतजारी किए हुए झगड़े की इन सब बातों को एक कमेटी के हवाले किया जाय, जिसमें उन सब श्रेणियों के सज्जन हों, जिनको इस मामले से सरोकार है।

४. इसलिए नीचे लिखे हुए सदस्यों की एक कमेटी भारत सरकार की मंजूरी से नियुक्त की गई है। मि. एफ. जी. स्लाई, सी. एस. आई (Mr. F.G. Sly, C.S.I.) कमिश्नर, मध्य प्रदेश, सभापति; माननीय मि. एल. सी. आदामी, आई. सी. एस., बिहार और उड़ीसा सरकार के कानून विभाग के सुपरिंटेंडेंट (Mr. L.C. Adami, I.C.S.); माननीय राजा हरिहरप्रसाद नारायण सिंह, बिहार कौंसिल के मेंबर; माननीय मि. डी. जे. रीड (Mr. D.J. Reid), बिहार कौंसिल के मेंबर; मि. जी. रेनी, आइ. सी. एस. (Mr. G. Rainy, I.C.S.), भारत सरकार के फाइनांस विभाग के डिपुटी सेक्रेटरी और एम. के. गांधी—कमेटी के सदस्य, तथा मि. ई.एल. टैनर, आई.सी.एस. (Mr. E.L. Tanner, I.C.S.) दक्षिण बिहार के सेटलमेंट अफसर, सेक्रेटरी, नियुक्त किए जाते हैं।

५. कमेटी के काम ये होंगे—

(अ) चंपारन जिले के जमींदारों तथा रैयतों के बीच के संबंध के विषय में तथा नील के उपजाने और उसके तैयार करने के संबंध में जो झगड़े हुआ करते हैं, उनके विषय में जाँच करना।

(ब) इन सब विषयों में जो सबूत मौजूद हैं, उनपर विचार करना, अगर मुनासिब समझा जाय, तो कमेटी स्थान पर जाकर या दूसरी तरह से और जाँच करके और भी सबूत इकट्ठा कर सकती है।

(स) अपनी जाँच के परिणाम को सरकार में पेश करना तथा जो शिकायतें तथा तकलीफें उनकी समझ में ठीक निकलें, उनके निपटारे के लिए उपाय बताना। कमेटी की जाँच का तरीका क्या होगा, इसके निश्चय करने में कौंसिल सहित लेफ्टिनेंट गवर्नर कमेटी को पूरी आजादी देते हैं। कमेटी की बैठक ता. १५ जुलाई के लगभग शुरू होगी और आशा की जाती है कि तीन महीने के भीतर यह अपना काम खत्म कर देगी।

यहाँ यह कह देना आवश्यक है कि माननीय राजा हरिहरप्रसाद नारायण सिंह के अस्वस्थ हो जाने पर उनके स्थान पर बनैली के माननीय राजा कीर्त्यानंद सिंह, बी. ए. कमेटी के सदस्य नियुक्त हुए। कमेटी के नियुक्त होने पर प्रायः सभी समाचार-पत्रों ने

इस विषय में आलोचना की। अँगरेजी पत्रों ने भी महात्मा गांधी का सदस्य बनाया जाना पसंद न करते हुए भी सब बातों का विचार कर उनकी नियुक्ति का विरोध न किया।''

कलकत्ता के 'स्टेट्समैन' ने ता. १५-६-१७ को सरकारी मंतव्य की आलोचना करते हुए लिखा—

"The selection of the members has been admirably made. The President Mr. Sly distinguished himself by excellent service on the Public Service Commission and some special qualification can be discovered in each member of the Committee not excluding Mr. Gandhi whose appointment is a bold and judicious stroke."

अर्थात्, ''मेंबरों का चुनाव बहुत प्रशंसनीय हुआ है। सभापित मि. स्लाई ने पब्लिक सर्विस कमीशन में अपने कार्य से सुख्याति पाई है। अन्य सब मेंबरों में भी कोई-न-कोई विशेषता है। मि. गांधी का चुनाव भी बुद्धिमानी और दृढ़ता का परिचय देता है।''

इस प्रकार 'पायोनियर' ने ता. १४-६-१७ को कमेटी के अध्यक्ष की प्रशंसा की और महात्मा गांधी के संबंध में यों लिखा—

"As for Mr. Gandhi's selection as a member of the committee all that can be said is that it is less open to objection than the licence previously accorded to him to conduct, to the prejudice of the planting community, an irregular inquiry of his own."

अर्थात्, ''मि. गांधी के मेंबर होने के विषय में केवल इतना ही कहना है कि उनको नीलवरों का हानिकारक, मनमाना, अनियमित अनुसंधान करने देने से उनका सदस्य नियुक्त होना बहुत ही कम हानिकारक है।''

कलकत्ता के 'डेली न्यूज' (The Indian Daily News) ने भी, जिसकी आँखों में महात्मा गांधी का चंपारन में रहना काँटा-सा चुभ रहा था, यों लिखा—

"His appointment to the Commission whether it is justified or not by amount of practical knowledge he can bring to bear on its deliberations is, we think, commendable under the circumstances if it tends to induce a greater sense of responsibility."

अर्थात्, ''कमेटी में यथार्थ अभिज्ञता से उसके विचार में क्या फल होगा, इस दृष्टि से मि. गांधी का कमेटी में रहना अच्छा हो या नहीं, पर हमारे विचार में यदि इससे उनका दायित्व-भाव बढ़े तो यह बहुत ही प्रशंसनीय कार्य हुआ है।''

देशी समाचार-पत्रों के अनुसार सदस्यों का चुनाव संतोषजनक नहीं था। वे चाहते थे कि उसमें और भी हिंदुस्तानी रहते तो अच्छा था। विशेषकर मि. टैनर का, जो सन् १९०८ के बलवे के समय बेतिया के सब-डिवीजनल अफसर रह चुके थे, मंत्री का पद

पाना बहुत ने पसंद नहीं किया। साथ ही, महात्मा गांधी के कमेटी में रहने से सबको विश्वास था कि उनके रहने से किसी प्रकार का अन्याय नहीं होने पाएगा और लीपापोती रिपोर्ट नहीं लिखी जाएगी।

प्रयाग के 'लीडर' ने इस विषय में यों लिखा—

"Mr. Gandhi will sit with other members of the Committee and the *ryots* can never hope to be represented by a more sincere or wiser friend. We think it would have been well if the Government of Bihar had appointed another eminent Indian and a native of Bihar as a member of the Committee, such as one for instance, as Sir Syed Ali Imam. As it is constituted we do not think its composition is altogether satisfactory."

अर्थात्, "कमेटी में दूसरे मेंबरों के साथ मि. गांधी भी बैठेंगे। रैयतों के लिए इनसे अधिक हितेच्छु, और बुद्धिमान मित्र मिलना कठिन है। हमारे विचार से यदि सरकार एक और प्रसिद्ध हिंदुस्तानी को, जो बिहार का रहनेवाला हो, जैसा कि सर सैयद अली इमाम, नियुक्त करती तो बहुत अच्छा होता। हम लोग कमेटी के इस संगठन से पूरे तौर से संतुष्ट नहीं हैं।"

लाहौर के 'पंजाबी' The Punjabi ने ता. २०-६-१७ के अंक में लिखा—

"The action of Bihar Government in appointing Mr. Gandhi a member of the Committee of enquiry has been eminently statesman-like."

अर्थात्, "बिहार सरकार का मि. गांधी को कमेटी का मेंबर बनाना बड़ी ही नीतिज्ञता का कार्य हुआ है।"

मद्रास का 'इंडियन पैट्रियट' मि. टैनर की नियुक्ति से बहुत नाराज था। उसने कमेटी के संबंध में यह आलोचना ता. २०-६-१७ को की—

"In spite of the 'Pioneer' and Mr. Irwin, committee of enquiry is to sit in Champaran and adjoining indigo tracts of Bihar and Mr. Gandhi is also to be a member. We do not know the position of those who form the committee but we must frankly confess that we are rather concerned to hear that the secretary of the committee was the officer who was on the spot when riots occurred some years ago."

अर्थात्, 'पायोनियर' और मि. इर्विन के खिलाफ होते हुए भी चंपारन और उसके आस-पास के नील उपजानेवाले स्थानों में जाँच करने के लिए एक कमेटी संगठित हुई है और मि. गांधी उसके मेंबर हैं। हम और सदस्यों के बारे में कुछ नहीं जानते, पर यह देख भय होता है कि मि. टैनर जो उसके सेक्रेटरी हैं, वही सज्जन हैं, जो कुछ वर्ष पहले बलवे के समय वहाँ के एक अधिकारी थे।"

लाहौर के 'ट्रिब्यून' ने भी सब बातों का विचार कर कमेटी की नियुक्ति पर संतोष

प्रकट किया, पर सदस्यों के चुनाव के बारे में यों लिखा—

"There is absolutely no reason again why the Indian Representation should be so disproportionately small to European official element. Why has not a leader of the position of the Hon'ble Pandit Madan Mohan Malviya or Mr. Hasan Imam been put on the committee to give it a thoroughly representative character and inspire public confidence in its working."

अर्थात्, ''इसका कोई कारण नहीं कि हिंदुस्तानी अँगरेजी सरकारी मेंबरों से इतने कम क्यों हैं। कमेटी में पं. मदन मोहन मालवीय तथा मि. हसन इमाम जैसे कोई नेता क्यों नहीं रखे गए। इनके रहने से कमेटी के कामों पर लोगों का अधिक विश्वास होता।''

कलकत्ता के 'बंगाली' ने कमेटी की नियुक्ति के लिए बिहार सरकार और सर एडवर्ड गेट को बधाई देते हुए महात्मा गांधी का सदस्य बनाना सरकार के लिए बहुत प्रशंसनीय बतलाया। इसी प्रक़ार 'अमृतबाजार पत्रिका' ने भी सरकार को बधाई दी। सदस्यों के चुनाव से बहुत संतोष प्रकट करते हुए 'पायोनियर' जैसे पत्रों के पूर्व लेखों का हवाला देकर अपने १२ जून, १९१७ के अंक में एक व्यंग्यपूर्ण अग्रलेख लिखा।

पर, महात्मा गांधी की नियुक्ति से नीलवर संतुष्ट नहीं हुए। मि.जे.वी. जैमसन ने, जिनका जिक्र ऊपर आ चुका है, ता. १२-६-१७ के 'स्टेट्समैन' में एक पत्र छपवाया, जिसमें उन्होंने लिखा—

"With regard to Mr. Gandhi's appointment to the committee it is difficult to see what his qualifications for the post consist of. He is a complete stranger to the Province and ignorant of its complicated and varied system of land tenure. He came to the District frankly prejudiced in his views on the question while he professed his intentions of making an impartial enquiry. He has spent a considerable time at the head of a band of agitators who by means of exaggerated stories as to his position and authority have atempted to induce the *ryots* to break their agreements and to ingnore the decisions of the settlement and civil courts and have succeeded in raising a considerable amount of racial ill-feeling. As his and his colleague's activities are very important factors in the present relations between landlords and tenants they must inevitably come within the scope of this committee's enquiry, and it would surely be more fitting that he should be required to justify his actions and the statements to Government, the very point in which this committee is required to report, rather than that he should be put in the judicious position of judging his own case and reporting on the very conclusions and recommendations which he has himself put forward."

अर्थात्, ''मि. गांधी के सदस्य होने के विषय में यह नहीं समझ में आता कि

उनमें इस पद के लिए क्या योग्यता है। वह इस प्रांत में बिलकुल नए हैं और यहाँ के जमीन-संबंधी जटिल कानून से बिलकुल अनभिज्ञ हैं। वह इस जिले में जिस बात की निरपेक्ष जाँच के बहाने से आए, उसके विषय में वह पूर्व से ही पक्ष ले चुके थे। उन्होंने चंद ऐसे आंदोलकों के साथ यहाँ बहुत समय बिताया है, जिन्होंने उनके (मि. गांधी के) अधिकार के बारे में लंबी-चौड़ी बातें उड़ाकर रैयतों को अपने मुआहिदे तोड़ने और बंदोबस्त तथा दीवानी अदालतों के फैसलों के विरुद्ध काम करने को उकसाया है और जिन्होंने अँगरेजों और हिंदुस्तानियों के बीच जाति-विभेद का झगड़ा बढ़ा दिया है। चूँकि, उनकी और उनके साथियों की काररवाइयाँ आजकल जमींदार और रैयतों के बीच की अनबन के विशेष कारण हैं, इसलिए वे कमीशन के सामने अवश्य पेश होंगी। और, यह अधिक मुनासिब होगा कि वह अपनी काररवाइयों तथा अपने उन बयानों और सिफारिशों की, जिन्हें उन्होंने सरकार में पेश किया है, पुष्टि करें, न कि वह अपनी की हुई सिफारिशों के विषय में फैसला करें।

मि. जैमसन का यह कहना सर्वथा निर्मूल है कि महात्माजी चंपारन का पक्ष लेकर आए थे। महात्माजी के जो विचार चंपारन-संबंधी हुए, वहाँ की हालत देखने और सुनने के बाद। महात्माजी की आरंभिक रिपोर्ट देखने से सभी समझ जाएँगे कि उन्होंने यहाँ की सब हालत किस प्रकार जान ली थी और कमेटी की रिपोर्ट से यह भी साबित हो जाएगा कि उनकी कही सब बातें अक्षरशः ठीक निकलीं।

❑

सत्रहवाँ अध्याय

जाँच-कमेटी की बैठक

जाँच-कमेटी की नियुक्ति हो जाने के बाद महात्माजी ने सोचा कि उसके काम शुरू होने से पहले वह एक बार बंबई प्रांत से हो आएँ और इसी बीच में आपके सहकारी भी अपने-अपने घर से लौट आएँ। जाँच का काम ता. १५ जुलाई से होने वाला था और सरकार के मंतव्य छप जाने के बाद महात्माजी को जाँच करने की आवश्यकता न रह जाने के कारण ता. १२-६-१७ से रैयतों का इजहार लेना, जो उस समय तक जारी था, बंद कर दिया गया। ता. १६-६-१७ को महात्माजी बंबई-प्रांत को चले गए और उनके सहकारी बेतिया से हटकर मोतिहारी चले आए और कमेटी के सामने क्या सबूत पेश किए जाएँगे, इसपर विचार करने लगे। इस बात की सूचना गांधीजी ने अपने पत्र[1] द्वारा ता. १३-६-१७ को मि. मैकफरसन को दे दी थी। इस पत्र में उन्होंने लिखा था कि रैयतों का बयान लिखना बंद कर दिया गया है, पर तो भी

1.

Bettiah
13th June, 1917

Dear McPherson,

I went over to Motihari yesterday and formally stopped the taking of statements. I have told the raiyats that the Government are about to appoint a committee of inquiry which is likely to commence its work about the middle of July next and which will listen to their tale in so far as it may be necessary. And I have told them that in view of the above mentioned decision of the Government it is no longer necessary for me to take their statements.

I am shifting the headquarters to Motihari where my work and that of my colleagues will consist in studying and analysing the evidence. We have already collected and are putting it in a presentable form. The raiyats will still continue to come to us for information and guidance. I do notice that to allow them to talk to us in any manner they choose is a great relief to them and they readily accept the advice that is given to them. They are being told not to disturb the existing situation pending the inquiry except where it is manifestly illegal and in no case to take the law in their own hands.

उनका आना-जाना बंद नहीं होगा। उन्हें यह कह दिया गया है कि जाँच होने तक वे शांतिपूर्वक रहें और कानून के विरुद्ध कोई काम न करें। इस समय तक महात्माजी की अध्यक्षता में प्राय: ५,००० रैयतों के पूरे बयान और ८,००० से अधिक रैयतों के संक्षिप्त बयान लिये जा चुके थे। पर, ऊपर कहा जा चुका है कि चंपारन जिले में २,८४१ गाँव हैं और जो रैयत अपने बयान दे गए थे, वे प्राय: ८५० गाँव के रहने वाले थे। और, उनके बयान प्राय: ६० कोठियों के विरुद्ध थे। इसके अतिरिक्त हम लोगों के पास मुकदमे आदि भिन्न-भिन्न विषयों के कागजों का एक बड़ा ढेर लग गया था। जब तक बयान लिये जा रहे थे, सहकारियों को इन कागजों को अच्छी तरह देखने का अवसर नहीं मिला था। जब बयान लिखना बंद कर दिया गया, तब अवकाश पाकर लोग इनको ध्यानपूर्वक पढ़ने लगे। इन इजहारों और कागजों के ढेर को देखकर यह निकालना था कि कितने गवाह और कौन-कौन कागज कमेटी के सामने पेश किए जाने चाहिएँ। ता. १२-६-१७ के बाद यद्यपि नए बयानों का लिखना बंद कर दिया गया था, पर रैयत अब भी बहुत आया करते थे। उनको कह दिया जाता था कि अब उनके बयान न लिखे जाएँगे और उनके दु:खों की जाँच अब कमेटी के सामने होगी। जब रैयतों को मालूम हुआ कि उनके बयान नहीं लिखे जा रहे हैं, तब बहुतेरों ने डाक द्वारा अपनी दु:ख-कहानी लिख भेजी। कमेटी के नियत हो जाने पर भी पुलिस के कर्मचारियों ने हमारा पीछा न छोड़ा। किसी पुलिस के दारोगा साहिब ने गवर्नमेंट में यह खबर दे दी कि ता. १२-६-१७ के बाद भी इजहार लिखे जा रहे हैं। खबर मिलने पर बाबू ब्रजकिशोर प्रसाद ने, जो महात्माजी की अनुपस्थिति में प्रमुख का काम किया करते थे, इसका प्रतिवाद किया। इन्हीं कामों में प्राय: दो सप्ताह बीत गए और महात्माजी ता. -२८ -६-१७ को बंबई से मोतिहारी लौट आए। इस बार महात्माजी के साथ सर्वेंट ऑफ इंडिया सोसायटी (Servant of India Society) के मंत्री डा. हरि श्रीकृष्ण देव एल्. एम्. एस्. भी इस कार्य में सहायता देने आए थे, लौटने पर महात्माजी भी सबूतों को देखने-भालने लग गए। डॉ. देव के आने के विषय में उन्होंने मि. हिकॉक

I am not leaving for Ahmedabad till the resolution appointing the committee is published and the hot controversy going on in the Press has subsided a little. If you will please drop me a wire as to when the resolution is likely to be gazetted, I shall be obliged.

Pray send all letters to Motihari after receipt of this. I am in Bettiah all day tomorrow (Thursday).

I am,
Yours sincerely,
Sd. M.K. Gandhi

को अपने ता. २९-६-१७ के पत्र[1] द्वारा सूचना दे दी, जिसमें उन्होंने यह लिखा कि सर्वेंट ऑफ इंडिया सोसायटी की ओर से डॉ. देव उनको मदद देने के लिए नियुक्त किए गए हैं और यद्यपि उनकी मदद की इस समय आवश्यकता नहीं है, पर वे उनके काम करने के ढंग का अध्ययन करने आए हैं, ताकि वे पीछे और स्वयंसेवकों के साथ गाँवों में जाकर लोगों की मदद कर सकें। महात्माजी ने ता. २९-६-७ को एक पत्र मि. मैकफरसन को भी उनके पत्र के उत्तर में लिखा, जिसमें उन्होंने अपने अहमदाबाद से लौटने की सूचना देते हुए यह कहा कि वहाँ उस समय पूर्ण शांति है, चूँकि देहातों में जाना और रैयतों का बयान लेना एकदम बंद कर दिया गया है।[2] मि. मौर्शेड को डॉ. देव का आना पसंद नहीं पड़ा और उन्होंने इस विषय में मि. मैकफरसन के पास अपनी पाक्षिक रिपोर्ट में ता. १३-७-१७ को लिखा कि मि. गांधी का दूसरे प्रांत से लोगों का लाकर यहाँ सरकारी मंजूरी के बिना काम करना जिले में एक उपद्रव की स्थिति कायम रखना है, जिससे वहाँ के शासन-कार्य में कठिनाई और बढ़ जाएगी

1.

Motihari
29th June

Dear Mr. Heycock,

I arrived here yesterday afternoon. Dr. Deva of the Servants of India society has been appointed by the Society to serve with me during the rest of my stay and work in Champaran, and though his services are not required at the present moment he has come to study my method of work so that his work may be the easier when the volunteers go out to the villages to render assistance. Dr. Deva is naturally anxious to report himself to you and to visit on you whenever you can send an appointment for him.

Yours sincerely,
Sd. M.K. Gandhi

2. R.No. 1190. 30.6.17

Motihari
29th June, 1917

Dear Mr. McPherson,

Your letter of the 18th instant followed me whilst I was travelling. I returned from Ahmedabad yesterday afternoon after an absence of eleven days. My co-workers have not made it a point of absenting themselves from Champaran but most of them have been absent off and on for their own businesses. They have not been in evidence as their work has been confined to preparing for me a digest of the evidence collected by me and giving information to the inquiries. There is, I think, complete absence of stir, as the taking of evidence and visits to the Dehats have been religiously avoided.

Yours sincerely,
Sd. M.K. Gandhi

और इस विषय में उन्होंने सरकार का विचार पूछा।[१] इस सिलसिले में मि. मैकफरसन

---

१. D.O. No. 406/PM

The 13th July, 1917

Fortnightly Report

My dear McPherson,

Heycock has received a letter from Mr. Gandhi of which a copy is enclosed, to say that Dr. Deva of the Servants of India Society has been appointed by the Society to assist him to study his methods, so that his work may be easier when the 'volunteers' go out to the villages to render assistance. Mr. Gandhi adds that Dr. Deva is anxious to report himself to Heycock. Heycock writes that the letter (the date of which is not clearly written) was received when Gandhi reported his return to Motihari, and adds "it will be seen that his intention is to employ 'volunteers' after the enquiry. This is a matter which I suppose the committee will deal with when it discusses the names which should be adopted for giving effect to any orders which Government may wish to issue." Mr. Gandhi's letter seems to me to mean the introduction in a plausible manner of an extra-government agency from another part of India, under Government recognition, if it can be obtained; and I think this is a very undesirable proceeding. There are plenty of fair reasons to be given for it, but, in effect, it presupposes that Government will not be able to have the recommendations of the Committee carried out itself. Also, when the air has been cleared and matters, let us note, set right by the Committee's recommendations, it will leave a permanently disturbing element in the district, the difficulty of controlling which will be seriously enhanced, if the admissibility of the agency once receives recognition.

If there is anything in the communication I sent in some time ago of the meeting of Gandhi's committee with the Hon'ble Mr. Mands the volunteers will be foreigners to this province, representing an agency which started in Bombay, but claims to be all Indians, and now seems to impose itself between the administration and the people here. The proposal stands on a very different footing from a proposal for a local league or association amongst raiyats to protect their own interests, although I dare say it will be argued that one of the objects is to educate them up to the formation of such a league. It appears to me to be a very dangerous precedent to permit the Servants of India Society to obtain a footing in this way in a local administrative problem, because they will be able to claim it as a precedent for similar interferences elsewhere, and become a source of considerable political embarrassment.

When the Committee has set and made its recommendations it will be for Government to decide whether any such extraneous aid is needed to give them effect. In the meanwhile Mr. Gandhi has local assistants to help the presentation of the raiyats' case before the Committee, and the entry of the society upon the arena cannot be considered necessary. If once admitted it will be very difficult to get rid of it later. The proposal seems to me to indicate an intention on the part of Mr. Gandhi, or his Committee, to carry on his programme notwithstanding the Committee of Enquiry. As Government is in direct communication with Mr. Gandhi and the Committee of Enquiry the matter can be dealt with direct, but I would ask for an intimation of Govt.'s views on the Subject as soon as convenient.

ने अपने पत्र[1] द्वारा २०-७-१७ को मि. हिकॉक को यह आदेश दिया कि सरकार की राय है कि वे मि. गांधी के पत्र के उत्तर में, जिसमें उन्होंने स्वयंसेवकों के बाहर से बुलाने के विषय में लिखा है, उनको यह सूचना दे दें कि इस विषय में सरकार की क्या राय होगी, यह मालूम नहीं है, ताकि वह यह न समझें कि इस काम के लिए सरकारी मंजूरी है।

चंपारन में जाँच आरंभ होने के पहले जाँच-कमेटी की एक बैठक राँची में होने वाली थी, जिसमें जाँच के कार्यक्रम तथा प्रारंभिक विषयों पर विचार होने वाला था। इस काम के लिए महात्मा गांधी बाबू ब्रजकिशोर प्रसाद को साथ लेकर ता. ५ जुलाई की रात को मोतिहारी से राँची के लिए रवाना हुए और पटना होते हुए ७ जुलाई को राँची पहुँचे। वहाँ जाँच-कमेटी की बैठक ता. ११ जुलाई को हुई। उसी दिन वहाँ से चलकर ता. १३ जुलाई को महात्माजी मोतिहारी वापस आ गए। यह निश्चय हुआ था कि ता. १७ जुलाई से जाँच-कमेटी की बैठक बेतिया में होगी। मोतिहारी की अपेक्षा बेतिया इस कारण से चुना गया कि वहाँ राजधानी होने से आगंतुक मेंबरों के ठहरने का सुप्रबंध हो सकता था। कमेटी के अँगरेज सदस्य राजा के अतिथि-गृह में ठहराए गए और बनैली के राजा साहब के लिए राजमहल में ठहरने का प्रबंध किया गया। महात्मा जी अपने दल के साथ

Marsham has written to Heycock to say that his special duty police report nearly every day that either Gandhi or his staff are instructing raiyats not to cut their lagan indigo, unless they are paid Rs. 60/- a bigha & Rs. 12/- for carting. Neither Marsham nor Heycock believe that Gandhi is giving the orders himself. At present indigo manufacture appears to be going on smoothly.

I am sincerely,
L.F. Morshead

1. The 20th July, 1917

D.O. No. 2577-C
1571/11 of 1917

My dear Heycock,

Morshead has sent me a copy of the letter Gandhi wrote to you on his return to Motihari regarding Dr. Deva's visit to Champaran to study his methods, so that his work may be easier when 'Volunteers' go out to the village to render assistance.

The Leiutenant Governor-in-Council desires me to inform you that in acknowledging the Mr. Gandhi's letter you should tell him that you are not aware of the attitude Government will adopt towards the proposed importation of 'Volunteers' and that you mention the matter so that he may not infer from your silence that Government approve of the idea.

Yours sincerely,
Sd. H. McPherson

W.B. Heycock, Esquire, I.C.

उसी पुराने स्थान बाबू हजारीमल की धर्मशाला में जाकर ठहरे। महात्माजी के सिवाय और सब सदस्य ता. १४ जुलाई को ही बेतिया पहुँच गए। ता. १५ जुलाई को सवेरे की गाड़ी से महात्माजी भी श्रीमती गांधी, डॉ. देव, बाबू ब्रजकिशोर प्रसाद, बाबू धरणीधर, बाबू अनुग्रहनारायण सिंह, बाबू रामनवमी प्रसाद और लेखक इत्यादि के साथ बेतिया गए और उसी दिन तिपहर को प्रोफेसर कृपालानी, श्री देवदास गांधी और महात्माजी के पुत्र प्रभुदास गांधी बेतिया पहुँचे। कमेटी के सामने पेश किए जानेवाले सबूतों को ठीक करके हम लोग साथ लेते गए थे। मोतिहारी के ऑफिस में छपरा के वकील बाबू शिवनंदन प्रसाद, जो इजहार लिखने के समय से सहायता दे रहे थे, रखे गए।

कमेटी की ओर से पहले ही विज्ञापन निकाल दिया गया था कि कमेटी की बैठक लगभग १५ जुलाई से बेतिया, मोतिहारी तथा अन्य स्थानों में होगी, जिस किसी को चंपारन-संबंधी विषय पर कुछ कहना हो, वह लिखकर कमेटी के मंत्री के पास भेज दे। यही विज्ञापन समाचार-पत्रों में छाप दिया गया था और जिले की कचहरियों में चिपका दिया गया था। जिले भर के रैयतों को इसकी खबर हो गई थी कि ता. १५ जुलाई से बेतिया में जाँच होने लगी है।

चंपारन की प्रजा के हृदय में आज क्या-क्या भावनाएँ उठ रही थीं, यह कहना कठिन है। वह जान गई थी कि महात्माजी के आने से उनके दुःख दूर होंगे और जब देखा कि सरकार की ओर से भी जाँच करने के लिए कमेटी नियुक्त हो गई, जिसमें महात्माजी भी एक सदस्य होंगे तो वह आशा और भी दृढ़ हो गई और ता. १५ जुलाई से बेतिया में रैयतों की भीड़ होने लगी। सड़कों पर, बाजारों में, वहाँ के विशाल मैदानों में, जहाँ देखिए, रैयतों की भीड़ लगी हुई है मानो वहाँ कोई भारी मेला होने वाला है। महात्माजी जिस धर्मशाला में ठहरे थे, वहाँ का क्या कहना है। वहाँ तो हम लोग इस भीड़ को हटाते-हटाते परेशान रहते थे। पर, तो भी भीतर जाने के लिए रास्ता मिलने में कठिनाई होती थी।

ता. १६ जुलाई को रैयतों की भीड़ बहुत ही बढ़ गई। और, लोगों का अनुमान है कि उस दिन १०,००० रैयतों से कम बेतिया में न थे। इधर महात्माजी जाँच-कमेटी के संबंध में आए हुए कागजों को पढ़ने में लगे थे और उनके सहकारियों को दम लेने की फुरसत न थी, उधर रैयत लोग महात्मा गांधी के दर्शन के लिए व्याकुल थे। जाँच-कमेटी की बैठक ता. १६ जुलाई को होने वाली थी, पर किसी अनिवार्य कारण से उस दिन काम आरंभ न हो सका। महात्माजी यह चाहते थे कि रैयत लोग किसी प्रकार से निरुत्साह न हो जायँ, इसलिए ता. १६ जुलाई को संध्या के समय महात्माजी बाहर आए। उनके आते ही लोगों की भीड़ और बढ़ गई और धर्मशाला की फुलवारी तथा अन्य स्थान लोगों से भर गए। उस समय महात्माजी ने एक छोटे से व्याख्यान में लोगों

को समझाया कि 'कमेटी सरकार की ओर से उन्हीं लोगों के दुःखों को दूर करने के लिए नियुक्त हुई है। उन लोगों को अधिक संख्या में कमेटी की बैठक के निकट जाने की आवश्यकता नहीं। जो बयान उनको लिखाना है, वह यहीं आकर वकीलों के पास लिखा दें।' इन्हीं बातों को फिर बाबू ब्रजकिशोर प्रसाद ने उठकर समझा दिया। आए हुए रैयत महात्माजी का भाषण सुनकर गद्‌गद हो गए और अपने घर लौट गए।

ऊपर कहा जा चुका है कि कमेटी की ओर से सूचना उसके पास बयान भेजने के लिए पूर्व में निकल चुकी थी। इस नोटिस पर बिहार प्लैंटर्स एसोसिएशन, दो कोठियों के मैनेजर, २५ रैयत, बेतिया राज के मैनेजर मि. जे.टी. विटी, सेटलमेंट अफसर मि. जे. ए. स्वीनी, बेतिया के सब-डिवीजनल ऑफिसर मि. डब्ल्यू. एच. लिविस, तिरहुत डिवीजन के कमिश्नर मि. एल. एफ. मौर्शेड तथा बेतिया के भूतपूर्व सब-डिवीजनल ऑफिसर मि. ई. एच. जॉनसन ने बयान लिखकर कमेटी के पास भेजा था। बिहार प्लैंटर्स एसोसिएशन से इस संबंध में विशेष रूप से अपना वक्तव्य पेश करने को कहा गया था। पर, उनकी ओर से यह उत्तर आया कि हमें इस विषय में कोई वक्तव्य नहीं देना है।

ता. १७ जुलाई से बेतिया में गवाही का इजहार आरंभ हुआ। कमेटी की बैठक का प्रबंध बेतिया राज स्कूल के छात्रालय में हुआ था। नीलवरों की ओर से मुजफ्फरपुर के प्रसिद्ध वकील मि. पी. केनेडी बैठक में काररवाई देखने के लिए नियुक्त हुए थे। रैयतों तथा महात्माजी के सहकारियों को बैठक में जाने के लिए खास टिकट दिया गया था। हम लोगों के समझाने पर भी रैयतों की भीड़ में कमी नहीं हुई। बैठक की काररवाई आरंभ होने के पहले ही सड़कों पर रैयत अधिक संख्या में आ जमे थे। महात्माजी के सहकारियों में से दो आदमी उस भीड़ को रोकने के लिए नियुक्त कर दिए गए थे। यद्यपि पुलिस का इंतजाम खुले तौर से अधिक नहीं किया गया था, पर वे सादे लिबास में जगह-जगह पर रख दिए गए थे। कमेटी की बैठक ठीक ११ बजे दिन को आरंभ हुई। एसोसिएटेड प्रेस, 'अमृतबाजार पत्रिका' तथा 'बंगाली' की ओर से कमेटी की काररवाई की रिपोर्ट करने के लिए विशेष संवाददाता आए हुए थे। सबसे पहले मि. स्वीनी का इजहार हुआ और सारा दिन उनका इजहार होता रहा। ता. १८ जुलाई को मि. लिविस और तिपहर को मि. विटी की गवाहियाँ हुईं। ता. १९ जुलाई को रैयतों की ओर से पं. राजकुमार शुक्ल तथा संत रावत, जो पहले एक कोठी के गुमाश्ता रह चुके थे और खेंधर राय के इजहार लिखे गए। ता. २० जुलाई को कमेटी की बैठक मुल्तवी रही। ता. २१ जुलाई को परसा कोठी के मालिक और मैनेजर मि. डब्ल्यू. जे. रौस तथा बेतिया कोठी के मैनेजर मि. एच. गेल की गवाही हुई। कमेटी की पाँचवीं बैठक ता. २३ जुलाई को हुई। आज साठी कोठी के मैनेजर मि. सी. स्टिल और बेलवा कोठी के मैनेजर मि. ए. सी. एमोन के इजहार लिये गए। कमेटी की छठी बैठक मोतिहारी में ता. १५ जुलाई

को होने वाली थी, इसलिए ता. २३ जुलाई की रात को महात्माजी तथा उनके सहकारी मोतिहारी चले आए।

मोतिहारी में भी रैयतों की भीड़ वैसी ही थी जैसी बेतियां में। यहाँ की बैठक डिस्ट्रिक्ट बोर्ड के ऑफिस में ता. २५ जुलाई को ११ बजे से आरंभ हुई। आज चंपारन के कलक्टर मि. डब्ल्यू. बी. हिकॉक प्लैंटर्स एसोसिएशन के प्रतिनिधि मि. जे. वी. जैमसन तथा राजापुर कोठी के मैनेजर मि. ई. ए. हडसन की गवाहियाँ हुईं। ता. २६ जुलाई को मोतिहारी कोठी के मैनेजर मि. डब्ल्यू. एस. इर्विन ने, जिनसे पाठक परिचित हो चुके हैं, कमेटी के सामने इजहार दिया। मि. इर्विन के इजहार के पीछे महात्माजी तथा अन्य सदस्य बेतिया लौट आए। ता. २७ जुलाई को कमेटी का काम बंद रहा। ता. २८ जुलाई को कमेटी के सदस्यों ने परसा कोठी पर जाकर तहकीकात की। यहाँ पर यह कह देना अनुचित न होगा कि देहातों में जाने की खबर रैयतों को नहीं दी जाती थी, ताकि जैसा कि नीलवर कहा करते थे, आंदोलकों को पहले से जाकर रैयतों को सिखा-पढ़ाकर तैयार करके रखने का मौका न मिले। पर, किसी को तैयार करने की बात ही क्या थी। जिधर कमेटी के सदस्यों की मोटरें चलतीं, उसी ओर भीड़ लग जाती और जिस कोठी पर वे जाते, उनके पहुँचते ही आस-पास के गाँवों में विद्युत् की तेजी के साथ खबर पहुँच जाती थी और वहाँ के रैयत अपनी दुःख-कहानियाँ सुनाने के लिए हजारों-हजार आ जुटते थे। कोठीवालों को सूचना पहले इसलिए दे दी जाती थी कि जिससे वे अपने कागज-पत्र, रजिस्टर इत्यादि कमेटी के अवलोकनार्थ प्रस्तुत रखें। इसी प्रकार, ता. २९ जुलाई को सदस्य कुड़िया कोठी और उसके देहात में गए और जाँच की। इन यात्राओं में कोठी के कागज देखे जाते थे। जिन कोठीवालों के इजहार की जरूरत समझी जाती थी, उनके इजहार लिये जाते और रैयतों से पूछताछ की जाती थी। कहा जाता है कि इन यात्राओं में जो कुछ कमेटी के मेंबरों ने देखा और सुना, उसका उनपर बहुत प्रभाव पड़ा।

ता. ३० जुलाई को कमेटी की बैठक फिर बेतिया में हुई। आज मधुबनी कोठी के मैनेजर मि. एफ. ग्रेनीवल और उसके मालिक मि. डब्ल्यू. डब्ल्यू. ब्रुक के इजहार लिये गए। आज फिर कमेटी के कुछ सदस्य मलहिया कोठी के देहात में गए और वहाँ की हालत अपनी आँखों से देखी तथा कोठी के रजिस्टरों का मुलाहिजा किया। ता. ३१ जुलाई को इसी प्रकार मेंबर लोग धोकराहा तथा लोहअरिया कोठी के देहातों में गए और जाँच की। आज फिर रात की गाड़ी से रवाना होकर महात्माजी कुछ सहकारियों के साथ मोतिहारी चले गए। ता. १ अगस्त को इजहार का काम बंद रहा। ता. २ अगस्त को कमेटी के मेंबर तहकीकात के लिए राजपुर कोठी में गए। वहाँ के मैनेजर मि. हडसन ने इसकी सूचना अपने देहातों में पहले से दे दी थी। अतएव, रैयतों की जमायत प्रायः

पाँच-छह हजार की हो गई थी। ता. ३ अगस्त को पिपरा तथा ४ को तुरकौलिया कोठी में तहकीकात हुई। उन कोठियों पर भी तीन-चार हजार आदमियों की भीड़ थी। उसी दिन, अर्थात् ४ अगस्त को महात्माजी मि. इर्विन की कोठी पर गए और ता. ५ को वह इनकी अनुमति से उनके एक गाँव राजपुर छतौनी में गए और वहाँ जाँच-पड़ताल करके तिपहर की गाड़ी से बेतिया वापस आए। ता. ६ अगस्त को राजघाट हरदिया कोठी में तहकीकात की गई। ता. १४-८-१७ को मि. जैमसन का, जलहा कोठी के मैनेजर की हैसियत से, फिर इजहार हुआ। इसके बाद और कोई गवाही नहीं ली गई। महात्माजी ने कितने ही रैयतों के इजहार और अदालतों के फैसले इत्यादि, जिनसे सदस्यों को आवश्यकीय बातें मालूम हो सकती थीं, कमेटी के पास भेज दिए।

यहाँ पर यह कह देना उचित है कि जिस-जिस दिन गवाहों के इजहार नहीं हुए अथवा कमेटी के सदस्य देहातों में नहीं गए, उस-उस दिन उनकी गुप्त बैठक होती रही और गुजरे हुए सबूतों पर विचार तथा अन्य बातों पर परामर्श होता रहा। इस प्रकार की भी कई बैठक हुईं। उन बैठकों में क्या होता था, यह लोगों को मालूम नहीं; पर पीछे यह बात प्रकाशित हो गई कि इन्हीं बैठकों में तुरकौलिया कोठी के मि. हिल, पिपरा कोठी के मि. नौरमन तथा मोतिहारी कोठी के मि. इर्विन बुलाए गए थे और शरहबेशी के संबंध में उनके और रैयतों के बीच के झगड़े तय करने के लिए सुलह कराने का प्रयत्न किया गया था।

यहाँ पर यह भी कह देना आवश्यक है कि महात्माजी शरहबेशी को बिलकुल ही न हटाकर उनमें कुछ कमी ही कर देने पर क्यों राजी हुए। रैयतों की राह में बहुत कठिनाइयाँ थीं। उन लोगों ने अपने हाथ काटकर, चाहे जबरदस्ती से हो, चाहे खुशी से, शरहबेशी के मुआहिदे लिख दिए थे। यह साबित करने का बोझ उन पर था कि यह मुआहिदे जबरदस्ती या फरेब से लिखवा लिये गए थे। सेटलमेंट अफसर ने प्रायः सभी शरहबेशी के मुआहिदों को जायज ठहरा दिया था और जो लगान इन मुआहिदों में दर्ज हुआ था, वही लगान सर्वे खतिआन में भी चढ़ा दिया था। बंगाल टेनेंसी ऐक्ट की १०३वीं धारा के अनुसार जो कुछ खतिआन में दर्ज होता है, उसे अदालत ठीक मानने को बाध्य है और उसको गलत साबित करने का भार रैयतों पर होता है। यद्यपि तुरकौलिया के ९ मुकदमों में से पाँच रैयतों के हसबखाह तसफिया हुए थे और केवल चार कोठी के हसबखाह, तो भी इन मुकदमों में बहुत खर्च और तरद्दुद पड़ा था। उधर कोठी धनी और जोरावर, उनके मैनेजर शिक्षित और होशियार तथा उनके कागज-पत्र सुरक्षित थे, इधर रैयत गरीब और कमजोर तथा अशिक्षित और उनके कागज-पत्र का कुछ ठिकाना नहीं था। इस बे-जोड़ की लड़ाई में नतीजा क्या होता, ईश्वर ही जानता है। पर, इन सब बातों से भी अधिक सोचने की बात यह थी कि यदि इन सब शरहबेशी सट्टों को तोड़ने के लिए मुकदमे दायर किए जाते तो प्रायः ५०,००० मुकदमे दायर करने पड़ते। उन सब मुकदमों

में, जिनमें कोठीवालों की हार होती, उन्हें वे बिना हाई कोर्ट तक पहुँचाए बाज आने वाले नहीं थे। पर, जो बात महात्माजी के दिल में सबसे अधिक खटकती थी, वह यह थी कि यदि इस झगड़े का निपटारा कमेटी द्वारा नहीं हुआ और रैयतों को कचहरियों में जाने की आवश्यकता पड़ी तो रैयत और कोठीवालों में इतना वैमनस्य बढ़ जाएगा कि वह एक-दूसरे के कट्टर दुश्मन हो जाएँगे। आपका आदर्श तो यह था कि रैयतों के कष्ट दूर हों, पर साथ ही नीलवरों और रैयतों के बीच मित्रता हो जाय, उनके आपस के संबंध दृढ़ हो जायँ और वे एक-दूसरे की भलाई के इच्छुक हो जायँ। दोनों अपने-अपने स्वत्व पर रहें और दोनों के एक-दूसरे के प्रति हिंसाभाव नष्ट हो जायँ। पर, जब तक कि यह झगड़ा दोनों की राय से न मिटता, यह कैसे हो सकता था? इसीलिए महात्माजी तथा कमेटी के और सदस्य भी जी से चाहते थे कि दोनों दल इस विषय में सुलह कर लें।

कई दिनों की गुप्त बैठकों के पीछे ता. १४-८-१७ को मि. जैमसन के इजहार के बाद कमेटी का काम वहाँ समाप्त हो गया और निश्चय हुआ कि कमेटी की बैठक अब सितंबर महीने में राँची में होगी। कमेटी के सब सदस्य जहाँ-तहाँ चले गए और महात्माजी भी ता. १६-८-१७ को अहमदाबाद के लिए रवाना हुए। इसके बाद से बाबू रामनवमी प्रसाद तथा लेखक चंपारन में रह गए और अन्य सहकारी कार्यकर्ता भी अपने-अपने स्थान पर चले गए। इधर जब कमेटी की बैठक समाप्त हो रही थी, नीलवरों तथा चंपारन के कर्मचारियों के दिल में अनेक प्रकार के भाव उठ रहे थे कि अब चंपारन की परिस्थिति में क्या उलट-फेर होने वाला है।

इस संबंध में बेतिया राज के मैनेजर मि. जे.टी. विटी ने एक पत्र[१] ता. ९-८-१९१७ को मि. हिकॉक के पास भेजा, जिसमें उन्होंने यह आशंका प्रकट की कि उन्हें

१.

Bettiah
Champaran, the 9th Aug., 1917

My dear Heycock,

Several people have spoken to me recently about the possibility of serious trouble in the District within the next six months. They are closely in touch with some of those raiyats. Old men who really take an interest and pride in the factory and these tell them that there is a new spirit abroad definitely anti-European and working for trouble. The agitators know that the case against the planter on the whole has failed and that their own witnesses have broken down. They cannot expect, as the result of this enquiry, to sweep out the European with the help of Government & they are therefore working up an anti-European agitation which they intend shall end in serious disturbances. They expect to get more out of Government in this way than in any other now. They have agents working continually through the whole Bettiah sub-division promising all kinds of benefits in Gandhi's name (without his consent I believe) and when these do not materialise there will be passive resistance which is sure to end in an outbreak. I dare say you have heard this yourself but I have been impressed

बहुत से लोगों से, जिनका रैयतों से घनिष्ठ संपर्क है, यह पता लगा है कि अगले छह महीने में वहाँ उपद्रव उठने की संभावना है। लोग जान गए हैं कि जो दोषारोपण उन्होंने नीलवरों के विरुद्ध किया था, वह जाँच-कमेटी के सामने साबित नहीं हो सका। इस कारण वे अँगरेजों के विरुद्ध उपद्रव उठाना चाहते हैं। ऐसी हालत में सरकार को जाड़े के मौसम में होनेवाले उपद्रव को रोकने के लिए अभी से सतर्क रहना चाहिए और इंडियन डिफेंस फोर्स से संबद्ध काम के लिए किसी जिले के किसी अँगरेज अफसर को बाहर नहीं भेजना चाहिए।

महात्मा गांधी के आगमन तथा जाँच-कमेटी की बैठक से रैयतों के दिल में निर्भीकता आ गई और जो रैयत किसी नीलवर के विरुद्ध अपनी जबान नहीं खोल सकते थे, आप उनसे मुठभेड़ करने पर तत्पर हो गए। इसका उदाहरण एक घटना से मिलता है, जो मोतिहारी कोठी के मैनेजर मि. इर्विन और उनके रैयतों के बीच हुई। इसके विषय में मि. हिकॉक ने स्वयं अपनी साप्ताहिक रिपोर्ट द्वारा ता. २१-८-१९१७ को मि. मौर्शेड को सूचना दी, जिसमें उन्होंने लिखा—

Motihari,
Dated the 21st Aug., 17

My dear Morshead,

As a sign of the change which is passing over the district I may mention that yesterday a regular complaint was filed against Mr. Irwin for abuse. The complaint was merely to the effect that Mr. Irwin came to their village and they came to pay respects. Mr. Irwin, it is alleged, then abused complainant for bringing Mr. Gandhi to the village and said he would turn him out of the village. The complaint will of course be dismissed. The courts cannot treat verbal recrimination, even if proved, as a criminal offence.

The fact is a change is passing over the district. Mr. Gandhi's doctrines have been very unsettling and the planters as a body have lost prestige completely, it may be for the time only. I fear that there will be many incidents and much friction in the near future, more particularly on the labour question. There is nothing to be done but to watch the situation carefully.

Yours sincerely,
Sd. W.B. Heycock

---

recently with the serious view of the situation taken by sober minded men who have always been in close touch with their raiyats and are excellent landlords. They may be wrong but their opinion cannot be disregarded. In view of this I think that Government should be warned that they may have to deal with disturbances from this cold weather and that none of the Europeans of the district should be drafted out on I.D.F. work.

Yours sincerely
Sd. J.T. Whitty

भावार्थ—"वर्तमान अवस्था में यहाँ परिवर्तन हो रहा है। उदाहरण के रूप में सूचित करता हूँ कि कल गाली देने के अभियोग में मि. इर्विन के विरुद्ध एक मुकदमा दायर किया गया। अभियोग केवल यह था कि मि. इर्विन उनके गाँव में गए और वे लोग उनके सम्मान के लिए उपस्थित हुए। इसपर मि. इर्विन ने उन लोगों पर यह दोष लगाकर कि उन्होंने मि. गांधी को अपने गाँव में बुलाया, इन लोगों को गाली दी और उन्हें गाँव से निकाल देने की धमकी दी। मुकदमा तो खारिज हो ही जाएगा, क्योंकि जबानी अभियोग साबित होने पर भी जुर्म नहीं माना जा सकता।

सच बात यह है कि इस जिले की परिस्थिति में भारी परिवर्तन हो रहा है। मि. गांधी के सिद्धांत ने यहाँ की परिस्थिति को उथल-पुथल कर दिया है और यहाँ के नीलवरों की प्रतिष्ठा एकदम उठ गई है। हो सकता है कि यह थोड़े ही दिनों के लिए हो, पर मुझे भय है कि निकट भविष्य में, विशेषकर मजदूरों के प्रश्न को लेकर, बहुत सी घटनाएँ और झगड़े पैदा होंगे। यहाँ इस विषय में कुछ कहना नहीं है, पर यहाँ की परिस्थिति को सावधानी से देखना है।

मि. गांधी की अनुपस्थिति में वहाँ की पुलिस उनके कार्यकर्ताओं पर कड़ी निगाह रखने लगी और इस विषय में चीफ सेक्रेटरी ने ता. ५-९-१७ को तिरहुत डिवीजन के कमिश्नर को एक पत्र द्वारा यह आदेश दिया कि सरकार को बराबर इस बात से सूचित रखा जाय कि मि. गांधी के कार्यकर्ता, जिनको उन्होंने बेतिया और मोतिहारी में छोड़ रखा है, क्या काररवाई करते हैं। मि. मौर्शेड ने इस विषय में अपने पत्र दिनांक ११-९-१७ द्वारा चंपारन के अफसरान से रिपोर्ट माँगी। इस सिलसिले में बेतिया के सब-डिवीजनल अफसर मि. लिविस तथा बेतिया राज के मैनेजर मि. विटी और उस समय के पुलिस सुपरिंटेंडेंट मि. मारशम ने मि. गांधी के आगमन से चंपारन के वातावरण में जो परिवर्तन हो चला था, उसके विषय में आलोचना करते हुए सलाह दी कि जाँच-कमिश्नर की रिपोर्ट प्रकाशित हो जाने के बाद मि. गांधी तथा उनके सहकारियों को इस जिले में नहीं रहने देना चाहिए। मि. मौर्शेड ने भी उपर्युक्त कर्मचारियों के विचार का समर्थन करते हुए उन लोगों की रिपोर्ट को अपनी टिप्पणी के साथ मि. मैकफरसन के पास भेज दिया। इस संबंध में मि. लेविस, बेतिया के सब-डिवीजनल ऑफिसर, ने अपनी रिपोर्ट में मि. मौर्शेड को लिखा—

"To ensure Government action Mr. Gandhi had first to create a situation in Champaran which would thrust itself on the notice of the Government and make action imperative. This plan of action succeeded and the committee was appointed. Those who agree with Mr. Gandhi that the situation required reform and that it was necessary that inquiries should be public and that the Government would not take up the questions unless publicly forced would excuse the imperfections of the method so long as Mr. Gandhi's main object to which paramount importance was attached was kept in view. From the more prejudicial position of a local officer I feel in face of the difficulties that have been created that I cannot too strongly condemn the lines on which the mission was conducted among an ignorant and credulous people.

"Since the agitation does not concern itself with local Indian zamindars, whatever their demands for labour or abwab, it assumes at once a definitely anti-European character. Reports have been brought to my notice of the type of rumour that is abroad. There must by now be a very large number of *ryots* who think that the factories are all to be closed down & the Europeans forced to leave. There were also rumours of the fines imposed on local European officials by the committee, owing to their misconduct in not listening to the *ryots*...A rumour is not negligible because ridiculous. There is no story so ridiculous that the *ryots* of the district will not believe it...I frequently brought to Mr. Gandhi's notice that all these rumours were circulated as his utterances in his name, but he could do no more than to disclaim them. As regards Mr. Gandhi's presence in the district, it cuts both ways : so long he is here his name can be used as a peg for every fresh rumour, while he uses his personal influcence, which is great, in the direction of moderation.

Signs of boycotting have been apparent ever since the mission came to Bettiah : labourers have been forbidden to work in the factory. The difficult situation which I have tried to describe is not entirely general not equally pronounced throughout the indigo districts or European zamindaris, but it is sufficiently general to be dangerous.

"It is not at present actually anti-Government, but Government is traduced the same way as Mr. Gandhi's name is traduced. The *ryots* are told that they should take every step to fight and boycott the factories, as Government is with them. At the same time, the influence of the local officer over the *ryots* is, I regret to say, zero; and any punishment inflicted by a court on a *ryot* for an offence is attributed to corrupt motives. It is the inevitable result of Mr. Gandhi's inquiry which practically supplanted the official...

"With reference to the suggestion that the committee should make the closing of Mr. Gandhi's mission a condition of their recommendations I take the view that Mr. Gandhi and all his mission are mere pawns in the game. Were Mr. Gandhi to say that he would sever his connection with Champaran on the day the recommendations issue, I would not see in that a guarantee of settled conditions. In the first place the local leaders among the *ryots* are now a force to be reckoned with. They have eaten of the fruit of the tree of knowledge and know their strength. In 1909 they went about in mobs, broke the peace, were run in, convicted. They know now that boycott is a much more potent and less dangerous weapon. Secondly, no promise by Mr. Gandhi would bind political India; there have been several hints in the papers that

Indian politicians have no intention of following Mr. Gandhi blindly : and an article which appeared in the Amrita Bazar Patrika to the effect that no great hopes were entertained of the committee's findings has a sinister significance.

"I rather doubt, therefore, whether much would be gained by closing the door to Mr. Gandhi, nor do I think he would ever agree to it. Members of the committee even while disagreeing with Mr. Gandhi have expressed their belief in his honesty and sincerity. He has so often claimed that he is no enemy of the planter and is anxious to secure peaceable relations. Govt. has now given proof of its bonafides inventilating all points of grievances. Would it not be preferable to inform Mr. Gandhi frankly of what local officers believe to be the development of the situation and leave it to Mr. Gandhi to prove that he is as good as his word and is not working for the destruction of the factories but for a settlement of points of difference? I think it would be a mistake to drive Mr. Gandhi into opposition.

"If after issue of the Government orders, the local leaders who can point to no grievance and merely as anti-European agent continue to make the situation intolerable, I can only recommend the passing of special powers by legislation to deal with them and confine their activities... Once the ventilation of all grievances is secured, there is no reason why strong & effective measures, whether criticised or not should not, be taken and maintained against men who simply create mischief."

भावार्थ—''मि. गांधी ने गवर्नमेंट का ध्यान आकृष्ट करने की नियत से चंपारन में ऐसी स्थिति पैदा कर दी कि सरकार को इस विषय में काररवाई करना आवश्यक हो गया। मि. गांधी ने जो उपाय रचा, उसमें उनको सफलता मिली और जाँच-कमेटी की भी नियुक्ति हो गई। उसके फलस्वरूप जो लोग मि. गांधी के इस विचार से सहमत हैं कि वर्तमान स्थिति का सुधार होना आवश्यक था और इसकी जाँच खुले तौर से होनी आवश्यक थी और यह कि सरकार इस काम को नहीं करती, यदि उसे मजबूर नहीं किया जाता। मि. गांधी के काम करने के ढंग में जो त्रुटियाँ हैं, ऐसे लोग उनकी अवहेलना कर उनके मुख्य उद्‌देश्य को ही महत्त्व देते थे। मैं एक स्थानीय कर्मचारी की हैसियत से ऐसा अनुमान करता हूँ कि मि. गांधी ने जिस ढंग से यहाँ के अशिक्षित लोगों के बीच अपना काम किया, जिसके फलस्वरूप इतनी कठिनाई पैदा हो गई है, वह ढंग सर्वथा निंदनीय है।

चूँकि, इस आंदोलन से हिंदुस्तानी जमींदारों का कोई संबंध नहीं है और न किसी तरह उन पर आँच आती है, अतएव इस आंदोलन ने केवल अँगरेजों के ही विरुद्ध रूप धारण कर लिया है। मुझे इस विषय में बहुत सी अफवाहें सुनने में आई हैं। बहुत से रैयतों को यह विश्वास हो गया है कि अँगरेजी कोठियाँ अब बंद हो जाएँगी और वे लोग इस देश को छोड़कर चले जाने के लिए मजबूर हो जाएँगे। यह भी अफवाह फैली थी कि जो कमेटी

नियुक्त हुई है, वह स्थायी अँगरेज कर्मचारियों पर रैयतों की बातों पर पूरा ध्यान न देने के कारण जुरमाना कर देगी। ऐसी अफवाहों की केवल इस कारण से अवहेलना नहीं की जा सकती कि ये बेसिर-पैर की हैं। यहाँ के रैयत ऐसे हैं कि वह हर किस्म की अफवाह को मान लेते हैं, चाहे वे कितनी ही हास्यास्पद हों। मैंने मि. गांधी से कई बार कहा कि ऐसी बातें उनके नाम पर फैलाई जा रही हैं, पर उन्होंने इन बातों को इनकार करने के सिवाय और कुछ नही किया। मि. गांधी को इस जिले में रहने से हानि और लाभ दोनों हैं। जब तक कि वह यहाँ हैं, उनके नाम पर अनेक अफवाहें उड़ाई जाएँगी, पर उनके यहाँ रहने से यहाँ की स्थिति को वह अपने प्रभाव से शांत भी रख सकते हैं।

जब से मि. गांधी बेतिया आए, उसी समय से अँगरेजों के विरुद्ध बहिष्कार के लक्षण दीख रहे हैं। मजदूरों को नीलवरों की कोठियों में काम करने से रोका जा रहा है। ऐसी भावना सारे जिले में या प्रत्येक अँगरेज जमींदार के प्रति नहीं है, पर तो भी ऐसी हालत आमतौर से फैली हुई है, जो भयंकर रूप धारण कर सकती है।

वर्तमान वातावरण यथार्थ में सरकार के विरुद्ध नहीं है, पर इस सिलसिले में सरकार के नाम को उसी तरह से इस्तेमाल किया जाता है, जिस तरह मि. गांधी के नाम का। रैयतों से यह कहा जाता है कि उनको कोठीवालों से हर पग पर लड़ने तथा उनका बहिष्कार करने के लिए तैयार रहना चाहिए, क्योंकि गवर्नमेंट रैयतों के साथ है। इसके साथ-साथ मुझे दुःख के साथ कहना पड़ता है कि स्थानीय कर्मचारियों का कोई भी प्रभाव रैयतों पर नहीं है। यदि उन्हें न्यायालय से किसी अपराध में सजा दी जाती है तो उसको ये मान लेते हैं कि बुरी नियत से दी गई है। यह मि. गांधी के जाँच का अनिवार्य नतीजा है, जिसके कारण सरकारी कर्मचारी का कोई स्थान नहीं ही रह गया है।

यह सुझाव दिया गया है कि कमेटी अपनी सिफारिशों में यह भी एक शर्त लगा दे कि मि. गांधी का काम बंद कर देना चाहिए। इस सुझाव के संबंध में मेरी राय यह है कि मि. गांधी और उनके सहकारी केवल हथकंडे मात्र हैं। सिफारिश के प्रकाशित होते ही यदि मि. गांधी यह भी कह दें कि वह चंपारन से अपना संबंध तोड़ देते हैं तो इससे मैं यह नहीं समझूँगा कि वहाँ शांति बनी रहेगी। प्रथम, यहाँ के रैयतों के बीच स्थानीय नेता पैदा हो गए हैं, जो अपना प्रभाव रखते हैं। ये अपनी शक्ति को समझने लगे हैं। सन् १९०९ में ये लोग दंगा करने वाले के साथ घूमते थे, जिससे उनपर मुकदमा चलाया गया और उन्हें सजा दी गई। अब ये समझ गए हैं कि हड़ताल में काफी शक्ति है और इसमें कम जोखिम भी है। दूसरे, मि. गांधी यदि किसी बात की प्रतिज्ञा भी करें तो उसकी कोई पाबंदी भारतवर्ष के राजनीतिक क्षेत्र में नहीं हो सकती। समाचार-पत्रों से इस बात का संकेत मिल चुका है कि हिंदुस्तान के राजनीतिज्ञ मि. गांधी की विचारधारा को आँख बंद करके नहीं मानेंगे। एक लेख 'अमृतबाजार पत्रिका' में निकला है कि कमेटी के नतीजे

पर उम्मीद नहीं की जा सकती है। यह बड़े मारके की बात है।

मुझे संदेह है कि मि. गांधी का दरवाजा बंद करने से कोई लाभ होगा और या वे सब इस बात पर सहमत ही हो सकेंगे। कमेटी के मेंबरान को मि. गांधी की राय से असहमत रहते हुए भी उनकी ईमानदारी और सचाई पर उन्हें विश्वास है। मि. गांधी ने स्वयं इस विचार को प्रकट किया है कि वे नीलवरों के शत्रु नहीं हैं, बल्कि इस बात के इच्छुक हैं कि नीलवरों के साथ संबंध अच्छा रहे। सरकार ने रैयतों की कुल शिकायतों को प्रकाशित करके अपनी ईमानदारी का प्रमाण भी दे दिया है। क्या यह बेहतर नहीं होगा कि मि. गांधी को स्पष्ट बता दिया जाय कि उनके काम के संबंध में स्थानीय सरकारी कर्मचारियों की क्या शंकाएँ हैं। तब यह प्रमाणित करना कि शंकाएँ निराधार हैं और वह कोठियों को नष्ट नहीं करना चाहते, बल्कि मतभेद दूर करना चाहते हैं, मि. गांधी की जिम्मेदारी होगी। मेरे विचार से यह भूल होगी, यदि मि. गांधी को विरोधी बनाकर यहाँ रहने दिया जाय।

यदि सरकारी हुक्म निकलने के बाद स्थानीय नेता कोई सच्ची शिकायत न बता सकें और केवल अँगरेजों के विरुद्ध काररवाई करके स्थिति को असह्य बना दें तो ऐसी अवस्था में यही सिफारिश करूँगा कि सरकार को विशेष कानून पास करके कर्मचारियों को विशेष अधिकार देना चाहिए कि इनकी काररवाइयों को वे रोक सकें। जब एक बार रैयतों की सब शिकायतें दूर कर दी जाएँगी, तब ऐसी हालत में ऐसे लोगों के विरुद्ध, जो केवल फसाद पैदा करना चाहते हैं, सख्ती के साथ काररवाई करना उचित होगा।''

मि. विटी, बेतिया राज के मैनेजर, ने वहाँ की परिस्थिति पर आलोचना करते हुए इस प्रकार अपनी राय प्रकट करते हुए अपना पत्र दिनांक १५-९-१७ को मि. मौर्शेड के पास भेजा—

"Conditions are throughly unsettled. It is generally believed that Mr. Gandhi has come with authority which overrides the ordinary civil authority...The ryot believes that the non-official European will be cleared out and he is waiting to see how he can best secure his own interests. It is necessary to reassure him that big changes are not coming and to do something to give back the non-official European the prestige which was the chief asset in his work...Champaran is now in the condition in which agitators may easily start a dangerous disturbance.

"Taking this view I advocate absolutely definite pronouncements by Govt. on any question in which the committee advises reform, and at the same time a refusal enforced by the strictest measures, to allow a continuance of agitation. The civil authorities must themselves introduce the change recommended. Mr. Gandhi must be asked to accept the situation and to advise his followers to accept it, and leave the district.

"If Mr. Gandhi and his helpers remain and continue their mission after the recommendations of the committee have been given effect to, there will be continued trouble which may grow serious at any time and which will in any case seriously affect the position of the administration and the Europeans in India.

"There is an important European community with large financial interests in these parts. This community is in danger of being broken by unjustifiable agitation. Government must give it support as far as it can."

भावार्थ—''मि. गांधी के आगमन से यहाँ की व्यवस्था एकदम अस्त-व्यस्त हो गई हैं। यहाँ आम लोगों को विश्वास हो गया है कि मि. गांधी ऐसे अधिकार लेकर आए हैं, जो यहाँ के कर्मचारियों के भी ऊपर हैं। रैयतों का विश्वास है कि ऐसे अँगरेज, जो सरकारी कर्मचारी नहीं हैं, यहाँ से निकाल दिए जाएँगे और वह इस ताक में है कि वह ऐसी अवस्था में अपना काम कैसे निकालें। इनकी यह धारणा है कि कोई अधिक अदल-बदल होने वाला नहीं है और सरकार को कोई ऐसी काररवाई करनी चाहिए, जिससे अँगरेज नीलवरों का रोब फिर जम जाय, जिसके बल पर वह अपना काम किया करते थे। चंपारन की अवस्था इस समय ऐसी हो रही है कि हलचल पैदा करनेवाले लोग आसानी से यहाँ भयंकर गड़बड़ी पैदा कर सकते हैं। इस विचार के अनुसार सरकार के समक्ष मैं यह सुझाव रखना चाहता हूँ कि जो कमेटी की ओर से सुधार बताया जाय, उस विषय में सरकार अपना मंतव्य स्पष्ट रूप से प्रकट करे; पर साथ-साथ उत्तेजना फैलानेवालों के साथ सख्ती से पेश आए। सरकारी कर्मचारी स्वयं कमेटी की बताई हुई सिफारिशों का प्रचार करें। मि. गांधी और उनके सहायकों को इस स्थिति को स्वीकार करके जिले को छोड़ देना चाहिए।

यदि मि. गांधी और उनके सहायक कमेटी की सिफारिशों को काम में लाने के बाद भी यहाँ ठहरकर अपना काम जारी रखेंगे तो यहाँ बराबर आपत्ति बनी रहेगी, जो किसी समय भयंकर रूप धारण कर सकती है और जिससे यहाँ के शासन तथा भारत में अँगरेजों की स्थिति को भारी धक्का लगेगा।

इन इलाकों में अँगरेजों का एक प्रभावशाली समुदाय है और उनकी वहाँ काफी पूँजी लगी हुई है। यह समुदाय इस खतरे में है कि अकारण आंदोलन से यह बरबाद हो जाएगा। सरकार को जहाँ तक हो सके, उनकी मदद करनी चाहिए।

मि. मारशम सुपरिंटेंडेंट पुलिस ने अपनी गोपनीय रिपोर्ट में दिनांक १२-९-१७ को इस विषय में मि. मौर्शेड को लिखा—

"There is no doubt that relations between planter and *ryots* have got worse since Mr. Gandhi's arrival and very much worse during the last six weeks. This state is in my opinion distinctly due to orders from Mr. Gandhi regarding the rate of labour. Rates of labour have no doubt been deliberately misrepresented to Mr. Gandhi by local agitators such as Rajkumar Shukla simply with a view to boycott factories. This labour question has now become most serious, and has already resulted in several riots and will result in many more. It is a recognized fact throughout this part of India that the malik or thikadar has the first call on all labour in his own village. Planters are not likely to sit still and forgo this first call on their labour. 'Complaints' are being brought to Gandhi's representatives that factories are compelling coolies to work for them, the complainants are told by these representatives not to work, and to beat the factory amlas with the result that there have been cases of rioting already.

"Mr. Gandhi also admitted to me that he has told ryots that they should not pay *Sharahbeshi* as it was illegal. As the matter is subjudice before the High Court, he had no right to give any such order. I have on one or two occasions informed Mr. Gandhi that the wildest 'orders' were being circulated in the dehat, and also the wildest rumours; he denied having put them in circulation and denied that his helpers would do so without his orders. I do not think he has taken any particular steps to counteract the many orders attributed to him, nor does he appear to discourage *ryots* concerned in criminal cases from coming to him to 'complain' instead of going to the courts. On the contrary I am of opinion that villagers are encouraged to come in to see him or his assistants whenever they have a grievance against the factory. I am informed that he has given out that he or his representative will remain for a long time in the district to protect the *ryots* from the factories.

"As regards the actual friction and ill-feeling, Gandhi's presence in the district must tend to increase this as he evidently wishes to paralyse labour and to undermine the authority of planters. He has on occasions offered to help planters to get labour if they will agree to pay his rates. Needless to say such a galling offer is refused by planters. His presence in the district is also most derogatory to the official administration, people openly saying he is above the collector and police and taking their cases to him first.

"The most serious result of Gandhi's mission is the present spirit of lawlessness throughout the district; the villagers are told by the agitators that if they are united they can do what they like, meaning that they can commit assault, riot, arson etc, if only no witnesses are forthcoming. Also villagers are told not to be afraid to get to prison, that Gandhi has been in prison twenty-one times. Such doctrine is highly dangerous and is a direct incitement to lawlessness. I am in daily expectation of hearing that some planter has been brutally assaulted, as Bloomfield was. Planters themselves realize this danger. Planters have shown the most extraordinary patience and forbearance, but there is a limit and I think many have just about reached the limit and will shortly assert their rights again.

"There is a very strong rumour all over the district that all Englishmen will be cleared out in a few months, that the Germans will win the war. I attribute many of these rumours to Gandhi's followers. If Gandhi was to entirely leave Champaran, but allowed these followers to carry on his mission, I think things would be far worse. The last month proves that, I do not mean to say the unrest would be any worse, I mean to say that acts of lawlessness are now likely to occur rather in his absence than if he were here.

"The mission has admittedly done a certain amount of permanent good, and has shown up certain irregularities which can never occur again. It should now be closed down. The mission, intended to be purely local and agrarian, has become entirely political and openly anti-European and is now developing into a Home Rule movement."

भावार्थ—"इसमें कोई संदेह नहीं कि मि. गांधी के आने से नीलवर तथा रैयतों के बीच का संबंध बहुत बुरा हो गया है और गत छह सप्ताहों में उनका संबंध और भी बिगड़ गया है। मेरे विचार में इसका प्रमुख कारण मि. गांधी का वह वक्तव्य है, जिसमें मजदूरी की दर के बारे में कहा गया है। राजकुमार शुक्ल जैसे उत्पाती स्थानीय नेताओं ने इस संबंध में जान-बूझकर मि. गांधी को गुमराह किया है। ऐसा करने में उनका उद्देश्य केवल कोठियों का बहिष्कार करना है। यह मजबूरी का प्रश्न बहुत गंभीर हो गया है और इस सिलसिले में कई जगहों पर बलवा भी हो गया है और भविष्य में और होने की आशंका है। हिंदुस्तान में इस बात को लोग भली-भाँति जानते हैं कि मालिक या ठेकेदार का पहला हक उनके गाँव के मजदूरों पर होता है। नीलवर इस विषय में चुपचाप नहीं रह सकते और न अपने इस हक को छोड़ सकते हैं। ये मजदूर मि. गांधी के प्रतिनिधियों के पास यह शिकायत पहुँचा रहे हैं कि कोठीवाले कुलियों को अपने यहाँ काम करने के लिए मजबूर कर रहे हैं। मि. गांधी के प्रतिनिधि लोग इन्हें काम करने को मना करते हैं और कोठी के अमलों को मारने को कहते हैं। इसका नतीजा यह हुआ है कि कई स्थानों में बलवा हो गया है।

मि. गांधी ने मुझसे स्वयं स्वीकार किया कि उन्होंने रैयतों को शरहबेशी अथवा अधिक किराया देने से मना कर दिया है, चूँकि यह नाजायज है। अभी, जब इस बात का फैसला हाई कोर्ट से होना बाकी है, मि. गांधी को ऐसा हुक्म देने का कोई हक नहीं था। मैंने दो-एक बार मि. गांधी को कह भी दिया है कि वे देहातों में निरर्थक हुक्म तथा अफवाह फैलाए जा रहे हैं। उन्होंने इस बात से इनकार किया कि उन्होंने ऐसी कोई बात फैलाई हो या उनके सहकारी उनके हुक्म के बिना ऐसी कोई बात फैला सकते हैं। मेरी समझ में उन्होंने इन अफवाहों को रोकने के संबंध में अब तक कोई काररवाई नहीं की है। मि. गांधी ऐसे रैयतों को, जिनको फौजदारी के मुकदमे करने हैं, अदालत में न जाकर उनके पास आकर शिकायत करने से नहीं रोकते हैं। इसके प्रतिकूल मेरा विचार

है कि मि. गांधी और उनके सहकारी रैयतों को प्रोत्साहन देते हैं कि यदि उनको कोठी के विरुद्ध कोई शिकायत हो तो उनके पास जाकर करें। मुझे मालूम हुआ है कि मि. गांधी ने ऐसा जाहिर किया है कि वह या उनका कोई सहायक इस जिले में बहुत दिनों तक रहेंगे, ताकि वह रैयतों को कोठियों के जुल्म से बचा सकें।

मि. गांधी के इस जिले में रहने से रैयतों और कोठीवालों के बीच खींचातानी और दुर्भावना और बढ़ेगी, क्योंकि वह कोठीवालों के अधिकार को कम करना चाहते हैं और मजदूरों को उनके यहाँ काम करने से रोकना चाहते हैं। कभी-कभी उन्होंने इस विषय में कोठीवालों को इस शर्त पर मदद करना स्वीकार किया है कि वे मजदूरों की मजदूरी को उनके कहने के अनुसार बढ़ा दें। यह कहने की आवश्यकता नहीं कि ऐसी आपत्तिजनक शर्त को नीलवरों ने नामंजूर कर दिया है। मि. गांधी का इस जिले में रहना यहाँ के सरकारी पदाधिकारियों के लिए भी अपमानजनक है। लोग खुले तौर से कहते हैं कि वह कलक्टर और पुलिस से भी ऊपर हैं और वह अपना मुकदमा पहले उनके पास ले जाते हैं।

मि. गांधी की काररवाई से यह नतीजा हुआ कि सारे जिले में अराजकता की भावना फैल गई है। उत्पाती लोग गाँववालों से यह कहते हैं कि यदि तुम लोग मिलकर रहोगे और गवाह न मिले तो जो चाहो, सो तुम कर सकते हो, यानी मारपीट, बलवा, आगजनी इत्यादि। गाँववालों को यह भी कहा जाता है कि वे जेल जाने से नहीं डरें और यह कि गांधीजी स्वयं २१ बार जेल जा चुके हैं। ऐसी बातों को फैलाना खतरे से खाली नहीं है और कानून के विरुद्ध काररवाई करने के लिए उत्तेजित करना है। मैं नित्य ऐसी खबर सुनने की आशंका में रहता हूँ कि ब्लूमफील्ड की तरह किसी-न-किसी नीलवर पर आघात हो गया।

नीलवर स्वयं इस आशंका में रहते हैं और उन लोगों ने बड़ी धीरता और सहनशीलता दिखलाई है, पर इसकी भी एक सीमा है। मैं समझता हूँ कि बहुतेरे नीलवर इस सीमा तक पहुँच गए हैं और ये लोग शीघ्र ही अपने अधिकार को काम में लाएँगे और अपनी रक्षा आप करेंगे।

सारे जिले में यह गरम खबर है कि चंद ही महीने में इस जिले से सारे अँगरेज निकाल दिए जाएँगे और जर्मन लोगों की लड़ाई में जीत हो जाएगी। मेरे विचार में इन अफवाहों को फैलाने की जबावदेही मि. गांधी और उनके अनुयायियों पर है। यदि मि. गांधी चंपारन से चले जायँ, पर उनके अनुयायी उनका काम करने के लिए यहाँ छोड़ दिए जायँ, तो यहाँ की हालत और खराब हो जाएगी। गत मास में ऐसा ही हुआ। मेरे कहने का मतलब यह नहीं है कि यहाँ की स्थिति और अधिक खराब हो जाएगी। मैं केवल इतना ही कहना चाहता हूँ कि उनके न रहने के समय बलवा-फसाद अधिक होने की संभावना है। इसमें संदेह नहीं कि मि. गांधी के कार्य से कुछ स्थायी रूप से भलाई भी हुई है, पर यह काम अब बंद हो

जाना चाहिए। उनका काम आरंभ में स्थानीय विषयों और किसानों के संबंध में था, पर अब वह खुलेतौर पर राजनीतिक तथा अँगरेज़ों के विरुद्ध हो गया है और अब वह भी धीरे-धीरे होमरूल का आंदोलन होता जा रहा है।''

मि. मौर्शेड (तिरहुत के कमिश्नर) ने मि. विटी और मारशम की रिपोर्ट के साथ जो अपना गोपनीय नोट चंपारन की स्थिति के विषय में मि. मैकफरसन (चीफ सेक्रेटरी) के पास भेजा, उसमें उन्होंने बेरिया कोठी के मि. गेल के संबंध में भी लिखा।

"His (Mr. Gales) rayots openly refuse to do indigo. His ploughmen are demanding Rs. 7-8-0 a month instead of Rs. 4-0-0. There is no lack of labour but he is getting about 30 a day against 200 last year. He is willing to pay any fair rates, but friendly rayots are threatened, and his men are told by others that they mean to get factory closed."

भावार्थ—बेरिया कोठी के रैयत खुलेतौर से नील उपजाने से इनकार करते हैं। उनके हलवाहा ''जिन्हें अब तक ४ रुपया माहवारी उजरत दी जाती है, अब ७ रुपए ८ आने रुपया माहवारी तलब करते हैं। मजदूरों की कमी नहीं है, पर उनको इस समय ३० मजदूरों से अधिक प्रतिदिन नहीं मिलते हैं। यही मजदूर पारसाल २०० संख्या में उनके यहाँ रोजाना कमाते थे। वह उन्हें मुनासिब उजरत देने को तैयार हैं। जो मजदूर कोठी के विरुद्ध नहीं हैं, उन्हें धमकी दी जाती है और कोठी के आदमियों से यह कहा जाता है कि उनकी मंसा यह है कि कोठी बंद हो जाय।''

इसी तरह लाल सरैया कोठी के विषय में उन्होंने लिखा है—

"Mr. Lees asked for 300 bighas for indigo on khuski term last years & got 600 bighas. His ryots were applying for advances in April, but now they put off the question. He got more carts than he wanted for first *mahai,* the factory had difficulty in getting carts. Some witnesses who gave evidence for him in a case in the Settlement Court have had their *dhobi & hajam* stopped, and at present the factory can get nothing done. It is not a question of rates, as Mr. Lees already pays higher rates than elsewhere. The word in everyone's mouth is 'we are ready to go to jail.' It is difficult to realise the rents too. Mr. Lees has to file 500 rent suits, against a negligible quantity before.

"A boycott has set in, which naturally varies in degree and extent, and the effect of which will be more fully seen when sowing begins in a month or two months time. But it is already in evidence, and only partly explained by grievances, and goes beyond passive resistance, because it is enforced by the intimidation of *ryots* who will not go with the rest."

"Mr. Gandhi has or claims to have the disinterested motive, the Patna people have the political motive, and the local men have the personal motive, which is perhaps the most stable of the three. It appears to me that Mr. Gandhi with the best non-conformist intentions has let loose forces which he cannot control, or does not wish to control. These forces are local personal interests reinforced by the notion that the sahib's time is past. This notion is easy to spread in the circumstances of the war, and readily accepted by the ignorant ryots. It is strengthened by Mr. Gandhi's personal success. The right course seems to me to be to require Gandhi to go, if he cannot be persuaded, and to leave to Govt. the task of removing proved grievances, moderating excesses and restoring good relations.

"I think it would be a fatal mistake to make too much of the difficulties experienced by factories because that would only stimulate agitation. And for that reason I would ask this report and enclosures be kept entirely secret by Govt. But there is, I think, enough without making too free and admission of these difficulties, to impress upon Mr. Gandhi that his mission has had deleterious results in setting class against class, that Govt. cannot allow these to continue, that whilst resolved on redressing all grievance it will not suffer the concerns and the property they represent to be damaged by unjustifiable methods. If Govt. is in a position to make a pronouncement of such a policy I think a good deal of misunderstanding would be cleared away.

"If however Mr. Gandhi is resolved to pursue his mission, and his attitude is not such as to encourage the idea that he can be effectively influenced then there is not much to be gained by approaching him, and it would seem better to let matters take their course. In that event we can only combat illegitimate developments, as far as they can be combated, by legitimate means, and give as much consideration as can be given to concerns that cannot immediately meet their obligations. It would, I think, have a very deleterious effect if even one concern was forced to close down. Moreover, the planters deserve consideration for the forbearance they are reported to be displaying in circumstances of difficulty and irritation. A consideration that appeals to me also is that, whatever the faults and these must be corrected, it is only to us that as our own people they can look for protection.

"I think, therefore, that they should be encouraged to hold on as long as they can, should the boycott develop and to continue to exercise forbearance but should be assumed of all such support as Government can give them against unjustifiable methods. Some of them are talking a little wildly at present of taking the law into their own hands, and if some assurance is not given, trouble may easily ensue, as conditions of provocation increase.

"The position may be summed up by saying that although the boycott has not proceeded far at present there are unjustifiable elements of trouble. But I should, however, prefer to have my own judgment confined, and I think the circumstances are such that it is desirable that a member of Government should visit Champaran unobtrusively, as soon as possible, in order to see for himself how matters stand."

भावार्थ—"पारसाल मि. लीज ने सिर्फ ३०० बीघे में रैयतों से खुश्की शर्त पर नील बोने को कहा, पर उन लोगों ने ६०० बीघे में नील की खेती की। पहले उनके रैयत अप्रैल में पेशगी रुपया लेने के लिए दरख्वास्त देते थे, पर अब वे उसे मुल्तवी करना चाहते हैं। पहले महाई के अवसर पर आसानी से गाड़ी मिल जाती थी। अब उसके मिलने में कठिनाई होती है। चंद रैयतों ने जो कोठी की ओर से सेटलमेंट कोर्ट में गवाही दी, उनका धोबी, हजाम बंद कर दिया गया और इस समय कोठी का कोई काम उनके द्वारा नहीं कराया जा सकता है। यहाँ मजदूरी का प्रश्न नहीं है, क्योंकि मि. लीज और जगहों के मुकाबले में अधिक मजदूरी देते हैं। प्रत्येक रैयत के मुख से इस समय यही बात निकलती है कि हम जेल जाने के लिए तैयार हैं। मालगुजारी वसूल करना भी कठिन हो गया है। मि. लीज को इस साल मालगुजारी का मुकदमा दायर करना पड़ा है, पहले इस संबंध में नहीं के बराबर मुकदमा करना पड़ता था।

अँगरेजों के खिलाफ बहिष्कार आरंभ हो गया है, यद्यपि यह कहीं कम और कहीं बेशी है। इसका असर एक-दो महीने में और मालूम होगा, जबकि खेत बोने का समय आएगा; पर इसका आभास अभी से मालूम होता है और इसको केवल कुछ ही अंशों में रैयतों की शिकायत के कारण कहा जा सकता है। यह सत्याग्रह (Passive resistance) से भी ज्यादा खतरनाक है, क्योंकि जो रैयत उनका साथ नहीं देना चाहते, उन्हें दबा-धमकाकर साथ किया जाता है।

कमिश्नर साहब ने आगे यह लिखा कि है मि. गांधी का कहना है कि वह निस्स्वार्थ भाव से इस काम को पूरा कर रहे हैं। पटना के लोगों का इस काम में राजनीतिक उद्‌देश्य है और स्थानीय लोग अपने स्वार्थ के लिए इस काम में पड़े हैं और यही लोग सबसे अधिक स्थिर हैं। मुझे मालूम होता है कि मि. गांधी ने, बावजूद निष्पक्ष भाव रखने के, ऐसी शक्तियों को उत्तेजित कर दिया है, जिनको अब बस में लाना कठिन है या वह बस में लाना ही नहीं चाहते। ये शक्तियाँ यहाँ के ऐसे लोगों के व्यक्तिगत लाभ के लिए हैं, जिनको यह विश्वास हो गया है कि साहब लोगों के जाने का समय आ गया है। लड़ाई के समय में इन बातों का फैलना और अनभिज्ञ रैयतों का उनपर विश्वास कर लेना आसान है। मि. गांधी की व्यक्तिगत सफलता हो जाने से इसमें और बल आ गया है। ऐसी हालत में सीधा रास्ता मेरे विचार में यही होगा कि यदि मि. गांधी समझाने-बुझाने से स्वयं न चले जायँ तो उनको चले जाने के लिए हुक्म दिया जाय और सरकारी कर्मचारियों पर छोड़ दिया जाय कि वे रैयतों के साबित हुए दुःखों तथा उनके विरुद्ध ज्यादतियों को दूर करें और रैयतों और नीलवरों में अच्छा संबंध स्थापित करें।

अंत में कमिश्नर ने लिखा—मेरे विचार में यह बहुत बड़ी भूल होगी कि कोठीवालों द्वारा दी गई दिक्कतों का अधिक प्रचार किया जाय, क्योंकि इससे आंदोलन और बढ़

जाने की संभावना है। इसी कारण से मैं चाहता हूँ कि सरकार इस रिपोर्ट और इसके साथ के कागजात को एकदम गोपनीय रखे।

मि. गांधी के सामने इन दुःखों को अधिक स्वीकार किए बिना ही ऐसे काफी मसाले हैं, जिनके आधार पर उनको यह समझाया जा सकता है कि उनके काम से यहाँ की अवस्था खराब हो गई है और एक जाति का दूसरी जाति के विरुद्ध विषम-भाव फैल गया है। ऐसी दशा को सरकार नहीं रहने दे सकती है, तथापि सरकार रैयतों के दुःखों को दूर करने के लिए तैयार है। पर, वह कोठीवालों की जायदाद को अनुचित रूप से बरबाद होने नहीं दे सकती है। यदि सरकार इस प्रकार की नीति की घोषणा करने को तैयार हो तो मेरे विचार में बहुत कुछ भ्रम दूर हो जाएगा। पर यदि मि. गांधी अपने कार्य को जारी रखना ही चाहते हैं और यदि सरकार की बात को वे मानने को तैयार नहीं हों तो ऐसी हालत में उनको इस विषय में कुछ कहना व्यर्थ होगा। ऐसी अवस्था में हम लोग गैर-कानूनी कार्यवाहियों को, जहाँ तक हो सके, कानूनी ढंग से रोकने का प्रयत्न कर सकते हैं और कोठीवालों को सहायता पहुँचा सकते हैं। यदि एक भी कोठी बंद हो जाय, तो इसका परिणाम बहुत बुरा होगा। इसके अतिरिक्त नीलवर लोगों ने जिस प्रकार से ऐसी कठिन अवस्था में धैर्य से काम लिया है, उसका भी विचार करना आवश्यक है। मेरे विचार में इन नीलवरों में जो कुछ भी दोष है, उन्हें ठीक किया जाय। पर, ये लोग हमारे अपने आदमी हैं और अपनी रक्षा के लिए हम लोगों पर ही निर्भर रहते हैं।

इसलिए मेरा विचार है कि बहिष्कार बढ़ने पर इन लोगों को जब तक हो सके, अपने स्थान पर धैर्य के साथ रहने के लिए प्रोत्साहन दिया जाय और कहा जाय कि वे धैर्य के साथ रहें। साथ ही उनको यह विश्वास दिलाया जाय कि कोई गैर-कानूनी काररवाई होने पर सरकार की ओर से हर प्रकार से सहायता दी जाएगी। चंद नीलवर भी बेसमझी से ऐसा कह रहे हैं कि वे कानून को अपने हाथ में ले लेंगे और यदि ऐसी हालत में उन्हें किसी प्रकार का विश्वास नहीं दिलाया जाएगा तो उन्हें उत्तेजित करने पर उपद्रव बढ़ने का डर है।

थोड़े शब्दों में, वहाँ की अवस्था ऐसी है कि यद्यपि बहिष्कार का आंदोलन अभी अधिक नहीं फैला है, पर उपद्रव होने का भय मौजूद है। पर, यह मेरा अपना विचार है। मैं समझता हूँ कि वहाँ की परिस्थिति ऐसी है कि जहाँ तक हो सके, सरकार किसी अपने मेंबर को चंपारन भेजकर वहाँ की स्थिति का अध्ययन करे, ताकि यथासंभव उनको मालूम हो जाय कि वहाँ की हालत कैसी है।''

कमिश्नर की चिट्ठी के जवाब में ता. २७ सितंबर, १९१७ को चीफ सेक्रेटरी ने यह लिखा—

"The whole matter is under Government's consideration and orders will be passed as soon as the committee's report which is expected shortly is received. It is obviously impossible for Government to take any action before that event and equally inconceivable that any local planter will be so foolish as to do anything that will prejudice the case of his fellow planters while the committee are still in consultation with leading members of the community.

"I am to add that on the facts now before them, Government think that it would do far more harm than good to take any prohibitory action against Mr. Gandhi as soon as the committee have submitted their report."

भावार्थ—"कुल बातें सरकार के विचाराधीन हैं और उनके संबंध में उचित हुक्म कमेटी की रिपोर्ट आ जाने पर दिया जाएगा। यह रिपोर्ट शीघ्र ही आने वाली है। इससे पूर्व सरकार के लिए कोई काररवाई करना असंभव है। और, कोई नीलवर ऐसी बेवकूफी नहीं करेगा, जो ऐसी काररवाई कर बैठे, जिससे सब नीलवरों के हक में नुकसानी पहुँचे, जबकि कमेटी उनके प्रतिनिधियों के साथ सब मामलों पर अभी विचार कर रही है।

"ऐसी अवस्था में सरकार की राय में कमेटी की रिपोर्ट देने के साथ ही मि. गांधी के विरुद्ध कोई हुक्म जारी करने में लाभ के बदले हानि पहुँचने की अधिक संभावना है।"

ता. २२ सितंबर को महात्माजी अहमदाबाद से राँची पहुँचे। बाबू ब्रजकिशोर प्रसाद भी आपकी आज्ञानुसार वहाँ पहुँचे हुए थे। वहाँ महात्माजी जाते ही ज्वर से पीड़ित हो गए। पर, ज्वर रहते हुए भी कमेटी के काम को करते गए। रिपोर्ट तैयार करने के लिए कमेटी की कई बैठकें हुईं और शरहबेशी-संबंधी प्रश्न को तय करने के लिए मि. इर्विन तथा अन्य नीलवर फिर तार द्वारा राँची बुलाए गए। कई दिनों तक विचार करने के बाद कमेटी ने ता. ३ अक्टूबर को एकमत होकर अपनी रिपोर्ट पर दस्तखत करके ता. ४ अक्टूबर को उसे बिहार सरकार में दाखिल कर दिया। ता. १८ अक्टूबर को बिहार सरकार ने कमेटी की रिपोर्ट पर विचार करके अपना मंतव्य प्रकाशित करने की आज्ञा दी। यहाँ पर इतना ही कह देना उचित है कि सरकार ने कमेटी की प्राय: सभी बातें मान लीं।

राँची से महात्माजी चंपारन वापस आए और १२ अक्टूबर तक वहीं रहे। महात्माजी के राँची से वापस आने पर रैयत उनके दर्शनार्थ तथा इस बात के जानने के लिए कि कमेटी का निश्चय क्या हुआ, उनके पास झुंड-के-झुंड आने लगे। महात्माजी ने उन लोगों को रिपोर्ट की मुख्य बातें कह दीं और इससे उन्हें बहुत कुछ संतोष हुआ। इस साल महात्माजी को बिहार के छात्रों ने अपने वार्षिक सम्मेलन का सभापति चुना था। यह सम्मेलन भागलपुर में १५ अक्टूबर को होने वाला था। इसलिए महात्माजी ता. १३ अक्टूबर को मोतिहारी से भागलपुर गए और वहीं से फिर बंबई लौट गए। इस बीच में मोतिहारी के ऑफिस में रहने के लिए बाबू जनकधारी प्रसाद वकील मुजफ्फरपुर से आ गए और वहाँ रहने लगे।

❑

अट्ठारहवाँ अध्याय

जाँच-कमेटी की रिपोर्ट

ऊपर कहा जा चुका है कि जाँच-कमेटी के सदस्यों ने अपनी रिपोर्ट दस्तखत करके ता. ४ अक्टूबर को सरकार में दाखिल कर दी थी और सरकार ने कमेटी की प्राय: सभी बातों को मंजूर करके इस विषय में अपना मंतव्य ता. १८ अक्टूबर को प्रकाशित कर दिया था। कमेटी की रिपोर्ट बड़ी होने के कारण यहाँ पर विस्तार में नहीं दी जा सकती है, पर उसके सदस्यों ने जो-जो सिफारिशें की थीं, जिन्हें सरकार ने मंजूर करके अपने मंतव्य में प्रकाशित किया था, उनका सारांश नीचे दिया जाता है—

१. तीन-कठिया प्रथा, चाहे नील बोने के लिए या किसी और गल्ले के पैदा करने के लिए हो, पूर्ण रूप से उठा दी जाय।

२. यदि नील बोने के लिए रैयतों से कोई इकरारनामा (सट्टा) लिखाया जाय तो नीचे लिखी हुई शर्तों पर लिखाया जाना चाहिए—

क. इकरारनामा पूर्णत: स्वेच्छापूर्वक लिखा जाय।

ख. सट्टे तीन वर्ष से अधिक के लिए न लिखे जायँ।

ग. जिस खेत में नील बोना हो, उसको रैयत ही चुनें।

घ. जिस मूल्य पर या दर से नील या पौधा बेचना हो, उसे रैयत अपनी इच्छानुसार ठीक करें।

च. नील के पौधों को तौलकर दाम दिया जाय। रैयत यदि राजी हों तो पौधों को काँटे पर न तौलकर उसकी 'मनी' का अंदाजा पंचों द्वारा ठीक किया जा सकता है।

३. मोतिहारी और पिपरा कोठियों से जो शरहबेशी हुई है, उसमें प्रति सैकड़ा २६ रुपए कम हो जाएँगे और तुरकौलिया कोठी में फी सैकड़ा २० रुपए कम होंगे।

क. जलहा और सीरनी कोठियों में मोतिहारी और पिपरा कोठियों के हिसाब से शरहबेशी कम होगी।

ख. जिन रैयतों के खतियान में तीन-कठिया लगान सर्वे बंदोबस्त से दर्ज किया गया है, उनको ऊपर के हिसाब से शरहबेशी लगान देना पड़ेगा।

ग. राजघाट कोठी ने किसी रैयत पर नील के लगान का दावा नहीं किया है। वहाँ पर शरहबेशी न करने की शर्त पर रैयतों ने कोठी के लिए नील करने का सट्टा लिख दिया था। अत:, वर्तमान बंदोबस्त में कोठी ने शरहबेशी के लिए प्रार्थना नहीं की। वहाँ के रैयत अब नील छोड़ देना चाहते हैं। इसलिए उसकी लगान बेशी करने के लिए बंदोबस्त में प्रार्थना करने का अवसर दिया जाएगा।

४. जिन रैयतों ने कोठियों को तावान (नकद वा हैंडनोट के जरिए से) दिया है, उनको उस तावान का चौथाई हिस्सा कोठी से वापस मिलेगा। उन गाँवों में जो कोठियों को हाल में ठेका दिए गए हैं, रैयतों से लिये हुए तावान का कुल रुपया लौटा देना पड़ेगा। बेतिया राज को उन रैयतों से गल्लों के मूल्य बढ़ जाने के कारण बंदोबस्त की कचहरियों द्वारा जो इजाफा लगान मिलेगा, वह सात वर्ष तक उनसे न लेगा।

५. अबवाब लेना पूर्णत: कानून के विरुद्ध है और भविष्य में किसी रैयत को अपनी खतियान में दर्ज की हुई मालगुजारी के सिवाय और कुछ भी जमींदार को नहीं देना चाहिए।

६. दाखिल-खारिज के लिए वारिस से फीस लेना नाजायज है और अन्य लोगों से यह फीस एक निश्चित हिसाब से लेनी चाहिए। रेवेन्यू बोर्ड से कहा जाएगा कि वह बेतिया राज के विषय में फीस का हिसाब ठीक कर देने के प्रश्न पर विचार करे और मुकर्रीदारों से भी इसी हिसाब से फीस लेने की ताकीद की जाय।

७. बेतिया राज के इलाकों में चर्सा महाल तोड़ दिया जाना चाहिए पर इस विषय में कोई निश्चित आज्ञा देना उस समय तक मुल्तवी रहे, जब तक कि रामनगर राज में इस विषय में पूरी जाँच न हो ले।

८. मिट्टी का तेल बेचने के विषय में लाइसेंस जारी करना कानून के विरुद्ध है और यह प्रथा एकदम बंद हो जानी चाहिए।

९. बेतिया राज में रैयत वृक्षों में मालिक का आधा हिस्सा मुनासिब मूल्य पर खरीद सकते हैं; पर यदि किसी इलाके में कुछ गाछ कट जाने का भय हो तो बेतिया राज के मैनेजर रैयतों की दरख्वास्तों की हद नियत कर सकते हैं।

१०. मवेशियों के चरने के लिए गोचर या परती रखने के लिए सब जमींदारों, मुकर्रीदारों और ठेकेदारों के पास खबर भेजी जाएगी।

११. रैयतों पर जुरमाना करना और उसे वसूल करके ले लेना कानून के विरुद्ध है। रैयतों को इस बात की सूचना दे दी जाएगी और इसके लिए सब जमींदारों, मुकर्रीदारों और ठेकेदारों को मनाही भेजी जाएगी।

१२. गाड़ी का सट्टा ५ वर्ष से अधिक का नहीं होना चाहिए और यह स्वेच्छापूर्वक लिखा जाना चाहिए।

१३. मजदूरी की पूरी-पूरी स्वतंत्रता रहेगी।

१४. मालगुजारी की प्रत्येक किस्त के लिए रसीद देने के विषय में कमेटी ने जो सिफारिश की है, उसके मुताबिक यदि संभव होगा तो रसीद का एक नमूना तैयार किया जाएगा।

१५. फाटकों का ठेका कोठी या और ठेकेदारों को न देकर खास अपने ताल्लुक में रखने की परीक्षा करने के लिए डिस्ट्रिक्ट बोर्ड को सूचित किया जाएगा।

यहाँ पर यह कह देना उचित है कि इस रिपोर्ट तथा सरकारी मंतव्य के प्रकाशित होते ही ता. १८-१०-१७ को सरकार की ओर से मंतव्य के अनुसार एक नोटिस रैयतों की आगाही के लिए छापकर जिले भर में बाँट दिया गया, जिसमें कमेटी की सिफारिशों का सारांश दिया हुआ था।

कोठी के कई साहबों को इससे बड़ा रंज हुआ और मोतिहारी कोठी के मैनेजर मि. इर्विन ने अखबार में एक प्रकार का आंदोलन खड़ा कर दिया, जिसका पूरा हाल आगे दिया जाएगा। कानपुर के 'प्रताप' ने चंपारन-संबंधी कई लेख लिखे थे और एक अवसर पर उसने वहाँ की प्रजा से उनके सब दुःखों को एक पुस्तक रूप में लिखने के लिए उसका सामान माँगा था और उसके जमा करने के संबंध में एक विज्ञापन छपवाया था। पर, जिस समय यह हो रहा था, सरकार की कुछ और ही नीति थी और उसने उस नोटिस के वितरण को रोक दिया था। उसी प्रताप प्रेस से सरकारी नोटिस पर टिप्पणी-स्वरूप एक छोटी सी 'चंपारन का उद्धार' नामक पुस्तिका छपकर प्रकाशित हुई और उसकी बहुत सी प्रतियाँ चंपारन में बिककर घर-घर पहुँच गईं। नीलवरों को ऐसा संदेह हुआ कि यह पुस्तिका महात्मा गांधी की ओर से वितरण की गई है; पर यह बात तो थी नहीं, इसलिए महात्माजी ने इसका प्रतिवाद किया। जो हो, इन सब कारणों से ज़िले भर में कोई भी ऐसा स्थान नहीं था, जहाँ कमेटी की सब बातें पहुँच न गई हों। रैयतों को अब अनुभव होने लगा कि महात्माजी के उद्योग से उनके दुःख के दिन दूर हो गए और वे अपने हृदय से अपने उद्धारकर्ता महात्मा गांधी की जय-जयकार मनाने लगे और सुख की नींद सोने लगे।

❑

उन्नीसवाँ अध्याय

नीलवरों में खलबली

जाँच-कमेटी की रिपोर्ट प्रकाशित होने के पहले ही मि. इर्विन को उसकी मुख्य बातों की खबर लग गई थी और ता. ७-१०-१७ को ही उन्होंने एक लंबा पत्र 'स्टेट्समैन' और 'इंग्लिशमैन' में छपने के लिए लिखकर भेज दिया था। इस पत्र में उन्होंने लिखा—"बेतिया में कमेटी ने पीपरा और तुरकौलिया कोठी के मैनेजरों को तथा मुझे बुलाकर शरहबेशी के संबंध में सुलह कर लेने की सलाह दी और वहाँ नीलवरों की ओर से प्रति सैकड़े २५ तक की कमी मैंने इस शर्त पर कबूल की कि तावान ज्यों-का-त्यों छोड़ दिया जाएगा। मैंने यह भी दिखलाया था कि २५ रुपए सैकड़े कम होने से मेरी आमदनी १३,००० रुपए सालाना कम हो जाएगी। पर, इसपर भी मि. गांधी ने इस बात को स्वीकार नहीं किया और वह ४० रुपए सैकड़ा कम करने पर अड़े रहे। इसी प्रकार फिर राँची में बातें हुईं और वहाँ बहुत कहने-सुनने पर मैं २६ रुपए सैकड़े पर राजी हुआ; किंतु तावान के विषय में कोई भी बातें नहीं हुईं पर कमेटी की रिपोर्ट में मालूम होता है कि २५ रुपए सैकड़ा तावान भी वापस करना होगा, जिसका फल यह होता है कि मुझे ८०,००० रुपए वापस करने होंगे।" मि. इर्विन ने इन बातों को दिखलाते हुए आगे चलकर उक्त पत्र में लिखा—

"That our representative signed a report of this sort is a matter which will have to be settled with him. But I hereby absolutely decline to submit to any treatment of this kind and I as publicly as possible now revoke, repudiate and withdraw the concession of 25 p.c. of the *Sharahbeshi* from the beginning of the coming year and will, if obliged to, spend this money in fighting this to a finish."

अर्थात्, "इस बात का निपटारा अपने प्रतिनिधि के साथ पीछे कर लेंगे कि उन्होंने ऐसी रिपोर्ट पर क्यों हस्ताक्षर किया। मैं इस प्रकार के व्यवहार के सामने सिर झुकाने को एकदम इनकार करता हूँ और इसके द्वारा जहाँ तक प्रकाश-रूप से हो सकता है, २५

सैकड़े शरहबेशी घटाने की जो रियायत मैंने की थी, उसे मैं अगले साल के आरंभ से साफ-साफ रद्द करता और वापस किए लेता हूँ और यदि इसके लिए मजबूर किया गया तो उसी रुपए को मैं इस मामले में आखिर तक लड़ने में लगा दूँगा।''

मि. इर्विन का पत्र ता. २१-१०-१७ के 'स्टेट्समैन' और २२-१०-१७ के 'इंग्लिशमैन' में छपा। ता. २३-१०-१७ को सरकार ने इसका विशेष रूप से खंडन किया। उसमें उसने कहा कि जो लांछनाएँ कमेटी के अध्यक्ष तथा सदस्यों पर लगाई गई हैं, वे ठीक नहीं हैं तथा—

"The Lieutenant-Governor-in-Council is unable to believe the allegation made by Mr. Irwin that the committee obtained his consent to the reduction of *Sharahbeshi* by leading him distinctly to understand that it *(Tawan)* would not be interfered with."

अर्थात्, ''छोटे लाट साहब और उनके सहकारी मि. इर्विन की इस बात का विश्वास नहीं करते कि कमेटी ने उनसे इस वादे पर शरहबेशी घटाने की अनुमति पाई थी कि तावान ज्यों-का-त्यों छोड़ दिया जाएगा।''

मि. इर्विन ने ता. २४-१०-१७ को एक पत्र छपवाया, जिसमें महात्मा गांधी पर यह लांछना लगाई कि उन्होंने छोटे लाट की एक चिट्ठी, जिसमें उन्होंने महात्माजी को कमेटी की सिफारिशों को रैयतों को बता देने की आज्ञा दी थी, बेतिया के सब-डिवीजनल अफसर मि. लिविस को दिखलाई थी और इसी पत्र में प्रांतीय सरकार पर भी आक्षेप किया कि सरकार रैयतों का पक्ष कर रही है। यह कहने की आवश्यकता नहीं कि चिट्ठी दिखलाने की बात एकदम गलत थी, क्योंकि महात्माजी ने कोई ऐसी चिट्ठी मि. लिविस को नहीं दिखलाई थी।

यहाँ पर यह भी कह देना उचित है कि मि. इर्विन ने अपने पहले पत्र में यह भी कहा था कि मि. रेनी ने, जो कमेटी के सदस्य थे और चंपारन में पहले कलक्टर रह चुके थे, अपनी कलक्टरी के समय नीलवरों को 'तावान' लेने की राय दी थी। यही बात फिर किसी अज्ञातनाम नीलवर ने 'ओल्ड चंपारन' (Old Champaran) के नाम से अखबार में छपवाई और पूछा कि मि. रेनी ने सलाह देकर फिर कमेटी की रिपोर्ट पर, जिसमें उसी तावान को वापस कराने की सिफारिश थी, दस्तखत क्यों किया?

ता. २५-१०-१७ को मि. इर्विन ने सरकारी खंडन का उत्तर दिया, जिसमें उन्होंने यह लिखा—

"I would like to know if his Honour has made any enquiries from the only people in position to say whether my allegation is true or not, *viz.*, the managers of Turkaulia Ltd. and Pipra who, with Messrs Rainy and Reid and myself, were the only persons present at the preliminary discussion.

अर्थात्, "मैं यह जानना चाहता हूँ कि लाट साहब ने क्या उन लोगों से पूछताछ की है, जो कह सकते हैं कि मेरे आक्षेप ठीक हैं या गलत, अर्थात् तुरकौलिया और पीपरा के मैनेजर, जो वहाँ उपस्थित थे, जब मि. रेनी और मि. रीड और मेरे बीच में यह बातें हुई थीं, वे ही मेरी बातों के सही या गलत होने की तहकीक खबर दे सकते हैं।"

ता. २-११-१७ को मि. जैमसन ने एक लंबा पत्र 'स्टेट्समैन' में छपवाया, जिसमें उन्होंने कमेटी की कारवाई पर कड़ी आलोचना करते हुए कहा कि तावान मि. रेनी की अनुमति से लिया गया था। उन्होंने यह भी कहा कि जिस प्रकार सर एडवर्ड बेकर (Sir Edward Baker) ने सन् १९०९ में मि. गुरले की रिपोर्ट के बाद नीलवरों से गोष्ठी करके कुछ नील का दाम बढ़ाया था, उसी प्रकार इस बार भी सरकार को उचित था कि यदि कोई परिवर्तन आवश्यक था, तो वह चुपचाप नीलवरों को बुलाकर समझा-बुझाकर सब बातें तय कर लेती। पर, जिस प्रकार सरकार ने बिना जरूरत कमेटी नियुक्त करके और मि. गांधी के आंदोलन को न रोककर कारवाई की है, उससे यही जान पड़ता है कि सरकार नीलवरों के साथ इंसाफ करना नहीं चाहती है और इस कारण नीलवरों का विश्वास सरकार की ओर से उठ गया है। उन्होंने लिखा—

"The Government would have retained the confidence of the planting community had it shown itself genuinely anxious to deal honestly with the whole question on its merits and to allay the unrest caused by its mistaken policy."

अर्थात्, "सरकार पर नीलवरों का विश्वास उस हालत में रहता, जब वह पूरी समस्या को ईमानदारी के साथ हल करने और जो उसकी भ्रांत-नीति के कारण अशांति हो रही है, उसका निवारण करने की सच्ची चिंता दिखलाती।"

एक बार सरकार ने रैयतों के साथ इन्साफ करना चाहा, उसका यह नतीजा!

यहाँ पर यह कह देना उचित है कि जो बातें मि. इर्विन ने तावान के संबंध में कही थीं, वे गलत थीं और शायद उनके समझने में कुछ भूल हुई थी। सरकार की ओर से इस विषय में पूरी तहकीकात की गई और पीपरा कोठी के मैनेजर मि. नौर्मन ने, जिनका हवाला मि. इर्विन ने अपने पत्र में दिया था, ता. २७-१०-१७ को यह लिखा—

"To the best of my recollections and it is my firm impression that the question of *Tawan* was never mentioned or referred to in any way at either of the two Committee meetings I have attended but personally I was under no misunderstanding about the committee's idea regarding the refund of 25 p.c. as I was told they intended recommending this refund in a conversation at Bettiah just before the Committee meeting there which Hill, Irwin and I attended. It is my impression that both Hill and Irwin were told the same as I was..... I wrote to Hill and Irwin when I was in Ranchi in August last...... I asked Mr. Sly if the *Tawan* question would be in any way influenced by what was settled over *Sharahbeshi* and he informed me that *Tawan* was an entirely different matter and whatever was settled regarding *Sharahbeshi* would in no way affect their decision about *Tawan.*"

अर्थात्, ''जहाँ तक मुझे स्मरण है और यह मेरी धारणा है कि कमेटी की उन दो बैठकों में, जिनमें मैं उपस्थित था, तावान के विषय में कोई बात नहीं हुई। तावान का नाम तक नहीं लिया गया था। पर, मुझे यह बात अच्छी तरह मालूम थी कि कमेटी तावान में २५ रुपए सैकड़े वापस दिलाने की राय देगी। इस विषय में मुझसे बेतिया में उपर्युक्त बैठक के पहले ही कहा गया था कि कमेटी ने ऐसी सिफारिश करने की राय कर ली है। मेरी धारणा है कि मि. हिल तुरकौलिया के मैनेजर और मि. इर्विन से भी यही बात कही गई थी। मैंने गत अगस्त में राँची से मि. हिल और मि. इर्विन के पास इस विषय में लिखा था कि मैंने मि. स्लाई से पूछा कि शरहबेशी के संबंध में जो निश्चय होगा, उससे तावान पर भी कुछ असर पड़ेगा या नहीं। उन्होंने उत्तर दिया कि तावान एक अलग बात है और शरहबेशी के संबंध में चाहे जो निश्चय हो, उससे तावान के संबंध में कमेटी की राय में कोई परिवर्तन नहीं होगा।

इसी प्रकार मि. रीड ने, जो नीलवरों के प्रतिनिधि होकर कमेटी के मेंबर हुए थे, ता. १ नवंबर को लिखा था—

"I am extremely surprised to read his (Mr. Irwin's) assertion that assurances were given that the 26 p.c. *Sharahbeshi* reduction would not be applied to *Tawan*. On the contrary I have the clearest recollection that when Mr. Irwin came to Bettiah he himself asked me if anything had been decided about *Tawan* showing that he understood that the consultation with the three planters only referred to *Sharahbeshi*. Moreover I told him then that the committee had decided to recommend a 25 p.c. refund of *Tawan.* He strongly disapproved but finally said that he would prefer to pay the money to the Raj and not to the *ryots.* I told him that the matter had been finally settled by the committee and I could do nothing further. All this was at Bettiah. When he came to Ranchi the *Tawan* question was never mentioned."

अर्थात्, ''मि. इर्विन की यह बात पढ़कर मुझे बहुत आश्चर्य होता है कि २६ सैकड़े शरहबेशी घटाने की बात तावान के संबंध में नहीं लागू थी। मुझे खूब याद है कि जब मि. इर्विन बेतिया आए थे, तब स्वयं उन्होंने हमसे पूछा था कि तावान के विषय में क्या निश्चय हुआ, जिससे यह बात जाहिर होती है कि वह समझते थे कि जो गोष्ठी नीलवरों के साथ वहाँ होने वाली थी, वह केवल शरहबेशी के संबंध में ही थी। मैंने उनसे उसी समय कह दिया कि कमेटी ने २५ रु. सैकड़े तावान वापस करने की सलाह देने का निश्चय कर लिया है। उन्होंने इसको बहुत नापसंद किया, पर अंत में उन्होंने

कहा कि वे रैयतों को रुपए देने से बेतिया राज को ही देना अच्छा समझते हैं। मैंने कहा कि कमेटी ने इस बात में अपना अंतिम निश्चय कर लिया है और मैं अब कुछ अधिक न कर सकूँगा। यह सब बातें बेतिया में ही हुई थीं। जब वह राँची आए, तब उनसे तावान का एक बार भी जिक्र नहीं किया गया।

मि. रेनी से राय लेकर तावान वसूल करने की जो बात मि. इर्विन, जैमसन तथा एक और नीलवर ने कही थी, उसके विषय में भी सरकार ने मि. रेनी से पूछा और उन्होंने उत्तर में लिखा कि—

"It is not true that *Tawan* was taken by him after consultation with me and on my advice. Had he said that it was taken with my knowledge and without interference from me, he would have been correct. He never asked for my advice nor did I advise him."

अर्थात्, ''यह बात सच नहीं है कि मुझसे पूछकर तथा मेरी राय से उन्होंने तावान वसूल किया था। यदि वे यह कहते कि मेरे जानते और मेरी ओर से बिना कुछ रोक-टोक के तावान वसूल किया, तो यह बात सच होती, पर उन्होंने इस विषय में न मुझसे कोई सलाह पूछी और न मैंने कोई सलाह दी।''

उन्होंने यह भी कहा कि जो कुछ नीलवरों ने मुझसे इस विषय में लिखा-पढ़ी की थी, वह मैंने सरकार में भेज दी थी। और, सरकार के उत्तर को भी मैंने उनके पास भेज दिया। कलक्टर की हैसियत से मैं और कुछ नहीं कर सकता था और खानगी तरीके से मैंने दूसरी कोई राय न दी।

यहाँ पर यह भी कह देना उचित है कि मि. इर्विन ने ता. ७-११-१७ को 'स्टेट्समैन' में एक चिट्ठी[१] लिखी, जिसमें उन्होंने स्वीकार किया कि मि. हिल और मि. नौर्मन से पूछने पर मुझको मालूम हुआ कि तावान के संबंध में मैंने भूल की है पर यह कहना मेरा सत्य है कि मैंने तावान वापस देना कभी स्वीकार नहीं किया और शरहबेशी का घटाना मैंने इसी शर्त पर कबूल किया था कि तावान वापस न देना पड़ेगा।

कमीशन की रिपोर्ट से नीलवरों में कितनी खलबली मची थी, उसका कुछ पता उक्त पत्रों से मिला होगा। इसी प्रकार कमेटी के मंतव्यों के विरुद्ध कितने ही पत्र और लेख अँगरेजी पत्रों में छापे गए। यथा—किसी एक्स, वाई, जेड, (X, Y, Z) महाशय ने चंपारन से ता. ८-११-१७ को लिखते हुए यह धमकाया कि गवर्नमेंट की इस काररवाई के बाद बेतिया राज का ठेका कोई भी नहीं लेगा।[२] दार्जिलिंग से मि. कैनथ मैकेंजी नामक महाशय ने, जो किसी समय चंपारन में नीलवर रह चुके थे, लिखा—

---

१. ता. १८-११-१७ को 'स्टेट्समैन' में प्रकाशित।

२. ता. १०-११-१७ को 'स्टेट्समैन' में प्रकाशित।

"The Government of Bihar have employed the most unheard of methods to uproot respect for Bihar planters in *ryots'* minds by their insulting procedure of scattering broadcast pamphlets in the vernacular among an ignorant peasant population most unjustly putting planters in the wrong.

"The action will have much more serious results than Sir E. Gait anticipates and he, his colleagues and the members of the so-called commission should be held collectively and individually responsible for any bloodshed that may ensue. Does the Bihar Government think for one moment that planters will accept without question the arbitrary finding of the Commission? Will the European Defence Association see this injustice done to a section of their own community? I know not."[1]

अर्थात्, ''बिहार सरकार ने हिंदी में छपे विज्ञापन बँटवाकर नीलवरों की बड़ी मानहानि की है। रैयतों के दिल में अब नीलवरों के प्रति कुछ भी आदर नहीं रह जाएगा। इस काररवाई का नतीजा बहुत बुरा होगा, जिसको सर ई. गेट नहीं समझते हैं। उनके सहकारियों तथा इस नामनिहादी कमीशन के सदस्यों के सिर पर उस खून-खराबी का दोष, जो इनकी काररवाई से हो सकती है, मढ़ा जाएगा। क्या बिहार सरकार यह समझती है कि नीलवर कमीशन के मनमाने निश्चय को चुपचाप मान लेंगे? क्या यूरोपियन डिफेंस एसोसिएशन अपनी जाति पर इस अन्याय को सह लेगा? मैं समझता हूँ कि ऐसा कदापि नहीं हो सकता है।''

ता. ९-११-१७ को मोतिहारी के कलक्टर मि. जे. एल. मेरीमैन ने अपनी गोपनीय रिपोर्ट में महात्मा गांधी के विषय में मि. मौर्शेड को इस प्रकार लिखा—

Motihari
The 9th November, 1917

Dear Mr. Morshead,

× × ×

Mr. Gandhi, who returned last night, came to see me this morning. He proposes to be here for 6 months, unless he is satisfied that he has done all the good he can before that date.

He informed me that he is going to devote his energies to :—

(a) Education. He is going to use Babu Rajendra Prasad and Braj Kishore chiefly in this work.

He appears to contemplate that they should do actual teaching work, and make recommendations for the best plans to form Schools. He proposes to solicit subsciptions from planters for the purpose. He says Hill has already promised help.

---

१. ता. १६-११-१७ को 'स्टेट्समैन' में प्रकाशित।

(b) Sanitation. He seems to think that his followers are going to go round the villages cleaning out wells and inculcating the habit for cleanliness. I pointed out that most of his present followers were hardly the men for this sort of job. He said he hoped to get others, and even some women-helpers. The Champaran raiyat will be surprised to hear the latter lecturing him.

(c) Improvement of relations between planters and raiyats. He declares he is anxious to decrease litigation as far as possible. I pointed out that one of the results of the excitement consequent on his 'Mission' had been a great increase in litigation. He assures me he is impressing on his followers the importance of trying to discourage needless litigation.

He says he wants to help the planter so long as the latter acts within the law and the terms of the recent Government Resolution.

I remained as non-committal as possible. I pointed out two things to him :—

1. The tendency of the Champaran raiyat, through ignorance, to misinterpret advice and actions.

2. The importance of choosing his lieutenants carefully.

My general impression of this man is that he is either speaking half the truth with his tongue in his cheek, or else he is a type such as I have never met before in this country.

Yours sincerely
Sd. J.L. Merriman

भावार्थ—"मि. गांधी ने, जो कल रात को बाहर से आए हैं, आज सवेरे मुझसे भेंट की। वह यहाँ ६ महीना और रहना चाहते हैं, जब तक कि उनको उससे पहले यह संतोष न हो जाय कि उनका काम पूरा हो गया है। वह अपनी शक्ति नीचे लिखे कामों में लगाना चाहते हैं।

क. शिक्षा—इसके लिए वे बाबू राजेंद्र प्रसाद तथा बाबू ब्रजकिशोर प्रसाद से काम लेना चाहते हैं।

उनका विचार है कि ये लोग पढ़ाने का काम स्वयं करें और उत्तम श्रेणी का स्कूल कायम करने के लिए अपना विचार दें। इसके लिए वे नीलवरों से भी चंदा माँगना चाहते हैं। उनका कहना है कि मिस्टर हिल ने उनको इसके लिए मदद देने का वादा भी किया है।

ख. सफाई—मि. गांधी का विचार है कि उनके सहकारी गाँवों में घूमकर कुओं को साफ करेंगे और लोगों को सफाई के विषय में शिक्षा देंगे। मैंने उनको बतलाया कि उनके अनुयायियों में से शायद ही कोई आदमी इस काम के योग्य है।

उन्होंने कहा कि उनको आशा है कि इस काम में मदद देने के लिए और भी पुरुष और स्त्रियाँ आएँगी। मैं समझता हूँ कि चंपारन के रैयतों को उन स्त्रियों का व्याख्यान सुनकर कौतूहल होगा।

ग. रैयत तथा नीलवरों के बीच अच्छा संबंध स्थापित करना—इस विषय में उन्होंने कहा कि उनकी इच्छा है कि इनके बीच में मुकदमा जहाँ तक हो सके, कम हो। मैंने उनसे यह कहा कि उनके आने से मुकदमों की संख्या बढ़ गई है। उन्होंने मुझको आश्वासन दिया कि वह अपने साथियों को मुकदमेबाजी कम कराने का आदेश दे चुके हैं।

मि. गांधी का कहना है कि वे नीलवरों की मदद करना चाहते हैं लेकिन यह तभी तक हो सकता है जब तक नीलवर कानून और हाल के सरकारी प्रस्ताव की शर्तों के अनुकूल कार्य करेंगे।

मैंने अपना कोई विशेष विचार प्रकट नहीं किया, केवल दो बातें कहीं—

१. कि चंपारन के रैयत अपनी अनभिज्ञता के कारण उनकी सलाह या काररवाई का दूसरा अर्थ निकाल सकते हैं।

२. इस काम के लिए उनको अपने साथियों को बहुत सावधानी से चुनना पड़ेगा।

मेरा अनुमान है कि मि. गांधी या तो आधी बात छिपाकर बोलते हैं या ऐसे मनुष्य हैं, जिनके समान मनुष्य मुझको इस मुल्क में आज तक नहीं मिला है।''

महात्मा गांधी ता. ११-११-१९१७ को तीसरे पहर की गाड़ी से मोतिहारी से मुजफ्फरपुर आए और उसी दिन संध्या समय मुजफ्फरपुर स्टेशन धर्मशाला के मैदान में एक सभा हुई, जिसमें ५ हजार से अधिक लोग उपस्थित थे। इस सभा में महात्माजी ने अपने सारगर्भित विचार प्रकट किए। तत्पश्चात् संध्या समय यहाँ के मुसलमान भाइयों के निमंत्रण पर म. गांधी यहाँ के मुसलिम क्लब में गए और वहाँ मुसलमान भाइयों ने अपनी शिकायत पेश की, जिसका महात्माजी ने यथोचित उत्तर दिया, जिससे उनको बहुत कुछ संतोष हुआ। फिर, रात की गाड़ी से वे चंपारन लौट गए।

ता. १२-११-१७ को बिहार प्लैंटर्स एसोसिएशन के मंत्री मि. जे. एन. विल्सन ने नीलवरों के वकील की सम्मति 'स्टेट्समैन' पत्र में छपने को भेजी। सम्मति यह थी कि इसमें संदेह है कि बिहार सरकार को ऐसा अधिकार है अथवा नहीं कि वह कानून बनाकर तीन-कठिया संबंधी जो स्वत्व नीलवरों को प्राप्त है, वह छीन ले; जो मुआहिदे पहले से चले आ रहे हैं उनको दोनों फरीक एकमत होकर तोड़ सकते हैं, पर बिना इनकी राय के उन मुआहिदों पर सरकार से छपे हुए नोटिस का कुछ असर नहीं हो सकता। तावान के रुपए वसूल हुए तीन वर्ष से अधिक हो चुके और उनकी वसूली के लिए अदालतों में नालिश नहीं की जा सकती है। इसलिए, नीलवरों से उसे वापस दिलाना उनसे रुपए छीनकर रैयतों को देने के बराबर है।

किसी महाशय ने ता. २०-११-१७ के 'स्टेट्समैन' में 'सॉलीसीटस' (Solicitous) के नाम से मि. मैकेंजी के पत्र पर आलोचना करते हुए यूरोपियन एसोसिएशन को यह राय दी कि वे इस विषय में कोई काररवाई अवश्य करें; क्योंकि ऐसा न करने से जो

हालत आज चंपारन के नीलवरों की है, वह कल दूसरी जगह के अँगरेजों की हो सकती है। इसी प्रकार ता. २४-११-१७ के 'स्टेट्समैन' में बिहार के किसी अँगरेज का बहुत लंबा लेख निकला, जिसमें उन्होंने महात्मा गांधी तथा बिहार गवर्नमेंट पर कटाक्ष करते हुए कमीशन की शिकायत की और मि. इर्विन के तावान वसूल करने के विषय में कही हुई बातों का पोषण किया और नीलवरों की तारीफ की। इसके उत्तर में किसी एक सज्जन ने 'रुएट सीलम' (Ruat Caelum) के नाम से ता. २-१२-१७ के 'स्टेट्समैन' में एक पत्र प्रकाशित किया, जिसमें उन्होंने, कमेटी पर जो आक्षेप किए गए थे, उनका संक्षेप में मुँहतोड़ जवाब देते हुए लिखा—

"If I have understood the writer of the article correctly his position is that status-quo-ante-Gandhi in Champaran, should be restored, because (1) it pays the *ryot* to grow Indigo; (2) the Indigo planter is a good, considerate landlord; (3) all planters and their relatives of military age are fighting for the Empire; and (4) certain planters served Bettiah Raj many years ago. To take these in inverse order, most people acquainted with the facts, who are not planters, would think regarding the fourth that the planters in question got an ample *quid-pro-quo*. The third hardly appears to me apposite and the second would be generally admitted to be true, if proviso is added 'so long as such conduct does not interfere with his own interest.' Some would add the rider that the planter is bound to behave thus in his own interest. The real crux lies in the first...But after all the matter is set at rest by the action of the planter in taking *Tawan*.... Either the taking of *Tawan* was a highly discreditable transaction in which the planter made use of his influence and superior knowledge, to extract a large sum from the *ryot* for a release which was worth nothing, or it does not pay the *ryot*, to grow Indigo at the rate fixed by the Bihar Planters' Association. I have no doubt that the latter is the correct answer..... as for Sly Committee's recommendation with respect to *Tawan* there must be many who were surprised at the moderation."

अर्थात्, "यदि मैंने उस लेख को ठीक समझा है तो उसका यही आशय है कि मि. गांधी के चंपारन जाने के पहले वहाँ की जैसी स्थिति थी, वही फिर कर देनी चाहिए, क्योंकि (१) रैयतों को नील बोने से नफा है, (२) नीलवर अच्छे जमींदार हैं, (३) नीलवर और उनके ऐसे रिश्तेदार, जो लड़ने के योग्य हैं, आज साम्राज्य के लिए लड़ रहे हैं, और (४) चंद नीलवरों ने बहुत वर्ष हुए, बेतिया राज की बड़ी सेवा की थी। इन सब बातों पर यदि विचार किया जाय तो चौथी बात के विषय में जो लोग चंपारन का हाल जानते हैं और जो स्वयं नीलवर नहीं हैं, वे यही कहेंगे कि नीलवरों को बेतिया राज की मदद करने का पूरा बदला मिल गया। मेरी समझ में तीसरी बात का विचारणीय विषय से कोई संबंध नहीं मालूम पड़ता और दूसरी बात में यदि यह और

जोड़ दिया जाय कि 'जब तक उनको उससे नुकसान न होता है', तब तक बहुत लोग इसे स्वीकार कर लेंगे। बहुतेरे तो यह भी जोड़ना चाहेंगे कि 'और नीलवरों का स्वार्थ भी इसी में है।' तब रह गई केवल पहली बात। उसी में असल तत्त्व है, पर इस विषय में तो नीलवरों ने तावान लेकर इस बात का भी निर्णय कर दिया। या तो तावान लेना बहुत ही शिकायत की काररवाई थी, जिसमें नीलवरों ने अपने प्रभाव और ज्यादा जानकारी से रैयतों से बहुत रुपए—नीलवरों से ऐसा छुटकारा देने के लिए—वसूल किए, जिसका कुछ मूल्य ही नहीं था। नील की जो कीमत बिहार प्लैंटर्स एसोसिएशन ने मुकर्रर कर दी थी, उससे रैयतों को नफा नहीं था। स्लाई कमेटी ने जो सिफारिश तावान के विषय में की है, वह बहुत लोगों की समझ में बहुत ही कम है।"

बहुत लोगों का अनुमान है कि यह पत्र किसी उच्च श्रेणी के प्रतिष्ठित अँगरेज का लिखा हुआ था।

इसी प्रकार से जब एक ओर नीलवर और उनके पक्षपाती अखबारों में धूम मचा रहे थे और दूसरी ओर चंपारन में छोटे-बड़े कितने ही मुकदमे नीलवर रैयतों के खिलाफ उनको दबाने की नीयत से चला रहे थे कि बिहार सरकार ने ता. २९-११-१७ को 'चंपारन एग्रेरियन बिल' व्यवस्थापिका सभा में पेश किया।

❑

बीसवाँ अध्याय

चंपारन एग्रेरियन ऐक्ट

ऊपर कहा जा चुका है कि ता. २९ नवंबर को स्थानीय व्यवस्थापिका सभा में माननीय मि. मौड ने चंपारन एग्रेरियन बिल (Champaran Agrarian Bill) पेश किया। उन्होंने जो व्याख्यान इस अवसर पर दिया, वह बड़े मारके का था। उसमें उन्होंने ५०-६० वर्षों का चंपारन में नील-संबंधी झगड़ों का संक्षिप्त इतिहास, जिसका विवरण ऊपर के अध्यायों में दिया गया है, बयान किया और सरकारी कमेटी की सिफारिशों पर काररवाई की न्यायता को दिखलाया। यहाँ पर यह कह देना उचित है कि जब नीलवरों ने कमेटी की रिपोर्ट के विषय में शोरगुल किया, तब माननीय मि. जे. डी. रीड ने, जो उस समय तक नीलवरों की ओर से व्यवस्थापिका सभा में सदस्य थे, इस्तीफा दे दिया और उनकी जगह पर मि. जे. वी. जैमसन नियुक्त हुए। सरकार ने नीलवरों के वकील मि. पी. केनेडी को भी एक विशेष सदस्य थोड़े दिनों के लिए बना लिया। इन दोनों महाशयों ने बिल के पेश होने के विरुद्ध बहुत कुछ कहा; पर उनकी बातों का पूरा जवाब मि. मौड ने दिया। अंत में बिल एक विशेष कमेटी में विचारार्थ भेज दिया गया। इस कमेटी ने बिल में कुछ अदल-बदल करके सरकार में पेश किया और वह ता. २० फरवरी, १९१८ ई. को सरकारी गजट में प्रकाशित हुआ। अंत में ता. ४ मार्च, १९१८ की बैठक में माननीय मि. मौड ने विशेष कमेटी की रिपोर्ट पेश की। उस दिन कतिपय हिंदुस्तानी सदस्यों ने कई सुधार पेश किए और नीलवरों की ओर से मा. मि. जैमसन और मा. मि. केनेडी द्वारा भी कई सुधार पेश हुए। पर, कोई मारके का सुधार सरकार ने स्वीकार नहीं किया। एक बात उल्लेख-योग्य यह है कि जो बिल आरंभ में पेश किया गया था, उसमें एक धारा इस आशय की थी कि यदि सरकारी कर्मचारियों को यह मालूम हो कि कोई जमींदार अबवाब वसूल कर रहा है तो उन्हें अधिकार होगा कि बिना किसी के नालिश के भी वे उस विषय में तहकीकात करके यदि बात साबित हो तो उस जमींदार को सजा कर सकते हैं। विशेष कमेटी ने इस धारा को बिल से निकाल दिया

था। मा. मि. टैनर ने इस धारा को फिर बिल में शामिल कर देने का प्रस्ताव किया। सरकार की ओर से सब सरकारी सदस्यों को अपनी इच्छा के अनुसार सम्मति देने की अनुमति दे दी गई थी। इसका फल यह हुआ कि प्राय: सभी गैर-सरकारी और कुछ सरकारी सदस्यों ने मि. टैनर के प्रस्ताव के विरुद्ध सम्मति दी और वह स्वीकृत नहीं हुआ। जिन लोगों ने इस प्रस्ताव के विरुद्ध सम्मति दी, उनका कहना यह था कि बंगाल टेनेंसी ऐक्ट में एक धारा है, जिसके अनुसार रैयत के नालिश करने पर ही अबवाब लेनेवाले को सजा हो सकती है और उसमें केवल चंपारन के लिए कुछ बदलने की जरूरत नहीं है। अंत में, इसी बैठक में चंपारन एग्रेरियन ऐक्ट (Champaran Agrarian Act) स्वीकृत हो गया।

इस ऐक्ट की मुख्य धाराओं का आशय है—

१. यदि मालिक और रैयत के बीच में कोई ऐसा मुआहिदा हो, जिसके अनुसार रैयत मालिक के लिए अपनी जोत के किसी हिस्से में कोई खास फसल उपजाने के लिए बाध्य हों तो वह शर्त रद्द समझी जाएगी। पर, यदि इस शर्त पर रैयत ने 'अगौढ़' लिया हो और वह बाकी हो तो वह उसे वापस करने को बाध्य होगा।

२. यदि किसी रैयत की मालगुजारी उक्त बंधन से मुक्त कर दिए जाने के कारण बढ़ा दी गई हो तो सैकड़े २० रु. तुरकौलिया कोठी के रैयतों और २६ रु. अन्य कोठियों के रैयतों के इजाफे में से कम कर दी जाएगी और सर्वे खतियान को इसी के मुताबिक तरमीम कर दिया जाएगा। यदि किसी कोठी के रैयत की जोत के विषय में सर्वे खतियान में यह दर्ज हुआ हो कि वह कोई खास जायदाद मालिक के लिए बोने को बाध्य है तो वह उससे मुक्त कर दिया जाएगा। और उसकी मालगुजारी ऊपर के हिसाब से बढ़ाकर खतियान में दर्ज कर दी जाएगी।

३. खतियान को तरमीम करने के लिए सरकार की ओर से अफसर मुकर्रर किए जाएँगे और उनका हुक्म आखिरी समझा जाएगा।

४. यदि कोई रैयत चाहे तो मालिक के साथ ऐसा मुआहिदा कर सकता है कि वह मालिक को किसी खास फसल की नियत रकम तौलकर देगा; पर इसकी पाबंदी उसकी जोत पर नहीं होगी। इस प्रकार के मुआहिदे तीन वर्ष से अधिक के लिए नहीं होंगे और यदि रैयत शर्त के अनुसार उस चीज को नहीं पहुँचाए तो वह हरजाने का देनदार होगा, केवल उसे नहीं बोने के लिए देनदार नहीं होगा।

इस ऐक्ट का सारांश यह है कि तीन-कठिया प्रथा उठा दी गई। शरहबेशी में से २० रु. सैकड़े तुरकौलिया और २६ रु. सैकड़े अन्य कोठियों के रैयतों के लिए कम कर दिया गया। खुश्की नील करने की इजाजत रैयतों को दी गई और उनकी जोतों को नील के बंधन से मुक्त कर दिया गया। आगे इस विषय में लड़ाई कचहरियों में न हो, इसका

प्रबंध कर दिया गया।

जाँच-कमेटी ने यह भी सिफारिश की थी कि कोठीवालों ने जो तावान वसूल किया था, उसमें से एक-चौथाई रैयतों को वापस कर दिया जाय। सरकार ने इसको अपने मंतव्य में स्वीकार कर लिया था। इस मंतव्य के अनुसार १८ कोठियों के वसूल किए हुए तावान में से १,६०,३०१ रु. ९ आने ३ पैसे बेतिया राज से वापस करा दिए गए। यहाँ पर यह कह देना आवश्यक है कि जो गाँव बेतिया राज के नहीं थे, उनमें से जो तावान वसूल हुआ था, वह वापस नहीं हो सका। इसी प्रकार एक कोठी के मालिक ने अपनी कोठी को तावान वसूल करने के बाद दूसरे के हाथ बेच डाला था। उस कोठी के नवागत मालिक से भी तावान का वापस कराना उचित नहीं समझा गया।

'चंपारन एग्रेरियन ऐक्ट' के पास हो जाने के पश्चात् सरकार की इन काररवाइयों पर, जिनमें रैयतों के बहुत दिनों तक कष्ट सहने के बाद इनके साथ कुछ न्याय करने की उदारता दिखलाई गई थी, ऐंग्लो-इंडियन के मुख्य पत्र 'पायोनियर' ने समालोचना करते हुए और सरकार की कमजोरी बतलाते हुए लिखा था—

"We regret to find in those steps the worst of the faults that can be attributed to bureaucracy. Infirmity of purpose is the key-note throughout and it manifests itself in the usual symptoms; a purposeless insistence for as long as possible of secretariat secrecy and a refusal of requests for discussion when constitutionally put forward, followed by a prompt acceptance of the same request when the party making them shows a disposition and ability to make things unpleasant for the secretariat, professed reliance on the opinion of local officers so long as that profession serves as an excuse for secrecy and delay, followed by abandonment of those opinions when they are found to be inconvenient, a too obvious desire to evade for as long as possible grasping the nettle of a controversial subject with the inevitable risk of injustice resulting according to the power of one side or the other to put pressure on Government." *(Pioneer, March* 13, 1918)

अर्थात्, "हमें खेद है कि जिस प्रकार से सरकार ने काररवाई की है, उसमें जो सबसे बड़ा दोष नौकरशाही पर लगाया जाता है, वह मौजूद है। इसमें मतलब की कमजोरी शुरू से अंत तक भरी है और उसके जो मामूली लक्षण हैं, वे जाहिर हो रहे हैं, अर्थात् जब तक हो सके, दफ्तर की बातों को गुप्त रखने में बेकार जोर देना और उनपर विचार करने के लिए जब बाकायदा अनुरोध किया जाय, तब उसको अस्वीकार करना, पर उसके बाद ही तुरंत उनको मान लेना जबकि अनुरोध करनेवाला दफ्तर के लिए बातों को अप्रिय बना देने के लिए तैयार हो जाय। जाहिरा तौर से स्थानीय अफसरों की राय पर भरोसा करना, जब तक कि वैसा करने से बात छिपाने और विलंब करने का बहाना मिल सके, पर बाद में उन रायों को छोड़ देना जब वे असुविधाजनक हो जायँ, जब तक

हो सके तब तक किसी विवादग्रस्त विषय की असलियत से दूर भागने की अत्यंत स्पष्ट इच्छा यद्यपि इससे एक या दूसरे फरीक की सरकार पर दबाव डालने की शक्ति के अनुसार अन्याय होने का अवश्यंभावी डर क्यों न हो।'' (पायोनियर, १३ मार्च, १९१८)

ऐंग्लो-इंडियन पत्रों में ऐसी टीका-टिप्पणी निकालना तो सर्वथा स्वाभाविक ही था, पर सब समझदार जानते हैं कि रैयतों के मुद्दतों के दुःख दूर करने की चेष्टा सरकार ने पहली बार यही की थी और वह भी महात्मा गांधी जैसे विश्वविख्यात सुधारक के पूरे जोर लगाने पर। नीलवरों के स्वरचित अधिकारों और उसके पृष्ठपोषक ऐंग्लो-इंडियन पत्रों की तुनुकमिजाजी पर चाहे इससे जो कुछ धक्का लगा हो, पर साधारण प्रजा के हक में इसका फल बहुत अच्छा हुआ और जमाने के बाद चंपारन की पीड़ित प्रजा के महान् कष्टों का बोझ पहले-पहल हलका हुआ।

❑

इक्कीसवाँ अध्याय

स्वयंसेवकों की सेवा

महात्मा गांधी का विचार है कि चंपारन की प्रजा के दुःखों के कारणों में एक प्रधान कारण उनकी अविद्या है। आपका खयाल शुरू से ही था कि जब तक उनकी मानसिक उन्नति न होगी, उनका उद्धार किसी बाहरी शक्ति द्वारा होना असंभव है। यह बात भारतवर्ष भर के लिए लागू है पर चंपारन में इसका फल प्रत्यक्ष देखने में आता है। वहाँ की प्रजा एकबारगी लाचार है। उसका हृदय अत्यंत दुर्बल और उसमें शिक्षा का पूर्ण अभाव है। इन्हीं विचारों से आपने निश्चय कर लिया था कि और दुःखों से यदि उनका छुटकारा हो भी जाय, तो वे इस मुक्ति को कायम रख नहीं सकेंगे और दूसरे प्रकार के दुःखों के बंधन में फिर भी जकड़ जाएँगे। ऊपर कहा जा चुका है कि महात्माजी के आगमन से चंपारन की प्रजा में एक विचित्र प्रकार की स्वतंत्रता और निर्भीकता दीखने लगी थी; पर यह स्थायी थी या नहीं, यह नहीं कहा जा सकता है। उनके रहन-सहन में भी बहुत परिवर्तन की आवश्यकता है। गाँवों में गंदगी, रास्तों में गंदगी—जहाँ देखिए, वहाँ गंदगी, लोगों में इतना मेल नहीं कि वे आपस में मिलकर गाँव के किसी छोटे से रास्ते की भी मरम्मत कर लेवें। किसी प्रकार की बीमारी फैलने पर सभी निस्सहाय और निराश्रय होकर काल के शिकार हो जाते हैं—दवा का कोई प्रबंध नहीं। जहाँ सफाई का ही ठिकाना नहीं, वहाँ दवा-इलाज की कौन पूछे ?

इसीलिए महात्माजी का यह विचार था कि वहाँ के लोगों में शिक्षा-प्रचार का भी प्रबंध होना उतना ही आवश्यक था, जितना उनके कष्टों को दूर करना। कमेटी के कार्यारंभ के पहले ही आपने कुछ मित्रों के पास इस विषय में लिखा था कि कमेटी का काम समाप्त हो जाने के बाद उस शिक्षा के कार्य के लिए किस प्रकार के स्वयंसेवकों की आवश्यकता होगी, यह आपके एक पत्र से जान पड़ता है, जो आपने अपने एक मित्र के पास भेजा था—

"Their (volunteers) work will be the most important and lasting and therefore it will be the final essential stage of the mission. They (volunteers) have to be grown-up, reliable, hard-working men who would not mind taking the spade and repairing and making village roads and cleaning village cesspools and who will, in their dealings with their landlords, guide the *ryots* aright. Six months of such training cannot fail to do incalculable good to the *ryots,* the workers and the country at large."

अर्थात्, ''इन स्वयंसेवकों का काम बहुत महत्त्वपूर्ण और स्थायी होगा और इसलिए यही हमारे यज्ञ की अत्यंत आवश्यक और अंतिम पूर्णाहुति होगी। हमें ऐसे स्वयंसेवक चाहिएँ, जो जवान, विश्वसनीय और परिश्रमी हों, जिनको इसमें भी कोई उज्र न हो कि कुदाल लेकर गाँवों में नए रास्ते बनाएँ अथवा पुराने रास्ते की मरम्मत करें—गाँव की मोरियों को साफ करें और रैयत और जमींदार के आपस के व्यवहार में रैयत को ठीक-ठीक राह बताएँ। इस प्रकार का काम ६ महीने तक चलने से इसमें संदेह नहीं कि इससे रैयतों की ही नहीं, वरन् स्वयंसेवकों और देश की भी भलाई होगी।''

जब जाँच-कमेटी की रिपोर्ट हो चुकी, तब महात्माजी ने इस ओर ध्यान दिया और ता. ८-११-२० को आप बंबई-प्रांत से कुछ स्वयंसेवकों को साथ लेकर चंपारन में फिर पधारे। आपकी इच्छा थी कि इस शिक्षा के कार्य में नीलवर सहायता करें और आप सब कोठियों के देहातों में एक वा अधिक पाठशालाएँ खोलें; पर यह इच्छा पूरी नहीं हुई। तब आपने निश्चय किया कि यदि नीलवर अपने देहातों में पाठशाला के लिए स्थान नहीं देंगे तो दूसरी जगहों में ही पाठशालाएँ खोली जायँ। मोतिहारी से प्राय: २० मील दूर पर पूर्व दिशा में एक गाँव बड़हरवा लखनसेन है, जो बेतिया राज के सीर कब्जे में है और जहाँ किसी कोठी का अधिकार नहीं है। पहले इसी गाँव में पाठशाला खोलने का निश्चय हुआ। वहाँ के एक सहृदय देश-हितैषी सज्जन बाबू शिवगुलाम लाल ने अपने तैयार मकान को इस कार्य के लिए दे देना और अन्य प्रकार की सहायता देना स्वीकार किया। वहाँ ता. १३-११-१७ को चंपारन में महात्माजी ने पहली पाठशाला की स्थापना की। उस पाठशाला में बंबई के श्रीयुत् बबन गोखले, उनकी विदुषी धर्मपत्नी श्रीमती अवंतिका बाई गोखले तथा महात्माजी के सुयोग्य कनिष्ठ पुत्र श्रीयुत् देवदास गांधी रहने लगे। कुछ दिनों के बाद साबरमती सत्याग्रह आश्रम से छोटेलाल तथा सुरेंद्रजी दो स्वयंसेवक और आए और वहाँ रहकर काम करने लगे। श्रीयुत् बबन गोखले विलायत में शिक्षा पाए हुए बंबई के एक प्रसिद्ध इंजीनियर हैं और आपकी स्त्री भी विलायत से भ्रमण कर आई हैं और चंपारन आने के पूर्व बंबई-प्रांत में शिक्षा के काम में ही अपना समय बिताती थीं और आज भी इसी काम में लगी हैं। उपर्युक्त पाठशाला खोलने के बाद मि. गांधी ने एक पत्र ता. १४-११-१७ को मि. मेरीमैन, कलक्टर मोतिहारी के पास लिखा—

Motihari
November 14th, 1917

Dear Mr. Merriman,

I think that I ought to keep you informed of my doings. Having received an offer of a ready-made school building and an invitation to open a school in a Kham Village, I opened one today in Barharva Lakhansen near Dhaka. I have put there the best volunteer teachers from among those who have offered their assistance. They are Mr. And Mrs. Gokhale from Bombay. They have their independent means, and Mrs. Gokhale was doing educational work in Bombay. The nature of the work they will do I have already described to you. I am hoping, with the assistance, if possible, of the heads of the respective concerns to open similar schools one in the Peeprah Dehat and another in the Turkaulia Dehat, and I hope to open one in the Belwa Dehat. As this attempt is in the nature of an experiment, I do not want to open more than four or five schools, until some definite result is obtained. I hope that I shall have the cooperation of the local officials in an experiment, which, I know, is full of difficulty, but which is fraught with important consequences if it becomes successful.

I am,
Yours truly,
Sd. M.K. Gandhi

भावार्थ—"मैं समझता हूँ कि जो काम यहाँ कर रहा हूँ, उसकी सूचना मुझे आपको देनी चाहिए। मुझे एक गाँव में स्कूल खोलने के लिए एक तैयार मकान और उसे खोलने का निमंत्रण मिला। अत: मैंने कल ढाका के पास बड़हरवा लखनसेन गाँव में एक स्कूल खोल दिया है। मैंने वहाँ सबसे अच्छे स्वयंसेवक शिक्षकों को रखा है। ये बंबई के श्रीमान गोखले तथा श्रीमती गोखले हैं। यह स्वयं संपन्न हैं और श्रीमती गोखले, बंबई में शिक्षा-प्रचार का काम कर रही थीं। ये किस प्रकार का काम करेंगे, इस विषय में मैंने आपको सूचना दे दी है। मुझे आशा है कि यदि संभव हो तो कोठीवालों की मदद से मैं एक स्कूल पीपरा तथा तुरकौलिया के देहातों में खोलूँगा तथा मैं बेलवा के देहात में भी एक स्कूल खोलने की आशा करता हूँ। जब तक कि इसका निश्चित परिणाम मालूम न हो जाय, मैं अभी ४-५ से अधिक स्कूल खोलना नहीं चाहता। मैं आशा करता हूँ कि मुझे इस प्रयोग में स्थानीय कर्मचारियों से भी सहयोग प्राप्त होगा, यद्यपि मैं जानता हूँ कि यह प्रयोग बड़ा कठिन है; किंतु यदि सफल हो सका तो महत्त्वपूर्ण परिणामों से भी पूर्ण है।

भवदीय
एम. के. गांधी

ता. २०-११-१७ को भितहरवा गाँव में भी एक पाठशाला खोली गई। यह गाँव नेपाल की तराई के पास बेतिया से प्राय: ४० मील दूर पर पश्चिमोत्तर दिशा में है। यहाँ से थोड़ी ही दूर पर बेलवा कोठी है, जिसके मैनेजर मि. सी. ऐमन हैं। उस गाँव में एक छोटा सा मंदिर है, जिसमें एक साधु रहते हैं और थोड़ी सी जमीन उस मंदिर को लाखेराज मिली है। उसी जमीन में से थोड़ी सी जमीन साधु बाबा ने पाठशाला के लिए दे दी और वहीं पर फूस के झोंपड़े बनाकर पाठशाला खोल दी गई। इस पाठशाला में बंबई-प्रांत के बेलगाँव जिले के वकील श्रीयुत सदाशिव लक्ष्मण सोमन, बी.ए., एल-एल. बी. और गुजरात के उत्साही नवयुवक श्रीयुत बालकृष्ण योगेश्वर पुरोहित तथा महात्माजी की धर्मपत्नी श्रीमती कस्तूरीबाई गांधी तथा डॉ. देव रहने लगे। इस स्कूल के खोलने के बाद म. गांधी ने ता. २२-११-१९१७ को इसकी सूचना मि. मेरीमैन को देते हुए लिखा—

Motihari,
The 22nd November, 1917

Dear Mr. Merriman,

I went over to Bhitiharva on Tuesday last and opened a school there. Mr. Soman, a public worker from Belgaum, and a B.A., L-L.B. has been left in charge, and he will be assisted by Mr. Balkrishna, a young man from Gujrat. Mrs. Gandhi will join them on the 24th. Her work will be chiefly confined to moving among the women.

I was in Barharwa yesterday, and Mrs. Gokhale and my son were just returning from a visit to a dying man. They told me that the people in the District were woefully neglectful of the patients, and they believed that many preventible deaths must occur in the District for want of a simple observance of the rudimentary principles of hygiene. I know that this will not come to you as news, because it is not a peculiar condition of the District in which Mrs. Gokhale is working, or of Champaran, but it is a chronic condition among the peasantry of India.

I simply mentioned the incident in order that as soon as I have advanced a little more in my experiment, I may enlist your active sympathy and help in a Department in which all can meet without reserve.

Dr. Deva, who is a qualified and experienced Surgeon and physician, and Secretary of the Servants of India Society came on Tuesday. His services have been lent for this work, by the Society. He has come with three more volunteers including a lady from Prof. Karwe's Widows' Home. Dr. Deva will chiefly supervise the medical branch of the work.

I may state that I shall be away from Champaran for over a fortnight. Babu Braj Kishore Prasad will represent me in my absence.

Yours truly,
M.K. Gandhi

भावार्थ—"मैंने गत मंगलवार को भितहरवा जाकर वहाँ एक स्कूल खोला। वहाँ स्कूल चलाने का भार मि. सोमन को, जो बेलगाँव के एक सार्वजनिक कार्यकर्ता हैं और बी.ए., एल-एल बी. हैं, दिया गया है। उनके सहकारी श्री बालकृष्ण, जो गुजरात के एक नवयुवक हैं, रहेंगे। मिसेज गांधी उनके साथ २४ नवंबर से रहेंगी। उनका काम केवल वहाँ की स्त्रियों के बीच मिलना-जुलना रहेगा।

"मैं कल बड़हरवा गया था। उस समय मिसेज गोखले और मेरे पुत्र एक मरते हुए आदमी को देखकर आ रहे थे। उन्होंने मुझसे कहा कि इस जिले के लोग रोगियों के प्रति पूरा ध्यान नहीं देते। उनका विश्वास है कि यदि मामूली सफाई की ओर ध्यान दिया जाय, तो बहुत से लोग मृत्यु से बच जायँ। मैं जानता हूँ कि यह बात आपके लिए नई नहीं होगी। क्योंकि, केवल इस जिले की ही ऐसी हालत नहीं है, जहाँ मिसेज गोखले काम करती हैं, वरन् ऐसी हालत सारे हिंदुस्तान के किसानों के बीच पाई जाती है।

"मैं इस बात को यहाँ इस कारण से लिख रहा हूँ कि कुछ अनुभव के बाद मैं आपकी पूरी सहानुभूति तथा सहायता प्राप्त कर सकूँ और जहाँ हम लोग बिना किसी रुकावट के मिलकर काम कर सकें। डॉक्टर देव, जो एक योग्य तथा अनुभवी सर्जन चिकित्सक हैं, वे सर्वेंट ऑफ इंडिया सोसाइटी के सेक्रेटरी हैं, गत मंगलवार को यहाँ आए और सोसाइटी ने उनको यहाँ के काम में सहयोग देने के लिए भेजा है। उनके साथ तीन और स्वयंसेवक आए हैं, जिनमें एक महिला हैं, जो प्रो. कर्वे के विधवाश्रम से आई हैं। डॉ. देव विशेषकर चिकित्सा के काम का निरीक्षण करेंगे।

"मैं चंपारन से दो सप्ताह से ऊपर के लिए बाहर जा रहा हूँ। मेरी गैर-हाजिरी में बाबू ब्रजकिशोर प्रसाद मेरी जगह पर यहाँ रहेंगे।"

इधर चंपारन की स्थिति के विषय में मि. मेरीमैन जिलाधीश ने अपने पत्र दिनांक २४-११-१७ को तिरहुत डिवीजन के कमिश्नर मि. मौर्शेड के पास इस प्रकार लिखा—

Motihari,
24th November, 1917

Dear Mr. Morshead,

1. The general situation gets no easier, rather the reverse. I regret to report that the recent Government vernacular notice appears to have tended to increase its difficulty.

2. The immediate and pressing trouble centers round the question of payment of rents of factories. There is a general complaint from planters that they are unable to get in rents. You are already aware of the trouble in the Rajpore *dehat* from the Manager's letter, copy of which was forwarded by you to me for report with your D.O. No. 627 P.M. I have recently been on tour in the North of the District at Sugaon, an out-work of Motihari, a portion of the *ryots* are refusing to pay rent. I got a petition (Verbal) from some *ryots* of

four villages under Basrasi Factory to the effect that the Manager had refused to accept payment of rent unless the *ryots* paid Rs. 3/- per bigha compensation for exemption from growing indigo which they had paid in previous years, but which they refused to pay this year. The Manager of Hardia has informed me that he is not getting any rent for 1325 fs. The letter from the Manager of Tetaria just forwarded to me by you furnishes another instance of the same trouble. The Bara *ryots* are paying no rent. Some of them have just filed a petition to me stating that they have sown down with *rabi* all the land selected for growing indigo. Multiplication of instances is wearisome.

I do not see any immediate prospect of the cessation of the present trouble. Meanwhile the position of the local officers is an extremely difficult one. The planter asserts that existing obligations are still binding. The *ryot*, relying upon the recent vernacular notices, claims that the obligation to grow indigo, and all resultant obligations are a dead letter, and refuses either to grow any indigo, khuski or lagan or to pay any rent. To the *ryot a hukum* is a hukum. He does not appreciate the subtle distinction between an executive order and a legislative exactment.

Pending the legislation some *modus vivendi* must be arrived at, or so far as I can see the position will reach a dead-lock.

Mr. Whitty informs me that he is receiving general complaints from all the Raj *thicadara* that they cannot pay any instalment to the Raj as they can collect no rents.

3. As regards the attitude of planters, I have heard Government's proposal to make the Raj close down leases failing the refund of *tawan* described as a species of blackmail.

They seem to be prepared to question the legitimacy of Government's proposed legislation. Regarding the 3 big *sharahbeshi* concerns, I have not personally heard of any petitions or information of trouble regarding collection of rents from the Pipra or Turkaulia *dehats,* though Whitty tells me the Manager of the latter concern has reported that he can collect no rent. From Motihari the small trouble at Sugaon already alluded to is all I have heard of so far. I cannot say how far Mr. Irwin's announced intention of repudiating the agreement regarding *sharahbeshi* is responsible for this. In the event of this repudiation I should like to know the attitude to be adopted in case of complaints by *ryots* of the continued levy or *sharahbeshi.*

4. Labour trouble is again reported from Malahia Factory. The Manager complained to me four days ago that his labour had again been stopped, and the services of *hajjams* and *dhobies* denied to Factory servants. I had an interview with him this afternoon and he says that *ryots* who are willing to give him labour and ploughs and to grow indigo are being terrorised into not doing so. This fresh trouble coincides with Mr. Gandhi's return to the district.

When I was at Byreah on the 10th-11th. instant Mr. Gale appeared to have got over his labour trouble by employment of children.

5. You are aware of the trouble at Turkaulia, where Mr. Hill proposed to stop grazing on land recorded as *ghair mazura malik.* The question of the rights of this case appears to be rather a thorny one. I have advised Mr. Hill that his proper course is to go to the Civil Court. As he appears unwilling to do so and persists in his intention, I am drawing up proceedings under section 147 C.P.C. Whatever the rights and wrongs of the case, I cannot but remark that Mr. Hill's action appears to me to be mainly retaliatory.

6. There are indications that trouble is brewing over the question of *Jalkar* rights between thicadars and *ryots*. Lewis reports two cases of this nature from Lalsariya and Belwa.

7. Mr. Steven of Telhara has informed me that he narrowly escaped being assaulted by some *ryots* of a village near the place where his predecessor was murdered. The occasion had nothing to do directly with any of the questions at issue. He was riding round his *dehat* when he saw a youth being hammered by a mob. He rode up to the mob, where attitude became so threatening that he rode away hastily to the Factory. The S.P. is making enquiries. Mr. Steven is rather an excitable person and tends to exaggeration.

8. To sum up the general situation there appears to be a recrudescence of excitement coinciding with Mr. Gandhi's return and the announcement of the Government's resolution.

9. Mr. Gandhi is again with us, though he has just written to inform me that he is going away for a fortnight. I informed you of the interview I had with him on 9.11.1917. He has been very active since his arrival early in the month. He has started founding schools at the following places :

(1) Barharwa-near-Dhaka in charge of Mr. and Mrs. Gokhle, the latter being a 'trained nurse and midwife'.

(2) Bhitiharwa-in charge of Mr. Somon 'a public worker from Belgaum', Mr. Balkrishna 'a young man form Gujrat' and Mrs. Gandhi herself.

(3) Belwa, P.S. Sikarpur, near Belwa factory.

I solicit instructions as to the attitude to be adopted to Mr. Gandhi and his schools and hygienic propaganda. Am I to encourage him in his work before satisfying myself of its character, or am I to adopt a natural attitude?

I am not prepared as yet to make any comments either on the nature of the instruction given by him or on the character of his followers. I know nothing about them. Personally, I think that if they are genuinely interested in the matter they profess, they will soon get sick of trying to teach hygiene to the Bihari cultivators. Mr. Gandhi has been trying to get subscriptions for his schools, but has been met with a very modified enthusiasm from local Indians in this respect.

10. Similarly, I would like instructions as to my attitude with regard to Mr. Gandhi's other activities. He is not confining himself to hygienic and

educational matters only. He has been making personal enquiries at Belwa (the place at which he has also found a school) concerning the recent case brought by Sheoratan Nonia vs. Mr. Ammon of Belwa Factory, in connection with which I reported the conduct of Babu Janakdhari Prasad in my official letter of the 27th October last. Mr. Gandhi has offered to make 'observations' on the case to me after it has been judicially decided. He has also been enquiring into the question of some agreements executed by the raiyats of the Saeraha Factory. I learn from Mr. Ammon that at Belwa Mr. Gandhi held a kind of formal enquiry, and took the depositions of complainant and some witnesses.

As a public officer, I presume, I should welcome friendly assistance from outside. At the same time the practice of independent enquiries into cases actually pending before the Courts appear to me to be open to grave abuses, especially when the people concerned are, as in Champaran, ignorant, ill-balanced and prone to untruthfulness. Mr. Gandhi himself quite possibly with justice, claims to be wholly impartial, but the impartiality of many of his assistants is open to suspicion, and I consider them to be not above 'doctoring' a case to suit themselves. Mr. Gandhi, has, I believe, previously given assurance that he would only interfere in cases where he believed the ryot had been clearly victimised. But I submit that Mr. Gandhi's judgment is fallible. It appears to be quite impossible to make such distinction between cases. The practice must be countenanced in all cases or in none. I ask for guidance on this point.

With regard to the importation of 'volunteers' from Belgaum, Gujrat and Bombay reported in para 9. I should also like to be informed of the attitude of Government. Mr. McPherson in a D.O. letter No. 2577 C/1571/11 of 1917 dated 20th July, 1917 to Heycock instructed Heycock to inform Mr. Gandhi that he (Heycock) is "not aware of the attitude Government will adopt towards the importation of 'volunteers'. May I now enquire if Government will communicate to me their attitude.?"

× × ×

I enclose a copy of Marsham's special diary.

Yours sincerely,
Sd. J.L. Merriman
24.11.1917

भावार्थ—''यहाँ की साधारण स्थिति अच्छी नहीं है। इस समय कोठियों को मालगुज़ारी की वसूली में कठिनाई हो रही है। नीलवर लोग इस बात की शिकायत कर रहे हैं कि वे लोग मालगुजारी नहीं वसूल कर पाते। मुझे अभी कोई ऐसा रास्ता नजर नहीं आता, जिससे इस समय की कठिनाई दूर हो सके। इस बीच में स्थानीय कर्मचारियों की स्थिति बहुत कठिन हो गई है। नीलवरों का यह कहना है कि जिन शर्तों को उनके रैयत

आज तक पूरा करते आए हैं, वे शर्तें उनपर आज भी लागू हैं। रैयत लोग हिंदी में छपे हुए सरकारी नोटिस के आधार पर यह दावा करते हैं कि उन्हें जो नील करने की पाबंदी थी और उस सिलसिले में जो उनके ऊपर बंधन थे, वे सब हट गए और वे इस कारण किसी रूप में नील करने या मालगुजारी देने से इनकार करते हैं। वे लोग सरकारी कर्मचारियों के हुकुम और व्यवस्थापिका सभा के बताए हुए कानून में भेद नहीं समझते। सारांश यह है कि यहाँ के लोग मि. गांधी के फिर वापस आने तथा सरकारी प्रस्ताव के प्रकाशित होने से फिर से उत्तेजित हो गए हैं। मि. गांधी फिर से हम लोगों के बीच आ गए हैं। यद्यपि उन्होंने अभी लिख भेजा है कि वह फिर दो सप्ताह के लिए बाहर जा रहे हैं। इस महीने के आरंभ सें जब से वे आए हैं, अपने काम में पूरी तरह से लगे हुए हैं। उन्होंने स्कूल स्थापित करना आरंभ कर दिया है। मैं सरकारी आदेश इस विषय में चाहता हूँ कि हमारा बरताव इन स्कूलों तथा उनके सफाई के प्रचार के विषय में क्या होना चाहिए। क्या हमको इन कामों में उन्हें बिना किसी जाँच के मदद देनी चाहिए या इन विषयों में उदासीन रहना चाहिए? मैं उनके शिक्षा-प्रचार में अथवा उनके सहकारियों के चरित्र के विषय में अभी कुछ नहीं कह सकता। मैं उनके विषय में कुछ भी नहीं जानता हूँ। मेरा विचार है कि यदि वे इन कामों में सचमुच दिलचस्पी रखते हैं तो वे शीघ्र ही बिहार के गृहस्थों को सफाई की शिक्षा देने से ऊब जाएँगे। मि. गांधी इन स्कूलों को चलाने के लिए चंदा वसूल करने की चेष्टा कर रहे हैं। पर, इस विषय में उन्हें लोगों की ओर से अधिक उत्साह नहीं मिला है। मैं सरकारी आदेश इस विषय में भी चाहता हूँ कि हमारा रुख मि. गांधी के दूसरे कामों के विषय में क्या होना चाहिए। वह स्कूल स्थापित करने तथा सफाई के विषय में प्रचार करने के अतिरिक्त और काम भी कर रहे हैं। वह बेलवा इलाके में, जहाँ उन्होंने स्कूल खोला है, स्वयं मुकदमे की तहकीकात कर रहे हैं और उन्होंने मुझसे कहा कि वह अदालत से इसके बारे में तजवीज हो जाने पर मुझसे अपना विचार प्रकट करेंगे। वह सिरहा कोठी के रैयतों के लिखे हुए किसी इकरारनामे के विषय में भी जाँच कर रहे हैं। मि. ऐमन से मालूम हुआ है कि उन्होंने बेलवा जाकर किसी प्रकार की जाँच की है। और, उस सिलसिले में मुद्दई और उनके गवाहों का इजहार भी लिया है।

"सरकारी अफसर होने के नाते मैं समझता हूँ कि मुझे बाहरी लोगों से भी मित्रभाव से सहायता लेनी चाहिए; पर मेरे विचार में, जब कि मुकदमा अदालत के सामने पेश है, तब उस विषय में स्वतंत्र रूप से जाँच करना ठीक नहीं है। विशेषकर जब कि चंपारन जैसे जिले के लोग अशिक्षित हैं और झूठ बोलने की ओर उनका झुकाव है। मि. गांधी स्वयं अपने को पक्षपात-रहित समझते हैं। और ऐसा हो भी सकता है। मि. गांधी ने ऐसा विश्वास दिलाया है कि वे ऐसे ही मुकदमों के बीच अपना हाथ डालेंगे, जिनमें उनके विश्वास के अनुसार रैयतों पर अस्पष्ट रूप से अत्याचार हुआ हो; पर इसमें

मि. गांधी का विचार गलत भी हो सकता है। मेरे विचार में, मुकदमों में इस प्रकार का भेद करना संभव नहीं है। मैं इस विषय में भी सरकारी आदेश लेना चाहता हूँ।

"बेलगाँव, गुजरात तथा बंबई से जो स्वयंसेवक यहाँ काम करने के लिए हैं, उनके प्रति सरकारी धारणा क्या है, इसकी भी सूचना मिलनी चाहिए।"

इसी प्रकार ता. १०-१२-१९१७ को मि. जे. एल. मेरीमैन, चंपारन के डिस्ट्रिक्ट मजिस्ट्रेट ने बेलवा इलाके की स्थिति तथा स्वयंसेवकों के कार्य के विषय में मि. मौर्शेड के पास इस प्रकार की रिपोर्ट भेजी—

Camp Bettiah
10.12.17

D.O.
Dear Mr. Morshead,

× × ×

2. Mr. Gandhi is still away, though I believe he had arranged to return today. His 'assistants' are still busy in the district. I have secured through Marsham a list of them which I forward to you.

× × ×

3. I am of opinion that these 'assistants' want careful and expert watching. Mr. Gandhi says he vouches for their honesty of purpose. I have no guarantee that Mr. Gandhi's knowledge of them is very intimate. I have not yet had any definite information of their teaching, but to judge by results it does no tend in a pacific direction. I mentioned in my last report a 'school' which had been started at Belwa, P.S. Shikarpore near Belwa Factory. I have had a letter from Mr. Ammon, of that factory, from which I quote extracts :

× × ×

4. "Mrs. Gandhi with her followers has been through my villages of Seerampore, Amolwa, Madhopur, Mahjheria; and a man describing himself as a doctor of Mr. Gokhale (Sri) with a pleader and one other person have been into Belwa village. Mrs. Gandhi is reported to have said that the Europeans are not of this country and that they are taking away the money which rightly belongs to the Indians. The doctor and pleader who came to Belwa gave some little quinine to some who had fever. I beg to note that there is a Government Dispensary at Belwa.... The attitude of *ryots* has now changed from bad to worse, and it is openly given out that Mr. Gandhi has been sent up here to 'break' Belwa completely.... The Belwa *ryots*, who up to now have been loyal, have now become hostile, and Raj Kumar Sukul said at the Amolwa Railway Station while in attendance on Mr. Gandhi that he would soon have the Belwa Factory under his control. From Belwa village I got most of the little labour I require for my compound. This has been stopped. My servants, such as Bungalow choukidars, watermen, sweeper etc. come from Belwa and have

been with me from children. These have had an ultimatum given them to stop work for me.... Three men viz. Jadoo Mahto Tharu, Sewdhary Mahto Tharu, Komasi Khatat Tharu have constituted themselves the leaders of the *Tharus,* and have started a paper on which they are getting the signatures of all the leading Tharus, stating, I am told, that no labour has to be given, no hides or the hide mahal, free grazing etc., and should the Tharus obey any order of the Saheb or Malik he will be put out of caste... The few loyal men I have around me are being terrorised by bodily harm into joining against me."

× × ×

5. The letter ends with an appeal to Government to send up an officer to go through the villages in which these 'assistants' have come and verify Mr. Ammon's statements, as "under the guise of distributing medicine and schools the attitude of the *ryots* is getting more hostile." Mr. Ammon quite rightly points out that so far as 'sanitation' goes his dehat is better off than any in the neighbourhood, as he has made good wells, spent money in medicines, and got a Government dispensary.

I have quoted at some length from this letter, as it appears to me to give an indication of the line the teaching of Mr. Gandhi's followers is likely to follow. I have very little doubt that Mr. Ammon's arch-enemy Raj Kumar Sukul is at the bottom of the campaign, and is making use of the 'school' for his own purpose. We must make allowances for Mr. Ammon's position, but even making allowances for possible exaggeration, this letter appears to me to indicate a fairly serious state of affairs in his *dehat* and to furnish a state of what we may expect from those foundations of these 'schools'. As you may recall from my report on the conduct of Janakdhari Prasad, Pleader, Belwa has been a centre of interest for Mr. Gandhi for some time, and I have very little doubt that he intends to make it a focus point of whatever campaign he is now going to institute.

6. It is early yet to say definitely what the effect of the introduction of these outside assistants wholesale will be. You will see from Marsham's confidential report dated 8.12.17 that he is getting the antecedents of these assistants verified confidentially. I think their activities will want very careful watching whatever their motives. In the present state of the district and in the circumstances under which they have been introduced their presence will not in my opinion, tend to quieten their affairs. I have already indicated by the instance of Raj Kumar Sukul the danger of unscrupulous local agitators making use of these schools for their own purpose.

I would again ask for more definite instructions from Government as to the attitude to be adopted towards these volunteers and assistants of Mr. Gandhi, both in respect of their social activities and their tendency to interfere with the investigation of complaints by *ryots* against factories, which I discussed at length in my last report.

7. The general situation is not any worse. The *ryots* are still obstinate in their refusal to pay any rent, as the copies of correspondence already forwarded to you will show. I urge that early steps are necessary to correct this state of affairs.

8. I enclose copy of resolutions passed by Mohammedans at an anti-Home Rule meeting held at Motihari.

Yours sincerely,
Sd. J.L. Merriman

बेतिया शिविर
१०-१२-१७

प्रिय मि. मौर्शेड,

× × ×

२— मि. गांधी अभी तक बाहर ही हैं। यद्यपि मुझे विश्वास है कि वे आज ही वापस आ जाएँगे। उनके सहायकगण अब भी जिले में काम कर रहे हैं। मैंने मारशम के द्वारा उन लोगों की एक सूची उपलब्ध की है, जिसे मैं भेज रहा हूँ।

× × ×

३—मेरा विचार है कि इन सहायकों पर विशेष ध्यान रखने की आवश्यकता है। मि. गांधी कहते हैं कि वह उनके कार्योद्देश्य तथा उनकी ईमानदारी के लिए जिम्मा लेते हैं। मुझे इसका कोई निश्चय नहीं है। मि. गांधी की जानकारी उन लोगों के विषय में काफी है। अभी मुझे उन लोगों के अध्यापन-कार्य के विषय में कोई निश्चित जानकारी नहीं है, परंतु उसके फल से अनुमान होता है कि इसका भी निर्देशन शांति की दिशा में नहीं है। मैंने अपनी गत रिपोर्ट में एक स्कूल की चर्चा की थी, जो शिकारपुर थाने के बेलवा ग्राम में, बेलवा कोठी के पास खोला गया है। उपर्युक्त कोठी के मि. ऐमन ने मेरे पास एक पत्र भेजा है, जिसका कुछ अंश मैं उद्धृत करता हूँ—

४—"श्रीमती गांधी अपने अनुयायियों के साथ सीरामपुर, अमोलवा, माधोपुर तथा मनझरिया नामक मेरे गाँवों में गई थीं तथा एक व्यक्ति, जो अपने को मि. गोखले के डॉक्टर कहते थे, एक वकील तथा एक अन्य व्यक्ति के साथ बेलवा ग्राम में गए थे। इस बात की रिपोर्ट मिली है कि श्रीमती गांधी ने कहा है कि यूरोपियन इस देश के नहीं हैं तथा वे देश के बाहर धन लिये जा रहे हैं, जो न्यायोचित रूप से भारतवासियों का धन है। डॉक्टर तथा वकील ने, जो बेलवा आए थे, बुखार से पीड़ित कुछ लोगों को थोड़ी कुनैन दी। बेलवा में एक यह बात जानने योग्य है कि सरकारी दवाखाना मौजूद है। रैयतों का रुख अब पहले से और बुरा होता जा रहा है। और, यह खुलेतौर पर कहा जाता है कि मि. गांधी बेलवा कोठी को बिलकुल नष्ट कर देने के लिए आए हैं। ... बेलवा के रैयत, जो अब तक आज्ञाकारी थे, अब विरोधी हो गए हैं। राजकुमार शुक्ल ने,

जो मि. गांधी के साथ थे, अमोलवा रेलवे स्टेशन पर यह कहा कि बेलवा कोठी शीघ्र ही उनके अधिकार में आ जाएगी। अपने खेतों में काम करने के लिए जो कुछ थोड़ी-बहुत मजदूरों की आवश्यकता पड़ती थी, मुझे अधिकांश बेलवा ग्राम से ही मिलते थे। मजदूरों का यह मिलना बंद हो गया है। मेरे नौकर लोग—जैसे बँगले के चौकीदार, पानी भरने वाले तथा भंगी आदि बेलवा ग्राम के ही हैं तथा बचपन से ही मेरे साथ हैं। इन लोगों को भी अंतिम चेतावनी दी गई है कि वे मेरा काम बंद कर दें।.... उनमें से जदू महतो थारू, शिवधारी महतो थारू तथा कोमासी खटर थारू नामक तीन व्यक्तियों ने अपने को थारुओं के नेता बनाकर एक कागज पर इस बात को लिखकर कि ये लोग मेरे यहाँ कोई मजदूरी न करें, न कोई मुझे चमड़ा दें और न मुफ्त चराई करें इत्यादि बातों के लिए सभी प्रमुख थारुओं से हस्ताक्षर ले रहे हैं। और, उसमें यह भी लिखा है कि यदि कोई थारू साहब के या मालिक के किसी हुक्म को मानेगा तो उसे जातिच्युत कर दिया जाएगा.... जो थोड़े आज्ञाकारी लोग मेरे इर्दगिर्द हैं, उन्हें भी शारीरिक हानि पहुँचाने का डर दिखलाकर मेरे विरुद्ध हो जाने के लिए बाध्य किया जा रहा है।''

× × ×

५. पत्र में मि. ऐमन ने सरकार से अपील की है कि एक अफसर उन गाँवों में भेजे, जहाँ ये लोग गए थे और मि. ऐमन के इस कथन को कि स्कूलों तथा दवा बाँटने की आड़ में रैयतों का रुख अधिकतर उग्र किया जा रहा है, जाँचें। मि. ऐमन ने ठीक संकेत किया है कि जहाँ तक सफाई का सवाल है, आस-पास के दूसरे देहातों की अपेक्षा उनके देहात की हालत अच्छी है; क्योंकि उन्होंने अच्छे कुएँ बनवाए हैं, दवाओं पर रुपए खर्च किए हैं और सरकारी डिस्पेंसरी भी खुलवाई हैं। मैंने कुछ विस्तारपूर्वक इस पत्र से इस कारण उद्धृत किया है, चूँकि इससे इस बात का संकेत मिलता है कि मि. गांधी के अनुयायियों का प्रचार किस दिशा में जा रहा है। मुझे इसमें कुछ भी संदेह नहीं है कि मि. ऐमन के शत्रु राजकुमार शुक्ल इस आंदोलन की जड़ में हैं तथा वे स्कूल को निजी उद्देश्य की पूर्ति के लिए इस्तेमाल कर रहे हैं। मि. ऐमन के कथन में कुछ अत्युक्ति हो सकती है। पर, संभावित अतिशयोक्ति के लिए गुंजाइश के बाद भी इस पत्र से मुझे जान पड़ता है कि उनके देहात की परिस्थिति अधिकांशत: गंभीर है तथा उनके पत्र से यह स्पष्ट है कि इन स्कूलों के स्थापित होने के कारण कैसी अवस्था पैदा हो सकती है। आपके पास जनकधारी प्रसाद वकील के आचरण के संबंध में रिपोर्ट भेज चुका हूँ। कुछ समय से बेलवा ग्राम मि. गांधी के कार्य का केंद्र बन गया है और मुझे इसमें कुछ भी संदेह नहीं कि जो भी आंदोलन वे खड़ा करने जा रहे हैं, उसका कार्यकेंद्र यहीं होगा।

६—अभी यह निश्चित रूप से कहना कठिन है कि सब-के-सब बाहर से आए सहायकों के प्रवेश का परिणाम क्या होगा। आपको मारशम के दिनांक ८-१२-१७ की रिपोर्ट में मालूम होगा कि वह इन सहायकों के पूर्व चरित्र के संबंध में गुप्त जाँच करवा रहे हैं। मैं समझता हूँ कि उन लोगों की नीयत जो भी हो, पर उनके कामों पर अत्यंत

सावधानी की दृष्टि रखने की आवश्यकता है। जिले की जैसी वर्तमान स्थिति है तथा जिन परिस्थितियों में ये सहायक लाए गए हैं, मेरे विचार में उनकी उपस्थिति समस्याओं को शांत करने में सहायक नहीं होगी। मैं पहले से ही राजकुमार शुक्ल का दृष्टांत देकर बतला चुका हूँ कि इन स्कूलों के द्वारा स्थानीय आंदोलनकारी किस प्रकार अपने उद्‌देश्य की पूर्ति करना चाहते हैं।

मैं इस संबंध में फिर भी सरकार से मिश्रित आदेश माँगूँगा कि मि. गांधी के इन स्वयंसेवकों को और सहायकों के सामाजिक कार्यों तथा रैयतों द्वारा नील कारखानों के विरुद्ध की गई शिकायतों की छानबीन में उनके हस्तक्षेप करने की प्रवृत्ति के प्रति क्या रुख रखा जाय।

७—सामान्य परिस्थिति जैसी थी वैसी ही है। रैयत लोग लगान न देने की अपनी अस्वीकृति पर अडिग हैं। मेरा अनुरोध है कि इस स्थिति को सुधारने के लिए शीघ्र कारखाई करने की आवश्यकता है।

८—मोतिहारी में होमरूल-विरोधी एक मीटिंग में मुसलमानों द्वारा पास किए गए प्रस्तावों की प्रतिलिपि मैं इस पत्र के साथ भेज रहा हूँ।

आपका

जे. एल. मेरीमैन

इसी प्रकार मधुबन के सुप्रसिद्ध सेठ घनश्यामदासजी की सहायता से उनके एक मकान में ता. १७-२-१८ को महात्माजी की अध्यक्षता में सभा कर एक तीसरी पाठशाला खोली गई। इस पाठशाला में गुजरात के रहनेवाले और साबरमती सत्याग्रह आश्रम के एक अध्यापक श्रीयुत नरहरि द्वारकादास पारीख, बी. ए., एल-एल. बी. और उनकी स्त्री श्रीमती मणिबाई पारीख तथा महात्माजी के मंत्री श्रीयुत महादेव हरिभाई देसाई बी. ए., एल-एल. बी. तथा उनकी धर्मपत्नी श्रीमती दुर्गाबाई देसाई और पूना के महिला-आश्रम (Women's University) के रजिस्ट्रार श्रीयुत दिवेकर महाशय की बहन श्रीमती आनंदीबाई रहने लगीं। कुछ दिनों तक धुलिया के श्रीयुत विष्णु सीताराम रणदिवे उर्फ अप्पाजी और प्रो. कृपलानी ने भी यहाँ रहकर काम किया। प्रो. कृपलानी को चंपारन में रहते समय एक बार जेल भी जाना पड़ा, जिसको उन्होंने सहर्ष स्वीकार किया।

यह हमारे लिए बड़ी लज्जा और दुःख की बात है कि जब भारतवर्ष के अन्य प्रांतों के ऐसे सुशिक्षित और प्रतिष्ठित सज्जन इस काम के लिए आए, हमारे प्रांत से आरंभ में कोई भी ऐसा नहीं मिला, जो इस काम को उठाए। इस कलंक को हटाने का सौभाग्य और यश बाबू धरणीधर, एम.ए., बी. एल. महाशय को ही प्राप्त हुआ। महात्माजी के साथ सबसे पहले चंपारन में पधारने का भी इन्हीं को गौरव प्राप्त है। वे सपत्नीक मधुबन पाठशाला में छह महीने तक शिक्षा का काम करते रहे।

इन सज्जनों के अतिरिक्त अन्य स्वयंसेवक भी आए, जिनमें सत्याग्रह आश्रम के श्रीयुत ब्रजलाल भीमजी रूपानी और काठियावाड़ के श्रीयुत प्राणलाल प्रभुराम योगी तथा सारन

जिले के श्रीयुत रामरक्ष ब्रह्मचारी और बाबू श्यामदेव सहाय भी इन्हीं पाठशालाओं में जहाँ-तहाँ रहने लगे। इनके अलावा कई वैतनिक शिक्षक भी आवश्यकता पड़ने पर रखे गए।

इन पाठशालाओं का उद्‌देश्य और उनकी पाठ्य-शैली को महात्माजी ने एक सरकारी कर्मचारी के पास इन शब्दों में बतलाया था—

"In the schools I am opening, children under the age of 12 only are admitted. The idea is to get hold of as many children as possible and to give them an all round education, i.e., a good knowledge of Hindi or Urdu and, through that medium, of Arithmetic and rudiments of History and Geography, a knowledge of simple scientific principles and some industrial training. No cut and dried syllabus has yet been prepared because I am going on an unbeaten track. I look upon our present system with horror and distrust. Intsead of developing the moral and the mental faculties of the little children it dwarfs them. In my experiment whilst I shall draw upon what is good in it, I shall endeavour to avoid the defects of the present system. The chief thing aimed at is contact of children with men and women of culture and unimpeachable moral character. That to me is education. Literary training is to be used merely as a means to that end. The industrial training is to be designed for the boys and the girls who may come to us for an additional means of livelihood. It is not intended that on completing their education they should leave their hereditary occupation but make use of the knowledge gained in the school to refine agriculture and agricultural life. Our teachers will also touch the lives of grown-up people and if at all possible penetrate the Purdah. Instruction will be given to grown-up people in hygiene and about the advantages of joint action, for the promotion of communal welfare, such as, the making of village roads proper, the sinking of wells etc. And as no school will be manned by teachers who are not men or women of good training, we propose to give free medical aid as far as is possible."

अर्थात्, ''जिन स्कूलों को मैं खोल रहा हूँ, उनमें १२ वर्ष से कम उम्र के ही बच्चे लिये जाएँगे। हमारा खयाल है कि जितने बच्चे मिल सकें, उन्हें सब बातों की शिक्षा दी जाय, अर्थात् हिंदी या उर्दू का पूरा ज्ञान और उसी के द्वारा हिसाब, इतिहास और भूगोल की मोटी-मोटी बातें, विज्ञान के मूल सिद्धांतों का ज्ञान और थोड़ी सी शिल्पकारी। इसके लिए कोई नियत और स्थिर पाठ्यक्रम निश्चित नहीं किया गया है, क्योंकि मैं नई राह पर चल रहा हूँ। आजकल की परिपाटी को मैं पसंद नहीं करता। बच्चों की मानसिक शक्ति बढ़ाने तथा उनके चरित्र सुधारने के बदले यह परिपाटी उन्हें दबाती है। उस परिपाटी में जो गुण हैं, उन्हें मैं ले लूँगा और उनके दुर्गुणों से बचने का प्रयत्न करूँगा। हमारा मुख्य उद्‌देश्य यह है कि बच्चे सुशिक्षित और चरित्रवान् पुरुषों और स्त्रियों के सत्संग में रहें। मैं इसी को शिक्षा कहता हूँ। लिखना-पढ़ना भी इसी उद्‌देश्य की सिद्धि के लिए सिखाया जाएगा। शिल्पकारी उन्हीं लड़कों और लड़कियों को सिखाई जाएगी, जो अपने जीवन-निर्वाह के एक और भी जरिए के लिए हमारे यहाँ आएँगे। मेरा मतलब यह नहीं है कि वे इस प्रकार की शिक्षा पाकर अपना खानदानी पेशा, अर्थात् गृहस्थी का काम छोड़ दें, बल्कि मेरी

इच्छा है कि वे अपनी विद्या को कृषि और कृषकों के जीवन की उन्नति में लगाएँ। हमारे शिक्षकों का प्रभाव सयानों पर भी पड़ेगा और यदि हो सका तो वे परदे के भीतर भी अपने प्रभाव को पहुँचाएँगे। जवानों को स्वास्थ्य-रक्षा का ज्ञान दिया जाएगा और आपस में मिलकर काम करने से क्या लाभ है, यह भी बताया जाएगा—जैसे गाँव में सड़कों की मरम्मत करना, कुआँ का खोदना इत्यादि। जहाँ तक हो सकेगा, लोगों की मुफ्त चिकित्सा भी की जाएगी, क्योंकि हमारे सभी शिक्षक, चाहे वह पुरुष हों या स्त्री, सुशिक्षित रहेंगे।''

इन्हीं मंतव्यों के अनुसार बड़हरवा पाठशाला में गोखले महाशय के प्रबंध में प्राय: २४० बच्चे शिक्षा पाने लगे और श्रीमती अवंतिकाबाई गोखले ४० लड़कियों और स्त्रियों को शिक्षा देने लगीं। इस पाठशाला में लड़कों को कपड़ा बुनना भी सिखाया जाता था और कुओं तथा सड़कों को साफ रखने के लिए गाँव के लोगों को शिक्षा दी जाती थी। श्रीयुत गोखले तथा श्रीमती अवंतिकाबाई स्वयं मैले को साफ करती थीं, जिसका प्रभाव वहाँ के रहनेवालों पर अधिक पड़ने लगा। बच्चों को किस प्रकार साफ-सुथरा रखना चाहिए, इसकी भी शिक्षा स्त्रियों को दी जाती थीं। यह पाठशाला इस समय तक कायम है।

भितहरवा पाठशाला एक ऐसी जगह स्थापित है, जहाँ शिक्षा का पूरा अभाव है। वहाँ की आबहवा भी अच्छी नहीं है। इस कारण वहाँ लड़कों की संख्या ८० से अधिक नहीं बढ़ी; पर यहाँ डॉक्टर देव ने दवा बाँटकर तथा सफाई की ओर लोगों का ध्यान आकृष्ट कर उनकी बड़ी सहायता की। पाठशाला स्थापित होने के कुछ ही दिनों के बाद वहाँ के झोंपड़ों में एक दिन आधी रात को आग लग गई और वे जलकर खाक हो गए। उस समय वहाँ पर डॉक्टर देव श्रीयुत सोमनजी, श्रीयुत अप्पाजी तथा श्रीमती गांधी रहती थीं। पाठशाला बस्ती से कुछ दूर पर रहने के कारण समय पर मदद न पहुँच सकी। डॉक्टर देव का विश्वास था कि आग किसी की लगाई हुई थी। पर इस विषय में अनुसंधान में अधिक समय नहीं नष्ट करके डॉक्टर देव तथा सोमनजी और अप्पाजी ने उसी स्थान पर एक पक्का मकान तैयार कर लेने का निश्चय कर लिया और बात-की-बात में परिश्रम करके अपने सिरों पर ईंटें ढोकर एक पक्का मकान तैयार कर दिया, जो इस समय तक वर्तमान है।

पहली मंडली के चले जाने के बाद महाराष्ट्र से दो स्वयंसेवक, जिनके नाम श्रीयुत् नारायण तम्माजी काटगोडे, जिनको पुंडलीकजी भी कहते हैं तथा श्रीयुत् एकनाथ वासुदेव क्षीरे हैं, और भी आए और भितहरवा पाठशाला में रहकर बड़ी निर्भीकता से काम किया। पर पुंडलीकजी बिहार सरकार की आँखों में गड़ने लगे और थोड़े ही दिनों में भारत-रक्षा-कानून के अनुसार प्रांत से बहिष्कार की आज्ञा पाकर यहाँ से चले गए। पुंडलीकजी के चले जाने के बाद भितहरवा पाठशाला में काम करने के लिए एक दूसरे महाराष्ट्री ग्रेजुएट, जिनका नाम श्रीयुत शंकरराव देव है, आए और वहाँ रहकर कई महीनों तक काम करते रहे।

मधुबन पाठशाला में भी पहली मंडली द्वारा बहुत कुछ काम हुआ और १०० से

अधिक लड़के शिक्षा पाते रहे। वहाँ भी लड़कियों के पढ़ाने के लिए एक पाठशाला खोली गई, जिसमें प्राय: ४० लड़कियाँ श्रीमती आनंदीबाई की अध्यक्षता में शिक्षा पाने लगीं। पहली मंडली के चले जाने के बाद श्रीयुत एकनाथ वासुदेव क्षीरे तथा सारन जिले के श्रीयुत श्यामदेव नारायणजी कई महीने तक यहाँ का काम करते रहे। इस पाठशाला के खर्च का प्राय: कुल भार सेठ घनश्याम दास ने ले लिया। खेद के साथ लिखना पड़ता है कि यह पाठशाला अब बंद हो गई है।

उपर्युक्त प्रथा के अनुसार इन पाठशालाओं में हिंदी तथा उर्दू द्वारा शिक्षा दी जाती थी। महात्माजी स्वयं समय-समय पर इन पाठशालाओं को देखने के लिए जाया करते थे और जिन बातों की त्रुटि पाते थे, उन्हें सुधारने की सलाह देते थे। डॉक्टर देव भी इन पाठशालाओं का समय-समय पर निरीक्षण किया करते थे तथा सफाई पर व्याख्यान देते और मरीजों को दवा बाँटते थे। यद्यपि पहली मंडली के स्वयंसेवक केवल छह महीने तक इन पाठशालाओं में रहे, तो भी उनका प्रभाव केवल पाठशाला के छात्रों ही पर नहीं वरन् जैसी महात्माजी ने आशा की थी, वहाँ के आसपास के रहनेवालों पर भी खूब पड़ा, यहाँ तक कि इन गाँवों की परदे में रहने वाली स्त्रियाँ भी इस लाभ से वंचित न रहीं। यदि यह काम इस प्रकार से कुछ दिनों तक और जारी रहता तो केवल चंपारन की ही नहीं, वरन् बिहार के अन्यान्य जिलों की भी हालत सुधर जाती।

जो कुछ ऊपर कहा गया है, उससे पाठक यह न समझें कि महात्मा गांधी ने शिक्षा का काम जाँच-कमेटी की रिपोर्ट के बाद ही आरंभ किया। शिक्षा ग्रहण करने वालों के लिए तो काम उसी दिन आरंभ हो गया, जिस दिन कि आपने बिहार में पदार्पण किया। जिन लोगों को आपके साथ चंपारन में रहने का सौभाग्य प्राप्त हुआ था, उनको आपने एक नई दुनिया दिखला दी, उनमें एक नवजीवन का संचार कर दिया। जब हम लोगों की आपके साथ स्वराज्य-संबंधी बातें होती थीं, तब आप अकसर यही कहा करते थे कि मैं स्वराज्य का ही काम कर रहा हूँ। हम लोग इसके अर्थ उस समय ठीक नहीं समझ सकते थे, पर कार्य समाप्त होने के बाद आज यह सच्चे दिल से कहा जा सकता है कि सचमुच ही वह स्वराज्य का ही काम था। जब आप मुजफ्फरपुर में पहुँचकर पास के एक गाँव में गए थे और वहाँ के लोगों और उनके छोटे बच्चों की हालत देखी थी, तब उन्होंने कहा था कि जब इनकी दशा सुधरेगी, तभी हमको स्वराज्य हो सकता है। उन्हीं गरीब किसानों की दशा सुधारने में आप चंपारन में लगे हुए थे। साथ ही, आपका विचार था कि इस महत्त्वपूर्ण काम के लिए बहुत स्वयंसेवकों की आवश्यकता है, इसलिए जितने ऐसे काम में आ जायँ, उतना ही अच्छा होगा; पर इस कार्य के सभी अधिकारी नहीं हो सकते थे। इस प्रकार की सेवावृत्ति के लिए सत्य ग्रहण करना, भय छोड़ना और गरीबी अख्तियार करना आवश्यक था। इसलिए महात्माजी ने अपने सहकारियों का ध्यान इस ओर आकृष्ट किया। जब हम लोग पहले-पहल चंपारन पहुँचे, तब हममें अनेक के साथ नौकर थे, रसोई बनाने के लिए एक रसोइया था। थोड़े ही दिनों में

महात्माजी की इच्छानुसार नौकरों की संख्या कम कर दी गई और कुछ दिनों के बाद सिवाय एक के और सब हटा दिए गए। फल इसका यह हुआ कि जिन लोगों ने अपने जीवन में एक लोटा जल कुएँ से नहीं निकाला था अथवा जिन्होंने नहाकर एक गमछा भी नहीं धोया था, उन्हीं लोगों ने महात्माजी के सत्संग में थोड़े दिनों में ही एक-दूसरे को नहला देने, कपड़ा धो लेने तथा जूठे बरतनों को साफ करने का संकोच छोड़ दिया। हम लोग ये सब काम स्वयं कर लेते थे। घरों में झाड़ू देना, चौका साफ करना, अपने बरतनों का मलना, स्टेशन या बाजार से स्वयं गठरियों को लाना—ये सब काम हम लोग स्वयं कर लिया करते थे।

रसोइए के हटा दिए जाने पर महात्माजी की धर्मपत्नी, जिनको हम सभी 'माताजी' कहा करते थे, सबके लिए रसोई बनातीं और बहुत आनंद और प्रेम के साथ हम लोगों को खिलाती थीं। यह महात्माजी के आगमन का ही फल हुआ कि अब रेल के तीसरे दर्जे में चलने में हम अपनी मानहानि नहीं समझते। आपका सीधा-सादा स्वभाव, स्वदेशी लिबास और आत्मत्याग का प्रभाव केवल आपके सहायकों पर ही नहीं पड़ा, वरन् बिहार के अन्यान्य व्यक्तियों पर भी खूब पड़ा। दक्षिण अफ्रीका से लौटने पर यह पहला ही महान् कार्य था, जिसमें महात्माजी ने हाथ लगाया और ईश्वर की दया से इसमें सफलता प्राप्त करके भटकते हुए भारतवासियों को एक नया रास्ता दिखला दिया, जिसपर चलकर वे अपनी सभी अभीष्ट कामनाओं को प्राप्त कर सकते हैं।

इस प्रकार, चंपारन के झगड़े की समाप्ति हुई। महात्मा गांधी के चंपारन-वास और उनके कार्य से चंपारन को वास्तव में कितना लाभ पहुँचा, इसकी मात्रा का पूरा-पूरा अनुमान करना बहुत कठिन है। अभी वह समय नहीं आया है, जब कि उनके कार्य के फलों का पूरा इतिहास लिखा जा सके। जिस वृक्ष को उन्होंने चंपारन में, चंपारन ही क्या, भारतवर्ष में लगाया है, वह अभी लहलहाता मात्र है। पुष्प और फल में विलंब है। पर, यदि उसके रंग-रूप से आगामी श्री और मधुरता की कुछ अंश में सूचना मिल सके तो यह मुक्तकंठ से कहना पड़ेगा कि अनतिदूर भविष्य में नए जागरण, नए भाव, नए उत्साह के एक अभूतपूर्व नवीन युग का प्रादुर्भाव होने वाला है। भारतीय स्वराज्य का वास्तविक बीज-वपन चंपारन में ही हुआ है और शक्तिशाली सरकारी अफसरों के चिरप्रिय विद्या-बुद्धि-धन-संपन्न नीलवरों के विरुद्ध साठ वर्षों से पीड़ित दीन, निस्सहाय प्रजाओं की पहली विजय, सदियों से दलित भारतीयों की स्वराज्य-युद्ध में सफलता-प्राप्ति की अग्रिम सूचना है। ईश्वर करे, वह दिन शीघ्र देखने में आए।

❑

परिशिष्ट १

१. नील का सट्टा

मैं बोधी लोहार, बेटा परसन लोहार, जात लोहार, सा. जागापाकड़ वो काश्तकार मौजे मजकूर तपा हरनाटाँर, परगने मझौआ, इलाके थाने गोविंदगंज वो सब रजिस्ट्रार मो. मोतिहारी, जिला चंपारन के हूँ।

आगे हम खुशरजाय के वो रगबत से अपने मो. साढ़े बारह आना के आधा उसका मो. सवा छह आना जरब शाही होता है, जर तगावी वास्ते करने मवाजी ४ आना पाँच कट्ठा एराजी नील इब्तदाए सन् १३०२ ल. सन् १३२१ फसली मिनजुमले काश्त ठीके अपने मुताबिक दिलाई मिस्टर हिनरी विलीयम जौजेफ हिल साहेब, मनेजर जानिब हिनरी हेल कंपनी, मालिक कंसर्न नील तुरकौलिया, जिला चंपारन, मारफत मिस्टर रौबर्ट सिडनी हिकी साहेब कोठी मखुआ इलाके कंसर्न मजकूर हसब शराएत जैल लेकर कबज वो तसरुफ़ में अपने दर लाए।

नंबर १—मवाजी १० पाँच कट्ठा एराजी किस्म औअल मिनजुमले काश्त ठीके अपने वास्ते बाबत नील इब्तदाए सन् १३०२ ल. सन् १३२१ फसली ब-लगे नौ हाथ तरद्दुद वो आबाद करार वाके करके तमनी जोत व उछटनी वगैरह हसब पसंद अहालियान कोठी, वक्त पर तैयार कर दिया करें वो बाद तैयार हो जाने खेत नील अहालियान कोठी पैमाइश कर लिया करें।

नंबर २—जिस वक्त कोठी अपना बीआ नील व टाँड़ी लेकर खेत नील हमारा बावग करे, अगर उसमें हमारी तरफ से कोई उज्र किया जाय, तो उस वक्त अख्तियार कोठी का होगा के हमारे ऊपर नालिश हरजे का करे, अगर बावग औअल एराजी नील मजकूर बीजमार हो जाय, तो अख्तियार अहालियान कोठी का होगा के ता ऐयाम बावग जब-जब जरूरत होवे एराजी बीजमार मजकूर को अपना बीआ वो टाँड़ी लेकर बावग करे वो जब बावग होए, हम अपने खेत पर हाजिर रहकर जो अहालियान कोठी कहेंगे, तामील करेंगे।

नंबर ३—वक्त ऐयाम महाई मुताबिक हुकुम्मत अहालियान कोठी दरख्वान नील

मोरहन वो खूँटी को काटकर जब गाड़ी कोठी से आवे, लाद दिया करेंगे।

नंबर ४—दादनी खेत नील मजकूर बशरह फी बिगहा आठ रु. बमाह कार्तिक खाह बमाह अग्रहन सालबसाल रसीद देकर नकद खाह बजरिए मोजरइ मालगुजारी लगान अपने लिया करें।

नंबर ५—हिसाब खेत नील मजकूर बाद मोरतब महाई बशर्ते होने माल बहिसाब फी बिगहा मोबलिग साढ़े सोलह रुपया वो बशर्ते होने बीजमार फी बिगहा मोबलिग सवा आठ रुपया बमौजिब पैमाइश वही कोठी के बाद मिनहाई दादनी के बमाह कार्तिक खाह बमाह अग्रहन फारखती देकर नकद खाह बजरिए मोजरइ मालगुजारी लगान अपने लिया करें।

नंबर ६—अगर कोठी से नगद खाह बजरिए मजूरा वोगैरह वास्ते आबाद मोनासिबाने खेत नील के मदद मिले, वह अपने हिसाब में मुजरा देंगे। अगर दादनी वो खर्चे मरम्मति नील हिसाब नील से हमारे सधान न होए, तो जिस कदर फाजिल जिम्मे हमारे मुताबिक हिसाब के पावना कोठी निकले, वह रुपया नकद अपने जान वो माल से अदाय करें।

नंबर ७—लगान मालगुजारी एराजी काश्त नील मजकूर तअल्लुक हमारे हैं वो रहेगा।

नंबर ८—बमाह चैत वो बैसाख जो खेत वास्ते आबादी नील साल आइंदे के मिनजुमले काश्त ठीका हमारे पसंद करके पैमाइश कर दे, उसको मुताबिक शरायत वाला नंबर १ के तैयार कर देंगे व जिस साल अहालियान कोठी खेत नील नया पसंद करके पैमाइश नहीं करें, उस साल खेत नील साबिक को आबाद कर देंगे वो उस खेत नील में दूसरा कोई जायदाद सिवाय नील के बावग नहीं करेंगे वो सिवाय खेत मजकूर के दूसरा खेत आबाद वो तैयार नहीं करेंगे।

नंबर ९—चैत-बैसाख में जो खेत अहालियान कोठी पसंद करके बदली कर देंगे, अगर वह खेत बाएस बरसात काबिल बावग नील न होए तो दूसरा खेत एवज में उसके जो अहालियान कोठी बमाह कार्तिक मिनजुमले खेत ठीके मिन मोकिरके पसंद करे, उसको वास्ते बावग नील के तैयार कर दिया करेंगे।

नंबर १०—तामील में शरायत मौनदर्जेबाला के हम या वारिसान कायम मोकामियान हमारे किसी साल अंदर मैआद मजकूरेबालाके इनहराफी करें तो हरजे वो नोकसानी उसका फी बिगहा मोबलिग साढ़े उनचास रुपए सालाने ता मुद्दत मैयाद साहब मौसूफ को जान वो माल से अदाय करें; बसूरत नहीं अदाय जर हरजे मजकूर साहब मनेजर वक्त को अख्तियार होगा के वक्त इनहराफी शरायत मजकूरेबाला जर हरजे मजकूर व हरजा नालिश अदालत जायदाद से हमारे वोसूल करें वो जिस कदर रुपया तगावी हम लिया है, आखीर साल मैयाद हिसाब नील से सन् १३२१ साल के मोजरा महसूब कर लें

अगर हिसाब हाजा में बाएस लेने दादनी वो होने खर्चे रुपया तगावी मजकूर सधान न पावे, तो नकद अपने पास से अदाय कर देंगे। इसमें किसी नवे हमको या वारिसान कायम मोकामियान को हमारे तामील में शरायत मजकूरेबाला के कुछ उज्र नहीं है वो न होगा। इस वास्ते सट्टे मैयादी २० बीससाला लिख दिया के वक्त पर काम आवे।

२. गाड़ी का सट्टा

मैं बालगोविंद साह बेटा...जात कलवार, पेशा गृहस्थी, सा. ढाका वो काश्तकार मौजे खानेबादनगर तथा नोनउर, परगने सेमरौन, इलाके सब-रजिस्ट्रार ढाका वो डिवीजन मोतिहारी, जिला चंपारन के हूँ।

चूँ मिन मोकिर को चलाना गाड़ी बी कोठी तेलहरा तपा नोनउर, परगने सेमरौन, इलाके थाने ढाके, जिला चंपारन को मंजूर है; इसलिए मोबलिग १५ रुपए १० आने जर तकावी पेशगी के निस्फ उसका मोबलिग ७ रुपए १३ आने होता है, अद हुजूर मि. जे. एच. स्मिथ साहेब मालिक वो मोखतारआम जानिब मि. आर. विलियम फील्ड साहेब से लेकर बखुश रजाय व रगबत अपने सट्टेहाजा अज इब्तदाए सन् १३०४ लगाएत सन् १३१५ फसली मैआदी बारह साला लिखकर इकरार हसब जैल करते हैं वो लिख देते हैं।

नं.१—हम या वारिसान खाह कायम मोकामियान मिनमोकिर अज इब्तदाए तहरीर सट्टा याने सन् १३०४ फसली लगायत सन् १३१५ फसली ऐयाम बावग नील से लगायत आखिर बावग नील मजकूर वो वक्त महाई नील इबत्दाए शुरू मोरहन लगायत खत्म होने खूँटी नील के एक मंजील गाड़ी वो दो रास बैल मजबूत सालबसाल तैयार वो मौजूद रखकर हसबहुक्म वा हसबखाह अहालियान कोठी के मुताबिक दस्तूर कोठी काम अनजाम किया करेंगे।

नं. २—ऐयाम महाई में जायदाद नील खेत असामियान वो जीरात देहात का लादकर हौज में बोझाई करा देंगे और सीठ हौज से उठाकर गाड़ी पर लादकर, जहाँ हुक्म अहालियान देंगे, वहाँ ले जाकर गिरा देंगे और मजदूरी लदाई वो पहुँचाई याने ढोलाई दरख्तान नील काफी सैकड़े मन पोखता मुबलिग २ रु. वो सीठ फी सैकड़े मनपोखता मवाजी साढ़े बारह आने वो फी बीघा टाँरी मवाजी तीन आना वो मोतफरकात काम फी रोज मवाजी पाँच आना कोठी से पावेंगे।

नं. ३—अगर अंदर मैआद इस सट्टे के किसी वजह से किराया मामूली बंदोबस्ती गाड़ी के मौनदर्जे साट्टे हाजा से अधिक हो जाय याने दूसरे लोगों का किराया ज्यादे मिले, जोकि बजरिए साट्टे गाड़ी कोठी हाजा में चलावे वो दस्तूर मरौजे इस वक्त का तब्दील हो जाय, तो मन मोकिरान वो वारिसान वो कायम मोकामियान मिनमोकिर मजदूरी बमौजिब नया दस्तूर के पावेंगे।

नं. ४—मिनमोकिर या वारिसान खाह कायम मोकामियान मिनमोकिर अंदर मैआद अइयाम साट्टी अगर कभी कोठी के काम में गाड़ी वो बैल हाजिर न लावें, तो अख्तियार अहालियान कोठी मजकूर को होगा कि किराया की गाड़ी मुकर्रर करके अनजाम काम करावे और जो इकरारी किराया मजकूरेबाला से अधिक खर्च पड़ेगा, दुगुना किराया हसब मौनदर्जे नंबर २ और नंबर ३ तक हम वो वारिसान वो कायम मोकामियान मिनमोकिर को देना होगा।

नं. ५—मोबलिग १५. रु. १० आने जर तकाबी मजकूरेवाला बतौर जर जमानत बिला सूदी ता मैयाद साटा हाजा कायम रहेगा और बाद अज इनकजाय मैयाद यह जर जमानत नकद हम या वारिसान खाहकायम मोकामियान मिनमोकिर अदाय करेंगे, अगर अदाय नहीं करें तो ता अदा जर जमानत साटे हाजा मैं जामिय शरायत बहाल वो बरकरार रहेगा।

नं. ६—अगर मिनमोकिर खाह वारिसान वो कायम मोकामियान मिनमोकिर अंदर मैयाद साटे हाजा के हसब शरायत सदर गाड़ी-बैल हाजिर न लावें और कोठी को दूसरी गाड़ी किराए की नहीं मिले तो मिनमोकिर वो वारिसान वो कायम मोकामियान मिनमोकिर... तावान बहिसाब एक रुपया एवोमिय बाबत हर रोज गैरहाजिरी के, जिसका पता किताब हाजिरी से कोठी के मिलेगा, कोठी को देंगे वो मिनमोकिर वो वारिसान वो कायम मोकामियान मिनमोकिर हसब शरायत मौनदर्जे साटा हाजा गाड़ी कोठी तेलहरा में चलावेंगे और गाहे कोई उज्र तबदील वो तागीर मालिक या मैनेजर कोठी या अहलियान कोठी का नहीं करेंगे।

नं. ७— मिनमोकिर या वारिसान खाह कायम मोकामियान मिनमोकिर गाड़ी वो बैल हमेशा दुरुस्त रखेंगे वो कभी फरोख्त नहीं करेंगे। अगर किसी वजह से गाड़ी या बैल काबिल काम के नहीं रहे, तो फौरन दूसरी गाड़ी वो बैल तैयार वो मौजूद करेंगे और वाजे रहे कि मिनमोकिर या वारिसान खाह कायम मोकामियान मिनमोकिर ता मैयाद साटे हाजा या बाद इनकजाय मैयाद ता अदाय जर जमानत कोई दूसरी जगह साटे गाड़ी का नहीं लिखेंगे। इस वास्ते यह चंद कलमें बतरीक साटे गाड़ी मैयादी बारह साला के लिख दिया के वक्त पर काम आवे। ता. २९ मार्च सन् १८९७ ईसवी।

३. शहबेशी का इकरारनामा

मैं .... वल्द ..... जात...... सा. मौजे .... काश्तकार मौजे ...... तपा ...... परगने ...... थाना .... जिला चंपारन के हूँ। चूँकि मैं नील वास्ते मालिकान कंसर्न तुरकौलिया बराबर करता आया हूँ, इसलिए अपना काश्त खास करके कम शरह पर जोत वो आबाद करता आया हूँ। चूँकि मैंने मालिकान कंसर्न मजकूर से यह इस्तदोआ

पेश किया कि मुझको नील करने से माफ वो बरायत फरमाया जाय वो चूँके मालिकान कंसर्न मजकूर इस शर्त पर इस्तदोआ मेरा कबूल किया है कि बएवज मोबलिग .... रुपया ...... सालाना जो बशरह फी बिगहा...... रुपया होता है, माल-गुजारी साबिक निस्बत काश्त अपने हम मो.... रुपया सालाना जो अब बशरह फी बिगहा .... रुपया होता है, सालाना मालगुजारी मालिकान मजकूर को दिया करेंगे, इसलिए मैं बखुशरजाए वो रगबत वो सेहत जात सबात अकिल वो इलम अपने मैं एकरार करता हूँ कि बएवज हासिल करदगी बराएत निस्बत करने नील तीनकठा फी बिगहा अंदर काश्त अपने अब मो .... रुपया सालाना जो बशरह फी बिगहा मो...... रुपया होता है, इब्तदाए सन् .... साल हम सालाना अपने मौजूदे काश्त का बेला उज्र मालिकान मजकूर को अदाय किया करेंगे। मैं इसका भी एकरार मोतबिर करता हूँ कि अगर आइंदे में किसी किसिम का उज्र निस्बत अदाय कारी मालगुजारी कबूल वो मंजूर कर दें, खूद मैं करूँ या कोई अदालत या हाकिम मजाज तजवीज करके मुझको मो... रुपया जर इजाफा देने की पाबंदी नहीं है तो उस हालत में फिर नील तीन-कठा फी बिगहा मिनजुमले काश्त अपने जिसे मालिकान कंसर्न तुरकौलिया ने मुझे बरायत वो माफी हसब इकरारनामे हाजा के देते हैं, मैं फिर वास्ते करने नील पाबंद होंगे, जिसके मैं वो मेरे वारिसान काएम मोकामियान पाबंद हैं वो पाबंद होंगे। इस वास्ते एकरारनामे हाजा लिख दिया के वक्त पर काम आवे।

ता. माह सन्

४. माफी की चिट्ठी

JALLAHA INDIGO CONCERN

...... *Ryot of village* ....his heirs and assigns are let off their whole indigo lagan on the lands held under the Jamabandis mentioned below from the year...... in perpetuity. I further declare both on my own behalf and as attorney for all the other proprietors of this Concern that neither we nor our heirs nor assigns shall ever make any demand for the indigo lagan of these lands nor for any part of it, nor for any kind of compensation for the non-cultivation of indigo in these lands.

No.	Name according to Jamabandi	B.	K.	D.

जलहा नील कंसर्न

रामप्रसाद अहीर काश्तकार व मौजा राजपुर।

उसके वारीस कायम-मोकामियान लगान नील उसके जमाबंदी के जमीन के माफ किया गया। १३२२ साल से हमेशा के लिए और मैं कबूल करता हूँ ब-हैसियत खुद मालिक और ब-हैसियत मुख्तार बाकी मालिकान जलहा कोठी की तरफ से के हम लोग या हम लोगों का वारिस या कायम-मोकामियान कोई लगान नील की जमीन का या किसी टुकड़ा जमीन का तलब नहीं करेंगे और किसी किसिम की हरजा वास्ते नहीं बनाने नील के तलब नहीं करेंगे।

नंबर	नाम असामी मोताबिक जमाबंदी	बिगहा
८.	शिवराज अहीर	५।३ऽ४
५६.	रामप्रसाद अहीर	॥३ ।३

५. बंबई प्रांत के स्वयंसेवकों की नामावली

१. डॉक्टर हरि श्रीकृष्णदेव, एल्. एम्. एस्. — धूलिया
२. श्रीयुत बबन गोपाल गोखले — बंबई
३. श्रीयुत महादेव हरिभाई देसाई — सत्याग्रह आश्रम, अहमदाबाद
४. श्रीयुत नरहरि द्वारकादास पारीख — सत्याग्रह आश्रम, अहमदाबाद
५. श्रीयुत ब्रजलाल भीमजी रुपानी — सत्याग्रह आश्रम, अहमदाबाद
६. श्रीयुत छोटेलाल जैन — सत्याग्रह आश्रम, अहमदाबाद
७. श्रीयुत देवदास गांधी — सत्याग्रह आश्रम, अहमदाबाद
८. श्रीयुत सुरेंद्रजी — सत्याग्रह आश्रम, अहमदाबाद
९. श्रीयुत बालकृष्ण योगेश्वर पुरोहित — सत्याग्रह आश्रम, अहमदाबाद
१०. श्रीयुत सदाशिव लक्ष्मण सोमन, बी. ए., एल्-एल्. बी. — बेलगाँव
११. श्रीयुत नारायण तम्माजी काटगोड़े उर्फ पुंडलीकजी — बेलगाँव
१२. श्रीयुत विष्णु सीताराम रणदिवे उर्फ अप्पाजी — धूलिया
१३. श्रीयुत एकनाथ वासुदेव क्षीरे — धूलिया
१४. श्रीयुत प्राणलाल प्रभुराम योगी — लिलिया, भावनगर
१५. श्रीयुत श्री शंकरदेव, बी. ए. — पूना

६. स्वयंसेविकाएँ

१.	श्रीमती कस्तूरीबाई	महात्माजी की धर्मपत्नी
२.	श्रीमती अवंतिकाबाई	श्रीयुत बबन गोखले की धर्मपत्नी
३.	श्रीमती दुर्गाबाई	श्रीयुत महादेव देसाई की धर्मपत्नी
४.	श्रीमती मणिबाई	श्रीयुत नरहरिजी की धर्मपत्नी
५.	श्रीमती आनंदीबाई	महिला आश्रम, पूना
६.	श्रीमती वीणापाणि साहू	सर्वेंट ऑफ इंडिया सोसाइटी के मेंबर व श्रीयुत लक्ष्मीनारायण साहू की धर्मपत्नी

❑

परिशिष्ट-२

No. 6296 R

Government of Bihar & Orissa

Revenue Department

Resolution

Dated Ranchi the 18th October, 1917

Read–

1. Resolution No. 1890C dated the 18th June, 1917.
2. The Report of the Champaran Agrarian Enquiry Committee.

In the resolution cited in the preamble the Govt. of Bihar and Orissa appointed a committee to inquire in the preamble word. The Govt. of Bihar and Orissa appointed a committee to inquire into the relations between landlords and tenants in the Champaran district, including all disputes arising out of the manufacture and cultivation of indigo, and to report the measures recommended by them in order to remove any abuses or grievances which they might find to exist.

2. The Committee assembled on the 11th July and, after a preliminary meeting at Ranchi, proceeded to Champaran where, in the course of the ensuing six weeks, they examined a number of witnesses at Bettiah and Motihari and made a series of local inquiries. Their report was received on the 4th October and it contains the conclusions arrived at by the Committee, and a number of recommendations which, with a single exception, are unanimous.

3. The Committee have indicated the salient facts in regard to the history of the indigo industry in Champaran which has, since the first decade of the 19th century, figured so largely in the rural economy of the district, and His Honour in Council considers it necessary to supplement the account which they have given. Their report, without going into great detail, sufficiently explains the present situation, and the measures which the Committee recommend for the settlement of existing differences, and the removal of such abuses or anomalies as they have found in the existing relations of landlord and tenant in the district.

4. These recommendations may conveniently be grouped under the following three heads :

(1) The Substitution of a purely voluntary system of growing indigo for the tinkathia system, and the arrangements to be made for the commutation of the 'indigo obligation' and for the modification on the commutation where it has already been affected :

(2) The continuance of the temporary lease system in the estates under the management of the Court of wards with adequate safeguards against the exaction of *abwab*, and other practices which are either improper or undesirable.

(3) Other measures designed to meet the grievances arising out of existing practices or arrangements.

5. The Committee have demonstrated beyond all questions that the tinkathia system had outlived to-day, and that in spite of periodical provisions of the terms of the engagements entered into by the tenants, the system is essentially unpopular and must necessarily give rise to friction between planter and tenant. Further, there is ample evidence to establish the fact that it is not necessary to retain the system to ensure the continuance of the indigo industry, as indigo is grown extensively on a system of free contract in other parts of the province in the adjoining districts of the United Provinces, and even in Champaran itself.

6. The Lieutenant-Governor-in-Council therefore accepts the Committee's recommendation that the tinkathia system should be entirely abolished, whether in respect of indigo or of any other crop to which it may have been extended in contravention of the byelaw adopted by the Bihar Planters' Association in 1910, and that this should be effected by legislation in which special provision should also be made for the regulation of the growing of indigo on a system of free contract. He agrees with the committee that these contracts must be absolutely voluntary, that they must be for short terms only, that the particular plots to be cultivated with indigo must be entirely at the option of the tenant, and that the price to be paid must be a matter of volun ary agreement, and must be fixed on the weight may, if so agreed, be determined by appraisement, and that in the first instance at any rate, minimum rates of payment should be fixed by the Bihar Planters' Association, subject to the approval of the commissioner.

7. The abolition of tinkathia involves the abrogation of any obligation to grow indigo on that system which may attach to any reiyat as an incident of his tenancy, and the Committee proceed to discuss the claims of the planters to compensation for releasing their tenants from this obligation. In a large

number of cases such compensation has been taken either in the form of each payment (tawan), or of an enhancement of rent (sharahbeshi), but there still remain a number of cases where no compensation has been taken, and the obligation has been recorded by the Settlement Officer in the record of rights. The difficult legal points involved in the sharahbeshi question, which affect only villages held on permanent lease from the Bettiah Estate, have not yet been finally adjudicated upon is the competent courts. The Committee, while pointing out the chief arguments put forward on either side, have refrained from attempting to anticipate what might be the ultimate finding of the courts, and have endeavoured instead to reach an amicable settlement which would obviate the disastrous results to all parties of prolonged and expensive litigation. The Committee's negotiations with the representatives of the three concerns in which 95 per cent of these enhancements have taken place viz., Turkaulia Limited, Motihari Ltd., and Pipra, have resulted in a definte, agreement which has been accepted by Mr. Gandhi on behalf of the raiyats, and by the committee as a whole as basis for legislation, which will secure that the adjustments of rents and correction of the record of rights shall be final and binding. The committee propose that the reduction of 26 per cent agreed upon in the case of Motihari and Pipra, should also be applied to the two remaining small concerns, Jallaha and Siria, in which sharahbeshi has been taken, Where no compensation has yet been taken the Committee recommended that, in lieu of the existing obligation, the rent shall be fixed at the rate at which it would have stood had commutation taken place together with the others and been reduced in the manner now agreed upon.

8. The Lieutenant-Governor-in-Council considers that these recommendations offer a fair and equitable solution of a very difficult problem, the prompt, final and satisfactory settlement of which will, perhaps more than anything else, secure the restoration of amicable relations between planters and tenants over a very considerable part of the district. He proposes therefore to undertake at once the necessary legislation to give effect to the Committee's recommendations.

9. The question of commutation effected by the payment of a lump sum, or tawan, mainly concerns the villages held under temporary leases. The arguments put forward in defence of the practice in those villages have been carefully examined by the Committee and they have come to the deliberate conclusion that the taking of tawan, at any rate to the extent that has been done, cannot be justified. If, as some factories have contended, the obligation to grow indigo is an incident of the tenancy and the tawan taken represents the value of the enhancement of rent which might otherwise have been taken in

the form of sharahbeshi, the answer, as the Committee state, is that a temporary leaseholder cannot create an incident of tenancy for his own benefit and that such a claim could only be, though it never has been, made by the Bettiah Estate as the superior landlord. If, on the other hand, as other factories have contended, the payment was made by the tenants merely in consideration of the termination of an ordinary civil contract by way of liquidated damages, the claim is equally untonable for, as the Committee point out, the rates of payment taken have not varied according to the length of time which the contract had still to run, and it is evident that the mere release from the contract was not all that the tenant believed he was buying, nor was it the most important thing which the factory sold, namely, the final release of the raiyet from the obligation to grow indigo. The raiyats would not, the Committee think, have voluntarily paid such large sums as they have done merely for their release from the indigo obligation for the uncepired portion of the sattas.

Holding therefore that the taking of tawan on the scale on which it has actually been taken was not justified in temporarily leased villages, the Committee recommend that, as a condition of renewal of such leases, the Bettiah Estate should insist on a 25 per cent refund through the estate to the tenants and as tawan must be considered, in part at any rate, as capitalised rent, that the estate should forgo for seven years any enhancement, which may have been or may be granted in the settlement courts on the ground of the rise in prices of the rent of any tenants who has paid tawan. The Lieutenant-Governor in Council recognises that these recommendations represent a reasonable compromise between the conflicting interests of tenant, lessee and superior landlord, and he will request the Court of wards to give immediate and general effect to them.

10. The Committee refer to a few cases in which certain concerns had taken indigo sattas from the raiyats of villages which had very recently been leased to the factory, and after indigo had been grown for one or two years only had commuted the indigo rights by taking tawan. His Honour in Council agrees that action of this kind is entirely indispensable and the Bettiah Estate should intervene in the interests of its tenants. He accepts the Committee's recommendation that in such cases the Court of Wards should refuse to renew the temporary lease unless the whole of the tawan is refunded.

11. In the case of the permanently leased villages of a few concerns in which tawan was taken, the payment may be claimed to represent the capitalized value of the enhanced rent which might otherwise have been taken in the form of sharahbeshi. The Committee however recommend that, in view of the fact that the reduction of sharahbeshi has been accepted under the settlement

by consent, in the interests of future peace and good-will the *mukarraridars* should be advised to make a refund on a similar basis of a portion of the tawan taken by them. His Honour in Council endorses this recommendation and trusts that the factories concerned will, for the reasons put forward, set upon the advice given by the Committee.

12. The case of the Rajghat Factory has been mentioned by the Committee as one calling for special treatment. No incident of the tenancy is claimed but written contracts were entered into by the tenants for the growing of indigo in consideration of freedom from rent enhancement. On the expiry of the contracts this arrangement was continued by mutual consent and the factory refrained from claiming in the settlement courts the enhancement of rent which it might otherwise have obtained. The tenants now desire to give up indigo, and the Committee consider that an opportunity should be afforded to the factory to sue for enhancement of rent, for which the time ordinarily admissible under Section 105 of the Bengal Tenancy Act has expired. His Honour in Council agrees that this is a case in which the provisions of Section 112 of the Act might reasonably be applied, and he proposes therefore to move the Governor-General in Council to sanction a settlement of rents in the villages of this concern under that section.

13. The Committee next deal with the exaction of *abwab* by the thikadars of the non-indigo concerns under the Bettiah and Ramnagar estates, and by the proprietress of the latter estate. The Committee remark that until recently these exactions have given rise to little complaint, and that not a single suit has been brought under Section 75 of the Bengal Tenancy Act which provides the legal remedy. They observe that the orders issued by the Court of Wards, when the facts were brought to its notice in the course of the recent settlement operations, have been effectual in stopping the practice in the Bettiah estate. In the Ramnagar estate the advice of the local officers was ignored, but the Court of Wards has recently declared the proprietress disqualified under Section 6 (a) of the Bengal Court of Wards Act (Act I B. C. of 1879) and proposes to take action, similar to that which has already proved successful in the case of the Bettiah estate.

14. The Lieutenant-Governor-in-Council proposes in addition to cause all the tenants in this tract to be informed that the taking of *abwab* is entirely illegal, and is not in any way countenanced either by the management of the estates or by Government. He agrees also with the majority of the Committee that, in this area at least, there is full justification for amending the law so as to enable the Collector on his own motion to enquire into and punish such exactions on the part of a landlord. The Committee's recommendation regarding

the form of rent receipts will be considered further in consultation with the Board of revenue and, if possible, a simple form of receipt for intermediate payments will be prescribed under Section 56 (3), Bengal Tenancy Act.

15. The Committee have considered the expediency of continuing the so-called *thikadari* system which, on more than one occasion, has been alleged to have been largely or even primarily the source and origin of the abuses such as those which have been dealt with the Committee. The position of the Bettiah Estate in this matter has always been exceptional: and when the Court of Wards took charge of the estate in 1897 it found extensive areas under lease to *thikadars,* both European and Indian, who with their predecessors in interest had held their villages from the estate on periodically renewed leases since a period only shortly subsquent to the Permanent Settlement. Though these *thikadars* have acquired thereby no legal rights beyond the currency of their existing leases, any complete or immediate change would obviously have been most unfair to them and at variance with the established practice of the estate, and after the most careful consideration the Court with the concurrence of Government, decided in 1899 that neither the interest of the estate nor of the tenantry demanded any radical change. Since then a general policy has been adopted of renewing leases only for short periods which would expire about the time when the present settlement operations were expected to be completed. More recently, on the receipt of a special report from the Settlement Officer on the conditions prevailing in the leased villages in the northern part of the estate, the general question was again carefully considered by the Board and by Government; and prior to the Committee's enquiry, certain provisional conclusions had been reached regarding the future policy of the estate in this matter. These conclusions were for the most part in accordance with those arrived at by the Committee, namely, that in the absence of evidence that the large part of the estate now leased out temporarily could be more efficiently and more profitably managed under a system of direct management, no sweeping change in this direction is either necessary or desirable. At the same time it was decided that renewal should in any case be conditional on the good conduct of the lessee, and that the terms of the lease must provide against the introduction or continuance of practices, such as the exaction of *abwab,* or the securing by undue pressure from tenants of contracts to grow a particular crop, or to provide labour or carts and the like on other than purely voluntary and commercial terms. On the other hand, the terms on which leases should be granted or renewed must be such as to leave the lessee a fair margin of profit after meeting the expenses of collection and not, as has been not uncommon in the past, leave so narrow a margin to the

lessee as to induce him to secure a profit by illegitimate means.

16. In pursuance of this general policy the Court of Wards will now be asked to scrutinise each case of proposed renewal, both from the point of view of the lessee's past conduct and, where this warrants a renewal, of the terms on which the lease may be renewed. They will also be asked to prepare and submit for the approval of the Local Government a suitable revised form of lease which will provide interalia for the cancellation of the lease for proved misconduct, and give the manager of the estate ample power and opportunity to keep himself informed of what is going on in leased areas. As recommended by the Committee, a refund of a part of the *tawan,* where this has been taken, will be a condition of renewal, and in the case of the European *thikadars,* membership of the Bihar Planters' Association will be made necessary condition both of the renewal and of the continuance of any lease.

17. Of the minor recommendations of the Committee, the first to be mentioned concerns the levy of fees on the transfer of occupancy holdings. The Lieutenant 'Governor-in-Council endorses the condemnation by the Committee of the occasional levy of transfer fees in the case of transfers by inheritance, and he agrees that in temporarily leased areas the fees, if any, should be payable to the superior landlord and, at the same time, that unnecessary inconvenience should not be caused to the parties by requiring their attendance in all cases at the headquarters of the estate. Specific provisions on both these points will be embodied in the new forms of lease for estates under Court of Wards mangement. The further suggestion that a standard scale of fees should be adopted in the estates under the Court of Wards and that the holders of mukarrari Leases, should be urged to adopt a similar system is a point on which it will be necessary to consult the Board of Revenue and Commissioner, as it involves a departure from the policy followed generally in Government estates and, until very recently, in Court of Wards estates outside Orissa and Chotanagpur, that fees on transfer should be nominal only. The principle of a substantial fee subject to a maximum has, however, been adopted as a definite provision of the Orissa Tenancy Act and, in the case of new estates brought under management of the Court of Wards, the Board has recognized that when the existing practice as regards fees is a reasonable one, it should be retained. Apart from the Committee's recommendation, there is thus some ground for reconsidering the existing policy in the case of the Bettiah estate, and the Board of Revenue will therefore be asked to consider whether a suitable scale of fees should be adopted for this estate, such as the mukarraridars also might reasonably be pressed to adopt.

18. The Lieutenant-Governor-in-Council is at one with the Committee

in condemning the practice, now abandoned by the Bettiah estate but still continued by some of its *mukarraridars* of issuing licences for the sale of kerosene oil. The practice is clearly indefensible, and His Honour in Council trusts that now that the attention of the *mukarraridars* has been drawn to it, the practice will at once be dropped.

19. The question of the rights of the Bettiah and Ramnagar estates and their *mukarraridars* to the hides of dead cattle is one on which the Committee have made no specific recommendation, though their general conclusion is that, subject to any legal right which the landlord may be held to possess, the hide in the property of the owner of the dead animal who should be entitled to dispose of it as he wishes by sale or otherwise. In the case of the Bettiah estate, where the income derived from this source is inconsiderable, the Lieutenant Governor in Council is disposed to think that the claim should be abandoned but he will defer taking any definite action until the analogous came of the Ramnagar estate, where the amount involved is considerable, has been thoroughly examined.

20. The Committee have made certain suggestions designed to mitigate the discontent to which the present arrangement regarding trees on tenants' holdings in the Bettiah estate have given rise. These arrangements are in accordance with the rights ascertained and recorded both in the present settlement and in that of 1892-99. The Committee however recommend, as a concession, that in the Bettiah estate the raiyats should be given the option of purchasing at a fair valuation the landlords' half share in the timber. Subject to the proviso that the effects of this concession should be carefully watched, and if the result appears likely to lead to the denudation of any particular area, that some limit should be put on the option, the Lieutenant-Governor-in-Council will ask the Court of Wards to give effect to the suggestion.

21. Similarly in regard to the provision of pasture grounds for the village cattle, the Committee's suggestion as to reservation of such areas, so far as this may be possible in estates under management, will be recommended to the Court of Wards and to the permanent tenure-holders holding under the Court and, through the Collector of the district, to the private landholders.

22. The Lieutenant Governor-in-Council accepts the Committee's recommendations both in regard to the periodical prescription of a scale of minimum wages and for the regulation of the period and conditions of contracts for the supply of carts, and the Bihar Planters' Association will be asked to give effect to them by revision of their existing bye-laws.

23. The Board of Revenue will be asked to provide against the illegal levy of fines by a specific clause in all new leases, and to bring to the notice of landlords, not under is direct control as Court of Wards, and of the tenants

generally, through the local officers, the illegality of such fines.

24. The system of management of ponds in Champaran was examined by the Local Government a year ago, and orders were then issued which, it was anticipated, would go some way towards removing all legitimate cause of complaint. The recommendation of the Committee in favour of direct management will now be brought to the notice of the District Board.

25. The final recommendation of the Committee in regard to the incorporation in the record-of-rights prepared under the Bengal Tenancy Act of an authoritative record of village customs will be carefully considered by the Local Government in consultation with the Board of Revenue.

26. In conclusion the Lieutenant-Governor-in-Council desires to express his high appreciation of the way in which Mr. Sly and the members of his Committee have carried out their difficult task and to thank them sincerely for their searching examination of the agrarian conditions in the Champaran District and for their earnest endeavour to arrive at a settlement acceptable to all parties. In this connection his Honour in Council recognises that considerable concessions have been made on both sides, and he acknowledges with much pleasure the good sense and moderation shown by Mr. Gandhi, who represented the cause of the tenants on the Committee, and of Messrs Hill, Irwin, and Norwan, three of the principal tenants of the Bettiah estate, who in the interest of peace and goodwill agreed to a substantial reduction in their rent roll and thereby set an example the spirit of which His Honour in Council trusts will be followed by the other planters and landlords of the district.

As regards by the Committee the widest possible publicity will be given to the present orders by their publication in the vernacular and distribution among the raiyats of the district. Instructions will at the same time be issued impressing on the district staff, and especially that of the Court of Wards' estates, their responsibility for securing, so for as it rests with them to go do, that full effect is given to these orders.

Order—Ordered that this Resolution and the Report of the Committee be published in the Bihar and Orissa Gazette, and that a copy of it, together with a copy of the Report, be submitted to the Government of India.

By order of the Lieutenant-Governor in Council.

Sd. H. Coupland,
Secretary to the Govt. of Bihar and
Orissa, Revenue Department.

❑

परिशिष्ट-३

THE CHAMPARAN AGRARIAN BILL 1917

The Hon'ble Mr. Maude moved for Jeave to introduce the Champaran Agrarian Bill, 1917.

He said :–

"Your Honour,

"I rise to move for leave to introduce into Council a Bill the objects of which have been described in the preamble as firstly, the settlement and determination of certain disputes which have arisen in the district of Champaran between landlords and tenants regarding certain obligations of the said tenants, and, secondly, to establish a system of penalties for the taking of *abwab* similar to the penalties which, under Section 58 of the Bengal Tenancy Act, can be imposed upon a landlord who refuses or neglects to give a legal receipt for rent; and before I attempt to explain to the Council the nature of the obligations with which the Bill deals, and the method of dealing with them, I would ask for the forbearance of Hon'ble Members while I refer as briefly as possible to some of the more recent stages of the past history of the relations between the indigo-planting community and the cultivators of Tirhut and especially of Champaran.

"The conditions under which indigo has been grown has been repeatedly under the notice of Government for nearly sixty years past commencing from the time when disputes in Lower Bengal led to the appointment of the Indigo Commission, as a result of which indigo repidly disappeared in Bengal proper. In that enquiry the conditions in Tirhut were more or less a side issue indeed they were in some ways admitted to be an improvement on the Bengal system, notably in the matter of advances which could not accumulate against a *raiyat* in such a way as to keep him in perpetual debt to the factory; but it is astonishing now even in those early times the causes of complaint were much the same as have constantly cropped up since and have but now forced themselves once more upon the Committee whose recent enquiries have led to the framing of this Bill. We find the same complaint that land is cultivated at a loss by the *raiyat*, that there is no guarantee against agreements being taken under compulsion, that the *raiyat* is deprived of the use of his best land, and that factory servants are frequently oppressed. These were the causes which led to the Indigo Commission in Bengal in 1860, and we find them repeated in a memorandum by the Commissioner of Tirhut in 1867, when trouble first began to show itself in the Champaran district. Indigo, it was said, repuired much labour and trouble and led to harassment by the factory servants, and it did not pay as compared with orther crops, but the *raiyat* could not keep away from it, partly because he could not resist the undertaking that his rent would not be enhanced so long as he grew indigo, partly because he could not resist the temptation of an advance, and partly because various methods of persuasion were forthcoming to induce him to sign on. That trouble occurred, as I have said, in 1867, and it originated in Lalsaraya factory, the bungalow of which was burnt down, though whether by accident or by arson it is not possible to say. The trouble spread reapidly, but having attracted the attention of the local officers and of Government was settled for the time being on the recommendation of the Commissioner by an enhancement of the rates paid for indigo from rates varying from about Rs. 5 to Rs. 6 per bigha to a rate averaging about Rs. 7-15-0 per bigha of 6 cubits laggi.

"The matter was duly reported to the Government of India, and in making the report the Local Government said that the time had passed when it could be hoped to carry on an indigo concern profitably by forcing on the *raiyats* a cultivation and labour which is to them unprofitable; the necessity of giving an adequate remuneration had been recognized by the planters although they had too long refused to recognize the necessity of making such an advance in price, but the managers of concerns now saw clearly the danger which they had so narrowly escaped, and would, in their own interest, be careful to guard against falling into such an error again. Government did not, therefore, wish to take any further steps. The Government of India accepted the Local Government's recommendation, but expressed the significant fear (I am speaking now of events which occurred no less than fifty years ago) that the evils of the system were so great that the interposition of Government might become unavoidable, unless measures were taken to remove such elements of the system as were unjust and oppressive.

"The increase in the rate per bigha paid for indigo appears to have smoothed matters down for a short time, but complaints constantly arose as to the objectionable nature of the whole system of *asamiwar* indigo and as early as 1871 in reviewing the Annual Administration Report of the Commissioner of the Patna Division, the Lieutenant Governor remarked again the practice under which *raiyats* are compelled to give up a portion of their land as presenting a compulsory feature contrary to free-trade principles, it being obvious that no person of power and influence equal to that of the planter himself would think as a matter of business of entering into such an agreement. Complaints continued up to 1875, when the Commissioner of Patna suggested an Indigo Commission to enquire into the whole question, but the suggestion was put aside as likely to cause considerable disturbance, and on the ground that there was no general manifestation of widespread discontent such as to render a Commission necessary. Government contented itself with a review of the existing law and a warning to Magistrates to administer the law vigorously and impartially.

"In 1877 the position was again reviewed chiefly with reference to the Muzaffarpur district and the then Commissioner, Mr. Stuart Bayley, wrote that although he concurred in Sir Richard Temple's opinion that a Commission was not necessary, yet the fact remained that there was much discontent manifest enough to local officers. Attention was again called to the unfairness of the *asamiwar* system of cultivation and to various other abuses, such as the *thikadari* system under which whole villages were leased from the zamindar, a want of regard to occupancy-rights and the practice of changing good lands for bad which apparently then prevailed in Muzaffarpur. The result was the formation of the Bihar Planters' Association in 1878 by which a set of rules were drawn up, the chief innovation being a further rise in the price per bigha paid indigo, which was now advanced form Rs. 7-15-0 to Rs. 9 in addition to the proportionate rent for the land under indigo.

"Thenceforth for some years the relations between the planters and *raiyats* seem to have improved and all continued smooth on the surface until the year 1908, when the disturbances broke out in Bettiah which eventually led to the enquiry by Mr. Gourlay, a former Sub-divisional Officer of Bettiah. The result of that enquiry was a restatement of all the old grievances which had figured in all previous enquiries. Mr. Gourlay found that the cultivation of indigo on the *asamiwar* system did not pay the *raiyat*, that the *raiyat* had to give up his best lands for indigo, that the cultivation required labour which could be employed more profitably elsewhere, and generally, that the system was irksome and led to oppression by the factory servants. The main upshot of this report was a further rise in the price of indigo by an average of 12 per cent, a reduction by the Association of the indigo lands, commonly known as the indigo *lagan*, from 3 *kathas* per *bigha* to 2 *kathas* and the prohibition of entering into a contract under the *satta* system to grow any crop other than indigo.

"For a time these concessions seemed to have met the needs of the case and things remained quiet. Owing to the competition of synthetic indigo the value of the natural dye had much declined and the necessity of keeping up indigo had declined with the reduction in profits. Certain of the concerns seeing that there was no longer any profit to be made out of indigo and the agreements by which the *raiyats* were bound to cultivate indigo on three selected *kathas* out of each *bigha* of their holdings were of no use to them proceeded to levy yearly a certain amount form the *raiyats*, as a condition of letting them off the cultivation of indigo. This was known as *hunda* and it had in fact been levied as early as 1905, that is to say, before the Gourlay enquiry. The demand was resisted in some cases, and the matter was consequently reported to the Board of Revenue, and it was help that the levy of *hunda* must cease, though compensation might be taken in cases where the factory still bonafide wanted the indigo contract fulfilled but the *raiyat* wilfully or negligently failed to carry it out.

"The next phase was the initiation of what has now come to be known as *sharahbeshi*. Being precluded from taking yearly *hunda* from the *raiyats* as equivalent for being let off the cultivation of indigo, the Motihari concern announced its desire in 1912 to commute the obligation altogether in the *mukarrari* villages taking instead an enhancement of the rent, which, it was said was exceptionally low, having been exempted from enhancement in consideration of the undertaking or customary obligation to grow indigo. The Manager asked the Board through the local officers whether the legality of such action was admitted, but the Board held that the existence of an obligation to grow indigo as an incidence of the Tenancy, which alone could make any enhancement of over two annas per rupee legal under the Bengal Tenancy Act, was a question of fact as to which they could not express any opinion. Thereafter the practice of commuting the indigo Obligation in the form of *sharahbeshi* was regularly adopted both in the Motihari concerns and in others of the chief concerns in Champaran.

"So far with regard to *mokarrari* villages. But in the temporarily leased villages it became expedient to find some other form of commuting the indigo obligation because, when the lease expired, the increase in rent would mainly go to the landlord, i.e., to the Bettiah Raj, and only a small promotion to the lessee or *thikadar* supposing the lease to be renewed. The result was the taking in the temporarily-leased village of what is now generally known as *tawan* or a lump sum paid by the *raiyat* in perpetual liquidation of the obligation to grow indigo.

"I shall refer to *sharahbeshi* and *tawan* more particularly later on, in connection with the recommendations of the Committee and the provisions of the Bill. I only mention them now as recent phases in the history of indigo cultivation in the district phases which, it will be remarked, are intimately connected with and in fact the immediate outcome of the system of *tinkathia* or the compulsory growing of indigo (as the result either of a contract or of an obligation incident to the tenancy) on a fixed proportion but by no means a fixed part, of the *raiyat's* holding.

"The last stage of the history commences from the year 1912-13 when a number of petitions were filed containing various complaints regarding compulsion in the execution of indigo, *sattas* levy of *painkharach* and other *abwabs* and fines, the forcible taking of ploughs and labour without payment, and so forth. The petitions were sent to the Settlement Officer for report, the revision settlement having by that time commenced in the district. Subsequently a fresh lot of petitions was received from the northern part of the district where indigo was not grown to any appreciable extent, the complaints being mainly about the levy of *abwab* and fines. These also were sent for report to the Settlement Officer. The enquiries involved took a considerable time, and the general result was that the first batch of petitions were found to be for the most part groundless, but that serious abuses in the nature of exactions of *abwab,* which practically doubled the legal rent, were found to be prevalent throughout the north of the district both in the Ramnagar Estate and in the Bettiah Raj villages which were in lease to several *thikadars*. These latter were at once told that the renewal of their leases would be conditional on the entire stoppage of the collection of *abwab,* and later on steps were taken to obtain control in the Ramnagar estate by declaring under the Court of Wards Act the lady, in whose possession the estate was, to be incompetent of management and by assuming management.

"This was the state of affairs when Mr. Gandhi was induced to visit the district and the presence and actions of himself and his assistants created a tension which rendered it necessary to appoint the Committee of Enquiry which has recently finished its work and the recommendations of which have resulted in the bill which I am now laying before the Council. The report of the Committee has been published with Government's Resolution thereon and they are fresh in your memories and I need not summarise them at this point.

"I have gone at what I am afraid is rather wearisome length into the past history of what may be perhaps best described as the indigo difficulty, because it is constantly asserted, and I have myself often heard it said, that there is in reality nothing wrong or rotten in the stage of affairs, that everyone concerned is perfectly happy so long as he is left alone, and that it is only when outside influences and agitators come in that any trouble is experienced. I submit that this contention is altogether untenable in the light of the histroy of the past fifty years of which I have endeavoured to present to the Council a brief sketch. What is it we find on each individual occasion when fresh attention has been, at remarkably short intervals, drawn once more to the conditions of the production of the indigo plant? We do not find on each occasion that some fresh little matter has gone wrong which can be easily adjusted but we find on every occasion alike that it is the system itself which is condemned as being inherently wrong and impossible, and we see also repeated time after time the utter futility of bringing the matter to any lasting or satisfactory settlement by the only solutions that have so far been attempted, namely an enhancement of the price paid for indigo and a reduction the tenant's burden by reducing the limit of the proportion of his land which he would be required to earmark for indigo cultivation. Repeatedly these expedients have been tried—repeatedly they have failed to effect a lasting solution, partly because they could not be universally enforced but chiefly because no tinkering can set right a system which is in itself inherently rotten and open to abuse. And in this connection I would pay a tribute to the Bihar Planters' Association which has honestly and at all times done its best to put things right and do what appeared to be just and called for. But the Association is not omnipotent—it can only control its own members and it cannot force into its fold those who in order to evade its rules or for other reasons choose to remain outside. Nor have the tools at its command been efficient. As an association of persons whose own interests were involved it could scarcely strike at the real root of the evils and it could therefore only employ temporizing methods which could result in no permanent settlement. Government alone, and that only by legislation, can kill the real root of the disease, and I contend that history for fifty years and more has been building up a case for drastic action by Government and that the findings of the recent Committee, findings which I need not set forth at length because they have merely repeated once more what has been found time after time before, have merely set the keystone on the case for interference.

"Now the root of the evil is the *tinkathia* system under which the *raiyat* is bound either by a contract or as an incident of his tenure to cultivate indigo in a proportion of his land to be selected each year by the factory. It is this obligation which clause 3 of the Bill is intended to abolish once and for all in the Champaran district. The abolition applies not only to cases where the *tinkathia* is dependent on an incident of the tenancy, but also to cases where it is dependent on a mere civil contract between the factory and *raiyat* and we have heard a good deal in certain papers about the inequity and illegality of putting a sudden end to contracts which have been already entered into. As to the legal aspect I can only say that I am not aware of any legal constitutional bar to an enactment being passed which will have the effect of closing down existing contracts, should it be deemed necessary to do so in the pursuit of justice and good administration. Put boldly and without adequate explanation, it certainly sounds an extreme measure to bar existing contracts, however doubtful they might be but the circumstances in this case are peculiar, the fact being that in the vast majority of cases the indigo obligation has already been commuted on the initiative of the planters themselves in the shape either of *sharahbeshi* or of *tawan* while in cases where it is based on an incident of the tenancy, it will now under clause 4 of the Bill be commuted by way of *sharahbeshi.* The Bill also provides for the proportionate return of advances where such have been taken and have not been already fully worked off. The inequity of the termination of the contracts disappears therefore in the light of the compensation which has already been taken in most cases and in other cases will be taken and, the practical effect of the clause will merely be to prevent any revival of the *tinkathia* system in the future, a provision the necessity of which has, as I have already shown been amply demonstrated. It will be observed that the abolition and prohibition of the contracts referred to in this clause of the Bill is not confined to indigo but covers the case of any other kind of crop also. This has been done deliberately because it has been found in some cases that certain concerns, when the growing and manufacturing of indigo became no longer lucrative, attempted to create a liability on the part of their tenants to grow for the factory some other specified crop in place of indigo, a procedure which of course led to a stage of things just as objectionable as it was before when the tenant was only bound to grow indigo.

"I now come to clause 4(1) (a) of the Bill and I am afraid that I am here beginning to enter upon delicate ground. The clause lays down that where an enhancement of rent has been taken in lieu of the obligation to grow a particular crop, the enhancement, that is, the additional rent, added by the enhancement, shall be reduced by a certain specified proportion, viz., 20 per cent in the case of the Turkaulia concern and 26 per cent in the case of other concerns. This peculiar provision appears to the observers and in fact is, entirely arbitrary, and some explanation of it is necessary. It was the outcome of pure compromise. The members of the Committee unanimously considered that the enhancement which had been taken by the five concerns which alone took *sharahbeshi* were excessive representing as they did anything from 50 to 75 per cent on the previously existing rental. It was not overlooked that the rents were previouly very low and had been allowed to remain so in consideration of the indigo liability, but even when due allowance was made for this, a sudden enhancement of from 50 to 75 per cent was admitted to be excessive, and as there was no exact standard that could be utilized, the amount to be reduced was, after much discussion, fixed by agreement with the principal factories concerned. The delicacy of the situation, to which I have referred, arises from the fact that the manager of one of those principal factories has since thought fit to repudiate the agreement in the public press on the ground that he had been led to believe that the Committee were not going to interfere in any way with the sums which have been taken as *tawan* or lamp sum compensation for the abandonment of the indigo obligation in the temporarily-leased villages of the Bettiah Raj in which *sharahbeshi* could not be, or was not taken. It was not the function of Government to enter into a controversy in the public press, but I take this opportunity of stating emphatically before this council that Government are in possession of information which fully entitles them to disregard that repudiation as wholly unjustified by the actual facts, and they have accordingly framed this clause of the Bill in accordance with the agreement which was entered into with the Committee before they made their recommendation.The solution is, as I have already stated, an arbitrary one, but in the opinion of the Government it is a just and reasonable solution and is, or ought to be binding upon those who made it.

"I may also impress upon the Council the very important consideration that the agreement about *sharahbeshi* establishes a large and certain gain to each of the factories concerned as against a possible and almost complete loss should this Bill not be passed into law. The reason of this is that the question of the legality of *sharahbeshi* has never yet been finally adjudicated upon by the law-courts. The test case which is on pending in the High Court is that brought by certain *raiyats* against the Turkaulia concern denying all obligation to grow indigo under *satta* or otherwise. The existence of the obligation to grow indigo as an incident of the tenancy is an issue in that case. The original gave it in favour of the factory, the first appellate court upset the decision as regards five holdings out of nine. The High Court may of course restore the finding of the Munsiff but on the other hand it may got even further than the first appellate court and hold that in no case was the growing of indigo an incident under proviso (iii) to Section 29. Should they do so the factories will stand to lose all *sharahbeshi* where under the Bill which is now before the Council they retain it all, less a fair and reasonable reduction. I understand that the platers' representative on the Committee, as also the consenting factories, or at least two of them, were much impressed by this aspect of the case.

"The question of the refund of the *tawan* which has been taken in the temporarily-leased villages is totally separate from the question of reduction of *sharahbeshi* rents and was quite separately dealt with by the Committee. It could not be enforced by legislation and if therefore does not figure in this Bill; but at the same time, so far as Government are informed, it is not true to allege that the parties to the agreement about *sharahbeshi* were not all cognizant of the Committee's intention as to *tawan*, while as regards the equity of a refund of some portion of the latter it is only necessary to refer to the figures which Mr. Irwin has himself given in his letter and in his evidence before the Committee. He claims to have levied no less than Rs. 3,20,000 as *tawan* while in his written statement he says that Rs. 6,60,000 in round figures was collected as rent in the *thika* villages in five years, or an average of some Rs. 1,30,000 per year. He thus collected from the tenants to the tune of nearly three year's rental when his own leases were being renewed from year to year, or looking at it in another way, he levied *tawan,* at Rs. 75 on the indigo *lagan bigha,* being equivalent to a levy of 3/20th of that amount or Rs. 11-4-0 on the *jamobandi bigha.* His *sharahbeshi* worked out an average of Rs. 1-14-0 per *jamabandi bigh* so that he levied six years' purchase from his *raiyats* for freedom from an obligation which had practically become defunct.

"To return to *sharahbeshi*. If it is equitable to take a reduction by agreement in the case of the three big factories, which contain 95 per cent of *sharahbeshi* rents taken, it is equally just and reasonable to extend the reduction to the two minor concerns which did not enter into the agreement but in which also *sharahbeshi* was taken to an extent not less onerous than in the case of the three principal factories. On the other hand, in as much as the compromise in the form of admitting that the taking of compensation in the form of *sharahbeshi* for the loss of the indigo obligation was in a certain degree fair and reasonable it is enacted in clause 4(1)(b) of the Bill that where the obligation is entered in the record and is therefore known to exist, but has not been taken, a corresponding enhancement will now be made in the rents. With the exception of the Rajghat factory which is being specially dealt with by a reference to the Government of India, the Committee have not mentioned any case in which no objection to grow indigo was claimed and no *sharahbeshi* or *tawan* taken, but in which *sattas* are still current. It is understood that there are no, or at any rate few, such cases, but should any be found, their position can be considered hereafter when this Bill is being considered in Select Committee. Probably the simplest and most satisfactory way of meeting the difficulty would be to allow the *sattas* in such cases to run for a reasonable term of years before their extinction would come into force, a method which has, I think, been suggested in some of the letters which have recently appeared in the daily press.

"The remaining provisions of the Bill require little notice. Clause 4 (2) provides for the necessary alterations in the record of right and also prescribes the date from which the adjusted rentals will come into force. This date, namely, the Ist October, 1917 corresponding with the commencement of the Fasli year 1325 formed part of the agreement which was entered into before the Committee of Enquiry.

"Clause 5 is self-explanatory and maked any contract for the supply of land produce at a fixed price invalid if the contract purports to be for a longer period than three years or if the amount of the produce contracted for is to be determined otherwise, than by actual weight or appraisement of weight. The limitation of the term is designed to guard against inequities which may arise owing to enhancement of values in any considerable period, while the limitation of the methods of determining the produce is intended to prevent the produce of any particular area, the value of which cannot of course be foreseen, from being sold forward at a fixed price.

"Clause 6 has been inserted on account of its having been clearly shown both before the Committee and in previous settlement inquiries, that a variety of *abwab* have been commonly levied in excess of and in addition to the legal rent and cesses both by *thikadars* and by proprietors, expecially in the northern portion of the district. In order to discourage such illegal exaction it is necessary to give the Collector of the district the same power of imposing a penalty after a summary inquiry as is given by Section 58 of the Bengal Tenancy Act in cases of withholding proper receipts. A slight addition has been made enabling the Collector to act on his own motion and not merely on complaint or the report of a Civil Court. The *raiyats* of the northern portions of the district are very backward and appear in spite of one previous settlement, record to have little or no idea of what their legal liabilities are. A few examples made by the Collector will, it is hoped, have the effect of teaching them the meaning of a legal rent beyond which the landlord must not go.

"I have now finished with the provisions of the Bill, but before I resume my seat I should like, if the Council will grant me their forbearance for one minute longer, to revert to the vexed question of *tawan*. I have already shown that the supposition that its partial refund came as a thunderbolt to the planters is a fallacious supposition. I have also shown, although *tawan* funds no part in this Bill, that the extent to which it was levied was inequitable. But there is yet another contention about this form of commuted obligation, with regard to which I desire to say a few words. It has been claimed in the public press that the levy of *tawan* was approved by Government and definitely santioned by Mr. Rainy when he was Collector of Champaran, who is said both in writing and in a certain speech which he delivered at some function or other to have given the institution of *tawan* his official blessing. I cannot arrive at any trace of the speech referred to neither have I been able to procure a copy of the letter in which Mr. Rainy is said to have approved of the taking of *tawan,* but having been Member of the Board of Revenue at the time I have a very clear recollection of what really took place. As I have already explained, the original form of compensation for remission of the indigo obligation in the *thika* villages was a yearly compensation and it was forbidden by the Board of Revenue except where the *raiyat* had been guilty of deliberate damage or neglect. Subsequently the manager of the Motihari concern hit upon the new expedient of taking compensation in the form not of a yearly fee but of a lump sum down which freed the *raiyat* once and for all form the obligation. He then asked the Collector, Mr. Rainy, if such compensation now known as *tawan* would be permitted by the authorities. In sending up the case Mr. Rainy said that he would not recommend the prohibition of this form of compensation, as it was a matter between the *raiyat* and the factory, and it was most desirable from all points of view to encourage to the utmost disappearance of the tinkathia system, a disappearance which Mr. Irwin himself had admitted would be to the great advantage of everybody concerned—official, Raj, planter and *raiyat.* The Commissioner supported Mr. Rainy's view, which was referred by the Board of Government, and orders were eventually passed that if this new kind of *tawan* were taken by voluntary agreement Government would not interfere with it; but it must be distinctly understood that it could in no way interfere with the right of the Raj to apply for an enhancement of the rents of the *raiyats* under the Bengal Tenancy Act at the revision settlement when it came on. It will be observed that the alleged approval of the higher authorities was a purely negative statement, and it was accompanied by a warning which was in fact disregarded when tawan was taken at the rate at which it was taken, because it became at once clear that when the *raiyat* consented to pay at the rate of Rs. 50 to 100 per bigha of indigo lagan he must have been under the impression that he was paying not only for the extinction of one or two year's liability to indigo or even for the extinction of liability coincident with the *satta*, but was also paying at the same time for a permanent exemption from enhancement of rent. The result has been that the Committee have been compelled to recommend in paragraph II of their report that the Court of Wards should obstain for seven year from taking any enhancement, and Government on behalf of the Court of Wards have been compelled to accept the justness of the recommendation and to order that it shall be carried out. I fail to see how in these circumstances any sane man can maintain that an order for a refund of a substantial proportion of the *tawan* taken in an improper or unjust order.

"We are now discussing only the principles of the Bill. If the motion which I am making is carried I shall then move that the Bill be relegated to a Select Committee in which the details of its provisions will be fully discussed and considered and on which the Hon'ble Members who are here as representing the Bihar planters will of course find a place.

"I have now, Sir, come to the end of my remarks and I must apologize to the Council for having occupied so much of its time. I claim to have established:

First, that as the Committee have put it the *tinkathia* system has outlived its day and must perforce disappear. Mr. Irwin has himself admitted that the sooner it disappears the better for everybody.

Secondly, that in its disappearance as regulated by this Bill, no injustice has been done to anyone.

Thirdly, that the introduction of the side issue of *tawan* avails nothing so far as this Bill is concerned because it is unconnected with it and irrelevant, but that at the same time it was in no way sprung as a surprise upon the planting community, while as a distinct and separate measure the refund is both just and necessary.

"Government have no desire to strike a blow at the indigo industry, nor indeed, if they had such a desire, could it achieve it through the provisions of this Bill, for the simple reason that if indigo is sold commercially it can be grown and manufactured on open business terms and yet with good profit. If it is dependent on conditions which are unsound and oppressive the sooner it disappears from off the face of the country, the better it will be. The wish of Government is simply to put an end to conditions in which the *raiyat* cultivator owing to his agrarian relations with the planter is unable to hold his own and can be made, and sometimes is made, to do things which in his heart of hearts he would never consent to do. Nor, Sir, do Government suffer from any lack of appreciation of the many and great services which the indigo planters of Bihar have constantly rendered to the province in which they live. We cannot perhaps go so far as to admit that some of them magnanimously took up *mokarrari* leases of Bettiah villages with the sole object of paying out of their own pockets the interest on the Sterling Loan as a recent writer to the daily papers would apparently have people believe, but we can and do give the Bihar planters as a class the fullest credit for having proved themselves good and considerate landlords at all times, and especially in times of flood and famine, as well as for the unswerving loyalty with which they have invariably supported Government and striven to meet their wishes. Nor do we underestimate the value of the capital which the European planter alone has been both able and willing to bring into the districts of Tirhut. But deep as these feelings are they would in no degree avail us as an excuse if we had decided to gloss over serious abuses and leave them untouched, now that their existence has been forced home upon us by recent events and recent enquiries. It is for the removal of some of the most patent of those evils that this Bill has been brought before the Council, and I accordingly ask the Council's leave to introduce it and let it run its course until it eventually, with such modifications as may hereafter seem just and necessary, becomes part of the law of Bihar and Orissa."

❑

परिशिष्ट-४

GANDHIJI'S CHAMPARAN LETTERS

Date and Place	To	Contents
1. Motihari, 11th April, 1917	Dist. Magistrate, Motihari	Intimating his resolve to stay in Motihari in spite of an order u/s 144 IPC.
2. Motihari, 17th April, 1917	"	Informing him of his intention to go to Shampur (?) that morning.
3. Motihari, 17th April, 1917	" "	Expressing willingness to be in Motihari next day and await summons from the District Magistrate.
4. Motihari, 17th April, 1917	"	Slip acknowledging receipt of a letter from Dist. Magistrate.
5. Motihari, 20th April, 1917	Mr. Heycock	Enquiring as to where to wait on Mr. Heycock the next day.
6. Motihari, 22nd April, 1917	"	Acknowledging his previous day's letter and informing him that he is going to Bettiah the same afternoon.
7. Bettiah, 28th April, 1917	Mr. W.H. Lewis	Acknowledging a copy of Mr. Lewis's letter to Mr. Heycock and regarding B. Brajkishore Prasad.
8. Motihari, 2nd May, 1917	Mr. Heycock	Saying that he had returned to Motihari the previous night. Sending
9. Bettiah, 14th May, 1917	"	him a copy of his representation to Government.
10. Bettiah, 13th May, 1917	Chief Secretary to the Govt. of Bihar & Orissa	Copy of his representation Mentioned above
11. Bettiah, 17th May, 1917	Mr. J.P. Edwards Hirdiya Kothi	Re : complaints of s3 Raxual Bazar people who had been prevented from rebuilding their burnt houses (copy).
12. Bettiah, 21st May, 1917	"	Acknowledging his reply of the 20th May in the above connexion (py.)
13. Bettiah, 20th May, 1917	Mr. Heycock	Complaining about treatment meted out to the ryots by the planters; arson, intimidation, etc.

Date and place	To	Contents
14. Motihari, 25th May, 1917	Mr. Heycock	Informing him that he is visiting Gujpura Ramsingh Chhatauni that evening from 'where complaints of beating had come.'
15. Motihari, 24th May, 1917	"	Informing that he has returned to Motihari.
16. Motihari, 26th May, 1917	"	Acknowledging Mr. Heycock's of previous day.
17. Bettiah, 30th May, 1917	"	Enclosing a copy of his representation to Mr. W.S. Irwin Re : Gujpura Ramsingh Chhatauni affair.
18. Bettiah, 28th May, 1917	Mr. W.S. Irwin, Motihari.	Copy of representation mentioned above.
19. Bettiah, Ist June, 1917	Mr. Heycock	Re : the particular report on the basis of which he (Gandhiji) had quoted as to the methods the factories adopted to make the ryots to do their will.
20. Motihari, 25th July, 1917	Mr. Heycock	Thanking him for his confidential note of 23rd and assuring him that nothing would be done by Gandhiji without its full details being made known to the Government.
21. Motihari, 10th Nov. 1917	Mr. Merriman	Forwarding a copy of a letter and Re : a fever raging round Mithiharma and surrounding villages.
22. Motihari, 14th Nov., 1917	"	Re : opening of a school that day in Barharwa Lakhansen village.
23. Motihari, 17th Nov. 1917	"	Re : thumb marks being taken on some contracts by a factory in Siraha Dehat.
24. Motihari, 19th Nov. 1917	"	(i) His object in opening schools in villages; (2) the difficulties for the ryots to go to court about compulsion.
25. Motihar, 22nd Nov. 1917	"	Informing him of another school having been opened at Mitihara.

I have examined the President's book 'Satyagraha in Champaran' and find references to the following documents concerning Gandhiji :

12-4-1917 : Mahatmaji wrote to the Hon'ble Mr. L.F. Morshed, Commissioner of the Tirhut Division.

Do : Mr. Wilson's letter to Mahatmaji.

13-4-1917 : Mahatmaji's interview with the Commissioner in the presence of the Deputy Commissioner.

14-4-1917 : Letter of the Bihar Delegates to the Congress which Mahatmaji sent along with his own to the Government after his interview with the Commissioner,

Notice served on Mahatmaji (16-4-1917)

Letter of the Commissioner with the notice

Mahatmaji's reply to the notice (16-4-1917)

Letter of Mahatmaji to the District Magistrate (17-4-1917)

Reply of the District Magistrate to Mahatmaji (17-4-1917)

Summons issued to Mahatmaji by the District Magistrate (17-4-1917)

Letter of Mahatmaji to the Secy., Planters' Association 17-4-1917

Letter to the Commissioner, Tirhut Division 17-4-1917

{ To be posted after his imprisonment.

Case file of the case under Section 188 (18-4-1917)

Mr. Haque's telegram to the Viceroy—18-4-1917

Meeting of the Bihar Provincial Association between 18th and 20th April, 1917

20th April, 1917—Notice withdrawing the case.

Letter to Superintendent of Police regarding the false imprisonment of a tenant by the Factory underlings (between 20th and 22nd).

Communication of the Collector of the Bettiah Subdivisional Magistrate and the Manager of the Bettiah Raj—28th April, 1917.

Report of Mr. Lewis—28-4-1917, Mahatmaji's note on it.

3rd May, 1917 : Notes of Mahatmaji's meeting with Mr. Heycock, District Magistrate and Mr. Sweeney, Settlement Officer.

Representation of the Euopean Defence Association, Calcutta to the Government of Bihar.

6th May, 1917 : Telegram from the Chief Secretary to the Govt. of Bihar to Mahatmaji.

10May, 1917 : Interview with Mr. Maude.

12th May, 1917 : Mahatmaji's report to Mr. Maude and copies to the District Magistrate and the Government.

Report of the District Magistrate and the Report of the Planters's Association (12-5-1917, 30th June, 1917)

17-5-1917	:	Letters from Mahatmaji to Mr. Holtum.
19-5-1917	:	Report of Babu Vindhyabasini Prasad Verma and statements of the tenants.
14-5-1917	:	Mahatmaji's letters to Heycock.
20-5-1917	:	Mahatmaji's letters to Heycock, Dist. Magistrate, Motihari.
29-5-1917	:	Summons to Mahatmaji to see the Governor on 4-6-1917.

Telegrams dated 5th and 7th June from Ranchi.

Minutes of Mahatmaji's interview with Mr. Gaits, Governor of Bihar.

❑

परिशिष्ट-५

चंपारन-सत्याग्रह के नेताओं के समक्ष बयान देनेवाले ग्रामीणों की नामावली

२२-४-१९१७ ई०—श्री ब्रजकिशोर प्रसाद के समक्ष बयान देनेवाले

१. कुमार प्रसाद राय।

२३-४-१९१७ ई०—श्री ब्रजकिशोर प्रसाद के समक्ष बयान देनेवाले

१. बाबू नंदन पांडेय, २. रामदयाल, ३. जग्गू महतो, ४. रामगुलाम, ५. छत्तर नोनिया, ६. बुझावन अहीर, ७. खेदन मियाँ जुलाहा, ८. हुसेन बक्स, ९. गोवर्द्धन साह, १०. रामगोविंद, ११. सालार मियाँ, १२. महादेव नोनिया, १३. शरीफ मियाँ, १४. फौजदार तुरहा, १५. बच्चू साहु, १६. राजमन कुरमी, १७. बागड़ मियाँ, १८. लच्छी तेली, १९.रामधारी।

२३-४-१९१७ ई०—श्री रामनवमी प्रसाद के समक्ष बयान देनेवाले

१. दुर्गा मिश्र, २. गोकुल मल्लाह, ३. चतुर्भुज दूबे, ४. गोबरधन मल्लाह, ५. डोमा मल्लाह, ६. उगर महरा, ७. इनर महरा, ८. उतिच, ९. भरत, १०. मनोहर, ११. झपसी, १२. बालगोविंद, १३. महावीर, १४. बिरिछा, १५. लखन, १६. ठाकुर, १७. भिखारी कुरमी, १८. मसूदी खाँ।

२४-४-१९१७ ई०—श्री ब्रजकिशोर प्रसाद के समक्ष बयान देनेवाले

१. कमल मिश्र, २. तपेश्वर राय, ३. नागेश्वर मिश्र, ४. रामऔतार मिश्र, ५. सतानंद मिश्र, ६. गोपी मिश्र, ७. फौजदार।

२४-४-१९१७ ई०—श्री रामनवमी प्रसाद के समक्ष बयान देनेवाले

१. गणेश, २. मरखुन माली, ३. शिव प्रसाद, ४. भुचेंग, ५. दीपाली, ६. नेउर कुरमी, ७. युगल।

२४-४-१९१७ ई०—श्रीमती कस्तूरबा गांधी (गांधीजी) के समक्ष बयान देनेवाले

१. चुनिया।

२५-४-१९१७ ई०—२. जीउत तुरहा।

२४-४-१९१७ ई०—श्री ब्रजकिशोर प्रसाद के समक्ष बयान देनेवाले

१. सरबजीत चमार, २. पतिया मसोमात, ३. रामलगन कोयरी, ४. मनहरण लाल, ५. तप्ता तेली, ६. गोगरी मल्लाह, ७. विशेसर मल्लाह, ८. चंदन, ९. श्रीनारायण, १०. लखन मल्लाह, ११. सरजुग मल्लाह, १२. पत्तन राय, १३. मीरा धोबी, १४, लखन, १५. वंसी, १६. गुलाब हजाम, १७. बाला (२४ मार्च), १८. महंथ गोपाल भगत।

२५-४-१९१७ ई०—श्री ब्रजकिशोर प्रसाद के समक्ष बयान देनेवाले

१. दिलजान मियाँ, २. गोकुल साहू, ३. बसंत, ४. वंसी, ५. तपेसर, ६. भिखारी, ७. मुसहर जोलहा, ८. दहारी अहीर, ९. बुटाई लोहार, १०. मुसहर धोबी, ११. महादेव अहीर, १२. कुलदीप अहीर, १३. भज्जु अहीर, १४. अर्जुन चमार, १५. केवल सिंह, १६. नरसिंह राय, १७. दहारी अहीर, १८. रामबरन कांदू, १९. बच्चू राय, २०. मुरती मसोमात, २१. मौलेसरी मसोमात, २२. केवल सिंह, २३. मुन्नी, २४. शेख जुब्बैर, २५. शेख गुलजार, २६. माथुर अहीर, २७ देवकी, २८. लहवर।

२५-४-१९१७ ई०—श्री मोहनदास करमचंद गांधी के समक्ष बयान देनेवाले

१. नरेंद्र मिश्र, २. कीरत राय, ३. किशन राय।

२५-४-१९१७ ई०—श्रीमती कस्तूरबा गांधी के समक्ष बयान देनेवाले

१. रामलगन हजाम।

२५-४-१९१७ ई०—श्री ब्रजकिशोर प्रसाद के समक्ष बयान देनेवाले

१. राजमोहन भगत, २. बैजनाथ मल्लाह, ३. अनमोल राय, ४. जीवराज कोइरी, ५. रजुआ मल्लाह, ६. महबिरबा, ७. भोला, ८. उगम राउत, ९. नथुनी, १०. लखन, ११. लखन मल्लाह, १२. महावीर मल्लाह, १३. केवल मल्लाह।

२६-४-१९१७ ई०—१४. रंग्घू मल्लाह, १५. चोरैया।

२५-४-१९१७ ई०—श्री रामनवमी बाबू के समक्ष बयान देनेवाले

१. गंगा दूबे, २. बुझावन।

२६-४-१९१७ ई०—श्री शंभूशरण वर्मा के समक्ष बयान देनेवाले

१. अहद अली, २. अली बख्श मियाँ, ३. चिल्लर मियाँ, ४. मसोमात झुनिया, ५. छट्टू मिश्र, ठगराउत अहीर, ७. सुखारी मिश्र, ८. चेतू पांडेय, ९. देवीदास पथेरा, १०. झुनझुन साह, ११. प्रीतम अहीर, १२. भंजन चमार।

२७-४-१९१७ ई०—१३. लालबिहारी राउत, १४. गोपाल राउत, १५. विशुन कुरमी, १६. रामखेलावन राय, १७. धनराज अहीर, १८. शेख दिलजार,

१९. हनुमान कुरमी, २०. गुलाब कुरमी, २१. विशुनदयाल अहीर, २२. तत्पी कुरमी, २३. राम अहीर, २४. मंगल कुरमी, २५. सूखल कुरमी, २६. शिवरण धोबी, २७. जाबा कुरमी, २८. प्रहलाद पांडेय, २९. तपेश्वर कुरमी।

३०-४-१९१७ ई०—श्री चंद्रदेव नारायण के समक्ष बयान देनेवाले

१. गोपी मल्लाह।

२३-४-१९१७ ई०—२. रघुवीर मल्लाह, ३. हरिकिशुन मल्लाह, ४. बिहारी मल्लाह, ५. लीलाधर मल्लाह, ६. तिलक मल्लाह।

३०-४-१९१७ ई०—७. देवकी मल्लाह, ८. रामखेलावन।

१-५-१९१७ ई०—९. नन्हक अहीर, १०. अनंत अहीर, ११. रामप्रसाद, १२. किशुन कोइरी, १३. तपसी कहार, १४. राजकुमार भगत।

२-५-१९१७ ई०—१५. नगिया, १६. रामफल।

३-५-१९१७ ई०—श्री शंभुरण वर्मा के समक्ष बयान देनेवाले

१. जीउत मियाँ, २. कुक्कुर कांदू, ३. थानू मल्लाह, ४. नंदकुमार मिश्र।

४-५-१९१७ ई०—बाबू अनुग्रहनारायण सिंह के समक्ष बयान देनेवाले

१. गोपाल अहीर, २. बालक राय, ३. रामजीवन महतो।

४-५-१९१७ ई०—श्री शंभूशरण वर्मा के समक्ष बयान देनेवाले

१. ध्यान कोइरी।

५-५-१९१७ ई०—बाबू अनुग्रहनारायण सिंह के समक्ष बयान देनेवाले

१. सूखल साह, २. बालक राय, ३. बूटन जुलाहा।

९-५-१९१७ ई०—४. पूरण दुसाध, ५. सुखारी अहीर।

२३-४-१९१७ ई०—श्री ब्रजकिशोर प्रसाद के समक्ष बयान देनेवाले

१. रमजान मियाँ।

८-५-१९१७ ई०—बाबू अनुग्रहनारायण सिंह के समक्ष बयान देनेवाले

१. रामधारी दुसाध।

२३-४-१९१७ ई०—श्री रामनवमी प्रसाद के समक्ष बयान देनेवाले

१. फतेहबहादुर लाल, २. चतुरी लाल।

२४-४-१९१७ ई०—३. अकलू महतो, ४. मकुंदलाल, ५. तप्पीलाल, ६. बिशुनलाल, ७. शेख शामल, ८. दुखी महतो, ९. शीतल कुमार, १०. रामनारायण राय, ११. महावत साह, १२. खेलावन अहीर, १३. रामफल तिवारी, १४. इंदरासन पांडेय, १५. फेकू पांडेय, १६. मुनेसर विंद, १७. सरबन बीन, १८. नंदू राउत, १९. भगवान, २०. रामबरन दुसाध, २१. जीउत नोनिया, २२. नवल कुरमी, २३. सरल कानू, २४. रामपदार्थ मिश्र, २५. रामफल दूबे, २६. उचित नारायण दूबे, २७. हनूमान कलवार, २८. नंदप्रसाद दूबे, २९. महावीर, ३०. जाकिर हुसेन, ३१. इनायत करीम।

२४-४-१९१७ ई०—श्री ब्रजकिशोर प्रसाद के समक्ष बयान देनेवाले

१. सरबजीत चमार, २. जीतन चमार, ३. सरयुग चौबे, ४. फौजदार राय, ५. कुलदीप राय, ६. भोला राय, ७. बालक गीर, ८. हुलास राय, ९. रोशन धुनियाँ, १०. पलटन राय, ११. हरनारायण राय, १२. रामशरण कोइरी, १३. गया, १४. सुंदर कुरमी, १५. कन्हाई कोइरी।

२५-४-१९१७ ई०—श्री शंभूशरण वर्मा के समक्ष बयान देनेवाले

१. कैलासपति मिश्र।

२६-४-१९१७ ई०—श्री रामनवमी प्रसाद के समक्ष बयान देनेवाले

१. राधाकिसुन पांडेय, चंदन तिवारी, ३. मंगल पांडेय, ४. रामचरित्तर तिवारी, ५. कारी राय, ६.रामगुलाम दूबे, ७. छठू कुरमी, ८. राजकुमार अहीर, ९. बिरिछा अहीर, १०. भजनी तेली, ११. दुबरी तेली, १२. बुधिया मुसम्मात, १३. जगरनाथ, १४. भोज कुरमी, १५. चौधर साह, १६. मुँगिया मोसम्मात, १७. खेलाबन गीर, १८. गोपी अहीर, १९. बरन महतो, २०. शेख तलवान, २१. लाल मोहम्मद।

२६-४-१९१७ ई०—श्री बी०पी० वर्मा के समक्ष बयान देनेवाले

१. तिलकधारी चौधरी।

२८-४-१९१७ ई०—श्री बी०पी० वर्मा के समक्ष बयान देनेवाले

१. दीप साह, २. बेंग, ३. बल्ली कलवार, ४. धनपत मल्लाह, ५. देवदत्त मल्लाह, ६. लखन कुरमी, ७. प्रयाग मल्लाह, ८. साधू कोइरी।

३-५-१९१७ ई०—श्री चंद्रदेव नारायण के समक्ष बयान देनेवाले

१. बिहारी मल्लाह।

७-५-१९१७ ई०—श्री ब्रजकिशोर प्रसाद के समक्ष बयान देनेवाले

१. देवदत्त ठाकुर लोहार।

८-५-१९१७ ई०—बाबू अनुग्रहनारायण सिंह के समक्ष बयान देनेवाले

१. नंदा अहीर, २. तिलक मल्लाह।

९-५-१९१७ ई०—श्री शंभूशरण वर्मा के समक्ष बयान देनेवाले

१. गरीब अहीर, २. शेख अब्दुल अजीज।

२२-४-१९१७ ई०—श्री राजेंद्र प्रसाद के समक्ष बयान देनेवाले

१. रघुनंदन राय।

२६-४-१९१७ ई०—श्री ब्रजकिशोर प्रसाद के समक्ष बयान देनेवाले

१. गोबरधन साहू कलवार।

२७-४-१९१७ ई०—२. रोज मियाँ, ३. भोला तिवारी, ४. गोपाल ठाकुर, ५. शेख मंजदार, ६. अकलू, ७. संत राउत, ८. राजबली महतो, ९. बाबूराम साहू, १०. दहारी चमार।

२७-४-१९१७ ई०—श्री रामनवमी प्रसाद के समक्ष बयान देनेवाले

१. लक्ष्मी तिवारी, २. लक्ष्मी ठाकुर, ३. शेख राजबली, ४. अफदार, ५. दोस्त, ६. यूसुफ, ७. रामस्वरूप, ८. बालगोविंद साह, ९. भिखारी, १०. ठग, ११. सजीवन, १२. गनेसवा, १३. शेखवली महमूद, १४. रघुवीर, १५. शेख भिखारी, १६. भोला।

२७-४-१९१७ ई०—श्रीमती विंध्यवासिनीप्रसाद वर्मा के समक्ष बयान देनेवाले

१. नकछेद, २. शेख यूसुफ मुहम्मद, ३. नारायण साहू, ४. राजकुमार गोंड़, ५. बटोही अहीर।

२७-४-१९१७ ई०—श्री बी०पी० वर्मा के समक्ष बयान देनेवाले

१. महावीर राम, २. स्वारथ अहीर, ३. मँगनी महतो केवट, ४. लक्ष्मण।

२७-४-१९१७ ई०—श्री रामनवमी प्रसाद के समक्ष बयान देनेवाले

१. भोला, २. देवकी, ३.झगड़ू, ४. शिवटहल, ५. बंसी चमार, ६. रामदास, ७. तिरगोघन, ८. खेदन, ९. महावीर चमार, १०. रहमत अली मियाँ, ११. दिल मोहम्मद सेन।

२७-४-१९१७ ई०—श्री बी०पी० शर्मा के समक्ष बयान देनेवाले

१. भगेलू भगत, २. पतिराज महतो, ३. सुरदन महतो, ४. ब्रह्मदेव, ५. लच्छन मेहरा, ६. जयराम चमार।

२८-४-१९१७ ई०—श्री ब्रजकिशोर प्रसाद के समक्ष बयान देनेवाले

१. फिरंगी।

२-५-१९१७ ई०—श्री रघुनंदन प्रसाद के समक्ष बयान देनेवाले

१. नियामतुल्लाह।

३-५-१९१७ ई०—श्री चंद्रदेव नारायण के समक्ष बयान देनेवाले

१. राजाराम पांडेय।

६-५-१९१७ ई०—बाबू अनुग्रहनारायण सिंह के समक्ष बयान देनेवाले

१. मीरा राय।

७-५-१९१७ ई०—२. रामटहल कुरमी।

७-५-१९१७ ई०—श्री बच्चन राय के समक्ष बयान देनेवाले

१. बब्बन राय।

२१-५-१९१७ ई०—बाबू अनुग्रहनारायण के समक्ष बयान देनेवाले

१. राजकुमार लाल, २. सीताराम तिवारी।

२८-४-१९१७ ई०—श्री ब्रजकिशोर प्रसाद के समक्ष बयान देनेवाले

१. रामनारायण दास।

२०-४-१९१७ ई०—श्री कोकिलमान मिश्र के समक्ष बयान देनेवाले

१. कोकिलमान मिश्र।

२२-४-१९१७ ई०—श्री शंभूशरण वर्मा के समक्ष बयान देनेवाले

१. अबिलास।

२६-४-१९१७ ई०—श्री रामनवमी प्रसाद के समक्ष बयान देनेवाले

१. किताब फकीर।

२६-४-१९१७ ई०—श्री किताब फकीर के समक्ष बयान देनेवाले

१. हुलास, २. छत्तरगीर, ३. तपेश्वर साह, ४. परमेश्वर साह, ५. रघुनंदन साह, ६. लखन साह, ७. भरबीतन कांदू, ८. कविलास अहीर, ९. दरगाही मियाँ।

२८-४-१९१७ ई०—श्री शंभूशरण वर्मा के समक्ष बयान देनेवाले

१. नन्हकू भेड़िहर, २. झगड़ू कोइरी।

३०-४-१९१७ ई०—श्री चंद्रदेव नारायण के समक्ष बयान देनेवाले

१. नन्हकू साहू।

१-५-१९१७ ई०—२. ब्रिजराज पांडेय, ३. केदार महतो, ४. रोशन राय, ५. अंगद महतो, ६. रामलाल कोइरी।

१-५-१९१७ ई०—श्री विंध्यवासिनीप्रसाद के समक्ष बयान देनेवाले

१. सुखराम ठाकुर।

१-५-१९१७ ई०—श्री बी०पी० वर्मा के समक्ष बयान देनेवाले

१. शेख जफर, २. राजकुमार, ३. बाल कन्हाई।

२-५-१९१७ ई०—बाबू अनुग्रहनारायण सिंह के समक्ष बयान देनेवाले

१. काली चरण।

३-५-१९१७ ई०—श्री चंद्रदेव नारायण के समक्ष बयान देनेवाले

१. अयोध्या शुक्ल।

३-५-१९१७ ई०—श्री रघुनंदन प्रसाद के समक्ष बयान देनेवाले

१. खोबारी राय।

५-५-१९१७ ई०—श्री चंद्रदेव नारायण के समक्ष बयान देनेवाले

१. मुनेसर राय, २. बाला कांदू, ३. नारायण साहू, ४. बिहारी कोइरी, ५. चोकर धोबी।

११-५-१९१७ ई०—बाबू अनुग्रहनारायण सिंह के समक्ष बयान देनेवाले

१. सोधन साह कलवार, २. चौधर साह।

१५-४-१९१७ ई०—श्री आर०प्रसाद के समक्ष बयान देनेवाले

१. रामलाल पांडेय।

२२-४-१९१७ ई०—श्री राजेंद्र प्रसाद के समक्ष बयान देनेवाले

१. कोदई पांडेय।

२३-४-१९१७ ई०—श्री रामनवमी प्रसाद के समक्ष बयान देनेवाले

१. बिशुन राय, २५. मन्नू सैन, ३. रघुनाथ उपाध्याय, ४. सीताराम तिवारी, ५. रामखेलावन पांडेय, ६. विष्णु कोइरी, ७. लालकिसन पांडेय,

८. मुन्नी राय, ९. उजियार तिवारी, १०. बुझावन तिवारी, ११. महेश पांडेय, १२. लेखन गड्डी, १३. जमराली, १४. माखन राय।

२५-४-१९१७ ई०—१५. बाबूनंदन तिवारी, १६. भूखल चौबे, १७. गंगा चौबे, १८. रघुनाथ दूबे, १९. ठाकुर राय, २०. जयपाल कुरमी, २१. रघुनाथ नोनियाँ, २२. गुरुप्रसाद राय, २३. भूखल कुरमी, २४. हनुमान राउत, २५. मुकुट तिवारी, २६. रामानुग्रह, २७. मोती भेड़िहर, २८. रामधारी दुसाध, २९. गोपाल कांदू, ३०. रामदत्त कोइरी, ३१. हुंकार उपाध्याय, ३२. रामदत्त कोइरी, ३३. केशवर दूबे, ३४. शिवनंदन कुँवर।

२५-५-१९१७ ई०—३५. बीजक तिवारी, ३६. सन्त चमार, ३७. रामसहाय चमार, ३८. अकलू चमार, ३९. सिफल चमार, ४०. भिखारी चमार, ४१. तपेसर चमार।

२५-५-१९१७ ई०—श्री शंभूशरण वर्मा के समक्ष बयान देनेवाले

१. विजयी सिंह, २. अंबिका पांडेय।

२६-४-१९१७ ई०—श्री रामनवमी प्रसाद के समक्ष बयान देनेवाले

१. नूर मोहम्मद।

२७-४-१९१७ ई०—श्री शंभूशरण वर्मा के समक्ष बयान देनेवाले

१. हीरा राय, २. रामगुलाम तिवारी।

२७-४-१९१७ ई०—श्री भोला मल्लिक के समक्ष बयान देनेवाले

१. शेख अब्दुल अजीज़।

३०-४-१९१७ ई०—श्री चंद्रदेव नारायण के समक्ष बयान देनेवाले

१. मथुरी लाल।

२-५-१९१७ ई०—श्री बी० पी० शर्मा के समक्ष बयान देनेवाले

१. गणपत राय, २. रामरतन राय, ३. भूधरम ठाकुर, ४. हरनंदन ठाकुर, ५. गणेश राय, ६. नागा पांडेय, ७. शिवनंदन, ८. शिवधर, ९. जग राउत, १०. खेंधारी, ११. जोखन, १२. तपेसर, १३. चरित्तर, १४. जुगेसर, १५. मथुरा, १६. बुधराम।

२-५-१९१७ ई०—बाबू अनुग्रहनारायण सिंह के समक्ष बयान देनेवाले

१. नारायण राय।

३-५-१९१७ ई०—श्री बी० पी० वर्मा के समक्ष बयान देनेवाले

१. जयनुल अब्दीन।

३-५-१९१७ ई०—बाबू अनुग्रहनारायण सिंह के समक्ष बयान देनेवाले

१. जयनू खाँ।

४-५-१९१७ ई०—श्री शंभूशरण वर्मा के समक्ष बयान देनेवाले

१. खोभारी कुँवर, २. झिंगन कुँवर।

४-५-१९१७ ई०—श्री शामवरन तिवारी के समक्ष बयान देनेवाले

१. शामवरन तिवारी।

४-५-१९१७ ई०—श्री साहब राय के समक्ष बयान देनेवाले

१. साहब राय।

४-५-१९१७ ई०—श्री शंभूशरण वर्मा के समक्ष बयान देनेवाले

१. हसन अली, २. सौदागर राय, ३. शिवनंदन राय, ४. दुर्बल राय, ५. परगास तिवारी, ६. सहदेव तिवारी, ७. बीशूदेव तिवारी, ८. मल्लहार राय, ९. धुनिया।

५-५-१९१७ ई०—श्री चंद्रदेव नारायण के समक्ष बयान देनेवाले

१. शेख करामत।

६-५-१९१७ ई०—बाबू अनुग्रहनारायण प्रसाद के समक्ष बयान देनेवाले

१. अमर राय।

७-५-१९१७ ई०—२. मंगल तुरहा।

९-५-१९१७ ई०—श्री रामनवमी प्रसाद के समक्ष बयान देनेवाले

१. गोपी।

९-५-१९१७ ई०—बाबू अनुग्रहनारायण सिंह के समक्ष बयान देनेवाले

१. बालक कोइरी, २. शिवगोविंद तेली, ३. नत्थू जोलहा।

१०-५-१९१७ ई०—४. सबुजनी।

१६-५-१९१७ ई०—५. बुधिया।

२१-५-१९१७ ई०—६. दामोदर दूबे।

२२-४-१९१७ ई०—श्री ब्रजकिशोर प्रसाद के समक्ष बयान देनेवाले

१. सीताराम, २. गिरधारी, ३. भुकारी राउत, ४. जंगल कहार, ५. रामातार लाल, ६. रौनक लाल।

२३-४-१९१७ ई०—श्री रामनवमी प्रसाद के समक्ष बयान देनेवाले

१. रामचरण साह।

२४-४-१९१७ ई०—श्री रामनवमी प्रसाद के समक्ष बयान देनेवाले

१. रामनाथ पांडेय, २. जालेश्वर राय, ३. शुभाधार ठाकुर, ४. मुनेश्वर कुरमी, ५. जुम्मन धुनिया, ६. बौक सोनार, ७. रामफल पांडेय, ८. जगन्नाथ, ९ सूखल साह, १०. रामानुग्रह ठाकुर, ११. मँगरू महतो।

२५-४-१९१७ ई०—१२. ईसरी दूबे, १३. बोतू मिश्र, १४. प्रहलाद दूबे।

२६-४-१९१७ ई०—श्री शंभूशरण वर्मा के समक्ष बयान देनेवाले

१. कंगला चमार, २. राजगोविंद राय, ३. तप्पी महतो ४. नथुनी तिवारी, ५. मथुरा कुरमी, ६. नारायण कुरमी, ७. खेदू राउत, ८. सूखल कुरमी, ९. जीउत जटवा, १०. दासी कुरमी, ११. रघुनंदन महतो, १२. कोदूदास, १३. दरसनदास।

२७-४-१९१७ ई०—१४. जयश्री राउत, १५. रामरीत राम, १६. तिलक महतो।

२९-४-१९१७ ई०—श्री विंध्यवासिनीप्रसाद के समक्ष बयान देनेवाले

१. देवनारायण सिंह, २. शिवदत्त नोनिया।

३०-४-१९१७ ई०—श्री चंद्रदेव नारायण के समक्ष बयान देनेवाले

१. गरीब दुसाध।

१-५-१९१७ ई०—२. शिवनंदन मिश्र।

२-५-१९१७ ई०—श्री रघुनंदन प्रसाद के समक्ष बयान देनेवाले

१. सलीम।

३-५-१९१७ ई०—श्री शिवनंदन प्रसाद के समक्ष बयान देनेवाले

१. रामनेवाज कोइरी।

४-५-१९१७ ई०—२. रामकिशुन ठाकुर, ३. मँगनी कोइरी, ४. रामसरन महतो, ५. भदई महतो, ६. रामकिशुन लोहार।

४-५-१९१७ ई०—बाबू अनुग्रहनारायण सिंह के समक्ष बयान देनेवाले

१. चरित्तर मिश्र।

७-५-१९१७ ई०—श्री शंभूशरण वर्मा के समक्ष बयान देनेवाले

१. सुकेश्वर ओझा, २. गिरिधर किशोर ओझा।

२१-४-१९१७ ई०—३. किशुन महतो।

२४-४-१९१७ ई०—श्री रामनवमी प्रसाद के समक्ष बयान देनेवाले

१. छत्तर दुसाध।

२८-४-१९१७ ई०—श्री शंभूशरण वर्मा के समक्ष बयान देनेवाले

१. सरल तिवारी, २. फेकू सिंह, ३. मकुंद सिंह, ४. लंगट अहीर, ५. निरगुन कोइरी, ६. शिवनारायण सिंह।

२९-४-१९१७ ई०—७. रामनाथ अहीर, ८. भज्जन कुरमी।

३०-४-१९१७ ई०—श्री चंद्रदेव नारायण के समक्ष बयान देनेवाले

१. लछमन बरई, २. अबरख मियाँ, ३. अलीमान मियाँ, ४. गोपाल कोइरी, ५. मसोमात बरतनिया।

१-५-१९१७ ई०—श्री रामनवमीप्रसाद के समक्ष बयान देनेवाले

१. रामशरण।

१-५-१९१७ ई०—श्री विंध्यवासिनीप्रसाद के समक्ष बयान देनेवाले

१. यदु।

१-५-१९१७ ई०—श्री शंभूशरण वर्मा के समक्ष बयान देनेवाले

१. देवनारायण तिवारी।

१-५-१९१७ ई०—बाबू अनुग्रहनारायण सिंह के समक्ष बयान देनेवाले

१. जगदेव ओझा, २. तपेसर तुरहा, ३. भूचेंग तुरहा, ४. रामभरोसा,

५. गोआर कोइरी।

२-५-१९१७ ई०—श्री चंद्रदेव नारायण के समक्ष बयान देनेवाले

१. बिहारी ततवा, २. रामौतार मिश्र।

२-५-१९१७ ई०—श्री बी०पी० वर्मा के समक्ष बयान देनेवाले

१. शोभन मिश्र।

२-५-१९१७ ई०—बाबू अनुग्रहनारायण सिंह के समक्ष बयान देनेवाले

१. उगर महतो,

५-५-१९१७ ई०—२. रामशरण कलवार।

६-५-१९१७ ई०—३. महम्मद रसूल।

६-५-१९१७ ई०—श्री रघुनंदन प्रसाद के समक्ष बयान देनेवाले

१. नूर मोहम्मद।

७-५-१९१७ ई०—बाबू अनुग्रहनारायण सिंह के समक्ष बयान देनेवाले

१. अतुरनी विधवा, २. रामखेलावन मल्लाह।

१०-५-१९१७ ई०—श्री रामनवमी प्रसाद के समक्ष बयान देनेवाले

१. इमदाद मियाँ, २. जनाब अली, ३. भिखारी, ४. नौबत मियाँ, ५. अब्दुल रहीम, ६. खुदादीन मियां, ७. अदालत मियाँ, ८. करमाली धोबी, ९. फूलचंद, १०. परमेश्वर, ११. लछमन, १२. सुखी, १३. जोखू, १४. भानू, १५. रामफल तेली, १६. शिवधारी तेली, १७. छट्टू, १८. बलदेव, १९. सुखी, २०. विशेसर, २१. दिलचंद अहीर, २२. रामनाथ अहीर, २३. मसोमात अजिरनी, २४. देनी चमार, २५. राजपति अहीर, २६. हादी हुसेन मियाँ, २७. बेतू, २८. मेरूल्लाह, २९. बलदेव तिवारी, ३०. फूलेश्वर राउत।

२४-४-१९१७ ई०—श्री गिरिवरधारीलाल के समक्ष बयान देनेवाले

१. सूरज राय।

२४-४-१९१७ ई०—बाबू अनुग्रहनारायण सिंह के समक्ष बयान देनेवाले

१. रामखेलावन सिंह।

२६-४-१९१७ ई०—श्री शंभूशरण वर्मा के समक्ष बयान देनेवाले

१. महावीर राय, २. सजावल राय, ३. रामलगन महतो, ४. लखन राय, ५. शाहमुल्ला दरजी, ६. भोला कहार, ७. बिहारीदास।

२९-४-१९१७ ई०—श्री बी० पी० वर्मा के समक्ष बयान देनेवाले

१. शेख मुहम्मद ईसा, २. शेख अब्दुल करीम।

१-५-१९१७ ई०—श्री चंद्रदेव नारायण के समक्ष बयान देनेवाले

१. धीरज राउत, २. महादेव राउत।

२-५-१९१७ ई०—श्री धरणीधर के समक्ष बयान देनेवाले

१. श्यामलाल।

६-५-१९१७ ई०—श्री रघुनंदन प्रसाद के समक्ष बयान देनेवाले

१. चतुरी।

२३-५-१९१७ ई०—२. शेख अब्दुल रजाक।

२३-५-१९१७ ई०—श्री रामनवमी प्रसाद के समक्ष बयान देनेवाले

१. शेख अदालत हुसैन।

२४-४-१९१७ ई०—२. शेख महीनुद्दीन, ३. राजकुँवर, ४. शेख बदरुद्दीन हुसैन, ५. मोदी चमार।

२३-४-१९१७ ई०—६. शेख अब्दुल जफर।

२-५-१९१७ ई०—बाबू अनुग्रहनारायण सिंह के समक्ष बयान देनेवाले

१. लंगटू मिश्र।

६-५-१९१७ ई०—२. दीन मुहम्मद शाह।

६-५-१९१७ ई०—श्री धरणीधर के समक्ष बयान देनेवाले

१. बाबूनंदन तिवारी।

२९-४-१९१७ ई०—श्री विंध्यवासिनीप्रसाद वर्मा के समक्ष बयान देनेवाले

१. मोहम्मद।

३०-४-१९१७ ई०—श्री शंभूशरण वर्मा के समक्ष बयान देनेवाले

१. सुखल कांदू, २. सूरजमान शाह तेली, ३. शीतल कांदू, ४. विद्यापति कांदू, ५. अकलू ठाकुर हजाम, ६. सरूप कांदू, ७. नाग महतो, ८. भीखम शाह।

१-५-१९१७ ई०—श्री बी० पी० शर्मा के समक्ष बयान देनेवाले

१. सलामत खाँ।

२-५-१९१७ ई०—श्री चंद्रदेव नारायण के समक्ष बयान देनेवाले

१. हुसेनी मियाँ, २. शेख भिखारी, ३. बदमन राउत।

२-५-१९१७ ई०—श्री रघुनंदन प्रसाद के समक्ष बयान देनेवाले

१. निसार अली।

२-५-१९१७ ई०—श्री शंभूशरण वर्मा के समक्ष बयान देनेवाले

१. जनई बरई।

३-५-१९१७ ई०—श्री रघुनंदन प्रसाद के समक्ष बयान देनेवाले

१. दुखी राय।

३०-४-१९१७ ई०—श्री विंध्यवासिनीप्रसाद वर्मा के समक्ष बयान देनेवाले

१. रसूल।

७-५-१९१७ ई०—श्री शिवनंदन प्रसाद के समक्ष बयान देनेवाले

१. रामबरन दुसाध।

७-५-१९१७ ई०—बाबू अनुग्रहनारायण सिंह के समक्ष बयान देनेवाले

१. अकलू चमार।

८-५-१९१७ ई०—श्री बी० पी० वर्मा के समक्ष बयान देनेवाले

१. सुखदेव मिश्र, २. विंध्यवासिनी प्रसाद (एलियास), ३. रामानुज दूबे, ४. निधि राय, ५. रामावतार।

८-५-१९१७ ई०—श्री बी०पी० वर्मा के समक्ष बयान देनेवाले

१. बालगोविंद सहाय।

२२-४-१९१७ ई०—श्री रामनवमी प्रसाद के समक्ष बयान देनेवाले

१. सत्यनारायण शुक्ल।

२७-४-१९१७ ई०—२. द्वारका साह, ३. बाँगर मियाँ, ४. इनायत करीम, ५. जुम्मन, ६. मोहम्मद अली, ७. रघुनंदन तेली, ८. अलीदराह, ९. फूलचंद।

२५-४-१९१७ ई०—१०. तिलक सिंह, ११. रामप्रसाद, १२. महावीर लोहार।

२७-४-१९१७ ई०—श्री बी०पी० वर्मा के समक्ष बयान देनेवाले

१. तप्पी महतो, २. रामलगन राउत, ३. कालीचरण पांडेय, ४. तिलक राउत, ५. बिहारी अहीर, ६. बुद्धेश्वर तिवारी, ७. रंगलाल राउत, ८. दोधू मियाँ, ९. खुदादीन मियाँ, १०. बलदेव हजाम, ११. महादेव साहू, १२. असगर सैन, १३. ईश्वर साहू।

२७-४-१९१७ ई०—श्री विंध्यवासिनी प्रसाद वर्मा के समक्ष बयान देनेवाले

१. जयगोविंद।

२४-४-१९१७ ई०—श्री रामनवमीप्रसाद के समक्ष बयान देनेवाले

१. लुटावन राय, २. रामनाथ, ३. रियासत, ४. शिव अहीर, ५. देवनंदन, ६. बंसी अहीर, ७. गनीचंद, ८. बागर राउत, ९. नागमन साहु, १०. हिरामन साह।

२५-४-१९१७ ई०—श्री शंभूशरण वर्मा के समक्ष बयान देनेवाले

१. शेख अली हुसैन, २. शेख सलामत, ३. शेख अम्जान, ४. शेख मीरन, ५. इंदर पंडित, ६. नाजिर धोबी।

२५-४-१९१७ ई०—श्री रामनवमी प्रसाद के समक्ष बयान देनेवाले

१. लीलाधर राउत।

२८-४-१९१७ ई०—२. गोपी, ३. तप कोइरी।

३०-४-१९१७ ई०—श्री बी०पी० वर्मा के समक्ष बयान देनेवाले

१. भोज, २. बाल कन्हाई, ३. जगदेव साहू, ४. महावीर कोईरी, ५. छठू, ६. रामजीवन।

३०-४-१९१७ ई०—श्री चंद्रदेव नारायण के समक्ष बयान देनेवाले

१. शेख इस्माइल।

१-५-१९१७ ई०—२. सरयुग गोंड़।

३-५-१९१७ ई०—श्री रामनवमी प्रसाद के समक्ष बयान देनेवाले

१. रघुनीलाल, २. उदन महतो, ३. सूरत बरही, ४. जोधा तिवारी, ५. द्वारका महतो, ६. बहुरी अहीर, ७. नन्हकू जटवा, ८. दसईं कुम्हार, ९. मलंग कोइरी, १०. अकलू लोहार, ११. बिदापत दुसाध, १२. धारीचंद

दुसाध, १३. सुकाइ दुसाध, १४. दरबारी कुम्हार, १५. गुलजार, १६. फागू, १७. लालजी कोइरी, १८. तिलक दुसाध, १९. रामशरण, २०. हजारी कोइरी, २१. हालू, २२. बसराज महतो, २३. सुखा महतो, २४. बिझन महतो, २५. भोज धोबी, २६ सैली अहीर, २७ जोतिख, २८. धराहु, २९. पीतांबर, ३०. मनई, ३१. खेलावन, ३२. बंसी, ३३. दसईं, ३४. खीलन, ३५. गोवर्द्धन, ३६. शेख इब्राहीम, ३७. रकटू, ३८. अजमत, ३९. सोना अहीर, ४०. शिवराज, ४१. झपसी पंडित, ४२. शेख सुकार, ४३. हेतू मल्लिक, ४४. खेलावन सिंह, ४५. सफेद धोबी, ४६. सोहबली माली, ७. लच्छन ततवाँ, ४८. शेख भखारी, ४९. पुंधर तुरहा, ५०. कितब तेली, ५१. भुटाई तुरहा, ५२. मंगर चमार, ५३. जयपाल चमार, ५४. परान चमार, ५५. शेख बसरुझन, ५६. बरचुन जोलहा ५७. दिलार माली, ५८. शेख बौक, ५९. मोलाजिम हजाम, ६०. सिबरती तुरहिन, ६१. मुरती कोइरिन।

४-५-१९१७ ई०—श्री गोरखनाथ के समक्ष बयान देनेवाले

१. शेख खुदारखी, २. नसराली, ३. फतह मोहम्मद।

५-५-१९१७ ई०—श्री शिवनंदन प्रसाद के समक्ष बयान देनेवाले

१. जंगबहादुर सिंह, २. रामदत्त प्रसाद।

५-५-१९१७ ई०—बाबू अनुग्रहनारायण सिंह के समक्ष बयान देनेवाले

१. शिशुपाल दुसाध।

७-५-१९१७ ई०—२. रामबरन साह।

२२-४-१९१७ ई०—श्री राजेंद्र वर्मा के समक्ष बयान देनेवाले

१. इंद्रकीश्वर राय।

२२-४-१९१७ ई०—श्री शंभूशरण वर्मा के समक्ष बयान देनेवाले

१. राजमन राय, २. बिशुन लाल।

१४-४-१९१७ ई०—३. गोपाल राय।

२५-४-१९१७ ई०—४. झपसी दुसाध।

२५-४-१९१७ ई०—श्री रामनवमी प्रसाद के समक्ष बयान देनेवाले

१. भूखल।

२५-४-१९१७ ई०—श्री शंभूशरण वर्मा के समक्ष बयान देनेवाले

१. शमशेर दरजी।

२५-४-१९१७ ई०—श्री रघुनाथप्रसाद सिन्हा के समक्ष बयान देनेवाले

१. गजाधर तिवारी।

२-५-१९१७ ई०—श्री शंभूशरण वर्मा के समक्ष बयान देनेवाले

१. दरप गोंड़।

२-५-१९१७ ई०—श्री चंद्रदेव नारायण के समक्ष बयान देनेवाले

१. बुझावन, २. फतिंगा भगत।

२०-५-१९१७ ई०—श्री राजेंद्र प्रसाद के समक्ष बयान देनेवाले

१. इंद्रजीत बिंद, २. रामऔतार सिंह।

२०-५-१९१७ ई०—श्री एस.एस. वर्मा के समक्ष बयान देनेवाले

१. दुक्खन लाल।

२३-४-१९१७ ई०—श्री शंभूशरण वर्मा के समक्ष बयान देनेवाले

१. जयगोपाल राय।

२५-४-१९१७ ई०—श्री रघुनंदनप्रसाद सिंहा के समक्ष बयान देनेवाले

१. शेख किदालो, २. तपेसर अहीर, ३. कालीचरन सिंह, ४. पसपत तिवारी।

२६-४-१९१७ ई०—श्री ब्रजकिशोर प्रसाद के समक्ष बयान देनेवाले

१. तपेसर तेली, २. नूर मुहम्मद, ३. दिलेसर मियाँ, ४. साहेबान मियाँ, ५. दयाली साह, ६. रामरूच महतो।

२९-४-१९१७ ई०—श्री रामनवमी प्रसाद के समक्ष बयान देनेवाले

१. शुभनारायण पांडेय २. नारायण।

३०-४-१९१७ ई०—श्री विंध्यवासिनी प्रसाद वर्मा के समक्ष बयान देनेवाले

१. मूचेंग।

१-५-१९१७ ई०—२. गंगा मिश्र।

२-५-१९१७ ई०—श्री रामनवमी प्रसाद के समक्ष बयान देनेवाले

१. रुद्र मिश्र, २. महावीर मिश्र, ३. गोकुल मिश्र, ४. गोपाल मिश्र, ५. तपसी राय।

२-५-१९१७ ई०—बाबू अनुग्रह नारायण सिहं के समक्ष बयान देनेवाले

१. महादेव मिश्र।

३-५-१९१७ ई०—२. शिवराज पांडेय, ३. गरीब बरई, ४. गनपत बरई, ५. रामलगन बरई, ६. रामजीवन कोइरी, ७. बिशुन मिश्र, ८. मियन्ना लोहार, ९. मीर अब्दुल, १०. नौधारी मिश्र, ११. रामजीवन पांडेय, १२. छेदखुरी बरई, १३. तपेसर बरई, १४. रामप्रसाद बरई, १५. रामराज मिश्र, १६. मीर अब्दुल गफूर, १७. जगमोहन मिश्र, १८. बुधराम राउत।

४-५-१९१७ ई०—१९. मीर रसूल, २०. मीर मसत आयी।

४-५-१९१७ ई०—श्री शंभूशरण वर्मा के समक्ष बयान देनेवाले

१. बिसन कुरमी।

४-५-१९१७ ई०—श्री रामनवमी प्रसाद के समक्ष बयान देनेवाले

१. रामउग्रह पांडेय, २. रामयाद पांडेय।

५-५-१९१७ ई०—श्री रघुनंदन पांडेय के समक्ष बयान देनेवाले

१. बदर बरई, २. मीर शमशेर अली।

५-५-१९१७ ई०—श्री शंभूशरण वर्मा के समक्ष बयान देनेवाले

१. रामदेव मिश्र, २. नवाब मिश्र, ३. रामरेखा मिश्र, ४. महाराज राम, ५. रामऔतार मिश्र, ६. दिहल मिश्र, ७. शिवध्यान मिश्र।

५-५-१९१७ ई०—श्री चंद्रदेव नारायण के समक्ष बयान देनेवाले

१. मीर रजाक।

६-५-१९१७ ई०—श्री राजेंद्र प्रसाद के समक्ष बयान देनेवाले

१. रामनारायण तिवारी।

७-५-१९१७ ई०—श्री रघुनंदन प्रसाद के समक्ष बयान देनेवाले

१. मीर कोदई, २. धनराज बरई।

७-५-१९१७ ई०—श्री एस.एस. वर्मा के समक्ष बयान देनेवाले

१. शिवचरण महातो, २. किशुन तुरहा, ३. सूबा तुरहा।

८-५-१९१७ ई०—बाबू अनुग्रहनारायण सिंह के समक्ष बयान देनेवाले

१. रुद्र मिश्र, २. मीर नाजू, ३. पदारथ राय।

९-५-१९१७ ई०—४. सखीचंद।

९-५-१९१७ ई०—श्री एस.एस. वर्मा के समक्ष बयान देनेवाले

१. अकालू धुनियाँ, २. धूमन तुरहा।

९-५-१९१७ ई०—श्री रामनवमी प्रसाद के समक्ष बयान देनेवाले

१. सूबा।

१०-५-१९१७ ई०—श्री एस.एस. वर्मा के समक्ष बयान देनेवाले

१. भजू पांडेय, २. बाबू नंदन पांडेय, ३. मोती पांडेय, ४. बहेरा कुरमी, ५. थानदार पांडेय, ६. फुलेसर कुरमी, ७. शिवबरन कुरमी, ८. शिवराज चमार, ९. सुखारी मिर्या, १०. बली जोलहा, ११. रामलगन चौधरी।

१०-५-१९१७ ई०—बाबू अनुग्रहनारायण सिंह के समक्ष बयान देनेवाले

१. जगदेव पांडये, २. बानी कुरमी, ३. लालजी पांडेय, ४. महादेव पांडेय, ५. धूमन पांडेय, ६. झोखन सिंहा, ७. महादेव लोहार, ८. शिवधारी कुरमी, ९. जयपाल कुरमी, १०. फेंकू कुरमी।

१०-५-१९१७ ई०—श्री रामनवमी प्रसाद के समक्ष बयान देनेवाले

१. फिरंगी ठाकुर।

११-५-१९१७ ई०—श्री एस.एस. वर्मा के समक्ष बयान देनेवाले

१. देवकीराय, २. कुंदन चमार, ३. कुंजा हजाम, ४. बनवारी तेली, ५. बिशुनी अहीर, ६. बिशुनी राउत।

११-५-१९१७ ई०—श्री रामनवमी प्रसाद के समक्ष बयान देनेवाले

१. जटाधारी पांडेय, २. रामहरन पांडेय, ३. नरेश पांडेय, ४. जगन चमार,

५. शिवरत्न पांडेय, ६. केसवर तेली।

११-५-१९१७ ई०—बाबू अनुग्रहनारायण सिंह के समक्ष बयान देनेवाले

१. महँगू धोबी।

११-५-१९१७ ई०—श्री राजेंद्र प्रसाद के समक्ष बयान देनेवाले

१. रामदयाल तिवारी, २. अंबिका मिश्र, ३. जूठन मिश्र, ४. सहदेव पाठक, ५. इंदर मिश्र, ६. अमोल पांडेय।

१-५-१९१७ ई०—श्री रामनवमी प्रसाद वर्मा के समक्ष बयान देनेवाले

१. जयलाल सिंह, २. काशी सिंह, ३. रामलखन कुमार, ४. तपसी राय, ५. जुलुम कुँवर, ६. मोसाफिर कुँवर, ७. दसईं साह, ८. जगासाह, ९. मीरा साह, १०. बीरी साह, ११. अकल साह, १२. राम किसुन साह, १३. बालचंद साह, १४. जीतन ठाकुर, १५. ठगा साह, १६. लंगर राउत, १७. अकलू चमार, १८. मालहद चमार १९. पेटू चमार।

३-५-१९१७ ई०—२०. रामरक्षा मिश्र।

४-५-१९१७ ई०—श्री धरणीधर के समक्ष बयान देनेवाले

१. सूबेदार सिंह।

६-५-१९१७ ई०—बाबू अनुग्रहनारायण सिंह के समक्ष बयान देनेवाले

१. मानकी अहीर।

६-५-१९१७ ई०—श्री शंभूशरण वर्मा के समक्ष बयान देनेवाले

१. ईसर सिंह, २. मातबर सिंह।

२०-४-१९१७ ई०—श्री रामनवमी प्रसाद के समक्ष बयान देनेवाले

१. कमला प्रसाद, २. लक्ष्मी नारायण।

२२-४-१९१७ ई०—श्री राजेंद्र प्रसाद के समक्ष बयान देनेवाले

१. गंगाधारी तिवारी, २. तपेसर साहू, ३. नेयामत मियाँ, ४. हेमान जोलहा।

२७-४-१९१७ ई०—५. बिसेसर ओझा।

२७-४-१९१७ ई०—श्री रामनवमी प्रसाद के समक्ष बयान देनेवाले

१. सजावल सिंह, २. गनपत सिंह।

२९-४-१९१७ ई०—श्री शिवनंदन प्रसाद के समक्ष बयान देनेवाले

१. महाराज राउत।

१९-४-१९१७ ई०—श्री राजेंद्र प्रसाद के समक्ष बयान देनेवाले

१. अबिलाख महतो,

२२-४-१९१७ ई०—२. महाराज तिवारी।

२५-४-१९१७ ई०—श्री शंभूशरण वर्मा के समक्ष बयान देनेवाले

१. जुगल सिंह।

२९-४-१९१७ ई०—श्री रामनवमी प्रसाद के समक्ष बयान देनेवाले

१. नब्बी मियाँ,

३०-४-१९१७ ई०—२. चंद्रभान तिवारी, ३. अबिलाख अहीर, ४. हरिकिशुन।

१-५-१९१७ ई०—५. लालजी साहू, ६. जोगइन गौढ़ी, ७. जोगी साहू, ८. प्रसाद साहू।

२-५-१९१७ ई०—श्री रामनवमी प्रसाद के समक्ष बयान देनेवाले

१. फेकू सिंह, २. जनक सिंह, ३. जनक सिंह, ४. हृदय सिंह, ५. देवधारी सिंह, ६. देवधारी सिंह, ७. धरिया कोइरी, ८. शिवनंदन हजाम, ९. शिवधन तुरहा, १०. कालीचरण, ११. हिरामन कानू, १२. झपसी कोइरी, १३. बुझावन, १४. लक्ष्मीनारायण, १५. अनूप सिंह, १६. शिशुपाल सिंह, १७. सगमी राय, १८. खेलावन कलवार, १९. भिखारी, २०. निरसू सिंह, २१. झापस सिंह, २२. रामखेलावन सिंह, २३. जगदेव राय, २४. खे धरी राय, २५. रामपत राय, २६. जोधा कोइरी, २७. झुमक साह, २८. हुसेनी धोबी, २९. बालगोविंद ततवाँ न. १ ३०. बालगोविंद ततवाँ न. २, ३१. सुंदर बरही, ३२. रक कोइरी, ३३. बदरी, ३४. नवाबसिंह, ३५. दौलत कानू, ३६. सौदागर।

३-५-१९१७ ई०—श्री ब्रजकिशोर प्रसाद के समक्ष बयान देनेवाले

१. चिंतामन महतो, २. रामलगन कोइरी।

३-५-१९१७ ई०—श्री रामनवमी प्रसाद के समक्ष बयान देनेवाले

१. लंगट लोहार, २. रामलाल, ३. गोपाल साह, ४. शिवधारी, ५. बेनी, ६. संजल गोंढ़ी, ७. ठकुरी, ८. सौदागर साहू, ९. प्रयाग ठाकुर।

३-५-१९१७ ई०—श्री धरणीधर के समक्ष बयान देनेवाले

१. हंसा साहनी, २. तूफानी मल्लाह, ३. निरसू कोइरी, ४. नारायण कोइरी, ५. ठग महतो, ६. दरबारी महतो, ७. नारायण महतो, ८. अबिलाख महतो।

४-५-१९१७ ई०—९. रासबिहारी तिवारी, १०. दुर्बल तिवारी, ११. रघुनंदन साही।

९-५-१९१७ ई०—श्री राजेंद्र प्रसाद के समक्ष बयान देनेवाले

१. सेख किरा।

१०-५-१९१७ ई०—२. लाखन राय, ३. दिलीप जुलाहा, ४. गुमानी कोइरी, ५. माखन कोइरी, ६. अनत तेली, ७. फकीरा कोइरी।

१९-४-१९१७ ई०—श्री शंभूशरण वर्मा के समक्ष बयान देनेवाले

१. जट्टू साह, २. मीठू राउत, ३. जोधा साहू।

२१-४-१९१७ ई०—श्री राजेंद्र प्रसाद के समक्ष बयान देनेवाले

१. महादेव राउत, २. गोपीचंद, ३. खूबलाल, ४. रामखेलावन राय, ५. मादर बख्श खाँ।

२१-४-१९१७ ई०—श्री रामनवमी प्रसाद के समक्ष बयान देनेवाले

१. देवकी सिंह, २. धनपत धोबी, ३. हरगेन राय, ४. रामध्यान राय,

५. भोला गोप, ६. रामलखन गोप, ७. बनाई राउत, ८. हानी राम, ९. बसगीत राउत, १०. मुकुटधारी राय, ११. निरसू धोबी, १२. सुंदर गोप, १३. प्रयागराय, १४. दसईं धोबी, १५. चैतू, १६. शेख रहीम, २७. शेख कल्लर, १८. शेख चेतनू, १९. शेख गनऊर, २०. शेख बीजू, २१. शेख असराली, २२. बुझावन तेली, २३. हंसराज भगत, २४. रामधारी, २५. राम औतार।

२१-४-१९१७ ई०—श्री शंभूशरण वर्मा के समक्ष बयान देनेवाले

१. गूदर हजाम।

२७-४-१९१७ ई०—श्री राजेंद्र प्रसाद के समक्ष बयान देनेवाले

१. धनुकधारी ओझा।

४-५-१९१७ ई०—श्री धरणीधर के समक्ष बयान देनेवाले

१. अबिलांख सिंह, २. नारायण उपरोहित, ३. सुकन महतो, ४. मूसर सिंह, ५. हुकुम राम, ६. लालधर तुरहा, ७. जडोमन नाफर, ८. दसईं नाफर, ९. परमेसर तेली, १०. भरदूल तुरहा, ११. गोढ़ी तुरहा।

१२-५-१९१७ ई०—श्री सुखदेव नारायण के समक्ष बयान देनेवाले

१. महादेवी सहनी।

१८-४-१९१७ ई०—श्री धरणीधर के समक्ष बयान देनेवाले

१. झब्बू साहू।

१८-४-१९१७ ई०—श्री शम्भूशरण वर्मा के समक्ष बयान देनेवाले

१. अच्छेराय, २. जग्गी शुक्ल।

२३-४-१९१७ ई०—बाबू अनुग्रहनारायण सिंह के समक्ष बयान देनेवाले

१. राजबली महतो।

२४-४-१९१७ ई०—श्री धरणीधर के समक्ष बयान देनेवाले

१. शेख इनायतुल्ला, २. शेख अकबर, ३. रामकिशुन साव, ४. फेंकू सिंह, ५. जगत सिंह।

२५-४-१९१७ ई०—श्री रामनवमी प्रसाद के समक्ष बयान देनेवाले

१. शिवगोविंद लाल।

२५-४-१९१७ ई०—श्री धरणीधर के समक्ष बयान देनेवाले

१. कवलापति राय, २. हरिहर चौबे, ३. गुलाम दुसाध, ४. कमल तिवारी।

३०-४-१९१७ ई०—श्री रामनवमी प्रसाद के समक्ष बयान देनेवाले

१. गोकुल शुक्ल, २. मुसम्मात फरीदन, ३. दोस्त मुहम्मद, ४. राय राम राउत, ५. बेंगा राउत, ६. नवल राउत, ७. भीखम सोनार।

१-५-१९१७ ई०—८. दुखमन सुकुल, ९. मोती सिंह, १०. ब्रह्मदेव सिंह, ११. जयगोविंद सिंह, १२. गिरधारी गीर, १३. द्वारिका कुरमी, १४. छट्टू सिंह, १५. जोगल सिंह, १६. देवसिंह, १७. झुआली सिंह, १८. केवल सिंह,

१९. लखन सिंह, २०. धरीच्छन सिंह, २१. ब्रह्मा सिंह, २२. लछमन साह, २३. रघुनंदन लाल, २४. गोवर्द्धन कुरमी, २५. सुकई चमार, २६. हरीफ चमार, २७. सरबजीत सिंह, २८. दिनेसर सिंह, २९. फेकू सिंह, ३०. शिवबरन सिंह, ३१. धनुखी सिंह, ३२. रामदयाल सिंह, ३३. दोखू अहीर, ३४. लालजी राउत, ३५. हरगेन सिंह, ३६. सुंदरदेव राय, ३७. गोकुलराय, ३८. ब्रह्मदेव ठाकुर, ३९. सुखदेव राय, ४०. सुखलू चौधर, ४१. बलवान तिवारी, ४२. ज्ञानी राय, ४३. नरसिंह राय, ४४. रामऔतार ठाकुर, ४५. गोपाल ठाकुर, ४६. रूचा राय, ४७. घेयान पांडे, ४८. जयत खाँ, ४९. खेंधर राय, ५०. जटा ठाकुर, ५१. शिवनंदन राय, ५२. संत कानू, ५३. अमता कानू, ५४. गोपालराय, ५५. केवल कानू, ५६. मावल कानू, ५७. हलखोरी अहीर।

२-५-१९१७ ई०—श्री धरणीधर के समक्ष बयान देनेवाले

१. अच्छे राय, २. भूखल मियाँ, ३. कुँजी साहु, ४. काली कलवार, ५. नकछेदन सहनी, ६. गुलजार घनिया, ७. शिववरण दीक्षित, ८. हलखोरी राउत, ९. रामखेलावन, १०. खेदन अहीर, ११. संत अहीर।

२-५-१९१७ ई०—श्री जे.बी. कृपलानी के समक्ष बयान देनेवाले

१. खोभारी मियाँ, २. बालधर, ३. डोमा राउत।

२-५-१९१७ ई०—श्री रामनवमी प्रसाद के समक्ष बयान देनेवाले

१. जूठन अहीर, २. पाल राउत, ३. गुलाम राउत, ४. लाखन राउत, ५. रामलोचन, ६. सौदागर, ७. घनेसर, ८. तुला राउत, ९. मोती राउत, १०. रोशन राउत, ११. अमीराज हजाम, १२. गोविंद राउत।

३-५-१९१७ ई०—१३. बालधर मियाँ, १४. साजू मियाँ, १५. मादर मियाँ, १६. निर्मल ठाकुर, १७. गहनी साह।

३-५-१९१७ ई०—श्री धरणीधर के समक्ष बयान देनेवाले

१. रोज मियाँ, २. तुरब मियाँ, ३. सट्टा मियाँ, ४. सूपन मियाँ, ५. सूखन मियाँ, ६. शिवध्यान ठाकुर, ७. मुसहर मियाँ, ८. लड्डू मियाँ, ९. फैजुल्ला मियाँ, १०. अलीजान मियाँ, ११. मोहिम मियाँ, १२. अब्दुल मियाँ, १३. गेना मियाँ, १४. मीर जुलाहा, १५. शेख कुदरत, १६. बिलायत, १७. बीरा अहीर, १८. तिलक उपाध्याय, १९. छट्ठू धोबी, २०. दुखी धोबी, २१. मूसर कानू, २२. ढोंढा मियाँ, २३. शेख शेर मुहम्मद, २४. रामेसर राउत बरई, २५. नूर महम्मद, २६. लखन कानू, २७. धरीछन कानू, २८. खेदन मियाँ, २९. रामशरण, ३०. पीर बख्श।

३-५-१९१७ ई०—श्री शिवनंदन प्रसाद के समक्ष बयान देनेवाले

१. जय तुरहा, २. रामधनी तुरहा, ३. नाथू हजाम, ४. जोखन सिंह,

५. दिरपाल सिंह, ६. बोधा मिश्र, ७. रामबहादुर सिंह, ८. बुझावन सिंह, ९. नंदकुमार सिंह, १०. गोरख सिंह।

४-५-१९१७ ई०—११. राजकुमार राय, १२. परीछन राय, १३. भागवत राय, १४. शेख बारीस अली, १५. शहाबुद्दीन, १६. शेख इनायत, १७. शेख अली असगर, १८. शेख गुलजार, १९. शेख जनाब अली, २०. शेख फतह, २१. शेख मुहम्मद हुसेन, २२. शेख मुसाफिर, २३. शेख बूद्धू, २४. मुसाहेब अली, २५. शेख मौलवी, २६. शेख इसाक, २७. शेख करामत।

५-५-१९१७ ई०—२८. भभीखन गीर, २९. भूनर गीर, ३०. सूबेदार सिंह, ३१. प्रहलाद सिंह, ३२. शिवबालक सिंह, ३३. जटासिंह, ३४. गुदड़ी सिंह, ३५. सुखराम सिंह, ३६. उग्रकुमार, ३७. शिवशरण ठाकुर, ३८. गोपीसिंह।

५-५-१९१७ ई०—श्री धरणीधर के समक्ष बयान देनेवाले

१. कोदई मियाँ, २. रामसहाय, ३. पथलू, ४. प्रहलाद, ५. तपसी जोलहा, ६. राजदेव, ७. दसईं कोइरी, ८. सुखलाल साहू, ९. लालचंद चमार, १०. किशुन भगत, ११. धनेसर भट्ट।

७-५-१९१७ ई०—श्री शिवनंदन प्रसाद के समक्ष बयान देनेवाले

१. रामदेनी सिंह।

८-५-१९१७ ई०—श्री राजेंद्र प्रसाद के समक्ष बयान देनेवाले

१. शेख दौलत, २. शेख अमीर अली, ३. मलुआ नोनियाँ, ४. रमजान हजाम, ५. रामजद चमार, ६. परान महतो, ७. गोपाल महतो, ८. प्रताप महतो, ९. रामजीवन महतो।

१०-५-१९१७ ई०—श्री धरणीधर के समक्ष बयान देनेवाले

१. रामधनी चौबे।

१०-५-१९१७ ई०—श्री राजेंद्र प्रसाद के समक्ष बयान देनेवाले

१. शेख इनायत, २. शेख शहाबुद्दीन, ३. शेख अब्दुल, ४. शेख करामत अली, ५. दल्लू अहीर, ६. लंगर अहीर, ७. दसईं अहीर, ८. शेख रसूल, ९. मोती धोबी, १०. भोला चमार, ११. करम धावन फकीर, १२. शेख मोहीब अली, १३. किशुन चमार, १४. नब्बू।

१०-५-१९१७ ई०—श्री शिवनंदन प्रसाद के समक्ष बयान देनेवाले

१. मुंशी मल्लाह, २. बहोरी मल्लाह, ३. अतिबल मल्लाह, ४. गुलजार मल्लाह, ५. जंग हजरा, ६. जुगेसर मल्लाह, ७. रामफल, ८. केसवर साहू, ९. जस्सु, १०. शिवगुलाम, ११. लोटन अहीर।

१०-५-१९१७ ई०—श्री धरणीधर के समक्ष बयान देनेवाले

१. शंभु महरा।

१०-५-१९१७ ई०—श्री सुखदेव नारायण वर्मा के समक्ष बयान देनेवाले

१. जोखू चौधरी, २. बुटाइ पांडेय।

१०-५-१९१७ ई०—श्री राजेंद्र प्रसाद के समक्ष बयान देनेवाले

१. शेख फेकू, २. रामखेलावन कुरमी, ३. भिखार राउत, ४. केसवर लाल, ५. उगर साह कातून, ६. बादल कुम्हार, ७. रामखेलावन नोनियाँ, ८. अली जान धुनियाँ, ९. शेख अजमत, १०. शेख जोखन, ११. महम्मद जहीर, १२. शेख जवाली, १३. मूलचंद हजरा, १४. खेलावन अहीर, १५. मोसद्दी धोबी, १६. गरीब चमार, १७. ईश्वर तेली, १८. सौदहार चमार, १९. गुदरी तेली, २०. जगमोहन चमार, २१. संतू कुम्हार, २२. शिवशरण चमार, २३. दसाईं तेली, २४. झाँझू जोलहा, २५. हरनंदन तेली, २६. रामलाल तेली, २७. मोखतार धोबी।

१०-५-१९१७ ई०—श्री रघुनंदन प्रसाद के समक्ष बयान देनेवाले

१. तेज अली चुलीहर, २. नंद कुरमी, ३. फिरंगी।

११-५-१९१७ ई०—श्री शिवनंदन प्रसाद के समक्ष बयान देनेवाले

१. चिंताप्पन राय, २. तपसी कुम्हार, ३. वसगित कुम्हार, ४. बाबू कुम्हार।

११-५-१९१७ ई०—श्री सुखदेव नारायण वर्मा के समक्ष बयान देनेवाले

१. शेख दिलशेर, २. शेख मीरअली, ३. शेल भूखल, ४. शेख जुम्मन, ५. शेख हुसैन, ६. गुलाम हुसैन, ७. शेख किताब, ८. शेख ओजीर, ९. तपसी चमार, १०. झाखर, ११. घीर चमार, १२. जोधन अहीर, १३. बनाइ अहीर, १४. फूचन अहीर, १५. तल्लू अहीर, १६. कंचन अहीर, १७. लोच अहीर, १८. रिसाल अहीर, १९. हरिभजन, २०. गूदर अहीर, २१. परिधान अहीर, २२. फकीर अहीर, २३. नील चमार, २४. अबिलाख चमार, २५. रामनाथ चमार, २६. बूधन चमार, २७. शेख सद्दीक, २८. शेख नियामत, अली, २९. झगड़ू साहू, ३०. महादेव साहू, ३१. धूमन राउत, ३२. कुनकुन मियाँ, ३३. झपसी कानू, ३४. शेख हफाजत, ३५. शेख मुशेर, ३६. शेख नाजिर अली, ३७. शेख इमाम अली, ३८. शेख सहागत, ३९. शेख अमीर, ४०. शेख दोस्त मोहम्मद, ४१. शेख करामत, ४२. शेख जनवाल, ४३. रामगुलाम तेली, ४४. चिंतामन लोहार, ४५. लालजी बनियाँ, ४६. मंगल बनियाँ।

१२-५-१९१७ ई०—४७. गोपाल ततवाँ।

१२-५-१९१७ ई०—श्री शिवनंदन प्रसाद के समक्ष बयान देनेवाले

१. रामलगन कोइरी, २. इंदरमान कोइरी, ३. जग्गू महतो, ४. बदरी कोइरी, ५. मसूनी मियाँ, ६. जटाधारी साहू, ७. दिरपाल ततवाँ, ८. बंधू ततवाँ, ९. भिखारी चमार, १०. अतिबल साहू, ११. झपसी सहू, १२. तपेसर राय, १३. तिमल चमार।

१२-५-१९१७ ई०—श्री सुखदेव नारायण वर्मा के समक्ष बयान देनेवाले

१. गनपत ठाकुर, २. सौदागर सिंह, ३. सालिक पांडेय, ४. शिवसागर

मिश्र, ५. बुझावन मिश्र, ६. मीरा मिश्र, ७. मंगल पांडेय, ८. दुखहरण मिश्र, ९. जयपाल लोहार, १०. भिखारी धुनियाँ, ११. धनेश्वर लोहार, १२. गजराज मिश्र, १३. चरित्तर कुरमी, १४. सौदागर सिंह, १५. जीयन मिश्र, १६. भुआल अहीर, १७. मुसद्दी अहीर, १८. सीता अहीर, १९. मटुकी अहीर, २०. कंगाल अहीर, २१. मुंशी अहीर, २२. झिंगन मिश्र, २३. खोभारी, २४. उपौर कुमार, २५. रामयाद तेली, २६. महावीर कुम्हार, २७. बेगू महतो, २८. शिवधारी।

१२-५-१९१७ ई०—श्री महेंद्रनाथ सिन्हा के समक्ष बयान देनेवाले

१. गोपाल चमार।

१३-५-१९१७ ई०—श्री शिवनंदन प्रसाद के समक्ष बयान देनेवाले

१. भोला कानू, २. बौध सिंह, ३. मोहन सिंह।

२३-५-१९१७ ई०—४. कुसुम लाल।

३१-५-१९१७ ई०—श्री धरणीधर के समक्ष बयान देनेवाले

१. गजाधर मल्लाह।

१२-५-१९१७ ई०—श्री शिवनंदन प्रसाद के समक्ष बयान देनेवाले

१. भीखन अहीर, २. रामसेवक राम, ३. रामखेलावन अहीर।

१७-४-१९१७ ई०—४. जंगबहादुर तिवारी, ५. सूरत कोइरी, ६. जमादार तिवारी।

१९-४-१९१७ ई०—७. अंबिका सिंह, ८. बुझावन दूबे, ९. रामसूरत तिवारी, १०. श्यामलाल ठाकुर, ११. खेदन नोनियाँ, १२. झगड़ू तेली, १३. मीरा कुरमी, १४. हरि नोनियाँ, १५. लक्ष्मी ठाकुर।

२२-४-१९१७ ई०—श्री धरणीधर के समक्ष बयान देनेवाले

१. विशुनलाल, २. रामकिशुन राय।

२५-४-१९१७ ई०—श्री राजेंद्र प्रसाद के समक्ष बयान देनेवाले

१. जमादार राय, २. रामलखन पांडेय, ३. रामअवतार राय, ४. जुगल राय।

२८-४-१९१७ ई०—५. दरबारी नोनियाँ, ६. अनंत राय, ७. पत्ती अहीर, ८. माखन नोनियाँ, ९. ऊगर नोनियाँ, १०. पूरन नोनियाँ, ११. हनुमान कोइरी, १२. श्रीपत कोइरी १३. रामफल राउत, १४. तपसी कोइरी, १५. रामदयाल कोइरी, १६. धवल कोइरी, १७. रामरुच कोइरी, १८. सौदागर कोइरी, १९. बानू कोइरी, २०. दीप राय, २१. जयन कोइरी, २२. भदई महतो, २३. विशेशर अहीर, २४. रघु राउत, २५. अमीर अहीर, २६. तपेश्वर कोइरी, २७. रुचा कोइरी, २८. नबाब महतो, २९. झौरी महतो, ३०. महाराज अहीर, ३१. जैमन कोइरी।

२९-४-१९१७ ई०—श्री चंद्रदेव नारायण के समक्ष बयान देनेवाले

१. झगड़ू तेली।

२९-४-१९१७ ई०—श्री रामनवमी प्रसाद के समक्ष बयान देनेवाले

१. लछुमन दुसाध, २. धरमन राय ततवाँ, ३. शोभा राउत अहीर, ४. मूनर दास ततवाँ, ५. गोवर्धन, ६. तिलक ततवाँ, ७. वुन्नी कानू, ८. सुखल लोहार, ९. शिवगुलाम लोहार, १०. सीरी कुरमी, ११. मोहन कोइरी, १२. मेवा राउत, १३. मूसन राउत, १४. रामगुलाम चमार।

२१-४-१९१७ ई०—श्री रामबहादुर के समक्ष बयान देनेवाले

१. दोस्त अली मियाँ, २. रामप्रताप ओझा।

३०-४-१९१७ ई०—श्री रामनवमी प्रसाद के समक्ष बयान देनेवाले

१. रामवृक्ष ठाकुर, २. चैती पांडेय, ३. साजन पांडेय, ४. सीतू दूबे, ५. कोदई पांडेय, ६. निहोरा पांडेय, ७. मोती पांडेय, ८. तुलसी पांडेय, ९. झोंटी पांडेय, १०. जग्गू राय, ११. महाराज, १२. खेन्हर महतो, १३. शिवगुलाम अहीर, १४. चौधरी कोइरी, १५. रामदत्त वीन, १६. मोहर तेली, १७. काली अहीर, १८. बिजुली अहीर, १९. साहेब अहीर, २०. सुरेखन अहीर, २१. हरि बीन, २२. भिखार अहीर, २३. जोधा अहीर, २४. सुखारी, २५. पलधारी अहीर, २६. तपा राउत, २७. महेश अहीर, २८. बसावन, २९. भूखल तिवारी, ३०. लालजी राउत, ३१. दीलू चमार, ३२. सीवन चमार, ३३. पलटन, ३४. प्रयाग धानुख, ३५. बिजाघर, ३६. गोवर्धन, ३७. प्रगास सिंह, ३८. श्यामलाल सिंह।

१-५-१९१७ ई०—श्री गोरख प्रसाद के समक्ष बयान देनेवाले

१. बुटन नोनियाँ, २. प्रसाद मलाह, ३. झपसी राय, ४. चेथरू मल्ल, ५. विशुन राय, ६. बुद्धू ओझा, ७. जूठन धोबी, ८. अनंत राय, ९. ऊगंर तिवारी, १०. लखन पांडेय, ११. बल्ली चौधर, १२. धनराज पांडेय, १३. गूदर अहीर।

२-५-१९१७ ई०—श्री धरणीधर के समक्ष बयान देनेवाले

१. शिवबालक ठाकुर, २. गेना कोइरी, ३. धनुषधारी, ४. ढुनमुन अहीर, ५. पतिराम, ६. विशुन अहीर, ७. डुमरी राउत, ८. धरीछन राउत, ९. बेचू राउत, १०. नकछेद अहीर, ११. कुज्जा राउत, १२. महावीर ततवाँ।

२-५-१९१७ ई०—श्री रामनवमी प्रसाद के समक्ष बयान देनेवाले

१. रामनगर अहीर, २. बोध, ३. खोखन, ४. कोदई अहीर, ५. गिरधारी अहीर, ६. पारू राउत, ७. रामदयाल, ८. शोभन अहीर, ९. उदित अहीर, १०. डुंगर अहीर, ११. रिखाई अहीर, १२. रामफल अहीर, १३. रामा धोबी, १४. शिवचन नोनियाँ, १५. नोनिफ नोनियाँ,

१६. प्रगास ततवाँ, १७. अनुराग हजाम, १८. गनपत अहीर, १९. गौरी नोनियाँ, २०. इंदरलाल।

३-५-१९१७ ई०—२१. रामखेलावन दूबे, २२. फेकू, २३. शुक्कन मल्लाह, २४. बटाई अहीर, २५. जुगेसर चमार, २६. झपसी चमार।

४-५-१९१७ ई०—श्री शिवनंदन प्रसाद के समक्ष बयान देनेवाले

१. देवधारी सिंह, २. लालधारी महतो, ३. रीता कानू, ४. प्रसाद चमार, ५. विद्यापति चमार, ६. शिवगोविंद, ७. कन्हाई धानुक, ८. रामफल मल्लाह, ९. लखन लोहार, १०. जमींदार अहीर, ११. बिरिछ अहीर, १२. बुल्ला महतो, १३. बिजाधर धानुक, १४. केवल महतो, १५. बिरछा महतो, १६. बाबूराम महतो, १७. दाहर महतो, १८. जगीरत महतो, १९. मंगनी धानुक, २०. बंगाली महतो, २१. खोभारी अहीर, २२. गोकुल कोइरी, २३. गजाधर धानुक, २४. बुझावन धोबी, २५. चीतू कोइरी, २६. भिखार लोहार, २७. बुटाइ धानुक, २८. कन्हाई महतो, २९. खेखर अहीर, ३०. रामकिशुन वीन, ३१. नारायण महतो, ३२. छधेरी अहीर, ३३. भदरू चमार, ३४. सुखारी ततवाँ, ३५. दल्लू सिंह, ३६. बोली सिंह, ६७. रामचरित्तर सिंह, ३८. रामध्यान लोहार, ३९. केवल महतो।

५-५-१९१७ ई०—४०. द्वारिका राउत, ४१. मोहित राउत, ४२. रकट राउत, ४३. प्रयाग राउत, ४४. मोहन राउत, ४५. उदेढ़ी राउत, ४६. धर्मलाल राउत, ४७. संगम दास, ४८. जगरूप राउत, ४९. अबिलाख चमार, ५०. सरीफ तेली, ५१. बाबूराम मल्लाह, ५२. महावीर ततवाँ, ५३. धनराज राउत, ५४. युगल ततवाँ, ५५. मीठू हजाम, ५६. दुखा राउत, ५७. गरीब ततवाँ।

५-५-१९१७ ई०—श्री गोरखप्रसाद के समक्ष बयान देनेवाले

१. अनधिया मोसम्मात।

५-५-१९१७ ई०—श्री धरणीधर प्रसाद के समक्ष बयान देनेवाले

१. शिवराज मल्लाह, २. वजीर मल्लाह, ३. सुखारी कोइरी, ४. भूचेंग कोइरी, ५. खोभारी मल्लाह, ६. दुर्बल मल्लाह, ७. रत्ती मल्लाह, ८. मनराज अहीर, ९. प्रहलाद, १०. मोसम्मात सोनिया।

६-५-१९१७ ई०—११. गोपाल साहू।

८-५-१९१७ ई०—श्री शिवनंदन प्रसाद के समक्ष बयान देनेवाले

१. भोला महतो, २. भोज महतो, ३. बिरिछा पांडेय, ४. गजाधर लोहार, ५. रामसेवक महतो, ६. केशवर राय, ७. जोखा ततवाँ,

८. सुग्रीम लोहार, ९. रामेसर महतो, १०. चुरामन ततवाँ, ११. भूखल राउत, १२. ध्यानदास, १३. पूरन ततवाँ, १४. बुझावन ततवाँ।

९-५-१९१७ ई०—१५. मुन्नी सोनार, १६. ठग ततवाँ।

१०-५-१९१७ ई०—श्री रघुनंदन प्रसाद के समक्ष बयान देनेवाले

१. मनदीप, २. बुझावन अहीर, ३. मीठा अहीर, ४. बंगाली अहीर, ५. रूदल अहीर, ६. पांडेय अहीर, ७. रोशन अहीर।

१०-५-१९१७ ई०—श्री धरणीधर प्रसाद के समक्ष बयान देनेवाले

१. दशरथ मल्लाह, २. मुनी मल्लाह, ३. अचरज मल्लाह, ४. खेन्हरी मल्लाह, ५. शिवरतन पांडेय, ६. इनखास ओझा, ७. बलदेव ठाकुर, ८. फूला चमार, ९. जोखू चमार, १०. रकटू चमार, ११. देवचंद चमार, १२. मोसम्मात गोधनी।

१०-५-१९१७ ई०—श्री सुखदेव नारायण वर्मा के समक्ष बयान देनेवाले

१. बेगार राय, २. ईसर महतो।

२८-४-१९१७ ई०—३. कुज्जा सिंह।

११-५-१९१७ ई०—४. भिखारी कुरमी, ५. भोगेदी राय, ६. थरझिंगन कुरमी, ७. नागेसर कुरमी, ८. बोधी साहू, ९. रामसुंदर राय, १०. जालिम राय, ११. जानकी कुरमी, १२. मेदानी साहु, १३. राजेंद्र सिंह, १४. दुली सिंह।

११-५-१९१७ ई०—श्री रघुनंदन प्रसाद के समक्ष बयान देनेवाले

१. रामप्रताप उपाध्याय, २. सजावन ओझा, ३. नूर मोहम्मद।

११-५-१९१७ ई०—श्री राजेंद्र प्रसाद के समक्ष बयान देनेवाले

१. गोथौल दुसाध, २. तपी चमार, ३. नंदन चमार, ४. जलहा दुसाध, ५. रामरीत ठाकुर, ६. श्यामबिहारी उपाध्याय, ७. भिखारी हजाम, ८. चरित्तर ठाकुर भूमिहार, ९. शिवधर चमार, १०. रामवृक्ष तेली, ११. शरन कुम्हार।

११-५-१९१७ ई०—श्री सुखदेव नारायण वर्मा के समक्ष बयान देनेवाले

१. सीरी उपाध्याय, २. जोखू उपाध्याय, ३. अंबिका पांडेय, ४. पशुपति पांडेय, ५. झूमक पांडेय, ६. राजधारी सिंह, ७. अधोजीत सिंह, ८. भूखल राय, ९. गोरखराय।

१२-५-१९१७ ई०—१०. रामभजू राय, ११. वचन कुँवर, १२. शेख अली हुसैन, १३. शेख हुवरी, १४. राजी राम, १५. शेख सुलेमान, १६. सनेही अहीर, १७. दिलचंद थुनियाँ, १८. मुसहर राय, १९. देवकी अहीर, २०. सूखा राय, २१. शेख एहसान, २२. शेख मोहम्मद अली, २३. महादेव, २४. थीयल राय, २५. दुबरी अहीर, २६. धर्मराज राय, २७. रामधारी, २८. वैद्यनाथ, २९. जंगी अहीर, ३०. अकलू बरई, ३१. नंदू अहीर, ३२. दिलचंद अहीर, ३२. रामचरन,

३३. संत साहू, ३४. रोचन अहीर, ३५. हुसेनी लोहार।

१३-५-१९१७ ई०—श्री शिवनंदन प्रसाद के समक्ष बयान देनेवाले

१. ऊगर मल्लाह।

१७-४-१९१७ ई०—२. भूप सिंह, ३. यदुनंदन सिंह, ४. चेखू राय, ५. रूचा राय, ६. महावीर तिवारी।

१७-४-१९१७ ई०—श्री धरणीधर प्रसाद के समक्ष बयान देनेवाले

१. रामविलास राय।

२७-४-१९१७ ई०—श्री रामनवमी प्रसाद के समक्ष बयान देनेवाले

१. बालगोविंद कुरमी, २. किशुन ठाकुर, ३. गोपी ठाकुर, ४. गुलाम राय, ५. अकलू ठाकुर, ६. संवर कुँवर।

२७-४-१९१७ ई०—श्री राजेंद्र प्रसाद के समक्ष बयान देनेवाले

१. धरीछन सिंह, २. भूप सिंह।

२४-४-१९१७ ई०—श्री धरनीधर प्रसाद के समक्ष बयान देनेवाले

१. रीतू दुसाध, २. दुखन दुसाध, ३. सौदागर दुसाध, ४. बहादुर सिंह।

२४-४-१९१७ ई०—श्री राजेंद्र प्रसाद के समक्ष बयान देनेवाले

१. रामप्रसाद गीर।

२५-४-१९१७ ई०—२. श्यामा सिंह।

२९-४-१९१७ ई०—श्री चंद्रदेव नारायण के समक्ष बयान देनेवाले

१. रामखेलावन मिश्र।

३०-४-१९१७ ई०—श्री रामनवमी प्रसाद के समक्ष बयान देनेवाले

१. आदित अहीर, २. बहसी जोलहा, ३. लोगन गीर, ४. शंकर गीर, ५. लच्छन, ६. महावीर गीर, ७. जंगबहादुर गीर, ८. बुझावन, ९. रामरतन अहीर, १०. जमादार सिंह, ११. गोवर्धन कुँवर।

३०-४-१९१७ ई०—श्री गोरख प्रसाद के समक्ष बयान देनेवाले

१. दुखन धोबी, २. प्रीतम धोबी।

१-५-१९१७ ई०—श्री धरनीधर के समक्ष बयान देनेवाले

१. नीहोरा राय, २. सीरा मिश्र, ३. रामअधीन लोहार, ४. गुरुदयाल लोहार, ५. भजन राय, ६. रामउग्रह राय, ७. बनबारी राय, ८. कलन लोहार, ९. दुखु दूबे, १०. सुगमार राय।

१-५-१९१७ ई०—श्री रामनवमी प्रसाद के समक्ष बयान देनेवाले

१. रामलगन गीर, २. गनपत गीर, ३. बंधू राम, ४. बेचू गीर, ५. लच्छन मल्लाह, ६. अमीर राय, ७. मूरत साह, ८. जोधा गीर, ९. धाना मसोमात, १०. झुनियाँ मसोमात, ११. रघुनंदन राय, १२. भोला साह, १३. तपेसर साह, १४. साधु ततवाँ, १५. किशुनी

मुसहर, १६. रकटू भगत, १७. तपेसर दास, १८. लखन दुसाध, १९. रामहित कोइरी।

२-५-१९१७ ई०—श्री धरनीधर प्रसाद के समक्ष बयान देनेवाले

१. शिवनंदन तुरहा।

२-५-१९१७ ई०—श्री शिवनंदन प्रसाद के समक्ष बयान देनेवाले

१. माधो राय।

२-५-१९१७ ई०—श्री गोरख प्रसाद के समक्ष बयान देनेवाले

१. परीछन ठाकुर।

२-५-१९१७ ई०—श्री ब्रजकिशोर प्रसाद के समक्ष बयान देनेवाले

१. महाराज मिश्र, २. परमेसर अहीर, ३. धरीछन पांडेय।

३-५-१९१७ ई०—४. अंबिका गीर।

३-५-१९१७ ई०—श्री रामनवमी प्रसाद के समक्ष बयान देनेवाले

१. हनुमान, २. महावीर, ३. बनारस कामकार, ४. महावीर राम, ५. सरयुग मिश्र, ६. महावीर तिवारी, ७. बासुदेव मिश्र, ८. ईसर राय, ९. कुलाइ गीर, १०. रामकिशुन अहीर, ११. बुझावन, १२. जोखू चमार, १३. भोला चमार, १४. राजी चमार, १५. अधीना दुसाध।

३-५-१९१७ ई०—बाबू अनुग्रहनारायण सिंह के समक्ष बयान देनेवाले

१. रकटू खाँ, २. चाँद खाँ।

४-५-१९१७ ई०—श्री शिवनंदन प्रसाद के समक्ष बयान देनेवाले

१. लालबिहारी ठाकुर, २. प्रताप राय, ३. भगीरथ मिश्र, ४. रणजीत राम, ५. जोखू कुम्हार, ६. इंदर दूबे।

४-५-१९१७ ई०—श्री धरणीधर प्रसाद के समक्ष बयान देनेवाले

१. बासदेव राय, २. साधू चौधरी।

५-५-१९१७ ई०—३. जुगल तुरहा, ४. धौल तुरहा, ५. कुईंमन तुरहा, ६. देवनारायण सिंह, ७. बुझावन हजाम, ८. बुझन राउत।

६-५-१९१७ ई०—श्री शिवनंदन प्रसाद के समक्ष बयान देनेवाले

१. रीतबरन ठाकुर।

६-५-१९१७ ई०—श्री राजेंद्र प्रसाद के समक्ष बयान देनेवाले

१. बिपत तुरहा।

७-५-१९१७ ई०—श्री राजेंद्र प्रसाद के समक्ष बयान देनेवाले

१. धिरजन सिंह, २. लाखन सिंह, ३. ठाकुरप्रसाद ठाकुर, ४. ब्रह्मदेव ठाकुर, ५. रघुनाथ सिंह, ६. श्याम मिश्र, ७. वल्ला महरा, ८. शोभा महतो, ९. रामफल तेली, १०. रामकिशुन मिश्र, ११. बिरजू पांडेय,

१२. भोला मिश्र, १३. रामगति सिंह, १४. बिरिछ मिश्र, १५. अजोर सिंह, १६. शिवगोविंद पंडित, १७. हरुनी साह, १८. बसगित हजाम, १९. बाबूराम साह, २०. राजवंशी सिंह, २१. ठग साही सोनार, २२. चिरकुट रौनियार, २३. रूचा नोनियाँ, २४. रामलोचन राय, २५. शिवगुलाम राय, २६. धरीछन सिंह।

८-५-१९१७ ई०—२७. गोपी पांडेय, २८. गोपाल पांडेय, २९. हीरा बरई, ३०. भरदुल ततवाँ, ३१. अर्जुन बरही, ३२. जीउत धोबी।

१०-५-१९१७ ई०—श्री सुखदेव नारायण वर्मा के समक्ष बयान देनेवाले

१. जट्टू मिश्र, २. सुखारी राय।

९-५-१९१७ ई०—श्री शिवनंदन प्रसाद के समक्ष बयान देनेवाले

१. शीवन गीर।

१०-५-१९१७ ई०—श्री राजेंद्र प्रसाद के समक्ष बयान देनेवाले

१. चेंगन नोनियाँ।

१-५-१९१७ ई०—श्री रघुनंदन प्रसाद के समक्ष बयान देनेवाले

१. अयोध्या पांडेय, २. झोंटी पांडेय, ३. देवनारायण पांडेय।

१-५-१९१७ ई०—श्री राजेंद्र प्रसाद के समक्ष बयान देनेवाले

१. हरुनी कामकार।

१२-५-१९१७ ई०—श्री सुखदेव नारायण वर्मा के समक्ष बयान देनेवाले

१. हीरा राय, २. जुमराती जोलहा, ३. धरीछन हजाम, ४. धरीछन तेली, ५. अनंत कुरमी, ६. अमीर राय, ७. दरोगिया सिंह, ८. ननकू नोनियाँ, ९. अछेबर राय, १०. बुझावन दूबे, ११. धरीछन सिंह, १२. सहदेव राय, १३. बलदेव तिवारी, १४. डोमन नोनियाँ, १५. रामधारी राय, १६. बलदेव मिश्र, १७. मतलब तिवारी, १८. सेवक चौधरी, १९. रामबरन तिवारी, २०. रघुनंदन पांडेय, २१. पोखराज मिश्र, २२. अछयवट मिश्र, २३. सूबा खाँ, २४. दलसिंगार बरई, २५. शिवनंदन अहीर, २६. रीझन धुनियाँ, २७. धरम ठाकुर, २८. कुंजन तिवारी, २९. महादेव राय, ३०. खूबलाल पांडेय, ३१. रामकुँवर राय।

१-५-१९१७ ई०—श्री धरणीधर प्रसाद के समक्ष बयान देनेवाले

१. गोपाल अहीर, २. सोमसहाय गीर, ३. जनक सिंह, ४. वसन सिंह, ५. जनकधारी अहीर, ६. गवेरी अहीर, ७. पोखराज तेली, ८. राजमन ठाकुर।

१७-४-१९१७ ई०—९. सूरज ठाकुर, १०. रामाज्ञा ठाकुर, ११. इंदरासन ठाकुर।

१९-४-१९१७ ई०—१२. जद्दू तिवारी, १३. हुसैनी मियाँ, १४. सीलक महतो, १५. मोहन महतो,

१६. महावीर महतो नोनिया, १७. लछमी तिवारी, १८. रामदयाल महतो, १९. दसई महतो, २०. लालसा महतो, २१. डोमा महतो, २२. बुझावन महतो, २३. रामलखन महतो, २४. परसाद महतो, २५. बीगम महतो नोनियाँ, २६. चौधर महतो, २७. मनराज महतो, २८. रामनंदन ओझा, २९. मुरारा ओझा, ३०. फागू कुम्हार, ३१. मुसहर कोइरी, ३२. दुरजोधन, ३३. दुर्बल ओझा।

१९-४-१९१७ ई०—बाबू अनुग्रहनारायण सिंह के समक्ष बयान देनेवाले

१. जदुनंदन मिश्र, २. शिवगुलाम, ३. सरल ततवाँ, ४. जूठन ततवाँ, ५. जुलुम दास, ६. फौजदार कोइरी, ७. शोभन महतो, ८. भिखारी जोलहा, ९. जीउत ततवाँ, १०. चिंतामन ठाकुर, ११. नौबत ठाकुर, १२. सहल राय, १३. महिंदर पांडेय, १४. रामानंद पांडेय, १५. फिरंगी जोलहा, १६. रामधारी राय, १७. सुंदर राय, १८. गोरख हजाम, १९. रामधारी राय, २०. गँवार अहीर, २१. रामकिशन पांडेय, २२. शिव महतो कोइरी, २३. नूरी नोनियाँ, २४. हरि नोनियाँ, २५. अकलू तेली, २६. धारी बरई, २७. सरयुग ठाकुर, २८. त्रिभुवन ठाकुर, २९. रामबुझावन ठाकुर, ३०. रूपदमन ठाकुर।

१९-४-१९१७ ई०—श्री शंभूशरण वर्मा के समक्ष बयान देनेवाले

१. कवलेश्वर तिवारी, २. रामगुलाम ठाकुर, ३. सुंदर ठाकुर, ४. रामखेलावन बरई, ५. सुंदर मिश्र, ६. रघुनंदन पांडेय, ७. रामखेलावन तिवारी, ८. रामलपट महतो, ९. मिरखुन महतो, १०. राजाराम चौबे, ११. बीजू नोनियाँ, १२. मीधू चमार, १३. कुमी नोनियाँ, १४. मुसहर कोइरी, १५. मूस महतो, १६. दसाई नंदन, १७. तुलसी महतो, १८. रामखेलावन पांडेय, १९. रामदेवी कुरमी।

२१-४-१९१७ ई०—२०. गुखुली कुरमी, २१. रामनंदन दूबे, २२. फौजदार सिंह, १३. रामगुलाम कुम्हार, २४. विजाधर सिंह, २५. बंधु कुरमी, २६. रामबहादुर सिंह, २७. सकल सिंह, २८. रामगोविंद कोइरी, २९. शिवनंदन कोइरी, ३०. चतुर बरई, ३१. हुकुम कोइरी, ३२. रामगोविंद हजाम, ३३. रूपन कोइरी, ३४. रामलगन कोइरी, ३५. लच्छन नोनियाँ, ३६. रामचरन कोइरी, ३७. धनपत महतो, ३८. रामखेलावन तिवारी, ३९. रामभजन दास, ४०. राजाराम चौबे, ४१. रामअधीन तुरहा, ४२. मुनेसर कोइरी, ४३. जयगोविंद दास, ४४. रामफल महतो, ४५. मुसमात नोनियाँ, ४६. खेदू ततवाँ, ४७. हयतन मियाँ धोबी, ४८. झपसी दास, ४९. वंशीदास।

२२-४-१९१७ ई०—५०. सोहावत ठाकुर, ५१. छधारी ठाकुर, ५३. बलदेव ठाकुर।

२२-४-१९१७ ई०—श्री राजेंद्र प्रसाद के समक्ष बयान देनेवाले

१. बीगू चमार, २. सलामत, ३. बिरछा, ४. मोहर्रम मियाँ, ५. भिखारी ततवाँ, ६. कुंजन ठाकुर।

२२-४-१९१७ ई०—श्री शंभूशरण वर्मा के समक्ष बयान देनेवाले

१. विशनदेव चौधर, २. रामजीवन दूबे, ३. लालबिहारी चौधर, ४. बाटू साह तेली, ५. केसवर चौधर, ६. बंधू कलवार, ७. फतह पांडेय।

२३-४-१९१७ ई०—बाबू अनुग्रह नारायण के समक्ष बयान देनेवाले

१. महावीर लाल।

२३-४-१९१७ ई०—श्री शंभूशरण वर्मा के समक्ष बयान देनेवाले

१. रामजीवन कोइरी, २. चेथरू कोइरी, ३. रामप्रताप महतो कोइरी, ४. जटाधारी राय, ५. बुनी राय, ६. रामबरन ठाकुर, ७. रामसेवक ठाकुर, ८. बनवाली मल्हेरी।

२३-४-१९१७ ई०—बाबू अनुग्रहनारायण सिंह के समक्ष बयान देनेवाले

१. हीरा मिश्र।

२४-४-१९१७ ई०—श्री राजेंद्र प्रसाद के समक्ष बयान देनेवाले

१. भूखल तिवारी, २. ब्रह्मदेव दूबे, ३. रघुनाथ तिवारी, ४. महावीर तिवारी, ५. मंगल तिवारी, ६. दीप भगत, ७. रामभजू मिश्र, ८. शिवशरण तेली, ९. तप राय, १०. तीमल बरई, ११. रामेसर राय, १२. गिरधारी बीन, १३. राम अवतार बीन, १४. मंगल बीन।

२४-४-१९१७ ई०—श्री धरणीधर के समक्ष बयान देनेवाले

१. रामगोविंद हजाम, २. शिवधर राम, ३. महावीर राय, ४. देवकी महतो, ५. रूप नोनियाँ।

२५-४-१९१७ ई०—६. ईनर पांडे, ७. गुमानी राय।

२५-४-१९१७ ई०—श्री राजेंद्र प्रसाद के समक्ष बयान देनेवाले

१. मानिक तुरहा, २. खोभारी तुरहा, ३. कुदरत खाँ, ४. रूपचंद, ५. किशुनी, ६. गोपाल धानुक, ७. भागी दूबे, ८. रघुबीर तुरहा, ९. मुनेसर तुरहा, १०. गुलटेनी तुरहा, ११. भीखम तुरहा, १२. दिल्ला चमार, १३. बंधु महतो, १४. छठू तुरहा, १५. अलीबक्स खाँ, १६. जुल्फिकर खाँ।

२६-४-१९१७ ई०—१७. राम चतरी, १८. चिंतामन ठाकुर।

१७-४-१९१७ ई०—श्री धरणीधर के समक्ष बयान देनेवाले

१. गोपाल ठाकुर, २. देवदत्त पांडेय, ३. गुल्ली चौबे, ४. गगन राय, ५. बेगू कुम्हार, ६. ताले ठाकुर, ७. गोपाल तिवारी, ८. रामकिशुन नोनियाँ, ९. सोवरन हजाम, १०. अयोध्या राय, ११. मसोमात कबतरी।

३०-५-१९१७ ई०—श्री गोरख प्रसाद के समक्ष बयान देनेवाले

१. फौजदार राय।

३०-४-१९१७ ई०—श्री ब्रजकिशोर प्रसाद के समक्ष बयान देनेवाले

१. हरदयाल राय, २. रामप्रसाद राय, ३. दीलू राउत।

३०-५-१९१७ ई०—श्री रामनवमी प्रसाद के समक्ष बयान देनेवाले

१. भीखम तिवारी, २. बिरिछा कोइरी, ३. राजकुमार बरही, ४. जगदीप बरई, ५. रामयाद कुम्हार, ६. जीवन कोइरी, ७. सलीग ठाकुर।

२-५-१९१७ ई०—८. गोपाल सिंह।

३-५-१९१७ ई०—श्री ब्रजकिशोर प्रसाद के समक्ष बयान देनेवाले

१. मजगुत सिंह।

३-५-१९१७ ई०—श्री धरणीधर प्रसाद के समक्ष बयान देनेवाले

१. जगमोहन कोइरी, २. महाबीर अहीर, ३. गोबराज राय, ४. रामधारी दूबे, ५. रामलगन दूबे, ६. देवनारायण दूबे, ७. मुनेसर दूबे, ८. रघुनंदन ठाकुर, ९. सुखल कुरमी, १०. रामवरण मिश्र, ११. महावीर ठाकुर, १२. झम्मन, १३. धनकू अहीर, १४. गोवर्धन राउत, १५. गोबराज राय।

४-५-१९१७ ई०—१६. रघुवर भगत, १७. सुखारी तेली, १८. सुखारी साह, १९. घूना अहीर, २०. बुझावन राउत, २१. दलसिंगार तेली, २२. दहारी हजाम, २३. तिलकधारी, २४. जोगी सुनरी, २५. लखन ठाकुर, २६. तपेसर साहू।

५-५-१९१७ ई०—२७. दलू दूबे, २८. जयगोविंद दूबे, २९. लालजी दूबे, ३०. अनंत दूबे, ३१. रामवृक्ष दूबे, ३२. रामनारायण दूबे, ३३. गोपी ठाकुर, ३४. हरि पांडेय, ३५. खेंधर, ३६. झामा साहू, ३७. धोंधा साहू; ३८. दसैंआ।

५-५-१९१७ ई०—श्री शिवनंदन प्रसाद के समक्ष बयान देनेवाले

१. जदुनाथ, २. रामविलास तिवारी।

५-५-१९१७ ई०—श्री राजेंद्र प्रसाद के समक्ष बयान देनेवाले

१. तीमल तुरहा।

१०-५-१९१७ ई०—२. पशुपत बरही।

१०-५-१९१७ ई०—श्री सुखदेव नारायण प्रसाद के समक्ष बयान देनेवाले

१. शिवशरण राउत, २. मोली राउत, ३. केवल तुरहा, ४. मोथपत तुरहा, ५. चुरामन तुरहा, ६. राजन तुरहा, ७. जंगी तुरहा, ८. लालचन लोहार।

३०-४-१९१७ ई०—श्री रामनवमी प्रसाद के समक्ष बयान देनेवाले

१. धनपत अहीर, २. देवधारी राय, ३. जगन अहीर, ४. फिरंगी अहीर, ५. वासुदेव पांडेय, ६. केवल वरही, ७. तिलक नोनियाँ, ८. महबूब खाँ, ९. झम्मन खाँ, १०. अली हुसेन खाँ, ११. फिदा खाँ,

१२. गरभू अहीर, १३. लखन चमार, १४. लछमन मिश्र, १५. शिववरन राउत, १६. अकलू राउत, १७. शिवनाथ राउत, १८. भूचेंग राउत, १९. रामकीरित राय, २०. रामोतार पांडेय, २१. बिजाधर, २२. दिलू।

१-५-१९१७ ई०—श्री धरणीधर के समक्ष बयान देनेवाले

१. रतन साहू, २. कुंजा साहू, ३. बासन साहू।

१-५-१९१७ ई०—श्री रामनवमी प्रसाद के समक्ष बयान देनेवाले

१. जैन गीर, २. अक्षयबर राउत, ३. संजोगी मलाह, ४. लालजी तेली, ५. भलूछन गीर, ६. झिंगा गीर, ७. भगेलू, ८. शेख इब्राहीम, ९. कुलदीप कुँवर, १०. मंगल राय, ११. बिहारी राय, १२. टेंगर राय।

१-५-१९१७ ई०—१३. किशुनदेव राय, १४. कोदई पांडेय, १५. रेहालाल पांडेय, १६. ब्रह्मदेव पांडेय, १७. बुझावन पांडेय, १८. बीरा पांडेय, १९. सौदागर पांडेय, २०. भूखा पांडेय, २१. महावीर दूबे, २२. भूती कांदू, २३. बदन दूबे, २४. रामानंद तिवारी, २५. शालिक राय, २६. भज्जू कोइरी, २७. लंगड़ मियाँ, २८. महावीर मियाँ, २९. बुद्धू पांडेय, ३०. साहब दूबे, ३१. दिअर पांडेय, ३२. रामशरण ठाकुर, ३३. द्वारिका, ३४. महावीर, ३५. शिवनंदन राय, ३६. धरीच्छन लोहार, ३७. मूनर नोनियाँ, ३८. पलटू नोनियाँ, ३९. मुनेसर, ४०. गणेश नोनिया, ४१. लखन गीर, ४२. व्यवहार राउत, ४३. जयराम ठाकुर, ४४. रधिया राय, ४५. हरवंश ठाकुर, ४६. भगीरथ ठाकुर, ४७. खेदन बरई, ४८. तपेसर।

२-५-१९१७ ई०—श्री धरणीधर प्रसाद के समक्ष बयान देनेवाले

१. जैन तुरहा, २. बूघन तुरहा, ३. गंगा सिंह, ४. देवदत्त कोइरी, ५. शोभा अहीर, ६. मोसब्बी अहीर, ७. मातर नोनिया, ८. राम-खेलावन नोनिया, ९. फेकू चमार, १०. दूबर चंद अहीर, ११. बाल-गोविंद महतो, १२. ठाकुर सोनार, १३. ठग महतो, १४. मँगरू जोलहा, १५. रामदयाल चौबे, १६. रघू चौबे, १७. रामभज्जू महतो, १८. महेश, १९. झोंटी दुसाध, २०. हलखोरी महतो, २१. रामेश्वर दास, २२. मोती चमार।

२-५-१९१७ ई०—श्री ब्रजकिशोर प्रसाद के समक्ष बयान देनेवाले

१. रामविश्वास शुक्ल, २. सुखारी हजाम, ३. मातर राम, ४. भूचेंग साहू, ५. खेदू, ६. फूलेसरी।

२-५-१९१७ ई०—श्री रामनवमी प्रसाद के समक्ष बयान देनेवाले

१. ब्रिजराज राय, २. चेंगा राय, ३. साहब राय।

११-५-१९१७ ई०—श्री शिवनंदन प्रसाद के समक्ष बयान देनेवाले

१. रघुनंदन सिंह, २. शिवराज राय, ३. नारायण साहू, ४. चिंतामन राय।

१२-५-१९१७ ई०—श्री महेंद्रनाथ सिन्हा के समक्ष बयान देनेवाले

१. रामयाद मिश्र।

१२-५-१९१७ ई०—श्री शिवनंदन प्रसाद के समक्ष बयान देनेवाले

१. गोवर्द्धन सिंह, २. देवकी पांडेय, ३. रामप्रसाद सिंह, ४. अकलू ठाकुर, ५. बिरछा सिंह, ६. भूखल सिंह, ७. रूप सिंह, ८. सहदेव पांडेय, ९. रामरूप सिंह, १०. उदित उपाध्याय, ११. ठाकुर उपाध्याय, १२. शिवनंदन गीर, १३. शिववचन ततवाँ, १४. रणजीत राय, १५. गोपाल ततवाँ, १६. दीला ततवाँ, १७. महेंद्र मिश्र, १८. बुटाई ठाकुर, १९. मीरा दुसाध, २०. धमीरा दुसाघ, २१. भेखा हजाम, २२. परगास उपाध्याय, २३. बासदेव दास।

१३-५-१९१७ ई०—२४. रामरूच राय, २५. विशुन पंडित, २६. रामकिशुन कुम्हार, २७. पलटन राय, २८. माखन अहीर, २९. रामगुलाम पांडेय, ३०. रामखेलावन पांडेय, ३१. शिवगोविंद राय, ३२. राजू चमार, ३३. बदरदास।

२३-४-१९१७ ई०—श्री ब्रजकिशोर के समक्ष बयान देनेवाले

१. कालीचरण सिंह।

१४-४-१९१७ ई०—श्री रामनवमी प्रसाद के समक्ष बयान देनेवाले

१. शेखमाखू, २. गया दूबे, ३. अंबिका दूबे, ४. गोविंद अहीर, ५. रामफल अहीर, ६. युगेश्वर अहीर, ७. राजकुमार राय, ८. मथुरा राय, ९. शिवनंदन सिंह, १०. मकुंद अहीर, ११. महिपाल अहीर, १२. परमेश्वर राउत, १३. बिसेसर राउत, १४. भिखारी सिंह, १५. गरी अहीर, १६. हीरा सिंह, १७. गेना अहीर, १८. गंगा अहीर, १९. पतिराम लोहार, २०. जुगेसर अहीर, २१. मनोहर मल्लाह, २२. दरबारी राय, २३. श्री किशुन राय, २४. जद्दू राय, २५. झमन अहीर, २६. रुच अहीर, २७. महाबल अहीर, २८. ठाकुर अतीथ, २९. मूस अहीर, ३०. महिपत अहीर, ३१. प्रानपत अहीर, ३२. तीगू, ३३. भागवत राय, ३४. बदर, ३५. झपस, ३६. मीर रहमान, ३७. जगरूप राउत, ३८. पियार हुसैन, ३९. बुझावन, ४०. रामजीवन अहीर, ४१. हनुमान मल्लाह, ४२. कीरा मल्लाह, ४३. भुझाल मल्लाह, ४४. रघु मल्लाह, ४५. गुलजार खाँ।

२५-४-१९१७ ई०—श्री रामनवमी प्रसाद के समक्ष बयान देनेवाले

१. देवनारायण, २. पलटन चमार, ३. नंदकेश्वर लाल, ४. बिंदेश्वरी लाल, ५. इंद्रासन राय, ६. अनंत महतो, ७. रामफल पांडेय, ८. तपेसर महतो, ९. बिरछा पांडेय, १०. भूखल साह।

२७-४-१९१७ ई०—श्री शंभूशरण वर्मा के समक्ष बयान देनेवाले

१. रघुवीर साहु, २. ज्ञानी मल्लाह, ३. ताली मल्लाह, ४. जमा चमार, ५. कविलास दुसाध, ६. लंगट चमार, ७. रामचरण चमार, ८. बुझावन अहीर, ९. महाराज साहू।

२८-४-१९१७ ई०—श्री विंध्यवासिनी प्रसाद के समक्ष बयान देनेवाले

१. गोवर्धन, २. मोती, ३. बुझावन।

२७-४-१९१७ ई०—श्री बी.पी. वर्मा के समक्ष बयान देनेवाले

१. गोसावर खाँ, २. रमई, ३. बहोर, ४. सुखल।

३०-४-१९१७ ई०—श्री विंध्यवासिनी प्रसाद के समक्ष बयान देनेवाले

१. मंगर साहू, २. गोपाल, ३. बुधन, ४. श्रवण, ५. रत, ६. भूखल, ७. हुसैन, ८. रसूल, ९. अब्दुर्रहीम।

३०-४-१९१७ ई०—श्री बी.पी. वर्मा के समक्ष बयान देनेवाले

१. रचम करीम, २. बहादुर, ३. सरयुग, ४. नवल, ५. चरित्तर, ६. अछैबर, ७. तपी, ८. लालबिहारी।

१-५-१९१७ ई०—श्री शंभूशरण वर्मा के समक्ष बयान देनेवाले

१. लछुमन राय, २. चंदन राय, ३. रामबिरिंछ राय, ४. नवल तिवारी, ५. रामलखन राय, ६. शिवगोविंद राय, ७. गोकुल राय, ८. रामस्वरूप राय, ९. खेन्हारी राय, १०. अनंत राय, ११. राम प्रसाद लोहार, १२. नन्हकू राय, १३. वियोगी धोबी, १४. पूरन अवधिया, १५. राजवंशी कानू।

१-५-१९१७ ई०—श्री विंध्यवासिनी प्रसाद के समक्ष बयान देनेवाले

१. रामशरण, २. तिलक, ३. रामनारायण तिवारी।

२-५-१९१७ ई०—बाबू अनुग्रहनारायण सिंह के समक्ष बयान देनेवाले

१. माखर राय, २. रग्घू मिश्र, ३. देवराज चौबे, ४. जीउत उपाध्याय, ५. फाली कुरमी, ६. गुलजार कुम्हार, ७. महावीर कुम्हार, ८. गूहा कुरमी, ९. भिखारी अहीर, १०. बंगाली सुनार, ११. खोदादीन धोबी, १२. सेवक, १३. फतिंगा बढ़ई, १४. रघुनंदन बढ़ई।

३-५-१९१७ ई०—श्री चंद्रदेव नारायण के समक्ष बयान देनेवाले

१. शिवनंदन तिवारी, २. राजपत राय।

४-५-१९१७ ई०—बाबू अनुग्रहनारायण सिंह के समक्ष बयान देनेवाले

१. गेंदा मल्लाह, २. खेन्हारी महतो, ३. देवराज अहीर, ४. गुलाब कोइरी, ५. तिलोचन कोइरी, ६. महीपाल बढ़ई, ७. लंगट कोइरी, ८. फतिंगा महतो, ९. महमदी मियाँ, १०. पंचू अहीर।

५-५-१९१७ ई०—श्री शंभूशरण वर्मा के समक्ष बयान देनेवाले

१. फिरंगी हजाम।

८-५-१९१७ ई०—२. रामलगन राय, ३. हरेसर अहीर।

८-५-१९१७ ई०—बाबू अनुग्रहनारायण के समक्ष बयान देनेवाले

१. रामराज राय, २. रामदीहार राय, ३. परनाम राय, ४. रामध्यान राय, ५. छट्टू कुरमी, ६. रामायण, ७. रामशरण अहीर, ८. गोब अहीर, ९. खुशहर अहीर, १०. दीप अहीर, ११. रामलगन अहीर, १२. शिरफल, १३. नागेसर गीर।

१०-५-१९१७ ई०—१४. रघुनाथ शुक्ल, १५. मूरत चमार, १६. जुमरात खाँ।

११-५-१९१७ ई०—श्री रामनवमी प्रसाद के समक्ष बयान देनेवाले

१. प्रयाग राउत, २. देवधारी राय, ३. मदद मियाँ।

११-५-१९१७ ई०—श्री शंभूशरण वर्मा के समक्ष बयान देनेवाले

१. दुःखी राय।

२२-५-१९१७ ई०—बाबू अनुग्रह नारायण सिंह के समक्ष बयान देनेवाले

१. हरिहर लाल, २. रामरतन कुरमी, ३. महावीर लाल, ४. मोसद्दी बनिया।

२७-४-१९१७ ई०—श्री राजेंद्र प्रसाद के समक्ष बयान देनेवाले

१. शेख किताब अली, २. शेख नदाली, ३. ढुनमुन राउत, ४. शेख नियानी।

४-५-१९१७ ई०—श्री धरणीधर के समक्ष बयान देनेवाले

१. मुंशी मियाँ, २. रोशन अहीर, ३. समायत अली, ४. सोमर तुरहा, ५. गिरधारी कानू, ६. धरीछन अहीर, ७. लोटन मल्लाह, ८. सुख-राम कानू, ९. भिखार, १०. मंगल अहीर, ११. चेखुरी तेली, १२. मुरमल जोलहा, १३. शेख धनहार।

१७-४-१९१७ ई०—श्री धरणीधर के समक्ष बयान देनेवाले

१. चिल्हर राय, २. शिवधारी राय, ३. शेख अब्दुल।

१८-४-१९१७ ई०—४. सलीक राय, ५. राजधारी राय, ६. अबिलाख ओझा, ७. रघुनी ओझा, ८. तूप सुखल।

२०-४-१९१७ ई०—९. शिवरतन बरई, १०. गोवर्द्धन कुँवर, ११. गोरख राय, १२. जामुन राय, १३. रामबरन राय, १४. ज्ञानी राय, १५. रणजीत राय, रामफल राय।

२०-४-१९१७ ई०—श्री रामनवमी प्रसाद के समक्ष बयान देनेवाले

१. लक्ष्मी शुक्ल, २. जयधारी राय।

२१-४-१९१७ ई०—३. शिवधारी राय, ४. चेखारी राय, ५. उत्तिम राय, ६. भिखारी राय, ७. गोनौर राय, ८. शेख मतार, ९. शेख रजाली।

२२-४-१९१७ ई०—श्री मोहनदास करमचंद गांधी के समक्ष बयान देनेवाले

१. घूरन दूबे।

२३-४-१९१७ ई०—श्री शंभूशरण वर्मा के समक्ष बयान देनेवाले

१. प्रभु महथा।

२४-४-१९१७ ई०—श्री धरणीधर के समक्ष बयान देनेवाले

१. देवनारायण मिश्र।

२५-४-१९१७ ई०—श्री रघुनाथ प्रसाद के समक्ष बयान देनेवाले

१. सूबेदार राउत।

२६-४-१९१७ ई०—श्री राजेंद्र प्रसाद के समक्ष बयान देनेवाले

१. बालगोविंद मल्लाह।

२७-४-१९१७ ई०—२. धरीछन राय, ३. दारोगा राय, ४. रौनक राय, ५. अछैबर राय, ६. जानकी चौधरी, ७. बलदेव राय, ८. बिरदन पांडेय।

३०-४-१९१७ ई०—श्री रामनवमी प्रसाद के समक्ष बयान देनेवाले

१. यमुना मिश्र, २. गंगा मिश्र, ३. गोपाल मिश्र।

३०-४-१९१७ ई०—श्री गोरख प्रसाद के समक्ष बयान देनेवाले

१. रघुनंदन गीर।

३०-४-१९१७ ई०—श्री रामनवमी प्रसाद के समक्ष बयान देनेवाले

१. गुली, २. अमीचंद।

८-५-१९१७ ई०—श्री राजेंद्र प्रसाद के समक्ष बयान देनेवाले

१. तपन मिश्र, २. तपी धोबी, ३. रामगोविंद बरही, ४. हीरा राय, ५. असलोक राय, ६. अदालत सिंह, ७. रामसूरत राय, ८. गजन साह तेली, ९. जोतिक शुक्ल, १०. मनदीप ओझा, ११. महावीर राय, १२. धरीछन धोबी, १३. चुल्हाई मिश्र।

९-५-१९१७ ई०—१४. कुलदीप ठाकुर, १५. चुन्नी नोनिया, १६. तेजमन मल्लाह, १७. गनपति नोनिया, १८. परसादी राय, १९. रूदल राय, २०. कुलदीप राय, २१. नन्हकू अहीर, २२. सिलचंद अहीर, २३. दाधू कानू, २४. परोही अहीर, २५. पराहू अहीर, २६. रामयाद राय, २७. लश्करी मियाँ, २८. खेदन राय, २९. जदू राय।

११-५-१९१७ ई०—श्री सुखदेव नारायण वर्मा के समक्ष बयान देनेवाले

१. अशर्फी राय, २. जगदेव राय, ३. रामधारी राय, ४. लालजी राय, ५. परताप राय।

१२-५-१९१७ ई०—श्री शिवनंदन प्रसाद के समक्ष बयान देनेवाले

१. बहादुर दूबे, २. कुलदीप साहू।

१२-५-१९१७ ई०—श्री सुखदेव प्रसाद के समक्ष बयान देनेवाले

१. मुखलाल राय।

१३-५-१९१७ ई०—श्री शिवनंदन प्रसाद के समक्ष बयान देनेवाले

१. राजधारी राय, २. शिवनंदन राय, ३. गुलजार सिंह, ४. देवधारी राय।

१७-४-१९१७ ई०—श्री रामनवमी प्रसाद के समक्ष बयान देनेवाले

१. रामशरण अहीर।

१९-४-१९१७ ई०—श्री शंभूशरण वर्मा के समक्ष बयान देनेवाले

१. राजकुमार ठाकुर, २. रामउग्रह सिंह, ३. कालूसिंह, ४. चुल्हाई चमार, ५. दसईं चमार।

२०-४-१९१७ ई०—६. शेख शेखावत, ७. यदुराय, ८. बसगीत राय, ९. गोखुल राउत।

२१-४-१९१७ ई०—श्री राजेंद्र प्रसाद के समक्ष बयान देनेवाले

१. भगल राय, २. बीगू सिंह, ३. चुल्हाई सिंह, ४. परगास राय, ५. गोपाल सिंह, ६. रामखेलावन सिंह, ७. रोशन सिंह, ८. अक्षयवट सिंह, ९. परगन सिंह, १०. जय नारायण सिंह, ११. रामधारी सिंह, १२. रामगुलाम सिंह, १३. कारी गीर, १४. कोदई ठाकुर, १५. महेंद्र सिंह, १६. जीवलाल सिंह, १७. विशेशर राउत।

२१-४-१९१७ ई०—श्री रामनवमी प्रसाद के समक्ष बयान देनेवाले

१. रामधारी ठाकुर, २. रीझन ओझा, ३. रामखेलावन ओझा, ४. तप्ती राय, ५. मोसद्दी राय, ६. बीजन राय, ७. महावीर राय, ८. रीझुक राय, ९. लाखन मल्लाह।

२२-४-१९१७ ई०—श्री शंभूशरण वर्मा के समक्ष बयान देनेवाले

१. झूंटी पांडेय।

२२-४-१९१७ ई०—श्री धरणीधर के समक्ष बयान देनेवाले

१. रामबरण।

२३-४-१९१७ ई०—श्री राजेंद्र प्रसाद के समक्ष बयान देनेवाले

१. नंदकिशोर तिवारी।

२४-४-१९१७ ई०—२. उदित सिंह, ३. हरदीप सिंह, हरपाल दुसाध।

२९-४-१९१७ ई०—४. उदार राय, ५. खेनाहरी राय, ६. भगत राय, ७. रामखेलावन राय, ८. रीझू राय, ९. रूचा राय, १०. रामवरण राय, ११. फेकू राय, १२. परसिया नोनिया, १३. चुल्हाई नोनिया, १४. रामोतार राय।

२४-४-१९१७ ई०—श्री शंभूशरण वर्मा के समक्ष बयान देनेवाले

१. दीपराय, २. देवान ओझा, ३. जतन ठाकुर, ४. विशु राय, ५. सोहरन राय, ६. फिरंगी कानू।

२४-४-१९१७ ई०—श्री धरणीधर के समक्ष बयान देनेवाले

१. रघुनी पांडेय, २. शिवग्रह सिंह, ३. जूठन ठाकुर, ४. कुंजबिहारी, ठाकुर, ५. रामप्रताप राय, ६. नवाब राय, ७. रामगोविंद सिंह, ८. बालचंद कोइरी, ९. जगमोहन तेली, १०. गोविंद लोहार, ११. लखन हजाम।

२५-४-१९१७ ई०—श्री राजेंद्र प्रसाद के समक्ष बयान देनेवाले

१. सूबा सिंह, २. अक्षयवर सिंह, ३. फेकू गीर, ४. कंचन सिंह, ५. दीना सिंह।

२५-४-१९१७ ई०—श्री धरणीधर के समक्ष बयान देनेवाले

१. परमेसर अहीर, २. इंदर अहीर, ३. लाल बिहारी राउत, ४. लखन राउत, ५. हंसराज राउत, ६. गोखुलसिंह, ८. जुलुम सिंह।

२६-४-१९१७ ई०—श्री राजेंद्र प्रसाद के समक्ष बयान देनेवाले

१. पलक ठाकुर, २. जग्गी तिवारी, ३. महतो नोनिया, ४. यदु दूबे, ५. ब्रिजकेशवर राय।

२७-४-१९१७ ई०—श्री राजेंद्र प्रसाद के समक्ष बयान देनेवाले

१. रघुनी राय, २. राजधानी तिवारी, ३. जनक राय, ४. भिखारी मियाँ, ५. डोला कानू, ६. कालीचरण राय, ७. अबिलाख सहनी, ८. रक्षया मल्लाह, ९. मँगर चमार, १०. डोमन दास, ११. बालगोविंद सिंह, १२. लालचंद ठाकुर, १३. कोदई राय, १४. बिहारी ठाकुर, १५. हरित ठाकुर, १६. जालिम राय, १७. रामोतार राय, १८. कुंजन ठाकुर, १९. जिरजोधन राय, २०. गंगौर राय, २१. सीतादास साधू।

२८-४-१९१७ ई०—२२. जोधन राय, २३. सरयू राय, २४. नंदलाल राय, २५. दूब्बन सिंह, २६. वंशी सिंह, २७. छट्‌ठू सिंह, २८. राजवंशी सिंह, २९. जोल्हा राय।

२८-४-१९१७ ई०—श्री रामबहादुर सिंह के समक्ष बयान देनेवाले

१. बीजा ठाकुर, २. फिरंगी ठाकुर, ३. मथुरा राय, ४. रामधनी राय, ५. रोशन राय, ६. रामगोविंद ठाकुर, ७. जयगोविंद राय।

२८-४-१९१७ ई०—श्री रामनवमी प्रसाद के समक्ष बयान देनेवाले

१. रामसेवक उपाध्याय।

३०-४-१९१७ ई०—२. धूमनदास वैष्णव, ३. मुखलाल सिंह, ४. जमादार, ५. शिवशंकर राय, ६. तुरी राम, ७. गुलाब राय, ८. तूफान पांडेय, ९. अवध पांडेय।

१-५-१९१७ ई०—श्री धरणीधर के समक्ष बयान देनेवाले

१. झपसी अहीर, २. ताहूर अहीर, ३. खेलावन, ४. बटेर अहीर, ५. पाड़ू अहीर, ६. श्रवण अहीर, ७. भिखारी अहीर, ८. रघुनंदन अहीर, ९. रामप्रसाद सिंह, १०. रामवृक्ष सिंह।

१-५-१९१७ ई०—श्री रामनवमी प्रसाद के समक्ष बयान देनेवाले

१. खेलावन, २. रामफल मल्लाह, ३. उदन मल्लाह, ४. आसमन मल्लाह, ५. जोधी चमार, ६. जाटू अहीर।

३-५-१९१७ ई०—७. शेख मुंशी हुसैन, ८. शेख इस्माइल हुसैन, ९. मूरत राउत, १०. कालीचरण, ११. रक्षया चमार, १२. कोदइ दुसाघ, १३. रामलाल कोइरी, १४. चिंगी हजाम, १५. दीगम दुसाध, १६. रकट जोलाहा, १७. सुखारी, १८. गोविंद अहीर, १९. ईसर महतो, २०. सहबत मियाँ,

२१. बदरी, २२. अमराली, २३. सत्तन ठाकुर, २४. कासिम तिवारी।

३-५-१९१७ ई०—श्री धरणीधर के समक्ष बयान देनेवाले

१. बालचंद कोइरी, २. देवनारायण कोइरी, ३. मुनेश्वर अहीर, ४. रामखेलावन, ५. रामेशर कोइरी, ६. यदु कोइरी, ७. निर्मल लोहार, ८. मुस्ताली, ९. झोटी ततवाँ।

३-५-१९१७ ई०—श्री शिवनंदन प्रसाद के समक्ष बयान देनेवाले

१. भिखार नोनिया, २. धरीछण राय, ३. सरबन राय, ४. कुलदीप राय, ५. रामप्रसाद राय, ६. पीलू राय, ७. खेंधारी महतो, ८. बिदापत महतो, ९. लंगड़ महतो, १०. फकीर महतो, ११. धूमन महतो।

४-५-१९१७ ई०—१३. दुर्बल राय, १४. दीपन राय, १५. रामसेवक उपाध्याय, १६. जयपाल तेली, १७. जोखन कुँवर, १८. हीरा अहीर, १९. जयपाल अहीर, २०. भोला अहीर, २१. जयकिशुन राउत, २२. लालबिहारी राउत, २३. जोधा अहीर, २४. खोदी अहीर, २५. लछमन भेड़िहर, २६. खूब अहीर, २७. राममनोहर राय, २८. लछमन भेड़िहर, २९. नथुनी लोहार।

५-५-१९१७ ई०—श्री धरणीधर के समक्ष बयान देनेवाले

१. तप्ती नोनिया, २. दसई महतो, ३. देवनंदन मल्लाह, ४. अनंत मल्लाह, ५. पड़ाऊ नोनिया, ६. भुनेली मलाह, ७. मोती नोनिया, ८. परीछन।

५-५-१९१७ ई०—१. सुगरी राय।

५-५-१९१७ ई०—श्री शिवनंदन प्रसाद के समक्ष बयान देनेवाले

१. भबीछन मल्लाह।

५-५-१९१७ ई०—श्री गोरख प्रसाद के समक्ष बयान देनेवाले

१. महबूब मियाँ।

७-५-१९१७ ई०—श्री शिवनंदन प्रसाद के समक्ष बयान देनेवाले

१. यदु राउत, २. रामभजू मल्लाह, ३. जय राउत, ४. हिरामन राउत।

७-५-१९१७ ई०—श्री राजेंद्र प्रसाद के समक्ष बयान देनेवाले

१. दशरथ ठाकुर, २. देवनारायण पांडेय, ३. लंगर तिवारी, ४. रामदेव तिवारी, ५. सुखराज पांडेय, ६. छट्ठू पांडेय, ७. दुखित राय, ८. खदेरन मिश्र, ९. फिरंगी पांडेय, १०. दहुरी कांदू, ११. गुनराज तिवारी, १२. सेवक राय, १३. रघुराय।

८-५-१९१७ ई०—श्री गोरख प्रसाद के समक्ष बयान देनेवाले

१. शिववरन साहू, २. रामेश्वर साहू, ३. मंगर, ४. रघु साव, ५. उगर ठाकुर।

८-५-१९१७ ई०—श्री शंभूशरण वर्मा के समक्ष बयान देनेवाले

१. निर्मल सिंह, २. लंगटू सिंह।

२१-४-१९१७ ई०—३. रामप्रसाद ठाकुर, ४. रामकिशन राय, ५. इंद्रदेव दूबे, ६. धनेसर दूबे, ७. तुरव नोनिया, ८. रामोतार ठाकुर, ९. रामसेवक राय, १०. सुखारी महार, ११. मुंशी ठाकुर।

११-५-१९१७ ई०—श्री रघुनंदन सिंह के समक्ष बयान देनेवाले

१. मोती अहीर, २. भूखा अहीर, ३. रामगुलाम।

१२-५-१९१७ ई०—श्री शिवनंदन प्रसाद के समक्ष बयान देनेवाले

१. गोविंद सिंह, २. झूमन सिंह, ३. गोपी सिंह, ४. कुंजन सिंह, ५. महावीर सिंह, ६. अनहारी लाला, ७. दीप मिश्र, ८. काली राय ९. दशरथ चौधर, १०. गोपाल लाल, ११. गोपाल महतो, १२. हीरा राय, १३. अबिलाख ठाकुर, १४. बौध दूबे, १५. रूचा साव, १६. गेंदा नहतो, १७. चतुरी महतो, १८. असगर खाँ, १९. पियार मोहम्मद।

१२-५-१९१७ ई०—श्री महेंद्र नारायण सिन्हा के समक्ष बयान देनेवाले

१. अचल तिवारी, २. दुलारचंद अहीर।

१२-५-१९१७ ई०—श्री राजेंद्र प्रसाद के समक्ष बयान देनेवाले

१. बिहारी दुसाध।

१६-४-१९१७ ई०—श्री धरणीधर के समक्ष बयान देनेवाले

१. लूमराज, २. गोपालाल, ३. यदु उपाध्याय, ४. फिरन तिवारी।

२१-४-१९१७ ई०—श्री राजेंद्र प्रसाद के समक्ष बयान देनेवाले

१. महादेव राय।

२१-५-१९१७ ई०—श्री रामनवमी प्रसाद के समक्ष बयान देनेवाले

१. शिवराज राय, २. धरीछन हजाम, ३. लखन राय, ४. रामखेलावन राय, ५. झिंगूर तेली, ६. गोपी कुँअर।

२१-४-१९१७ ई०—श्री धरणीधर के समक्ष बयान देनेवाले

१. रामजीवन उपाध्याय, २. पराऊ राउत, ३. हीरालाल।

२१-४-१९१७ ई०—श्री राजेंद्र प्रसाद के समक्ष बयान देनेवाले

१. महादेव राय।

२१-४-१९१७ ई०—श्री रामनवमी प्रसाद के समक्ष बयान देनेवाले

१. यदु उपाध्याय।

२२-४-१९१७ ई०—श्री धरणीधर के समक्ष बयान देनेवाले

१. राधाकिशन राय।

२२-४-१९१७ ई०—श्री रामनवमी प्रसाद के समक्ष बयान देनेवाले

१. माखन राय, २. माखन राय की माता।

२२-४-१९१७ ई०—श्री राजेंद्र प्रसाद के समक्ष बयान देनेवाले

१. शिवराज राय।

२२-४-१९१७ ई०—श्री धरणीधर के समक्ष बयान देनेवाले

१. द्वारिका राय।

२२-४-१९१७ ई०—श्री रामदयाल बाबू के समक्ष बयान देनेवाले

१. हुकुम राय, २. पतरिंगा राय।

२२-४-१९१७ ई०—श्री राजेंद्र प्रसाद के समक्ष बयान देनेवाले

१. बाला धोबी, २. दीप अहीर।

२३-४-१९१७ ई०—बाबू अनुग्रहनारायण सिंह के समक्ष बयान देनेवाले

१. गोपाललाल, २. धुनी राय।

२४-४-१९१७ ई०—श्री राजेंद्र प्रसाद के समक्ष बयान देनेवाले

१. हनुमान मिश्र, २. नारायण राय, ३. देवनारायण राय, ४. लखन राय, ५. मोहर राय, ६. बिरधन हजाम, ७. रामधनी राय, ८. मसोमात झुनियाँ, ९. मसोमात रसीदनी, १०. जगदीश सिंह, ११. दुखित राय, १२. नकछेद राय, १३. सिरताज राय, १४. धानू राय, १५. हुकुम राय, १६. रामवृक्ष राय, १७. चतुर राय, १८. मुकुट गोप, ९. गिरधारी राउत, २०. हकीम राय, २१. बमबहादुर राय, २२. लखन राय, २३. रमण राय, २४. महावीर तिवारी।

२४-४-१९१७ ई०—श्री धरणीधर के समक्ष बयान देनेवाले

१. रामफल राय, २. रामगोविंद राय, ३. रघुनी सिंह।

२५-४-१९१७ ई०—श्री राजेंद्र प्रसाद के समक्ष बयान देनेवाले

१. परसाद राय।

२५-४-१९१७ ई०—श्री धरणीधर के समक्ष बयान देनेवाले

१. महावीर सिंह, २. साहेब ठाकुर, ३. तपेश्वर चौधरी, ४. रामोतार राय।

२५-४-१९१७ ई०—श्री राजेंद्र प्रसाद के समक्ष बयान देनेवाले

१. यदु राय, २. रामजीवन राय, ३. महेश कुम्हार।

२६-४-१९१७ ई०—४. उमराव राय, ५. दयाली राय, ६. गणेश तेली, ७. मसोमात दुलारी, ८. कुमरी विधवा, ९. रामगोविंद राय।

२६-४-१९१७ ई०—श्री विंध्येश्वरी उपाध्याय के समक्ष बयान देनेवाले

१. बिंदेश्वरी दूबे, २. बलदेव दूबे, ३. मथुरा दूबे।

२६-४-१९१७ ई०—श्री राजेंद्र प्रसाद के समक्ष बयान देनेवाले

१. मँहगू।

२७-४-१९१७ ई०—२. हादी मियाँ, ३. गरीब मियाँ, ४. धनराज राउत, ५. तपेसर अहीर, ६. कालीचरण अहीर, ७. नकछेद महतो कोइरी, ८. महावीर कोइरी,

९. दसईं कोइरी, १०. आलम मियाँ जोलाहा, ११. धनराज अहीर, १२. माला अहीर, १३. हीरावल अहीर, १४. बालगोविंद राउत, १५. फूलचंद अहीर।

३०-४-१९१७ ई०—श्री गोरख प्रसाद के समक्ष बयान देनेवाले

१. अकलू ततवाँ, २. रवीदीन।

३०-४-१९१७ ई०—श्री रामनवमी प्रसाद के समक्ष बयान देनेवाले

१. बिलू कहार, २. पूरण कहार, ३. खेखर कहार, ४. हरेश्वर, ५. पतरेंगा सिंह, ६. श्यामलाल अहीर, ७. फतिंगा अहीर।

२-५-१९१७ ई०—८. काली अहीर, ९. मलूमन, १०. भोंनी, ११. लखीचंद, १२. रामलाल, १३. रामाधीन, १४. बुधन।

४-५-१९१७ ई०—श्री शिवनंदन प्रसाद के समक्ष बयान देनेवाले

१. रामयाद राय।

८-५-१९१७ ई०—श्री राजेंद्र प्रसाद के समक्ष बयान देनेवाले

१. रामजीवन उपाध्याय, २. गोखुल उपाध्याय।

१०-५-१९१७ ई०—श्री सुखदेव नारायण के समक्ष बयान देनेवाले

१. मसोमात रुपया, २. सिरताज राय, ३. दुखित राय, ४. नकछेद राय, ५. धान राय।

११-५-१९१७ ई०—श्री शिवनंदन प्रसाद के समक्ष बयान देनेवाले

१. जालेश्वर राय।

१२-५-१९१७ ई०—२. लीला राय, ३. वीरेश्वर ठाकुर, ४. तोखन राय।

१२-५-१९१७ ई०—श्री रामनवमी प्रसाद के समक्ष बयान देनेवाले

१. गरीब खाँ।

२३-४-१९१७ ई०—२. रायगोविंद, ३. वशकरीम खाँ, ४. महावीर राउत, ५. पूरण राउत, ६. जयराम साह, ७. पूरन राउस, ८. गुलजार भगत, ९. झापस महतो, १०. द्वारका, ११. झपसी चमार, १२. खेदन, १३. गरीब खाँ, १४. बाबूराम, १५. महावीर राउत, १६. नाहक खाँ, १७. हीरामन राउत, १८. आन मियाँ, १९. मौला मियाँ, २०. शिवबालक, २१. दौलत राउत, २२. शिववचन, २३. रामबरण, २४. केशवर अहीर, २५. रोशन अली मिया, २६. रामखेलावन, २७. द्वारका, २८. सोमारी, २९. छापस राउत, ३०. आलम मियाँ, ३१. गोचर, ३२. भदई अहीर, ३३. रामयाद, ३४. रूच, ३५. कन्हैयालाल, ३६. जगरूप राउत, ३७. हजारी तेली, ३८. रामफल कुरमी, ३९. नकछेद खाँ, ४०. सैहन, ४१. बशकत खाँ, ४२. भोला खाँ, ४३. मूनर सोनार।

१५-४-१९१७ ई०—श्री शंभूशरण वर्मा के समक्ष बयान देनेवाले

१. मीर मियाँ, २. शेख लंगर, ३. शेख सुखारी, ४. शेख दादीन, ५. प्रयाग राउत कुरमी, ६. खेन्हारी बढ़ई, ७. कुन्दीलाल, ८. सोमारी मियाँ, ९. मोसद्दी मियाँ, १०. महादेव राउत, ११. बुलाकी मियाँ, १२. रकट मियाँ, १३. बदर राउत कुरमी, १४. दुर्गा बदई, १५. अभिमान गोसाई, १६. मँगनी महतो, १७. झूलन कुँजड़ा, १८. शेख मुंशी, १९. गजाधर महतो, २०. हेमराज साहू, २१. धोनराहा राउत, २२. नायक तेली, २३. दिल मोहम्मद धोबी।

२७-४-१९१७ ई०—श्री शंभूशरण वर्मा के समक्ष बयान देनेवाले

१. रामप्रसाद कुरमी, २. रामखेलावन राम तेली, ३. जोखन बनिया, ४. बदरी कुरमी, ५. सीताराम, ६. शिववंशी कुरमी, ७. मोसम्मात जनिया।

२५-४-१९१७ ई०—श्री शंभूशरण वर्मा के समक्ष बयान देनेवाले

१. मोसम्मात भुखइली, २. यदुवंशी तेली, ३. महावीर हजाम, ४. जंगबहादुर महतो, ५. मथुरा कोइरी।

३०-४-१९१७ ई०—श्री विंध्यवासिनी प्रसाद वर्मा के समक्ष बयान देनेवाले

१. धनराज।

३०-४-१९१७ ई०—श्री बी.पी. वर्मा के समक्ष बयान देनेवाले

१. मोती राउत।

३०-४-१९१७ ई०—श्री विंध्यवासिनी प्रसाद वर्मा के समक्ष बयान देनेवाले

१. बिसुनी, २. छठू, ३. जनाई, ४. रूदल सिंह, ५. बाबू नंदन।

३०-४-१९१७ ई०—श्री चंद्रदेव नारायण के समक्ष बयान देनेवाले

१. रामधनी, २. तपी तिवारी, ३. अविलाख महतो, ४. रामखेलावन महतो, ५. सागर महतो, ६. रामगोविंद साहू, ७. लखन अहीर, ८. सूबा साहू तेली, ९. रागी कांदू, १०. हवलदार पांडेय, ११. रघुनी पांडेय।

१-५-१९१७ ई०—१२. चुन्नी ठाकुर।

१-५-१९१७ ई०—श्री शंभूशरण वर्मा के समक्ष बयान देनेवाले

१. जयी कुरमी।

३-५-१९१७ ई०—श्री बी.पी. वर्मा के समक्ष बयान देनेवाले

१. फौजदार।

१७-४-१९१७ ई०—श्री धरणीधर के समक्ष बयान देनेवाले

१. साहेब कुँअर।

१९-४-१९१७ ई०—श्री शंभूशरण वर्मा के समक्ष बयान देनेवाले

१. इस्सर सिंह।

२२-४-१९१७ ई०—श्री रामदयालु सिंह के समक्ष बयान देनेवाले

१. शेख सितार अली, २. शेख मेहदी हुसैन, ३. शेख इमाम बख्श, ४. रहीम मियाँ, ५. सुबजान खाँ, ६. बेंगा महतो कोइरी।

२३-४-१९१७ ई०—श्री रामनवमी प्रसाद के समक्ष बयान देनेवाले

१. कैलासपति।

२५-४-१९१७ ई०—श्री धरणीधर के समक्ष बयान देनेवाले

१. रामा चौधरी, २. धरीछन कानू।

२६-४-१९१७ ई०—३. महेश चमार, ४. चंदूराम, ५. पीतम महतो।

२९-४-१९१७ ई०—श्री रामनवमी प्रसाद के समक्ष बयान देनेवाले

१. पलटू दास।

२-५-१९१७ ई०—श्री ब्रजकिशोर प्रसाद के समक्ष बयान देनेवाले

१. झमन कोइरी, २. सुखारी राउत, ३. प्रगास राउत, ४. रामलाल राय, ५. परमेसर राय, ६. विशेसर राय, ७. गोपी सहनी।

३-५-१९१७ ई०—श्री रामनवमी प्रसाद के समक्ष बयान देनेवाले

१. गुदरी सिंह, २. जंगलाल सिंह, ३. शिवराज कुँअर, ४. रामनाथ मल्लाह, ५. प्रसाद।

५-५-१९१७ ई०—श्री धरणीधर के समक्ष बयान देनेवाले

१. मोसाहेब पाठक, २. धानू सिंह, ३. जनकधारी सिंह।

५-५-१९१७ ई०—श्री शिवनंदन प्रसाद के समक्ष बयान देनेवाले

१. अभिलाख नोनियाँ।

९-५-१९१७ ई०—श्री राजेंद्र प्रसाद के समक्ष बयान देनेवाले

१. ठाकुर राय।

११-५-१९१७ ई०—श्री शिवनंदन प्रसाद के समक्ष बयान देनेवाले

१. रामप्रगास लाल, २. ऊदा नोनियाँ, ३. रामवरण मिश्र।

२३-५-१९१७ ई०—श्री धरणीधर के समक्ष बयान देनेवाले

१. इतवार चंद, २. सागर राय, ३. पलटू ततवाँ, ४. लखन राय, ५. राजकुमार सिंह, ६. कमलधारी।

२५-५-१९१७ ई०—७. जयपाल, ८. नेपाली।

२६-५-१९१७ ई०—९. जदूराय, १०. आदित कुमार, ११. सुदंडी राउत, १२. लाखराज कुमर, १३. राम ऊगर राय, १४. गोपा मुखिया विन, १५. काशी राय, १६. खूबलाल राय, १७. विशेसर महतो।

२६-५-१९१७ ई०—श्री शंभूशरण वर्मा के समक्ष बयान देनेवाले

१. धनाइ कोइरी, २. त्रिफल कुँअर, ३. प्रभु महतो, ४. अभिलाख अहीर, ५. धूनी अहीर, ६. जदुनंदन, ७. दुखा चमार, ८. मि. वाकर, ९. चुल्हाइ महतो, १०. लोचन, ११. हरिजन चमार, १२. विशेसर महतो।

२२-४-१९१७ ई०—श्री शंभूशरण वर्मा के समक्ष बयान देनेवाले

१. नेकनाम राय।

२३-४-१९१७ ई०—श्री राजेंद्र प्रसाद के समक्ष बयान देनेवाले

१. पीर मोहम्मद।

३-५-१९१७ ई०—श्री धरणीधर के समक्ष बयान देनेवाले

१. भोला सिंह।

२४-४-१९१७ ई०—श्री राजेंद्र प्रसाद के समक्ष बयान देनेवाले

१. मुसम्मात पलटी।

२५-४-१९१७ ई०—२. नन्हकू राउत, ३. भूखल राउत।

२-५-१९१७ ई०—श्री धरणीधर के समक्ष बयान देनेवाले

१. राजाराम।

३-५-१९१७ ई०—२. काली सिंह।

११-५-१९१७ ई०—श्री राजेंद्र प्रसाद के समक्ष बयान देनेवाले

१. प्रसाद कुरमी, २. रामउग्र, ३. एकादशी, ४. विरजन, ५. पलकधारी।

१३-५-१९१७ ई०—श्री शिवनंदन प्रसाद के समक्ष बयान देनेवाले

१. कौलेश्वर सिंह।

१७-४-१९१७ ई०—श्री रामनवमी प्रसाद के समक्ष बयान देनेवाले

१. हरिहर पाठक, २. पलक राय।

१७-४-१९१७ ई०—श्री धरणीधर के समक्ष बयान देनेवाले

१. भूचेंग राय, २. जय मिश्र, ३. जहूर धोबी, ४. महावीर राय, ५. गजाधर चमार, ६. धोंधा चमार, ७. सागीराम चमार।

१७-४-१९१७ ई०—श्री वी.पी. वर्मा के समक्ष बयान देनेवाले

१. गणेश लाल।

३-५-१९१७ ई०—बाबू अनुग्रहनारायण सिंह के समक्ष बयान देनेवाले

१. खलिहारी तिवारी, २. पुनदेव तिवारी, ३. सहदेव तिवारी, ४. अदालत राय, ५. बदर राय।

३-५-१९१७ ई०—श्री धरणीधर प्रसाद के समक्ष बयान देनेवाले

१. महावीर राय, २. रामखेलावन चौधर।

२-५-१९१७ ई०—३. तिलक मिश्र, ४. लछमन अहीर।

३-५-१९१७ ई०—५. जगदेव गीर।

४-५-१९१७ ई०—६. रामप्रसाद राय, ७. पराउ महती, ८. दोस्त मोहम्मद, ९. पशुपत लोहार, १०. लछमन चमार।

७-५-१९१७ ई०—बाबू अनुग्रहनारायण सिंह के समक्ष बयान देनेवाले

१. गोवर्धन कुम्हार, २. किशुन राय।

८-५-१९१७ ई०—श्री शंभूशरण के समक्ष बयान देनेवाले

१. हीरा राय, २. रामदयाल राय, ३. बलदेव राय, ४. बलदेव राय।

८-५-१९१७ ई०—५. ऊपत राय।

८-५-१९१७ ई०—श्री राजेंद्र प्रसाद के समक्ष बयान देनेवाले

१. कुलदीप राय, २. मोसाहेब तिवारी, ३. ब्रह्मदेव राय।

९-५-१९१७ ई०—श्री रघुनंदन प्रसाद के समक्ष बयान देनेवाले

१. महादेव राय, २. बुझावन राय, ३. जगदेव दूबे, ४. मुसाही राय, ५. जागेश्वर राय, ६. राजाराम राय, ७. मँगरा चमार।

९-५-१९१७ ई०—श्री राजेंद्र प्रसाद के समक्ष बयान देनेवाले

१. मखन तिवारी।

२५-४-१९१७ ई०—२. तिलक उपाध्याय।

११-५-१९१७ ई०—श्री सुखदेव नारायण वर्मा के समक्ष बयान देनेवाले

१. रोनू कानू, २. पुनीत कुँअर, ३. भीखू राय, ४. कुंजन राय, ५. राजकुमार सिंह, ६. सरयुग कुँअर, ७. ठग मल्लाह, ८. फौजदार मल्लाह, ९. वैद्यनाथ कुरमी, १०. राजकुमार, ११. लखन मल्लाह, १२. बुधन मुसहर, १३. नरसिंह मिश्र, १४. फेकू राय, १५. दोन राय, १६. फिरंगी लोहार।

१३-५-१९१७ ई०—श्री शिवनंदन प्रसाद के समक्ष बयान देनेवाले

१. द्वारिका साहू, २. शिवराज अहीर।

२१-४-१९१७ ई०—श्री धरणीधर के समक्ष बयान देनेवाले

१. प्रताप राउत, २. शिवघेयान राउत, ३. रामलोचन राउत, ४. रामफली अहीर, ५. हनुमान राय, ६. सूबा राउत, ७. रामानुग्रह राय, ८. गणेश राउत, ९. धनपत राउत।

२५-४-१९१७ ई०—श्री राजेंद्र प्रसाद के समक्ष बयान देनेवाले

१. मंगल मिश्र।

२६-४-१९१७ ई०—श्री धरणीधर के समक्ष बयान देनेवाले

१. रामानुग्रह सिंह, २. सेवक राउत, ३. सुखल सहनी, ४. बालचन राउत, ५. सकल राउत।

२७-४-१९१७ ई०—श्री राजेंद्र प्रसाद के समक्ष बयान देनेवाले

१. बलदेव लाल।

२८-४-१९१७ ई०—२. प्रताप राउत।

२९-४-१९१७ ई०—श्री शंभूशरण वर्मा के समक्ष बयान देनेवाले

१. शेख रियासत, २. शेख वलायत।

१०-५-१९१७ ई०—३. तपीलाल।

१०-५-१९१७ ई०—श्री शिवनंदन प्रसाद के समक्ष बयान देनेवाले

१. रामखेलावन साहु, २. मालादान धोबी।

२१-४-१९१७ ई०—श्री शंभूशरण वर्मा के समक्ष बयान देनेवाले

१. रामराज मिश्र

२२-४-१९१७ ई०—श्री लछमन प्रसाद सिंह के समक्ष बयान देनेवाले

१. शेख अबदुल करीम, २. कौलेश्वर पांडेय।

१३-५-१९१७ ई०—श्री शिवनंदन प्रसाद के समक्ष बयान देनेवाले

१. जुगेसर राय, २. संत राय, ३. धनी राय, ४. गोखुल राय।

२६-५-१९१७ ई०—श्री धरणीधर के समक्ष बयान देनेवाले

१. शेख फूगर।

२५-४-१९१७ ई०—श्री रामनवमी प्रसाद के समक्ष बयान देनेवाले

१. वियासमन मिश्र, २. रामज्ञान मिश्र।

२७-४-१९१७ ई०—श्री वी.पी. वर्मा के समक्ष बयान देनेवाले

१. हरद्वार पांडेय, २. इंदर हजाम।

२९-४-१९१७ ई०—श्री शंभूशरण वर्मा के समक्ष बयान देनेवाले

१. भगवान राय, २. झमन भगत।

२९-४-१९१७ ई०—३. सुंदर राय।

१-५-१९१७ ई०—श्री वी.पी. वर्मा के समक्ष बयान देनेवाले

१. लंगट मिश्र।

२-५-१९१७ ई०—श्री शंभूशरण के समक्ष बयान देनेवाले

१. भोज हजाम।

२-५-१९१७ ई०—२. राजू अहीर, ३. दिलजान जोलहा।

२-५-१९१७ ई०—बाबू अनुग्रहनारायण सिंह के समक्ष बयान देनेवाले

१. चुन्नी अहीर।

६-५-१९१७ ई०—बाबू अनुग्रहनारायण सिंह के समक्ष बयान देनेवाले

१. ज्यूत पांडेय, २. महादेव सोनार, ३. नकछेद कानू, ४. नरेश तुरहा, ५. देवकी तुरहा, ६. दुर्गा कुरमी, ७. दरबारी तुरहा।

८-५-१९१७ ई०—श्री रघुनंदन प्रसाद के समक्ष बयान देनेवाले

१. मधाइ धुनियाँ।

९-५-१९१७ ई०—बाबू अनुग्रहनारायण सिंह के समक्ष बयान देनेवाले

१. मोसद्दी साह कलवार, २. महिपाल साह, ३. लगन साहू।

८-५-१९१७ ई०—श्री वी.पी. वर्मा के समक्ष बयान देनेवाले

१. चौधर अहीर, २. जालेसर।

२५-४-१९१७ ई०—श्री रामनवमी प्रसाद के समक्ष बयान देनेवाले

१. मुसहर नोनियाँ, २. सहीदू मियाँ, ३. मँगनी, कोइरी, ४. मीठू कोइरी, ५. शिववरन कोइरी, ६. महेश हजाम, ७. भगनू लोहार, ८. झपस कोइरी, ९. गनपाल।

२५-४-१९१७ ई०—श्री ब्रजकिशोर प्रसाद के समक्ष बयान देनेवाले

१. दिला मियाँ, २. फुलचन नोनियाँ।

२६-४-१९१७ ई०—३. सोहन, ४. सुशी मियाँ, ५. नसीव जोलहा, ६. मुसहर बरही, ७. भूखल महतो, ८. नीफिकिर महतो, ९. नकछेद कांदू, १०. हजरत मियाँ, १०. खुशी साहू, १२. मुनेसर महतो, १३. रामलगन महतो, १४. लछमन साहू, १५. जयगोविंद कानू, १६. सलामत मियाँ, १७. अकलू जोलहा, १८. मंगू चमार, १९. महावीर महतो, २०. तपेसर महतो, २१. झगड़ू महतो।

२६-४-१९१७ ई०—श्री रामनवमी प्रसाद के समक्ष बयान देनेवाले

१. जदुगीर।

२७-४-१९१७ ई०—२. बाबूलालजी सिंह।

३०-४-१९१७ ई०—श्री वी.पी. वर्मा के समक्ष बयान देनेवाले

१. रामफल, २. दशरथ, ३. मुनेसर, ४. गंगा विशुन, ५. पीतम कोइरी।

१-५-१९१७ ई०—श्री चंद्रदेव नारायण के समक्ष बयान देनेवाले

१. महादेव लाल।

१-५-१९१७ ई०—श्री शंभूशरण के समक्ष बयान देनेवाले

१. धनाइ कलवार, २. बिजलाल चमार।

१-५-१९१७ ई०—श्री वी.पी. वर्मा के समक्ष बयान देनेवाले

१. सीताराम।

४-५-१९१७ ई०—बाबू अनुग्रह नारायण सिंह के समक्ष बयान देनेवाले

१. किशुना कोइरी, २. रामशरण।

४-५-१९१७ ई०—श्री रामनवमी प्रसाद के समक्ष बयान देनेवाले

१. महादेव, २. मुसहर कानू, ३. मनबोध साह, ४. विशेसर, ५. हरी साह, ६. जमादार कानू, ७. पलकधारी कुरमी।

४-५-१९१७ ई०— ८. सहतैल महतो।

६-५-१९१७ ई०—बाबू अनुग्रहनारायण सिंह के समक्ष बयान देनेवाले

१. सिंगल अहीर।

३-६-१९१७ ई०—श्री विंध्यवासिनी प्रसाद के समक्ष बयान देनेवाले

१. नसरुल्ला।

४-६-१९१७ ई०—श्री वी.पी. वर्मा के समक्ष बयान देनेवाले

१. नसीरुल्ला, २. बाबू मियाँ, ३. गुलजार।

३-६-१९१७ ई०— ४. ढोंढा मियाँ, ५. रोशन मियाँ, ६. यूसुफ, ७. दोज खाँ, ८. मोस. दहिया।

४-६-१९१७ ई०—श्री विंध्यवासिनी प्रसाद के समक्ष बयान देनेवाले

१. नवी मियाँ, २. साहेब दीन, ३. इसाक, ४. जग राउत।

२४-४-१९१७ ई०—श्री रामनवमी प्रसाद के समक्ष बयान देनेवाले

१. शिवनंदन राय।

४-५-१९१७ ई०—बाबू अनुग्रह नारायण सिंह के समक्ष बयान देनेवाले

१. परसादी अहीर, २. दुखल तुरहा।

६-५-१९१७ ई०— ३. रंगी तिवारी।

२०-४-१९१७ ई०—श्री शंभूशरण वर्मा के समक्ष बयान देनेवाले

१. सोमारी बिंद।

२६-४-१९१७ ई०— २. कालीचरन उपाध्याय।

२७-४-१९१७ ई०— ३. ठाकुर साह, ४. मनी साह, ५. जयगोविंद कोइरी, ६. चोकट तेली, ७. दसईं अहीर, ८. जिवधन गोसाईं, ९. देवकी दीन, १०. प्रताप तेली, ११. बालखंडी तेली, १२. बहोरी अहीर, १३. भूघन मल्लाह।

२७-४-१९१७ ई०—श्री वी.पी. वर्मा के समक्ष बयान देनेवाले

१. झपसी, २. रघुनी, ३. विशुन देव।

२-५-१९१७ ई०—श्री चंद्रदेव नारायण के समक्ष बयान देनेवाले

१. वंशी राउत, २. महादेव कोइरी, ३. देवदत्त कोइरी, ४. मसहर महतो, ५. गया अहीर।

३-५-१९१७ ई०—श्री रघुनंदन प्रसाद के समक्ष बयान देनेवाले

१. विसंभर अहीर।

६-५-१९१७ ई०—बाबू अनुग्रहनारायण सिंह के समक्ष बयान देनेवाले

१. महगू अहीर, २. सैंती राउत।

१४-५-१९१७ ई०— ३. लछमी लाल।

२५-४-१९१७ ई०—श्री रामनवमी प्रसाद के समक्ष बयान देनेवाले

१. दानजीत मिश्र, २. रामलगन तिवारी, ३. जदुनंदन पांडेय, ४. मोहर नोनियाँ, ५. ठगारी कुरमी, ६. मूरत संतवार।

१-५-१९१७ ई०—श्री वी.पी. वर्मा के समक्ष बयान देनेवाले

१. हकीम शाह अब्दुल करीम।

१०-५-१९१७ ई०—बाबू अनुग्रहनारायण सिंह के समक्ष बयान देनेवाले

१. सुंदर पाठक।

२७-४-१९१७ ई०—श्री राजेंद्र प्रसाद के समक्ष बयान देनेवाले

१. रामअनुग्रह कुँअर।

३०-४-१९१७ ई०—श्री रामनवमी प्रसाद के समक्ष बयान देनेवाले

१. जनकधारी।

२९-४-१९१७ ई०—श्री विंध्यवासिनी प्रसाद के समक्ष बयान देनेवाले

१. नरसिंह सहाय।

६-५-१९१७ ई०—श्री धरणीधर प्रसाद के समक्ष बयान देनेवाले

१. मलंग मियाँ जोलहा।

६-५-१९१७ ई०—श्री शिवनंदन प्रसाद के समक्ष बयान देनेवाले

१. जोखन महतो।

७-५-१९१७ ई०—श्री राजेंद्र प्रसाद के समक्ष बयान देनेवाले

१. बल्ली भगत, २. विशुनी गोआर।

११-५-१९१७ ई०—श्री रघुनंदन प्रसाद के समक्ष बयान देनेवाले

१. बलदेव सिंह।

१७-४-१९१७ ई०—२. जनकधारी देव।

१८-४-१९१७ ई०—श्री रामनवमी प्रसाद के समक्ष बयान देनेवाले

१. अमीर पांडेय।

२१-४-१९१७ ई०—२. परमेसर राय।

२१-४-१९१७ ई०—श्री राजेंद्र प्रसाद के समक्ष बयान देनेवाले

१. संतू ठाकुर।

२२-४-१९१७ ई०—श्री रामदयाल सिंह के समक्ष बयान देनेवाले

१. सैयद बंदा अली।

२२-४-१९१७ ई०—श्री राजेंद्र प्रसाद के समक्ष बयान देनेवाले

१. रामपरीछन सिंह।

२३-४-१९१७ ई०—२. मुसहर राय।

२५-४-१९१७ ई०—३. कुंज चौधरी, ४. लालजी राय, ५. जटा चौधुर, ६. बिदापत चौधुर, ७. दुर्गा ठाकुर।

२६-४-१९१७ ई०—८. रामलोचन तिवारी, ९. सफयत हुसैन, १०. शेख मुहम्मद इसमाइल, ११. शेख फयद अली, १२. शेख रसूल, १३. शेख मसीरुद्दीन, १४. शेख जनाब।

२६-४-१९१७ ई०—श्री धरणीधर के समक्ष बयान देनेवाले

१. शमशेर मियाँ।

३०-४-१९१७ ई०—श्री राजेंद्र प्रसाद के समक्ष बयान देनेवाले

१. खखन चौधरी, २. मोती चौधरी, ३. सौदागर चौधुर, ४. उत्तिम चौधुर, ५. रामफल ठाकुर, ६. सुकेसर नोनियाँ।

१८-४-१९१७ ई०—८. परगास सिंह।

२६-४-१९१७ ई०—श्री रामनवमी प्रसाद के समक्ष बयान देनेवाले

१. सैयद अब्दुल फरास अली, २. अफजल खाँ, ३. अब्दुल अजीम।

४-५-१९१७ ई०—श्री शिवनंदन प्रसाद के समक्ष बयान देनेवाले

१. रामू कोइरी, २. त्रिभुवन कोइरी, ३. खखन कोइरी।

१९-४-१९१७ ई०—श्री रामनवमी प्रसाद के समक्ष बयान देनेवाले

१. शिवगोविंद साह।

२२-४-१९१७ ई०—श्री राजेंद्र प्रसाद के समक्ष बयान देनेवाले

१. विंदेसरी राय।

२२-४-१९१७ ई०—श्री शंभूशरण वर्मा के समक्ष बयान देनेवाले

१. निरंजन सिंह।

२५-४-१९१७ ई०—श्री धरणीधर के समक्ष बयान देनेवाले

१. भवनाथ ओझा।

२९-४-१९१७ ई०—श्री रामनवमी प्रसाद के समक्ष बयान देनेवाले

२. खेआख नबी।

२-५-१९१७ ई०—श्री धरणीधर के समक्ष बयान देनेवाले

१. रघुनाथ प्रसाद सिंह।

११-५-१९१७ ई०—श्री राजेंद्र प्रसाद के समक्ष बयान देनेवाले

१. कीरा सिंह।

११-५-१९१७ ई०—२. लगन सिंह।

२३-४-१९१७ ई०—श्री शंभूशरण वर्मा के समक्ष बयान देनेवाले

१. सिपाही राम।

२-५-१९१७ ई०— २. शेख मोहम्मद सादिक।

२-५-१९१७ ई०—श्री वी.पी. वर्मा के समक्ष बयान देनेवाले

१. महेंदर ओझा, २. रामराज, ३. गोपाल, ४. गनपत, ५. कोदो, ६. मंगल गीर, ७. रोज, ८. विशुनदयाल, ९. अलीयार, १०. हनुमान, ११. रामगोविंद, १२. कुंजी, १३. भोला, १४. रामसहाय।

२८-४-१९१७ ई०—श्री शंभूशरण वर्मा के समक्ष बयान देनेवाले

१. गिरिराज राउत।

१०-५-१९१७ ई०—श्री रामनवमी प्रसाद के समक्ष बयान देनेवाले

१. प्रभु कोइरी।

२५-४-१९१७ ई०—२. मँगरू साह।

२१-४-१९१७ ई०—३. बैदनाथ।

२३-४-१९१७ ई०—श्री राजेंद्र प्रसाद के समक्ष बयान देनेवाले

१. गुलाब कोइरी, २. लगन सिंह, ३. लखन कोइरी, ४. नथुनी तेली,

५. भुलोटन तेली, ६. जदू तेली, ७. मोस. निरपतिया, ८. शेखमती हुसैन, ९. शेख वहीद।

२८-४-१९१७ ई०—श्री राजेंद्र प्रसाद के समक्ष बयान देनेवाले

१. रामकिशुन।

३०-४-१९१७ ई०—श्री रामनवमी प्रसाद के समक्ष बयान देनेवाले

१. कालीचरण महतो, २. उदित राम।

३-५-१९१७ ई०—श्री धरणीधर के समक्ष बयान देनेवाले

१. सलीक राउत।

२०-४-१९१७ ई०—श्री शंभूशरण वर्मा के समक्ष बयान देनेवाले

१. रकटू राउत।

२५-४-१९१७ ई०—२. केसरी विंद।

२५-४-१९१७ ई०—३. दुशी गोनर।

२९-४-१९१७ ई०—श्री विंध्यवासिनी प्रसाद के समक्ष बयान देनेवाले

१. बल्ली बिंद, २. गुरु चरण।

२-५-१९१७ ई०—बाबू अनुग्रह नारायण सिंह के समक्ष बयान देनेवाले

१. दहारी बिंद।

२-५-१९१७ ई०—श्री बी.पी. वर्मा के समक्ष बयान देनेवाले

१. चोकटी अहीर।

३-५-१९१७ ई०—श्री विंध्यवासिनी प्रसाद के समक्ष बयान देनेवाले

१. रामप्रसाद सोनार, २. अनंत, ३. चोकटी, ४. जगदेव, ५. चिरकुट, ६. कुमारी, ७. भदइ।

७-५-१९१७ ई०—बाबू अनुग्रहनारायण सिंह के समक्ष बयान देनेवाले

१. जुलुम मियाँ, २. उत्तिम साह।

८-५-१९१७ ई०— ३. विंदेश्वरी पांडेय।

८-५-१९१७ ई०— ४. देवी विन बढ़ई।

२१-५-१९१७ ई०—५. सोमा घाँगर, ६. डेंगा घाँगर।

२५-५-१९१७ ई०—श्री शिवनंदन प्रसाद के समक्ष बयान देनेवाले

१. रामबाल दास।

३०-५-१९१७ ई०—बाबू अनुग्रहनारायण सिंह के समक्ष बयान देनेवाले

१. मोसो. रमरतिया।

२५-५-१९१७ ई०—२. बाती दुसाघ।

२४-४-१९१७ ई०—३. रामदयाल कुरमी

१-५-१९१७ ई०—श्री रामनवमी प्रसाद के समक्ष बयान देनेवाले

१. रामबरन कोइरी, २. अँजोर सुक्ल, ३. महाराज़ राय, ४. रामलाल राय,

५. रामफल कुरमी, ६. लालजी कोइरी, ७. मुंशी महतो, ८. उमराव महतो।

४-५-१९१७ ई०—श्री शिवनंदन प्रसाद के समक्ष बयान देनेवाले

१. इंद्रासन कांदू, २. सनेहित कोइरी, ३. खेंधर कोंदू, ४. लालजी महतो, ५. सुदेव महतो, ६. जीवट महतो।

९-५-१९१७ ई०— ७. सुंदर चौबे, ८. जोगल राउत।

१३-५-१९१७ ई०—९. रानीराय, १०. किरित ठाकुर, ११. पारपत चौबे, १२. ब्रह्मदेव ठाकुर, १३. हिरामन नोनियाँ, १४. मकुंद राय, १५. रामलाल हजाम, १६. नंदकुमार ठाकुर, १७. रामलाल बढ़ई, १८. माखन नोनियाँ,

१७-५-१९१७ ई०—१९. गोखुल साहू।

२१-५-१९१७ ई०—श्री धरणीधर के समक्ष बयान देनेवाले

१. मलंग अहीर।

२३-४-१९१७ ई०—बाब अनुग्रहनारायण सिंह के समक्ष बयान देनेवाले

१. रामजी बाँगर, २. भटन महतो।

२६-४-१९१७ ई०—श्री राजेंद्र प्रसाद के समक्ष बयान देनेवाले

१. भीखन राय।

२७-४-१९१७ ई०—श्री राजेंद्र प्रसाद के समक्ष बयान देनेवाले

१. झपसी कोइरी, २. होरित दुसाध, ३. झिंगर कोइरी, ४. रामघनी महतो, ५. जीउत कोइरी, ६. जुगेसर ततवाँ, ७. भूखल महतो, ८. जयगोविंद दुसाध, ९. जोधन ततवाँ, १०. पलक कांदू, ११. शिवधारी दुसाध, १२. बीगा ततवाँ।

२८-४-१९१७ ई०—श्री रामबहादुर सिंह के समक्ष बयान देनेवाले

१. महँग अहीर।

७-५-१९१७ ई०—श्री शिवनंदन प्रसाद के समक्ष बयान देनेवाले

१. नाथू राउत।

२१-४-१९१७ ई०—श्री रामनवमी प्रसाद के समक्ष बयान देनेवाले

१. रूचा महतो, २. बिशुन कुरमी।

१२-५-१९१७ ई०—श्री सुखदेव नारायण वर्मा के समक्ष बयान देनेवाले

१. बेजल तेली, २. दीप तुरहा, ३. नकछेद तुरहा, ४. अनुरूप तुरहा, ५. बीगू तुरहा, ६. मगई राय, ७. पूरन राय।

१२-५-१९१७ ई०—बाबू अनुग्रहनारायण सिंह के समक्ष बयान देनेवाले

१. मोसद्दी कलवार, २. परगास ठाकुर।

२१-४-१९१७ ई०—श्री रामनवमी प्रसाद के समक्ष बयान देनेवाले

१. बरन राय।

२२-४-१९१७ ई०—श्री राजेंद्र प्रसाद के समक्ष बयान देनेवाले

१. देवनाथ राय, २. कमलधारी राय।

२४-४-१९१७ ई०—३. देवनाथ राय।

२५-४-१९१७ ई०—४. ठाकुर सिंह, ५. खुदी सिंह, ६. बैजनाथ, ७. डोमा माली।

२७-४-१९१७ ई०—८. टोटी तुरहा।

२८-४-१९१७ ई०—९. वहीदुद्दीन।

३-५-१९१७ ई०—श्री रामनवमी प्रसाद के समक्ष बयान देनेवाले

१. हरगोविंद महतो, २. फूलचंद, ३. रघुवर महतो, ४. सुंदर।

१२-५-१९१७ ई०—श्री सुखदेव नारायण वर्मा के समक्ष बयान देनेवाले

१. मंगल तुरहा।

१२-५-१९१७ ई०—श्री राय महेंद्र सिन्हा के समक्ष बयान देनेवाले

१. परमेश्वर, २. रामरूप मिश्र, ३. शिवशरण अहीर।

१३-५-१९१७ ई०—श्री शिवनंदन प्रसाद के समक्ष बयान देनेवाले

१. रौनक राय।

१३-४-१९१७ ई०—२. रामगोविंद ओझा, ३. बंसी साहू, ४. रघुनंदन मिश्र, ५. शेख नेयामत।

२१-४-१९१७ ई०—श्री राजेंद्र प्रसाद के समक्ष बयान देनेवाले

१. सरवन साह, २. शेख हजरत, ३. अमर ठाकुर।

२५-४-१९१७ ई०—४. राजेंद्रलाल।

२५-४-१९१७ ई०—श्री आर.राम. सिन्हा के समक्ष बयान देनेवाले

१. श्रवण झा।

२५-४-१९१७ ई०—श्री रघुनंदन प्रसाद सिन्हा के समक्ष बयान देनेवाले

१. मोहम्मद खाँ।

२६-४-१९१७ ई०—श्री राजेंद्र प्रसाद के समक्ष बयान देनेवाले

१. इज्जत अली खाँ।

३०-४-१९१७ ई०—श्री रामनवमी प्रसाद के समक्ष बयान देनेवाले

१. शेख जुम्मन।

१-५-१९१७ ई०— २. मोसम्मात मसूदन।

५-५-१९१७ ई०—श्री रामदत्त प्रसाद के समक्ष बयान देनेवाले

१. गोखुल साहू।

५-५-१९१७ ई०—श्री धरणीधर के समक्ष बयान देनेवाले

१. श्री कांत ओझा।

८-६-१९१७ ई०—श्री शिवनंदन प्रसाद के समक्ष बयान देनेवाले

१. अनहोती महतो।

❑❑❑